监督约束对内部控制有效性的影响研究

JIANDU YUESHU DUI NEIBU KONGZHI
YOUXIAOXING DE YINGXIANG YANJIU

孙德芝/著

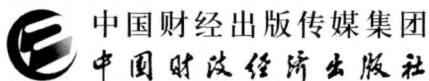

中国财经出版传媒集团
中国财政经济出版社

图书在版编目（CIP）数据

监督约束对内部控制有效性的影响研究/孙德芝著 . —北京：中国财政经济出版社，2017.10
ISBN 978 – 7 – 5095 – 7777 – 6

Ⅰ.①监⋯　Ⅱ.①孙⋯　Ⅲ.①监督管理 – 影响 – 内部审计 – 研究 – 中国　Ⅳ.①F239.44

中国版本图书馆 CIP 数据核字（2017）第 246659 号

责任编辑：段　钢　　　责任印制：杨　军
封面设计：孙俪铭　　　责任校对：徐艳丽

中国财政经济出版社 出版

URL：http://www.cfeph.cn
E – mail：cfeph @ cfeph.cn
（版权所有　翻印必究）
社址：北京市海淀区阜成路甲 28 号　邮政编码：100142
营销中心电话：88190406　北京财经书店电话：64033436　84041336
北京财经印刷厂印刷　各地新华书店经销
710×1000 毫米　16 开　16.75 印张　300 000 字
2017 年 10 月第 1 版　2017 年 10 月北京第 1 次印刷
定价：58.00 元
ISBN 978 – 7 – 5095 – 7777 – 6
（图书出现印装问题，本社负责调换）
本社质量投诉电话：010 – 88190744
打击盗版举报热线：010 – 88190492、QQ：634579818

前　言

近年来，国内外频频发生的高管贪腐、财务舞弊以及破产倒闭案，都证明了有效的内部控制是企业保持健康持久发展的基础和保障。内部控制评价作为上市公司内部控制系统中不可或缺的一部分，在推进企业内部控制的持续改进、促进企业整体价值提升、保障投资者利益等方面的重要作用也日益受到理论界和实务界的重视。我国2008年出台的《企业内部控制基本规范》和2010年出台的相关配套指引对我国上市公司进行内部与外部双重评价，并对企业披露内部控制自我评价报告，以及注册会计师出具内部控制是否有效的审计报告做出了强制性要求。然而，有效的内部控制及其评价均离不开企业内外监督约束机制支撑，监督约束在公司治理中起着重要的作用，能保障企业内部控制系统的正常运行。我国企业目前的外部监督市场和内部监督环境薄弱，内部监督责任主体不明，相关法律法规也不够完善，导致我国上市公司内部控制有效性及其评价的实施过程及结果受到影响，整体内部控制质量水平不高，实际需求与相关规范要求存在不小差距。因此，厘清内外部监督对内部控制有效性的影响机理，探究如何构建与完善内外部监督约束体系以增强企业内部控制及其评价的有效性已成为亟待解决的重大课题。2009年，美国COSO委员会发布《内部控制体系监督指南》，大大推动了监督要素在内部控制建设与评价中的应用与发展。我国也有一批理论与实务工作者在关注内部控制有效性问题，但目前从内外监督约束角度全面探究其对企业内部控制有效性影响的进展依然缓慢，成果寥寥。

本书主要采用理论研究与实证研究相结合的研究方法，首先，通过对相关文献的回顾，总结出本书的研究方向。其次，根据内部控制评价的理论与实务的发展演变，结合内部控制评价与监督等相关基本理论，并对2012年我国内部控制评价的实施现状进行系统总结与描述，发现我国上市公司在内部控制理解设计力、贯彻执行力以及监督评价力等方面存在很大差异，基于此，本书又以企业内部控制评价的需求动因及影响因素为基础，分析出监督约束是影响上市公司内部控制评价实施的最关键因素之一，再结合我国企业实际及监督约束主体，运用契约理论、委托代理理论、利益相关者理论和公共利益理论等基础理论深入分析了内外部监督约束对内部控制质量的影响动机及机理。再次，以我国资本市场上2011~2014年开始强制实施内部控制评价及其信息披露数据为观测样本，通过建立相关模型验证内外部监督主体与内部控制质量以及其经济后果间的关系。最后，在总结理论分析和实证结果的基础上，提出本书的研究结论和相关政策建议。

本书主要的研究内容、重要观点及结论如下：

第一，内部监督与企业内部控制质量之间的关系问题。为解决企业股东与经理层间以及大股东与中小股东间的代理冲突，我国法律法规要求企业设立监事会，引进独立董事以及要求股东大会在董事会下设立专门的对内部控制进行监督和审查的审计委员会，代表委托方行使监督权。委托方通过与监督者之间签订契约，让其履行监督职责，以缓解委托方与代理方之间的信息不对称，降低代理成本。但由于契约的不完备性，内部监督者在履行职责过程中，因理性"经济人"而影响了监督效率，因此，委托方应根据不同监督者的特点，通过修改激励契约，激发监督者各司其职，提高监督效率，促进内部控制质量的提高。本书对上述理论分析进行实证检验的结果表明，独立董事所占比例越高，召开会议次数越多，越利于独立董事履职，带来的企业内部控制质量也越高；其次，独立董事背景中，具有海外背景的独立董事越多，能促进企业内部控制质量的提高，而有会计师事务所背景的独立董事却没有起到应有的作用。审计委员会的规模和召开会议次数也对内部控制质量有显著的正向促进作用。在监事会特征中，领取薪水的监事人数以及召开会议次数与内部控制质量呈显著正向关系。在对企业性质进行进一步分析发现，审计委员会特征变量在国有企业中对内部控制质量的影响不明显，在民营企业中的影响却很显著，说明我国民营企业中审计委员会的地位高，能更好地履行其监督职能。在对内部控制质量的变量指标进一步分解为五个一级指标进行检验时发现，内部监督与内部控制环境间的关系最为显著，说明构建监督体系应从加强内部控制环境入手。

第二，外部直接监督与企业内部控制质量水平之间的关系问题。在审计委托代理关系中，委托方与外部审计师都会考虑成本效益原则，以个人效用最大化作为行动目标，委托方为了让代理方提供其需要的服务，会与代理方签订激励契约。随着资本市场的完善，资本市场上广大公众越来越依赖审计师的意见进行投资决策，外部审计师的报告具有公共属性特点。高声誉、大规模的审计师具有更强的胜任能力和更高的独立性，能更准确地发现企业的重大风险和重大内部控制缺陷，有利于企业提高内部控制水平。由此推论：由"国际四大"进行内部控制审计的公司，其内部控制评价质量越高；审计师意见具有信息含量，当审计师出具非标审计意见时，其会承担更大的风险，因此会投入更多的努力到审计工作中，包括识别关键控制点和风险等，会有利于企业内部控制评价质量的提高；此外，审计师收费越高，也能从一定程度说明审计师投入了更多的努力。本书随后对上述推论进行的实证检验发现第一、第二项推论得到完全一致验证，但是由于我国多为整合审计，大部分公司并未单独披露内部控制审计费用，加之审计收费的多少还受公司规模、业务复杂度等众多因素的影响，所以相关实证结果并未印证内部控制审计收费与公司内部控制质量呈现正相关关系。

政府监管作为企业直接的外部监督者，为了保护公众的公共利益，当市场上有违规现象时，会出面进行管制或行政干预。监管者会直接检查企业的财务等基础资料，看企业是否存在违规行为，一般而言，企业违规行为都与内部控制失效有关。本书实证检验了公司违规受到行政处罚前后被处罚公司内部控制质量的变化，结果发现公司被处罚后的内部控制质量显著高于被处罚前；还进一步检验监管者不同的处罚力度，对内部控制质量的变化是否有影响，结果发现不同处罚力度并没有带来内部控制质量显著的变化，说明我国政府执法部门整体惩戒力度太轻，未能对违规者造成威慑力。

第三，内外部监督与企业内部控制质量水平及其经济后果的分析。内部控制有效性评价的目标是合理保证内部控制目标的实现，满足利益相关者的利益，实现企业整体价值提升。因此有理由认为良好的内外部监督不仅会对企业内部控制质量产生积极正面影响，而且最终会传导并影响企业目标的实现程度。基于此，内外部监督对企业内部控制质量影响的拓展性分析实际上也就是考察内外部监督的最终经济后果，即对企业的整体价值的影响效应。实证检验结果表明，企业内部控制质量越高，企业整体价值越大；在对内外部监督最终经济后果的检验中发现，内部控制质量与企业价值均是正向显著关系；三个内部监督主体特征变量对内部控制质量与企业价值的影响作用中，海外背景的独立董事、审计委员会人数和领取薪水的监事人数的促进效应显著，而开会次数的多少对内部控制质量与企业价值的影响不明显；外部监督主体中，外部审计师的促进效应显著，而政府监督处罚对内部控制与企业价值起到反向作用。说明我国还需要进一步加强市场法制环境、文化与诚信等人文环境的建设，提升内部监督主体的独立性、职业操守与作用力。

第四，政策建议。提出企业应兼顾内外部利益相关者利益，发挥人的主动性和创造性，构建"人本和谐"的内部控制与监督环境。重新整合现有内部监督机构，资源互补，明确和细化监督机构的监督内容和权责，构建有效的内部监督流程和体系。同时，应从法律上强化内部监督机构和外部审计师的监督责任，进一步建立与完善独立董事准入与执业制度、公司内部控制自我评价与审计制度，制订并实施分行业的内部控制监督及评价指南,形成法制、诚信、和谐的内外部环境。

本书的主要贡献体现在以下几方面:

第一,发掘内外部监督对内部控制质量产生作用的传导机制,揭示了内外部监督约束主体对内部控制有效性的影响机理。在理论上拓展了内部控制有效性研究的深度与宽度,结合内部控制有效性评价的需求动因,用不同的理论诠释了内外部监督对提升内部控制有效性的作用机制和影响路径,充实了内部控制有效性评价监督的理论与逻辑。

第二,通过内外部监督作用下的内部控制质量的拓展研究,揭示了代理理论和不完善契约制度下,我国内外部监督的缺陷性。内部控制有效性的拓展研究体现了内部控制有效性评价和内外部监督在内部控制实施中的现实作用和价值,这对于完善公司治理和内部控制有效性评价的研究框架,充实内部控制的基础理论,揭示中国制度背景下应如何保持内部控制的生命活力以实现企业科学可持续发展的努力方向等具有重要的基础性意义与价值。

第三,提出了"人本和谐"的有效内部控制监督环境的构建、监督流程和外部相关法律制度的细化和构建,以及进一步建立与完善独立董事准入与执业制度,加强法制与市场诚信制度等方面的具体政策或建议,具有独到性、开创性与可行性,充分体现了人在内部控制实施过程中的作用,从逻辑上更能解释内部控制及评价实施引发的系列问题,有助于完善内部控制监督体系以及我国内部控制质量的提升。

作者
2017 年 8 月

目　　录

导　论 ··· 1
　　一、研究背景与意义 ··· 1
　　二、研究综述 ··· 5
　　三、研究思路与研究方法 ·· 20
　　四、研究内容与框架 ·· 21
　　五、相关概念的界定 ·· 25
　　六、主要创新 ··· 29

第一章　内部控制监督与有效性评价的历史演变与发展现状 ········ 31
　　第一节　内部控制监督的发展 ·· 31
　　第二节　内部控制有效性评价的历史演变 ····························· 40
　　第三节　内部控制有效性评价报告的披露现状 ······················· 44

第二章　监督约束与内部控制有效性的理论基础 ······················· 51
　　第一节　契约论 ·· 51
　　第二节　委托代理理论 ··· 55
　　第三节　利益相关者理论 ·· 60
　　第四节　政府管制理论 ··· 64

第三章　内部控制有效性评价体系 ·· 69
　　第一节　内部控制有效性评价目标及内容 ····························· 69
　　第二节　内部控制有效性评价标准 ······································ 75
　　第三节　内部控制有效性评价程序和方法 ····························· 82
　　第四节　内部控制有效性评价指标设计 ································ 88

第四章　监督约束与内部控制有效性的理论分析 …… 93
第一节　内部控制有效性评价的需求动因和影响因素分析 …… 93
第二节　内部控制评价监督约束模式 …… 97
第三节　监督主体对内部控制有效性的影响机理分析 …… 103

第五章　内部监督与内部控制有效性的实证分析 …… 124
第一节　问题提出 …… 124
第二节　理论分析与研究假设 …… 127
第三节　研究设计 …… 133
第四节　实证结果分析 …… 140
第五节　实证结论 …… 164

第六章　外部监督与内部控制有效性的实证分析 …… 166
第一节　问题提出 …… 166
第二节　理论分析与研究假设 …… 169
第三节　研究设计 …… 175
第四节　实证结果分析 …… 180
第五节　实证结论 …… 197

第七章　内外监督、内部控制有效性及其经济后果的实证分析 …… 198
第一节　问题提出 …… 198
第二节　理论分析与研究假设 …… 201
第三节　研究设计 …… 207
第四节　实证结果分析 …… 211
第五节　实证结论 …… 226

第八章　结论与政策建议 …… 228
第一节　研究结论 …… 228
第二节　政策建议 …… 231
第三节　研究局限与研究展望 …… 239

参考文献 …… 241

导 论

一、研究背景与意义

(一) 研究背景

从 21 世纪初发生的安然、世通等财务丑闻，到中航油事件、雷曼兄弟破产，再到我国爆出的首都机场集团、中石油、古井集团等众多国企腐败案例以及近期曝光的东芝财务造假、中石化总经理腐败案等，其中中石化连续三任总经理"落马"[①]，这些企业都曾称得上是国际知名企业，不可能没有健全的内部控制支撑其管理，究其原因，大多与企业内部控制缺乏有效的监督有关，如何提高企业内部控制的有效性成为人们关注的焦点。法国老牌兴业银行的案例，其因内部监控机制缺失，放松对内部运作的控制，没有对风险保持应有的警惕和防范，哪怕是一个级别很低的员工或者是一个小小的失误，最终导致整个企业破产。内部控制评价作为内部控制制度得以有效实施和完善的再控制手段，在内部控制初创时期，就引起了人们的注意，内部控制评价包括企业内部控制自我评价和外部审计师对内部控制进行评价，是对企业内部控制是否存在重大缺陷进行的评价，通过内控评价能促进企业内部控制有效性的提高。内部控制评价最初是以审计的形式进入人们视野的，最早提出内部控制评价这一概念的是美国公认执业会计师协会（AICPA），于 1929 年在对外发布的《财务报表》中提出要对企业内部控制的有效性做出评价。1939 年，美国会计师协会首次将对内部控制进行审查评价的内容写入《审计程序》公告中，随后，美国证券交易委员会（SEC）对审计人员提

---

① 在 2003～2015 年的 12 年中，中石化集团陈同海、苏树林、王天普三任总经理相继因贪污腐败落马。

出了相应的要求，自此，对内部控制进行评价成为财务报告审计的组成部分。"水门事件"①导致美国立法和行政机关开始关注内部控制问题，并根据其调查结果拟定了著名的《反国外贿赂行为法案》，该法案要求公司要建立内部控制系统，为内部会计控制提供合理保证，并充分强调了有效内部控制的重要性，同时，该法案的实施也推动了公司内部治理，使董事会及审计委员会开始积极审视内部控制系统。随着美国发生的系列公司破产和审计失败案例，美国成立了反欺诈性财务报告委员会（Treadway委员会），其下属COSO②委员会于1992年提出了研究报告《内部控制——整合框架》，1994年，COSO又对其进行了增补，该报告堪称内部控制史上的里程碑。世界各国纷纷以此为标准，建立本国内部控制规范。英国于1999年出台了关于内部控制的Turnbull报告。加拿大特许会计师协会（CICA）下属的CoCo③委员会于1995年发布了《控制指南》，1999年又发布了《评估控制指南》，该指南设计了评估报告的程序，强调了评估的关注点和重点。进入21世纪，美国安然、世通、施乐等公司财务舞弊事件爆发，为了恢复民众对资本市场的信心，美国国会于2002年出台了《萨班斯—奥克斯利》（简称SOX）法案，该法案要求上市公司管理层单独提供一份评估内部控制有效性的报告，标志着内部控制评价及其报告从之前的自愿披露转为政府强制监管阶段，该法案对全球资本市场产生了极大的影响，各国政府纷纷立法加强本国内部控制评价及其监管工作。为了贯彻该法案的实施，美国会计监督委员会于2004年发布了第2号审计准则（简称AS2），要求注册会计师对上市公司除了要进行财务报表审计外，还要进行财务报告内部控制审计。后来，由于其高昂的实施成本，该准则实施不久就又被AS5所取代。英国、加拿大、日本也参照SOX法案做法，建立了本国的内部控制评价规范。

我国内部控制起步较晚，企业内部控制环境薄弱，但在科技快速发展、全球经济一体化，以及经济监管形势日益严峻的推动下，中国证监会于2001年4月颁布了《公开发行证券的公司信息披露内容与格式准则第11号——上市公司发行新股招股说明书》第59条，规定企业管理层应披露内部控制制度是否是完整、

---

① 在1972年美国总统竞选中，为了获取民主党内情报，共和党竞选班子人员在华盛顿水门大厦的民主党办公室内，安装窃听器并偷拍文件，联邦调查局后来调查出此事件的真相，最后导致尼克松辞职。

② COSO指全国反虚假财务报告委员会下属的发起人委员会（The Committee of Sponsoring Organizations of The National Commission of Fraudulent Financial Reporting）。

③ COCO是加拿大特许会计师协会（CICA）下属的控制基准委员会（The Canadian Criteria of Control Board）。

合理及有效的自我评估意见，同时应披露注册会计师内部控制评价报告的结论性意见。这是我国首次要求上市公司披露注册会计师出具的内部控制评价报告。但由于没有相关内部控制规范为指引，注册会计师内部控制评价工作的形式与质量参差不齐。受 SOX 法案影响，2006 年上交所、深交所相继出台上市公司内部控制相关指引，2008 年 5 月，财政部等五部委发布的《企业内部控制基本规范》[①]（以下简称《规范》）以及随后于 2010 年 4 月出台的相关配套指引，标志着我国内部控制规范框架体系已基本建立，《规范》要求企业应对内部控制的有效性进行自我评价，披露自我评价报告，并聘请注册会计师对内部控制的有效性进行审计。自此，我国上市公司进入政府强制要求披露内部控制信息的新阶段。

在经历 2008 年爆发的世界范围的金融危机及其持续至今的经济危机的切肤之痛的过程中，全球学者与企业管理者一直都在研究与思考，这场危机的爆发与持续的根本原因何在？与企业内部控制缺陷如何关联？而企业内部控制系统的监督问题又对内部控制的有效性会产生什么样的影响？COSO 也发现了许多组织没有充分应用内部控制的监督要素，在此背景下，2009 年 COSO 出台了《内部控制体系监督指南》，该指南为帮助投资者加强对内部控制监督的信心，利用监督提高内部控制程序的效率，实现内部控制整体目标，构建了一个有效监督的模型[②]。随着公司内外环境的日益复杂化，COSO 内部控制框架在经历 20 多年后，于 2013 年 5 月，迎来了对其 1992 年提出的《内部控制——整合框架》进行较大幅度修订。新框架弱化了内部控制的形式化，为方便评价过程，将五要素细分为十七个原则，同时也节省了内部控制实施成本。新框架扩大了内部控制的关注范围，强调企业的运营和合规性，包括非财务报告内部控制，更好地满足了外部监管的要求。新框架还强调风险评估理念，并为企业管理层评估内部控制有效性提供了模板和行动指南。COSO 内部控制新框架的修订标志着内部控制进入广泛应用阶段。而我国内部控制评价在 2011 年在一定实施范围内正式进入强制披露模式后，从上市公司实施的情况看，整体存在披露水平较低、内容不完整、流于形式等问题，部分公司内部控制有效性评价有失客观和公允（迪博企业风险技术有限公司，2014）。我国内部控制评价与审计规范落实情况令人担忧，其关键的影

[①] 2008 年 5 月 22 日，财政部、审计署、保监会、银监会、证监会联合发布关于印发《企业内部控制基本规范》的通知（财会〔2008〕7 号），http：//kjs. mof. gov. cn/zhuantilanmu/neibukongzhibiaozhunjianshe/200807/t20080704_55983. html。

[②] COSO. Internal Control-Integrated Framework Guidance on Monitoring Internal Control Systems Volume Ⅱ：Application［R］，2009.

响因素是什么？由于我国内部控制规范是以 1992 年 COSO 报告框架为基础而制定的，内容多是原则指导性的，指引也不够细化，特别是对评价监督主体和责任的规定不够明确和清晰，导致实务中企业无法操作。外加我国目前经济下滑、股市低迷、贪污腐败案件频发，企业生存形势日益严峻，资本市场上要求提升内部控制有效性的呼声也越来越高，因此结合我国《规范》及其配套指引出台并实施 4 年来的实践探究内部控制监督与评价的重大理论与实践问题以提升整体内部控制的有效性迫在眉睫。本书研究正是基于此背景下责无旁贷的选择。

（二）研究意义

我国内部控制规范虽然已建立，且已强制实施，但该规范是以早期的 COSO 内部控制框架为标准制定，其评价标准、内容、程序都比较粗糙，对企业内部控制评价工作的理论诠释与具体指导还有待进一步深挖与细化。本书研究意义在一定程度上回答了：现行内部控制内外监督的设计与实施是否接中国的"地气"，监督因素在影响内部控制有效性的诸多因素中的分量与地位如何，其对内部控制评价质量产生影响的内在机理如何，在不同的时空条件下呈现何种特性等一系列理论与应用问题，因此本书的研究具有重要的理论与现实意义。

1. 理论意义

（1）丰富内部控制有效性理论研究领域。运用信息经济学中委托代理理论、契约论以及利益相关者理论等分析内外部监督约束对企业内部控制质量的影响机理以及各利益相关主体的行为动机，寻找出其内在作用机理、传导机制及影响路径，从逻辑上解释了企业在实施过程中所引发问题的根源。

（2）拓宽内部控制有效性研究思路。本书结合企业内部控制实施现状，分析并验证了其关键的影响因素及带来的经济后果。高质量的内部控制会满足企业各利益相关者利益，有利于企业目标和价值的实现，内外监督约束不仅可以影响内部控制质量，同时也会直接或间接地影响到企业价值，以及企业的持续发展。

（3）为完善企业内部控制监督约束机制提供有益的补充。通过分析监督约束主体对内部控制有效性的影响动机和机理，为我国构建完善的内部控制监督体系提供理论支持和参考依据。

2. 现实意义

（1）促进企业内部控制配套工作的规范实施。资本市场较成熟的美国已为世界各国内部控制体系树立了标杆，从内部控制整合框架问世至今已二十多年，

COSO 不断完善并更新，各相关监管部门也积极配合其实施，可见，内部控制执行及其评价实施工作之重要与不容易。而我国内部控制规范强制实施时间短，相关监管政策不够细化，导致企业在执行和评价过程中出现结构、内容混杂现象，从加强内外监督约束主体着手，有助于落实内部控制配套工作的实施。

（2）提高企业内部控制的监督效率。由于我国内部控制监督、评价工作才刚刚起步，资本市场不完善，上市公司内外评价监督机制尚存缺陷，管理者内部控制评价报告的披露动机也不够强，审计师内部控制审计报告的意见购买现象也很普遍，我国要加强资本市场监管力度，通过强化监管以减少违法违规等事件给企业和社会带来的不良后果，对于投资者和其他各利益相关者权益保护以及进行正确决策有着重要的价值，还有助于资本市场资源优化配置。

（3）完善企业内部控制监督体系，促进企业持久发展。我国企业内部治理结构不明晰，外部监督不力，导致企业内部控制整体质量水平不高，评价报告内容、结构杂乱，信息披露成为形式主义。构建内外部监督主体"和谐"共处的监督体系，厘清内外部监督机构的权责，有助于改善企业内部控制质量水平，促进内部控制有效性的提高，进而提升企业整体价值，利于企业健康持久发展。

二、研究综述

（一）内部控制有效性文献

纵观世界各国内部控制规范和市场发展状况，美国的相关规范及发展市场较为成熟，从 COSO 报告问世，SOX 法案的出台，到 PCAOB 审计 2 号和 5 号准则的颁布，再到内部控制监督体系指南和新 COSO 报告框架的修订，这些规范为评价内部控制有效性的实施提供了技术性标准和保障。如何科学客观地评价内部控制，衡量内部控制有效性，国内外研究者为此进行大量的探索性研究，成果较多。与本书相关的文献主要集中在以下几方面：

1. 内部控制有效性的评价方法研究

（1）通过构建数学模型进行研究。

最初的内部控制评价是由外部审计师进行财务报表审计时对内部控制的评价，通过评价内部控制的有效性来减少审计工作量，一直以来，没有客观评价内部控制系统可靠性的方法，因此，许多文献围绕内部控制定量评价方法进行探讨，研究者们主要通过构建数学分析模型和问卷调查等方法展开研究。Yu and Neter（1973）通过建立一个随机数学模型，证实了量化内部控制系统的可能性，便于审计师能从数量上客观评价企业内部控制系统。Barry E. Cushing（1974）也建立了数学模型，用概率来分析判断内部控制系统的优劣。Kinney（1975）设计了一个内控评价模型，审计师可以在审计过程中运用评价模型对内控系统的设计与测试程序进行评价。Hamlen（1980）提出了最小化成本的内部控制制度设计的评估模型，该模型能最大限度地减少错误类型的概率，也有助于外部审计师对于内部控制制度信赖度的评估。Srivastava（1985）的审计函数模型，使内部控制系统的证据之间相互支持，能广泛被应用。

国内也有学者通过构建数学模型来评估内部控制系统，王立勇（2004）提出运用可靠性理论和数理统计方法构建内部控制系统评价的数学分析模型。朱卫东（2005）将BP神经网络技术应用于企业内部控制有效性的评价中，并构建了基于COSO报告五要素的内部控制评价指标体系。李斌（2009）运用模糊综合评价模型与方法，对内部控制的有效性与可能存在的缺陷等级进行了定量的分析评价。

（2）构建内部控制有效性的评价标准及指标体系。

SOX法案后，学者们开始围绕内部控制评价标准展开研究，张龙平、朱锦余（2002）从注册会计师审计角度，对内部控制评价的性质、范围、目标、评价标准、责任划分等九方面进行了探讨。朱荣恩等（2003）在评价SOX法案基础上，提出了我国应对财务报告内部控制有效性进行评价的要求。李明辉、王学军（2004）根据我国上市商业银行2002年年报中披露的内部控制信息问题，提出我国上市商业银行应借鉴美国，出具单独的企业内部控制评价报告和审计报告。周勤业、王啸（2005）从SOX法案以及SEC出台的有关规则出发，通过研究美国内部控制信息的披露性质、披露内容、审计验证、评价依据及责任主体，提出我国内部控制信息披露系统的规则建议。中国人民银行成都分行办公室课题组（2008）从评价的标准、程序、方法、指标体系、离差和模糊评价模型等方面提出了中央银行内部控制评价体系框架。陈汉文、张宜霞（2008）介绍了内部控制评价的两种方法，详细评价法和风险基础评价法，并建议采用风险基础评价法进行评价以提高成本效益。

我国强制实施内部控制有效性评价标准后，不少学者围绕如何量化评价内部控制展开研究。池国华（2011）从评价指标、评价标准和评价方法等方面构建了中国上市公司内部控制评价指数系统。池国华等（2011）提出构建整体内部控制系统必须坚持的基本原则，分析了内部控制评价系统的整体架构和逻辑框架，并给出了逻辑框架下的设计方案。张先治、戴文涛（2011）构建了定性与定量相结合的风险评估指标体系,并运用多层次模糊综合评价方法来定量评价内部控制。陈关亭(2013)则先采用层次分析法和模糊综合评价法重构内控评价指标模型,然后以案例进行应用研究和检验。张兆国、张旺峰、杨清香(2011)提出目标导向下内部控制评价体系的构建,并选取了指标,运用层次分析法和功效函数算出其得分,并以 2008 年在我国沪、深两市上市的 1033 家从事制造业及批发、零售贸易的公司作为样本,对所构建的内部控制评价体系的有效性进行实证检验。杨玉凤、王火欣、曹琼(2010)以沪市 2007 年上市公司为样本,构建内部控制信息披露质量的评价指标体系,并验证了内部控制信息披露指数和代理成本之间的相关性。朱庆锋等(2012)以某化肥生产企业为样本,用模糊综合评估法的模型和 BP 神经网络法,分别对样本企业内部控制活动构建评价指标,并量化地进行有效性的对比分析。中国上市公司内部控制指数研究课题组(2011)[①]构建以目标为基础的内部控制指数模型,然后以 2009 年我国 A 股上市公司的相关数据计算上市公司的内部控制指数,并其对有效性进行了实证检验。

(3)采用案例研究方法。

吴水澎、陈汉文、邵贤弟(2000)运用内部控制整体框架对郑州亚细亚集团内控失败案例进行系统分析,认为权威部门应制定内部控制标准。戴彦(2006)则以 A 省电网公司为例,构建内部控制评价体系的程序和方法。于增彪等(2007)以亚新科公司内部控制评价体系为例,提出了构建企业内部控制评价体系的思路。南京大学会计与财务研究课题组(2010)则基于 112 个企业,运用案例研究方法分析企业内部控制评价五要素中的关键控制点,通过揭示关键控制点的问题,指出我国要完善内部控制建设。

2. 自愿披露评价报告与内部控制有效性的关系研究

由于 SOX 法案前,内部控制评价报告的披露为非强制性的,尽管披露内部控制信息可以降低信息不对称,但同时也会带来评价成本。许多学者分析自愿披露内控信息公司的特征,Ragahunandan 和 Rama(1994)对《财富》100 强公司 1993 年年度报告进行了考察,发现部分公司年报中提供了内部控制相关信息,并发现规模大的公司披露内部控制系统信息较多,但未对内控是否有效进行评价。McMullen 等(1996)对 1993 年 2221 家公司进行调查,发现只有 33.4% 的

---

① 为落实企业内部控制规范及配套指引,财政部设立全国重点会计科研课题——中国上市公司内部控制指数研究,迪博公司和厦门大学分别设立内部控制研究课题组,研究中国上市公司内部控制指数,并先后于 2011 年对外发布。

提供了内部控制相关的报告，并对内部控制报告中存在的问题进行了调查，结果发现财务报告有问题的小公司更不愿披露内部控制相关信息。Hermanson（2000）对财务报告使用者进行了问卷调查，结果发现，被调查者认为相比强制披露的内部控制报告，自愿披露更能促进公司改善内部控制系统，为投资者提供更加有用的信息。

从2011年开始，我国上市公司强制披露内部控制评价报告逐步实施，之前的内控信息披露为自愿披露。李明辉等（2003）对我国2001年A股上市公司内部控制信息披露状况进行了研究，发现只有4家商业银行和证券公司出于证监会的特殊要求披露内部控制信息较详细，其他上市公司自愿性披露动机不强，均流于形式。方红星、孙翯（2007）以2006年沪市上市公司为样本，分析了公司内部控制信息披露的行为及其动因，并发现那些总资产规模较大、审计师出具标准审计意见、国有控股的上市公司更有动机披露内部控制情况的相关信息。林斌、饶静（2009）则基于信号传递理论，对企业自愿披露内部控制鉴证报告的原因进行了理论分析与实证检验。结果发现，内部控制质量更好的公司，为了向外界传递利好信息，更有动机披露其内部控制鉴证报告。

3. 内部控制有效性影响因素研究

在企业内部控制有效性的评价中，最关键的内容是对企业内部控制是否存在重大缺陷的确定，国外大量文献围绕影响企业内部控制缺陷的主要因素进行研究，而国内在上市公司披露的内部控制评价报告中，较少出现披露企业存在内部控制缺陷的情况，部分上市公司缺陷确定标准还不明确。因此，学者们主要围绕企业内部控制信息披露以及内部控制质量等方面的影响因素展开讨论，主要是从内部治理结构、公司特征等方面分析对内部控制有效性的影响。

（1）内部治理结构方面。

已有文献研究了内部控制质量与董事会和审计委员会的关系。例如，Krishnan（2005）研究了内部控制与审计委员会和董事会特征变量之间的关系，发现公司审计委员会的独立性和财务专家人数与其内部控制问题的多少显著相关，但审计委员会规模大小与内部控制没有显著关系。另外，管理层的财务背景、审计师任期和财务压力也与公司内部控制问题相关，而内部审计、外部审计师和董事会与内部控制质量的关系不明显。Udi Hoitash等（2009）研究发现董事会质量越高，内部控制有效性越高，同时审计委员会中财务和会计经验的专家越多，所披露的内部控制缺陷就越少。Naiker和Sharma（2009）也验证了SOX法案404条款下披露的内部控制缺陷与审计委员会中前任审计合伙人间的关系，认为有财务专长的审计委员会成员能提高内部控制质量，研究发现，成员中有前任审计合伙人的审计委员会，其监督内部控制和财务报告的效率更高。

刘亚莉等（2011）发现那些披露内部控制缺陷的公司，其审计委员会成立时间相对较短，并且董事长同时兼任总经理的情况较多，以及外部审计师变更也比较频繁。赵息、许宁宁（2013）以2008~2011年深市A股主板市场财务重述公司作为内部控制缺陷样本公司，研究了管理层权力对内部控制缺陷披露的影响。实证发现，当公司治理机制弱化和内部控制缺陷标准模糊时，管理层会利用控制权影响内部控制缺陷的披露。陈汉文、王韦程（2014）以我国上市公司2009~2013年5年的数据为样本，检验了董事长特征和薪酬水平与企业内部控制质量的关系，运用厦门大学内部控制指数研究课题组发布的上市公司内部控制指数，来衡量企业内部控制质量，结果发现，董事长特征及薪酬水平对内部控制质量的影响非常显著。

（2）公司特征方面。

大量文献从组织结构变动、业务复杂性、财务状况、企业规模、成立时间、成长性等特征考察了对内部控制质量产生的影响。Ge和McVay（2005）对SOX法案后披露内部控制缺陷的261家样本公司进行了调查分析，发现披露重大缺陷的公司会计控制资源不充分，存货或应收账款等账户层面的重大缺陷较多，并且其披露的重大缺陷和业务复杂性显著正向相关，与公司规模大小以及企业业绩的盈利性负向相关。Doyle等（2007）对2002年8月至2005年8月披露了内部控制重大缺陷的779家公司进行调查，发现规模小，成立时间不长，财务状况差，比较复杂，快速增长以及经过重组的公司内控问题严重，还检验了公司治理对内部控制的作用。Ashbaugh-Skaife等（2007）也发现公司的经营复杂性、组织变动、会计风险等对内部控制影响较大，公司涉及行业越多、经营范围越广，会使企业内部控制设计和执行难度越大，企业增长过快，存货过多以及企业兼并或重组也会使内部控制风险增加。Ge和Park（2009）研究发现，企业内部控制缺陷的披露与企业在会计资源以及内部控制方面的安排有关，并发现那些披露内部控制存在重大缺陷的公司，其具有更差的盈利性，业务复杂程度也更高。Bronson等（2006）研究显示，那些自愿披露内部控制评价报告的公司，其具有公司规模更大、销售收入增长更快，审计委员会开会频率更高以及机构投资者持股比例更高的特征。Harmmersley等（2007）则研究了股票价格对内部控制缺陷产生的影响，并检验了管理者的报酬与内部控制缺陷之间的关系。

蔡吉甫（2005）用实证研究方法发现，公司经营能力、财务报告质量以及财务状况对公司披露内部控制信息质量影响较大。方红星和孙翯（2007）验证了自愿披露内部控制相关信息的公司会受是否在海外上市、资产规模大小、审计师意见以及是否是国有控股等因素的影响。杨有红和毛新述（2011）检验了自愿披露内部控制自我评价报告的公司相比未披露的公司在盈余的持续性、可预测性和价值相关性等三个方面显著更高，表明自愿披露信息的公司具有更高的财务报告质量。韩玲（2012）通过对1164家深市上市公司2010年和2011年两年的数据进行实证分析，结果发现，公司规模、异地上市、股权结构、审计委员会、盈利能力、制度规范等对内部控制自我评价报告的披露有着显著的影响。赵璨、曹伟、朱锦余（2013）以我国A股上市公司2007~2010年的数据为样本，用深圳迪博公司提供的上市公司内部控制评价指数衡量内部控制质量，研究内部控制质量与上市公司发生违规之间的关系。

（3）其他方面。

有从外部审计师角度研究其对内部控制有效性影响的，认为外部审计师对企业内部控制的评价相比企业董事会对内部控制进行自我评价有替代并且互补的作用（张川等，2009），外部审计质量和意见类型影响内部控制信息披露（袁凤林、尧华英，2011）。有从不同上市地点角度，考察海内外上市公司进行内部控制信息披露的动机（方红星、孙翯，2007），还有基于信号传递理论分析，验证设立内审部门以及有再融资计划公司更愿意披露内部控制评价报告（林斌、饶静，2009）。

4. 内部控制有效性与其经济后果的研究

内部控制有效性报告的披露会对公司盈余质量、资本成本等造成影响，也会引起不同的市场反应。

（1）内部控制有效性对盈余质量的影响。

Bedard（2006）和Doyle等（2007）都调查研究了内部控制缺陷和应计质量之间的关系，并发现内部控制有效性评价报告与公司应计质量有关，企业内部控制质量的高低会影响应计质量的高低。Bedard（2006）发现披露内部控制缺陷的当年，应计质量很异常。Doyle等（2007）通过对2002~2005年共705家披露了重大缺陷的公司进行调查，发现内部控制缺陷会导致盈余或应计质量下降，弱的内部控制和低的应计质量是由于公司层面弱的内部控制披露引起，并且还发现披露了内控缺陷和没披露内控缺陷的公司在应计质量上没有差别。Ashbaugh-Skaife等（2008）在Bedard和Doyle等研究的基础上进行了持续的延伸跟踪，发现披露内部控制缺陷的公司，其应计质量较低，有效的内部控制可以减少财务信息产生过程中各种有意、无意的错误,增加财务报告可靠性。Chan 等 (2008) 验证了披露内部控制缺陷的公司有较高的操纵和较低的应计质量,导致较低的盈余质量。Altamuro 和 Beatty (2009) 研究发现内部控制的强制披露提高了上市公司财务报告披露质量。B. Jaggi 等 (2014) 考察了在后 SOX 时期,专家审计师是否会减轻重大缺陷公司的财务风险,通过检验了被"国际四大"内行业专家审计的内部控制缺陷公司的盈余质量高于被"国际四大"内非行业专家审计的缺陷公司,特别是公司层面的内控缺陷。

方红星和金玉娜 (2011) 研究了内部控制质量与盈余程度的关系,发现具有高质量内部控制的公司,盈余管理程度较低。吴益兵 (2012) 以我国 A 股上市公司 2007~2008 年数据为样本,研究了企业内部控制的定价效应以及其对盈余管理的影响,实证结果显示,内部控制质量水平与盈余管理之间负向关系明显,表明内部控制质量水平具有抑制公司盈余管理的作用,同时企业内部控制质量水平的高低还能降低企业资本成本。池国华、杨金 (2013) 以 2011 年沪市 A 股数据验证了内部控制质量的提高能促进企业价值创造能力,并用 EVA 代表企业价值创造的效果。

(2) 内部控制有效性对资本成本的影响。

Ashbaugh-Skaife 等 (2006) 研究发现内部控制缺陷与权益成本密切相关。Maria 等 (2006) 对按美国 SEC 规定进行内部控制评价披露的公司进行了研究,结果表明,那些披露了内部控制缺陷的公司其实施成本更高。Beneish 等 (2006) 证明了自愿披露内部控制缺陷会导致公司股价下降,有利于降低盈余预期和权益成本。Ogneva 等 (2007) 对 2004 年 11 月至 2006 年 1 月期间 2515 家上市公司进行研究,验证内部控制缺陷与权益成本之间的关系,结果发现,披露了内部控制缺陷的公司相比未披露公司其隐含的权益成本更高,并且发现内部控制缺陷不是直接和权益成本关联。Ashbaugh-Skaife 等 (2009) 研究表明,披露内部控制缺陷的公司其系统风险和特别风险更高,并且伴随更高的权益成本。内部控制缺陷还会影响公司贷款成本 (Dhaliwal et al., 2011;Costello and Wittenberg-Moerman, 2011;Kim et al., 2011),Dhaliwal 等 (2011) 发现受 SOX 法案 404 条款影响,披露重大缺陷公司的债券发行成本增加了,同时认为银行对债券市场监督比较有效。Costello, Wittenberg-Moerman 研究了 SOX 法案 302 条款下,公司披露内部控制缺陷对银行贷款成本的影响。Kim 等 (2011) 研究发现 SOX 法案 404 条款影响下,披露内部控制缺陷的公司比未披露缺陷公司的贷款利率和借款成本更高。Gordon 和 Wilford (2012) 也认为内部控制重大缺陷影响权益成本,并发现连续多年未调整的重大缺陷对权益成本产生重大负面影响。

夏芸、徐欣（2011）通过构建内部控制信息披露指数，研究了我国房地产上市公司内部控制信息披露质量对企业债务合约的影响，结果发现，内部控制信息披露质量能降低企业债务成本，并且有助于企业扩大融资规模。张然等（2012）验证了在不考虑其他影响因素发生变化时，披露了内部控制评价报告的公司其资本成本更低。陈汉文、周中胜（2014）利用厦门大学内控课题组构建的企业内部控制指数，研究了内部控制质量对企业债务融资成本的影响。

（3）内部控制有效性报告的披露与市场反应的关系。

Franco 等（2005）对披露内部控制缺陷的 102 家公司（其中重大缺陷45个）进行了研究，并分析公司披露内部控制缺陷对市场反应的产生影响，实证结果显示，披露了内部控制重大缺陷的公司其回报率较低；Hogan 和 Wilkins（2006）调查了审计公司对内部控制缺陷的反应，发现审计收费与内部控制缺陷的严重程度显著相关。Hammersley 等（2008）验证了披露内部控制缺陷带来股票价格的变化，并发现披露内部控制缺陷和重大缺陷会使股票价格下跌。Beneish 等（2008）进一步发现内控缺陷越严重，市场反应越大，特别是公司层面等难以审计的内控缺陷产生的影响。余海宗等（2013）以 2009~2011 年深市 A 股上市公司为样本，构建了基于投资者视角的内部控制信息披露评价指标体系，并通过实证分析了内部控制信息披露质量对市场评价和盈余信息含量的影响。张继勋等（2011）通过实验的方法检验了内部控制披露对投资者感知及投资决策的影响，实验结果表明，内部控制披露的详细程度会显著降低投资者感知的重大错报风险，进而会影响投资者的投资。杨清香、俞麟、宋丽（2012）以 2006~2009 年沪市 A 股上市公司为研究对象，据样本公司对外披露的内部控制自我评价有效性和注册会计师内部控制审核报告的有效性来确定内部控制有效性，从不同角度考察了内部控制信息披露对市场反应的影响。

（二）监督约束的相关文献

1. 内部监督

（1）董事会。

国外许多研究表明，独立董事的存在，可以改善公司内部治理机制。独立董事会导致 CEO 更替与公司业绩的相关性更高（Weisbach，1988），独立董事会降低管理层的在职消费（Brickley and James，1987）。Johnson 等（1996）指出，即便是最积极的董事会，也不会参与对公司业绩有重大影响的许多日常决策行为。Ravina（2006）的研究表明，独立董事可能会与内部人联合起来从事损害公司和中小股东利益的行为，证明了现存选任机制严重削弱了独立董事及董事会的实质独立性。孙永祥、章融（2000）研究董事会规模与公司治理及公司绩效之间的关系，实证结果表明，我国上市公司董事会规模与公司绩效之间存在负相关关系，董事会规模越小，则公司绩效越佳；而我国上市公司董事会及经理持股数量的大小与公司绩效并无显著的正相关关系。于东智、王化成（2003）验证了独立董事制度在引入之初在公司治理中并没有发挥真正的效用。于东智、池国华（2004）也研究了董事会特征与公司绩效间关系，实证结果表明，董事会规模与公司绩效指标之间存在着倒"U"型的曲线关系。叶康涛等（2007）考察了在中国证券市场上，独立董事的引入能否有效抑制大股东的"掏空"行为，结果表明，中国上市公司的独立董事变量具有内生性，在控制独立董事内生性情况下，独立董事变量与大股东资金占用显著负相关，也表明以往研究未能发现独立董事能抑制大股东"掏空"，很可能源于模型设定偏误。蔡志岳、吴世农（2007）研究了董事会特征对公司违规行为的影响。王跃堂等（2008）研究了独立董事制度与公司财务信息质量之间的关系，实证结果显示，独立董事在股权缺乏制衡的环境中能发挥监督作用，提高财务信息的有用性。崔伟、陆正飞（2008）研究了董事会规模、独立性与会计信息透明度之间的关系，结果表明，在国有企业，董事会规模与会计信息透明度呈正向显著关系，而在非国有企业中没有显著影响，另外，还发现独立董事比例与会计透明度不相关。张斌、王跃堂（2014）考察了行业专家型独立董事对复杂经营环境下特质信息释放效率的影响，结果表明，行业专家型独立董事削弱了业务复杂度和股价同步性之间的正相关关系。全怡等（2014）以2002~2012年我国A股上市公司为样本，考察了被聘为上市公司独立董事的证券分析师的来源以及独立董事身份是否有助于提高分析师的预测质量，结果表明，聘任证券分析师担任独立董事的上市公司获得了更多的股权再融资机会。

（2）审计委员会。

Simon（2001）研究表明，审计委员会的设立与公司自愿性信息披露的范围存在显著的正相关关系。Wild（1996）以美国1981年以前成立审计委员会的公司作为样本，对审计委员会与财务报告收益关系的研究显示，审计委员会的成立能丰富财务报告的信息含量，并能增强管理者的责任。Dechow（1996）和Beasley（2001）的研究也表明，审计委员会对财务报告质量和违规行为有显著影响。王雄元、管考磊（2006）用独立董事特征代替审计委员会特征，检验审计委员会制度是否提高了我国上市公司的信息披露质量，结果表明，审计委员会的独立性、成员的学历水平与信息披露质量之间存在显著的正相关关系；审计委员会的开会次数与信息披露质量之间存在显著的负相关关系；审计委员会的专业性与信息披露质量之间的关系没有通过显著性检验。张瑶、李补喜（2008）检验了审计委员会对上市公司治理的影响，实证结果显示，审计委员会对微利公司的盈余管理倾向具有潜在抑制作用。刘力、马贤明（2008）以我国 2004～2005 年获得无保留审计意见的 A 股上市公司为研究样本，考察了审计委员会与审计质量之间的关系，结果表明，设立审计委员会的公司的盈余管理绝对值显著比未设立审计委员会的公司小，说明审计委员会能显著提高审计质量。唐跃军（2008）考察审计委员会治理对上市公司年报审计意见的影响，研究结果表明，审计委员会的存在性、独立性和勤勉性对外部审计师的独立判断及所出具的审计意见影响显著，一定程度上能抑制管理层对审计意见的购买行为。谢德仁、汤晓燕（2012）以我国上市公司 2004～2010 年 A 股上市公司为样本，研究发现，审计委员会主任本地化有利于提高公司的盈余质量。表明审计委员会制度建设需关注影响委员们信息获取能力的个人特征。向锐、杨雅婷（2016）以 2011 年至 2013 年度我国证券市场 A 股上市公司为研究样本，实证检验了审计委员会主任背景特征与公司盈余管理之间的关系。研究发现，审计委员会主任的教育程度和本地化可以显著抑制应计与真实盈余管理，而审计委员会主任的薪酬可以显著抑制应计盈余管理，却无法显著地抑制真实盈余管理。

（3）监事会。

薛祖云、黄彤（2004）选取 2001 年和 2002 年被出具非标准无保留意见的我国上市公司作为测试样本，对公司董事会、监事会制度与会计信息质量之间的关系进行验证，结果表明，我国的董事会、监事会制度在监督公司财务方面发挥了一定作用，董事会和监事会规模、会议频率、持股数量、持股比例等都与公司会计信息质量呈显著相关。Jay（2005）的研究表明，独立董事制度与监事会制度间有替代性，公司应根据实际情况选择一种相对有效的治理制度才能达到股东财富最大化。胡坚（2010）结合国内外情况，对监事会的监督职能进行了系统研究。

（4）内部审计。

学者们主要围绕内部审计观念的转变（余玉苗，1993）、理论方法的发展（刘力云，1995），在实践中的应用（王文斌、林钟高，1994；朱小平、余谦，2000），以及内部审计发展趋势（庄恩岳，1997；蔡春，1996）。SOX 法案后，内部审计协会在内部审计中发挥重要作用，内部审计功能逐步转向以内部控制、风险管理为主。更多文献关注内部审计治理特征、模式于理念，内部审计与风险管理，内部审计与内部控制等。时现等（2011）通过对亚太地区的调查，结合IIA内部审计治理模型，探讨了内部审计在公司治理中的作用，提出不同企业应该选择不同的内部审计增值途径，随着公司治理模式的趋同，未来内部审计监督职能会发生转变。梁水源（2012）分析了美国公司内部审计以增加企业价值为目的的增值服务，建议我国应通过法律完善内部审计的信息披露机制。王兵等（2014）以深市中小板为样本，研究了内部审计负责人的个人特征宇公司盈余质量之间的关系，结果发现内审负责人的性别、资历及工作经验等特征对上市公司盈余质量有显著影响。

2. 外部监督

（1）政府监督。

陈国辉、李长群（2000）研究了政府监管与会计市场失灵间的关系，认为政府监管会计市场要遵循成本—效益原则，并且严格限制市场失灵领域，应能补救市场缺陷。刘明辉、张宜霞（2002）分析了我国上市公司的会计监管制度，为提高财务信息披露的充分性和完整性，保持股票市场的有效性，我国应完善公司会计监管制度，改善监管的措施和手段，从而提高监管的效率和效果。伍利娜、高强（2002）研究了政府监管部门对企业的处罚公告在股票市场产生的影响，结果表明，市场对处罚公告在公布后的较短时窗内具有显著的反应，并进一步验证了股票市场对处罚公告和CPA负面审计意见的反应，结果证实资本市场对处罚公告和负面审计意见的反应具有显著差异。洪正、周轶海（2008）用模型分析了监管对内部监督的替代，进而对银行价值的影响。朱峰（2007）通过构建模型分析了外部监督和激励契约对审计师的独立性和审计质量的影响，结果发现，在激励契约安排下，外部监督有利于促使审计师保持独立性。方军雄、向晓曦（2009）研究了外部监管对上市公司信息披露的影响，结果表明，外部监管显著改善了上市公司的信息披露质量，但改善幅度受到公司所处地区环境的影响，改善作用在欠发达地区更为显著。王俊秋、张奇峰（2010）验证了不同层级的政府干预与上市公司财务重述之间的关系，研究发现，政府控制的公司，尤其是地方政府控制的公司发生财务重述的概率更高。王恩山（2011）认为，我国政府不但以社会管理者的身份对上市公司的审计需求进行影响，而且还以大多数上市公司最终控制人的身份对审计需求进行更直接的干预。王兵等（2011）研究了政府的行政处罚对外部审计师审计质量的影响。实证结果表明我国证监会对会计师事务所和审计师的行政处罚以及处罚力度均并未显著改进上市公司审计师的审计质量。田野、陈全（2012）以2004~2009年我国证券市场中申请撤销特别处理的ST公司为研究样本，考察了转轨经济环境下，我国政府监管部门执行自主批量审批的效率。谢志明（2014）以2009~2011年重污染行业上市公司为样本，研究政府和媒体监管对企业环境管理行为的影响，结果显示，媒体报道能显著促进企业环境管理行为，政府监管在制度完善，且不存在权力寻租的情况下，对企业环境管理行为具有显著的积极推动作用。李曼（2014）基于计划行为理论，研究了政府监管对公司内部审计行为的影响，结果显示，上市公司的监管已见成效，而国有企业的监管还有赖于高管层的配合。

（2）外部审计师监督。

车宣呈（2007）以我国资本市场为背景，从独立审计师选择与公司治理的视角出发，较全面地探讨了独立审计与公司治理因素的相关性。结果表明，独立审计师选择与治理因素之间总体上具有显著相关性，说明独立审计总体上具有了治理功效，可以起到外部治理机制作用。金鑫、雷光勇（2011）选取中国A股上市公司2002~2009年的数据为样本，研究审计作为公司外部治理机制对税收激进活动的监督作用，结果发现，高质量外部审计可以有效制约企业税收激进活动，且这种制约作用在非国有企业税收激进活动的治理效率更突出。罗春华等（2014）选取2007~2011年上市公司作为样本，实证分析了注册会计师的个人特征与公司会计信息稳健性的关系，结果显示，职位越高的女性注册会计师，其审计的财务报告信息稳健性水平越高。陈关亭等（2014）以我国发行信用债券的1891个企业为样本，从信用评级视角，研究了高水平审计师选择与高质量会计信息的信号替代性，结果表明，拥有高质量会计信息的企业更可能选择高水平审计师。

（3）其他外部监督。

除了政府监督与审计师监督外，学者们还从分析师跟进、党内巡视监督以及舆论媒体监督等方面进行了相关研究。仓勇涛等（2011）将分析师作为外部监督约束的代表，分析了分析师跟进与公司盈余管理之间的关系，结果表明，有外部约束机制时，管理层利用信息优势将动机隐藏于不被识别的空间，提示监管者，在资本市场新事物出现时，应关注其对管理层财务空间变换的影响。党的十八大以来，巡视监督作为党内最高监督受到人们广泛关注，巡视监督制度是一种自上而下的监督制度，具有长远的功能机制，其弥补了我国其他监督制度的空白（许耀桐，2008），要将巡视监督与其他监督有机结合起来（钟龙彪，2014；谭鹏，2016），充分发挥巡视监督作用，深化改革、完善各项配套制度，健全各项体制机制（王岐山，2015）。少数文献从规范的角度定性分析了巡视监督对单位"一把手"的影响，巡视监督是监督单位"一把手"的良药（徐静村，2006），也有学者认为，巡视制度当前的监督方式对"一把手"仍还不够，这种"自上而下"的监督应与"自下而上"的监督和横向监督相结合（任铁缨，2007），通过"专项巡视"扩大其"覆盖面"，增强巡视监督的辐射力，推进巡视监督"常态化"发展，增强巡视监督的聚合力和持久力（刘占虎，2015），建立巡视报告公开制度，以及对所有主体的问责机制（任建明、林文根，2009）。近年来舆论监督的作用日益凸显，舆论媒体的报道能对公司违规行为起抑制作用（郑路航，2012），监督高管薪酬（杨德明、赵璨，2012）及高管职位变化（肖晓蒙，2014），降低管理层成本（彭桃英、汲德雅2014）。但是舆论媒体监督作为一种不能直接参与到企业的外部监督，对企业内部治理的作用受政府行政干预的影响。

（三）监督约束与内部控制有效性的文献

关于监督与内部控制有效性评价的相关研究，已有文献主要分为两类，第一类是内部监督对内部控制有效性影响的研究，学者们大多围绕审计委员会和独立董事展开；第二类是外部监督对内部控制有效性影响的研究，大量文献研究了外部审计监督与企业内部控制有效性之间的关系，少数文献从政府监督、媒体监督等角度，研究其对企业内部控制有效性的影响。

1. 内部监督对内部控制有效性的影响

McMullen（1996）验证了审计委员会的监督作用，发现企业内部审计委员会对于财务报告流程（包括内部控制系统和公认会计原则的运用）和整个审计流程（包括内部和外部审计）的监督作用。Goh（2009）研究了董事会和审计委员会组成对内部控制重大缺陷及整改的影响。Munsif（2013）研究发现审计委员会规模更大，召开会议频次更多的公司，更有可能在早期发现内部控制问题预警。Lin等（2011）研究表明，404条款后企业内部审计监督职能有利于防止企业内部控制重大缺陷的发生。董卉娜、朱志雄（2012）以2009年深市主板A股上市公司为研究样本，实证检验了审计委员会特征对内部控制缺陷的影响。研究发现，上市公司审计委员会设立时间越长、规模越大、独立性越强，公司内部控制存在缺陷的可能性越小。薛祖云、黄彤（2004）验证了董事会、监事会特征能促进会计信息质量的改善。陈汉文、王韦程（2014）验证了董事长比审计委员会对内部控制质量的影响更大。王红秀、黄政（2014）分析了董事会特征对财务报告内部控制有效性的影响，结果表明，董事会的独立性与财务报告内部控制有效性显著正相关，董事会的会议频率与财务报告内部控制有效性显著负相关，董事会规模、两职合一等特征则没有显著影响。刘焱、姚海鑫（2014）分析验证了高管权利、审计委员会专业性对内部控制缺陷的影响。

2. 外部监督对内部控制有效性的影响

陈汉文、张宜霞（2008）从审计师视角探讨了内部控制有效性的评价方法。袁凤林、尧华英（2011）的研究表明，审计师服务质量与审计意见对内部控制信息披露质量有重要影响。张先治等（2011）强调了审计师和政府监管对企业内部控制有效性的重要影响。Prowse（1997）发现公司最重要的治理机制是监管，SOX法案实质上是基于"规制或监管"的视角，目的是通过内部控制评价监督，增强内部控制和财务信息的可靠程度，维护中小投资者权益，使资本市场能有序运行（张先治、戴文涛，2011）。Bedard等（2011）研究显示，企业很多未整改的内部控制缺陷都是外部审计师在评价内部控制过程中发现的。陈志斌等（2007）认为外部机构或行政部门执行的检查监督对内部控制评价是较为行之有效的执行机制。陈骏（2014）以2006~2011年上海证券交易所上证治理板块和海内外同时上市的公司为研究样本，运用双重差分模型检验上市公司在内控监管实施前后企业销售与管理费用的异常变化，研究结果表明，内控强制监管确实给企业带来了额外的遵循成本，进一步的研究发现，我国企业为应对外部监管而投入遵循成本的内在动因，可能仅为满足"形式合规"的要求，而非实质改善内部控制的有效性。刘启亮等（2012）研究了产权性质和制度背景对内部控制质量的影响，并利用厦门大学课题组内部控制指数衡量内部控制质量，结果发现，中央政府控制的公司以及非政府控制公司的内部控制质量相对较高。彭桃英等（2014）选取我国2008~2011年A股上市公司为研究样本，研究了媒体监督、内部控制质量与管理层代理成本之间的关系，研究结果表明媒体监督与内部控制质量对于降低管理层代理成本具有合力作用。

（四）内部控制有效性其他相关文献

部分学者基于不同理论角度对内部控制展开研究，刘明辉等（2002）从经济学和管理学的角度研究内部控制，借鉴系统论和新制度经济学等相关理论，研究了内部控制的内涵、治理权的分配、外部效应以及与资本市场的关系。陈志斌（2004）提出严格的问责机制是内部控制制度有效实施的机制保障，问责制作为一种惩罚机制，能保证内部控制制度的有效实施。杨雄胜（2006）用演化经济学观点分析了内部控制目标是实现企业长寿，最终目标是赢得社会的认同，提高其影响力。林钟高等（2007）基于契约经济学理论，研究了内部控制的契约属性。张龙平、刘光忠（2010）则从内部控制理论发展的角度，认为内部控制从最初的内部牵制发展为内部控制整体框架，很大程度上归功于外部审计人员。王奇杰（2011）以博弈论为理论基础对内部控制信息披露展开研究，通过构建模型，分析了不同质量的公司对披露内部控制信息水平的选择，并从监管博弈角度，分析了上市公司和监管部门的行为选择。有些学者基于不同视角对内部控制进行研究，李连华（2005）基于公司治理角度，探讨了内部控制与公司治理结构之间的关系。池国华（2010）基于管理者视角，认为只有站在管理者角度构建企业内部控制评价系统模式才具有普遍适用意义，才能解决根本问题。韩洪灵等（2009）根据COSO颁布的《内部控制系统监督指南》，提出了基于风险导向的内部控制监督模型和基于管理视角的内部控制评价。张继勋等（2014）从投资者角度进行分析，认为对内部控制进行评价是保护投资者利益的重要手段。

（五）文献评述

内部控制有效性目前已成为公司治理领域研究的热点问题之一，具有很强的理论意义和实践价值。同时研究监督约束体系对内部控制有效性的影响问题也具有很重要的现实意义，因为企业内部控制的失效，大多是监督机制的失灵所致。重构内外部监督体系，资源整合、明确权责，对企业内部控制质量的提高和企业价值的提升有着积极的作用。

纵观国内外相关文献，国外对内部控制有效性方面的研究已取得一定的成果，主要集中在内部控制有效性的评价方法、内部控制有效性评价的实施成本、内部控制缺陷影响因素和经济后果等方面，其中影响因素的研究中对于公司内部治理和公司特征的研究已相当成熟。国内相关问题研究起步较晚，主要是借鉴国外的相关理论及研究成果，再结合中国市场的特点进行研究，主要围绕我国内部控制有效性评价标准、评价方法及体系建设、内部控制信息披露的影响因素和经济后果等方面内容进行探讨，实证研究方法也主要借鉴国外的研究模型，加以适当的修正而得，再选取我国资本市场经验数据进行验证，研究视角也逐步多元化，丰富了我国内部控制有效性评价理论研究领域。

但国内内部控制有效性评价相关问题的研究还相当有限，从发表在相关领域国内4类权威期刊（《审计研究》《会计研究》《管理世界》《南开管理评论》）截至2015年5月的文献来看，以内部控制信息披露为主题的文献共16篇，其中《审计研究》10篇，《会计研究》6篇；以内部控制质量为题的文献共18篇,其中,《会计研究》8篇,《审计研究》6篇,《管理世界》1篇,《南开管理评论》3篇;以内部控制评价为主题的文献共26篇,《会计研究》《审计研究》各12篇,《管理世界》1篇,《南开管理评论》1篇。已有文献为内部控制评价的研究奠定了一定的基础,但在以下方面还存在研究的空白:第一,已有文献较少将"监督"与"内部控制有效性评价"相结合,从4类权威期刊中主题含"监督"与"内部控制有效性评价"的文献共3篇,而且都只是从外部监督或者内部监督的某一方面进行单一视角的分析。第二,已有文献鲜见将独立董事、审计委员会、监事会合起来一起进行理论和实证研究的。第三,将内部控制有效性评价与内外部监督约束机制结合在一起进行研究的文献几乎没有。

三、研究思路与研究方法

(一) 研究思路

本书首先通过对相关文献的回顾,内部控制有效性评价的理论与实务的发展演变分析,并结合内部控制有效性评价与监督等相关基本理论,及我国内部控制有效性评价的实施现状,分析内部控制评价的影响因素,提出监督是最关键的影响因素,再结合我国实际及监督约束主体,运用契约理论、委托代理理论、利益相关者理论和公共利益理论等基础理论深入分析并实证检验了内外部监督主体对内部控制质量的影响动机及机理,并进行了内外部监督的拓展性分析和验证,最后为我国内部控制有效性评价与监督提出相关监管政策建议。本书研究思路如图0-1所示。

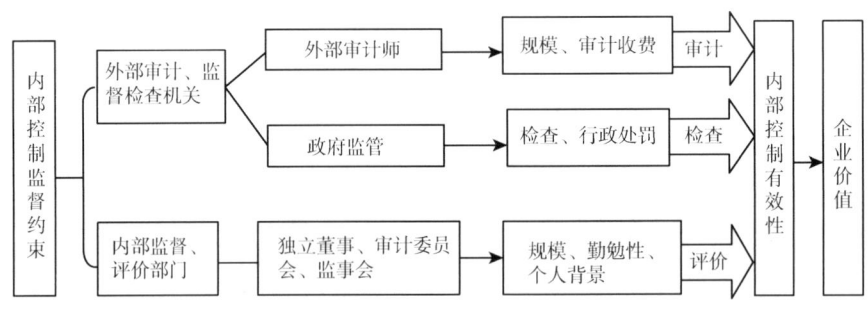

图0-1 研究路径

（二）研究方法

本书采用理论研究与实证研究相结合的研究方法，先采用文献综述的方法归纳出研究现状以及研究的主要内容，再根据内部控制理论、委托代理理论、契约论、利益相关者理论、公共利益理论等基础理论发展演绎分析内部控制有效性评价的产生和持续发展的必然性，结合内部控制有效性评价现状，分析影响因素以及各相关利益者的行为动机，再从企业内外监督主体角度分析对内部控制质量以及企业价值的影响机理及敏感性，并用实证的方法加以分析论证，最后归纳总结并提出改进内控质量的政策建议。

本书理论部分主要采用规范研究的方法，用基础理论分析内外部监督对内部控制质量及其经济后果的影响，再结合实证研究方法，选取资本市场上市公司2011~2014年的数据，借助多元回归模型进行分析，探究影响内外部评价、监督主体与内部控制质量间的关系，检验企业内外部各个监督主体对内部控制质量的影响作用，另外，还检验内外监督主体影响企业内部控制质量的同时是否影响企业价值。

最后，本书运用规范研究的方法，进一步归纳总结出全书的主要研究结论，并提出相关政策建议。

四、研究内容与框架

（一）研究内容

本书以委托代理理论、契约论、利益相关者理论以及政府管制理论等为基础，研究内外部监督对内部控制有效性及其经济后果的影响，探求和验证其影响机理，并为内外部监督体系的构建提出政策建议。

第一部分为导论部分，先介绍本书的研究背景与研究意义，进而提出本书的研究价值所在，然后结合国内外已有研究，归纳总结出本书的研究方法、研究思路、主要内容及框架，并对相关概念进行界定。

第二部分为企业内部控制监督与有效性评价的理论基础与发展现状。

首先介绍监督约束和内部控制有效性评价的发展演进，我国在回顾内部控制有效性评价理论与实践发展的同时，介绍了内部控制发展经历的几个阶段，从早期的内部牵制的目的主要是查错防弊，发展到以内部控制整体框架，以实现企业经营的效率效果、财务报告的可靠性、资产的安全、相关法规的遵循性以及战略管理等目标的全面内部控制。内部控制有效性评价在其不同的阶段也得到了发展，COSO内部控制框架发布后，不少企业开始以COSO报告为标准进行自愿评价，并披露内部控制有效性报告，SOX法案后，企业高管披露内部控制有效性评价报告和注册会计师对内部控制有效性进行审计成为强制要求。

其次介绍相关理论基础，科斯的"合约观"，开创了契约理论的先河，将企业看成是契约的联结体，随着经济的发展，内部控制对契约的实施发挥着重要的作用。内部控制的产生起源于所有权和经营权的分离，由于两权分离导致了委托代理问题的产生，委托代理理论以Jensen和Meckling于1976年提出的代理理论（principal-agent theory）为基础发展而来，主要为解决委托代理冲突，由于委托人与代理人都是"理性经济人"，两者既存在代理利益，又存在代理冲突，为防止代理方因信息差异出现逆向选择和道德风险问题，委托人需要通过层层严密的契约关系（即内部控制）和对其严格监督来限制代理行为，保护投资者利益。内部控制评价作为对内部控制进行再控制的一种手段，可以缓解代理冲突问题，是保护各利益相关者利益的有效手段。而内部控制的有效性离不开有效的监督机制，为保护公司全体股东的利益，需要代表公共利益的外部审计师和政府监管部门对企业内部控制的进行审计和监督检查。本书分别利用契约论、委托代理理论、利益相关者理论以及政府管制理论等分析公司各监督主体与企业内部控制有效性之间的关系。

最后结合当前我国上市公司内部控制及有效性评价的实施现状，找出企业在实施内部控制有效性评价过程中存在的实际问题，进一步分析影响其内部控制有效性评价工作实施的内在原因。

第三部分为内部控制有效性评价体系，主要介绍内部控制有效性评价目标、依据、评价标准、内容范围、内部控制缺陷认定标准、内部控制有效性评价程序以及内部控制有效性评价指标体系等。

第四部分为监督约束对企业内部控制有效性影响的理论分析，首先从企业内部控制有效性评价的内在需求出发，分析企业内部控制有效性的各种影响因素，其中监督约束是最为关键的影响因素之一；其次介绍对企业内部控制进行评价监督的模式，再分别从内部和外部监督约束分析对内部控制有效性的影响。内部控制重大缺陷，往往是由于管理层凌驾于内部控制之上或内部串通舞弊造成，加强对内部控制的过程监督，提高内部控制质量成为委托方的需要。监督机制的完善与否对内部控制质量的高低起决定性作用，会对内部控制及评价的工作质量造成影响。本章基于委托代理理论、契约论、利益相关者理论、公共利益理论分别分析内外部监督对内部控制评价质量的影响动机及机理。我国制度要求引入独立董事、设立审计委员会目的是为缓解信息不对称,主要基于保护全体股东利益,公司法规定设立监事会对公司重大事项及制度进行监督,在激励契约制度下,内部监督会代表委托方的利益和自身利益履行职责,促进企业内部控制质量的提高,进而有利于企业目标和企业价值的实现。委托代理关系下的外部审计师,通过高质量的审计,可以发现并减少企业内部控制缺陷,帮助企业改善内部控制及其评价质量,随着资本市场的逐步发展与完善,外部审计师逐渐成为资本市场上投资者的依赖,审计具有公共产品的作用日益凸显。此外,政府基于公共利益理论,主要职责是实现社会公共利益,由于我国正处于经济转型期,资本市场不够完善,使政府监管在保护投资者权益上扮演重要角色,其监管政策和措施会促进企业内部控制质量的提高,使企业能健康持久发展。

第五部分为内外部监督对内部控制有效性影响的实证分析,该部分首先检验企业内部各监督主体对内部控制有效性的影响,企业内部对内部控制有效性进行评价监督的主体主要是独立董事、审计委员会和监事会,因此,本书就内部监督的三个监督主体对内部控制有效性的影响展开研究。借鉴 McMullen 等(1996)、Krishnan(2005)、Yan(2007)、Goh(2007)、Bronson(2006)模型,调查和分析内部监督特征对内部控制质量的影响,构建相关回归模型,并分别验证三个内部监督主体特征对内部控制有效性的影响机理。其次,检验外部监督对内部控制有效性的影响,外部直接监督主体为外部审计师和政府监管,外部审计师监督主要借鉴 DeAngelo(1981)对审计质量的替代变量,Ge 和 McVay(2005)以及 Ashbaugh-Skaife 等(2007)相关模型调查了内部控制信息披露问题与外部审计师类型之间的联系,进一步考察审计质量可能对内部控制质量的影响(Elitzur and Falk,1996;雷光勇、刘丹,2006),还考虑到审计意见代表审计结果具有信息传递作用,对投资者投资产生影响,借鉴 Lennox(2005)和方军雄、洪剑峭(2008)中的相关回归模型,检验审计意见对内部控制质量的改进的影响。政府监管对内部控制有效性的影响,则采用被检查、行政罚款前后给内部控制质量带来的变化进行衡量。并分别比较了不同企业性质,以及不同管辖范围的企业对行政处罚的反应。

第六部分为监督约束对内部控制有效性后果的拓展分析,拓展分析主要是为了监督约束对内部控制有效性的影响可以"落脚"[①]。内部控制质量的提高有利

---

① 企业实施内部控制评价,对其进行监督约束,提高其评价质量的目的,最终是为了实现企业目标,提高企业整体价值。

于企业内部控制目标和企业目标的实现,健全的监督机制有利于企业内部控制质量的提高,为企业价值的实现提供保障。该部分首先验证内部控制质量对企业价值的影响,然后结合第四部分内外监督因素对内部控制质量的影响,进一步验证在内外监督因素影响下,内部控制质量对企业价值的影响。

第七部分为研究结论。在总结现有内外监督约束对内部控制有效性影响的基础上,提出我国上市公司应构建有效的内部监督约束基础环境,企业内部控制失效,在很大程度上源于公司治理在股东、董事会、监事会以及管理层之间的权责利划分不合理,应创建以人为本的内部控制环境,并构建有效的内部监督约束流程。外部监督约束的失灵也影响内部控制质量,应从加强法律制度和诚信体系等建设入手构建有效的外部监督约束。在此基础上,构建内外"和谐"共处的监督约束环境,有助于提高内部控制有效性水平,进而提升企业整体价值,使企业能保持持久发展。

(二) 研究框架

本书研究框架如图 0-2 所示。

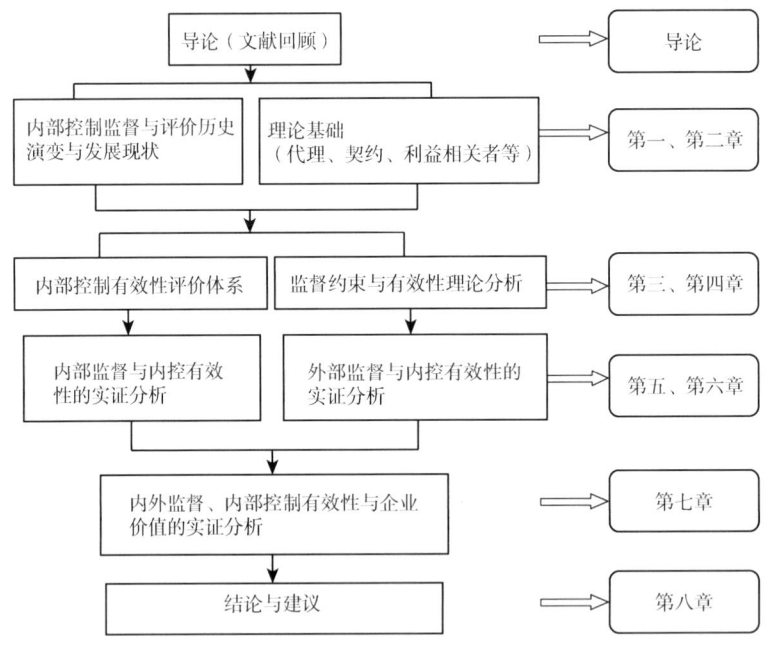

图 0-2 研究框架

五、相关概念的界定

(一) 内外监督的定义与界定

1. 监督的定义

监督(supervise/supervisor),据《现代汉语词典》解释:(1)动词,是察看并督促。(2)名词,做监督工作的人。《古汉语常用字字典》解释为:(1)监察督促,《水浒传》第五十六回:"叫汤隆打起一把钩镰枪做样,却教雷横提调监督。",《隋书·炀帝纪上》记载:"(大业)二年春正月辛酉,东京成,赐监督者各有差。"(2)督察军事。《后汉书·荀彧传》记载:"臣闻古之遣将,上设监督之重,下建副二之任"。(3)古代主管监察的官名。如清代设十三仓监督、崇文门左右翼监督,清末学堂亦设监督。约束在字典中的解释为:(1)缠缚,束缚。《庄子·骈拇》:"约束不以纆索。"(2)限制,管束。《史记·六国年表序》:"矫称蠭出,誓盟不信,虽置质剖符犹不能约束也。"(3)规章,法令。《文子·上义》:"约束信,号令明。"《明史·梁震传》:"至则下令军中,申约束。"本书认为,"监督"是指对某个或某些特定的规章、控制环节,或活动过程进行检查和督促,促使其能按照计划的目标发展,进而实现预期目标。

1992年,COSO在《内部控制——整合框架》中将监督作为内部控制五要素之一,并指出:"监督是一个评价内部控制体系在一定时期内运行质量的过程,可以确保内部控制持续有效地运行"。2006年,COSO在其颁布的《较小型公众公司财务报告内部控制指南》中进一步描述了监督要素:一是能独立且持续的评估,以确保管理层在内部控制的其他要素中能发挥作用;二是能及时地识别和报告内部控制缺陷,将其与责任部门进行沟通,并汇报给相关的管理层和治理层。通过不同层级的监督,有利于企业实现目标。2009年,COSO委员会针对内部控制系统发布了《监督内部控制系统的指南》,并对监督要素进行了全面的阐述,基于监督的系统观,该监督指南构建了包含三要素的监督模型:即建立监督基础、设计和执行监督程序、评估和报告监督结果。该监督模型强调以风险为导向的系统监督过程,在监督过程中综合使用持续监督和单独评估。并明确要求监督程序中要包括监督和支持第三方(如外部审计师等)进行评估的总成本。

2. 内部监督的界定

我国《企业内部控制基本规范》中指出:"内部监督是企业对内部控制建立

和实施情况进行监督检查，评价内部控制的有效性，发现内部控制缺陷，应当及时加以改进"。本书所指的内部监督是企业内部对内部控制体系进行审查、监督和评价的责任主体，内部监督的目的是为企业内部控制及评价的有效实施提供保障。杨有红（2006）认为我国一元结构下的嵌入二元治理结构的"监事会、审计委员会、审计部"为公司内部监督机构的现实选择，由于考虑到内部审计部一般隶属于审计委员会，另外独立董事全部成员和监事会要分别独立地对内部控制有效性评价报告发表意见，而审计委员会是董事会下专门对财务报告和内部控制进行监督审查部门，因此，本书将内部控制监督的内部机构划分为独立董事、审计委员会和监事会。内部审计部门作为审计委员会下属部门，主要是执行审计委员会计划和实施日常事务。

3. 外部监督的界定

外部监督对内部监督可以起到有力的补充或替代的作用，本书所指的外部监督是企业外部对内部控制进行监督检查的机构或主体。一般而言，外部监督包括市场、外部审计师、新闻媒体、政府等，其中外部审计师和政府机构因其可以直接深入企业，对企业进行监督检查，获取第一手资料，而市场和新闻媒体只能获得企业的二手信息资料，本书认为能获得第一手资料的监督者为直接监督者，获得二手资料的监督者为间接监督者，相比而言，直接监督者对企业内部控制及评价质量的影响作用会更大，更有研究意义。因此，本书的外部监督主体是直接监督者，指接受委托或者强制能直接对企业进行审计或监督检查的主体，具体包括外部审计师和政府监管部门，外部审计师接受委托对企业内部控制进行审计监督，政府部门按照法律法规等强制性规定对企业进行违规监督检查，两者都能发现企业内部控制中存在的缺陷。

（二）内部控制的概念

1949 年，美国会计师协会（以下简称 AICPA）的审计程序委员会在《内部控制：一种协调制度要素及其对管理当局和独立注册会计师的重要性》的报告中，首次对内部控制进行了定义，指明内部控制是包括企业设计和采取的用于保护资产安全、会计信息准确性以及提高经营效率的所有方法和措施。

AICPA 于 1958 年 10 月发布的《审计程序公告第 29 号》对内部控制进行了重新修改，将内部控制分为会计控制和管理控制两个组成部分。会计控制是与企业资产安全及会计记录的可靠性相关的控制，而管理控制则是侧重于企业经营管理方面的控制。

1988年美国AICPA发布的《审计准则公告第55号》，提出了"内部控制结构"的概念，将内部控制划分为：控制环境、会计系统和控制程序三部分。内部控制中包括控制环境这一新要素，其拓展了内部控制的边界范围。

1992年，美国国会"发起组织委员会（COSO）"发布的《内部控制——整合框架》报告，将内部控制定义为："内部控制是指受企业各层次实施主体影响，旨在为企业实现报告、经营和合规等目标提供合理保证的过程"。

1995年，加拿大特许会计师协会（CICA）下设的COCO委员会发布了关于内部控制的《控制指南》，认为内部控制是企业管理活动中一个不可缺少的组成部分，并将内部控制划分为目的、承诺、能力、监控与学习四个组成要素。

1999年，英国发布的《内部控制框架报告》（简称《Turnbull报告》），全面拓展与深化了内控本质与概念的认识，它提出风险管理导向的、广义的内部控制观。它认为，内部控制是由董事会和管理层共同实施，旨在防止风险的发生或使风险降低到可接受水平的系统，并将内部控制嵌入公司治理中，注重资产安全目标。《Turnbull报告》在概念范畴上，确立了以风险控制为导向的、将内部控制嵌入公司治理的、控制范围更为广泛的、管理控制特性鲜明的内部控制。

2004年，COSO委员会发布了《企业风险管理——整合框架》，该报告指出：企业内部控制是风险管理中重要的组成部分，企业风险管理框架内容包含内部控制。COSO委员会还将企业风险管理划分成了八要素，并强调这些要素与企业经营和管理相融合。

2008年，我国财政部等五部委联合发布了《企业内部控制基本规范》，该规范借鉴1992年的COSO报告，将内部控制划分为内部环境、风险评估、控制活动、信息与沟通以及内部监督五个要素。

学术界对内部控制的定义：

1996年，美国纳尔逊与拉得里夫对内部控制的定义为：内部控制就是"为正确的事在正确的时间发生提供合理保证"。

1908年，法约尔明确提出了"企业内部控制"概念[①]。他认为"这种控制的目的是有助于各部门工作顺利进行，也有利于企业运营的顺利进行"。

---

① 法约尔. 工业管理与一般管理. 周安华等译，北京：中国社会科学出版社，1998.

内部控制可分为微观、中观和宏观三个层次①，微观层面的内部控制主要研究的是审计视角的内部控制，关注企业具体交易活动和业务循环流程方面的控制。中观层面的内部控制主要研究组织学视角的控制，主要关注企业内部权利职责和部门的各项控制，侧重于管理控制。宏观层面的内部控制是研究经济学视角的内部控制，其主要包括两个方面，即以交易成本为基础的内部控制和以委托代理为基础的内部控制。以交易成本为基础的内部控制包括中观层面的控制和微观层面的控制问题，而以委托代理理论为基础的内部控制主要研究企业所有者与经营者之间关系的控制问题，是宏观层面的控制。张宜霞（2007）从内部控制组成角度，将内部控制概念总结为企业治理层面的控制、企业管理控制和财务报告内部控制；并从企业整体效率视角，认为内部控制包括企业治理层面的控制和企业管理控制。

美国哈佛大学会计大师 Robert N. Anthony（2010）在《管理控制系统》一书中认为，管理控制是企业控制系统链条上的一环，它上环承接企业战略制定，下环与企业各项任务控制相连接。

杨雄胜（2011）认为，内部控制是一种系统化的制度。包括个人、组织和社会三个层面，需要运用识别、评估、计量、转化、抗御等专门的方法，目的是为防范和遏制"非我与损我"，保护与促进"自我与益我"。

樊行健、肖光红（2014）将企业内部控制定义为：企业董事会、管理层和其他员工在一定的控制环境下，通过履行牵制与约束、防护与引导、监督与影响、衡量与评价等职能，旨在实行企业报告的可靠性、法律的遵循性、经营的效率性、资产的安全性和发展的战略性等目标而发生的一项企业管理活动。

（三）内部控制有效性评价的定义

内部控制有效性评价是对内部控制是否有效进行评价，根据评价实施主体的不同，分为企业内部控制自我评价和外部审计师的内部控制审计。《企业内部控制评价指引》对内部控制评价的定义，是指企业董事会或类似权力机构对内部控制的有效性进行全面评价、形成结论、出具评价报告的过程。企业应结合内部控制设计与运行的实际情况，制定具体的内部控制评价办法，规定评价的原则、内容、程序、方法和报告形式等，明确相关机构或岗位的职责权限，

---

① Steven Maijoor: The internal control explosion [J]. *International Journal of Auditing*, 2000（4）: 101 – 109.

落实责任制，按照规定的办法、程序和要求，有序开展内部控制评价工作。董事会应当对内部控制评价报告的真实性负责。杨有红（2013）指出，企业内部控制自我评价是内部监督的一种实现方式，企业结合日常监督和专项监督，定期对企业内部控制有效性进行全面综合评价，并需要出具评价报告的过程。自我评价的目标主要是及时发现内部控制缺陷，并提出整改措施，提高内部控制有效性。董事会等类似权力机构应对内部控制评价的真实性负责，评价的责任主体为董事会、审计委员会及内审部门等①，其应组织企业内部各部门对内部控制进行自我评价，披露评价报告，并聘请外部审计师对评价报告的有效性进行审计。

根据《企业内部控制审计指引》，外部审计师进行的内部控制审计是指外部审计师接受委托，对特定基准日委托方内部控制设计和运行的有效性进行审计。并进一步明确了董事会对内部控制的建立健全和内部控制有效实施负责任，而开展的内部控制审计，在实施审计的基础上对企业内部控制的有效性发表意见，是外部审计师的责任。与财务报告审计类似，外部审计师应当对委托方内部控制评价工作进行评估，判断内部评估工作及其可利用程度，相应减少可能应有外部审计师执行的审计工作，但外部审计师应对发表的意见承担责任。

本书所指内部控制有效性评价主要是站在企业角度，指企业董事会对内部控制有效性进行的自我评价。

六、主要创新

（1）发掘内外部监督对内部控制有效性产生作用的传导机制，揭示了内外部监督约束主体对内部控制有效性的影响机理。

用委托代理理论、契约论、公共利益理论以及利益相关者理论等不同的理论诠释了内外部评价监督主体对内部控制有效性的作用机制和影响路径，在理论上拓展了内部控制有效性的研究深度与宽度，充实了内部控制监督的理论与逻辑。

（2）通过内外部监督作用下的内部控制有效性的拓展研究，揭示了代理理论和不完善契约制度下，我国内外部监督的缺陷性。

内部控制有效性经济后果的拓展研究体现了内部控制有效性和内外部监督的

---

① 杨有红. 企业内部控制系统构建·运行·评价. 北京大学出版社，2013.

现实作用和价值，这对于完善公司治理和内部控制有效性的研究框架，充实内部控制的基础理论，揭示中国制度背景下应如何保持内部控制的生命活力以实现企业科学可持续发展的努力方向等具有重要的基础性意义与价值。

（3）提出了"人本和谐"的有效内部控制监督环境的构建、监督流程和外部相关法律制度的细化和构建。

提出进一步建立与完善独立董事准入与执业制度，内部控制评价报告实行三级复核制度，以及加强法制与市场诚信制度等方面的具体政策或建议，具有独到性、开创性与可行性，充分体现了人在内部控制有效性评价中的作用，从逻辑上更能解释内部控制有效性评价实施引发的系列问题，有助于完善内部控制监督体系以及我国内部控制质量的提升。

第一章

内部控制监督与有效性评价的历史演变与发展现状

监督是指监督主体实施监察与督促活动,内部控制监督是监督主体对内部控制设计、执行及评价过程的有效性实施监督,企业内部和外部监督主体通过监督活动促进内部控制的执行,以及评价工作的开展,提高企业内部控制质量,有助于内部控制目标的实现。

企业内部控制评价作为内部控制进行再控制的一种手段,促进内部控制有效性水平的提高,实现内部控制和企业目标。通过企业内部自我评价和外部审计师的审计,发现内部控制设计或运行中存在的缺陷,并及时进行整改,为企业内部控制目标的实现和企业持续发展提供一定程度的保证,维护广大公众的利益。财政部等五部委发布的《企业内部控制基本规范》要求企业董事会等类似机构授权下属专门机构和人员,对企业内部控制的设计与执行的有效性进行评价,同时要求外部审计师出具内部控制是否有效的报告。本章主要介绍内外监督约束的制度背景,回顾内部控制评价的历史发展,再结合我国企业当前内部控制评价的实施现状,指出我国内部控制评价实施过程中存在的主要问题,并对实施困境进行了分析。

第一节

内部控制监督的发展

企业内部控制的有效实施离不开监督,内部控制监督包括内部的监督和外部的监督,内外部监督的发展是随着经济和企业内部控制的发展而发展的。以控制目标为导向的内部控制监督机制,有利于提高监督效率,保障利益相关者权益。企业内部监督与外部监督相互依存,外部监督可以一定程度上替代和弥补内部监督的不足。

一、内部监督的发展

随着经济金融全球一体化程度的推进，世界各国的监督模式总体上呈现出趋同发展的态势，企业内部监督的目标从"股东财富最大化"逐渐转变为"企业价值最大化"，监督的运行模式也逐步从"一元制监督模式"转为"多元化监督模式"。

（一）内部监督的国际发展

世界各国的内部监督模式主要有三种，即英美一元制模式、德日二元制模式和东南亚的家族治理模式。

1. 美英一元制模式

一元制模式是只在股东会下设董事会，不设监事会，董事会兼有经营和监督双重职能。传统的英美内部监督模式受西方经济和文化的影响，公司经营目标是股东利益最大化，股东会的权力凌驾于董事会、监事会至上，要求公司内部的各种权益，董事会和经理层绝对服从于公司股东会，监事会不是独立的监督主体，是按股东会的意志进行监督。20世纪后，有机体理论取代委托代理理论，该理论认为公司内部的权利来自法律，所有者与经营者只有分工不同，没有主次之分，受股东与经理层之间权利边界以及不同的个人利益目标影响，股东会无法控制董事会和经理层。随着股权的分散，没有一个股东能直接监督和控制企业的经营，导致所有权的虚化，监督流于形式，公司呈现"强管理弱股东"的内部治理结构。随着第二次世界大战时期美国经济危机的爆发，德日经济的迅速复苏，美国开始掀起商业银行、保险公司等机构投资者持有公司股票的热潮，推动公司由传统的两权分离向两权合一转变，长期的投资者通过委托投票权等方法参与公司股东大会，定期对公司高管层进行监督。这一做法一定程度上弥补了所有权虚化导致的监督空白，稳定了公司的资金渠道，降低了公司投资风险。在"董事会中心主义"治理模式下，股权分散，中小股东的权益难以得到保障。20世纪70~80年代，美国公司开始强化非执行董事代表股东利益行使内部监督职能，规定上市公司必须在董事会下设置一个完全由独立董事组成的审计委员会，独立董事全部由公司外部人员担任，以加强对内部执行董事和管理层的监督。独立董事和审计委员会的设置克服了董事会集经营权与监督权于一身，对管理层可以进行监督约束。另据统计,90年代,美国金融机构等机构投资者变得活跃,进入21世纪,美国爆发系列财务舞弊案例,导致美国通过外部监督来完善和丰富内部监督的手段,尤其是依靠资本市场的力量对内部经营层进行监督,内部监督呈现多元化的模式,独立董事在董事会中越来越具有决定性的作用,独立董事制度和外部审计制度是公司内部监督的外部化,是对英美一元内部监督模式的改良。

2. 德日二元制监督模式

德日二元制监督的主要特征是：在股东会下同时设立监事会和董事会,董事会是监事会的所属机构。德日外部市场相比美英并不是很发达,银行等机构投资者持有上市公司较多的股权,上市公司所有权集中度较高,银行等机构投资者和职工在监事会中占有一定比例,银行以投资者和债权人双重身份对上市公司进行监督,保证了监督的有效性。公司多是以大股东为主的股权结构,大股东对公司管理层进行监督,大股东多是有经验的机构投资者,并委托专门的监督机构监事会进行监督,监事会代表股东在企业的权利和地位很高。1998年,德国对商法和公司法进行了大规模修改,2002年又借鉴美国的经验教训,强化了公司治理的透明度。日本公司不同于德国公司,虽然设置监事会,赋予其监督权限,但监事会并不具有领导权,监事会和董事会这两个机构是平行的,受美国经济和完善的公司治理的影响,2002年,日本大幅修改商法,引进独立董事制度,逐步给予股份公司更多的选择权,规定其可以结合公司具体情况选择监事会或独立董事,日本采用的独立董事制度有效地完善了上市公司的治理结构,大部分上市公司均选择了废除监事会,建立独立董事制度。

3. 东南亚模式的家族监督模式

东南亚国家企业中家族企业占据了企业的很大比例,家族企业中股权高度集中在家族内部,外部股份较少,公司内部股东通常兼具管理者的身份,因此内部管理松散,以实现家庭资产利润最大化为宗旨,创业家长对公司拥有绝对的控制权和剩余分配权,内部依据血缘远近进行分配,东南亚家族公司基本不存在代理成本,但缺乏对高管层的监督,容易造成重大决策的失误。随着世界各国经济和文化的冲击,为适应企业的长期发展,公司开始向外部扩展,通过企业间交叉持股,组建新的企业集团等方式来谋求发展。东南亚家族监督模式适于企业发展初期,随着各国政治、经济、文化的逐步融合,各国的内部监督治理将逐步趋于一致。

各国公司的内部监督模式在不同经济和文化领域形成,在不同历史时期都起到了相应的作用,不存在绝对化的优劣比较,每种监督模式都有其优缺点。

(二) 我国内部监督的发展

中国的制度环境与英美和德日的制度环境有很大的不同，股权高度集中是中国上市公司的一个显著特征（叶康涛等，2007），高度集中的股权结构使公司往往置于一个或少数几个大股东的绝对控制之下。上市公司一般采取监事会和董事会融为一体的二元制公司治理模式，这种二元制模式也不同于德国的模式，德国监事会和董事会是上下级关系的治理模式，而我国的监事会与董事会是并行的，类似于日本的监督治理模式。1993年，我国的《公司法》就确立了监事会代表股东会对公司董事会和管理层的监督职能。为了改善中国上市公司的治理结构，保护中小股东利益，强化董事会内部权力制衡，对大股东的行为进行有效制约，证监会借鉴并引进美国独立董事制度，于2001年发布了《关于在上市公司建立独立董事制度的指导意见》，规定上市公司应建立独立董事制度，强调了独立董事的独立性，并规定了独立董事在董事会中所占的比例为不低于1/3。并指出上市公司应当按照《指导意见》的要求修改公司章程，聘任适当人员担任独立董事，上市公司还应赋予独立董事对重大事项发表独立意见职权。自此，独立董事与监事会并行成为我国上市公司内部主要的监督力量。2002年，证监会又联合国家经贸委发布了《上市公司治理准则》对独立董事的任职和履职做了进一步要求。还提出上市公司董事会下设立专门委员会，代表董事会行使监督权力，董事会下可以设立审计委员会，且其成员中的独立董事至少要包含一名会计专业人士，并明确了审计委员会的主要职责之一是对公司财务报告和内部控制进行监督。国务院2004年1月31日发布了《国务院关于推进资本市场改革开放和稳定发展的若干意见》，要求进一步完善独立董事制度。2004年12月7日，证监会发布《关于加强社会公众股股东权益保护的若干规定》，明确要求上市公司应建立和完善独立董事制度，充分发挥独立董事的监督作用。

由于我国股权集中，国有股"一股独大"，使独立董事很难真正发挥监督作用。而"一股独大"的根源在于我国流通股与非流通股的股权分置，上市公司中大部分股为非流通股，不能上市流通，非流通股中绝大部分为国有股，大股东掌握着控制权，中小股东对独立董事的选举只是形式。2005年4月29日，证监会发布了《关于上市公司股权分置改革试点有关问题的通知》，上市公司正式启动股改工作。2006年1月1日实施的新《公司法》，其中明确规定，上市公司设立独立董事，明确了独立董事监督的法律地位。2008年，财政部等五部委联合发布的《企业内部控制基本规范》，再次强调了董事会、监事会以及审计委员会的监督职能。规定董事会负责内部控制的建立健全和有效实施，同时，还要求监事会对董事会建立与实施的内部控制进行监督，还要求企业应在董事会下设立审计委员会，负责审查和监督内部控制有效实施和自我评价情况。即明确了董事会、审计委员会及监事会对内部控制实施和评价的监督责任。从理论上讲，独立董事主要是董事会内部的监督制衡机制，审计委员会则是董事会内部专门对财务报告和内部控制进行审查的机构，两者都对内部控制评价监督负有责任；而监事会则代表股东大会监督董事会的各项重大决策，因此，独立董事、审计委员会和监事会共同构成了我国上市公司多元化的内部控制监督模式。

二、外部监督的发展

内部控制外部监督包括外部审计、政府监管、媒体以及社会公众等，其中，外部审计和资本市场监管是最直接的，其影响也最明显。外部审计的发展是随着经济的发展而发展的，但其监督作用的发挥和维护公众利益的程度取决于市场管制。市场监管政策越完善、监管力度越大，外部审计代表公众利益发挥监督的作用越大。外部监督的发展与大量上市公司典型的舞弊与审计失败案例密切相关。

（一）外部监督的国际发展

1. 国际会计师事务所的发展

注册会计师行业起源于 16 世纪的意大利，随着经济的发展，合伙企业应运而生复式记账在意大利的发展，促进了注册会计师审计的需求。注册会计师发展于英国，1721 年，英国著名的"南海事件"作为注册会计师行业产生的催化剂，使注册会计师受到人们的广泛关注。1845 年，英国修改《公司法》，规定股份公司的会计账目须经公司外部人员审计，因此，催生了一批精通会计的独立会计师。最初的会计师事务所是个人财产承担无限责任的"合伙制"形式，合伙制强调了执业会计师个人的执业责任，对会计师的执业质量和信用观念的树立提供了有力的法律约束，有利于会计师的执业质量提升和品牌形象的建立。20 世纪 70 年代，随着经济环境的变化，发生了大量舞弊和公司倒闭案例，索赔案件不断增多，金额巨大，而当时会计师事务所规模很大，合伙人之间彼此不一定很熟悉，增加了无过错合伙会计师的责任。1989 年，英国修改《公司法》，许可会计师事务所采取有限公司的形式，公司制大大规避了会计师事务所的执业风险，不利于会计师事务所的发展。受美国有限责任合伙制的影响，2000 年，英国议会通过了《有限责任合伙法》，各大会计师事务所纷纷完成了转为有限责任合伙制会计师事务所。这种组织形式适于会计师事务所的发展。

美国早期的会计师事务所与英国"普通合伙制"相同，20世纪初，全球经济中心转移到美国，美国注册会计师行业得到了迅速发展。第二次世界大战后，经济发达国家将本国经济推动到海外，跨国公司得到了空前发展，与此同时，也带动了注册会计师行业的发展，随着经济的发展和企业规模的扩大，国际会计师事务所相继产生，国际会计师事务所在海外的迅速发展，带动了全球注册会计师行业的发展。80年代，美国地产和能源产业急剧震荡，引起国内银行等金融机构纷纷倒闭，在巨额的赔偿中，会计师事务所成为债务连带人，纷纷被起诉，致使合伙制会计师事务所中无辜的合伙人受到牵连，个人面临破产危机，普通合伙形式受到质疑，为改变这种局面，注册会计师行业致力于寻求更好的出路。"有限责任公司"形式也曾被考虑，但这种形式经过评估后，最终因有限责任公司形式不利于管理和发展而被放弃。90年代，美国第一部有限责任合伙法在德克萨斯州出台，随后其获得其他各州的认可并纷纷效仿，有限责任合伙制形式也被会计师事务所广泛运用。有限责任合伙制下合伙人只须为自己的职业行为负责，保护了无辜合伙人的权益，成为注册会计师的最佳选择。其克服了普通合伙制下对无辜合伙人追究责任，合伙人承担责任过大，以及有限责任公司下执业人承担的责任有限，责任过小，不利于会计师事务所发展的情况。

2. 政府监管政策的变迁

外部审计监督需求存在于政府监管之前，因其经济监督而非管制因素决定了其审计监督需求。西方国家独立审计产生于自发的经济活动中，但是其发展依赖于政府监管政策的推动。

美国1933年出台的《证券法》，要求所有上市公司必须进行独立审计，在此之前就有超过80%的上市公司自愿接受了独立审计。1939年，美国会计师协会发布的《审计程序公告》，首次提到要对内部控制进行审查，随后，SEC要求审计人员在对企业财务报告的审计中必须增加内部控制审查的内容。1977年，《反国外贿赂法案》实施，其中包括一些内部控制条款，要求公司设计并维持有效的内部控制系统。1988年，美国注册会计师协会发布《审计准则公告第55号》，对内部控制结构进行了定义。20世纪90年代初，商业银行破产浪潮不断持续，引发广大公众对美国联邦存款保险公司的担忧。在此背景下，1991年，美国国会颁布了《联邦储蓄保险公司改善法》，要求商业银行对内部控制信息进行披露，同时要求外部审计师对管理层内部控制声明进行验证。外部审计师被强制要求单独对商业银行内部控制进行监督评价,也说明了外部审计师对内部控制的监督制衡作用。进入 21 世纪,安然、世通等事件的爆发,促使美国国会于 2002 年颁布了举世闻名的 SOX 法案,该法案 302 条款和 404 条款对财务报告内部控制评价做出了规定,使内部控制评价业务从此成为美国所有上市公司和外部审计师强制披露的业务,外部审计师的审计范围更广,责任也更大,表明政府对内部控制监督的重视,此后,世界各国纷纷以美国为标杆,建立本国内部控制监督规范和制度。

英国早在 1985 年的《公司法》中就对董事会确保适当的内部控制提出了含蓄的要求。1992 年的 Cadbury 报告,从财务角度研究公司治理,将内部控制置于公司治理框架中,强调有效的管理对上市公司有效内部控制重要性,建议董事会对内部控制有效性进行描述,外部审计师对什么进行复核。1999 年发布的《Turnbull 报告》明确要求董事会对公司全面内部控制的有效性发表意见,并要求注册会计师对董事会申明进行审查。

(二)我国外部监督的发展

1. 注册会计师行业的发展

我国注册会计师行业始于 20 世纪初,伴随着商品经济的发展而逐步发展。1949 年以来,我国注册会计师行业经历了中断、恢复和迅速发展时期。1918 年,谢霖等一批会计专家,成立了第一家会计师事务所,我国注册会计师制度也诞生了,1925 年,上海率先成立注册会计师协会,早期的会计师法规、制度主要是西方的会计师制度。1949 年后,注册会计师制度存续一段时间。随着我国公有制经济的全面推行,注册会计师制度一度中断。改革开放后,注册会计师制度逐步恢复,1980 年,财政部颁发《关于成立会计顾问处的暂行规定》,各地纷纷成立会计师事务所。1986 年,《会计师事务所管理条例》规定,会计师事务所必须挂靠政府相关部门。1988 年中国注册会计师协会成立,1993 年,财政部、中国注册会计师协会先后出台了关于事务所改革的若干政策,1994 年《中国注册会计师法》正式实施。在外部监管环境日趋严厉的形势下,我国重建后的会计师事务所又经历了以下几个发展阶段:

(1)脱钩改制阶段。

我国重建后的会计师事务所基本都是国家机关或事业单位的附属单位,挂靠在国有性质的单位下,资产归国家所有,责任也由国家承担。世界各国政府监管部门出台新政都离不开资本市场爆发的种种危机或各类舞弊案例的推动,我国会计师事务所的脱钩改制也与我国资本市场爆发的审计失败案例有关（刘峰，2000）。琼民源等事件成为我国会计师事务所脱钩改制的导火索，为了增强我国注册会计师风险意识，遏制作弊造假，1999年，我国会计师事务所实施脱钩改制工作，会计师事务所与挂靠单位完全脱钩，按照《注册会计师法》中相关规定，独立承担法律责任，成为真正意义上的社会中介机构。尽管1993年《注册会计师法》规定会计师事务所可以选择"合伙"或"有限责任"两种形式，但由于我国注册会计师行业重建时间短，且对合伙文化不太理解，改制后的会计师事务所大多采用了有限责任公司制的形式。李爽、吴溪（2001）对脱钩改制后注册会计师的执业行为进行了论证，发现改制有一定的积极促进作用，能增强注册会计师的执业风险意识。但在证监会的处罚公告中仍有不少案例表明，还有部分会计师事务所在脱钩改制后并未实现真正意义上的脱钩，执业质量仍存在许多问题。但是有限责任形式的会计师事务所承担的责任有限，法律责任低，不利于执业质量的提高，刘峰、林斌（2000）提出，只有市场对高质量审计服务的需求和会计师事务所面临高的法律风险，才会真正促进会计师事务所改进其执业行为，提高其服务质量。

（2）合并重组阶段。

从2001年开始，为了"做大做强"，国内会计师事务所行业兴起一股合并浪潮，国际大所为了抢占中国市场，开始也与国内会计师事务所纷纷合并，对我国会计师事务所形成了巨大冲击。吴溪（2001）发现，我国审计市场的合并重组在一定程度上扭转了审计市场集中度的下降趋势，但并未显著提升高级差会计师事务所的整体市场份额。从注册会计师执行情况来看，很多会计师事务所通过合并重组，壮大了队伍和收入规模，提高了承接业务能力和抗风险的能力，但仅在形式上成为大型会计师事务所，早期合并重组并未遵循规模化发展的精神实质，并对证券审计市场的发展造成了一些负面影响（李爽、吴溪，2002）。随着注册会计师行业和经济国际化进程的加剧，在国家政策的支持下，为打造国内"四大""十大"，提高国内会计师事务所的执业质量，以便于更好地融入国际市场，国内大型会计师事务所之间也相继合并。有限责任公司形式已不能满足我国国内会计师事务所发展的需要。

（3）走向国际阶段。

2006年，随着我国《合伙企业法》的修订，允许特殊行业采用特殊普通合伙形式，随后，《注册会计师法》修订，许可我国会计师事务所采用特殊普通合伙形式。2007年，深圳开始有限责任会计师事务所转为普通合伙的试点，2010年，财政部、工商总局联合发布《关于推动大中型会计师事务所采用特殊普通合伙组织形式的暂行规定》，2011年财政部又印发了《关于大中型会计师事务所转制为特殊普通合伙组织形式实施细则》的通知。随后，国内大型会计师事务所相继转为特殊普通合伙组织形式。这些大型的特殊普通合伙会计师事务所对中小型会计师事务所在全国进行了更大大范围的吸收合并。经过近二十年的发展，目前我国已拥有本土的"四大""十大"会计师事务所，这些所目前已经发展成熟，无论是员工规模，还是业务收入方面基本能与国际"四大"在国内的分所抗衡，能承担起国内证券市场上市公司以及我国国有大中型企业的各类审计监督和咨询业务，能作为独立、公正的第三方维护广大公众的正当权益，并且国际市场上也有了一席之地。但是大范围的合并，虽然形成了国内"四大""十大"所，但其执业质量的规范程度和企业文化的融合度还与国际"四大"所之间还有一定的差距，需要经过一段时间的培训学习、摸索、磨合和调整，提升企业整体执业质量，实现企业之间的完全整合，才能利于我国会计师事务所的持久发展，真正成为跻身于国际的大型会计师事务所。

2. 我国监管部门管制政策变迁

我国审计市场最开始是由政府部门负责筹建的，1996年我国颁布第一部关于内部控制的审计准则《内部控制与审计风险》，当时的评价是在财务报告审计中的评价，其内容也只涉及企业控制环境、会计系统及控制程序。2000年年底，证监会颁布了《公开发行证券的公司信息披露编报规则》，首先针对商业银行、证券公司等金融企业进行规定，要求其应对内部控制制度的完整性、合理性和有效性单独进行说明，还应聘请会计师事务所对其内部控制制度进行评价，尤其是涉及风险管理系统的内容，要求提出改进建议，并披露报告。2001年，证监会颁布的《公开发行证券的公司信息披露内容与格式准则第11号》，其中第59条规定，上市公司应披露管理层对内部控制制度的完整性、合理性及有效性的自我评估意见，同时注册会计师应对管理层披露的评估意见进行评估并出具结论性意见。2002年，中国注册会计师协会发布《内部控制审核指导意见》，首次公开对注册会计师应如何进行内部控制专项审核进行指导，但由于其对内部控制、组成内容以及接受委托条件等未进行详细说明，比较模糊，不利于注册会计师实施工作。2006年，中国注册会计师协会大幅修订《中国注册会计师审计准则》，增加和细化了注册会计师对内部控制评价内容，其中包括应当如何了解企业内部控制和对内部控制进行测试。同年，上海交易所和深圳交易所分别发布了上市公司内部控制指引，倡导所有上市公司应披露内部控制自我评估报告和会计师事务所的审核评价意见，部分上市公司开始自愿披露内部控制鉴证报告。2008年，财政部等五部委发布关于内部控制的《基本规范》，要求所有上市公司应披露自我评估报告，并聘请具有资格的会计师事务所对内部控制的有效性进行审计。2010年，财政部等五部委发布了内部控制审计指引，从此我国内部控制自我评价和外部审计报告披露就进入强制时期。2004年，由中纪委、中组部牵头，抽调财政部、审计署、银监会等部门人员组成全国金融巡视组，该巡视组主要针对金融系统工作，巡视组监督促进了内部控制和风险管理的逐步形成，周小川在2015年度纪检工作会议上，提出加强金融机构公司治理和内部控制建设。

第二节 内部控制有效性评价的历史演变

内部控制经历了一个不断发展、完善的历史过程，推动其发展的主要因素有政治、经济、社会、法律、技术等环境的变化，以及组织的演进。现代意义的内部控制是企业在长期的经营实践过程中，为满足经济社会发展和加强内部管理的需要而逐渐发展、完善起来的，凝聚了古今中外的管理思想和实践经验。内部控制有效性评价随着内部控制的发展、完善而不断发展，内部控制评价的历史演进主要表现为内部控制目标、评价手段以及承担责任的变化，按照其发展大致可分为以下几个阶段。

一、作为财务报告审计的组成部分

最早的内部控制评价主要是从审计视角开始的，作为外部审计师执行财务报表审计的依赖的一个基础程序。1912年，罗伯特·蒙哥马利在《审计——理论与实践》中主张将资产负债表审计的必要范围与评价内部控制系统联系起来，1939年10月，美国注册会计师协会发布的《审计程序公告》，首次增加了对内部控制进行审查评价。随后，SEC要求外部审计师在财务报告审计时应对内部控制进行审查。自此，"账项基础"审计被制度基础审计①所取代，内部控制评价也正式成为财务报告审计的重要组成部分。

---

① 制度基础审计是指在财务报告审计时，注册会计师必须先对内部控制进行了解、测试和评价，并以评价结果来决定实质性程序的性质、时间和范围。

内部控制评价的发展是伴随着企业内部控制的发展、完善而逐步发展的。内部控制的发展可以分为四个阶段，早期的内部控制是由内部牵制发展而来，内部牵制是以纠错防弊为基本目标，以账户、实务以及职责之间相互分工、互相交叉进行控制，这为当时执行的"量入为出"的财政分权控制起了重要的推动作用（郭道扬，2004）。19世纪，随着工业革命的发展，英国出现股份制企业，企业所有权和经营权初步分离，内部牵制已不能满足市场经济的发展和组织形式的多样化，为规范企业经营行为，1844年，英国颁布的《公司法》，明确规定了注册会计师审计内容为以全部凭证和账簿为基础的"账项基础审计"。1929~1933年爆发的世界经济危机促使人们开始关注企业经营及财务状况，企业内部开始设置内部控制等相关部门。泰勒的科学管理理论将内部牵制全面推向内部控制制度阶段，内部控制制度基础审计也逐步取代账项基础审计。此阶段的内部控制评价也开始逐渐被外部审计师在财务报告审计中关注。

20世纪40~70年代，进入内部控制制度的发展阶段，内部控制评价在财务报告审计中也逐渐应用发展至成熟。1936年，美国注册会计师协会发布《注册会计师对财务报表的审查》，其中首次出现"内部控制"一词，公司内部开始实现保护企业现金及资产的手段和方法。1949年，美国注册会计师协会首次对内部控制进行明确定义，即内部控制是企业所制定的旨在保护资产、保证会计资料可靠性和准确性、提高经营效率、推动管理部门所制定的各项政策贯彻执行的组织计划和相互配套的各种方法和措施。1953年美国注册会计师协会在《审计程序公告第19号》中又对内部控制定义重新进行了修订，并将内部控制划分为内部会计控制和内部管理控制两部分。内部控制评价发展至正式将其纳入审计准则，并成为审计过程中的一项重要程序。

二、内部控制评价报告自愿披露阶段

20世纪70年代，爆发著名的"水门事件"，该案的调查结果显示了美国不少知名公司涉及大量非法贿赂交易，反映了企业内部控制不健全问题。作为回应，1977年美国颁布《反国外贿赂行为法案》，该法案要求公司建立并维持一个有效的内部控制系统。

1978年，AICPA下属的科恩委员会提交报告，建议公司管理层应披露公司内部控制系统状况的报告，同时建议注册会计师应对管理层披露的报告进行评价并对外报告。1979年，SEC发布《管理层对内部控制的公告》征求意见稿，提议管理层在向投资者提交的年度报告中包括关于内部会计控制报告，但由于实施成本及评价标准等的不明确遭到了社会相关人士质疑，导致 SEC 决定该提议暂缓执行。

20 世纪 80 年代，美国发生的一系列公司破产和审计失败事件，使公众对管理层的行为、财务报告的可靠性以及审计师的有效性产生怀疑，为维护资本市场秩序以及股东利益，1985 年，美国反欺诈财务报告委员会（Treadway 委员会）成立，其随后提交的调查报告表明：约有 50% 的欺诈性案例是内部控制失效所致。因此，该委员会提出了防止欺诈事件发生的相关内部控制框架，并指出管理层应有责任对内部控制有效性进行评价并报告，同时报告中还强调了内部环境和监督机构的重要性。在 Treadway 委员会的建议下，SEC 于 1988 年发布了《报告管理层的责任》，要求管理层对内部控制报告的责任，以及评估内部控制有效性，由于巨大的运行成本，SEC 这次提议仍未付诸实践。

1991 年，美国国会颁布了《联邦储蓄保险公司改善法》，要求商业银行对内部控制信息进行披露，同时要求外部审计师对管理层内部控制声明进行验证，即单独审核内部控制并对外报告，内部控制评价在实践中演变为独立的一项业务，内部控制审核业务。1992 年 Treadway 委员会下属专门研究内部控制问题的专门委员会（COSO 委员会），提出了《内部控制——整体框架》，这为管理层进行内部控制评价提供了标准，也为全球内部控制树立了标杆。随后，世界各国纷纷响应，1994 年英国 Cadbury 委员会发布《内部控制和财务报告》，要求英国董事会对内部控制有效性进行评价，发表意见；1999 年，英国又发布了一份系统的指导企业建立内部控制的报告，即《内部控制框架报告》，又被称为《Turnbull 报告》。1995 年加拿大 CoCo 委员会也发布了《控制指南》，1999 年 CoCo 委员会又发布了关于内部控制评估的"评估控制指南"，提出了对控制的评估，并强调企业应更多着眼于对未来的评估，而不是对过去的评价。这些指导性文件共同形成了本国内部控制规范性文件，这些内部控制规范文件的发布，为全球内部控制评价业务的独立开展和实施奠定了基础。

三、内部控制评价报告强制披露阶段

2001 年，爆发的安然、世通公司的财务丑闻引起全社会关注，规范上市公司内部控制信息披露势在必行，2002 年，美国颁发 SOX 法案，强制要求管理层和外部审计师对内部控制进行评价并报告。2004 年修订的《企业风险管理框架》，拓宽了风险管理这一领域，又增加了"战略目标"，表明内部控制不仅是面向过去对实际过程的反馈控制，也包括面向未来的管理和过程控制。同时，PCAOB 于 2004 年发布了《关于财务报告内部控制审计的第 2 号审计准则》（以下简称 AS2），要求公众公司审计人员在财务报告审计同时进行财务报告内部控制审计，从此，内部控制进入强制审计阶段。但其实施后不久，因其引发的巨大的实施成本在美国引起了极大争议，随后，PCAOB 又发布了《内部控制审计准则第 5 号》（以下简称 AS5），取代了 AS2，帮助审计人员将审计重点放在高风险领域，减少了不必要的审计程序。COSO 于 2009 年出台了《内部控制体系监督指南》，该指南通过构建有效的监督模型，设计监督程序，对内部控制监督进行详细的指导，提高内部控制程序的监督效率，有助于内部控制整体目标实现。2013 年，COSO 又迎来对内部控制框架的新修订，新框架弱化了内部控制的形式，将五要素细分为十七个原则，节省了实施成本，新框架强调企业的运营方式全球化程度和合规性需求，包括非财务报告内部控制，更好地满足了外部监管和利益相关者的要求；新框架还重视风险评估理念，并为内部控制有效性评估提供了模板和行动方案。

内部控制有效性评价在我国法律规范和实践应用中都起步较晚，受国内外舞弊事件影响，为了规范注册会计师在财务报告审计中行为，更好地对内部控制进行评价，1996 年我国注册会计师协会发布了《独立审计具体准则》，其中第 9 号准则是内部控制与审计风险，首次正式提出了该准则所指的内部控制包括控制环境、会计系统和控制程序。随后，证监会于 2001 发布了《证券公司内部控制指引》，要求证券公司根据自身实际情况制定内部控制制度。财政部 2001 年发布了《内部控制会计控制》，要求所有单位建立内部控制制度。2004 年，中国注册会计师协会发布《独立审计准则》，其中第 29 号征求稿，要求审计人员在财务报告审计过程中应了解被审单位内部控制并评估财务报告中的重大错报风险。2006 年上海证券交易所和深圳交易所分别发布的《上市公司内部控制指引》，分别为上市公司内部控制及评价工作提出了进一步指导。2008 年，财政部等五部委分别联合发布了关于内部控制的《基本规范》，2010 年，内部控制评价、审计和应用等相关配套指引陆续出台，标志着我国有了统一的内部控制规范，要求上市公司董事会应对内部控制有效性进行自我评价，同时外部审计师还应对内部控制有效性进行审计。从此，企业内部控制评价正式被强制要求。

只要企业存在内部控制，就有必要对其设计和执行情况进行监督和评价，判断其是否有效，以便及时进行相应整改，帮助企业完善内部控制，进而为内部控制目标和企业目标的实现提供合理保证。我国今后应从构建免疫系统整体框架的视角来探讨内部控制理论的发展建设（施先旺，2008），建立具有科学性与前瞻性的内部控制评价指南。目前，我国企业还需要借鉴国际内部控制规范体系，建立或完善一套立足我国市场环境，并以《企业内部控制基本规范》等法律法规为依据和原则导向，将风险管理理念贯穿于构建、评价过程中，并以内外部监督约束为保障的全面内部控制体系。

第三节

内部控制有效性评价报告的披露现状

企业内部控制评价最早要追溯到 20 世纪 80 年代，加拿大海湾石油公司总结的一套内部控制系统评价技术与方法，其能对内部控制的实施频率、效果及有效性进行评价。其后该技术方法被世界其他国家在内部控制评价实践中广泛使用和推广。在我国，《企业内部控制基本规范》及其配套指引实施的时间还不长，相关内部控制及风险评估技术的掌握和使用还很有限，这也是导致我国企业内部控制评价水平低下的原因，本节主要介绍沪市 A 股 2012 年内部控制评价的实施情况，该年也是我国国有控股主板上市公司强制实施第一年[①]。其相关资料数据主要来源于"同花顺""长江证券"以及"国泰君安"等网上交易平台、上海证券交易所网站的信息披露平台，并采用人工方式逐一采集、分析、核对与整理后得到。截至 2013 年 5 月 31 日上海证交所挂牌交易的 941 家 A 股 2012 年度内部控制评价报告情况[②]。

一、内部控制有效性评价报告现状描述

1. 内部控制评价报告的披露情况

从沪市 941 家 A 股上市公司披露的情况看，单独披露内部控制评价报告的只有 703 家，其中，形式独立且披露完整的只有 463 家，占全部公司的 49.2%；有 240 家公司虽然独立披露，但内容简单，不够完整；而还有 238 家上市公司根本

[①] 当时决定国有上市公司全部实施，后来考虑到实际情况，改为国有控股主板公司先实施。
[②] 沈烈，孙德芝. 上市公司内部控制自我评价. 统计与决策，2014（13）.

没有单独披露内部控制评价报告,只是在年度财务报告中对内部控制建设情况进行了简单的附带说明。所有这些公司中有 610 家为国有控股上市公司,331 家为民营上市公司。

2. 内部控制评价报告披露的内容范围

从这 941 家 A 股上市公司的披露内容范围情况看,有 159 家公司内部控制评价的范围是按照内部控制"五要素"内容进行详细披露的,有 204 家公司是以《企业内部控制评价指引》中十八项应用指引为"对象"详细披露的,133 家上市公司则按指引中"对象"与规范中的"五要素"详细披露的,另有 215 家则只是简要进行披露或者描述,剩余 230 家根本就没有披露内部控制评价内容范围的任何相关信息,具体披露内容情况见表 1-1。

表 1-1　　　　内部控制评价报告披露的内容范围情况

评价范围	家数	占比例
按"五要素"详细	159	16.90%
按"对象"详细	204	21.68%
按"五要素"与"对象"详细	133	14.13%
简要描述	215	22.85%
没有评价范围*	230	24.43%

注:"没有评价范围"的包括两种情形:一是有单独内部控制评价报告,但报告中没有披露其评价范围信息;二中没有单独披露内部控制评价报告,同时也未在财务报告中附带说明其内部控制评价范围信息。

3. 内部控制评价报告整体结构形式

从上市公司披露的内部控制评价报告的整体结构形式来看,有的公司披露的内部控制评价报告由"报告页+附件"组成,即先有一个书面文件简要报告总体评价结论,其后再以附件形式披露具体报告评价过程、范围、方法、标准、程序、详细内容、缺陷认定及更改等内容,本书将这种报告的结构形式称为"分离式",有的公司则按内部控制评价内容范围、方法、标准、程序、评价内容、评价过程、责任划分、整改及内部控制结论等整合在一个书面文件之中,本书将这种报告的结构形式称为"一体式"。在 941 家沪市 A 股上市公司中以"分离式"进行报告的公司有 185 家,占总体的比例约为 20%,以"一体式"报告的公司有 524 家,占总体比约为 55%,还有 232 家公司报告披露情况不明,基本属于没有披露内部控制评价报告,这些所占比例约为25%。

4. 内部控制缺陷标准披露

在财务报告内部控制缺陷认定标准的信息披露方面,这941家公司中有283家公司只根据《企业内部控制规范》中对于缺陷认定的界定进行了定性的描述,并没有披露具体的量化认定标准,有50家公司披露的是较为笼统的量化标准,还有18家公司披露的是特殊的量化标准,295家公司则是按照财务报告审计中确定重要性水平的参考标准作为其内部控制缺陷量化的标准(简称"财报重要性水平量化标准"),而还有295家既没有披露内部控制缺陷的定量标准,也没有定性的描述性标准。具体内部控制缺陷认定标准披露情况见表1-2。

表1-2　　　　　　　财务报告内部控制缺陷认定标准情况

标准项目	家数	比例
无具体量化标准	283	30.07%
财报重要性水平量化标准	295	31.35%
笼统量化标准	50	5.31%
特殊量化标准	18	1.92%
没有内部控制缺陷标准	295	31.35%

在非财务报告内部控制缺陷标准的信息披露方面,在941家公司中,披露具体的定量缺陷确认标准的只有156家,有373家公司在内部控制评价报告中进行了简单的定性描述,剩下的则没有披露任何具体或描述性内容。

5. 内部控制评价的组织部门

在941家公司中,由公司内部评价部门与外聘会计师事务所共同完成评价(以下简称"内部+外部")的有179家,占总体的比为19.02%;由公司临时成立的内部控制评价联合小组(以下简称"内部控制联合小组")组织评价的有278家,占比29.54%;由公司内部控制部门、内审部门或者稽核部门组织评价的,占比为23.97%;有1家披露的组织评价部门是公司董事会秘书;还有1家披露的组织评价部门是经营管理层;其余247家公司没有披露组织评价部门,即有26.25%的公司评价部门不明确。详细情况见表1-3。

表 1-3　　　　　　　　内部控制评价部门情况

评价部门	家数	比例
内部+外部	179	19.02%
内部控制联合小组	278	29.54%
内部控制部门	86	9.14%
内审部门	141	14.98%
稽核部	8	0.85%
董事会秘书处及经营管理层	2	0.22%
不明评价部门	247	26.25%

6. 内部控制审计报告情况

在941家公司中，披露了内部控制审计报告的有634家，还有307家公司没有披露内部控制审计报告，可能是没有进行内部控制审计。从634家披露内部控制审计报告的情况看，其中有615家公司是整合审计，即财务报告审计与内部控制审计为同一家会计师事务所，其整合率为97%，说明我国上市公司基本都是整合审计。出具内部控制审计报告及发表的审计意见类型情况见表1-4。

表 1-4　　　　　　内部控制审计报告及意见类型情况

项目	家数	比例
带强调事项段的无保留意见	3	0.32%
有说明的无保留意见	17	1.81%
标准无保留意见	612	65.04%
出具否定意见	2	0.21%
没出具审计报告	307	32.62%

二、存在的主要问题

由于2012年是我国主板上市公司强制披露的第一年，企业在实施过程中出现了因理解力或者执行力不同而导致的许多差异与问题。

（一）内部控制评价报告披露的内容范围缺失或过于简单

企业内部控制评价的内容范围是判断内部控制评价是否全面、合规的重要依据,也是内部控制评价报告中必须披露的重要内容。然而部分公司的评价报告根本没有披露具体的内容范围,只用几句话进行简单概括,既没有按《企业内部控制规范》中规定的五要素涵盖的内容进行描述,也没有按《企业内部控制评价指引》和《企业内部控制应用指引》中包括的十八项具体应用指引的内容来进行披露;有的甚至没有提及评价内容范围,使内部控制评价报告的使用者无法判断公司是否进行了评价,以及是否根据监管部门的规范要求和企业内部的要求进行了评价。

(二)内部控制缺陷认定的标准悬殊或不明确

大多数公司披露的内部控制缺陷认定标准是直接引述《企业内部控制评价指引》中重大、重要和一般缺陷的定义,并未结合企业实际情况,制定适用于企业的具体认定标准。财务报告内部控制缺陷定量认定标准千差万别,有的企业财务内部控制缺陷标准只进行了简单的文字描述,并没有具体的量化标准,有的企业根本没有披露内部控制缺陷的定量认定标准,只是描述性笼统说明。从披露了内部控制缺陷认定定量标准的企业看,大部分企业是采用财务报告重要性水平的确认参考标准,这也是目前实务界广泛采用的做法,此标准容易理解,且易于操作,适用于大多数企业。有的公司不区分财务报告和非财务报告内部控制缺陷标准,以公司受到的直接损失金额为标准选取一定比例进行确认。有的公司采用笼统量化的标准,有的则结合定性和定量标准因素,进行综合评级来确定,目前银行、证券、保险等金融行业运用此类标准较多。

对于非财务报告缺陷的量化标准,大部分公司基本没有提及,由此不得不令人质疑,公司到底是有标准而因疏于披露,还是根本就没有而无法进行披露,还是其标准因经不起检验而不敢披露?定量标准过于笼统化或同一缺陷定量标准的悬殊性是否导致情形相同的企业面对同一缺陷认定的程度(重大、重要及一般)的差异性?这些疑问的存在,进而不得不让人对2012年941家沪市A股公司中仅有一家上市公司的内部控制评价报告披露的结论是无效的打上大大的问号。

(三)评价部门呈现随意且混乱现象

根据上述已披露内部控制评价部门的上市公司来看,组织评价的部门带有很大随意性,呈现出较为混乱的局面,其弊端较为明显:一是权威保障性不够。不少企业虽然设立或指定了评价部门或组织牵头部门,而未按规范和指引要求设置专门的评价领导组织机构,来保障与支撑整个组织的评价活动,因此评价工作开展起来常常会遇到这样或那样的阻力。二是技术性不够。内部控制评价工作的技术性、政策性与程序性要求都很高，且需要投入丰富的知识以及足够的时间与精力。然而，不少企业仅仅是匆匆从企业内部抽调一些所谓的业务骨干组建成临时评估小组，或临时指定一个部门单独或牵头履行评价职能，这些成员大都未进行专门的系统学习与培训就投入评价工作中去，对评价技术和方法并不熟悉，如此开展的评价工作的技术含量和质量如何可想而知。更有甚者，仅成立由公司董事长或总经理牵头的，各部门负责人或骨干共同组成的"联合小组"来组织评价工作，并没有专门的部门，只是临时应付。还有的公司披露的评价部门居然是董事会秘书处，实在难以想象，这些评价组织的成员在履行其既有工作职能与责任的同时，是否有时间与精力去兼顾掌握内部控制相关的评价技术与流程，是否有可能有大量且相对集中的精力投入内部控制评价工作中？三是独立性不够。内部控制自我评价部门虽然不可能追求完全的独立，但相对的独立不可忽视。因此将评价工作交由各部门抽调的人员组成的评价部门，或由制定内部控制规则的内部控制部门完成，无疑存在相对独立性弱的诟病，而将企业内部控制自我评价工作交由经营管理层来完成，更是一项难以保证工作质量的安排。四是持续性不够。内部控制自我评价是一项制度化、长期化、动态化的工作。不少企业却过度依赖外力，不注意培养企业自身稳定的、专业化的队伍与机构，虽然中介机构、管理咨询公司经验较丰富，效率较高，但企业内部评价主体力量不可替代，因为这是一项需要全员持续投入的、定期的、动态开展的过程。

（四）其他方面问题

除上述主要问题外，上市公司内部控制自我评价还存在着诸多问题，如时点评价的成分浓重、外部评价（审计）不到位等。就企业内部控制有效性本身动态的评价而言，应是对其整个时期是否有效的评价。但大部分企业对此信息的披露含糊其辞，或披露的信息与实际情况不符。据我们结合相关的调查分析，许多企业披露为对整个时期的评价，但实际上其评价结论并没有日常开展评价分析的结论与相关记录作为支撑，更多的是在年末组织人员对评价日（通常为资产负债日）的内部控制状况进行分析评价而得出的结论，即为时点有效与否的结论。另外，内部控制外部评价的问题也不少，例如，披露了内部控制评价报告家数为703家，可是出具内部控制审计报告的却只有634家，存在披露了企业内部控制评价报告而没有进行审计的情况，这不符合内部控制规范的相关要求。另外出具内部控制审计报告的公司中有的也没进行整合审计，也就是说，有部分公司财务报告审计与内部控制审计分别由不同的事务所来完成，这虽然不违反规定，但与审计应遵循的成本效益原则、高效高质的内部控制审计要求相冲突。

三、内部控制有效性评价实施的困境分析

我国内部控制评价由在财务报告中评价，到自愿评价阶段，再到强制性评价阶段，从企业强制实施内部控制评价以来的发展现状看，内部控制评价实施中存在的诸多问题，与现阶段我国监督体制薄弱以及内部控制评价标准模糊是分不开的。

（一）内部控制评价监督约束缺失或不到位

上市公司内部控制评价整体披露情况不容乐观，《企业内部控制基本规范》虽然明确了董事会的实施责任，审计委员会和监事会的监督责任，但缺乏对具体职责的划分，《公司法》和《上市公司治理准则》也缺乏对监事会和审计委员会具体监督内容和层级上的划分，导致我国内部监督存在互相推诿或掣肘的现象，关键在于没有厘清监事会、独立董事以及审计委员会的职责权限，导致职责权限不明确，有的职能空缺而有的则互相叠加，监督部门各自为政，没有形成监督合力。

（二）内部控制评价相关标准难于操作

我国《企业内部控制评价指引》对于内部控制缺陷标准的认定过于模糊，如对于重大、重要和一般缺陷的认定，其严重程度的判断没有统一的标准，造成企业在对内部控制有效性的判断时具有较大的主观性，导致企业因此得出不实的评价结论。

（三）自我评价主体责任不明确

企业应设置专门的评价机构组织和实施内部控制评价工作，利于企业对内部控制评价工作的持续、定期开展，企业形式多样的评价部门，不利于明确各部门的职责范围，会使评价主体从各个部门自身利益的角度出发，做出不太公平、客观的评价；另外，各个部门不一定有进行内部控制评价的专业胜任能力，可能不能识别经营过程中面临的重要风险和内部控制中存在重大的缺陷。因此，我国应建立专门的评价机构，明确其职责权限，并建立追责制度，监督主体应对其工作进行指导和审批，以保证内部控制评价工作的质量。

第二章

监督约束与内部控制有效性的理论基础

本章主要阐述对本书的研究有重要指导意义的基础理论，具体包括契约论、委托代理理论、利益相关者理论和政府管制理论。

第一节 契约论

一、契约论基础

契约理论包括委托代理理论、不完全契约理论和交易成本理论三个理论分支，这三个理论分支都是分析和解释公司治理的理论，相互之间存在互相补充的关系。Coase（1937）发表的《企业的性质》，其"合约观"具有现代企业的理论思想，开创了契约理论的先河。"合约观"的基本思想是：从交易的视角，将企业看作是"若干契约的联合体"，企业组织的各种行为则是"若干契约的形成过程"，因此，企业具有契约性。契约产生于商品生产和交换过程中，是对交易各方权利和义务进行约束的一种制度装置。企业内部从谈判、执行到监督等活动过程都需要有一系列的契约来维持，这些契约互相交汇、互相约束，从而推动企业整体效率的提高（E. Fama，1980）。在契约交汇的实体中，有企业与内部个人之间、企业与其他利益相关者之间，还有企业与社会单位之间的各种契约。每个契约参与者都向企业提供了不同形式的特殊资源，契约各方都具有平等谈判的权利。在 Coase 看来，交易成本可以说明为何需要存在企业这一形式，由于达成交易价格或合约过于昂贵，因此，最好将交易和活动放在企业内进行，可以较少交易成本，但是企业内也会出现协调各种活动和控制的成本，为减少交易费用，企业内部规定了各项管理契约制度。Williamson（2002）在 Coase 研究交易费用的基础上，进一步研究了企业的契约关系，并提出了多样性契约关系治理理论，认为交易各方都有选择契约的权利，从而达到降低交易成本的目的。张五常（1983）认为，企业是一种契约代替另一种契约，并指出市场与企业共同具有契约性。进一步解释，市场作为契约，使有产权的交易双方进行产权让渡必然是帕累托改进①，否则交易无法自愿发生；其次企业作为契约，签约人通过共同协作可以创造出更高的效益。当然市场契约一般是短期的，而企业契约相对较长。虽然科斯已隐含地表达了企业契约是不完备的思想，但 Grossman 和 Hart（1986）、Hart 和 Moore（1990）的两篇奠基性论文开创了正式的不完全契约理论，首次明确将企业定义为不完备契约，并从合作博弈和非合作博弈的角度对其给出了严格形式化的证明，该理论认为，由于契约是不完备的，契约中除了事前可以规定的具体权利外，还有事前无法规定的剩余控制权，而剩余控制权来源于所有权，企业应通过对剩余控制权的配置，确保在次优条件下实现最大化总剩余的最佳所有权结构。Hart（1995）明确提出，交易成本理论的来源就是契约的不完全性，并在此基础上提出了产权观点，并以此来解释契约的不完全性。Salanie（1997）指出，不完全契约理论是建立在交易成本理论基础之上的，是模型化的交易成本理论。谢德仁（2002）认为企业实质是由一组不完备要素契约组成，这些不完备要素所有者通过签订使用权交易合约，而促使合约履行的过程。不完备合约的关键内容在于安排两个子合约，即剩余索取权合约与剩余控制权合约。Fama 和 Jensen（1983）认为企业的剩余索取权和决策程序是私人企业组织的核心合约，因为它们解释了企业组织形式存在的意义。现代契约经济学将所有的市场交易，无论是长期还是短期的、显性还是隐性的，都看作是一种契约关系，并将此作为经济分析的基本要素（林钟高等，2007）。不同要素的投入主体可能拥有不同的偏好、资本、技能、信息，理性的要素投入主体参与到企业的契约中，向企业提供自己的资源，以试图从企业的运营中获得回报。这组契约治理着企业发生的各种交易，使企业内部发生的交易费用低于由市场组织这些交易时所发生的交易费用，但由于现实世界的复杂性、"经济人"的有限理性和机会主义的影响，这组契约通常又是不完备的。相对企业而言，市场契约具有完备性，刘明辉和张宜霞

---

① 帕累托改进是以意大利经济学家帕累托命名的，指在不减少一方的福利时，通过改变现有的资源配置而提高另一方的福利。

(2002)认为企业实质上是由一组不完备的契约组成,把交易从完备的市场引入不完备的企业可以减少交易成本,为了取得低交易成本收益的同时弥补企业契约的不完备性,需要在企业内部设置一个控制机制,来弥补企业契约的不完备性,因此企业需要一个健全的契约约束机制,来保障企业的日常运行与持久发展。

从本质上看,内部控制是为了最大限度地减少企业各种不完备契约事项产生的交易成本。但是不完全契约事项导致了在契约发生争议时,除了要构建有效的内部控制外,还需要有一个独立的权威机构或部门来仲裁和监督,使企业能有一套合理有效的履约机制保障其执行基础,解决合约不完备的机制除了所有者的契约安排外,还有外部的强制契约以及市场的履约约束。这些契约的履约机制可以分为强制履行机制和自我履行机制两个基本类型,其中前者以法律上的强制执行为基础,后者则依赖于契约的内在机理构造来自动实施,而契约的强制履行依赖于法律的权威。然而,法律本身作为一种不完全契约,当作为其他契约履行的强制性选择基础时,很可能导致无效的契约履行,这便需要拥有法律剩余控制权的司法机构,选择适当的出发点作为裁决基础。传统法律契约理论认为,法庭对不完全契约的裁决,需要提供"公正"条款来填补其"空隙";法律经济学则认为,法庭作为裁决机构不应直接以公正性为主观判断标准,应在考虑参与者缔约意图的基础上,以减少交易成本和签订有效率的契约为原则(施瓦茨,2000)。法律作为契约的强制履行基础,其作用在于提供契约争议私下解决的参照物,而不是一定要直接参与契约纠纷的调解,其效率也不在于直接带来履约成本的节约,而在于其威慑和参照作用减少了本来需要在法庭上解决,而实际上在庭外就解决了的契约纠纷。因此,法律作为契约的强制履行基础,需要兼顾公正与效率目标。而契约的自我履行机制还需要要素市场本身的力量赋予合约自动履约功能(机制),如市场的自由竞争,市场的基础道德规范存在并有效发挥约束作用,市场中存在着有效的信用与声誉机制等,都有助于阻止签约人发生机会主义行为,促进合约的顺利履行。但当声誉资本价值的收益超过了违约行为、偷懒或当前错误行为产生的利益时,声誉的损失威慑就可促使其自动履约,而声誉资本的积累则是以当事人过去的行为记录和履约历史情况,如诚实、诚信情况为基础的(Fama,1980)。而契约的自我履行机制也需要以完善的法律或制度作为基础,完善的法律或制度可以为缔约双方在发生契约纠纷时提供解决问题的参照基准,使各缔约方形成一个稳定的预期,并且其威慑力量的存在可以对事后契约机会主义行为倾向的人产生一种事前的规制效应。

从制度经济学角度来看,内部控制作为一种制度安排,具有其特定的功能,主要表现在能降低企业内部的交易成本，补充企业不完备契约。自 Coase 打破新古典经济学将企业视作"黑箱"假设之后，契约已经成为研究企业内部结构和关系问题的先导（林钟高、郑军，2007）。内部控制的本质就是在企业内部存在一个自动控制机制，以弥补企业契约的不完备性，以保证企业的正常运作和发展。据企业契约理论，企业实质是由一系列契约组成的契约系统，企业的股权契约、债权契约、员工契约和报酬契约等，形成了企业治理结构的核心，并成为利益相关者之间利益冲突与协调的有效机制，而内部控制对这些契约的实施发挥着不可或缺的作用。

二、监督约束、内部控制有效性与契约理论

契约和内部控制之间存在共生互动的必然联系（林钟高、郑军，2007），内部控制制度实质也是一份不完备合约，其实施过程是企业对经济利益分配和资源配置的过程。内部控制有效性评价就是根据契约约定，保证企业各利益主体能有公正的分配，并能进行合理的资源配置，各利益方的正当权益能得到维护，达到实现内部控制目标和企业目标的过程。只有在信守契约对于交易双方来说都更有利时，契约才能自我实施（North，1990），而这种情况是罕见的，只适用于交易双方都非常了解，且进行着重复交易的情况下。也就是说，契约的有效实施需要有效的第三方来促进，制度规定，对企业内部控制有效性进行评价和监督的第三方有独立董事、审计委员会、监事会、内部审计等内部监督机构，以及市场、外部审计师、政府监管、媒体和公众等外部监督机构，而根据外部契约制度规定，外部审计师和政府监管是直接的监督机构，直接监督机构与企业之间有契约约定，企业可以通过完善与第三方的契约，来促进其提高监督工作效率，进而促进企业内部控制水平的提高。而政府监督机构是依赖于法律或行政契约与企业发生监督关系，最终通过完善法律或行政契约提高其监督效率。对于外部监督的履职效率，则更多地依赖于法律的权威来促进其提高履约能力，内部监督一方面依赖于企业内部形成的自动履约机制，另一方面也依赖于外部法律或制度的完善来促进和保证。

随着互联网的迅猛发展以及企业结构的复杂化，企业竞争环境中如何设定内部控制主体的行为规则，以及如何调整内部控制主体的行为规范，使企业的各种经济活动能顺利、有序地进行，激励并约束企业内部经济交易中的各种行为，减少不确定性，节约交易成本。使企业内部各个控制或利益主体为实现企业和个人价值最大化而做出最优合约安排。内部控制的合约关系规定了每个控制主体在交易关系中的权利与义务，界定了控制主体在交易关系中可以做什么与不可以做什

么，企业内部高层管理者与中层管理者之间、基层管理者之间，以及与企业员工之间，通过各种契约关系形成内部控制机制，由于契约的不完备性，为防止不同利益群体"道德风险"①和"逆向选择"②，委托人通过谈判，签订严格的契约，对代理人进行约束，形成相应的权利与义务关系，并通过监督和执行等一系列的契约来维护其有效性。而企业各种契约及监督约束机制共同构成企业内部控制系统，通过内部控制监督机制来保证各类契约顺畅地履行，而内部控制审计和有效性评价机制作为一种监督各类契约制度更好履约制度安排，实质也是为降低企业各种交易成本，补充企业契约的不完备性，同时也为提高企业整体效率及价值，实现各利益相关者利益。已有研究显示，内部控制质量的高低影响各利益相关主体交易的持续性和企业会计信息的可靠性，高质量的内部控制能起到信息甄别的作用，有利于投资者进行决策，并维护资本市场的秩序。而高质量的内部控制源自于企业各利益相关者的需求，它需要政府以法律契约加以约束，促进企业内外部监督评价或监督者严格执行契约，以提高内部控制质量。同时需要企业与监事会、独立董事和审计委员会等内部监督评价主体之间，通过契约形式进行激励和规范，促进内部监督认真履约；外部审计师的审计监督，也需要通过与企业签订审计契约来保证双方责任与义务地顺利履行。企业内部控制质量差，从形式上看，主要是企业内外部监督者失职，以及企业高管层舞弊或不诚信等引起，实质上是企业契约和法律契约的不完善所致。提高内部控制质量的途径是完善各项契约的制定和执行。在契约制定和实施过程中考虑各利益相关者的利益，在内部和外部利益相关者之间如何实现公正的利益分配，才能促进企业可持续发展。

第二节 委托代理理论

一、委托代理理论基础

委托代理理论主要研究委托代理关系、代理成本以及代理问题。最优契约制

---

① 道德风险指从事经济活动的人在增进自身效用最大化的同时，做出不利于他人的行动。
② 逆向选择指交易双方因信息不对称和市场价格下降导致的劣质品驱逐优质品的现象，进而导致市场上产品质量下降。

度安排和监督约束机制在委托代理关系中起着重要的作用，两者都可以缓解代理冲突，降低代理成本。建立与契约制度安排相融合的监督机制，对代理者行为监督的同时又能促进契约制度实施，有利于代理方职责的履行，也能保证委托代理双方的利益。

委托代理理论建立在契约理论基础上，是其重要发展之一。随着学者们对企业内部信息不对称和激励问题展开深入的研究，委托代理理论逐渐发展成熟，西方传统的委托代理理论主要是由 Jensen 和 Meckling（1976）、Fama 和 Jensen（1983）以及 Coase（1993）等提出，而后又由众多的经济学家和学者加以扩充和发展的，委托代理理论主要是研究信息不对称和利益相冲突情况下，委托人如何设计对代理人的激励制度，使其选择对委托人最有利的行动。在委托代理关系中，委托人与代理人都是"理性经济人"，以实现自身效用最大化为目标，代理人所获收益就是委托人支付的成本，代理人的努力成果就是委托人的收益，两者既存在代理利益，又存在代理冲突。由于委托人无法直接观察代理人的努力程度，代理人则很清楚自己的努力水平，可以利用自己的信息优势谋取自身效用最大化，从而产生代理问题。

随着股份公司的出现，极大地推动了委托代理关系的发展，所有权与代理权的分离，以及由此产生的经济问题成为企业面临的主要问题，委托人总是希望代理人能按照委托人的利益采取各项行动，而代理人基于理性"经济人"本性和自身利益最大化，可能并不能完全按照委托者的意愿行事，正是由于委托者与代理者之间目标的不完全一致性和信息的不对称性，导致所有者与经营者之间出现逆向选择和道德风险问题。西方传统委托代理理论主要是基于美、英等发达国家上市公司股权结构的实际情况，特别是在美国，多数上市公司有个显著特征就是股权较分散，股权分散直接导致公司所有者与经营者相分离，在股权高度分散的情况下，股东与经营者之间的利益冲突成为上市公司面临的最主要问题，经营者有可能利用自己拥有的控制权以及掌握的信息优势权，为自己牟取私利，从而损害了所有者利益，造成企业价值的降低，产生代理成本。传统的委托代理理论就是为解决所有者与经营者间的矛盾，如果我们把全体股东看作单个委托人，把公司经营者看作单个代理人，那么西方传统委托代理理论本质上是一种研究单委托代理关系问题的理论，单委托代理理论是研究如何设计一个最优的治理结构与治理机制，以保证代理人（经营者）按照委托人（全体股东）的利益行事。

而我国上市公司治理结构区别于英美等发达国家，股权相对集中，国有股"一股独大"，传统的委托代理理论不足以解决股权集中条件下的代理问题（冯根福、赵健，2002；冯根福，2004；许新霞、王学军，2007；严若森，2009），股权集中的上市公司中最主要的矛盾表现为大股东与中小股东之间的利益冲突。而传统的单委托代理理论是以美、英等国多数上市公司股权分散特点而构建的，没有涵盖如何有效防止控股股东或大股东恶意损害中小股东利益这个突出问题，因此，传统的代理理论有很大的局限性，不具有普遍性的指导意义。Franks 和 Mayer（2000）分析了德国等股权集中国家大股东侵占小股东利益的情况，并从理论和实证上证实了股权集中公司大小股东之间的利益冲突。冯根福（2004）针对我国多数上市公司以股权集中为特征的实际情况，提出了双重委托代理治理分析框架，以解决我国多数上市公司股东与经营者，以及大股东与中小股东间存在的双重委托代理问题。股权相对集中的公司，大股东掌握着董事会的绝对控制权，能利用其控制权直接对经营者行为施加影响，公司实际上是由控股股东或大股东进行操控的，上市公司多呈现出控股股东或大股东强而经营者弱这样的局面，大股东通过控制经营者达到控制公司决策行为的目的，而在监控经营者决策行为问题上，中小股东又是一个弱势群体，因为监控成本过高，他们往往不得不采取"搭便车"的心理行为。因此，全体股东与经营者之间的委托代理问题，实际上就转化为了控股股东或大股东与经营者之间的委托代理问题。然而在股权集中的公司里，通常是控股股东或大股东在履行监控经营者的职能，这样就较为有效地解决了降低经营者的代理成本问题。同时，控股股东或大股东为了自身的利益，运用其掌握的实际控制权，可能会寻机采用各种方式从中小股东那里掠夺财富，侵占中小股东利益，引发大股东与中小股东之间的利益冲突问题。双重委托代理理论的核心问题就是解决大小股东之间的侵占问题，如何设计最优的治理结构和治理机制，既能促使经营者按照全体股东的利益行事，又能有效防止控股股东或大股东恶意损害中小股东利益。降低双重代理成本的主要途径：一是作为委托人的控股股东或大股东对作为代理人的经营者能进行充分的激励与约束，从而实现有效降低第一种代理成本的目的；二是基于维护市场规则和保护中小股东权益，法律和制度安排对大股东和代理人行为能进行监督约束与激励，实现有效降低第二种代理成本的目的。

对于双重代理情况下股东与经营者间的代理问题，在英美等股权分散国家，由于是"强管理者弱股东"的局面，可以通过安排外部独立董事对管理者决策行为进行监督，以缓解代理问题。而在我国等股权较集中国家的上市公司中，大股东实质上控制着经营者的行动，能对经营者行为进行有效监督，大股东与经营者间的代理问题能得到有效控制，股东与经营者之间的第一类代理问题不是公司面临的主要问题，由于大股东的绝对控制权优势，使中小股东则成为弱势群体，大股东凭借其对公司资源的支配权独享公司全部的收益，而成本和风险却和中小股东共同承担，中小股东为了维护自身利益，希望能监控经营者的行为，以减小大股东和经营者对其利益的侵占，大股东与中小股东间的利益冲突成为公司的主要问题，怎样的制度设计和安排才能缓解中小股东与大股东和经营者之间的利益冲突呢？德日等股权集中国家主要通过赋予监事会绝对的监督权力，对经营者决策行为进行监督，以缓解公司的代理问题。我国《公司法》明确规定了监事会代表全体股东对经营者行为进行监督，而我国监事会的监督权利空洞，使监督形式化，而在我国上市公司中，国有股东占很大比例，国家作为公司主要的控股股东，要实现对经营者有效监控，降低第一类代理成本，必须积极引进私人战略投资者、机构投资者或外国投资者等，真正改变目前国有股东绝对的控股权结构。世界各国公司发展的实践已证明，在竞争性领域，最有效的投资者是私人，其次是机构投资者，较差的是政府（Vieves，2001），在民营上市公司中控股股东能有效控制和监督经营者，第一类代理问题能得到有效缓解。中小股东与大股东和代理者之间形成的第二类代理问题，我国采取引进独立董事制度的方法，希望通过外部权威、专业的独立董事来制约经营者行为，保护中小股东的利益不受损害，进而降低第二类代理成本。然而我国多年实践证明，独立董事在维护中小股东的利益不受控股股东或大股东损害方面并没有有效发挥监督作用。监管部门通过不断完善内外部治理机制，外部强调政府监督和加强外部审计师的监督责任，内部采取引入独立董事、在董事会及其下属设立专门委员会等多管齐下的监督模式缓解第二类代理问题。

二、监督约束、内部控制有效性与委托代理理论

从第一章内部控制监督和有效性评价的发展历史演变不难看出，委托代理理论对内部控制的发展起到了积极的推动作用，是其发展进程中一个不可缺少的重要理论支柱。委托代理关系不仅存在于股东和经营者之间，在大股东与小股东之间，以及经营者和员工之间也会因目标的不同，而产生代理问题。在企业内部控制机制中，股东与经营者之间以及大小股东之间的代理关系都是企业内部控制关系的一部分，随着经济的飞速发展，公司结构日益复杂，委托代理理论已取得较大发展，涉及多层级的多重代理，即各层级管理层以及管理层与员工之间也形成了层层的委托代理关系，最终导致企业内部控制框架结构的形成。这种内部控制

结构框架有利于所有者、经营者、员工以及各利益相关者在某种程度上保护自己的利益不受侵害,内部控制结构框架包括董事会和管理者权责分配、所有权结构、社会责任、人力资源和内部审计等,通过内部控制结构设计一方面可以对各级管理者的行为进行监督约束,另一方面可以对各级代理者进行考核激励,其目的都是尽可能地使企业各利益相关者能按照共同价值最大化的目标进行决策。有效的内部控制机制可以缓解代理冲突,降低代理成本。对内部控制进行有效监督可以提高内部控制的有效性,通过在董事会下设立专门的审计委员会,对公司财务报告和内部控制信息进行审查和监督,并引进独立董事,安排独立董事在董事会和审计委员会成员中占一定的数量比例和权限,以增加其独立性,能与内部董事形成抗衡,增强其制衡功能,更好地发挥监督职能。再通过制度设定一套完善的内部控制程序来规范企业大股东、管理者以及员工的行为,并同时安排外部治理机制,政府监管、外部审计师的审计等来弥补内部监督的缺陷,从而保障所有股东乃至全体利益相关者的利益,对内部控制真正起到监督作用,提高内部控制有效性。

按照委托代理理论,内部控制及其有效性评价的发展并不是外部力量强制的结果,而是企业自身的发展,以及社会的选择所致。完善企业内部控制,提高内部控制质量水平是委托人和代理人双方的共同需求,企业内部控制无论由谁进行监督和评价,内部专设监督机构、外部审计师还是政府部门,委托代理关系无处不在,即使是政府监管机构的强制监督,也是基于法律法规或者行政规定的要求,受广大社会公众的委托,其目的都是维护各层级委托人和代理人的权益,降低代理成本,使所有相关者共同利益达到最大。大股东通常热衷于通过监事会、审计委员会等内部治理机构来维护其权益,而中小股东则倾向于通过外部引入独立董事、外部审计师、政府监管机构等治理机制来寻求保护,了解企业真实信息,减少信息不对称和大股东或管理层的利益侵占,中小股东不仅需要通过公开披露的财务报告了解企业经营情况,而且还需要更多公开的信息,如披露的内部控制自我评价和审计报告以及是否被监管机构处罚等信息,进一步掌握大股东和管理层的利益侵占行为和动机。内部控制是上市公司管理层将公司风险降至可接受水平而采取的有效行动(Steven J. Root, 2004),通过内部控制有效性评价能促进企业改善内部控制质量,为实现内部控制目标和企业管理目标提供合理保证。许新霞等(2007)认为内部控制作为一种制度安排,既是满足管理层行使经营决策权的需要,又是满足治理层实施监督权的要求,因此对内部控制的有效性进行评价、审计、报告就成为中小股东维护自身权益的需要,也成为其他利益相关者们的共同需求。大多数舞弊案例都是源于代理人在追求自身利益的过程中与委托人利益产生了冲突，都与内部控制失效有关，而内部控制失效的主要原因是缺乏有效的监督机制（John Pound，1995）。因此，企业内部需要合理安排独立董事、审计委员会、监事会、内审部门等内部治理机构，外部需要审计师、市场的监管者（政府）、媒体及公众等监督机制来共同促使经营者认真履行其代理责任，缓解代理冲突，实现企业治理目标和经营管理目标。只有有效的内外部监督治理机制，才能真正发挥监督职能作用，使内部控制能有效运行，从而保证不同层次的控制目标趋于一致。

第三节 利益相关者理论

一、利益相关者理论基础

利益相关者理论的形成主要经过三个阶段，即影响企业生存阶段、实施战略管理阶段和参与所有权分配阶段。该理论思想的萌芽始于Dodd（1932）在《哈佛法律评论》上发表了一篇名为"公司管理者是谁的受托人"的论文，这是企业社会责任思想的萌芽。20世纪60年代，美国斯坦福研究院首次明确提出了"利益相关者"的理论概念，并将其阐述为：利益相关者是组织没有其支持就不能生存的团体。它只考虑到利益相关者对企业单方面的影响，并且利益相关者的范围仅限于影响企业生存的一小部分。利益相关者理论真正形成，得益于瑞安曼（Eric Rhenman）的开创性研究，其提出了利益相关者比较全面的定义："利益相关者依靠企业来实现其个人目标，而企业也依靠他们来维持生存。"这一定义使利益相关者理论成为一个独立的理论分支。此后，学者们又分别从不同的角度对利益相关者进行定义，使利益相关者理论逐渐完善。在诸多的理论定义中，最具代表性和影响力的是美国著名经济学家Freeman（1984）的观点，其明确提出了利益相关者管理理论，并将"利益相关者"描述为：影响组织目标或被组织目标影响的团体或个人。该理论认为公司的发展需要各利益相关者的参与，企业不仅应关注股东、高管等部分利益主体的利益，而应是所有利益相关者的共同利益。公司的利益相关者不仅包括股东、高管、员工、债权人，还包括消费者、供应商、政府、居民、社区、媒体甚至环境等，凡是与企业生存和发展密切相关，如有的承担企业风险，有的为企业付出代价，有的对企业进行监督等。克拉克森认为，利益相关者以及在企业中投入了一些实物资本、人力资本、财务资本或一些有价值的东西，并由此而承担了某些形式的风险；或者说，他们因企业活动而承受风险。克拉克森（Clarkson）的定义引入了专用性投资的概念，使利益相关者的定义更加具体。企业的生存和繁荣离不开利益相关者的支持，但利益相关者可以从多个角度进行细分，不同类型的利益相关者对于企业管理决策的影响以及被企业活动影响的程度是不一样的（陈宏辉，2002）。20世纪90年代中期，国内外很多专家和学者开始采用多锥细分法从不同角度对利益相关者种类进行了划分。Freeman（1984）根据利益相关者所拥有资源的不同，将利益相关者分为：持有公司股票的一类人、与公司有经济往来的相关群体以及与公司在社会利益上有关系的利益相关者三类。Frederick（1988）从利益相关者对企业产生影响的方式将利益相关者划分为直接的和间接的利益相关者。直接的利益相关者是指直接与企业发生市场交易关系的利益相关者，如股东、企业员工、债权人、供应商、零售商、消费商、竞争者等；间接的利益相关者是与企业发生非市场关系的利益相关者，如中央政府、地方政府、外国政府、社会活动团体、媒体、一般公众等。Charkham（1992）按照相关群体是否与企业存在交易合同关系，将利益相关者分为：契约型和公众型利益相关者两种。Clarkson（1994、1995）根据相关者群体在经营活动中承担风险的方式不同，将利益相关者分为主动的利益相关者和被动的利益相关者，又根据与企业的紧密程度不同，将利益相关者分为主要的利益相关者和次要的利益相关者。美国学者Mitchell、Wood（1997）提出利益相关者理论的两个核心问题，即利益相关者的认定和利益相关者的属性问题，并提出米切尔评分法，将利益相关者的界定与分类相结合，该方法能用于判断和界定企业的利益相关者，操作起来比较简单，是利益相关者理论的一大进步。该评分法认为，企业所有的利益相关者必须具备以下三个属性中至少一种：合法性、权利性以及紧迫性。并依据这三个方面特性对利益相关者进行评分，根据分值来将企业的利益相关者分为三种类型：一是确定型利益相关者，同时拥有合法性、权力性和紧迫性，也是企业首要关注和密切联系的对象，如股东、雇员和顾客。二是预期型利益相关者，同时拥有三种属性中任意两种，如投资者、雇员和政府部门等是拥有合法性和权利性的群体；媒体、社会组织等是有合法性和紧急性的群体；一些政治和宗教组织者等是有紧急性和权力性的群体。三是潜在型利益相关者，只具备三种属性中任意一种。我国学者陈宏辉（2003）则从利益相关者的主动性、重要性和紧急性三个方面，将利益相关者分为核心利益相关者、蛰伏利益相关者和边缘利益相关者。利益相关者理论多应用于规范性研究，在实践中缺乏可操作性，正因如此，20世纪90年代，利益相关者理论与擅长于实践应用的社会绩效评价全面结合起来。

利益相关者理论关于"共同治理"的核心内容是企业绩效评价，并以此为基础衍生出了三种主要的评价方法，第一种认为企业绩效就是企业社会绩效，从外部利益相关者角度，进行评价时主要从企业处理社会问题和承担社会责任的能力上来考虑。该方法的代表是美国学者Jeffrey Sonnenfeld（1982）的外部利益相关者评价模式和加拿大学者Clarkson（1995）提出的RDAP模式。第二种认为企业绩效包括财务绩效和非财务绩效评价，进行绩效评价时应将两者结合起来考虑，体现了利益相关者理论与企业战略竞争性相结合的分析方法。该方法的典型代表为20世纪90年代初哈佛大学教授Robert Kaplan和诺顿研究院执行长Divid Norton，他们在提出的"平衡计分测评法"中有涉及。第三种将企业绩效分解为企业任务绩效和周边绩效两部分，Motowidlo和Borman（1993）在组织行为学的绩效模型中进行了此种划分，利益相关者理论在后期的发展中认为企业应将任务绩效和周边绩效两者结合才能有效进行绩效评价。亚当·斯密在《国富论》（1776）和《道德情操理论》（1759）中曾提到，只有当企业的经济利益与全社会的利益达成一致时，社会才能和谐发展。利益相关者理论的提出，对英美等国传统单一的"股东利益至上"的观点提出了严峻挑战，当时英美等国经济遭受巨大困难，而推行利益相关者理论的德日等国的经济却能迅速崛起。20世纪80年代，美国掀起一股并购浪潮，其中许多公司是以追求股东短期暴利为目的的敌意收购，导致股东获利而债权人、消费者、供应商、员工等众多利益相关者受损，这引起全社会广泛争论。因此，到了80年代末，美国部分州开始修改当地公司法，规定公司不应仅为股东利益服务，还应兼顾企业所有的"利益相关者"。许多学者用实证方法对该理论进行了验证，发现利益相关者理论的应用能使企业形成具有竞争性的长期战略（Atkinson，1997）。国内利益相关者理论的研究主要是90年代，企业理论与公司治理的发展，最具代表性的是杨瑞龙（1998、1999、2000、2001）、李维安（1998、2000）等进行的相关研究。

利益相关者理论认为，企业利益相关者无论其是提供人力资本还是物质资本，都承担了企业的剩余风险，应享有企业的职责和权利。公司应设计契约安排和治理模式，将企业经营控制权和监督权等权利分配给各利益相关者，以便共同参与治理，实行"利益相关者利益最大"（蔡维灿、李春瑜，2012）。陈宏辉

(2004)曾提出股东、管理者及员工为企业核心利益相关者,并认为应让核心利益相关者共同治理企业,才有利于企业的发展。企业内部控制体系的实施正是利益相关者共同治理观念和模式的体现。

二、监督约束、内部控制有效性与利益相关者理论

利益相关者理论将企业绩效评价作为其应用于实践的核心内容,主要是源于企业绩效评价内涵的不同界定以及评价内容、方式和结果等都与该理论内容相关(贾生华等,2003)。企业绩效评价包括对企业财务和非财务信息的评价,该内容也是企业对内部控制有效性进行评价的重要组成部分,内部控制有效性评价是企业全体员工都需要参与的评价,通过这种内部的全员自我评价,再结合外部审计师的审计,可以对企业内部控制的设计和运行情况进行全面而有效的监督,企业内部控制信息的真实性不仅关系到内部利益相关者的权益,也是外部利益相关者决策要考虑的重要因素,是各个利益相关者共同协调和作用的结果。平衡计分法作为一种体现现代战略管理思想的绩效考核方法,该方法是站在企业战略管理高度,考虑财务、顾客、内部流程、学习与成长等方面,能全面评价企业的经营活动,而其战略管理思想也是企业内部控制的主要思想和目标之一。战略管理是企业最高层次的目标,具有长期性,着眼于企业的未来,实施基于利益相关者的内部控制监督与评价,有利于改善企业内部控制水平,提升内部控制质量。因此,企业应理顺与各利益相关者之间的关系,对企业内部控制进行整体监督与客观的评价,同时注意合理调整和改进企业内部资源的配置和安排,在保证企业长期稳定发展的基础上使共同价值达到最大。以企业价值最大化作为企业绩效评价和内部控制有效性评价的最终目标,是全面考虑了企业各利益相关者共同追求的目标,关注了企业长远发展利益的需要以及企业注重可持续经营、实现战略发展的需要。

企业价值最大作为企业管理和内部控制体系有效实施的最终目标,其基本思想是保障企业长期稳定发展,强调在企业价值增长中满足各相关者的利益,要求企业要满足和维护各利益相关者的正当权益,使企业内部各项控制制度能有效运行。利益相关者是指一切与企业利益有关的人,包括股东、债权人、管理者、员工、政府、当地社区等,同时也要求企业关心政府政策的调整和变化并严格执行,努力参与政府制订政策的有关活动,保障政府公共收益的实现,增强社会责任感。而各相关者共同利益的实现,也离不开企业健全的内部控制以及完善的内外部监督机制做保障。内部控制目标就是要保证资产安全完整、财务报告可靠、

提高企业经营效率、让企业遵纪守法、实现企业战略目标，其中企业战略目标是企业全体员工长期不懈努力才能实现的，战略的实施也需要通过企业内外部监督机构以及舆论媒体和社会公众来共同实现，体现了不同利益相关者的利益，也体现了内部控制的有效性。这就要求企业在制订战略目标时，一定要注意协调不同的利益集团之间的目标差异，甚至是存在的相互冲突的目标，体现企业成员的共同利益，才能促进企业可持续发展，实现企业整体价值最大，而内部控制有效性评价的目的就是合理保证内部控制目标的实现。在我国特殊制度背景下，资本市场尚不完善，内部控制的有效执行也需要内外部监督主体和监管部门的合力推动。当企业内部控制监督和评价短期的实施成本大于其给企业带来的收益时，企业管理者会缺乏对其进行实施的动力，为了保护利益相关者长期利益，维护资本市场秩序，需要政府监管部门通过制订法律、法规等强制制度，以及配合事后的违规惩罚等措施来促使企业管理者能关注长期收益与成本，重视内部控制质量，使企业能保持可持续发展。

第四节 政府管制理论

一、政府管制理论基础

公共利益管制理论是政府管制理论的理论基础，政府管制是指政府为达到一定的目的，凭借其法定的权利对社会经济主体的经济活动所施加的某种限制和约束，其宗旨是为市场运行及企业行为建立相应的规则，以弥补市场失灵，确保经济运行的有序，实现社会福利的最大化。马歇尔的"外部效应"思想为早期的管制理论奠定了一定的基础，20世纪30年代，西方经济危机期间，政府部门对自然垄断产业如电力等公共事业进行了管制，管制实践促进了管制理论的进一步发展。传统的管制理论是管制的公共利益理论，政府管制的"公共利益理论"主要观点是，为了抑制市场的不完全性缺陷，维护公众的利益，在存在公共物品、外部性、自然垄断、不完全竞争、不确定性、信息不对称等市场失灵的环境中，为了纠正市场失灵的缺陷，保护社会公众利益，政府对处于失灵环境中的企业行为进行直接干预，从而达到保护社会公众利益的目的。公共利益理论以下面几个假设为基础：首先假设政府是无私的，会以公共利益为重，为社会公众谋福利而不顾个人私利；其次是假设市场机制运行中是一定存在缺陷的；最后是假设政府没有规制成本。哪里有市场失灵，就主张在哪里实施相应的政府干预，以纠正市场缺陷，使市场变得有效率。当市场失灵出现时，监管有可能带来社会福利的提高。法律应当反映"公意"，代表广大人民，或者"大多数人民的利益。"具体到行政立法领域，政府官员被假设成"为了公共利益、公共秩序和行政效率而行使立法权的利他主义者"。公共利益理论认为不受限制的竞争会损害企业经济效率，自然垄断产业的主要问题在于配置效率和生产效率的矛盾，政府通过价格和进入管制可以提高企业配置效率和生产效率，进而提高整个社会的资源配置和生产效率，均衡收入分配和稳定经济发展。进入管制是只允许一家企业进行生产从而达到提高生产效率的目的，而价格管制则是将价格限制在社会最优价格处，从而满足配置效率的要求。当企业存在外部性、市场出现失灵时，政府通过管制可以提高社会福利。最能体现经济学公共利益理论的是 Kahn（1970）的《管制经济学：原理与制度》。其主要是反映政府对公用事业的管制，规制的费率是传统公共利益理论早期的主要研究成果，传统的公共利益理论主要针对政府监管问题进行讨论研究，其中运用经济学等理论阐明了政府监管的作用和意义，以及具体的管制行为，该理论有利于西方政府管制政策的形成与运用。

18 世纪，欧洲奉行自由主义思想，认为"自利"是社会发展的源动力①。公共利益被视为全社会成员共同的目标，作为共同体利益和公众利益，公共利益是一个与私人利益相对应的范畴。经济学家亚当·斯密认为，个人利益是公共利益的基础，在市场这只"看不见的手"的协调下，人们在追求个人利益的同时实现了公共利益的增加。同时还指出了市场经济运行的基本原理，认为它是人们经济活动的一座桥梁，一端放在"经济人"②上，另一端则放在"社会福利"③上。20 世纪 60 年代，受新古典经济思想的影响，"公共选择理论"影响迅速扩大，公共选择理论运用新古典经济学的基本假设和分析方法来研究政治问题，以"经济人"假说为基本行为假设，把经济学中自身利益最大化作为"经济人"的行为准则，将经济市场上的交易分析扩展到政治市场上，把政治领域的相互作用过程看作"交易的过程"。美国著名经济学家詹姆斯·布坎南是公共选择理论的

---

① 指个人利益，当时自由主义思想认为：个人利益可以促进社会发展，是实现公共利益的基础。
② 经济学假设中的理性"经济人"，认为人是以个人利益为根本动力。
③ 是以民生为基础的社会福利，强调整个社会的公共利益。

典型代表人物，20世纪50年代，布坎南开始从事公共选择理论的研究，1954年，他发表专门研究公共选择的文章《社会选择、民主政治与自由市场》。之后，布坎南又与戈登·塔洛克二人合著《同意的计算——立宪民主的逻辑基础》，该文章被认为是公共选择理论的经典代表著作。著名经济学家阿罗和唐斯对公共选择理论的建立和发展也做出了重要贡献，阿罗（K. Arrow，1951）发表的《社会选择与个人价值》一书也影响了公共选择理论的发展，阿罗（1963）著名的"不可能性定理"（impossibility theorem），从另一角度解释了个人利益与公共利益之间的关系，认为自由平等的社会里，没有完美的方式将个人的偏好"加总"成为社会的偏好，即个人利益的满足不等于公共利益的满足，依靠市场不能实现公共利益，需要有"裁决者"进行协调，确定公共利益。公共选择理论还认为利益集团对公共选择的结果有一定的影响，斯蒂格勒（1971）对传统公共利益理论提出了质疑，其在《经济管制论》中对政府管制的动机进行分析，指出："经济管制理论的中心任务是解释谁因管制受益，谁因管制受损，管制会采取什么形式，以及管制对资源配置的影响。"用经济供求分析方法解释了政府的管制，提出管制的目的是保护生产者利益。他认为，作为一种制度，政府监管是为利益集团所需，并为其利益服务而设计和实施的，政府管制是为了响应利益机关而实现其利益最大化需要的产物。规制也是出于公众对不公平、无效率的市场行为进行纠正的需要（Posner，1974）。但部门利益理论完全抹杀了政府代表公共利益，不能解释为什么在放松规制的浪潮中，某些自然垄断产业并没有由放松规制走向放任自流。在现实的监管过程中政府行为会受到公众和社会舆论监督和制约，不可能完全为利益集团服务。理论界开始重新审视传统公共利益理论，在经历了部门利益理论的挑战和传统公共利益理论的修正之后，形成了以"可竞争市场理论"与"激励规制理论"为核心的新规制理论体系，该理论体系超越和完善了以往仅以传统公共利益理论为主体的传统规制经济理论。

可竞争市场理论主要是通过引入市场竞争机制，以竞争作为替代过去严格监管的一种工具，为维护竞争机制而设立监管规则。美国著名经济学家William Baumol（1981）在美国经济年会上首次阐述了可竞争市场理论对产业结构的影响的发言，1982年，鲍莫尔、美国西北大学教授潘扎尔（Panzar）与普林斯顿大学教授威利格（Willig）一起出版了《可竞争市场与产业结构理论》一书，标志着系统化的可竞争性理论的形成。该理论认为，政府的管制政策应以促进市场的可竞争性为目的，主张政府应更重视充分的潜在竞争压力对管制的影响。虽然很多经济学家提出质疑，认为现实中不存在完全可竞争市场，鲍莫尔等进一步解释，完全可竞争市场并不是对现实的描述，而只是一种理想情形，它能在一个统一的框架中解释完全竞争所不能解释的现象，因而算得上是一个更一般的理想基准。随着可竞争市场理论的影响逐渐扩大，越来越多的经济学家开始接受并运用这一理论。该理论对管制政策的制定和管制实践产生了极大的影响。在实践实施过程中，尽量消除妨碍市场可竞争性的因素，让市场这只"看不见的手"充分发挥作用。在管制实践中，由于管制者与企业之间是信息不对称的，为了治理市场失灵，寻找信息不对称前提条件下，规制者目标函数最大化的合约，提高治理效率。激励规制理论成为管制理论的最新进展。激励性规制的原理是在保持原有规制结构条件下，通过引入信息不对称和博弈机制，设计一个能使企业诚实守信的激励机制合同，激发企业提高生产效率的内因，从而达到提高管制效率的目的，解决了原有管制效率低下的问题，是对原有管制行为的修正和发展。自20世纪80年代中期始，梯若尔和拉丰共同开创了激励理论的一个最新的应用领域——新规制经济学，《政府采购和规制中的激励理论》（1993）和《电信竞争》（2000）两本经典著作对激励规制理论作出了比较完整的阐述，梯若尔和拉丰（1993）的《政府采购与规制中的激励理论》完成了新规制经济学理论框架的构建。该理论要解决的问题是，如何在信息不对称的条件下形成最优激励，激励性规制理论是西方规制理论近20年来取得的最重要进展，并成为新规制经济学的核心和标志。该理论不仅在一定程度上弥补了传统管制理论存在的缺陷，成为"政府规制失灵"的一种解决途径，而且使政府管制的设计建立在企业实际基础之上，并在管制的理论基础和思维方式方面发生了根本性变革。激励规制理论通过将"信息约束""博弈论""机制理论"等要素运用于规制理论的分析与规制方式的设计，使传统的政府管制理论——公共利益理论取得了显著的进步，并获得了新的发展。

二、监督约束、内部控制有效性与政府管制理论

人民的政府应该代表广大民众的利益，保护公共利益，从公众利益的角度行使政府监管职能，应是政府最根本的属性和特征（杨凤，2007）。为保护利益相关者共同的利益，维护市场规制及中小股东权益，政府监管部门通过制度设定，要求上市公司设立独立董事和审计委员会制度，要求独立董事对内部董事的决策行为进行监督制衡，以提高董事会治理效率，并提出股东大会可在董事会下设审计委员会，专门负责对财务报告和内部控制的监督和审查，并为内部控制体系的

正常运行提供监督和保障，防止管理层绕过内部控制，权力滥用，提高内部控制有效性。由于政府监管者也是理性"经济人"，在政府管制放松时期，政府监管部门也会追求个人私利（Posner，1974）。作为"经济人"的监管者可能会为了个人利益最大化，而被利益集团所"俘获"，通过利益集团达到"寻租"和"创租"的目的。在我国当前市场不太健全的情况下，政府对企业适当管制是必要的，但是一定要合理界限管制范围，不能缺位或越位，同时对于政府监管者也应进行适当监督，可以通过加大舆论媒体和社会公众等监督手段，监督政府的行为，以提高政府监督效率。

为加强对企业内部控制监管，政府可以通过设定监管制度，调整监管方式，通过要求企业披露内部控制有效性信息、财务报告信息等方法，了解企业的真实信息情况，引导企业遵纪守法，增加企业信息的透明度，减小政府监管者、市场与企业之间存在信息不对称，有利于市场发挥其自动调节作用，政府制订更适合企业发展的监管制度和监管措施，以达到维护资本市场秩序和保护中小股东利益的目的。美国爆发大量财务舞弊后，监管部门就颁布了著名的SOX法案，也是基于保护全体股东共同利益，维护资本市场公平，强制要求企业管理层应对内部控制有效性进行评估，外部审计师要对企业内部控制有效性进行审计。我国政府监管部门也出台了内部控制规范和相关指引，要求上市公司董事会强制对内部控制有效性进行评价，并强调了董事会、审计委员会及监事会各自对内部控制设计及运行有效性的责任，从制度安排上保证内部控制质量。监管者基于保护中小投资者以及其他利益相关者利益，要求上市公司进行内部控制有效性评价，以提高内部控制质量，保证企业持续健康发展。但由于信息不对称，投资者对内部控制有效性评价的质量无法识别或者识别成本太高，政府监管部门通过强制制度设定资本市场进入门槛，只允许具有证券资格的规模较大的会计师事务所对上市公司业务进行审计，从而保障了资本市场上较高的审计质量。为保证政策的强制执行，政府部门又通过事后的监督检查等措施，并对违规行为处以一定的行政处罚等手段，督促上市公司能按制度安排执行，提高上市公司内部管理水平，维护资本市场正常的运行秩序。在监管者看来，独立董事制度、审计委员会设立制度、内部控制规范和指引的出台，以及强制要求董事会对内部控制有效性进行自我评价，并要求外部审计师进行审计等都是基于管制理论对上市公司提出的监督和约束要求，也是基于对资本市场上中小投资者和公众公共利益的保护。

第三章

内部控制有效性评价体系

内部控制有效性评价是董事会或类似机构对内部控制有效性进行的全面评价，形成评价结论，并出具评价报告的过程。全面评价要求内容上涵盖公司及其所属单位的各种业务和事项，企业出具内部控制是否有效的评价报告，可以供信息使用者了解企业内部控制的实施情况，通过内部控制有效性评价可以发现企业内部控制设计是否合理，以及执行是否有效，对于其中存在的缺陷是否跟踪和及时整改，持续改进并完善内部控制，为实现内部控制目标提供合理保证。企业应通过一定的评价方法，依据内部控制规范体系要求，再结合企业实际情况进行全面的评价。

本章主要介绍内部控制有效性评价目标、评价内容、评价标准、实施评价的程序、评价方法以及内部控制有效性评价指标体系的设计。

第一节 内部控制有效性评价目标及内容

一、内部控制有效性评价目标

内部控制评价的目标，解决的是为什么评价的问题，是内部控制评价体系的出发点和根本点，决定着整个内部控制体系的目标和方向，内部控制评价的目标与内部控制的目标有着密切的关系。

内部控制的目标从其发展和演变来看，大致经历了五个阶段的演变，第一阶段，内部控制牵制阶段，此时期以差错防弊和保护财产安全为主要目标；第二阶段，内部控制制度阶段，此时期以保护资产安全、检查会计资料的可靠和提高企业经营效率为主要目标；第三阶段，内部控制结构阶段，此时期以保护资产安全、财务报告可靠、遵守法律法规和各项管理规定、提高企业经营效率为主要目标，首次提出了内部控制是对组织目标的合理保证，并明确了内部控制目标与组织目标的一致性；第四阶段，内部控制整合阶段，此时期以1992年美国COSO委员会发布的《内部控制整合框架》为标志，1994年COSO又对此报告进行了增补。报告中提出了内部控制三大目标，即：合法合规性、经营的效率和效果以及财务报告的可靠性目标，内控三大目标满足不同的需要，彼此重叠，相互交叉；第五阶段，风险管理框架阶段，随着环境的变化，人们开始认识到全面风险管理的重要性，COSO于2004年发布了《企业风险管理框架》，其中提出了战略目标，作为企业最高层次的目标，在企业战略层面上进行风险管理，将风险管理延伸到公司治理层面，与企业终极目标联系起来。将内部控制目标分为四类，即：战略目标、经营目标、报告目标和合规性目标。2013年又迎来了COSO内部控制框架报告的重新修订，对于内部控制目标方面，新框架报告的目标没有发生变化，但强调了目标设定的重要性，要求管理层根据组织的使命和价值观设定目标，并提出目标设定是内部控制的前提，是企业管理过程的一个关键部分，并将"目标设定"从"风险评估"要素中移到其概述中，强调目标设定是公司内部控制风险评估的重要前提，但明确指出目标设定不是内部控制的组成部分，同时新框架报告将财务报告目标扩大为内部和外部的、财务和非财务的报告目标。1995年加拿大CoCo委员会发布了内控标准文件，报告中将企业目标理解为控制目标，包括企业的使命、愿景、战略、经营计划、较低层次上的具体目标，与COSO报告相比，CoCo报告在目标的内涵上进行了扩展，控制的报告目标不但包括对外报告，也包括对内报告，使"控制"更能服务于企业的经营管理，而COSO报告目标主要强调对外公开的财务报告；另外，CoCo报告在合规目标方面，它强调不仅要遵守外部的法律法规，而且要遵守内部控制的政策和制度，这种目标定位更加强调将内部控制与企业管理融为一体，更多地考虑了企业内部管理的需要。英国Turnbull报告中提出的内部控制目标为：内部控制能发现并控制企业风险，保护企业资产，明确和落实责任；提高会计信息质量，防止财务欺诈；遵循法律规章。该控制目标内容上更倾向于保护股东的利益，强调风险管理。

内部控制目标的演变也反映了内部控制制度的变迁，我国早期的内控目标是安全性、可靠性和合规性，同时强调纠错查弊。2008年财政部等五部委发布的我国《企业内部控制基本规范》中提出的内部控制目标基本与国际趋同，借鉴1992年COSO内部控制框架报告，结合2004年COSO发布的风险管理框架中提到的内部控制四大目标特点,并结合中国企业的实际情况,增加了资产安全性目标,最终体现为五大目标,即:合理保证企业经营管理的合法合规、资产安全、财务报告及相关信息真实完整、提高经营效率和效果、促进企业实现发展战略。也就是说,促进企业可持续发展战略是内部控制的最终目标。

内部控制的目标决定了内部控制运行的方向和方式,也决定了内部控制评价的目标。由于内部控制的终极目标是企业可持续发展战略,那么,内部控制评价的终极目标则是促进企业可持续发展战略的实现,具体目标则是确定内部控制目标的实现程度,即对内部控制目标实现的合理保证程度进行评价,而内部控制是否能为目标提供合理保证,则取决于内部控制制度设计的是否健全、适当以及其是否得到有效执行,这为内部控制有效性评价目标提供了评价的着眼点,即内部控制的设计和执行情况。虽然内部控制目标是在不断演变的,但是内部控制有效性评价目标却具有比较恒定的特性,也就是说内部控制有效性评价目标在不同发展阶段是大致相同的。虽然发展初期的内部控制没有留下明显的有效评价的具体思路和方法,但是不可否认的是存在内部控制的同时就存在对内部控制有效性进行评价,无论是作为财务报告组成部分的评价、独立自愿披露的评价,还是正式的强制评价披露,都只是以不同的方式而存在。内部控制有效性评价与内部控制不可分割,本应源于企业自身需求,但因动力不足,导致内部控制有效性评价未能引起企业重视,注册会计师出于审计风险和成本效益的考虑,首先应关注企业内部控制制度并对其有效性进行评价,但只关注了与财务报表相关的内部控制部分并对其有效性进行评价。随着国内外各种财务舞弊案件的发生,企业内部控制的有效性受到质疑,世界各国监管部门陆续颁布一系列法律法规,要求上市公司对内部控制有效性进行自我评价,并且还需要经过注册会计师的审计评价。内部控制有效性评价分为企业内部的自我评价和外部注册会计师的审计评价,内部的自我评价目标就是增强内部控制有效性和企业内部控制目标的实现,外部注册会计师评价的目标是为企业内部控制有效性提供合理保证,总的来说都是为了评价内部控制是否有效,实现内部控制目标的有效性程度,包括内部控制设计的有效性和执行的有效性。另外,企业任何一项制度的建立和实施都会考虑成本效益原则,因此内部控制有效性评价也应该关注其经济性,虽然其不是有效性评价的主要目标,但会影响和制约内部控制有效性评价目标。经济性评价是在为内部控制有效性提供合理保证的前提下,是否能尽可能做到简便易行、降低运行成本,在控制整体风险的前提下是否能最大化企业价值。

从内部控制有效性评价的内容和对象上看,内部控制有效性评价目标主要包括内部控制设计的有效性目标、内部控制运行的有效性目标以及内部控制设计及运行的经济性目标。

二、内部控制有效性评价内容

内部控制有效性评价内容是公司内部控制评价报告的重要组成部分，上市公司应该披露哪些内部控制评价内容主要取决于投资者和其他信息使用者的需要。目前，国内外并没有针对内部控制有效性评价报告的具体构成内容进行专门研究或者给出统一的规定。

（一）内部控制有效性评价内容相关规定

1992年COSO内部控制框架报告指出，内部控制有效性评价报告的内容应该包括：所针对的控制的类别；对内部控制体系固有局限的说明；关于体系中存在对发现的控制缺陷进行监控和应对的机制的说明；报告的参照系，即指明对内部控制体系进行衡量的标准；对内部控制体系有效性的结论，如果存在一个或多个重大漏洞，应该包括对重大缺陷的描述，并且不能作出符合体系有效性标准的声明；针对的日期或期间；报告签字人姓名。2003年，美国SEC在《最终规则：财务报告内部控制的管理层报告和证券交易法案定期报告中信息披露的确认》中针对财务报告内部控制的内容进行了规定，主要涵盖以下四个方面内容：管理当局维持充分有效财务报告内部控制的责任；管理当局评估内部控制的框架；管理当局对最近一个年度财务报告内部控制有效性进行评价；审计报告中注册会计师对管理当局的评价。2013年版COSO内部控制框架报告明确提出，描述内部控制五要素的17条具体原则，并列出了企业进行内部控制评价时要针对的公司层面的79个关注点，同时提出对于流程层面的关注点，建议企业根据自身需要，结合17条具体原则，以及外部审计师的关注点进行调整。

2006年6月，上海交易所发布《上海证券交易所上市公司内部控制指引》（以下简称《上证指引》），其中第三十三条规定，公司内部控制自我评估报告至少应包括如下内容：一是内部控制制度是否建立健全；二是内部控制制度是否有效实施；三是内部控制检查监督工作的情况；四是内部控制制度及其实施过程中出现的重大风险及其处理情况；五是对本年度内部控制检查监督工作计划完成情况的评价；六是完善内部控制制度的有关措施；七是下一年度内部控制有关工作计划。2006年9月深圳交易所也发布《深圳证券交易所上市公司内部控制指引》，其中第六十二条也规定，自我评价报告至少应包括以下内容：一是对照本指引及有关规定，说明公司内部控制制度是否建立健全和有效运行，是否存在缺陷；二是说明本指引重点关注的控制活动的自查；三是说明内部控制缺陷和异常事项的改进措施；四是说明上一年度的内部控制缺陷及异常事项的改善进展情况。2010年，财政部等五部委联合发布了《企业内部控制评价指引》，其中第五条指出：企业应当根据《企业内部控制基本规范》《企业内部控制应用指引》以及本企业的内部控制制度，围绕内部控制五要素，确定内部控制评价的具体内容，对内部控制的设计和运行情况进行全面评价；在第六、第七、第八、第九、第十条中进一步针对五大要素分别指出：应以应用指引中对应的各项指引为依据，结合本企业内部控制制度，进行认定和评价，并在第十一条中指出，评价工作应形成工作底稿，详细记录执行评价工作的内容，包括评价要素、主要风险点、采取的控制措施、有关证据资料以及认定结果等。

（二）内部控制有效性评价具体内容

《企业内部控制评价指引》指出，内部控制评价内容是围绕企业内部环境、风险评估、控制活动、信息与沟通、内部监督等五大要素，确定具体评价内容，并对其设计及运行情况是否有效进行评价。

1. 内部环境要素

内部环境是其他要素的基础，是影响和制约企业内部控制建立和实施的各种因素的总称。内部环境评价通常是从企业组织架构、发展战略、人力资源、企业文化以及社会责任等方面内容进行评价，明确主要风险点、采取的控制措施、相关证据资料及认定结果等，对内部环境的设计及实际运行情况进行认定和评价。影响内部控制环境的具体因素主要包括"人"和"组织程序"两方面，"人"的因素是指董事会、管理层诚信的态度和行为，以及员工的职业道德和操守等；"组织程序"因素是指组织机构的设置、职责权限的划分等。

2. 风险评估要素

风险评估是识别变化并采取相应措施的过程，一般包括对目标设定、风险识别、风险分析及风险应对等方面内容的评价。目标设定是风险评估的重要前提，公司只有设定了目标，管理层才能明确公司业绩衡量标准和对实现目标的风险进行识别，公司在风险识别时，既要关注市场竞争、法律法规变化、经济环境变化等外部风险，也要关注内部管理层变动、员工素质、信息系统故障等内部风险。公司应采取定性与定量相结合的方法进行风险分析，关注重点和高风险领域，根据风险分析的结果，再结合风险承受度，权衡风险与收益，确定风险应对策略。

3. 控制活动要素

控制活动是指公司管理部门为了保证既定目标的实现而制定并执行的各项控制政策和程序。公司结合风险评估的结果，通过预防性控制与发现控制，常规控制与例外控制相结合的方法，将风险控制在可控范围内。公司的控制措施一般包括不相容职务分离、授权审批、财产保护、会计系统、预算控制、运营分析、绩效考核等控制，以及重大风险预警机制和突发事件应急处理机制。控制活动贯穿公司资金管理、固定资产管理、采购与销售管理、研究与开发管理、全面预算管理、业务外包管理、合同管理、财务报告管理等。评价时重点关注上述各业务的控制设计与实施流程的有效性，审核组织机构以及内部控制制度方面采取的控制活动。组织机构方面重点关注岗位设置是否合理，职责权限是否明确，分工是否合理，不相容职务是否分离，是否成立法务部门，工程、采购等验收环节是否能相互监督。内部控制制度建设方面重点关注公司董事会会议、总经理事权、财务管理、采购及投资管理、合同管理制度的建设以及内控检查监督制度。公司是否按业务流程建立内部控制制度，设置关键控制点和反馈系统等。

4. 信息与沟通要素

信息与沟通是公司及时、准确收集、传递与内部控制相关的信息，确保信息在企业内部、企业内部与外部之间进行有效沟通，是实施内部控制的重要条件。企业应该将收集的各种内部和外部的信息进行合理筛选、整理，并将相关信息在内部各管理层级、责任单位、业务环节进行传递，内部信息传递要完善信息向下和向上的传递机制，使企业内部各方面和全体员工能了解企业经营目标，明确权责，以及自身在内部控制体系中的地位和作用，并能将其了解的重要信息向企业管理层及董事会传递。此外，公司应建立横向传递机制，特别是管理层与董事会之间的沟通。公司还建立良好的外部沟通渠道，加强与外部投资者、客户、供应商、监管部门、社会中介机构等之间的沟通和反馈。信息评价是评价公司信息系统是否能通过相关人员履行职责的形式来识别、获取和加工信息。沟通评价是评价信息在内外部传递和反馈的有效性。

5. 内部监督要素

内部监督是企业对内部控制建立与实施情况的监督检查，通过评价内部控制的有效性，对发现的内部控制缺陷及时加以改进，是实施内部控制的重要保证。内部监督包括日常监督和专项监督，无论是日常监督还是专项监督，都应将监督情况形成书面报告，并在报告中揭示内部控制的重要缺陷，并采取适当的方式及时向董事会、监事会和经理层报告。内部控制基本规范中明确了董事会、监事会、审计委员会以及内部审计部门等在内部控制设计和运行中应发挥监督作用，公司进行内控评价时应分别考查各职能部门对内控监督的完成情况。

三、内部控制评价报告的内容

根据《企业内部控制应用指引》，其中第二十二条提出了内部控制评价报告应包括的总体内容，提出评价报告中至少应当披露下列内容：一是董事会对内部控制报告的真实性声明；二是内部控制评价工作的总体情况；三是内部控制评价的依据；四是内部控制评价的内容范围；五是内部控制评价的程序和方法；六是内部控制缺陷及其认定情况；七是内部控制缺陷的整改情况及重大缺陷拟采取的整改措施；八是内部控制有效性的结论。

第二节 内部控制有效性评价标准

要合理保证内部控制目标的实现，首要任务是制订适当的评价标准。内部控制有效性评价标准解决的是按照什么标准去评价内部控制有效性问题，企业进行内部控制有效性评价需要一个标尺，什么样的内部控制才是有效的内部控制，参照什么标准才能准确合理地评价企业的内部控制有效性。内部控制有效性评价标准，是指评价企业内部控制是否健全有效的衡量标准。尽管内部控制评价的主体不同，但都是针对内部控制的设计合理性以及执行有效性进行评价，在评价对象和内容具有一致性，所以内部控制有效性评价标准应该采用统一标准。

一、内部控制有效性评价标准具备的特征

一个适当的内部控制有效性评价标准至少需要具备以下特征：

1. 全面性

内部控制评价标准应该具备全面性。全面性一方面是指有效性评价标准所涵盖内容的要全面，必须涵盖内部控制全部的内容，不遗漏任何对内部控制有效性结论产生影响的要素内容。另一方面是指标准的适用范围要全面，评价标准须适

用于所有的企业，便于对不同行业、类型的企业按统一标准进行比较性评价。

2. 相关性

内部控制评价标准应该具备相关性。相关性是指有效性评价标准须与内部控制评价目标相关，内部控制目标决定了内部控制评价的范围内容以及标准的制定和适用原则。

3. 可靠性

内部控制评价标准应该具备可靠性。可靠性一方面是指依据有效性评价标准进行评价的结果须具备可核性和可重复性，做到有据可依，有据可查，任何人都可以沿着同样的轨迹进行重复性评价。另一方面是指不同的评价主体依据同一标准对同一或类似情况或环境下的企业进行同样努力程度的评价，会得到相似的结论。

4. 可操作性

内部控制有效性评价标准还须具备可操作性。可操作性是指企业在实施内部控制有效性评价时，可以依据评价标准进行有效的评价，一般而言，各国的内部控制基本规范内容都较粗犷，缺乏可操作性，要通过进一步的指引、细则或相关解释进一步细化，使之具有可操作性，可以用于指导企业实际操作。

二、内部控制有效性评价标准的确定

美国COSO1992年发布的以及2013年修订的内部控制框架报告及其扩展报告，加拿大的CoCo《控制指南》报告，英国的《Cadbury报告》及《Turnbull报告指南》，还有我国的《企业内部控制基本规范》及配套指引等，都是基本满足内控标准特征要求的适当的评价标准，也都是各国成熟的内部控制评价标准。其中美国COSO内部控制框架报告，为包括我国在内的世界各国树立了标杆，也是全球影响力最大、应用最广泛的内部控制评价标准。2008年，我国颁布的《企业内部控制基本规范》以及配套指引是属于我国企业的内部控制评价标准。对于外部审计人员，即注册会计师而言，既要遵守企业内部控制实施和有效性评价的相关标准，同时要遵守注册会计师执行审计业务的标准，注册会计师评价企业内部控制有效性时，其评价对象和内容包括对企业内部控制设计和运行的有效性评价，同时还包括对企业自我评价报告的评价。也就是说，注册会计师需要判定企业建立的内部控制是否健全有效，一方面要参考《企业内部控制基本规范》《内部控制评价指引》《内部控制应用指引》以及行业监管部门及企业具体要求进行评价，同时，约束注册会计师执业行为的还有注册会计师行业的执业准则，如《内部控制审核指导意见》《其他鉴证业务准则》《企业内部控制审计指引》等，注册会计师还应该按照执业准则标准去执行评价企业内部控制的设计是否合理以及运行是否有效的情况。如同注册会计师在进行财务报告审计时既应该遵循审计执业准则标准执行审计业务，同时还应遵循被审单位编制财务报告时选择的适用依据标准，如《企业会计准则》和行业相关准则、制度等规定要求的标准。企业在进行自我评价时，应当按照《企业内部控制规范》《内部控制评价指引》《内部控制应用指引》的要求，结合行业标准及企业内部控制制度实际情况，围绕内部控制五要素，对内部控制的设计和运行情况进行评价。通过内部控制评价可以对企业内部控制进行全面监督，内部控制有效性评价是企业持续改进和优化内部控制的重要手段。

三、内部控制缺陷认定标准的制定

内部控制缺陷认定标准是评价企业内部控制是否有效的标准，企业应根据内部控制规范，结合企业实际情况，科学、合理地制定适合于企业的缺陷认定标准。

（一）美国内部控制缺陷标准的认定

美国许多公司重大缺陷是根据内部控制审计准则指出的，表明公司内部控制可能存在重大缺陷的重要迹象来进行认定的；还有的是通过重大缺陷的定义进行认定。

1. 根据表明公司内部控制可能存在重大缺陷的重要迹象来认定

美国公众公司会计监督委员会（PCAOB）发布的第 2 号审计准则《与财务报表审计相结合的财务报告内部控制审计》中，以及第 5 号审计准则《与财务报表审计相结合的财务报告内部控制审计》中都提到了以下下四种认定迹象：为反映对一个重大错报的更正而重述以前发布的财务报表；未审财务报表中的重大错报由外部审计师而非公司发现；发现与高级管理层有关的舞弊；审计委员会对公司的财务报告和财务报告内部控制的监督无效。上述前两种迹象，在认定内部控制是否存在重大缺陷时非常重要。只要存在前两种迹象，通常即可认定公司存在内部控制重大缺陷，后两种迹象则较难直接进行认定。

（1）为反映对一个重大错报的更正而重述以前发布的财务报表。

之所以重述以前发布的财务报表，是因为前期财务报表中存在重大错报，而内部控制并未发现并及时更正。因此，会计报表重述成为判断财务报告内部控制存在重大缺陷的重要迹象之一。需要明确的是，财务报表重述本身不应构成一个内部控制重大缺陷，导致发生会计报表重述的事项才是内部控制重大缺陷。

由于财务报表使用者可以观察到公司是否发生了财务报表重述，因此公司在内部控制评估中需要认真评估导致财务报表重述的、应被认定为重大缺陷的内部控制并予以披露。

（2）未审财务报表中的重大错报由外部审计师而非公司发现。

如果审计师在审计中发现当期财务报表中存在重大错报，而公司财务报告内部控制没有发现该项错报，则说明公司财务报告内部控制存在重大缺陷。

在 SOX 法案实施前、上市公司无须披露财务报告内部控制评价报告时，如果财务报表中存在重大错报，无论是由外部审计师还是公司发现的，只要公司能在最终披露的财务报表中进行了调整，就不会影响审计师对财务报表的审计意见。而在 SOX 法案实施后，上市公司须同时披露财务报表审计意见及内部控制评价和审计意见时，如果未审财务报表中的重大错报由外部审计师而非公司发现，虽然公司的财务报表在按照审计师的建议调整后可能被出具无保留意见，但公司的财务报告内部控制则因其无法防范重大错报而应被认定为无效并被审计师出具否定意见。未审财务报告中的重大错报由外部审计师而非公司发现，因公司无法发现重大错报的内部控制，而形成内部控制重大缺陷。

（3）发现与高级管理层有关的舞弊。

美国审计准则第 99 号公告《财务报表审计中对舞弊的考虑》中将舞弊定义为，被审计单位的管理层、治理层、员工或第三方使用欺骗手段获取不当或非法利益的故意行为，包括对财务信息作出虚假报告导致的错报，以及侵占资产导致的错报。由于舞弊是一种故意行为，其产生错报的性质很严重，因此，舞弊是财务报表内部控制存在重大缺陷的重要迹象。

由于舞弊一般比较隐蔽，较难识别，另外舞弊带来的后果非常严重，公司高管一般不会轻易冒险，舞弊现象比较少。此外，与前面两个迹象不同的是，舞弊既是内部控制存在重大缺陷的重要迹象，本身也构成内部控制重大缺陷。

（4）审计委员会对公司的对外财务报告和财务报告内部控制的监督无效。

有效的监督能及时、有效地识别出控制失败或控制缺陷，并报告给那些对控制负责的员工或高层管理人员，以及时实施纠正措施。如果监督无效，就难以保证内部控制有效运行。正因为如此，COSO 专门发布了《内部控制体系监督指南》。如果监督是有效的，就应该能及时识别出内部控制重大缺陷并督促整改。因此，严格地讲，除非监督职能有效地发挥作用并及时识别出了重大缺陷且督促整改，否则，所有披露了内部控制重大缺陷的公司的监督职能都是无效的。在此意义上，公司的披露并不严格。财务报表的使用者无法直接观察到公司的监督职能是否有效。对于公司及其审计师而言，监督有效与否依赖于审计委员会、内部审计部门的自我评估，以及对其他监督手段存在和运行效果的评估。由于监督是内部控制的五要素之一，因此，监督无效既是内部控制存在重大缺陷的迹象之一，同时也构成内部控制重大缺陷。

2. 根据内部控制重大缺陷定义来认定、披露

无论是否存在表明内部控制可能存在重大缺陷的迹象，公司都须按照内部控制重大缺陷的定义来认定。

（1）公司层面内部控制重大缺陷的认定。

账户或交易层面内部控制重大缺陷，在很大程度上是与之相关的企业层面内部控制存在重大缺陷导致的。我们发现，只有部分公司在披露其账户或交易层面内部控制重大缺陷时，也同时披露了导致该重大缺陷的公司层面内部控制重大缺陷，许多公司则没有披露。如缺乏熟悉公认会计原则的会计人员，或会计人员缺乏应有的会计专业知识，或因离职造成会计人员不足。存在该问题将导致：无法做到不相容职务相互分离；无法及时进行财务关账；无法处理非常规、复杂交易；无法及时复核相关账户；无法处理所得税等复杂会计问题等。不相容职务相互分离存在重大缺陷时，将直接导致一些账户或交易层面的内部控制出现重大缺陷。无论是交易层面的内部控制存在重大缺陷，还是公司层面内部控制存在重大缺陷，都能说明监督要素存在重大缺陷。

（2）相互联系的账户或交易层面内部控制重大缺陷及其披露。

按照审计循环观点，任何重大差错一定涉及相互联系的两个或两个以上的账户。控制活动通常是按照业务循环来设计的。如果一个业务循环相关的内部控制存在重大缺陷，影响到的就不只是与该循环相关的某一个账户，而是两个或两个以上的账户。这样，在披露账户或交易层面内部控制重大缺陷时，除了披露导致该账户或交易重大缺陷的公司层面内部控制重大缺陷外，还应披露受该重大缺陷影响的所有账户或报表项目为宜。本书发现，相当数量的公司并未按此原则认定并披露，只披露了其中的一个账户，仅有部分公司披露了受账户或交易层面内部控制重大缺陷影响的所有账户。

（3）几个一般或重要缺陷构成重大缺陷。

两个以上的内部控制缺陷组合可能构成重大缺陷。从财务报表使用者的角度，我们无法判断构成重大缺陷的几个一般或重要缺陷的严重程度。而从披露的

情况看，此类情形不是很多。

（4）在披露内部控制重大缺陷时同时披露整改行动。

如果在评估时发现了重大缺陷，但及时采取了有效的整改行动，且在披露时已经产生了明显的效果，则可以在很大程度上缓解投资者的顾虑，也不会对公司评级产生严重的负面影响（Doss，2004）。

（二）我国对内部控制重大缺陷的认定

我国《内部控制评价指引》中指出，企业内部控制评价工作组应当根据现场测试获取的证据，对内部控制缺陷进行初步认定，内部控制缺陷按其影响程度分为重大缺陷、重要缺陷和一般缺陷。重大缺陷，是指一个或多个控制缺陷的组合，可能导致企业严重偏离控制目标；重要缺陷，是指一个或多个控制缺陷的组合，其严重程度和经济后果低于重大缺陷，但仍有可能导致企业偏离控制目标；一般缺陷，是指除重大缺陷、重要缺陷之外的其他缺陷。重大缺陷、重要缺陷和一般缺陷的具体认定标准，由企业根据上述定义要求自行确定。这无疑增加了企业认定内部控制重大缺陷的难度，可能导致一些重大缺陷无法被认定并披露。我国《企业内部控制审计指引》中规定了同样的缺陷分类，要求注册会计师评价已识别缺陷的严重程度，并给出了表明内部控制存在重大缺陷的迹象，要求注册会计师根据内部控制可能存在重大缺陷的迹象进行认定。相比根据重大缺陷定义认定，根据表明内部控制可能存在重大缺陷的迹象认定，比较容易判断，操作性较强。以下是我国内部控制审计指引中规定的几个判定重大缺陷的重要迹象。

1. 根据表明公司内部控制可能存在重大缺陷的重要迹象来认定

我国《企业内部控制审计指引》中列出的，表明内部控制可能存在重大缺陷的迹象包括：注册会计师发现董事、监事和高级管理人员舞弊；企业更正已经公布的财务报表；注册会计师发现当期财务报表存在重大错报，而内部控制在运行过程中未能发现该错报；企业审计委员会对财务报告和内部控制的监督无效。

（1）注册会计师发现董事、监事和高级管理人员舞弊。如果注册会计师在财务报表审计中执行《财务报表审计中对舞弊的考虑》准则，或在内部控制审计中发现董事、监事和高管舞弊行为，则内部控制极有可能被认定存在重大缺陷。然而，该准则指出，舞弊是一个宽泛的法律概念，并不要求注册会计师对舞弊是否已经发生作出法律意义上的判定，只要求关注导致财务报表发生重大错报的舞弊。因此，注册会计师对舞弊的认定并非易事，只有当有确凿的证据表明董事、监事和高级管理人员舞弊时，注册会计师方可由此认定公司内部控制存在重大缺陷。一般而言，公司被监管部门立案调查或行政处罚，或被司法机构认定存在违法犯罪，则通常表明该公司存在舞弊行为。在此情形下，注册会计师应该认定该公司内部控制存在重大缺陷。

（2）企业更正已经公布的财务报表。近年来，我国上市公司重述前期发布的财务报表的情形频繁发生。根据我国企业会计准则第28号《会计政策、会计估计变更和差错更正》，企业在当期发现、属于以前期间的会计差错，如果是重大会计差错，调整发现当期期初留存收益以及有关项目；对于比较会计报表期间的重大差错，则应当调整发生当期的净损益和相关项目。因此，我国上市公司因重大会计差错而更正已经公布的财务报表，应认定导致发生该重大差错的内部控制存在重大缺陷。

（3）注册会计师发现当期财务报表存在重大错报，而内部控制在运行过程中未能发现该错报。发生这种情形，以致注册会计师提出了审计调整建议且公司为了获得无保留意见只能接受该建议，是内部控制存在重大缺陷的最直接的迹象之一。按照此标准，一些公司财务关账程序后被注册会计师发现具有重大错报，其内部控制应该被认定存在重大缺陷；而一些公司因财务人员缺乏必要的会计准则知识，一直依赖外部审计师代为编制财务关账流程中的重要会计分录，甚至代为编制合并财务报表，其内部控制也应该被认定存在重大缺陷。

（4）企业审计委员会对财务报告和内部控制的监督无效。由于我国《企业内部控制应用指引》并未包括审计委员会和内部审计相关内容，因此，无论外部审计师还是公司内部，在评价审计委员会和内部审计机构对内部控制的监督是否有效时都面临较大的困难。

关于我国上市公司审计委员会监督的有效性，虽不乏实证研究证据（王跃堂等，2006），但对于应评价审计委员会哪些方面或要素时，却缺乏客观的依据。可以参照一些在美国上市的中国公司执行SOX法案404条款的做法，从以下几方面进行评价：是否设立了审计委员会；审计委员会的成员构成是否具有独立性；审计委员会成员具有相应的学识和经验来履行其监督职责；审计委员会与财务主管、内外部审计师等相关方的沟通与联系；审计委员会是否能及时充分获取必要的信息来监督管理层的战略、经营、财务状况和经营成果，以及其他重大交易合同等；审计委员会评估敏感的信息、调查结果及不当或违法活动（如重大诉讼、政府机关的调查、侵吞公司资产、违反内部交易规定、违法支付等）；是否就发现的问题，采取必要的行动，包括进行专项调查等；对定期财务报告的监督；对证监会、交易所规定的其他职责的履行情况；审计委员会的自我评估等。

关于内部审计监督的有效性，可以参考证券交易所制订的上市公司规范运作指引中的相关规定来进行，但需要注意的是，这些规定中对内部审计的要求与国际内部审计师协会的要求还有较大的差距。陈武朝（2010）对美国 SOX 法案 404 条款实施初期，内部审计无效案例的研究结果，以及我国《企业内部控制基本规范》的相关规定，在实施《企业内部控制基本规范》时，可以从独立性、胜任能力、任务和职责等三个方面评价内部审计是否有效。如果认定审计委员会对内部控制的监督无效，或认定内部审计机构对内部控制的监督无效，则都应认定内部控制存在重大缺陷。

2. 根据内部控制重大缺陷定义进行认定、披露

参照在美上市公司的做法，无论是否存在表明内部控制可能存在重大缺陷的迹象，公司都须按照内部控制重大缺陷的定义来认定。由于该方法在很大程度上依赖内部控制评估人员的专业判断，因此不同公司对同一事项可能会得到完全不同的结论。借鉴在美上市公司重大缺陷认定，以下情形应考虑认定为内部控制重大缺陷：（1）缺乏熟悉公认会计原则的会计人员，或会计人员缺乏应有的会计专业知识，或因离职造成会计人员不足；（2）不相容职务相互分离存在重大缺陷；（3）缺乏及时、充分的复核及监督。此外，如果认定某个账户或交易层面内部控制存在重大缺陷，就应该考虑与之相关的企业层面内部控制是否存在重大缺陷，以及与之相联系的其他账户或交易层面内部控制是否存在重大缺陷；无论存在企业层面的内部控制重大缺陷，还是账户或交易层面的内部控制重大缺陷，都应考虑审计委员会及内部控制监督职能是否存在重大缺陷。

第三节 内部控制有效性评价程序和方法

企业应科学地选择适当的内部控制评价程序和方法，有助于提高内部控制评价的效率。

一、内部控制有效性评价程序

2007 年，美国 SEC 颁布《管理层对财务报告内部控制的指引》（以下简称《指引》），该《指引》的评价方法是满足 1934 年《证券交易法》中相关规则的

要求的。《指引》中提出了评价财务报告内部控制应遵循如下程序：一是，识别财务报告风险和应对风险的控制；二是，评价财务报告内部控制运行有效性的证据，该评价基于风险评估，要求管理层将评估过程的性质和程度与对财务报告可靠性产生高风险的财务报告领域结合起来；三是，对公司多个营业场所的考虑。该评价程序立足于风险，但并不是系统的具体流程。

2004年，我国银监会发布了《商业银行内部控制评价试行办法》指出，内部控制评价程序一般包括评价准备、评价实施、评价报告形成和反馈等步骤。

2010年财政部等五部委联合出台的《企业内部控制评价指引》指出，内部控制评价程序一般包括制订评价工作方案、组成评价工作组、实施现场测试、认定控制缺陷、汇总评价结果、编制评价报告等环节。

（一）制定有效性评价工作方案

企业可以授权审计部门或专门机构负责内部控制评价组织的实施，保证评价工作的顺利开展。内部控制评价部门或机构应根据内部监督情况和要求，制订评价工作方案，明确评价范围、工作任务、人员组织、进度安排和费用预算等相关内容，报经董事会或其授权机构审批后实施。

内部控制评价部门应当根据企业实际情况和管理要求，分析企业经营管理过程中的高风险领域和重要业务事项，制订科学合理的评价工作方案，报经董事会或其授权机构审批后实施。评价工作方案应当明确评价主体范围、工作任务、人员组织、进度安排和费用预算等相关内容。评价工作方案既可以全面评价为主，也可以根据需要采用重点评价的方式，一般而言，内部控制建立与实施初期，实施全面综合评价有利于推动内部控制工作的深入有效开展；内部控制系统趋于成熟后，企业可在全面评价的基础上，更多地采用重点评价或专项评价，以提高内部控制评价的效率和效果。

（二）组成有效性评价工作组

在设置内部控制评价机构的基础上，还要求企业成立专门的评价工作组，接受内部控制评价机构的领导，具体承担内部控制检查评价的任务。评价工作组成员应具备独立性、业务胜任能力和职业道德素养，应吸收企业内部相关机构熟悉情况，并参与日常监控的负责人或业务骨干参加。评价工作组成员对本部门的内部控制评价工作应当实行回避制度。

对于拥有内部审计部门的企业来说，内审部门很大可能也同样担当内部控制评价组的工作。如果企业决定利用外聘会计师事务所为其提供内部控制评价服务，该事务所不应同时为企业提供内部控制的审计服务。

（三）实施有效性评价工作与测试

评价工作组须通过了解企业公司层面基本情况、各业务层面的主要流程、识别各层面主要风险后，开展实施设计和运行有效性的内部控制测试工作。在实施测试工作时，应按以下步骤完成：

（1）了解公司层面基本情况。了解其经营业务范围、评价期间内生产经营计划和预算完成情况、组织机构设置、领导成员构成及分工、财务管理及会计核算体制、内部控制工作概况、最近一次内部控制评价（或审计）发现问题的整改情况等。

（2）了解各业务层面的主要流程及风险。这一阶段，评价工作组工作重点主要是各业务流程，如资金管理流程、销售与收款流程和采购与付款流程等。

为评估工作与相关测试能有效进行，企业应建立全面文档记录。文档记录有助于评价工作组了解各个主要业务领域的流程，识别相关的风险关注点及对应的内部控制措施。

（3）确定检查评价范围和重点。评价工作组根据掌握的情况确定评价范围、检查重点及抽样数量，进行分工与测试。

（4）开展现场检查测试。如果发现内部控制出现缺陷，则需与管理层沟通，及时对有关缺陷进行认定并进行记录。

（四）认定内部控制缺陷

对于重大缺陷和重要缺陷的整改方案，应向董事会或审计委员会、监事会、经理层等机构进行报告并进行认定。如果存在与管理层舞弊相关等不适合向经理层报告的内部控制缺陷，内部控制有效性评价工作组应当直接向董事会或审计委员会、监事会报告。重要缺陷并不影响企业内部控制的整体有效性，但是应当引起董事会和管理层的重视。对于一般缺陷，可以向企业管理层报告，并视情况考虑是否需要向董事会或审计委员会、监事会报告。

（五）汇总有效性评价结果

企业内部控制评价工作组应当建立评价质量交叉复核制度，有关评价报告应由有效性评价工作组负责人严格审核确认，与被评价单位进行通报，在提交内部控制评价部门或机构前得到被评价单位相关责任人签字确认。对于在评价工作中发现的所有差异，如穿行测试及控制测试中发现的与访谈结果的差异、与流程手册的差异，也应在汇总中适当的记录。

企业内部控制评价部门或机构应编制内部控制缺陷认定汇总表，结合日常监督和专项监督发现的内部控制缺陷及其持续改进情况，对内部控制缺陷及其成因、表现形式和影响程度进行综合分析和全面复核，提出认定意见，并以适当的形式向董事会、监事会或者经理层报告。

重大缺陷应当由董事会予以最终认定。企业对于认定的重大缺陷，应当及时采取应对策略，切实将风险控制在可承受范围之内，并追究有关部门或相关人员的责任。

（六）编报内部控制有效性评价报告

内部控制评价部门应以汇总的评价结果和认定的内部控制缺陷为基础，综合内部控制工作整体情况，客观、公正、完整地编制内部控制评价报告，企业应当在规定的时间内披露内部控制评价报告，并报送企业经理层、董事会和监事会，最终经董事会或类似权力机构批准后对外披露或报送相关部门，即企业董事会或类似权力机构应当对内部控制评价报告的真实性负责。

二、内部控制评价方法

内部控制有效性评价是对内部控制的某一方面或者整体内部控制的设计和运行是否有效进行评价，实施评价时需要对每一方面或每一指标的具体情况作出判断，而要作出正确判断，则需要采用恰当的评价方法搜集评价证据并对证据进行分析得出评价结论。通常评价方法可分为定量评价方法、定性评价方法和综合评价方法。财务报告审计中对内部控制进行评价通常采用流程图、叙述法、调查法等简单的定性评价方法，还有定量的内部控制模糊评价法、自我评价法和自上而下综合评价内部控制的方法。SOX法案发布后，理论界和实务界大多使用自上而下的评价方法。

（一）模糊评价法

1965年，美国查德教授创立了模糊集合论，模糊数学的出现，为人们分析模糊事务提供了一个视野和工具，内部控制评价也具备模糊评价的条件，通过建立科学的内部控制活动因素，然后分配控制点权重，对控制点进行评价，最后利用模糊矩阵对其进行内部控制活动的综合评价，得出评价结果。

（二）内部控制自我评价法

加拿大在 20 世纪 80 年代开始运用内部控制自我评价系统，并总结了一套系统的技术和方法，该方法从形式上看主要运用三种评价方法，即引导会议法、问卷调查法和管理结果分析法。其中，引导会议法应用最广泛，其评价基础主要有四种形式：以控制为基础的、以程序为基础的、以风险为基础的和以目标为基础的形式。该方法实质是个动态的过程，能对公司所面临和处理的风险适时监测，关注企业战略，评估内部控制。加拿大、美国等广泛应用该方法进行企业内部主体的内部控制自我评估。

（三）自上而下法

SOX 法案发布后，为了遵循 404 条款，各专业机构及众多学者提出了内部控制评价的方法，2004 年 PCAOB 发布的 AS2，以及随后发布的 AS5 替代 AS2；2007 年，日本发布的《财务报告内部控制评价与审计准则》，这些准则基本都使用自上而下的评价方法。

自上而下评价法立足于财务报表层次，是先对财务报告内部控制整体风险的了解，然后将重点放在公司层次的控制上，并将工作逐渐向下移至重大账户、列报以及相关的认定上。这种方法是审计人员识别和测试控制的思维过程，并不是具体的实施审计程序获取证据的方法。2007 年，SEC 颁布《管理层对财务报告内部控制的指引》，该指引允许管理层和审计师可以自行选择财务报告内控测试方法，但提出了两条方法指导原则：一是，管理层应评估其已经实施的控制是否充分应对财务报表重大错报没有及时预防或发现的风险，即一种自上而下、风险导向基础的原则方法；二是，管理层对于控制运行证据的评估应当基于风险的评估，即对评价所需的证据做风险导向基础的判断方法。

2004 年，我国银监会发布的《商业银行内部控制评价试行办法》中指出，评价实施阶段包括了解内部控制体系和实施测试与分析。并指出了解内部控制体系可以通过询问、查阅、观察、流程图等方法进行。实施内控测试主要是对内部控制过程采取符合性测试法，符合性测试的具体方法包括抽样法、穿行测试法、证据检查法和压力测试法等；分析主要是针对内部控制结果的评价分析，结果分析主要是运用指标进行分析，指标分析时通过核实、对比分析和趋势分析，从而对内控目标实现情况做出评价。

2010年，我国出台《企业内部控制审计指引》，其中第十条规定，注册会计师应当按照自上而下的方法实施审计工作。并进一步解释，自上而下的方法是始于财务报表层次，以注册会计师对财务报告内部控制整体风险的了解开始，然后注册会计师将关注重点放在企业层面的控制上，并将工作逐渐下移至重大账户、列报及相关的认定。

1. 从财务报表层次初步了解内部控制整体风险

整体了解一般包括对企业外部环境和企业自身环境的了解，在了解外部环境时，应将了解和调查的重点放在对企业不利的外部环境上，关注管理层是否进行了适当的风险评估和采取了合理的应对措施上面。了解的内容主要包括：(1) 对行业状况、法律环境与监管环境以及其他外部因素的了解；(2) 对企业性质及对会计政策的选择和运用的了解；(3) 对企业的目标、战略以及相关经营风险的了解；四是对财务业绩的衡量和评价。

2. 识别企业层面控制

注册会计师将关注重点放在识别企业层面的控制上，了解企业层面的控制时，应当关注：(1) 与内部环境相关的控制；(2) 针对董事会、经理层凌驾于控制之上的风险而设计的控制；(3) 企业的风险评估过程；(4) 对内部信息传递和财务报告流程的控制；(5) 对控制有效性的内部监督和自我评价。

注册会计师了解企业与财务报告相关的整体风险后，应测试企业层面控制，测试时，首先应确定企业的重要业务流程和影响重大账户的重要交易类别，了解重要交易流程、重大账户及其相关认定；然后进一步了解和评估，对重要交易流程中防止、发现并纠正可能错报的相关控制加以识别；再通过执行穿行测试来证实。

3. 识别业务层面控制

注册会计师在识别重要账户、列报及其相关认定时，还应确定其对财务报表产生重大影响的潜在错报的可能来源，重点关注是否存在下列情况：(1) 是否存在粉饰财务状况和经营成果的情况；(2) 是否存在低估收入或高估费用的现象；(3) 管理层是否凌驾于控制之上；(4) 是否有非正常的关联方经济往来。

4. 选择合适的测试控制的方法

注册会计师应当以风险评估为基础，运用自上而下的方法，识别风险、选择拟测试的控制，公司可以将公司整体层面控制与业务层面控制的测试相结合，实施测试时，应当选择询问、观察、检查、穿行测试和重新执行等控制测试方法。《企业内部控制评价指引》指出，内部控制评价应进行现场测试，综合运用个别访谈法、调查问卷、专题讨论、穿行测试、实地查验、抽样和比较分析等方法收集内部控制设计和运行有效的证据。

第四节 内部控制有效性评价指标设计

设计评价指标是评价系统的核心，是实现内部控制评价目标的关键，建立科学合理的指标体系有助于提高评价工作效率。那什么是指标呢？基本含义是衡量目标的单位或方法或者预期打算达到的指数、规格、标准。指标一般包括指标名称和指标数值两部分，体现的是事物质和量两个方面的规定性特点。内部控制有效性评价指标则是衡量内部控制评价目标的方法，或者预期设定的指标、权重、标准等。内部控制评价指标的设计要以内部控制有效性评价标准为依据，体现内部控制评价的目标，并与关键的控制点和风险点相对应。

一、指标设计原则

内部控制评价指标的设计要严格遵循全面性、重要性、一致性以及可操作性的原则。

1. 全面性原则

全面性是选取的指标要能涵盖企业内部控制因素的所有重要环节和内容，不能遗漏，应尽量充分、全面。指标与指标之间相互联系、相互制约，能满足指标体系的全面性。

2. 重要性原则

重要性是指选取的指标具有一定的代表性，能体现企业内部控制的重要控制流程、活动和内容。

3. 一致性原则

一致性是指选取的指标一经选定，不要随意变化，这样便于企业对不同时期的指标可以进行纵向比较，提高企业内部管理水平。另外，具有相同或类似业务的不同企业之间指标的选取应尽量保持一致，便于指标在企业间的横向比较，增加指标的可信度和可比性。

4. 可操作性原则

可操作性是指选取的指标在兼顾全面性、客观性的基础上，尽量简便易行，指标的数据尽量容易获取，便于企业评价时操作，这样可以大大提高评价实施的效率和效果。

5. 定性与定量相结合原则

在内部控制评价系统中，涉及企业的内部控制运行情况的各个方面，既要考虑到内部控制有效性评价的主观性，又要使内部控制评价具有客观性，评价系统构建时要将定性与定量两类指标充分结合，最终形成系统的量化指标。

二、指标设计思路

（一）国外内部控制信息指标

1992 年，COSO 发布的内部控制整体框架报告中对内部控制的定义为"由董事会、管理层和其他人员实施的，旨在为经营效率和效果、财务报告的可靠性、遵守适用的法律法规等三类目标的实现提供合理保证的过程"。由此可见，以内部控制目标为基础设定的内部控制评价指标符合内部控制本身的要求。

2002 年，美国颁布的 SOX 法案要求上市公司管理层要定期对外披露财务内部控制报告的有效性，同时要求外部审计师对财务内部控制报告进行审计，而财务内部控制报告是否有效的关键因素是看企业是否存在内部控制重大缺陷，不少研究者（Ashbaugh-Skaife et al., 2007；Doyle et al., 2007；Leone, 2007）以"内部控制重大缺陷"设计内部控制缺陷指标。

还有的研究机构和学者研究内部控制信息披露质量的度量指标。2001 年，美国标准普尔公司（Standard and Pool's, S&P）开始了对企业透明度和披露评级进行研究。该研究将公司的透明度和披露评级标准分为 3 大类 98 项评价指标，具体包括所有权结构和投资者权利（28 项）、财务透明度和信息披露（35 项）、董事会和管理层结构和程序（35 项）。每一项为一个得分点，每一大类的得分即该类指标得分的汇总值，三大类指标得分的汇总值最后构成一个公司的总分值。总分值越高的公司，表明信息披露越充分，信息披露的透明度越高，其信息披露质量也就越高。

早在 20 世纪 90 年代初，美国国际财务分析与研究中心（Center for International Financial Analysis and Research，CIFAR）就开始了对公司进行信息披露评级的研究工作。该中心是通过自己构建的 CIFAR 指数来对公司信息披露进行评级的，该指数包括 7 大类和 90 项具体项目指标，在指数计算过程中按照具体项目在公司年报中披露的数量多少为衡量标准，一般来讲，披露数量越多，CIFAR

指数越大,表明信息披露越好。该中心通过对全球34个国家18个不同的制造行业的856家公司样本观测,发布了评价各国公司披露密度的CIFAR指数,对各国公司层次的披露得分汇总后便得到各国家层面的信息披露水平。

Botosan(1997)基于上市公司年度信息构建一个披露指数,指标体系的信息包括背景信息、历史数据、关键财务信息、建设项目信息和管理层讨论与分析等五个方面,并将这些披露项目的数量得分加总后进行排序,最后以各个数值作为信息披露的替代变量。

Moerland(2007)通过对2002~2005年芬兰、挪威、瑞典、荷兰以及英国等欧洲国家的内部控制报告的影响因素进行研究,以实现内部控制目标为基础,构建了内部控制指数(IC Index),包含九个部分的内容,内部控制的范围、内部控制系统描述的披露、具体风险、内部控制系统改善或重大改变的披露、内部控制系统有效性的评价、管理层对内部控制的责任、强调内部控制体系中监事会和审计委员会的职能作用、建立具有国际视野的内部控制指南、外部审计情况的披露、内部审计师在公司内部控制的职能披露等。根据企业披露的内部控制信息,通过建立指标来量化衡量公司信息披露水平。因此,国外内部控制有效性评价指标主要以管理层和审计师披露的内部控制重大缺陷、企业自愿披露的内部控制信息以及内部控制目标为基础,再进行分解和选取指标构建的评价指标体系。

(二)国内内部控制信息指标

随着国外内部控制研究的持续升温,带动了我国学术界对内部控制的研究,国内早期对内部控制有效性评价的文献主要集中于理论方面的探讨(朱荣恩,2003;陈汉文、张宜霞,2008),案例研究(吴水澎等,2000;戴彦,2006;于增彪等,2007)以及构建内部控制评价体系的数学模型(王立勇,2004;朱卫东,2005)等。

2001年,深圳证券交易所发布《深圳证券交易所上市公司信息披露工作考核办法》,开始每年对在该所上市的公司信息披露进行考评等级,考评的标准主要依据公司信息披露的及时性、准确性、完整性和合法性四个方面内容。同时考虑考核期内上市公司及董事会秘书所受奖惩情况及与深圳证券交易所的工作配合情况,并对上市公司信息披露质量的评级结果分为优秀、良好、合格和不及格四个等级。2011年,深圳证券交易所对2001年的考核办法进行了修订,将考核评级内容扩展到上市公司信息披露的真实性、准确性、完整性、及时性、合法合规性和公平性等六个方面,同时考虑上市公司受罚、处分和其他监管措施情况,以及本所配合、上市公司信息披露事务管理情况。2004年，南开大学公司治理研究中心课题组尝试从控股股东行为、董事会、监事会、经理层、信息披露以及利益相关者等六个维度，建立公司治理评级体系对公司治理状况进行评价。其中，信息披露评价根据上市公司年报的数据，从真实性、完整性和及时性等三个方面建立信息披露指数对公司信息披露情况进行评价。

2008年，我国颁布了《企业内部控制基本规范》，以及随后相关配套指引出台，其中内控评价指引明确指出，企业应围绕内部控制五要素确定评价的具体内容，进行评价。此后，我国实务界和学术界研究者（陈汉文，2010；杨玉凤等，2010）开始以内部控制要素为基础设计评价指标进行评价，还有学者（张先治等，2011）结合国内外的内部控制文献及评价指标提出构建董事会、外部审计师、监管部门三位一体的综合评价指标体系和评价模型。大部分文献主要集中于以内控要素和内控目标为基础构建内部控制评价指标，其中影响力最大的是财政部重大课题组，即厦门大学内部控制课题组和迪博内部控制课题组，该课题组借鉴国外内部控制评价指标设计，结合我国上市公司实际情况，于2011年发布了分别以上市公司内部控制五大要素和内部控制五大目标为基础构建的内部控制指数。下面分别对这两种类型的评价指标进行介绍。

三、以目标为基础的评价指标体系

目标为基础的评价指标主要是借鉴国外目标导向评价指标，并结合我国内部控制规范体系要求设计指标，其中典型的代表是迪博内部控制课题组设计的评价指标。

该指标体系是基于内控五大目标的实现程度设计基本指标，并将内部控制重大缺陷作为修正指标，对内部控制基本指标进行补充与修正。基本指标共分为两个层次，第一层次为内部控制五目标，即分为战略目标、经营目标、报告目标、合规目标和资产安全目标等五个指标。第二层是在各个目标下进一步分解指标，战略目标下选取市场份额和系统风险两个指标；经营目标下选取投资资本回报率和净利润率两个指标；报告目标下选取审计意见和是否财务重述两个指标；合规目标下变量选取违法违规事项和诉讼事项两个指标；资产安全目标下选取资产保值增值指标，资产保值增值又包括净资产的增加、发放现金股利和缴纳的税收等三个方面指标。内部控制修正指数的设定以内部控制缺陷为基础，选取可能导致企业严重偏离控制目标的重大缺陷作为内部控制修正指标。

四、以要素为基础的评价指标体系

以五要素为基础的内部控制评价指标体系是以《企业内部控制基本规范》《内部控制评价指引》《内部控制应用指引》为依据设计的指标，典型的是厦门大学内控指数课题组设计的内部控制评价指标体系。

该指标体系共分为四个层次，第一层为内部控制五要素指标，即内部环境、风险评估、控制活动、信息与沟通、内部监督等 5 个一级评价指标。每一评价指标又细分为一系列的评价指标。整个评价体系由四级指标构成，其中一级指标 5 个、二级指标 24 个、三级指标 43 个，四级指标 144 个。第二层根据内部控制要素进一步细分为 24 个二级指标，内部控制环境包含公司治理、内部审计、人力资源、道德修养及胜任能力、社会责任、企业文化及法制观念等 6 个二级指标，该二级指标进一步细化为 14 个三级指标和 52 个四级指标；风险评估包含目标设定、风险识别、风险分析和风险应对等 4 个二级指标，该二级指标进一步细化为 7 个三级指标和 24 个四级指标；控制活动包含不相容职责分离及授权审批控制、会计控制、财产安全控制、预算控制、运行分析控制、绩效控制、突发事件控制等 7 个二级指标，该二级指标对应 7 个三级指标，进一步细化为 18 个四级指标；信息与沟通包含信息收集、信息沟通（内部沟通、外部沟通、信息完整性、准确性和及时性）、信息系统、反舞弊等 4 个二级指标，该二级指标进一步细化为 9 个三级指标和 26 个四级指标；内部监督包含内部监督检查、内控缺陷、内部控制信息披露行为等 3 个二级指标，该二级指标进一步细化为 6 个三级指标和 24 个四级指标。然后采用层次分析法和变异系数法确定指标权重，对每项指标加权平均得到内部控制评价指数。其中五个要素（一级指标）得分分别构成内部环境指数、风险评估指数、控制活动指数、信息与沟通指数和内部监督指数。

第四章

监督约束与内部控制有效性的理论分析

监督约束机制如何影响内部控制质量水平？通过何种方式和途径影响内部控制有效性？监督者行为的内在动机是什么？结合前面基础理论和发展现状分析，本章将尝试分析监督约束对内部控制有效性的影响机理和影响路径，以深化相关理论上的认识，更好地指导企业相关实践。

第一节 内部控制有效性评价的需求动因和影响因素分析

一、内部控制有效性评价的需求动因

内部控制是基于两权分离、委托代理关系、契约关系以及利益相关者共同利益理念等所设计的制衡与增效制度。内部控制的产生与发展，最初是始于企业自身管理的需要，为确保资产安全完整，提高经济业务以及会计信息的可靠性和准确性所采取的一系列相互制约、具有控制职能的方法和措施。随着内部控制目标和内容的演进，现代企业内部控制制度已延伸到公司治理的各个领域、层次和单元，有效的内部控制有助于企业目标的实现。

（一）企业自身发展的需要

良好的内部控制能有效配置各项资源，优化企业的组织结构，明晰责权，实现不同岗位的相互制衡，提高经营效率，保护资产的安全完整，报告的可靠以及合法经营。为保证内部控制发挥其应有的作用，有必要对内部控制设计与执行的

有效性进行监督和评价,判断内部控制是否存在缺陷,并得出相应的评价结论,进而作出对应的改善措施,不断完善企业内部控制制度。随着经济的迅猛发展,企业规模不断扩大,组织结构日益复杂,企业在经营过程中面临复杂和高风险业务活动和控制,需要管理层进行全面、动态地评价和监督。通过有效的内部控制评价,发现企业高风险业务活动流程和业务控制中的缺陷,并及时进行调整和改进,促进企业改进控制设计和执行中的问题,达到降低企业经营风险的目的,为实现内部控制目标和企业的目标提供合理保证,最终达到增加企业价值、保证企业持久发展的目的。另外,上市公司控股股东与中小股东之间的利益冲突,导致控股股东选取内部治理,而中小股东选取外部治理方式,内部控制成为控股股东和管理层行使内部治理权的工具,以及实施侵害中小股东利益的主要途径。然而"柠檬"市场使企业控股股东和经营者主动成为侵害信息的提供者,控股股东和经营者的恶意侵占不仅会损害中小股东利益,广大投资者也会对公司失去信心,最后必然会导致公司整体价值降低,控股股东和经营者利益会受损,内部控制有效性评价也成为控股股东和经营者的现实需要。

(二) 审计市场的需要

聘请独立、公正的第三方对内部控制是否有效进行监督和评价,成为控股股东和中小股东的必然选择,内部控制有效性评价是中小股东制约控股股东,防止其利益侵害的主要途径,因监督成本以及专业知识的客观限制,使中小股东对内部控制有效性评价须交由外部独立的专业人士来完成。最初要求对内部控制进行评价是出于外部监管对外部审计师的要求,随着内部控制的发展,制度基础审计也应运而生,要求外部审计师在财务报告审计过程中应先了解企业内部控制,并对企业内部控制是否值得信赖进行评价,并根据评价的结果来确定进一步审计的性质、时间和范围,内部控制有效性评价从此成为外部审计师财务报告审计的重要组成部分,其基本动因是为了提高财务报告的审计效率,降低审计成本。随着美国经济的逐步繁荣,资本市场上出现了大量非法贿赂事件,促使政府监管部门开始关注企业内部控制的有效性,要求外部审计师作为独立、专业、权威的第三方对企业内部控制有效性进行专门的审计,目的是增强企业财务及内部控制信息的透明度,促进企业提高内部控制有效性水平,保护中小投资者利益,同时增强企业财务信息的可靠性。政府监管部门对外部审计师提出了更严格的要求,不仅要求外部审计师对企业内部控制有效性进行评价和鉴证,还要求审计师保持严格的独立性,不仅要独立于治理层,还要独立于管理层,与上市公司间不存在任何利益关系。随着资本市场的逐步完善，中小投资者越来越依赖外部审计师的审计意见进行投资决策。

（三）外部市场竞争的要求

一个企业要在市场上保持持久的发展，必须加强内部管理，提高企业内部控制质量水平，健全有效的内部控制有助于提升企业自身整体竞争力。在全球经济一体化形势下，企业外部市场竞争日益激烈，企业也面临着前所未有的发展机遇与挑战，2004年，COSO发布《企业风险管理整合框架》，强调了企业风险的重要性，完善的内部控制及其监督治理机制可以降低企业经营风险，保护投资者合法权益。中小投资者及其他利益相关者通过企业董事会披露的内部控制有效性评价报告，能充分了解企业内部控制的建设与运行情况，有效的内部控制能为财务报告信息及企业利益相关者提供必要保障，增加企业财务报告和内部控制信息的可靠性，保障市场上中小股东的合法权益。需要企业内部管理层和外部审计师对企业内部控制是否有效运行进行评价和鉴证。特别是发生安然、世通等著名财务丑闻后，外部市场对内部控制有效性和要求对内部控制加强监督的呼声越来越高，目的是通过提高企业内部控制质量水平来维护资本市场的公平。

（四）监管的要求

SOX法案使内部控制有效性评价成为美国监管部门对上市公司管理层和外部审计师的强制要求，世界各国纷纷结合本国情况，制定内部控制规范及其配套指引，其动因是为加强对本国企业内部控制进行监督，防范企业各种风险，有助于企业增强市场竞争力，促进企业整体价值的提升。为顺应国际市场的发展需要，我国2008年颁布了《企业内部控制基本规范》，随后配套指引也先后出台，该规范强制要求企业必须披露内部控制自我评价报告，同时也要求注册会计师应出具内部控制是否有效的审计报告。

总之，内部控制有效性评价无论是从其出现还是发展过程来看，其需求动因一方面源于企业内部自身发展的需要，通过对内部控制及其相关规范的有效实施，及时发现并纠正企业内部控制中存在的缺陷，减小企业经营风险；另一方面是审计、外部市场竞争以及政府监督管制的要求，需要通过内部控制监督评价活动来提高企业内部控制有效性，保护中小投资者利益，提升企业持久竞争力。

二、影响企业内部控制有效性的因素

影响企业内部控制有效性的因素很多，有内部的也有外部的，已有研究内部影响因素的文献主要集中于以下两方面：一是公司特征方面，如公司规模、上市时间长短、成长性、业绩好坏、复杂性、组织是否发生变化等特征会影响内部控制有效性，公司规模越大，公司会有更多资源和能力去实施内部控制及评价工作；企业业绩越好，就越有动力加强内部控制建设和执行内部控制评价活动等相关工作（Doyle et al.，2006；Defond et al.，2002；Gong et al.，2010）；公司的成长速度、成立时间长短、业务复杂性以及组织是否发生变化等也会对内部控制有效性产生很大影响（Bushman et al.，2004；Ashbaugh Skaife et al.，2007；Doyle et al.，2007；Gong et al.，2010）。二是公司治理结构方面，Krishnan（2005）基于董事会及审计委员会对内部控制质量的影响作用进行了分析，认为审计委员会独立性、财务专长以及人员规模与企业内部控制中存在问题的多少呈显著负向关系；Udi Hoitash 等（2009）研究了董事会特征对内部控制质量的影响，发现董事会质量越高的公司，内部控制越有效。刘焱等（2014）分析了高管权力以及审计委员会的专业性对内部控制缺陷的影响，结果发现高管权力会影响审计委员会对内部控制的监督效力。王跃堂等（2008）和崔伟等（2008）考察了董事会特征对会计信息质量的影响，发现董事会的独立性有助于解决公司内部制衡问题，能提高公司信息透明度。鲜有文献从整个内部监督角度研究其对内部控制有效性的影响。

外部影响因素主要包括外部审计师、媒体、公众、市场及政府监管等几个方面。已有文献主要围绕内部控制质量对外部审计师和市场反应的影响进行研究。如Beneish 等（2008）和 Hammersley 等（2008）研究了企业披露内部控制缺陷对市场造成的反应，结果发现投资者会根据内部控制信息对公司预期进行调整，企业内部控制缺陷越严重，披露的内部控制信息越模糊，市场负面反应越大。内部控制质量会对审计师行为、审计收费、审计师变更等产生影响（Li，2007；陈丽蓉、周曙光，2010；方红星、刘丹，2013）。内部控制质量对公司业绩会产生影响，外部审计师与内部控制之间存在互补或替代效应（杨德明等，2009；张川等，2009）。审计师能发现内部控制中存在的缺陷，提高内部控制质量，高质量的外部审计师能减小内部控制缺陷带来的不利影响（Chan，2008；Beneish et al.，2008），国内少数学者如方红星等（2009）、张川等（2009）等也研究了外部审计师对内部控制信息质量的影响，但这些研究基本上是基于审计师进行财务报告审计时，对企业内部控制的了解和评价，与专门进行内部控制审计的了解程度会因承担的责任不同而不同，审计的范围和实施审计的程序上也会存在差异，因而强制内部控制审计后，外部审计师对内部控制质量的影响方式和程度如何，还有待进一步实践检验。王兵等（2011）研究发现政府行政处罚并不能改进外部审计师的审计质量，少有文献从政府监督角度对企业内部控制有效性产生的影响进行研究。

本章以内部控制有效性评价的需求和影响因素为基础，分析内外部监督对内部控制有效性的影响和重要作用，并从内外监督主体的角度出发，从理论上分析其对内部控制质量的影响。本书的内外部监督主要是指根据监督主体的职责权限，需要对内部控制直接进行监督评价的内部监督主体，以及对企业内部控制进行审计和对经营活动实施监督检查的外部监督主体，由于直接监督评价、审计和检查都能获得企业内部控制相关的第一手真实的资料，对上市公司经营情况以及内部控制情况会更了解，更能发现企业内部控制中存在的问题，其评价会更客观，其对企业内部控制质量产生的影响作用也会更明显。因此，本书所指的内部监督主要是对企业内部控制的设计和执行情况亲自进行监督和审查，承担相应责任和义务，并须发表独立意见或其履职情况报告的独立董事、审计委员会和监事会；外部监督主要考察能直接对内部控制进行审计监督的外部审计师和对内部经营活动进行监督检查的政府监管部门。外部审计师和政府监管部门因接受委托或强制要求能直接接触到企业财务等相关资料，能了解企业内部控制实施情况，能发现企业内部控制中存在的问题，会对企业内部控制有效性产生直接影响，而新闻媒体、社会公众和其他外部市场主体等因无法直接接触到企业经营活动等相关的一手资料，也不能了解企业内部控制实施的真实情况，其对企业内部控制有效性产生的影响作用也是间接的。因此，本书研究的外部监督主要是外部审计师和政府监管部门。

第二节 内部控制评价监督约束模式

一、监督约束模式的含义

监督约束，即通过监督进行约束，"约束"在《现代汉语规范词典》（第6版）中解释为"限制使不越出范围"，本书认为"监督约束"是为了达到预期的效果或目标而制定的一系列标准或规定,使监督对象能按其行事。"模式"在《现代汉语规范词典》(第6版)解释为"某种事物的标准形式或使人可以照着做的标准式样。"本书认为"模式"是对事物或人的行为的一般特性的概括。

本书认为内部控制评价监督约束模式是指为确保内部控制能持续有效地运行,企业内外监督主体在对内部控制评价过程中应按照一定的原则和程序,合理分配各自的责、权、利,做到内部资源充分利用、优势互补,内外各监督机构互相协调、配合,和谐共处,为实现内部控制评价目标,最终实现企业目标的一种制度设计或安排。

二、监督约束模式的特征

企业内部控制监督约束模式具有多层次性、全方位性以及时效性等特征。

1. 多层次性

企业内部监督主体存在于内部相同或不同层级的组织或部门之间,每个层次的监督之间都可以看作是一种契约制度安排[①],在监督过程中不同主体因地位、职责不同而赋予不同权利、义务和作用。监督结果应根据不同的控制层级报告给对应的或高一层级的管理层,重大的内部控制缺陷应与最高管理层或董事会沟通。

2. 全方位性

有效的监督对内部控制目标的实现至关重要,监督对象的确定应以内部控制有效性为标准,并随着企业面临环境和风险的变化而变化。内部控制监督的对象应是全方位的,贯穿于企业内部控制全过程,涵盖企业所属单位和业务范围,包括企业的所有分公司和子公司,渗透到内部控制的各个流程和环节,所有重要的业务及高风险领域,并影响企业所有内外部利益相关者。

3. 时效性

内部控制有效性评价一般分为对控制时点的评价和对整个控制活动期间进行评价,内部控制监督与内部控制有效性评价在实现方式上有类似之处,内部控制监督也可分为对监督对象时点的监督和对监督对象活动所属时期进行监

---

① 无论是独立董事、监事会还是审计委员会,每个层级的监督都有外部的法律或制度规定,内部会有合同或协议进行约束。

督，选择时点还是期间，对审核重点、审核程序和审核目标有较大影响。如选择时点进行审核，审核重点是该时点内部控制有效性，审核目标是对该时点的内部控制有效性发表意见。如选择期间进行审核，审核重点则是内部控制在该期间是否一直有效，审核目标是对该期间的内控设计是否适当以及执行是否一直有效发表意见。期间审核相比时点审核成本更高、责任更大，考虑到评价监督的时间、精力及成本，我国外部审计师的审核一般选择在某一时点，即会计年度结束日。《企业内部控制基本规范》中将内部监督分为日常监督和专项监督，日常监督主要是对企业内部控制进行常规和持续的监督，由于常规活动涉及整个业务期间，因此其适合进行时期评价监督，通过对整个时期内部控制运行情况进行持续、动态以及全面的监督，可以及早识别和纠正控制缺陷，提高监督效率；专项监督是对企业的战略、组织构架、经营活动、业务流程及关键岗位员工等发生大的调整或变化时，进行专门的监督检查[①]，专项监督是不定期的，不会经常发生，因此适合进行时点评价监督，通过时点监督可以保证整个监督程序的有效性[②]。时期评价监督与时点评价监督是互相补充、互相依赖的关系，两者互相配合、共同完成整个企业控制活动的过程监督，企业内部监督可以根据不同的特征和层次，分别进行时期监督和时点监督，如董事会和监事会可以进行时点监督，审计委员会和内审部门则应进行时期监督，外部监督则一般适合进行专项的、时期与时点结合的监督。

三、内部控制监督约束模式的程序

SOX 法案要求企业管理层对内部控制进行自我评价，同时要求外部审计师对财务内部控制的有效性进行审计，其实质是基于政府监督视角的一种制度安排[③]，通过强制的目标导向推动企业完善内部控制体系的建设。内部监督是企业实施内部控制及其评价工作的基本保障，COSO 于 2009 年又发布了专门针对监督要素的《内部控制体系监督指南》，其中提出了有效监督的监督模型，并将监督要素植入企业持续的控制之中，最大限度地降低内部控制失效的风险，保障企业信息的可靠性。该监督模型主要是基于风险导向理念，并认为内部监

---

① 2008 年 5 月 22 日，财政部等五部委发布的《企业内部控制基本规范》。
② 杨有红. 企业内部控制系统. 北京大学出版社，2013.
③ 张先治，戴文涛. 中国企业内部控制评价系统 [J]. 审计研究，2011（1）：69–78.

督是个动态的、持续演进的过程，内部动态监督流程见图4-1。内部监督的有效与否关键取决于监督的基础环境，即领导层的诚信度、对监督的态度、企业文化氛围、企业配备相应的实施监督的组织结构及人员等，领导应强调监督的重要性以及监督部门的重要地位，并要求其他部门予以重视并全力配合，为实施有效的监督准备必要的条件。当计划并实施监督程序时，应根据实施监督的部门和人员分配具体监督任务。内部监督机构在执行监督计划时，首先应根据监督对象任务内容按风险大小进行排序，识别出每个流程的关键控制点，并对识别的关键控制点的设计和执行情况进行监督，并评估和报告执行监督的结果，并根据评估的结果设置后期持续监督装置，并将监督结果汇报给更高层次的监督机构。最后根据持续监督过程和结果，再结合所涉问题的责任部门、相关部门以及问题的严重程度选择合适的汇报对象，事后要对问题及时追踪并关注其整改结果，以提高监督效率。

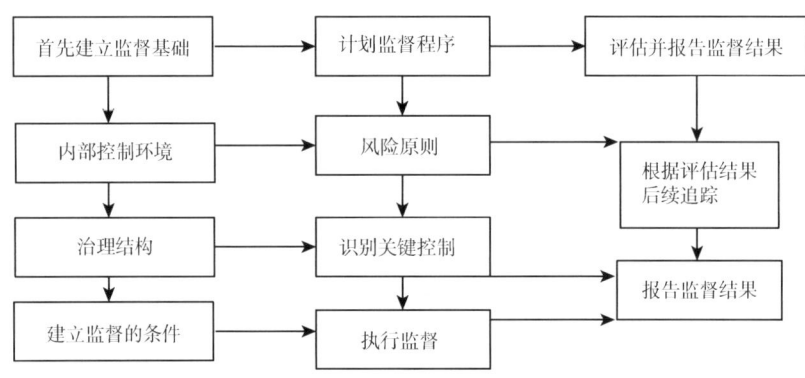

图4-1 内部监督流程及作用传导效应

外部直接监督主要是在审计师在对内部控制的审计中进行监督，针对审计中发现的问题与被审计单位进行沟通，根据发现的缺陷大小出具不同意见类型的审计报告，政府监管主要是在执行监督检查过程中进行监督，监督贯穿于检查程序中，并对检查中发现的违规问题处以不同形式的行政处罚。

四、内部控制监督约束模式的目标

监督约束目标是指企业通过实施监督约束行为欲达到的效果或状态，是企业监督约束行为或活动的中心或基本出发点。企业内部控制监督的目标应考虑相关法律法规和制度规定等的影响，要与内部控制有效性目标相结合，合理保证内部控制评价目标的实现和相关控制程序得到贯彻落实，能防止或发现内部控制设计、运行及评价过程中出现的重大缺陷或疏漏，确保内部控制评价结论的可靠。与内部控制监督相关的目标主要有：

（1）保证国家有关法律法规及规章的贯彻执行。通过内部控制监督，促使企业遵守国家法律法规，守法经营，保证国家和其他利益相关者的合法权益。

（2）保证企业资产的安全、完整。指企业正常生产经营的资产有相应的实物保护措施和权利保护方式，不被人为侵占或损坏。

（3）保证企业财务报告的可靠性。使企业与外部报告使用者有真实、可靠的信息沟通，尤其是投资者可以更好地了解企业真实的经营情况，以便更好地进行投资决策。

（4）保证企业战略目标和经营目标的实现。战略目标是确保能将企业风险能控制在可承受范围内，并与总体目标相适应。经营目标是确保企业规章制度和各项重大措施的贯彻执行，提高经营效率，降低经营风险，确保经营管理的有效性。

五、内部控制监督约束模式的原则

内部控制监督约束以国家法律法规、《企业内部控制基本规范》及配套指引、《上海证券交易所上市公司内部控制指引》、《深圳证券交易所上市公司内部控制指引》为依据，在监督活动中遵循以下几项原则：

（1）风险导向原则。监督过程和内容应以风险导向为基本原则，在设计监督流程和实施监督时，应针对内部控制的薄弱环节以及企业整个风险进行初步的风险评估，根据评估的结果，按照风险大小进行优先排序，重点关注重大风险的控制，考虑其是否根据企业风险发生的可能及对企业目标造成影响的严重程度来确定评估对象的重点及先后顺序，分配不同的监督资源。

（2）重要性原则。内部控制监督工作应当重点突出，对于公司重要的分支机构、重点业务事项、高风险领域及流程环节应当给予重点关注，对于发现的重大、重要内部控制缺陷及其影响领域应进行持续追踪，督促其及时整改，并追究相关部门和责任人的责任。

（3）独立性原则。监督主体应保持独立、客观、公正的立场，在监督的整个过程中应保持不偏不倚态度，以事实为依据，以《企业内部控制基本规范》

及其配套指引为准绳,实施监督的范围不应受到公司管理层的约束和限制,监督主体不得参与公司经营管理。

(4) 成本效益原则。由于内部控制实施监督和评价工作覆盖面广,监督主体在行使监督职能过程中应尽量考虑其成本费用与收益,科学地确定监督范围和内容。

六、监督约束模式的主体

企业内部控制体系的实施和评价涉及面广,是一项由企业全体成员参与的工作,根据《企业内部控制基本规范》的规定,我国企业内部控制的责任主体是董事会及下属审计委员会,监事会负责内部控制及评价工作的监督,具体实施和评价的主体是内审部门或者类似机构。因此,我国企业的内部监督责任主体主要是董事会、审计委员会及监事会,而董事会中一般由独立董事来行使监督职能。因此,企业内部监督主体主要是独立董事、审计委员会和监事会。

除了内部监督外,企业还需要独立、公正、专业、权威的外部监督,来弥补内部监督独立性不强的缺点。SOX法案除了要求管理层应对内部控制出具评价报告外,外部审计师也被强制要求出具企业内部控制是否有效的审计报告,双重评价报告共同促进上市公司内部控制体系的健全和完善。制度安排外部审计师作为独立且专业的第三方,对企业内部控制的有效性进行审计和监督,目的是增加内部信息透明度,提高企业内部控制在资本市场上的信任度,促进企业提高财务报告质量和内部控制质量。由于外部审计师的监督是社会监督,不具备强制性,在审计市场自愿需求不足的情况下,迫于生存压力,外部审计师并不能完全抵御企业的审计意见购买动机,这就需要政府依靠权威、强制的力量来督促,通过政府监管部门定期或不定期对企业经营情况进行实地监督和检查,并对发现的问题和违规事件进行行政处罚等方式,来督促企业加强内部管理,促进内部控制工作的顺利实施,并提高企业内部控制质量水平,以维护中小股东的权益,保障企业健康持续发展。随着科技和网络的快速发展,新闻媒体及公众的舆论监督作用和地位已日益凸显,在遏制企业高管贪污腐败和违纪违规等方面起到了积极的促进作用,有助于提高企业内部控制有效性。但由于新闻媒体及社会公众的监督作用是间接的,且不能直接接触到企业经营活动等相关第一手资料,其对企业内部控制的作用和影响不是直接的,相关的衡量指标也难以选取和进行量化,因此,本书只研究对企业直接进行监督和影响的外部监督主体：即外部审计师和政府监督。

第三节
监督主体对内部控制有效性的影响机理分析

本书考察的监督主体主要指对内部控制有效性负有直接监督责任的内部和外部监督机构或主体，是内部控制体系不可或缺的组成部分。监督主体通过特定的方式实施特定的监督程序，以保证内部控制有效性目标的实现。在市场机制和法律不完善的情况下，监督者与被监督者间会为了自身利益最大化进行"博弈"，监督主体对内部控制有效性的影响机理分析，主要是厘清其影响的内在动机，以及通过何种方式和途径进行影响。

一、监督主体内在动机分析

（一）制度经济学视角

按制度经济学观点，内部控制有效性评价实质是一种制度的安排[1]。目的是降低企业交易成本，弥补企业契约的不完备性。而现代企业是由一组（不完备）契约联结的有机体组成（张五常，1983），这组契约约束着企业发生的各种交易。新制度经济学对人的行为特征有三个假定，即非财富最大化、有限理性、机会主义行为动机的特点。环境又是复杂的，人对环境的认识能力也是有限的，人有投机取巧，为自己谋取更大个人利益的动机。因此，"理性经济人"有追求个人利益最大化、有限理性和机会主义[2]等属性的特点，但是人因社会道德规则或法律规则的约束，或个人环境或教育素养使然，人还有追求名誉、地位或责任感等需求，因此，人的利益追求包括财富和非财富两个方面的追求，人追求利益最大化实质是在财富与非财富之间寻求一个最优组合，使两者达到一个均衡。企业内部控制执行主体的行为动机也具有不确定性，其会影响内部控制有效性，就需要在

---

[1] 林钟高，郑军. 基于契约视角的企业内部控制研究. 会计研究，2007（10），53-61.
[2] 在西方古典经济学中，"有限理性"主要是指在复杂或不确定环境影响下，人的认知能力是很有限的，"个人利益最大化"主要是指个人在金钱或权力方面能达到的最理想状态，容易导致人的道德风险和逆向选择。"机会主义"指人在自身利益因素驱动下，靠侥幸心里而采取投机取巧或披露不实信息等违规行为。

内部控制系统中存在一个有效的监督机制，来约束执行者的不确定行为，以补充契约的不完备，提高内部控制的可信赖程度。然而所有的监督主体也都具有"理性经济人"的特点，有追求个人利益最大化的行为动机，亚当·斯密（1776）认为，人总是竭尽所能地增加个人所得，同时也无意间促进了社会公共利益，但最终总是在追求个人利益时，促进了社会公共利益整体的增加。其强调了个人有追求自身利益最大化的本性，但是在追求个人利益最大化时，却也能促进社会公共利益的增加，说明个人利益是公共利益的基础，两者之间存在相容性[①]。内部控制监督主体在履行制度安排的职责的过程中，也有着追求个人财富最大化、个人声誉或地位最大化的行为动机，但在实现个人两方面利益均衡达到共同的最大化时，监督者至少会为了声誉地位，认真履行本职的监督职责，在实现个人利益动机的同时，也能促成了企业内部控制监督效率的提升，以及内部控制有效性的提高。

（二）契约视角

外部契约制度安排，企业通过引入外部独立董事，代表中小股东利益，对上市公司内部董事经营决策行为以及公司重大事项进行监督[②]和咨询，因此，独立董事的监督是国家政策制度对独立董事本职工作的要求，从遵守外部契约角度看，独立董事会按制度规定履行监督职能；另外，从契约不完全角度看，由于独立董事刚性化的薪酬，决定了其在履行职责时也会考虑自身声誉，会按照契约制度的规定，对企业重大事项及各项制度的执行情况进行严格监督，以维护其在资本市场上的形象，提高自身社会声誉。监事会和审计委员会，作为契约制度安排的专门监督机构，在外部和内部契约制度双重约束下，监督者会尽量按契约制度行事，履行好监督职能，为提高企业整体利益服务。但由于契约的不完备性，监督者履职过程中会追求如何实现自身利益的最大化，通过完善法律等规章制度来完善和提高监事会的履职效率，而提高审计委员会的监督效率可以通过完善内部激励契约制度。外部审计师受到外部政策契约和内部契约双重契约制度安排，考虑到自身作为社会公共角色的声誉，会竭诚为企业提供审计监督服务，提高审计

---

① 亚当·斯密在《国富论》中谈道：在市场这只"看不见的手"的协调下，个人利益与社会公共利益会逐步趋向均衡，两者的目标是一致的；个人在获得利益的同时，增加了国家和社会财富。

② 2001年，证监会发布《关于在上市公司建立独立董事制度的指导意见》，要求上市公司须引入独立董事，对重大关联交易的认可权，对董事、高管的提名、任免及关联企业借款和其他可能损害中小股东权益的事项发表独立意见。

质量，降低内部控制缺陷数量，提高内部控制质量。但在不完备契约和市场自愿需求不足的情况下，外部审计师在执业过程中会因自身利益或外界压力，而被企业管理层所收买，或因成本效益原则，缩小审计范围，影响审计质量，从而影响对内部控制的监督效率，可以通过完善外部政策或法律契约制度，强化法律风险，以提高监督效率。何建国、路杨（2010）还从心理契约的角度分析了内部控制与心理契约之间的关系，认为心理契约是影响企业内部控制有效性的内在因素。总之，企业与内部各执行主体以及监督主体之间，通过各种契约包括显性的和隐性的契约，约定双方交易的规则、制度，明确各自职责，保护各利益方的正当权益，同时对交易的决策者、制度的设定和执行主体进行监督，维护交易的公平和制度的权威性，使内部各项契约制度能有效运行，为提高监督效率提供必要的保障。

（三）委托代理视角

虽然契约能降低企业内部利益冲突，但却不可能消除由于所有权与经营权分离而导致的所有者与经营者以及大股东与中小股东间的利益冲突。为了缓解委托方与代理方之间的信息不对称，降低代理成本，监督代理人成为保障委托方利益的需要。为保护中小股东权益，制度要求独立董事作为中小股东利益的代表，应对企业内部董事及管理层的行为进行监督，防止其利用经营决策权力对中小股东的利益进行侵占，独立董事在履职过程中会以维护中小股东利益作为其行为的目标。监事会成员分别代表全体股东、中小股东和企业职工利益，在履职过程中会分别代表和维护各自委托方的利益；而审计委员会中内部董事主要受大股东的委托，其履职过程中会尽力维护和代表大股东利益，外部董事则是代表中小股东利益。内部监督主体作为监督代理人，在履职过程中除了要考虑委托方的利益外，也会考虑其自身利益。企业各层委托方除了需要内部监督履行日常监督和专项监督外，还需要外部独立、专业的监督予以补充与完善，在内部监督治理薄弱的情况下，外部监督会有补充或替代的作用[①]。企业代理人是否主动提供真实信息，必须引入外部监督约束机制，外部审计师接受委托方的委托，对被审单位进行审计，在执业过程中会按照与委托方的约定，以委托方的利益作为其行动的目标，对代理人所提供的财务信息、内部控制活动以及其背后隐含的经济行为进行鉴证，在完成审计工作任务过程中，可以发现和阻止代理人机会主义行为，确保代理人能遵守其所做出的承诺。同时，

---

① 洪正，周轶海. 内部监督、监管替代与银行价值 [J]. 金融研究，2008（7）：119-131.

外部审计师作为社会公众监督的代表，随着资本市场的日益完善，中小股东对审计师的意见越来越依赖，因此，审计师为维护其公众形象，也会考虑中小股东的利益。内外部直接监督主体接受委托方的委托，代表其行使监督权，维护委托方权益，对企业财务和内部控制进行监督、审查或审计，可以增强企业信息透明度和信息的可靠性，降低代理成本，缓解代理冲突，但在没有管制和约束的情况下，委托方与代理方都会以个人利益最大化作为其行为导向①，委托方的利益可以通过与监督方签订激励契约来予以保证。

（四）政府管制视角

根据政府管制理论，当市场不完善或失灵时，需要政府出面进行干预，通过事前制定政策进行规制和事后进行监督检查方式，维护社会公共利益。因此，政府监管者对企业进行监督检查的动机主要是维护市场公共秩序，保护全体投资者权益。同时，资本市场也需要政府设定政策制度予以规制，以协调市场秩序和保障市场健康发展。政府一方面通过政策规制要求外部审计师对企业内部控制进行审计，促使外部独立审计师充分发挥经济"看门人"的关键作用；另一方面，政府也通过政策规制要求企业董事会负责实施内部控制，进行自我评价并对外披露自我评价报告，以促进企业提高内部管理和各项控制的质量水平。但内部控制的强制实施也会导致市场上出现两种情况：即"形式合规"②动机和"实质有效"③动机。Rice和Weber（2012）的研究发现，大多数存在内部控制重大缺陷的公司只是形式上进行自我评价，并未及时披露其存在的内部控制重大缺陷。主要原因是企业短期内难以感受到实质上有效的内部控制带来的好处，而有效实施内部控制需要大量的人力和物力，因此，部分企业没有动力投入大量资源建设内部控制，提高内部控制质量。内部控制的实施是一个长期投资工程，需要很长段时间的有效运行才能看到回报，因此，市场内在动力不足，需要借助外力如政府强制力量来推动，通过强制披露、强制审计等方式促进企业有效实施内部控制，提高内部管理水平，为中小股东的利益提供更多保障，使企业能保持持久发展。当然，政府监管者也可能会因其"有限理性"，而被监管者所"俘获"，从而对内部控制的规范实施起不到应有的推动作

---

① 根据"理性经济人"假设，委托方和代理方都会以个人效用最大化作为其行动目标。
② "形式合规"是指为了迎合监管要求，形式上做到与规定相符，实质上并未按规定执行。
③ "实质有效"是指实质性地执行了监管规定的要求，具体指在内部控制评价实施过程中严格遵循监管要求，并给企业带来了一定效益。

用。利益相关者理论认为，企业的管理目标应与企业各方利益主体相关，是各利益主体共同作用的结果，内外部监督者在履职过程中应兼顾企业各利益相关者的共同利益，以各利益相关者的共同利益最大化作为行动目标，促进企业长期发展和整体价值的提升。因此，应从各监督主体的职业角色处境及内在本质需求出发，分析内部控制监督主体内在动机对内部控制有效性的影响。

因此，本书认为内部监督主体总体上对内部控制有效性的影响动机，更多的是"形式合规"和"实质有效"动机，外部监督主体的影响动机，主要是"公共利益"和"个人利益"动机。具体而言：从契约视角看，是"满足契约制度安排"动机和"实现自身利益最大化"动机；从委托代理关系角度看，是"维护委托方利益"动机和"个人利益最大化"动机；从公共利益理论角度看，是"维护中小股东利益"动机和"自身利益"动机；从利益相关者理论角度看，是实现利益相关者共同利益最大的动机。

二、监督主体的影响机理分析

(一) 内部控制监督主体的影响分析

1. 基于委托代理关系视角

委托代理关系主要是指委托人要求代理人代表其在企业行使某些权利，委托人通过适当的激励、约束和惩罚，制约代理人的行为。根据委托代理理论，引入内部监督约束机制会产生委托代理关系，为维护中小股东权益，防止大股东利益侵占，独立董事作为中小股东利益的代表，被引入企业董事会，改变了董事会原有的内部治理结构，对内部董事和大股东的决策权进行制约、监督，与内部董事形成抗衡，在行使董事会决策权和监督权时，两者必然会产生冲突，在制度不完善的环境中，独立董事由于受聘于企业董事会，当大股东实质上控制着企业董事会时，独立董事很难有所作为，在履行工作过程中可能流于形式，在召开的董事会会议上尽量保持沉默，发表的意见也是笼统、含糊的或立场不坚定的，对内部控制的监督和对大股东的制衡也很难落到实处。随着外部资本市场和法律制度的逐步完善，独立董事的履职环境也得到一定程度的保障，独立董事为获取资本市场上中小股东的信任，须认真履行合约规定的监督职责，以树立在市场上的声誉地位。通过深入地了解企业的重大经营活动和内部控制，以识别管理层的各种盈余管理行为和绕过内部控制的行为，来抑制大股东的资金占用和管理层的权力滥用行为，改进内部控制设计和执行中存在的问题，加强对公司各项制度和重大事项监督，促使企业守法经营，增强企业财务报告信息透明度和增加企业社会责任感，提升企业内部控制水平及企业整体价值。

审计委员会的设立作为制度的一种安排，为缓解股东与管理者间信息不对称，降低代理成本，股东会在董事会下设置专门的委员会——审计委员会，负责对企业财务报告和内部控制体系的实施进行监督审查。大股东期望通过设立专门委员会，聘请既有专业知识和管理经验，又了解企业内部控制流程和对经营活动熟悉的人员来代表其实现监督和管理，这个专门的委员会就是审计委员会（谢德仁，2006）。《内部控制审计指引》中明确指明：如果审计委员会对公司内部控制监督是无效的，表明公司内部控制可能存在重大缺陷的迹象，外部审计师可以依此认定为该公司内部控制无效。在公司外部监督机制较差的情况下，审计委员会的设立能加强和改善董事会履行监督职责的情况，通过审计委员会有效地履职，能增强企业信息透明度，有利于股东更好地了解管理层业绩和管理能力，股东可以更客观地对管理层进行考核、评价，以及进行投资决策。因此，审计委员会的存在可以缓解由于信息不对称而带来的高额代理成本，股东可以通过对审计委员会成员的选聘条件、规模和激励契约进行合理安排，充分激发审计委员会成员的内在潜力，发挥监督效率，推动企业内部控制以及经营管理效率的提高，降低企业经营风险，保障企业内部控制质量的提升和公司股价的提高，促进企业持续发展。

我国监事会成员主要由股东代表和职工代表组成，股东代表是从股东大会中推选出来的，主要代表全体股东的权益，代其行使对董事会和管理层决策行为的监督权，在这一委托代理关系中委托者主要为全体股东。职工代表是从全体职工中选出的代表，代表全体职工的权益，因此，监事会成员分别代表不同的利益群体，维护不同群体的权益。而股东代表又分为代表大股东利益的监事代表和代表中小股东利益的监事代表，代表大股东利益的监事，在行使监督权利时会更多考虑大股东利益，更关注公司业绩和股价的提高。而代表中小股东利益的监事代表，目的是防止大股东的利益侵占，主要职责是对大股东和管理层的决策行为进行制衡，通过监督企业重大事项和交易、监督企业财务活动，以增加企业财务信息透明度，增强公司内部管理水平，促进企业能保持持续发展，从而保障中小股东利益。因此代表中小股东权益的监事代表，更有动机监督企业内部控制的运行情况，通过提高内部控制运行效率达到提高财务信息质量的目的，进而促进公司盈余质量和公司业绩的提高，也有利于股价和企业价值的提高，高质量的内部控制水平可以合理保证企业所有股东甚至利益相关者的共同利益。而职工代表，主要更关注职工薪酬和职工福利保障等，而职工的个人利益与其部门绩效以及企业整体绩效相关联，内部控制的有效实施与监督效率涉及企业全体成员，需要全体成员共同参与并遵守，企业内部控制才得以有效运行，高质量的内部控制，往往离不开内外部监督治理机制的有效，有效的监督促进企业内部管理效率的提高，公司盈余管理质量和企业绩效也将处于高水平，企业各方利益相关者的利益都能得到一定程度的满足，此时，员工的利益也会得到满足，这也体现员工目标与企业整体目标的高度契合。

2. 基于契约视角

根据契约经济理论，企业是一组契约的联结（Coase，1937），契约作为企业约束各类交易活动基本的保障制度，会促进企业内部控制目标和企业管理目标的实现。从制度经济学角度，内部控制作为是一种制度安排，目的是降低企业内部交易成本，补充企业契约的不完备性，以保证企业正常运行和持续发展（刘明辉、张宜霞，2002；林钟高、郑军，2007）。监督约束主体也因契约的产生而产生，且以各类契约作为其行使权利和履行义务的依据。由于契约有不完全性特点，可能存在纠纷和违约，又因签约双方信息的不对称，可能导致道德风险和逆向选择（Arrow，1985）现象出现。通过修改和完善契约，可以减少内部利益冲突，但不可能消除由于两权分离产生的潜在利益冲突，在现代公司中，股权逐渐分散，管理层对公司拥有控制权，形成"强管理弱股东"现象，为解决这种委托代理带来的额外的代理成本，需要对管理层业务决策行为进行监督和审计，并通过各种契约进行约束。1993年，我国《公司法》要求股份公司设立监事会，并赋予监事会一定的监督权利，并通过内部契约予以明确，2001年，证监会通过契约制度，要求上市公司引入独立董事并对其独立性、职责及任职条件予以规定，同样以契约制度形式对审计委员会的设立及其职责进行了规定，通过这些契约制度，目的是能维护资本市场秩序，促进企业健康发展。"经济人"假设下的契约理论，因内部控制实施主体具备"经济人"特性，总是在追求自身利益最大化，使内部控制在实施过程中总会出现偏差，即使设计完善的内部控制也会因人的执行力度问题而大打折扣甚至失效。因此，通过对各种契约进行再监督，即契约制度安排监事会、独立董事和审计委员会等内部监督主体行使监督职责，根据契约制度安排，能对企业内部控制的实施进行有效监督，正是为了弥补企业不完备契约，降低企业代理成本，提高企业内部控制质量水平。

为弥补契约的不完备性[①]，降低上市公司内部代理问题，维护中小股东权

---

① 林钟高，郑军. 基于契约视角的企业内部控制研究［J］. 会计研究，2007（10）：53-61.

益，监管部门制定契约制度，要求上市公司建立独立董事制度，目的是希望通过独立、专业、权威的第三方加入，以保证董事会能更好地发挥其应有的治理功能，提高公司盈余质量管理，防止大股东的利益侵占。独立董事多来源于行业内精英和在社会上有一定地位和声誉的专家，是权威的代表，能熟悉企业业务，并对各项制度的建设和执行提供有建设性意见和建议，对公司财务报告、内部控制以及重大事项或业务进行独立地审查和监督，并能发表颇有见地的意见。从"经济人"契约角度，刚性化的薪酬会使独立董事更加关注本职工作，而非公司业绩，会关注企业内部控制设计和执行过程中是否存在缺陷，以及是否进行了及时地整改和改进，会有助于提高企业内部控制有效性，提高财务信息质量和企业盈余管理质量，以维护其在资本市场上的声誉及个人形象。但当企业内部控制存在重大缺陷时，内部董事和大股东肯定不希望有社会声望并从企业拿薪水的独立董事说自己"坏话"，因为独立董事的"坏话"可能会导致市场上中小股东的不信任，直接导致股价的下跌。因此，大股东或管理层会对独立董事发表的意见进行选择性"指导"或施压，独立董事此时就会陷入尴尬的两难境地。如果企业内部控制不完善或者失效，出现"内部人控制"现象，中小股东的利益定会受到损害，独立董事也定会被认为监督失职，其在市场上的声誉和地位也定会大大受损，会受到资本市场上所有股东的不信任，独立董事也就失去了应有的权威性，失去了引入的价值和意义。只有通过进一步完善我国独立董事契约制度，为其能认真履职创造一定市场环境，对独立董事成员的任职条件进一步规范，增强其胜任能力、权威性或勤勉性，保障其有足够的能力和精力监督公司重大事项、重大风险及内部控制缺陷等问题，真正实现制衡的作用，不受干扰地履行监督、评价和咨询等工作，引导企业守法经营，遵守各项契约，维护中小股东的利益，提高企业内部控制水平，尽力地履行好社会责任。

  为缓解股东与经理人之间的信息不对称，降低公司代理成本，监管者以政治契约的形式提出上市公司可根据股东大会决议设立审计委员会，并对审计委员会职责及成员组成进行了规定，其宗旨是通过审计委员会的设立和组成成员，为财务报告的可靠性和内部控制有效性提供监督保障，以提高公司财务信息及内部控制质量。审计委员会中的内部董事作为大股东的委派者，其薪酬、升迁都由大股东决定，因此其会代表大股东的利益，以提高企业经营效益和公司股价为宗旨，其个人激励也与公司经营绩效密切相关。当股东对内部董事的激励契约不能达到或满足内部董事的预期时，董事可能会出现道德风险和逆向选择，内部董事可能和管理层串通一气，利用掌握企业的内幕信息和拥有的决策权利，为个人谋福利，出现个人目标偏离股东目标的情形。此时，内部董事和管理层可能会出现绕过内部控制进行决策的情形，内部控制会变得无效。一方面，大股东可以通过修改与内部董事间的激励契约，诱使内部董事按委托人的意愿和契约规定行使职责；另一方面，大股东可以通过契约规定增加独立董事比例等，使审计委员会成员致力于企业内部控制的监督，以提高内部控制水平，进而提升企业业绩。

基于法律制度的安排①，我国有限责任公司须设立监事会，并对监事会人数、职责及行权程序进行了规定。监事会有检查监督公司财务的权利，代表股东对公司董事及管理层的经营行为进行监督，同时，法律制度契约也明确了监事会对内部控制的监督责任。由于契约的不完全性，监事会成员会考虑自身利益最大化问题，由于监事会成员来源于公司不同股东代表和员工代表，个人知识结构以及文化素养等方面存在的差异，会造成监事会成员个体之间难以达成一致，导致有权利的监事为了个人利益可能会被管理层"俘获"，而没有权利的监事不作为，在行使权利时会选择弃权或者人云亦云，这都会导致企业内部控制因监督缺失而失效。提高企业监事会监督效率的方式，一方面政府可通过修改法律，进一步细化各类监事的具体职责，并明确其法律责任；另一方面企业可通过修改内部契约条件，明确每类监事的权责，再结合激励机制，让每位监事都有动力去履责，让监事的个人利益与企业整体利益趋同，那么企业内部控制质量水平将会得到大幅提高。内部监督理论分析框架如图4-2所示。

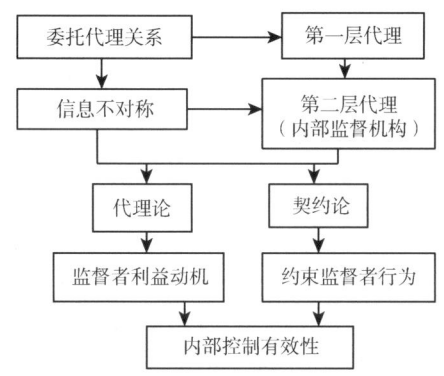

图4-2 内部监督理论分析框架

---

① 1993年我国《公司法》就对监事会的设立、人数、职责、程序等进行规定，后来《公司法》又经过了多次修订。

（二）外部监督主体的影响机理

本书的外部监督主体是指外部对企业有直接监督或检查责任的机构或主体，具体是指外部审计师和政府监管部门。外部监督主体能否实施有效的监督，取决于外部监督主体利益的实现途径和方式，在完全市场状态下，外部审计师与企业按照委托代理双方各自利益最大化作为其行动的目标。对各利益方行为进行监督是公司形成的重要条件（Watts and Zimmerman，1983），根据公共利益理论，政府监管部门会以公共利益为重，以提高社会整体福利为己任。在市场机制失灵时，政府监管会出面进行协调，保障各利益方权益。当然，在监管过程中，监管主体也是"理性经济人"，因存在有限理性，可能会导致监管效果的有限性。

1. 委托代理关系视角

审计是社会经济发展到一定阶段的结果，也是一项重要的制度安排，产生于两权分离情况下，是建立在股东与管理层的主要委托代理关系之上的第二层次的委托代理关系（余玉苗、陈波，2002），审计的委托方实质是全体股东，包括资本市场的中小股东，投资者希望外部独立的审计师能对企业的财务、经营情况及内部控制运行情况进行客观地评价和监督，帮助企业发现并纠正内部控制运行中存在的问题，以提高企业内部控制质量水平，增强财务信息的可靠性，便于投资者更好地进行投资决策。制度要求外部审计师必须是超然独立的，独立于所有的股东和管理层之外，这就保证了其能以客观、公正的态度执行审计业务，外部审计师在审计之前，首先要接受客户的委托，对企业整体情况以及内部控制情况进行初步地了解，然后制订审计计划，审计师在整个审计过程中用一定的审计程序收集审计证据，包括对内部控制是否值得信赖的程度的评价，最后发表审计意见，出具审计报告。无论是对企业财务报告还是内部控制进行审计，都需要对客户内部控制设计及执行的有效性进行评价，并提出改进建议，这是不可缺少的一个环节。由于审计师最终呈现的工作成果是发表了审计意见的审计报告，而审计报告的格式内容和意见类型基本上都是固定的几种报告模式，然而审计工作的全过程是记录在审计工作底稿中的，一般而言，审计底稿属于会计师事务所不属于审计师个人，整理好的底稿须在会计师事务所归档管理，供内部查阅、行业主管检查质量工作时查阅或者后任审计师继续审计需要时调阅，并不对外公开，也没有统一的记录格式和要求。因此，审计工作过程的好坏、审计师的努力程度无法清晰准确地进行比较和衡量。另外，由于审计师与委托方之间的利益不完全一致，为提高审计师工作的积极性，提高监督效率，帮助企业改进内部控制质量，提高审计工作质量，委托方可以通过建立监督与激励契约机制，使审计师能更加努力，付出更多的精力成本，为企业带来更高质量的审计服务，给企业内部控制的优化设计和执行程度提出更多意见和建议，提高企业内部控制质量水平，保障企业持久发展，企业委托方和外部审计师也都能获得更高的收益。

高质量的审计离不开高质量的审计需求。在两权分离的情况下，由于管理者与股东及债权人之间目标函数不完全一致，导致管理者会为了自身利益而损害股东及债权人利益，股东和债权人需要具有专业知识的外部审计师作为独立的第三方，对公司财务信息的真实性和可靠性进行验证，外部审计师可以作为股东和管理者之间代理成本最小化的一种契约制度安排（Jenson and Meckling，1976）。但审计师工作质量的高低受委托方自身发展需求的影响，企业自身发展需求越高，会对审计师的服务提出更高的要求，审计质量也会越高（张奇峰、雷光勇，2006）。当审计成为政府强制安排，而企业自身需求不足的情况下，市场会表现出恶性竞争，审计质量会每况愈下，高质量的审计师，权衡成本与收益，也愿意花更小的成本代价，出具一份客户要求的"报告"，在这种情况下，外部审计师的服务很难对内部控制水平改进产生较大的影响，审计质量就谈不上了。在委托方"内部人控制"严重的情况下，外部审计师也可能会因自身利益需求而被管理者所收买，对于企业内部控制质量的影响很小甚至会是负面的。只有委托方是出于内部自身管理的需要，随着市场的逐步完善，企业经营环境、组织结构的复杂化以及管理层舞弊的隐形化，市场和股东都需要高质量的审计师帮助识别各种经营风险，发现并纠正企业内部管理控制中存在的各种缺陷，增强企业财务信息的透明度，降低信息不对称，为投资提供有用的决策信息，也就是说，市场越完善，企业越发展，越需要高质量的审计师，这会促使审计师不断提升自己的胜任能力和执业经验水平，努力提高自身社会地位和市场声誉，追求高声誉的审计师才能注重审计质量，才能真正缓解代理冲突。外部审计师也会根据市场的规则以及委托方的要求，尽量降低审计风险，竭诚为客户服务，提高自身声誉，进而提高审计质量和促进企业内部控制质量提升。

高质量的审计促进企业自愿性审计需求。高质量审计师通过高强度的审计服务，树立高声誉、权威的市场监督者形象，通过识别企业风险及内部控制中存在的缺陷，并积极帮助企业降低风险，及时改正控制缺陷，提高了企业内部管理水平，进而为企业带来绩效的提高和企业更持久的发展，高质量审计师最终会成为市场完善和企业发展的自发需求。

2. 契约视角

社会需求是审计产生的条件，审计契约是产生和实现审计活动的基本前提，契约规定了审计的形式、内容、收费标准，甚至是对审计质量的要求。审计行为实质是一种契约行为①，审计契约因契约的产生而产生，随着契约的发展而发展。从本质上看，因为契约的不完全性，以及社会分工和职能的缺位，引发了社会对审计师经济监督职能的需求。审计主要有经济监督、信息传递和保险的功能（Wallace，1987），在委托代理关系中，审计契约是企业契约履行的保障机制。由于审计契约依附于企业第一层委托代理关系的基础契约，经济上也依赖委托方，会导致审计师在审计过程中难以保持独立（雷光勇、王立彦，2005），受托责任审计的契约关系形成过程中也会出现利益的冲突与协调（吴联生，2003），需要通过内外部契约的安排进行利益的协调与平衡。

契约都具有不完全性，委托人与审计师之间签订的契约也是不完全契约，因双方信息不对称，审计质量标准也无法在审计契约中准确进行衡量，而且审计师对于审计报告也只能是合理保证，这也会助长审计师的机会主义行为，可能会出现道德风险和逆向选择，影响审计服务质量，对企业内部控制质量可能会造成有利或不利的影响。为维护审计市场秩序，促进审计师行业健康发展，需要借助政府的强制力量来协调和管制，通过强制的制度安排，对契约进行修正，明确审计师的契约责任，再结合事后的监督检查，促进审计契约履行质量的提升，以提高审计监督效率。同时，政府监管部门还出于对资本市场投资者保护或者"避免被谴责"考虑，希望独立且拥有专业知识的审计师能提高对企业的财务报告和内部控制进行审计监督的效率，促进企业内部控制质量水平的提高，增强企业财务信息的可靠性和透明度，维护资本市场各利益方的权益。政府监管部门通过制订事前的监管政策和事后的违规处罚等方式来明确和加强审计师的责任，强制其提高审计执业质量。但如果监管政策过于模糊或者宽泛，处罚力度和范围太小，强制政策和手段也达不到应有的效果，审计师会考虑成本效益原则，在违规成本与生存压力之间进行抉择，可能会选择违规执业以招揽客户，这样会导致高质量的审计师在市场上受排挤，"劣币驱逐良币"的现象会出现，那么整个市场的内部控制质量水平可能会比较低下，虚假财务信息就会充斥市场。监管者与审计师之间也会进行利益与责任的博弈，只有违规责任处罚力度远远大于审计师获得的收益

---

① 冯均科. 审计契约制度的研究：基于审计委托人与审计人的一种分析 [J]. 审计研究，2004 (1)：30－35.

时，如美国SOX法案404条款规定的处罚政策，审计师因考虑高昂的违规成本，自然会放弃机会主义行为，选择提高审计工作质量，以更好地在市场中生存，通过提高审计质量，以提高自身在市场上声誉的方式招揽客户，促进审计市场的良性发展，进而促进企业内部控制质量水平的提高。

当市场秩序混乱或失灵时，政府监管部门会以市场管理者身份出现，通过对企业制订单方面强制契约、事后监督检查、对违规企业以行政处罚等方式，强制被管理者履行契约责任，以维护市场规则和保护广大社会公众的公共利益，防止扰乱市场或损害他人利益的行为。政府在各方利益冲突和协调中总是能起着提供社会激励契约安排的作用（Roase，1995）。为促进市场上企业能健康持久发展，政府以强制制度方式要求企业必须建立内部控制制度，董事会和管理层必须进行内部控制自我评价，并制定了实施内部控制依据和应遵守的标准以及参考的行为指引，以帮助企业更好的实施，同时还安排外部审计师对企业内部控制进行审计监督，一方面可以保证企业内部信息的可靠性，方便广大投资者进行投资决策；另一方面也有利于企业内部控制质量水平的改善，提高企业内部管理效率。然而在市场经济中，政府监管者也难以时时维护公共利益，根据理性"经济人"行事规则，政府监管者也有"有限理性"的一面，也是会考虑个人利益，有时甚至会出现与公众利益相冲突的情况。布坎南认为，很难相信政治市场的人能放弃"自利"，而全心全意投入为公共利益服务的工程中去。监管人员在监督检查过程中，可能会为了个人利益而出现被违规单位所"俘获"的情况，造成监管权力的异化，纵容管理层财务舞弊行为，误导中小投资者的投资决策，甚至扰乱市场的公平秩序和行为，导致企业内部控制质量水平难以提高。为提高政府监管者的监管效率，可以通过完善法律和健全的法制评价体系和考核标准，对违法违规的政府监管者进行严厉问责。

3. 政府管制视角

随着资本市场的不断发展与完善，外部审计师的作用不仅仅是缓解股东与管理者之间的信息不对称问题，而是成为越来越多经济利益主体进行投资决策时的依赖，审计行业的管制几乎都是伴随市场上公众的信任危机而实施的，当然，审计管制还源于行业市场发展的自身需求，这种需求也出自于保护行业的健康发展。各利益相关者由于无法了解企业真实的经营情况、财务状况以及对未来发展的预期，需要根据外部审计师的审计意见，增加对企业信息的了解和信赖，以便更好地进行投资决策，同时投资者使用这些信息又是免费的，使审计服务具有公共产品属性的特点日益凸显，公众这种"搭便车"的行为会抑制审计信息的数量和质量，通过管制可以促进企业和审计师信息的质量，减少企业与审计师合谋，因信息不对称给公众造成损失和导致审计师道德风险和逆向选择。通过严格的许可管制，提高审计师执业要求，提高竞争成本，保护审计师的正当权益。审计师给企业提供内部控制审计服务时，需要对内部控制充分了解，履行必要的审计程序，进行客观评价，针对内部控制是否存在重大缺陷发表意见，并出具审计报告，审计师要对内部控制是否有效提供合理保证，保证的对象是所有的报告使用者，即向所有的利益相关者保证内部控制不存在重大缺陷。在财务报告审计过程中，审计师也需要对企业内部控制进行了解和评价，针对发现的内部控制问题出具管理建议书。因此，为了让审计师提高审计质量，更好地发挥其经济监督作用，政府监管部门对审计师行为进行系列管制，如对审计师保持独立性的制度规定、为限制低价竞争影响审计质量、政府采取最低限价管制等手段，对审计师行为进行适当干预，以达到提高审计质量和保护市场秩序的目的。审计师为了免予政府行政处罚，在公众面前维护自身声誉，会投入高质量的审计服务，尽量帮助企业改正审计过程中发现的内部控制问题，促进企业内部控制质量水平的提升，保障企业所有利益相关者的权益。

政府监管作为维护社会公共利益的"协调者"，肩负着维护市场秩序和保护公众权益的使命。监管部门管制的主要目的是维护资本市场的公平、公正和公开，保护中小股东的权益不受侵占，内部控制制度和评价制度的强制实施正是基于保护资本市场投资者的公共利益，促进企业持久发展。政府监管部门通过事前的监管政策，配合事中的监督检查及事后违规行政处罚等措施，检查上市公司在经营中遵守相关法律、法规以及政策执行情况，监管人员对上市公司财务信息及内部控制进行监督检查的过程中能帮助企业发现其内部控制中存在的问题，并通过处以警告、罚款等方式督促其改正问题，可以促进企业管理水平的提高，提升企业内部控制质量水平。以维护各利益相关者利益，促进企业健康发展。习近平在2015年中共中央政治局工作会议上也强调：我国当前市场和政府得讲辩证法，"看得见的手"和"看不见的手"要相互补充，相互协调，有机统一才能促进我国经济健康发展。特别是党的十八大以来，中共中央积极发挥法治的引领和规范作用，推进中国法治建设，并运用法治思维和法治方式推进改革，针对当前滥用权力、贪污受贿、违法乱纪的现象，党中央出台了《关于新形势下党内政治生活的若干准则》，提出加强制度建设，加强对权力的监督和制约，增强法制思想和依法办事，对权力进行界定，并完善监督机制，将党内监督与外部人大、政府及监察机关、司法机关相结合，人民政协依靠章程进行民主监督，审计机关依法进行审计，并做到政务公开，民主执政，党内不允许有不受制约的权力和不受监督的特殊人员，让权力运行到哪里，公开和监督就延伸到哪里，让权力在阳光下运行，并充分利用和加强舆论监督。外部监督与内部控制有效性评价的理论分析如图 4-3 所示。

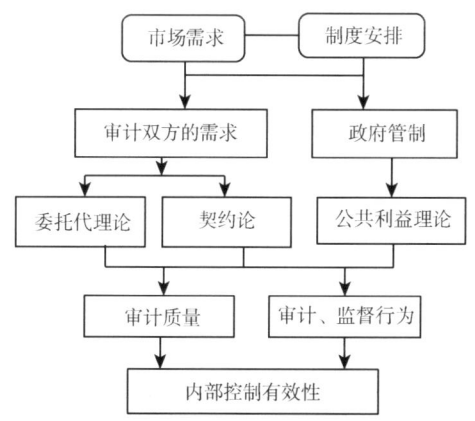

图 4-3 外部监督与内部控制有效性评价的理论分析

三、监督主体对内部控制质量及其经济后果的影响分析

内部监督作为企业内部的成员，企业的生存与发展与其利益密切相关，如何提高企业价值，让企业健康持续发展是企业成员的共同目标。内部监督主体通过充分发挥其监督职能作用，合理保证企业内部控制体系的有效运行，使各利益相关者在竞争与合作中实现有效整合，提升企业整体价值。企业内部监督机构如独立董事、审计委员会和监事会等应形成一体化的监督模式，各监督机构相互配合，有效地分配监督资源，相互之间要有良好的沟通，对企业内部日常事务及重大事项、规划与决策、内部控制缺陷的处理与后续跟踪等无缝对接，形成内部监督合力，最终实现监督目标和企业价值。而外部监督约束可以与内部监督形成互补，弥补内部监督的不足，有效的内部控制体系也有助于提高内外部监督的效率，有助于实现企业各利益方的目标，促进企业长远发展。

1. 委托代理关系视角

随着证券市场的逐步完善与发展，中小股东在市场上占有的比例也在逐步增大，保护中小股东权益，维护资本市场秩序日益重要，大股东与中小股东之间的代理问题日益凸显，市场需要对控股股东和管理层决策行为进行有效监督，以将其机会主义行为控制在合理范围内，成为维护中小股东利益、缓解大股东与中小股东之间冲突要解决的首要问题。控股股东的委托代理人一般倾向选取内部治理，控制股东利用其绝对的控制权优势，根据自己掌握的信息掌控内部监督机构或个人，通过盈余管理、关联交易、市场操纵等手段实现个人利益最大化，包括对中小股东利益的侵占。而中小股东则更愿意选取外部治理机制作为委托代理人，独立董事监督制度的引入，可以改善原有企业董事会内部治理结构，减少大股东对中小股东的利益侵占，通过选聘专业、权威且独立的外部董事进入企业，对企业内部遵纪守法、财务信息、重大交易或事项以及管理层的重大经营决策权进行监督和提供咨询，并发表独立意见，独立董事的引入可以降低企业经营风险，同时对内部董事的决策行为形成制衡，能保障中小股东以及企业各利益方的利益，促进企业健康持续发展，从而实现企业整体价值的增加。同时，中小股东还需要通过公开、透明的财务信息来掌握管理层的经营成果，了解企业的财务状况，有效的内部控制能保障企业财务信息的可靠性。同时，内部控制也是控股股东行使内部治理权的主要工具，控股股东或管理层利用其职权，越过企业内部控制或者控股股东与管理层合谋，那么再健全的内部控制也不会得到有效执行，反而会成为侵害中小股东的主要途径。为维护全体股东利益，防止内部控制失效，需要对内部控制设计的合理性和执行的有效性进行监督、评价，以提高企业内部控制的效率。受全体股东的委托，为加强董事会的治理功能，证监会要求上市公司在董事会下设立专门的委员会，即审计委员会，主要负责公司财务、内部控制的审查和监督以及与外部审计师沟通等相关事宜，目的是缓解股东与经理之间的代理冲突，减少信息不对称。审计委员会的设立作为公司治理的一项重要制度安排，与管理层一起共同成为内部控制的关键责任主体，随着审计委员会的发展，以独立董事为主体的审计委员会制度在治理层面不断延伸，将成为内部控制的监督和评价主体，对于提高企业会计信息质量和投资者决策起重要的保障作用，可以促进企业内部控制有效性，带来企业盈余质量和企业价值的提高。监事会是我国唯一以法律制度形式规定的，最早成立的企业内部监督机构，受全体股东的委托，其成员包括大股东委托的监事代表、中小股东委托的监事代表和全体职工委托的监事代表，代表最广泛的利益，在企业行使监督权利的过程中，代表大股东利益的监事主要考虑大股东利益，在大股东拥有实质性控制权的企业，代表中小股东和职工的利益的监事成为弱势群体，一般会受大股东的干预或控制，使监督权难以行使，虚化监事会的监督权，而在股权分散的公司，代表中小股东利益和职工利益的监事，其独立性相对较强，有助于监督权的行使，通过对企业重大交易或事项、重要业务领域以及企业重要内部控制流程和关键控制点的监督，可以提高企业经营效益，提高内部管理效率，实现企业目标，保证全体股东和职工的利益。

企业不能完全依赖内部治理机制来约束代理人的行为，Jensen 和 Meckling（1976）从理论上论证了监督能提高企业价值，而 Holmstrom（1979）则用委托代理理论模型证明了审计监督能提高企业价值，并构建了审计的受托责任观。审计是一种既能降低企业代理成本，又有利于提高企业价值的外部治理机制。委托具备足够胜任能力的、高声誉的外部审计师进行内部控制审计，通过其高质量的审计，可以帮助企业发现企业经营中的风险，控制缺陷，改善企业经营管理，提高企业效益，进而促进企业价值的提升。政府监管对企业价值的影响是双向的，一方面，公司被行政处罚，不管处罚得轻还是重，都能说明公司内部控制存在一定的问题，在市场上会向投资者传递不好的信息，对企业价值的影响会是负面的。另一方面，政府监管作为公司经营中直接的外部监督者，通过对公司的监督检查，促进公司对监管政策的贯彻实施以及在经营过程中能遵纪守法，在检查过程中发现公司经营过程中以及内部控制中存在的违法违规行为或控制漏洞，提请其改正，并采取一定的行政处罚，目的是督促公司能重视其存在的问题，并改正问题，加强内部控制建设，防范风险，有利于企业长期健康发展，进而影响企业整体价值。

2. 契约视角

现代企业可以被看成是由一组复杂的显性契约与隐性契约组成的法律实体，企业行为构成又形成一组复杂的契约关系，这些契约因不同的执行主体而具有不同的效力，制约契约效力的各种力量的共同体形成企业各利益相关者，这些力量通过相互作用，共同形成合力，促进共同利益和企业价值的实现。契约制度安排内外部治理机制通过履行监督职责，来保障企业内部各项契约的执行效率，而内部契约执行效率的提高离不开有效的内外监督机制，因此，完善法律契约和内部契约，提高监督机构的履约效率，是企业利益相关者的共同追求。企业要充分发挥内部监督机构的职责作用，量身定制每个机构、岗位的职责权限和范围内容，根据每个主体的特点和内在动机，安排或设计对应的契约制度。独立董事的引入作为中小股东权利的代表，也是契约制度的安排，其基本职责是监督内部董事的决策行为，对公司重大交易或事项、内部控制、重大关联方交易等进行监督和咨询，并发表意见，尽力维护中小股东的利益，防止大股东利益侵占。然而契约制度却安排独立董事的薪酬和聘任由公司股东大会决定，大股东按持有的股份在股东大会上拥有绝对的权力，这种契约安排决定了独立董事在设计上的两难处境：其个人薪酬基本由大股东决定，职责却是要约束大股东的行为。除非公司的股权比较分散，大股东的股权不能起到绝对的控制作用，独立董事契约制度能设计合理，独立董事们在公司有独立发表意见的权利空间，在市场上维护自身声誉能为其带来更多的利益。因此，在契约制度设计适当和资本市场比较完善的条件下，当大股东利益与中小股东利益发生冲突时，即公司控股股东或管理层的经营决策行为只对自身有利可能损害中小股东利益，或者只为公司获取短期或眼前的利益或业绩，可能违反法律法规的有关规定时，为了保障公司的长远发展以及保护中小股东的正当利益，同时也是维护独立董事自身的市场形象和声誉，独立董事更愿意帮助企业完善内部各项管理制度，提高契约的履行效力，促进企业能健康发展和保障其整体利益。独立董事也希望企业能树立良好的市场形象，能履行更多的社会责任，包括对环境的保护等，这些也能促进独立董事的市场形象，独立且权威的独立董事才更有"底气"在董事会议上对公司内部控制的运行缺陷提出意见和建议，有"底气"对大股东的侵占决策和行为提出独立的意见，真正实现独立董事的高效监督，实现企业各利益相关者的共同利益。为了弥补独立董事的外部性特点对内部监督形成的空白，契约制度还规定董事会应根据股东大会的决议，在其下设立专门的审计委员会，专门负责企业财务报告和内部控制的日常监督和审查，以更好地缓解股东与管理者之间的信息不对称，增强信息的可靠性，从而降低企业的代理成本。如果公司审计委员会没有认真履职，一般可以认定公司的内部控制一定是失效的，通过契约制度设定和安排，提供高审计委员会成员的独立性以及履职能力，促进企业内部契约制度的顺利实施和完善，提高企业盈余质量水平，更好地促进企业整体价值的增加。法律契约赋予监事会有对公司董事、高级管理人员执行事务进行监督，对公司财务以及对公司重大事项和方案进行检查和监督的权利，对企业内部控制的有效性要单独发表意见，如果公司出现财务舞弊或内部控制失效，就证明监事会的监督效力是低下的。总之，如果内部监督能充分发挥监督效力，对董事或管理层的违规或自利或侵占行为及时制止并纠正，对公司财务资料和重大事项认真进行检查，对部门和公司整体绩效定期进行评价与考核，对企业内部控制中出现的重大问题及时指出和跟踪整改，并提出改正建议，使企业经营中出现的问题能及时有效的解决，堵塞管理中的各种漏洞，企业各利益相关者的目标和企业整体目标定能实现。而这些监督者本身又都是有限理性的，自身利益是他们行为的唯一动机，支配着他们的行动。因此，设计适当的契约制度并不断完善至关重要，以实现企业整体利益目标为宗旨，设定部门和个人利益目标，虽然内部监督者之间利益目标存在偏差，但以整体目标为核心，就能实现企业共同的价值最大化，当企业价值达到最大时，企业规范运行和持久发展，各监督者的个人利益也能得到实现。

最初的审计契约源于社会运行过程中审计功能的缺位，审计从开始就被赋予监督的功能。随着社会经济的发展，审计监督功能也逐步延伸和拓展，现代外部审计师以"独立"、"第三者立场"、"专业人士"自居，在审计师与委托方签订的审计契约中，双方的主要责权义务等基本内容以行政契约的形式制度化，形成规范的审计契约格式。同时，随着审计风险的日益加剧，审计契约制度、审计服务范围和职业标准在发生变化，审计违约责任以及收费条款也在发生变化，这些都影响着审计师的选择以及审计的效率和最终效果。在市场不够成熟以及人们的管理意识还不强的时期，审计市场充满竞争，契约形式混杂，除了规范化的契约外，还有或有契约甚至口头承诺形式存在，有的连真实的契约也是保密的，契约局限于双方之间，是不能公开的。然而，在法律风险低下，诉讼充斥的现代社会，契约纠纷促使各国会通过审计准则以及法律法规等行政契约形式来严格和规范审计师行为，但由于审计契约存在不完备性，需要其他各种形式的契约进行补充。在内部控制审计契约中，审计服务质量无法判断，因为审计质量存在隐藏性、主观性以及多义性等特点（冯均科，2002），质量标准无法准确地进行衡量。审计收费标准虽然遵循一定的依据，但因每个会计师事务所之间收费标准存在一定差异，双方会在审计收费和审计质量之间，为了自身利益进行博弈。审计师主要考虑成本效益原则，当收费不足以弥补成本时，为了生存压力，审计师可能会选择缩小审计范围，减小审计工作量，审计质量将难以保证，也难以起到降低企业风险和代理成本的作用，对企业价值的难以起到积极的影响。当委托方需要高质量的审计师时，可以通过提高审计费用，使审计师能增加更多的审计投入，识别企业复杂的经营业务和环境，帮助企业改善经营过程中的控制缺陷，提高管理效益，降低代理成本，进而提高企业整体价值。葛家澍、黄世忠（2002）对美国安然事件分析后认为，证券市场是个充满机会和诱惑的博弈场所，必须通过契约制度的安排，来对参与方和监督者行为进行制约和威慑，以促进企业持久发展。

3. 利益相关者角度

根据利益相关者理论，企业的利益相关者包括：企业股东、债权人、管理层、供应商、客户、政府、职工、社区等。他们都为企业投入了专用性资本，并承担相应的风险,因此企业管理的目标应与各利益主体相关,企业的生存和发展的关键在于能否处理好与各利益相关者间的关系。根据科斯的交易费用理论思想,如果一个企业能重视利益相关者利益,可通过与利益相关者之间建立一体化关系,以减少内部各项交易发生的频率,进而降低交易中的风险和摩擦,从而节省交易费用,增强企业在市场中的竞争优势,给企业长期发展带来利益[1]。

内部监督机构是企业内部机构,也是企业的利益相关者之一,其监督目标应服从于企业总体目标,考虑企业的战略管理的客观要求,关注相关者利益,以最大限度地实现各利益相关者共同的利益为己任,以企业利益和价值最大化为核心。内部监督机构在履职过程中,应权衡各利益相关者的利益,而不是仅仅考虑企业利润、股东财富和自身利益。因为利益相关者的每一项权利的行使会对企业的决策和行动产生积极的或者消极的影响,这需要企业管理者在经营决策过程中要有效处理与各利益相关者的关系,同各方建立良好的共赢关系,满足利益相关者的利益,充分发挥每个人的潜力,为企业创造更多的效益,以企业经济绩效为根本,兼顾企业应履行的社会责任,促进企业整体价值的提高。

随着审计的发展与资本市场的完善,外部审计师越来越成为资本市场上各利益相关者的共同需求,由于审计师的审计具有信息增信的特点,高质量的审计师,以及审计师的不同审计意见类型都能向市场传递不同的信息,有助于改进企业内部控制质量和增加财务信息的可信度,实质上降低甚至消除财务信息或内部控制中存在的错误、缺陷或舞弊风险,从而影响利益相关者的决策行动和未来是否可获得收益的预期,同时外部审计也是企业财务报表风险的一个转移机制,相关者依赖的审计师审计的财务信息如果存在重大不实导致投资失败,审计师要向利益相关者提供赔偿。因此,审计师承担了企业信息风险,会努力降低此风险。在法律和管制不完善时,各利益相关者也会要求企业委托者应聘请高质量的审计师,提供可信的财务信息,促进企业内部控制水平的提高,进而对企业的长期绩效和发展产生积极的影响。同时审计师也是企业的利益相关者,审计服务过程中如果能考虑企业所有的利益相关者利益,定会实施更多的、必要的审计程序,提供更高质量的审计服务,促进企业健康发展和市场完善。政府是企业重要的利益相关者,在企业发展中发挥着重要的作用,同时政府监管者是公共利益的支持者

---

[1] 张兆国等. 企业社会责任与财务管理变革——基于利益相关者理论的研究. 会计研究,2009(3):54-95.

和维护者，对于企业而言，各利益相关者的共同利益就是公共利益，政府监管部门对企业实施管制措施目的是促进企业守法经营，保护企业各利益相关者共同的利益，维护市场公平、公正，促进社会就业，帮助企业持续发展。政府也是企业的利益相关者之一，通过税收的形式分享企业的收益，企业绩效提高了，才能满足政府公共收益的要求。政府监管部门通过事前的监管政策强制企业遵守，事后对企业经营活动各项资料进行监督检查，促进企业更好的实施，并通过对违规者处罚等方式，强制性为企业提供公共服务，会促进企业更好地履行社会责任，关注国家政策的变化并能严格执行，考虑各利益相关者共同利益，促进企业健康持续发展。

第五章

内部监督与内部控制有效性的实证分析

高质量的内部控制信息披露源于较好的内部监督治理结构,本书第四章对监督约束机制主体的内在行为动机进行了理论分析,并从理论上推导了内部监督主体对内部控制有效性评价的影响机理和路径。但是由于缺乏资本市场中内部监督对内部控制有效性产生影响的经验证据,本章将提供相关的证据支持。

本章讨论的内部监督主要是指能对上市公司内部控制及其评价直接进行评价或监督的机构或主体,具体包括独立董事、审计委员会和监事会。

第一节 问题提出

随着全球金融危机的爆发,雷曼、美林、克莱斯勒等全球"内部控制健全"的大公司纷纷倒闭,公司内部控制的有效性受到质疑,人们纷纷将矛头指向企业内部监督机制的缺失,2008 年,曾被评为世界上风险控制最出色银行之一的法国兴业银行,因内控监督机制缺失,直接导致破产,此案例也提醒我们,在关注企业内部控制活动时,不仅要关注不相容的岗位相分离等基本的控制活动,同时也要谨慎对待不相容岗位之间的人员流动等问题,应尽可能采取特别审查或有效监控的措施。2009 年,美国 COSO 出台《内部控制体系监督指南》,目的在于帮助企业内部控制体系的实施,并建立持续有效的监督机制。与此同时,国内石化、石油、钢铁、煤炭、通信、电力、军工等众多领域国企高管贪污舞弊案频频发生,尽管这些企业已建立了较完善的内部控制,但因执行过程中管理层凌驾于内部控制之上或缺乏有效监督,而导致内部控制形同虚设,没发挥应有的作用。内部监督机制是现代公司治理中不可缺少的部分,它影响和决定着我国企业内部控制运行的质量和效果（张先治、戴文涛，2010），同时对企业资产的保护、经营效率的提高，以及企业目标的实现具有重要作用。

美国是世界经济强国，其内部监督治理模式也被世界各国广泛学习和引进，以美英为代表的一元制内部监督模式，公司不设置监事会，董事会既是决策机构，也是监督机构，决策职能与监督职能之间不可避免地存在冲突，为解决两种职能间的矛盾，美英等国引入独立董事制度，目的是对一元制监督模式的改良，通过在独立董事中设置一定比例的外部独立董事，从而对公司内部董事和经营层的执业行为进行监督约束，董事会下设置专门的委员会，独立董事在各委员会中必须超过一定比例，便于与内部董事抗衡，各委员会代表董事会负责公司各项重要事务的监督工作，审计委员会负责公司财务报告和内部控制的监督审查工作。因此，一元制国家内部控制监督主要由"独立董事＋审计委员会"负责，在审计委员会下再设置内部审计部门，负责内部控制的日常监督工作。美英这样的制度安排是与其制度环境密不可分的，独立董事在美英上市公司中，以及在维护资本市场公正性方面发挥着重要的监督作用。以德日等国为代表的二元制模式，其内部监督模式根据监事会与董事会之间关系设置的不同，又分垂直型和平行型监督模式，垂直型内部监督是监事会和董事会之间是所属关系，以德国公司为代表，董事会是监事会的所属机构，监事会成员是从股东大会中选出的监事，而董事会成员是从监事会中选出的，组成董事会，董事会负责公司经营决策事务，监事会负责董事任免及监督公司所有重大事项，监事会的监督权限大而广，多年实践表明，德国公司的监事会在内部监督中发挥了重要的作用。而平行型监督是以日本公司为代表，董事会与监事会之间互不隶属，两个机构的成员都由股东会选举产生。董事会负责公司经营决策，监事会负责财务和业务等重要事务的监督。随着公司治理结构的逐步完善，受美国经济和公司治理的影响，日本修改法律，引入独立董事制度，但给予股份公司更多的选择权，规定其可以结合公司具体情况选择监事会或独立董事。Denis（2000）认为采取监督的方法是基于公司治理的内部控制实现的主要途径之一，即通过董事会、监事会等监督机构对管理者进行约束，并认为监督具有"大棒"[①]性质。Masli等（2008）研究表明，公司内部控制监督能提高企业内部控制质量。

我国上市公司是平行型二元制内部监督机制，董事会和监事会是两个平行机

---

① 主要是指一种惩罚或约束，"胡萝卜"加"大棒"，是运用奖励和惩罚来激励人们行为的两种手段。

构，董事会和监事会成员都是从股东大会中选取，与日本的内部监督机构设置类似，但对于监督机构赋予的监督职能与日本有区别，虽然1993年，我国出台的《公司法》，赋予监事会在公司的监督职权，但规定的比较笼统，没有对监督职责进行细化，导致实际操作过程中监督职能流于形式。2001年，我国引入独立董事制度，并在董事会下设各类专门委员会，审计委员会作为专门委员会之一负责公司财务的监督审查。此后，我国上市公司形成了监事会、独立董事以及董事会各专门委员会共同对公司内部各项事务进行监督的局面，但中国公司的实践显示，各监督机构都没有发挥应有的功效作用，主要是由于我国一直没有严格按照专门监督机构的理念去配置监督机构的权力和细化相关的配套制度，造成各机构的盲目与重叠，职责不清，相互推诿。国内学者在内部监督机构的设置及作用上也存在一些分歧。杨有红等（2007）认为，我国监事会存在监督力度不够，独立性和权威性都较差，导致监事会形同虚设，没有起到应有的作用。杨忠莲和徐政旦（2004）的研究显示，我国审计委员会的设立主要受内部治理机制的影响，没有发挥其应有的作用。曹艳芝（2005）认为不必引入独立董事，否则与监事会"撞车"，增加监督成本。杨有红等（2006）通过问卷调查方式，发现我国二元制模式下大部分上市公司未对监事会、审计委员会、审计部三者的职责关系进行界定，导致其在履职过程中出现相互推诿的情况，影响内部监督效率，并提出了建立"监事会＋审计委员会＋审计部"三机构相互作用的模式构想。罗礼平（2009）分析了公司内部监督机制间的冲突，认为公司应合并监事会与独立董事的监督职通，进行职权整合，并建议建立独立监事制度。我国监事会与独立董事具有同质性，两者存在职能上的重叠，最好撤销监事会，加强独立董事的监督，会有助于提高监督效率，降低代理成本，还可缓解监督混乱的局面（杨有红等，2007）。上述学者的观点基本倾向于借鉴日本的法律规定，给予企业更多的选择权，选择设置监事会或者引入独立董事，两种监督机构不同时设置。

2008年，财政部等五部委出台关于内部控制的《基本规范》，规定了董事会负责内部控制的建立健全和有效实施[①]，并要求监事会对董事会建立与实施的内部控制进行监督，同时，还要求企业应在董事会下设立审计委员会[②]，负责审查和监督内部控制的有效实施，即明确了董事会、审计委员会及监事会对企业内

---

① 《企业内部控制基本规范》第12条明确了董事会对内部控制的有效实施责任。
② 《企业内部控制基本规范》第13条明确要求企业应在董事会下设立审计委员会，负责审查和监督内部控制。

控制实施和评价的监督责任。独立董事作为权威、独立外部人士，代表中小股东对企业董事会的经营决策进行监督，对内部董事进行制衡，并代表董事会对企业内部控制的有效实施进行监督，审计委员会则是董事会内部专门对财务报告和内部控制进行审查的机构，两者都对内部控制评价监督负有责任；而监事会则代表股东大会监督董事会的各项重大决策，因此，我国内部监督机制融合了英美等国独立董事的"独立性"与德国监事会的"权力型"特点，形成了我国特有的由独立董事、审计委员会和监事会共同构成的我国上市公司内部控制监督体系。

健全的内部监督体系能维护内部控制的有效性，并促进内部控制评价质量的提高。随着市场的发展与完善，独立董事、审计委员会和监事会三者在我国上市公司内部控制监督中能否共同发挥作用，以往主要是针对监督机构对公司业绩中作用的检验，在内部控制实施中监督作用的验证目前尚属空白，本书主要是检验我国上市公司从2011年开始强制披露内部控制评价报告以来，内部监督机构是否发挥了其监督职能作用？独立董事、审计委员会、监事会是否按相关规定对内部控制评价工作履行了监督职责？其对内部控制评价质量的影响如何？本章将选用我国资本市场数据，分别验证企业内部控制监督主体及机构对内部控制评价质量的影响，并根据经验结果提出建议，以期为我国上市公司内部控制评价工作实施提供相关证据，以促进我国资本市场整体水平的提高，保护投资者权益，实现内部控制目标和企业目标。

第二节 理论分析与研究假设

西方传统的代理理论主要是基于英美等股权分散国家，由于信息不对称而产生的主要以解决股东与经理之间冲突的第一类代理问题（Jensen and Mecking, 1976）。而我国股权高度集中，上市公司所要解决的问题与美、英等国有很大的差异，不仅要解决股东与经营管理者之间的矛盾，还要解决大股东与小股东因利益冲突（La Porta et al., 1998；冯根福等，2002；许新霞等，2007）产生的第二类代理问题。为缓解双重委托代理下管理者的逆向选择和道德风险问题，我国设立监事会制度，主要是为了保护全体股东的利益，而独立董事制度的引进，则是为保护广大中小股东的利益，防止大股东的恶意侵占（叶康涛等，2007），并通过设立专门的结构审计委员会来对公司财务、审计师、内部控制等进行监督与评价。

一、独立董事与内部控制有效性

董事会独立性是保证董事会有效形式监督职能的关键。Fama 和 Jensen（1983）分析了两权分离下的独立董事监督制度，认为可以缓解股东与管理层之间的利益冲突，维护公司的效益，并认为独立董事有为自己建立专家声誉的动机。"安然事件"后，世界各国监管机构都在为提高治理水平、保护中小股东利益，增强董事会独立性。然而关于董事会独立性能否改善公司治理、提高公司业绩，学者们持不同观点（Drakos and Bekiris，2010；叶康涛，2011）。在我国特殊的制度背景下，独立董事制度的引进主要是为保护广大中小股东的利益，防止大股东的恶意侵占（叶康涛等，2007），而理性的独立董事可能会选择不作为或者与管理层一起造假（喻猛国，2001）。胡勤勤和沈艺峰（2002）也验证了独立董事对公司业绩未起到应有的作用。我国目前的独立董事制度存在着治理软约束现象，"内部人控制"导致独立董事的功效大打折扣（于智东和王化成，2003）。随着我国独立董事制度的逐步完善，更多的研究显示了独立董事的积极作用，独立董事能显著地影响公司业绩（王跃堂等，2006），解决公司股权制衡缺失问题，从而提高财务信息质量（李明辉，2005；王跃堂等，2008）。独立董事没有真正发挥应有作用，关键原因是其作为企业"外部人"没有动机增加公司业绩（张先治等，2010），但独立董事会有监督内部控制的动机，因为内部控制质量高低会直接影响其声誉（Yermack，1995；张先治等，2010）。独立董事具有维护自身社会声誉、履行监督管理层职能的动机，其对内部控制质量有增量作用（Beng Wee Goh，2009）。

独立董事的独立性与其职责的发挥常被学者们高度重视，独立性是保证董事会发挥其监督治理功能的关键，一般用独立董事人数占董事会人数的比表示独立董事的独立性，而独立董事职责的发挥主要考虑两方面：一是独立董事参加公司工作的勤勉程度；二是独立董事的个人能力。勤勉程度一般用独立董事参加董事会会议次数进行衡量，而对独立董事个人能力特征进行研究的较少，本章主要从独立董事的个人背景分析其对内部控制评价质量的影响。

独立董事比例是董事会独立性特征的反映，独立董事所占比例越大，集体话语权越强，越容易摆脱外界的干扰，其独立性越强，进而促进其监督效力的发挥（王跃堂等，2008）。国内外大量研究发现，独立董事能增加企业价值（Weisbach，1988），在董事会中拥有独立董事的比例越高，可以更好地履行监督职能，财务舞弊的概率则越低，财务报告质量越高（Basley，1996；Dechow et al.，1996；刘立国，2003）。独立董事比例只有更高而不是刚好达到三分之一的公司，才有更高的盈余质量，因为三分之一是我国监管政策的要求，会导致"装饰品"独立董事产生（吴清华和王平心，2007）。仲伟周和段海艳（2008）发现我国独立董事大多形式独立，多与其监督对象和管理层之间存在密切关系，广泛存在如老乡、校友等社会关系（刘诚等，2012）。王红秀（2014）以我国2012年沪深两市数据验证了独立董事所占比例与财务内部控制有效性是正向显著相关的。独立董事比例越大，会对内部控制有效性监督越客观，不至于"走形式"，主要原因是：一方面由于独立董事大多是来自各行业领域的专家，独董所占比例越大，其涉及的知识信息面会越广，对内部控制的了解会更深入、更全面；另一方面是比例越高越有利于增强其"集体话语权"，能提高其对内部控制的监督效率。因此，本章提出如下假设：

假设5-1：独立董事所占比例越大，监督效果越好，企业内部控制越有效。

董事会会议频率能从一定程度上反映独立董事参与公司治理的情况，召开会议的次数太少，不利于独立董事之间意见的沟通与交流，也不利于独立董事充分履行监督职责。在已有文献中，学者们对董事会召开会议频率存在两种相反的观点：一种持积极态度，认为董事会会议频率越多，说明董事会成员越活跃，对公司价值会有正向影响作用（薛祖云和黄彤，2004）。张先治等（2010）认为，董事会召开的会议次数越多，企业内部控制有效性会越高。另一种观点则认为，公司董事会召开高频率的会议只是董事会为了事后"灭火"而采取的被动反应（Vefeas，1999），召开董事会会议大多是"走形式"，不是根据实际需要召开的（程晓陵和王怀明，2008）。董事会会议作为公司治理制度的安排，日益受到监管部门和利益相关者的广泛关注。因此，本章提出如下假设：

假设5-2：独立董事会议频率与企业内部控制有效性正向相关。

我国上市公司内部控制体系刚刚起步，资本市场也不完善，而美国等发达国家的内部控制走在世界前列，且已发展成熟。拥有海外背景的独立董事能够在思维理念和方法上给我国上市公司带来新鲜血液，促进公司监督治理水平的提高，有助于提升公司整体竞争力，保护中小投资者利益。已有研究显示了我国独立董事在特殊制度背景下，没起到应有的作用，很多成为上市公司的"装饰"或者管理层的同谋（喻猛国，2001；于智东和王化成，2003）。而国外的独立董事制度相对比较健全，有海外背景的独立董事受国外环境的熏陶，相比国内的董事，更能保持独立、客观和公正性，因此，海外董事更具权威性。拥有海外背景的独立董事越多，越有利于我国上市公司独立董事制度的健全，有助于更好地对内部控制进行审查和监督，进一步提高内部控制质量。基于此，提出下列假设：

假设 5-3：聘请海外背景独立董事的公司，内部控制越有效，其内部控制质量越高。

注册会计师一直被认为是财务、会计和审计行业精英，特别是在会计师事务所长期工作的注册会计师具备丰富的实践经验知识，是企业财务和内部控制方面权威的代表。一方面，因为其资格的取得是经过严格且有一定难度的水平考试，考试内容涵盖财务、税法、会计、审计以及内部控制等相关内容，一般而言，通过资格考试的人员具备了企业财务及内部控制方面的理论知识，而且在随后每年注册会计师被要求接受继续教育，及时更新变化知识。另一方面，所有上市公司每年必须委托会计师事务所对其财务报告和内部控制进行审计，因此长期工作在会计师事务所的注册会计师积累了丰富的实践经验，能识别和应对企业的各种风险及内部控制问题。如果聘请有会计师事务所背景的注册会计师任独立董事，应该会有利于企业内部控制的完善。因此，提出以下假设：

假设 5-4：聘请会计师事务所背景独立董事的公司，其内部控制有效性更强，内部控制质量更高。

二、审计委员会与内部控制有效性

为解决公司代理问题，缓解股东与经理之间因信息不对称而引发的道德风险和逆向选择，上市公司设立审计委员会。审计委员会作为董事会下属的专门机构，主要职责：（1）负责与外部审计师之间的沟通；（2）对公司财务信息和披露进行监督检查；（3）对内部控制进行审查和评价。

国内外学者们对审计委员会进行了大量的研究，审计委员会的成立能减少财务报告中的错误以及违规现象的发生（McMullen，1996），其设立对公司自愿性信息披露的范围存在着显著的正向影响（Simon，2001）。而杨忠莲和徐政旦（2004）发现，我国公司设立审计委员会与国外不同，完全是迫于外界压力，因此审计委员会的设立并不能提高财务报告质量。谢德仁（2006）也认为，我国审计委员会没有起到应有的作用。杨有红等（2006）通过问卷调查的方式考察了审计委员会的履职情况，其中涉及102家上市公司，共55位担任或曾经担任过独立董事并任审计委员会主任的专家，结果发现，被调查的102家公司的审计委员会成员在财务报告、内部控制制度方面都认真的履行职责，不存在机构虚设现象。而随着公司治理的演进，法律监管政策的规范以及审计委员会的逐步完善，审计委员会的设立对公司绩效的提高具有积极的作用（程晓陵和王怀明，2008），审计委员会的设立还能显著抑制管理层盈余操纵的动机（吴清华和王平心，2007）。曾雪云和伍利娜等（2016）研究了审计委员会履职的影响因素及与企业业绩间的关系，并发现审计委员会勤勉、审慎履职有利于公司治理。

审计委员能帮助董事会进行有效的监督（Zahra and Pearce，1989），对内部控制有效性评价产生积极影响。Krishnan（2005）研究了内部控制质量和审计委员会的关系，并对内部控制质量进行了界定，用内部控制缺陷来度量内部控制质量[①]，发现审计委员会与内部控制质量存在显著的正相关关系。Hammersley et al.（2012）研究发现，审计委员会规模较小的公司，已披露的内部控制缺陷被整改的可能性较小。Munsif（2013）研究发现审计委员会规模越大，召开会议频次越多的公司，越有可能在早期发现内部控制问题预警。陈汉文和王韦程（2014）基于我国资本市场数据，比较了董事长和审计委员会对内部控制质量的作用，结果却发现董事长比审计委员会对内部控制质量的影响更显著。虽然审计委员会对内部控制的作用没有得到一致的认可，但审计委员会作为一种制度的安排，随着制度的逐步完善，会逐步发挥其监督作用，审计委员会的设立对内部控制有效性及质量水平的提高应该会有促进作用。

国内对审计委员会的研究大多是按照国外的研究思路（王咏梅和任飞，2011），主要考察审计委员会的独立性、专业性和勤勉性这几方面的特征，然而我国的制度背景和资本市场的完善程度都不同于英美等发达国家。已有文献大多基于审计委员会的设立和特征进行研究，对于审计委员会的设立，本书通过收集数据资料统计，有94.58%的上市公司平均已经设立了审计委员会。在考察审计委员会特征时，学者们多用独立董事数据进行替代（王雄元和管考磊，2006；唐跃军，2008；左晶晶等，2013；沈圆和周兰，2009），对于独立董事的独立性和勤勉性特征本章前面部分已单独针对独立董事进行了分析，至于专业性，一般认为是在财务、会计等领域具有专长，但本书考虑到我国内部控制评价是针对全面内部控制进行评价，其指标内部控制信息披露指数也是针对全面内部控制的，因此所需要的外部专家最好来自不同领域，形成优势互补，便于充分识别各种风险。与美国SOX法案中规定管理层要对公司财务内部控制发表意见不同，因此本章不单独针对独立董事是否是财务会计领域的专家进行考察。

主要考核审计委员会规模和审计委员会的开会次数，审计委员会的会议次数不同于独立董事的会议次数，审计委员会成员不仅包括独立董事还包括非独立董事，该委

[①] Krishnan是内部控制实证研究方面的先驱者之一，其以披露的内部控制缺陷来度量内部控制质量，这种度量方法后来在相关的实证研究中被广泛使用。

员会主要针对财务报告和内部控制，针对性更强，更具有代表性。审计委员会成员规模大可能会给其工作带来更多便利，理由主要有：一是审计委员会成员多，公司与外界交换的信息会越多，对内部控制中风险的把握会越全面，越准确，这为提高内部控制质量提供了条件；二是审计委员会成员人数与公司规模和盈利能力密切相关，而公司规模大、盈利能力越强，往往有着越多的资源和动力投入内部控制体系的建设上，内部控制评价质量会越高。审计委员会的开会次数代表审计委员会履职的勤勉性，审计委员会主要通过召开会议讨论各项工作，会议次数能一定程度代表其对内部控制审查和监督的参与程度，开会次数越多，越能更深入地发现和讨论内部控制中的缺陷，提高内部控制质量。由于审计委员会的相关资料在已有数据库中无法获取，已有研究审计委员会功能的文献通常用独立董事的相关特征进行替代衡量，具有一定片面性。本书通过独立董事述职报告、审计委员会细则和审计委员会履职报告，直接手动收集审计委员会规模和召开会议次数的相关数据，尝试直接用审计委员会数据对审计委员会特征进行考察，基于上述分析，提出如下假设：

假设 5-5：审计委员会成员越多，企业内部控制越有效、内部控制质量越高。

假设 5-6：审计委员会召开开会频率越高，越有利于完善企业内部控制，内部控制质量越高。

三、监事会与内部控制有效性

西方传统的代理理论主要是基于英美等股权分散国家，由于信息不对称而产生的主要以解决股东与经理之间冲突的第一类代理问题（Jensen and Mecking，1976）。而我国股权高度集中，上市公司所要解决的问题与美、英等国有很大的差异，不仅要解决股东与经营管理者之间的矛盾，而且要解决大股东与小股东因利益冲突（La Porta et al.，1998、2000；冯根福等，2002；许新霞等，2007）产生的第二类代理问题。为缓解双重委托代理下管理者的逆向选择和道德风险问题，我国设立监事会制度，主要是为了保护全体股东的利益。监事会制度有效性的实证研究很少，主要原因是以英、美等为代表的国家，上市公司是"一元制"的治理结构，没有设置监事会，而德国的监事会职能与我国的监事会相差很大。

已有文献研究了监事会规模与公司业绩及会计信息质量的关系，李爽和吴溪（2003）通过考察监事会对外部审计非标准意见的支持态度，评价监事会在公司治理中的作用，经验证据结果并未发现监事会在公司治理中，尤其在外部审计的支持方面发挥作用。刘长翠（2002）采取问卷调查的方式考察公司2000~2001年监事会的运行情况，结果发现，大部分公司监事会不召开年度会议或研究工作，监事会确实监督乏力。李维安和王世权（2005）也认为监事会监督功能不强，袁萍等（2006）的研究也发现监事会对公司业绩并无显著影响。而薛祖云和黄彤（2004）的经验分析表明：监事会规模与公司会计信息质量呈显著地正相关关系。监事会监督功能不强，并不表明监事会在公司治理中就不起作用。薛祖云等（2004）的研究则表明，监事会规模与信息质量之间存在显著的正向关系。2004年，伊利公司监事会曾要求罢免该公司独立董事，如果监事会能按公司法规定履行其监督职能，那么监事会的规模在一定程度上应该能代表其履行监督职能的大小和质量（张先治和戴文涛，2010）。宋宝燕（2013）研究了监事会规模对内部控制质量的影响，结果发现，监事会规模与内部控制有效性存在显著的正相关关系。随着《公司法》的逐步完善，监事会在公司治理，特别是内部财务控制方面监督职责的作用越来越凸显了。

按照委托代理理论，为缓解股东与经理之间的矛盾，降低代理成本，公司设立监事会，其代表全体股东，对重大事项行使监督权。我国相关法律法规也明确规定了公司应设立监事会，并对监事会人数和会议作了相关要求，明确了其出席会议的监事的签字责任，还要求监事会应对企业内部控制是否有效发表独立意见。监事会规模作为监督职能大小的代表，监事会会议作为监事会履行监督职责的活跃程度，其监督能力越强、履行职责越活跃，内部控制质量就越高。基于以上分析，提出如下假设：

假设5-7：监事会规模越大，内部控制越有效，内部控制质量越高。

假设5-8：监事会会议越频繁，越利于内部控制的完善，内部控制质量会越高。

第三节　研究设计

一、变量定义

（一）被解释变量

被解释变量为内部控制质量（IC），代表企业内部控制有效性水平，根据内部控制相关规范和指引，企业董事会或管理层须实施内部控制自我评价工作，然后并对外披露评价报告，外部审计师也被要求对企业内部控制进行审计评价。由于企业真实的内部控制质量难以观测，因此只能根据企业对外披露的财务报告和内部控制自我评价报告以及内部控制审计报告等中涉及的内部控制信息作为内部控制质量的替代变量，即内部控制质量只能用内部控制评价质量来替代，本书所指内部控制质量、内部控制评价质量、内部控制评价披露质量以及内部控制信息披露质量所用指标是相同的。

因内部控制质量难以测量，国外学者主要用内部控制重大缺陷数替代内部控制有效性或质量进行相关研究。主要是基于 SOX 法案 302 条款和 404 条款要求公司在对内部控制进行评价后，在报告中应披露其核心内容内部控制重大缺陷。Ashbaugh Skaife et al.（2007）和 Doyle et al.（2007）围绕内部控制缺陷设计了指标来衡量内部控制质量。国内学者对内部控制评价指数的研究主要集中为以内部控制五要素为基础设计指数、以内部控制目标为基础构建指数和综合考虑两方面设计指数。其中影响力最大的是中国上市公司内部控制课题组，即迪博公司和厦门大学，于 2011 年披露的内部控制指数，分别是围绕内部控制"五目标"和"五要素"为基础构建的评价指标进行打分而得。迪博公司每年对内部控制指数进行更新，因此可供学者们对不同时间资本市场数据进行研究，起初学术界有人质疑迪博公司以"五目标"为基础的评价指标体系，认为其较为宏观和模糊，与《基本规范》中的框架内容不一致，企业难以理解和运用。考虑到指标的客观和适用性，迪博公司又以内部控制"五要素"为基础构建了评价指标体系。

该框架指数是从内部控制信息披露的角度，以内部控制"五要素"为基础构建的指标体系，该体系包含 5 个一级指标和 65 个二级指数，将"五要素"分别作为一级指标，然后对其进一步分解为二级指标，再分别进行打分而得到。该指数理论上最高分为 65 分，最低分为 0 分，分值越高，表明内部控制评价质量越好。内部控制信息披露指标包含一个总的信息披露指数和五个要素指数组成，总的信息披露指数是由内部环境、风险评估、控制活动、信息与沟通和内部监督五个要素指数得分的总和组成，取值范围为 [0, 65]。其中，在内部环境指标下，共有 26 项二级指标，如上市公司在内部控制评价报告中披露了一项二级指标得分为 1，否则为 0，这 26 项二级指标加总后的总分即内部环境指标的得分，内部环境指标的取值范围为 [0, 26]。在风险评估指标下，共有 9 项二级指标，如在内部控制评价报告中披露了一项二级指标内容，该二级指标得分为 1，否则为 0，各二级指标加总后的总分即风险评估指标的得分，风险评估的取值范围为 [0, 9]。在控制活动指标下，共有 14 项二级指标，如在内部控制评价报告中披露了一项二级指标内容，该二级指标得分为1，否则为0，各二级指标加总后的总分即控制活动指标的得分，控制活动指标的取值范围为 [0，14]。在信息与沟通指标下，共有5项二级指标，如在内部控制评价报告中披露了一项二级指标内容，该二级指标得分为1，否则为0，各二级指标加总后的总分即信息与沟通指标的得分，信息与沟通指标的取值范围为 [0，5]。在内部监督这个一级指标下，共有11项二级指标，如在内部控制评价报告中披露了一项二级指标内容，该二级指标得分为1，否则为0，各二级指标加总后的总分即内部监督指标的得分，内部监督指标的取值范围为 [0，11]。

2013年后，该指标结合了COSO于2013年修改的1992年发布的《内部控制——整体框架》，以及我国证监会于2014年发布的《公开发行证券的公司信息披露编报规则》等新标准或制度，进行调整和修改，选取更加全面、客观，且能更真实地反映上市公司的内部控制水平。由于迪博公司长期从事内部控制评价指标体系的研究，且积累了丰富的企业经验，在实务界和学术界逐渐被认可，并被广泛应用。本章选用迪博公司披露的"内部控制信息披露指数"来替代上市公司内部控制质量，该指数以内部控制"五要素"为基础构建的指标体系，分值越高，表明内部控制质量越好，越有效。

（二）解释变量

独立董事特征为解释变量，具体包括独立董事独立性、会议次数和独立董事海外背景等三个方面的特征指标，已有研究通常用独立董事比例反映董事会的独立程度，用独立董事年内参加董事会会议次数反映独立董事履职的勤勉或活跃程度，海外背景独立董事则是权威性代表。因此，独立董事特征用基本特征变量，即独立董事比例（Ddp）和董事会会议频率（Dsmt）来表示，以及拥有不同背景特征变量，即海外背景独立董事（Oversea）和事务所背景独立董事（Accfirm）来衡量，表示独立董事的独立性、履行工作的活跃程度以及履职能力，独立董事比例是指独立董事人数占董事会人数的比例，董事会会议频率是指董事会年内开会次数，海外背景独立董事是指公司有海外背景独立董事的人数，事务所背景独立董事是公司是否拥有事务所背景独立董事。

审计委员会特征为解释变量，由于超过90%的上市公司已设立审计委员会，因此，本节从审计委员会规模和审计委员会开会次数两方面特征来考察其对内部控制评价质量的影响。审计委员会规模（Acgm）是审计委员会人数，包括独立董事和非独立董事。审计委员会会议次数（Acmt）是指审计委员会委员参加董事会审计委员会专门会议的次数。

监事会特征指标主要用监事会规模（Sjsgm）和监事会会议频率（Jsmt）两个指标来衡量，监事会规模用在公司领薪水的监事会人数表示，如果监事没在公司领薪水，一定程度上说明其并没有为企业付出劳动或工作，为形式上满足法规的要求，部分监事只是在公司挂名，并没有真实在公司工作①，而在公司领薪水的监事代表其真实在监事岗位工作。监事会会议频率（Jsmt），表示监事会年度内的开会次数。这两个指标分别体现监事会的监督能力和活跃程度。

（三）控制变量

首先，考察公司特征对内部控制有效性的影响，由于监督是有成本的，会受到规模经济的影响，一般来说，公司规模越大，公司越会有更多资源去实施内部控制及评价工作；企业业绩越好，就越有动力加强内部控制建设和实施相关评价工作（Doyle et al., 2006；Defond et al. 2002；Gong et al., 2010）。而且公司成长速度、成立时间、业务复杂性以及组织是否发生变化也会对内部控制有效性产生很大影响（Bushman et al., 2004；Ashbaugh Skaife et al., 2007；Doyle et al., 2007；Gong et al., 2010），因此，本章对公司规模（Size）、业绩（Roa）、企业成长性（Growth）、公司上市时间（Age）、业务复杂性用存货所占比例替代（Invp）以及组织是否发生兼并或重组（MR）等几个公司特征变量进行控制。

其次，考虑到公司治理特征会对内部控制有效性产生影响，公司治理层主要由股东、董事会、监事会组成，由于本章专门考察了内部监督对内部控制质量的影响，因此只须对其他会产生影响的治理因素进行控制，即股权结构和董事会其他特征。由于我国"一股独大"和股权缺乏制衡会对信息披露产生负面影响（王跃堂等，2008），本章用股权集中度（Z）和股权制衡度（Gqzhd）两个指标来衡量股权结构对内部控制信息披露的影响，并对其进行控制，股权集中度用第一大股东与第二大股东的持股之比表示，该比例越大，表明第一大股东的控制能力越强（程晓陵和王怀明，2008），股权制衡度用第二大股东至第五大股东持股比例之和与第一大股东的持股比例之比表示，股权制衡度越大，说明对大股东的制衡能力越强。本章用董事会规模（Dsgm）、董事长是否兼任总经理（Liazh）以及董事长是否变更（Dszbg）作为董事会其他特征对内部控制评价质量产生影

---

① 我国《公司法》规定：有限公司监事会人数不少于3人。部分公司实际监事人数不够时，则会找人在监事会挂个名，以满足规定要求。

响的指标，其中董事会规模是影响董事会治理效率的关键因素，董事会的监督能力会随着董事人数的增加而提高，但是会影响效率（程新生等，2008），董事会规模会对企业绩效产生很大影响（Yermark，1996；Eisenberg et al.，1998；孙永祥和章融，2000），可以显著减少财务报告舞弊的发生（Beaslcy，1996；蔡宁和梁丽珍，2003；刘立国等，2003），一般来说，董事会规模越大，越有能力对内部控制进行监督，内部控制质量越高，因此，对董事会规模进行控制。同时，通常认为公司董事长同时兼任总经理时，会削弱公司董事会的监督能力，使公司内部监督机制形同虚设（Molz，1988；Goyal et al.，2002；吴淑棍，2002；周继军和张旺峰，2011），本章对两职合一进行控制，董事长与总经理是否两职合一用哑变量（Liazh）表示。董事长相比审计委员会对企业内部控制质量的影响更大（陈汉文等，2014），因此，本章对董事长是否发生变更也进行控制。董事长与总经理由同一人兼任被认为是抑制公司治理结构绩效的一个重要因素。

此外，由于不同行业受监管程度不一致，导致内部控制质量会有差异，在模型中对行业进行控制，本章按证监会2012年版行业分类标准，将我国上市公司分为18个一级行业，由于样本中制造业有4226家，占总样本的63.62%，为准确反映行业情况，将制造业C13~C43，进一步划分为4个二级行业，总共得到22个行业分类。我国2011年为内部控制评价报告强制披露实施的第一年，而且是分批分年逐步实施，本章考察强制实施以来，即2011~2014年，内部监督对内部控制有效性的影响，因此对年度变量进行了控制。具体变量情况见表5-1。

表5-1　　　　　　　　　　　变量定义表

	变量名称	变量符号	变量含义及其描述
自变量	内部控制信息披露指数	Ic	内部控制有效性指标值
解释变量	董事会会议频率	Dsmt	公司年内董事会开会次数
	独董比例	Ddp	公司独立董事人数除以董事会总人数
	海外背景独董人数	Oversea	公司拥有海外背景独立董事的人数
	事务所背景独董	Accfirm	哑变量，公司聘请事务所背景独立董事取1，否则取0
	审计委员会规模	Augm	公司审计委员会人数
	审计委员会会议频	Aumt	公司审计委员会开会次数
	监事会规模	SJsgm	公司领取薪水监事人数

续表

	变量名称	变量符号	变量含义及其描述
控制变量	监事会会议频率	Jsmt	公司年内监事会开会次数
	董事会规模	Dsgm	公司董事会总人数
	两职合一	Liazh	哑变量，公司董事长与总经理为同一人取1，否则为0
	董事长是否变更	Dszbg	哑变量，公司董事长变动取值1，否则为0
	股权集中度	Z	是公司第一大股东与公司第二大股东所占比例之比
	股权制衡度	Gqzhd	公司第二至第五大股东所占比之和除以第一大股东所占比例
	公司规模	LnSize	公司年末总资产的自然对数
	上市时间	Age	公司成立时间至样本期间末，采取四舍五入，超过半年不到一年取1，不到半年取0
	盈利能力	Roa	年末净利润除以总资产
	成长性	Growth	公司当年营业收入除以上年营业收入后减1
	存货比例	Invp	年末存货除以总资产
	兼并与重组	MR	哑变量，当年发生并购或重组行为，则取值为1，否则为0
	行业	Ind	18个行业，加上制造业再分为4个，共分为22个行业
	年度	Year	以2011年为基准年，设立3个虚拟变量

二、样本选择与数据来源

本章选取2011~2014年沪深两市的所有上市公司，主要是基于2011年是我国内部控制评价强制实施的第一年，终止年度是2014年，因截至本书完稿，2015年的数据还没有公开对外披露。在此基础上进行以下剔除：（1）当年上市的公司，由于当年上市的公司来不及对整个年度的内部控制进行完整、客观的评价；（2）剔除同时发行B股或H股的公司，由于不同制度背景和双重监管而导致的差异；（3）剔除财务数据缺失的公司；（4）剔除公司治理数据缺失的公司；（5）剔除内部控制信息披露数据缺失的公司；（6）为了避免极端值的影响，本章对连续变量按照（1%，99%）的标准进行winsorize缩尾处理。

剔除独立董事数据缺失的公司后，独立董事特征选定8413个样本观测值组成研究样本，其中2011年1732个，2012年2107个，2013年2311个，2014年2263个。

剔除审计委员会数据缺失的公司后，审计委员会特征选定5244个审计委员会规模样本观测值，3560个审计委员会会议次数的样本观测值，审计委员会规模和会议次数两项合并观测值为2840个。

监事会特征选定6511个样本观测值组成研究样本，其中2011年1735个，2012年2063个，2013年2261个，2014年452个。由于2014年数据库中监事会会议缺失严重，导致2014年的样本较少。

内部控制量数据来自迪博数据库的内部控制信息披露指数。独立董事、监事会数据、公司特征财务数据和治理数据主要来自国泰安（CSMAR）数据库和色诺芬（CCER）数据库，审计委员会人数和会议次数主要来源于巨潮资讯网站、上海交易所及深圳交易所网站根据上市公司披露的董事会审计委员会履职报告、董事会审计委员会工作细则、董事会审计委员议事规则以及独立董事述职报告，通过手工收集整理完成。对于公司治理数据库缺失资料，将国泰安数据库和色诺芬数据库进行了交叉引用和核对。本书利用State12.1和Excel完成数据处理分析过程。

三、模型设计

借鉴国内外现有的对内部控制的研究，内部控制相关变量主要设计为二元哑变量和多元离散型变量。借鉴文献Doyle et al.（2006）、Gong et al.（2010）、刘启亮等（2012）、陈汉文等（2014）。为验证假设5-1、假设5-2、假设5-3、假设5-4。建立的模型如下：

$$IC = \beta_0 + \beta_1 Ddp + \beta_2 Dsmt + \beta_3 Oversea + \beta_4 Accfirm + \beta_5 Dsgm + \beta_6 Liazh \\ + \beta_7 Dszbg + \beta_8 Z + \beta_9 Gqzhd + \beta_{10} LnSize + \beta_{11} Age + \beta_{12} Roa + \beta_{13} Growth \\ + \beta_{14} Invp + \beta_{15} MR + \sum_{i=0}^{3} \beta_{16} year + \sum_{i=0}^{21} \beta_{17} Ind + \varepsilon \quad (5-1)$$

在模型（5-1）中，因变量是内部控制有效性，即内部控制质量（IC），用公司内部控制信息披露指数来替代。解释变量分别为独立董事基本特征变量（Ddp、Dsmt）和不同背景特征变量（Oversea、Accfirm），Ddp是独立董事占董事会人数的比例，Dsmt为独立董事参加董事会会议频率，Oversea为拥有海外背景独立董事的人数，Accfirm为是否聘请会计师事务所背景独立董事。

控制变量Dsgm、Liazh、Dszbg、Z、Gqzhd、Lnsize、Age、Roa、Growth、Invp、year、Ind，其中Dsgm、Liazh、Dszbg为董事会特征控制变量；Z、Gqzhd为

股权特征控制变量；Lnsize、Age、Roa、Growth、Invp 为代表公司特征的控制变量，year 为年度控制变量和 Ind 为行业控制变量。

为验证假设 5-5 和假设 5-6，建立模型如下：

$$IC = \beta_0 + \beta_1 Augm + \beta_2 Aumt + \beta_3 Dsgm + \beta_4 Liazh + \beta_5 Dszbg + \beta_6 Z + \beta_7 Gqzhd$$
$$+ \beta_8 Lnsize + \beta_9 Age + \beta_{10} Roa + \beta_{11} Growth + \beta_{12} Invp$$
$$+ \beta_{13} MR + \sum_{i=0}^{3} \beta_{14} year + \sum_{i=0}^{21} \beta_{15} Ind + \varepsilon \quad (5-2)$$

模型中解释变量为审计委员会特征变量 Augm 和 Aumt，Augm 表示审计委员会的规模，Aumt 表示审计委员会召开会议的次数，被解释变量、控制变量同上。

为验证假设 5-7 和假设 5-8，建立如下模型：

$$IC = \beta_0 + \beta_1 Sjsgm + \beta_2 Jsmt + \beta_3 Dsgm + \beta_4 Liazh + \beta_5 Dszbg + \beta_6 Z + \beta_7 Gqzhd$$
$$+ \beta_8 LnSize + \beta_9 Age + \beta_{10} Roa + \beta_{11} Growth + \beta_{12} Invp$$
$$+ \beta_{13} MR + \sum_{i=0}^{3} \beta_{14} year + \sum_{i=0}^{21} \beta_{15} Ind + \varepsilon \quad (5-3)$$

模型中解释变量为监事会特征变量 Sjsgm 和 Jsmt；Sjsgm 为领取薪水的监事会人数，Jsmt 为监事会开会次数。被解释变量、控制变量同上。

第四节 实证结果分析

一、描述性统计

表 5-2 列示的是变量的描述性统计结果。变量 IC 的均值为 33.132，标准差为 8.3154，最小值为 12.92，最大值为 50，说明不同上市公司内部控制评价质量差别较大，而且整体披露水平较低。Ddp 均值为 0.3714，说明上市公司独立董事人数占董事会人数的比例平均为 37.14%，符合中国证监会规定独立董事人数占 1/3 以上的规定。Dsmt 均值为 9.3584，最小值为 4，最大值为 22，说明董事会年平均开会次数为 9.3584 次，上市公司中召开董事会会议次数最少的为 4 次，最多的为 22 次。Oversea 均值为 0.1843，最小值为 0，最大值为 4，说明海外独立董事的人数较少，

平均为 0.1843 人，很多公司没有海外背景独立董事，最多的拥有海外背景独立董事人数为 4 人。Accfirm 均值为 0.3052，说明平均有 30.52% 的上市公司聘请了会计师事务所背景的独立董事。Augm 均值为 3.2833，说明上市公司审计委员会人数平均 3.2833 人，整体符合证监会《上市公司董事会审计委员会运作指引（征求意见稿）》（以下简称《指引》）对董事人数为 3 人的规定。Aumt 均值为 4.5334，说明上市公司审计委员会平均开会次数为 4.5334 次，符合中国证监会《指引》规定的审计委员会每年至少应召开四次定期会议的规定，Aumt 最小值为 1，最大值为 18，说明不同上市公司审计委员会开会次数差异大，有的没有达到 4 次的基本要求，有的远远超出规定。Sjsgm 为 2.7235，说明我国上市公司实际领取薪水监事会平均人数为 2.7235 人，并没有达到《公司法》规定的至少 3 人的规定，最少的为 1 人，最多的为 7 人，说明公司间差别很大，监事实际人数没达到要求的公司，为了满足法规规定，就空挂监事名字，并不行使监事职责，这也是我国监事会效率不高的主要原因。Jsmt 均值为 4.4188，最少的公司开会次数为 1 次，最多的为 11 次，说明监事会勤勉性公司间差别较大，有的公司在认真履职，有的公司每年只象征性开一次，并没有达到《公司法》规定的股份公司每半年至少召开一次的规定。

表 5-2 各变量描述性统计

变量	N	mean	sd	p25	p50	p75	Min	Max
Ic	8413	33.13	8.3154	28	34	39.11	12.92	50
Ddp	8413	0.3714	0.0527	0.3333	0.3333	0.4	0.3333	0.5714
Ddmt	8413	9.3584	3.4557	7	9	11	4	22
Oversea	8413	0.1843	0.4592	0	0	0	0	4
Accfirm	8413	0.3052	0.4605	0	0	1	0	1
Augm	5244	3.2852	0.7884	3	3	3	2	8
Aumt	5244	4.5334	1.9251	3	4	6	1	18
Jsmt	6511	4.4277	2.2146	3	4	6	1	11
Sjsgm	6511	2.7235	1.2231	2	3	3	1	7
Z	8413	12.9728	22.766	1.9538	4.4992	12.8008	1	145.8478
Gqzhd	8413	0.6484	0.6258	0.1831	0.4611	0.9259	0.0031	8.4579
Dsgm	8413	8.8651	1.7597	8	9	9	5	15
Liazh	8413	0.239	0.4265	0	0	0	0	1
Dszbg	8413	0.1111	0.3142	0	0	0	0	1
LnSize	8413	21.9857	1.2779	21.0537	21.7904	22.6991	19.5511	26.0687
Age	8413	9.9291	6.3573	3.7973	9.7808	15.6027	0.1425	22
Roa	8413	0.0435	0.0513	0.0141	0.0373	0.0689	-0.1336	0.2166

续表

变量	N	mean	sd	p25	p50	p75	Min	Max
Growth	8413	0.145	0.4071	-0.0439	0.0822	0.2276	-0.5672	2.7436
Invp	8413	0.167	0.1578	0.0663	0.165	0.207	0	0.7702
MR	8413	0.7162	0.4509	0	1	1	0	1

第一大股东与第二大股东的持股比平均12.9728，处于比较合理的状态，Z最小值为1，最大值为145.8478，说明上市公司第一大股东与第二大股东持股比股东持股差异较大，有的公司第一大股东占绝对控制权，要防止大股东对小股东利益侵占，有的公司第一大股东与第二大股东所持比例相当，可能会导致内部股权之争。Liazh均值为0.2360，说明平均23.6%的公司还存在董事长兼任总经理的情况，Dszbg均值为0.1085，说明平均有10.85%的公司当年董事长发生变动。Age均值为9.9291，说明我国上市公司上市时间还不太长，平均接近10年。Roa均值为0.0435，说明我国上市公司盈利能力不够高，平均净资产收益率为4.35%。Growth均值为0.167，说明我国上市公司存货占总资产比平均为16.7%，一般认为30%左右较为合适，说明我国上市公司存货占用资金不大。MR均值为0.7162，说明我国上市公司71.62%的公司发生过兼并或重组。

二、多元回归分析结果与分析

（一）独立董事特征与内部控制质量的回归结果与分析

本部分主要考察独立董事基本特征变量独立董事独立性和勤勉性的影响，另外根据独立董事来源及个性特点，加入海外背景特征进行分析，用模型（式5-1）进行回归。

各变量间的Pearson相关系数见表5-3，独立董事所占比例、独立董事会议次数以及海外背景独立董事人数与内部控制信息披露指数之间的相关性较高，均在1%水平上显著正相关，与预期假设相符。股权集中度、董事会规模、公司规模、公司上市时间、公司盈利能力以及存货占比等控制变量与内部控制信息披露也在1%水平显著。控制变量中除了两职合一、董事长是否发生变更以及是否兼并与重组与内部控制信息披露指数之间相关性不明显外，其他指标与内部控制信息披露关系也是显著的，基本符合预期。所有因变量与解释变量和控制变量之间以及其他变量相互之间的相关性系数比较小，都小于0.5，可以说明各变量相互之间不存在严重的多重共线性问题。

第五章 内部监督与内部控制有效性的实证分析

1. 相关性分析

表 5-3　独立董事特征变量及其他变量相关性分析

	Ic	Ddp	Ddmt	Oversea	Accfirm	Z	Gqzhd	Dsgm	Liazh	Dszbg	Lnsize	Age	Roa	Growth	Invp	MR
Ic	1															
Ddp	0.039***	1														
Ddmt	0.029***	0.041***	1													
Oversea	0.068***	0.0160	0.043***	1												
Accfirm	0	0.00200	0.0130	−0.045***	1											
Z	−0.044***	0.0130	−0.035***	−0.024**	−0.048***	1										
Gqzhd	0.021*	−0.028**	0.0160	0.038***	0.069***	−0.429***	1									
Dsgm	0.032***	−0.409***	−0.00500	0.116***	−0.033***	0.0170	0.024**	1								
Liazh	−0.00700	0.102***	−0.00700	0.0150	0.055***	−0.101***	0.060***	−0.180***	1							
Dszbg	−0.0170	−0.00300	0.057***	−0.0110	0.00500	0.044***	−0.028**	0.0130	−0.072***	1						
LnSize	0.142***	0.020*	0.189***	0.132***	−0.140***	0.139***	−0.132***	0.329***	−0.195***	0.062***	1					
Age	−0.071***	−0.048***	0.056***	−0.055***	−0.065***	0.220***	−0.213***	0.115***	−0.234***	0.164***	0.273***	1				
Roa	0.067***	−0.0130	−0.047***	0.036***	−0.0110	−0.083***	0.052***	−0.0160	0.034***	−0.072***	−0.0160	−0.166***	1			
Growth	0.021*	0.00500	0.103***	0.0130	0.035***	−0.045***	0.067***	−0.033***	0.0150	0.033***	0.0170	−0.037***	0.185***	1		
Invp	−0.030***	0.028**	0.155***	−0.0140	0.0160	0.086***	−0.116***	−0.061***	−0.031***	0.00700	0.138***	0.178***	−0.109***	0.0110	1	
MR	−0.00400	0.0150	0.206***	0.020*	0.00900	−0.053***	0.040***	−0.0160	0.0100	−0.0180	0.044***	0.00400	−0.0130	0.056***	0.038***	1

注：*、**、*** 分别表示在10%，5%和1%的水平上显著。

2. 回归结果分析

在国内外信息披露的模型中，R^2 及调整 R^2 往往不高，基本上在 $0.1\sim0.25$ 之间。据本节模型的回归结果显示，R^2 及调整 R^2 都在 $0.197\sim0.206$ 之间，这说明模型拟合度较好，所选择的变量中大部分具有较强的解释力。

先检验代表独立董事基本特征的两个解释变量 Ddp 和 Ddmt 与内部控制信息披露指数（IC）之间的关系，从表 5-4 可以看出，独立董事所占比例系数为 5.712，且与内部控制信息披露指数在 1% 的水平上呈正向显著相关，说明独立董事独立性越强，企业内部控制越有效，内控质量水平越高，与预期一致，验证了假设 5-1。独立董事会议次数为 0.0751，与内部控制信息披露指数也是在 1% 的水平上呈正向显著相关，说明独立董事开会次数越多，越勤勉，越有利于企业内部控制质量的提升，与预期一致，验证了假设 5-2。再看看具有不同背景特征的两个变量，其中海外背景特征的独立董事与内部控制信息披露指数为正向关系，Oversea 系数为 0.569，且在 1% 的水平上显著，说明海外背景的独立董事越多，越有利于提高企业内部控制质量，与预期一致，验证了假设 5-3。而会计师事务所背景的独立董事与内部控制信息披露指数为正向关系，但却不显著，与预期不一致，可能的原因主要有两个方面：一是虽然有会计师事务所背景的独立董事能更好地识别企业的内部控制缺陷，但是由于事务所在年度和年初时业务特别集中，可能因为时间关系，并没有投入更多的精力在企业内部控制的监督上；二是事务所背景的独立董事可能在中国不完善市场经济的熏陶下，习惯表现出更多的灵活性，不直接提出管理层实质性问题，而选择默认，因此对内部控制的监督更多是流于形式。

表 5-4　　　　　　　　独立董事特征变量影响的回归结果

变量	Ic（加入基本变量）	Ic（加入不同背景）	模型（5-1）
Ddp	5.712*** (3.3093)		5.748*** (3.3186)
Ddmt	0.0751*** (2.9769)		0.0634** (2.5072)
Oversea		0.569*** (3.1409)	0.529*** (2.9149)

续表

变量	Ic（加入基本变量）	Ic（加入不同背景）	模型（5-1）
Accfirm		0.104 (0.5789)	0.0810 (0.4516)
Z	-0.0104*** (-2.5834)	-0.0086** (-2.1396)	-0.0082** (-2.0366)
Gqzhd	-0.0852 (-0.5780)	-0.211 (-1.4322)	-0.218 (-1.4823)
Dsgm	0.109* -1.9322	0.0573 (1.1302)	0.144** (2.5579)
Liazh	-0.144 (-0.7131)	-0.296 (-1.4802)	-0.345* (-1.7227)
Dszbg	-0.463* (-1.7537)	-0.303 (-1.1515)	-0.321 (-1.2176)
LnSize	0.751*** (9.3557)	0.947*** (12.3082)	0.863*** (10.8944)
Age	-0.201*** (-12.8611)	-0.173*** (-11.3552)	-0.170*** (-11.2054)
Roa	13.64*** (8.1064)	12.44*** (7.3955)	12.98*** (7.6973)
Growth	-0.133 (-0.6443)	-0.217 (-1.0523)	-0.230 (-1.1118)
Invp	-0.794 (-1.0987)	-0.916 (-1.2647)	-0.885 (-1.2222)
MR	-0.569*** (-3.0809)	-0.577*** (-3.1710)	-0.660*** (-3.5677)
Constant	13.27*** (2.8931)	10.28** (2.2532)	11.69** (2.5435)

续表

变量	Ic（加入基本变量）	Ic（加入不同背景）	模型（5-1）
Observations	8413	8413	8413
R^2	0.206	0.201	0.202
Adj R^2	0.203	0.197	0.199
F 值	57.22	56.9	54.43

注：括号中为 t 值；*、**、*** 分别表示在 10%、5% 和 1% 水平上显著。

将代表董事会特征的两组变量一起放入模型（5-1）中，验证各变量的变化，发现独立董事比例和有海外背景独立董事人数仍然在 1% 的水平上正向显著，没有发生任何变化，说明独立董事比例和有海外背景独立董事人数对内部控制质量影响很大，独立董事比例越高，内部控制信息披露指数越高，内部控制越有效，这一结果与程新生等（2008）的结论一致，这一结果证实了独立董事，特别是有海外背景的独立董事能更好发挥董事会的监督效力，对内部控制信息披露指数的提高有重大的影响，聘用海外背景独立董事和提高独立董事比例都有助于内部控制质量的提高，进一步也验证了假设 5-1 和假设 5-3。独立董事会开会次数在模型中显著性略有下降，变为在 5% 的水平上显著正相关，符号没发生变化，能从一定程度说明独立董事参与公司事务越活跃，内部控制信息披露指数越高，对内部控制质量提高有一定的促进作用，这与李育红（2011）的结论一致，也能证明假设 5-2。

控制变量中股权集中度、公司上市时间以及是否发生兼并与重组与内部控制信息披露指数在 1% 水平上显著负向相关，除了股权集中度在模型中的显著性略有下降外，另几个指标在三个模型中显著性与符号都保持不变，说明公司股权越集中，越不利于内部监督主体行使监督权利，公司容易出现控股股东"一言堂"的现象，内部控制有效性会越差。公司上市时间越长，内部控制质量却越差，可能是因为公司上市时间越久，员工长期养成的不规范的行为习惯越根深蒂固，由于内控强制规范时间还较短，短期内很难改正长期形成的不规范习惯，因而导致其内部控制质量更差。相反，成立时间短的公司，员工因刚入职，习惯还没养成，很容易接受公司的新规范，对各项内部控制以及评价工作会更加重视，其内部控制质量会更高。另外，兼并或重组是公司比较复杂的业务工作，当公司发生兼并或重组时，表明该公司业务会变得比较复杂，其相关内部控制的设计和执行难度都会加大，内部控制质量会变得更低，即在其他条件不变情况下，不发生兼并或重组公司内部控制有效性更强。公司规模、盈利能力与内部控制信息披露指数在1%水平上呈显著正相关，表明规模越大、盈利能力越强的公司，会有更多的资源和有更大的动力投入到内部控制体系建设，使内部控制设计更合理，执行得更有效。董事会规模与内部控制信息披露指数也显著正相关，说明董事会规模越大，越有能力促进内部控制完善，但在有海外背景独立董事的模型中变得不显著。两职是否合一在单变量模型中不显著，在合并变量模型中变得显著，而董事长是否发生变更刚好相反，在单变量模型中显著，在合并变量模型中变得不显著。另外股权集中度、存货占比这两个控制变量对内部控制信息披露指数影响不显著。

（二）审计委员会特征与内部控制质量的回归结果与分析

审计委员会作为董事会下专门负责财务及内部控制的委员会，目前超过90%的上市公司已经设立，本部分主要通过模型（5-2），考察我国审计委员会规模和勤勉性与内部控制评价质量的关系。

各变量间的 Pearson 相关系数见表5-5，解释变量中审计委员会人数和审计委员会开会次数与内部控制信息披露指数之间的相关性较高，在1%水平上正向显著，基本符合预期假设。控制变量中股权集中度、董事会规模、公司规模、公司上市时间、公司盈利能力等控制变量与内部控制信息披露也在1%水平显著。股权集中度和上市时间与被解释变量间为负向关系，其他为正向关系。两职合一在5%水平上与内控信息指数负向相关，股权制衡度在10%水平上正相关，董事长是否发生变更、是否兼并与重组以及存货占比这几个指标与内部控制信息披露指数之间没有明显的相关关系，基本符合预期。所有的因变量与解释变量、控制变量以及其他变量相互之间的相关系数都比较小，远小于0.3，表明各变量相互之间不存在严重的多重共线性问题。

1. 相关性分析

表 5-5　审计委员会特征及相关变量相关性分析

	Ic	Augm	Aumt	Z	Gqzhd	Dsgm	Liazh	Dszbg	LnSize	Age	Roa	Growth	Invp	MR
Ic	1													
Augm	0.063***	1												
Aumt	0.123***	0.0300	1											
Z	-0.043***	0.00400	-0.073***	1										
Gqzhd	0.023*	-0.0170	0.052***	-0.430***	1									
Dsgm	0.043***	0.234***	-0.0170	0.0180	0.0110	1								
Liazh	-0.030**	-0.088***	0.0160	-0.084***	0.055***	-0.186***	1							
Dszbg	-0.0180	0.025*	0.00400	0.032**	-0.030**	0.0110	-0.060***	1						
LnSize	0.169***	0.175***	0.104***	0.123***	-0.133***	0.312***	-0.197***	0.064***	1					
Age	-0.034***	0.099***	-0.175***	0.207***	-0.202***	0.121***	-0.217***	0.157***	0.253***	1				
Roa	0.064***	-0.029**	0.034**	-0.088***	0.059***	-0.0200	0.026	-0.075***	-0.00800	-0.167***	1			
Growth	0.034***	0.00400	0.032*	-0.035***	0.065***	-0.034***	0.00800	0.030**	0.028**	-0.036***	0.201***	1		
Invp	-0.0150	-0.0170	0.00500	0.095***	-0.106***	-0.051***	-0.034*	0.0130	0.133***	0.180***	-0.101***	0.026**	1	
MR	-0.00600	0.0110	0.046**	-0.048***	0.028**	-0.00900	0.0120	-0.00800	0.047**	0.0170	-0.00600	0.059***	0.040***	1

注：*、**、*** 分别表示在10%、5%和1%的水平上显著。

2. 回归结果分析

表5-6列示了审计委员会特征变量与内部控制信息披露的回归结果,模型 R^2 及调整 R^2 都在 0.207~0.246 之间,这说明模型拟合度较好,所选择的变量中大部分具有较强的解释力。

表5-6　　　　　　　审计委员会特征变量回归结果

变量	Ic（加入规模）	Ic（加入勤勉性）	模型（5-2）
Augm	0.246* (1.8535)		0.283* (1.646)
Aumt		0.276*** (4.2612)	0.187*** (2.595)
Z	-0.0064 (-1.3647)	-0.0054 (-0.9456)	-0.0041 (-0.689)
Gqzhd	-0.0677 (-0.3605)	0.107 (0.4931)	0.0228 (0.091)
Dsgm	0.0553 (0.8734)	0.0750 (1.0018)	0.0655 (0.786)
Liazh	-0.247 (-0.9659)	-1.089*** (-3.5265)	-0.904** (-2.511)
Dszbg	-0.561* (-1.7917)	-0.182 (-0.4864)	-0.307 (-0.768)
LnSize	1.073*** (11.6583)	0.989*** (9.1966)	1.112*** (9.433)
Age	-0.163*** (-8.6194)	-0.167*** (-7.1165)	-0.164*** (-6.194)
Roa	11.87*** (5.8328)	13.75*** (5.5165)	14.93*** (5.425)
Growth	-0.00137 (-0.0054)	-0.211 (-0.6791)	-0.0640 (-0.193)

续表

变量	Ic（加入规模）	Ic（加入勤勉性）	模型（5-2）
Invp	-0.519 (-0.5914)	2.442** (2.3564)	2.142* (1.924)
MR	-0.531** (-2.3612)	-0.813*** (-2.9871)	-0.593* (-1.961)
Constant	4.923 (1.2883)	10.73** (2.2716)	1.228 (0.218)
Observations	5247	3560	2840
R^2	0.213	0.233	0.246
Adj R^2	0.207	0.225	0.236
F值	39.12	29.67	24.67

注：括号中为t值；*、**、***分别表示在10%，5%和1%的水平上显著。

表5-6中审计委员会人数与内部控制信息披露指数符号一致，系数为0.246，在10%水平上显著，说明上市公司审计委员会规模越大，内部控制评价质量越高，与预期一致，验证了假设5-4。列示解释变量审计委员会会议次数与内部控制信息披露关系的回归结果，系数为0.276，在1%水平上正向相关，说明审计委员会召开会议次数越多，内部控制评价质量越高，与假设5-5预期一致。将两个主要解释变量一起加入模型（5-2）中，显著程度没发生变化，说明审计委员会人数和会议次数对内部控制评价质量存在显著影响，人数越多，会议次数越多，越有助于提高内部控制评价水平。

在控制变量中，公司治理控制变量基本对内部控制信息披露指数的影响都不显著，也许是因为审计委员会作为董事会下设专门监督内部控制的机构，其作用凸显，掩盖了其他治理机构对内部控制的作用。在审计委员会会议次数的单变量模型和两变量模型中，董事长与总经理两职合一时，对内部控制信息披露指数负向影响显著，与预期一致，这一结果说明董事长兼任总经理会抑制企业内部控制有效性，导致内部控制评价质量较差。但在只有审计委员会规模变量模型中，两职合一并没有影响。董事长发生变更只在审计委员会规模的单变量模型中显著，其他模型中对内部控制评价披露质量没造成实质性影响，这与王红秀和黄政（2014）结论一致。董事会规模与内部控制信息披露指数之间为正相关关系，与预期一致，未通过显著性检验，这与程新生等（2008）结论一致，说明董事会规模大小并不能影响到内部控制有效性,可能因为董事会中一部分董事只是"摆设",并没有起到其应有的作用。

在公司特征的控制变量中,公司规模、盈利能力都与内部控制信息披露指数显著正相关,说明公司越大、业绩越好、内部控制越有效,内控信息披露质量越高,这与已有研究(Doyle et al.,2006;Gong et al.,2010)一致。公司上市时间与内控信息披露指数显著负相关,且在1%的水平上显著,这与Doyle等(2007)结论相反,可能随着公司成立时间变长,其逐渐进入成熟或衰退阶段,越容易出现代理问题而导致的内部控制有效性差,内部控制信息披露质量越差(刘焱,2014)。公司成长速度对内部控制信息披露指数影响不显著。公司是否发生兼并或重组、存货占比,与内部控制信息披露指数显著负向相关,说明公司存货越复杂、组织发生变动容易导致内部控制有效性变差,结果与预期一致。但存货占比不显著,说明存货作为企业日常管理项目,已较规范,其资金多少对内部控制有效性没有实质性影响,而是否兼并或重组为非常规事项,会增加企业管理的难度。

(三) 监事会特征与内部控制质量的回归结果与分析

由于监事会在我国上市公司中一直未发挥其应有的监督作用,而监事会成员中有的监事却只挂其名,并不领取薪水,相对未领取薪水的监事而言,领取薪水的监事应该更能发挥监督作用,本章通过模型(5-3)考察领取薪水监事人数和勤勉性对内部控制评价质量的影响。

1. 相关性分析

监事会及各变量间的Pearson相关系数见表5-7,解释变量监事会会议次数和领薪水的监事人数以及各项控制变量与内部控制信息披露指数之间的相关性较高,解释变量均在1%水平显著正相关,符合预期假设。控制变量中除了两职是否合一、董事长是否发生变更以及是否兼并与重组相关性不强外,其他指标都与内部控制信息披露指数都在1%水平上显著相关,基本符合预期。所有的因变量与解释变量和控制变量之间以及其他变量相互之间的相关性系数比较小,都小于0.5,说明各变量相互之间不存在严重的多重共线性问题。

表 5-7 监事会特征及相关变量的相关性分析

	Ic	Jsmt	Sjsgm	Z	Gqzhd	Liazh	Dsgm	Dszbg	LnSize	age	ROA	Growth	Invp	MR
Ic	1													
Jsmt	0.130***	1												
Sjsgm	0.033***	0.034***	1											
Z	-0.054***	-0.072***	-0.069***	1										
Gqzhd	0.034***	0.064***	0.049***	-0.432***	1									
Liazh	-0.00300	0.093***	0.0170	-0.106***	0.061***	1								
Dsgm	0.034***	-0.024*	0.144***	0.00700	0.033***	-0.176***	1							
Dszbg	-0.0140	-0.00700	-0.032***	0.048***	-0.028***	-0.066***	0.0110	1						
LnSize	0.131***	-0.035***	0.069***	0.124***	-0.132***	-0.199***	0.331***	0.062***	1					
Age	-0.101***	-0.284***	-0.036***	0.234***	-0.234***	-0.242***	0.111***	0.161***	0.278***	1				
Roa	0.056***	0.083***	-0.0100	-0.091***	0.070***	0.033***	-0.027***	-0.077***	-0.026***	-0.152***	1			
Growth	0.030**	0.067***	-0.00300	-0.035***	0.064***	0.00700	-0.041***	0.0200	0.0110	-0.0190	0.176***	1		
Invp	-0.037***	-0.106***	-0.033***	0.089***	-0.122***	-0.031**	-0.066***	0.0120	0.142***	0.191***	-0.114***	0.0180	1	
MR	-0.00700	0.084***	-0.00400	-0.042***	0.0160	-0.00200	0.00200	-0.0190	0.055***	0.0170	-0.0130	0.054***	0.046***	1

注：*、**、***分别表示在10%、5%和1%的水平上显著。

2. 回归结果分析

表 5-8 列示了监事会特征与内部控制信息披露指数间的回归结果，R^2 及调整 R^2 都在 0.195~0.203 之间，这说明模型拟合度较好，所选择的变量中大部分具有较强的解释力。从表 5-8 可以看出，监事会会议与内部控制信息披露指数正相关，系数为 0.254，且在 1% 水平上显著，说明监事会有监督作用，开会次数越多，内部控制质量越高。与预期一致，验证了假设 5-8。领薪水监事人数与内部控制信息披露指数也正相关，系数为 0.156，在 10% 水平上显著，监事会人数在《公司法》中有规定，一般 3~5 人，从上市公司数据来看，基本满足这一要求，但是由于我国监事多没发挥监督作用，有的甚至只是挂名，根本不领薪水，因此总人数多少对内部控制影响不明显，但从领薪水的监事人数来看，影响还是显著的，领薪水的监事越多，内部控制质量越高，说明领薪水的监事还是起到了监督作用，验证了假设 5-7。将两个特征变量一起放入模型 (5-3) 中，系数略有变化，但两个变量的显著性没发生任何变化，进一步证明了监事会的会议次数和领薪水人数越多，对企业内部控制监督作用越强，有助于内部控制质量的提高，进一步验证了假设 5-7 和假设 5-8。

表 5-8　　　　　　　　监事会特征及相关变量的回归结果

变量	Ic（加入规模）	Ic（加入勤勉性）	模型 (5-3)
Sjsgm	0.156* (1.9494)		0.139* (1.73)
Jsmt		0.254*** (5.0690)	0.251*** (4.99)
Z	-0.0085* (-1.8224)	-0.0089* (-1.9232)	-0.0085* (-1.84)
Gqzhd	-0.165 (-0.9277)	-0.150 (-0.8498)	-0.154 (-0.87)
Liazh	-0.338 (-1.4264)	-0.367 (-1.5522)	-0.38 (-1.61)
Dsgm	0.0450 (0.7549)	0.0619 (1.0467)	0.0492 (0.83)
Dszbg	-0.183 (-0.5792)	-0.260 (-0.8232)	-0.245 (-0.78)

续表

变量	Ic（加入规模）	Ic（加入勤勉性）	模型（5-3）
LnSize	0.930 *** (10.4933)	0.919 *** (10.3827)	0.913 *** (10.3)
Age	-0.208 *** (-11.5008)	-0.185 *** (-9.9377)	-0.185 *** (-9.91)
Roa	9.388 *** (4.6761)	9.348 *** (4.6646)	9.405 *** (4.69)
Growth	0.0659 (0.2631)	-0.0383 (-0.1527)	-0.038 (-0.15)
Invp	-1.745 ** (-2.0245)	-1.468 * (-1.7026)	-1.487 * (-1.73)
MR	-0.619 *** (-2.9178)	-0.716 *** (-3.369)	-0.714 *** (-3.36)
Constant	11.46 ** (2.0045)	16.57 *** (2.8913)	16.70 *** (2.91)
Observations	6511	6511	6511
R^2	0.199	0.202	0.203
Adj R^2	0.195	0.198	0.198
F 值	44.8	45.56	44.43

注：括号中为 t 值；*、**、*** 分别表示在 10%，5% 和 1% 的水平上显著。

在控制变量中，对于公司治理变量对内部控制信息披露指数基本没有显著关系。在公司特征的控制变量中，公司规模、盈利能力、上市时间、是否发生兼并与重组与内部控制信息披露指数显著正相关，这与已有研究和预期一致。公司成长速度对内部控制信息披露指数影响还是不显著，不影响企业内部控制有效性，与前面的结论一致。而存货占比指标变得较显著，特别是在民营企业中，显著性为 1%，在国有企业表现不明显，说明民营企业对存货的管理还需要进一步加强。

三、进一步分析

(一) 考虑企业不同性质可能会对内部控制质量产生影响

一般而言，国有企业监管部门和相关制度规范较多，内部控制应该更健全，但由于国企主要股东是国家,监管机构应当更能发挥监督职能,起到表率作用,内部控制有效性评价强制披露要求国有主板上市公司率先实施,表5-9列示国有与民营上市公司中内部监督主体对其内部控制质量的影响。

表5-9　　　　　　　国有与民营上市公司内部监督的回归结果

变量	国有	民营	国有	民营	国有	民营
Ddp	7.762*** -3.0402	4.884** -2.0283				
Ddmt	0.0889** -2.4262	0.0418 -1.2106				
Oversea	1.000*** -3.8945	-0.0295 (-0.1171)				
Accfirm	0.685** (2.2665)	-0.0777 (-0.3533)				
Augm			0.128 (0.6287)	0.512* (1.6566)		
Aumt			0.0064 (0.0631)	0.361*** (3.5515)		
Jsmt					0.230*** (2.823)	0.285*** (4.531)
Sjsgm					0.230** -2.147	0.102 -0.8524
Z	-0.014*** (-2.747)	-0.0106 (-1.4283)	-0.0102 (-1.5027)	-0.0211* (-1.7295)	-0.013** (-2.278)	-0.0136 (-1.603)
Gqzhd	-0.0486 (-0.181)	-0.114 (-0.6427)	-0.316 (-0.7693)	0.337 (1.0181)	0.139 -0.432	-0.11 (-0.518)
Dsgm	0.135* (1.807)	0.0355 (0.4085)	0.163 (1.6365)	-0.236 (-1.6411)	-0.583 (-1.241)	-0.295 (-1.094)
Liazh	-0.454 (-1.136)	-0.224 (-0.9697)	-1.135* (-1.9555)	-0.761 (-1.630)	0.073 -0.869	-0.136 (-1.60)
Dszbg	-0.29 (-0.850)	-0.789* (-1.9118)	-0.0426 (-0.0917)	-0.58 (-0.8148)	-0.128 (-0.317)	-0.791 (-1.572)

续表

变量	国有	民营	国有	民营	国有	民营
LnSize	0.531*** (4.7625)	0.976*** (8.0696)	0.824*** (5.5993)	1.367*** (6.7633)	0.629*** (5.129)	0.959*** (6.916)
Age	-0.087*** (-3.548)	-0.259*** (-12.421)	-0.0447 (-1.2148)	-0.309*** (-7.5945)	-0.089*** (-3.086)	-0.285*** (-11.005)
Roa	9.739*** (3.6907)	15.35*** (7.077)	7.645** (2.1386)	19.67*** (4.710)	4.971 (1.597)	11.88*** (4.644)
Growth	0.508 (1.3875)	-0.275 (-1.1143)	0.906* (1.8408)	-0.366 (-0.8231)	0.61 -1.385	-0.004 (-0.014)
Invp	1.68 (1.26)	-2.513*** (-2.6991)	1.478 (0.9817)	2.181 (1.3407)	1.693 (1.26)	-3.488*** (-3.17)
MR	-0.635** (-2.336)	-0.417* (-1.6877)	-0.537 (-1.4557)	-0.362 (-0.7328)	-0.581* (-1.847)	-0.518* (-1.84)
Constant	12.31** (2.497)	10.74*** (2.8267)	11.46** (2.0532)	4.62 (0.7097)	10.10* (1.679)	10.48** (2.206)
Observatons	3644	4769	1526	1311	2882	3629
R^2	0.274	0.188	0.295	0.261	0.271	0.202
Adj R^2	0.266	0.181	0.279	0.24	0.262	0.194
F值	34.84	28.8	17.82	12.84	28.59	25.19

注：括号中为t值；*、**、*** 分别表示在10%，5%和1%的水平上显著。

从表5-9可以看出，独立董事两组特征变量在国有企业中内部控制信息披露指数影响都很显著，但在民营企业中，只有独立董事所占比例是显著的，会议次数和两个不同背景的独董变量都不显著，说明国有企业中独立董事对内部控制质量能起到监督作用，而民营企业可能受大股东操控现象严重，只有独立董事人数很多，形成集体话语权时，才能对其监督工作实施影响，由于民营企业中拥有海外背景的独立董事很少，很难形成大的影响力。审计委员会则完全相反，在国有企业中，对内部控制评价质量没有影响，而在民营企业中都是正向影响显著的，说明民营企业审计委员会的履职要比国有企业好。在监事会特征变量中，会议次数在国有企业和民营企业对内部控制质量影响都在1%水平上正向显著，表明监事会议并不是形式，而是真正参与了公司内部控制的监督事务，对内部控制评价质量起到很大影响。但领薪水的监事人数只在国有企业影响明显，在民营企业没有实质性影响,说明国有企业领薪水监事认真履行了其监督职责,而在民营企业,由于大股东直接参与公司事务,监事即使领了薪水,可能也很难发挥应有作用,成为公司应付政府政策规定的"摆设"。

(二) 进一步分析内部监督与内部控制一级指标间的关系

内部控制信息指数的一级指标由内部控制"五要素"组成,内部监督对不同要素产生的影响应不同,回归结果见表5-10,可见,内部监督特征指标对内部环境的影响最大,公司应从构建良好的内部环境入手,促进内部控制有效性水平的提高。

表5-10 内部监督对内部控制五个一级指标的回归结果

变量	内部环境	风险评估	信息沟通	控制活动	内部监督
Ddp	3.650*** (4.7283)	0.444 (1.15821)	0.0337 (0.129293)	-0.360 (-0.5677708)	1.675** (2.32137200)
Ddmt	0.00193 (0.1708)	0.0100* (1.79195)	0.0700*** (18.411317)	-0.0106 (-1.1406265)	0.000115 (0.01090962)
Oversea	0.193** (2.3877)	0.0301 (0.7500)	0.0571** (2.0959)	0.0144 (0.2168)	0.242*** (3.1996)
Accfirm	0.0952 (1.1869)	-0.0198 (-0.4975)	0.0145 (0.5364)	-0.0058 (-0.0878)	0.0993 (1.3243)
Z	-0.0061*** (-3.4144)	4.53e-06 (0.0051)	-0.0007 (-1.1311)	-0.0013 (-0.8635)	-0.0034** (-2.0074)
Gqzhd	0.0163 (0.2468)	0.0298 (0.9099)	0.0239 (1.0742)	0.0059 (0.1079)	-0.180*** (-2.9173)
Dsgm	0.0828*** (3.2766)	-0.0172 (-1.3724)	-0.0130 (-1.5293)	-0.0125 (-0.6002)	0.0472** (1.9993)
Liazh	-0.360*** (-3.9947)	0.0208 (0.4650)	0.0858*** (2.8259)	0.169** (2.2791)	-0.0683 (-0.8117)
Dszbg	-0.193 (-1.6408)	-0.0515 (-0.8796)	-0.0485 (-1.2190)	-0.135 (-1.3949)	-0.0709 (-0.6439)
LnSize	0.247*** (6.8170)	0.154*** (8.5861)	0.0124 (1.01244)	-0.0149 (-0.4996)	0.339*** (10.0097)

续表

变量	内部环境	风险评估	信息沟通	控制活动	内部监督
Age	-0.0942***	-0.0301***	-0.0396***	-0.0811***	0.0443***
	(-13.4655)	(-8.6664)	(-16.7640)	(-14.1001)	(6.7826)
Roa	5.526***	0.326	0.813***	4.469***	2.725***
	(7.3494)	(0.8726)	(3.2027)	(7.2252)	(3.8780)
Growth	0.0498	-0.0316	0.110***	0.120	-0.362***
	(0.5400)	(-0.6903)	(3.5336)	(1.5829)	(-4.1946)
Invp	-0.534*	0.0611	0.0260	-0.227	-0.176
	(-1.6542)	(0.3813)	(0.2389)	(-0.8536)	(-0.5825)
MR	-0.271***	-0.0312	-0.0309	-0.173**	-0.0964
	(-3.2790)	(-0.7621)	(-1.1083)	(-2.5509)	(-1.2497)
Constant	8.703***	-0.755	1.822***	6.751***	-2.652
	(4.2419)	(-0.7414)	(2.6317)	(4.0001)	(-1.3832)
Observations	8413	8413	8413	8413	8413
R^2	0.424	0.618	0.129	0.107	0.555
Adj R^2	0.421	0.616	0.125	0.102	0.553
Augm	0.0652	-0.0033	0.0370	0.00189	0.203**
	(0.8349)	(-0.0917)	(1.4101)	(0.0288)	(2.5394)
Aumt	0.0636**	0.0343**	0.0220**	0.0269	0.0466
	(1.9662)	(2.3354)	(2.0246)	(0.9884)	(1.4055)
Z	-0.0081***	0.0014	-0.0011	-0.0002	0.0015
	(-3.0078)	(1.1308)	(-1.2303)	(-0.0717)	(0.5359)
Gqzhd	-0.00859	0.0582	0.0200	0.176*	0.0189
	(-0.0752)	(1.1201)	(0.5207)	(1.8301)	(0.1610)
Dsgm	0.0641*	-0.0321*	-0.0251**	0.0140	0.00244
	(1.7014)	(-1.8777)	(-1.9835)	(0.4407)	(0.06318)
Liazh	-0.588***	-0.0369	-0.0016	0.0806	-0.104
	(-3.6038)	(-0.4972)	(-0.0288)	(0.5870)	(-0.6200)
Dszbg	-0.157	-0.0254	-0.0105	-0.221	-0.0655
	(-0.8700)	(-0.3098)	(-0.1725)	(-1.4553)	(-0.3543)
LnSize	0.284***	0.193***	0.0412**	-0.0398	0.513***
	(5.2544)	(7.8879)	(2.2722)	(-0.8764)	(9.2741)

续表

变量	内部环境	风险评估	信息沟通	控制活动	内部监督
Age	-0.0926*** (-7.6771)	-0.0179*** (-3.2719)	-0.0377*** (-9.2942)	-0.0557*** (-5.4845)	0.0156 (1.2594)
Roa	4.048*** (3.2715)	-0.500 (-0.8886)	0.288 (0.6937)	6.952*** (6.6714)	4.225*** (3.3301)
Growth	0.164 (1.0991)	0.0146 (0.2147)	0.136*** (2.7037)	0.182 (1.4471)	-0.411*** (-2.6875)
Invp	0.426 (0.8470)	-0.152 (-0.6677)	0.439*** (2.5984)	0.839** (1.9819)	0.756 (1.4684)
MR	-0.203 (-1.4882)	-0.0136 (-0.2190)	0.104** (2.2645)	-0.250** (-2.1701)	-0.0644 (-0.4595)
Constant	7.607*** (2.9849)	-4.635*** (-4.0030)	1.482* (1.7300)	8.257*** (3.8472)	-8.642*** (-3.3072)
Observations	2837	2837	2837	2837	2837
R^2	0.425	0.658	0.118	0.103	0.543
Adj R^2	0.417	0.653	0.106	0.09	0.537
F 值	54.32	141.74	9.81	8.42	87.65
Sjsgm	0.0545 (1.5333)	0.0114 (0.6413)	0.0055 (0.4548)	0.0283 (0.9834)	0.0608** (2.0262)
Jsmt	0.0802*** (3.5938)	0.0227** (2.0389)	0.0809*** (10.5983)	0.0581*** (3.2130)	0.0358* (1.9011)
Z	-0.0059*** (-2.8381)	0.0001 (0.0970)	-0.0009 (-1.3412)	-0.0022 (-1.2845)	-0.0031* (-1.7976)
Gqzhd	0.0156 (0.1969)	0.0537 (1.3612)	0.0588** (2.1741)	0.0157 (0.2455)	-0.158** (-2.3619)
Dsgm	0.0184 (0.6886)	-0.0340** (-2.5562)	-0.0109 (-1.1912)	0.0033 (0.1509)	0.0126 (0.5599)
Liazh	-0.279*** (-2.6413)	-0.0082 (-0.1556)	0.0714** (1.9767)	0.125 (1.4640)	-0.0872 (-0.9782)
Dszbg	-0.140 (-0.9989)	-0.0705 (-1.0065)	-0.0254 (-0.5297)	-0.190* (-1.6769)	0.0070 (0.0588)

续表

变量	内部环境	风险评估	信息沟通	控制活动	内部监督
LnSize	0.297*** (7.3397)	0.123*** (6.1046)	0.0183 (1.3249)	-0.0207 (-0.6322)	0.349*** (10.2282)
Age	-0.0953*** (-11.2386)	-0.0293*** (-6.9268)	-0.0295*** (-10.1572)	-0.0785*** (-11.4329)	0.0175** (2.4454)
Roa	4.746*** (5.3386)	0.130 (0.2922)	0.574* (1.8866)	3.684*** (5.1200)	1.105 (1.4724)
Growth	0.105 (0.9449)	-0.0562 (-1.0107)	0.0951** (2.4961)	0.151* (1.6767)	-0.222** (-2.3582)
Invp	-0.786** (-2.0550)	0.0706 (0.3699)	0.110 (0.8411)	-0.304 (-0.9829)	-0.444 (-1.3759)
MR	-0.270*** (-2.8555)	-0.0108 (-0.2292)	0.0011 (0.0339)	-0.260*** (-3.3944)	-0.113 (-1.4164)
Constant	2.956 (1.1612)	4.486*** (3.5304)	2.359*** (2.7090)	4.843** (2.3505)	4.408** (2.0519)
Observations	6511	6511	6511	6511	6511
R^2	0.375	0.575	0.116	0.110	0.577
Adj R^2	0.37	0.572	0.11	0.105	0.574
F值	104.12	229.99	22.27	21.15	232.18

注：括号中的为t值，*、**、***分别表示在10%，5%和1%的水平上显著。

四、稳健性检验

为了研究结果的稳健性，本章进行如下测试：

1. 替换解释变量

本章借鉴 Krishnan（2005）对变量的表示方法，用虚拟变量来替代表示独立董事占比，审计委员会和监事会规模大小，验证特征变量指标变化对内部控制质量的影响，分别验证三个模型的稳健性。如果审计委员会人数指标（Augm1）大于3人时取1，否则为0；独立董事比例指标（Ddp1）大于1/3时取1，否则取0；监事会人数指标（Sjsgm1）大于3人时取1，否则取0，代入模型（5-1）、模型（5-2）、模型（5-3）中，重新回归，结果见表5-11。不难看出，独立董事特征变量、审计委员会特征变量以及监事会特征变量对内部控制评价质量的影响的结果与前面模型回归结果基本相同,控制变量也几乎没有变化,说明结果是稳健的。结论与模型(5-3)的回归结果相同。

表5-11　　　　　　　替换变量后的稳健性检验的回归结果

变量	模型(5-1)	模型(5-2)	模型(5-3)
Ddp1	0.546 *** (3.218)		
Ddmt	0.0634 ** (2.508)		
Oversea	0.528 *** (2.914)		
Accfirm	0.0765 (0.4262)		
Augm1		0.504 ** (2)	
Aumt		0.279 *** (4.3)	
Sjsgm1			0.466 ** (2.34)
Jsmt			0.274 *** (5.47)
Z	-0.0082 ** (-2.0294)	-0.0052 (-0.9)	-0.0109 ** (-2.34)
Gqzhd	-0.225 (-1.5279)	0.0976 (0.5)	-0.0185 (-0.10)
Dsgm	0.106 ** (2.0207)	0.0577 -0.8	-9.90e-05 (-0.00)
Liazh	-0.336 * (-1.6774)	-1.086 *** (-3.5)	-0.196 (-0.83)
Dszbg	-0.330 (-1.250)	-0.206 (-0.5)	-0.411 (-1.30)

续表

变量	模型 (5-1)	模型 (5-2)	模型 (5-3)
LnSize	0.875*** (11.1054)	0.981*** (9.1)	0.775*** (8.53)
Age	-0.171*** (-11.2227)	-0.163*** (-6.9)	-0.211*** (-11.07)
Roa	12.92*** (7.6635)	13.86*** (5.6)	9.883*** (4.95)
Growth	-0.232 (-1.124)	-0.215 (-0.7)	0.0646 (0.26)
Invp	-0.907 (-1.2526)	2.607** (2.5)	-1.344 (-1.56)
MR	-0.657*** (-3.556)	-0.832*** (-3.1)	-0.617*** (-2.90)
Constant	13.63*** (2.987)	10.79** (2.3)	18.86*** (3.30)
Observations	8413	3557	6511
R^2	0.202	0.233	0.208
Adj R^2	0.199	0.225	0.203
F值	54.4	28.95	44.75

注：括号中的为t值，*、**、***分别表示在10%，5%和1%的水平上显著。

2. 增加解释变量

对独立董事不同背景特征变量中加入政府背景的独立董事变量（Gover），在审计委员会特征变量中加入审计委员会设立与否（Acum），在监事会特征变量中加入监事会总体规模变量（Jsgm），分别加入模型（5-1）、模型（5-2）、模型（5-3）中，回归结果见表5-12。独立董事新增变量并不显著，说明政府背景独立董事对内部控制质量没有实质性影响，另外两组变量与前面模型（5-1）的回归结果相同，说明前面模型（5-1）的结论是稳健的。审计委员会在增加了审计委员会设立与否后，发现该变量对内部控制质量没有影响，而另外两个特征变量与前面模型（5-2）的回归结果相同，说明模型（5-2）的回归结论是稳健的，监事会中加入变量后，新增变量也对内部控制质量没有影响，结果与模型（5-3）的回归结果相同，说明结论也是稳健的。

表 5-12 增加变量的稳健性检验的回归结果

变量	模型（5-1）	模型（5-2）	模型（5-3）
Ddp	5.608*** (3.2297)		
Ddmt	0.0625** (2.4712)		
Oversea	0.526*** (2.8991)		
Accfirm	0.0822 (0.4583)		
Gover	0.0697 (1.1563)		
Augm		0.323* (1.8616)	
Aumt		0.191*** (2.6483)	
Aucm		-0.0491 (-0.1033)	
Sjsgm			0.196** (2.0739)
Jsmt			0.273*** (5.4306)
Jsgm			-0.0795 (-0.6928)
Z	-0.0082** (-2.0462)	-0.00402 (-0.6699)	-0.0107** (-2.2978)
Gqzhd	-0.217 (-1.4786) (0.7741)	0.0192 (0.0769) (0.7741)	-0.0119 (-0.0672) (0.0324)
Dszbg	-0.321 (-0.8021)	-0.321 (-0.8021)	-0.414 (-1.3122)

续表

变量	模型（5-1）	模型（5-2）	模型（5-3）
LnSize	1.102*** (9.3214)	1.102*** (9.3214)	0.774*** (8.4737)
Age	-0.164*** (-6.2028)	-0.164*** (-6.2028)	-0.212*** (-11.0333)
Roa	15.05*** (5.4644)	15.05*** (5.4644)	9.863*** (4.9346)
Growth	-0.0627 (-0.1892)	-0.0627 (-0.1892)	0.0593 (0.2370)
Invp	2.237** (1.9999)	2.237** (1.9999)	-1.348 (-1.5672)
MR	-0.602** (-1.9911)	-0.602** (-1.9911)	-0.619*** (-2.9120)
Constant	11.88*** (2.5828)	1.347 (0.2375)	19.07*** (3.3313)
Observations	8413	2837	6511
R^2	0.202	0.246	0.208
Adj R^2	0.199	0.236	0.203
F 值	54.4	23.99	43.56

注：括号中的为 t 值，*、**、*** 分别表示在10%，5%和1%的水平上显著。

另外，还对所有连续变量按照（5%，95%）的标准进行了 winsorize 缩尾处理，结果基本没有变化。因此，本章实证结果是基本是稳健的。

第五节

实证结论

本章的实证结果表明，我国内部监督主体特征变量对企业内部控制信息披露指数影响显著，内部监督能发挥对内部控制有效性的监督作用，有利于促进企业内部控制质量的提高，本章从独立董事、审计委员会以及监事会三位一体的监督视角验证其对内部控制质量的影响，丰富了内部控制评价质量影响因素的研究成果。研究发现，董事会中独立董事比例越高，召开会议次数越多，内部控制质量越高，与预期一致。并区分不同背景的独立董事分别进行了探索性的考察，结果发现，海外背景的独立董事对内部控制质量影响显著，而会计师事务所背景专业人士和政府背景的独立董事对内部控制没有显著影响。其次，本章审计委员会特征变量没有使用独立董事作为替代变量，而是尝试以审计委员会自身的特征变量审计委员会规模和召开会议次数考察其对内部控制质量的影响，结果发现，审计委员会规模越大，召开审计委员会会议次数越多，内部控制质量越高。另外，在监事会特征变量中除了考察会议频率外，还尝试性考察领薪水的监事成员对内部控制质量的影响。结果发现，监事会会议频率显著影响内部控制质量，监事会总体规模对内部控制质量并没有实质性的影响，但领取薪水的独立董事却能显著地影响内部控制质量，说明领薪酬的监事认真履行了监督职能，对内部控制起到了监督作用，而监事会中有些不领薪酬的监事，只是挂名，并没履行监事的监督职责。本章预期假设除了假设5-4以外，其他都与预期一致，并得到验证。

在进一步分析不同企业性质的影响时，发现在国有控股上市公司中，海外背景和会计师事务所背景的独立董事，以及领薪酬的监事对内部控制质量影响显著，而在民营企业中不同背景的独立董事以及领薪水监事对内部控制质量没有明显影响。而审计委员会的规模和会议次数与内部控制质量却是在民营企业中影响显著，在国有性质企业中没有实质影响。说明了国有上市公司注重独立董事和监事会制度，而民营企业则较重视审计委员会制度的建设。

另外，公司规模、盈利能力、上市时间、组织是否发生兼并与重组会显著影响内部控制质量。而董事会与监事会规模大小、股权制衡度对内部控制质量没有产生实质性影响。

第六章

外部监督与内部控制有效性的实证分析

第五章验证了内部监督对内部控制有效性的影响,本章将检验外部监督对内部控制有效性的影响,为第四章的理论分析提供经验证据。本章研究的外部监督主要是外部直接监督,具体指接受委托对企业进行审计监督的外部审计师和按照法律、法规等强制规定对企业进行监督检查的政府监管部门,因直接监督主体能深入接触企业,获得企业第一手相关信息资料,对内部控制的设计、执行以及评估活动更了解,影响也会更重大。

第一节

问题提出

有效的内部控制除了需要通过加强内部监督机制这道"屏障"外,还必须要有外部监督机制来补充、促进和完善。外部监督作为内部控制处理企业信息的一个重要环节,一方面可以满足中小股东、债权人和政府等外部利益相关者的需求,另一方面还可以确保企业内部信息处理的准确性。代理理论认为,契约安排的差异会导致利益方不同的机会主义行为,会有损公司价值。股权集中的所有权结构使大股东更有动力和能力去监督管理层,但大股东只会代表自身利益,当大股东利益与小股东利益不一致时,大股东就会侵占小股东利益,由于我国市场还不规范,还没形成有效的惩罚机制约束大股东行为,企业内部控制活动如果没有外部监督,将难以防止、发现并纠正管理层的舞弊行为(程晓陵和王怀明,2007),只有在持续的内外监督和评估机制下,才能发现内部控制设计缺陷并保证其执行质量,形成具有调整功能的闭环控制(陈关亭和李姝,2002)。在美国等发达国家成熟的资本市场上,外部审计作为一种直接而有效的公司外部治理监督机制，可以缓解资本市场各利益方的代理冲突（Jensen and Meckling 1976），减少信息不对称。外部审计师在审计过程中，能对企业内部控制中存在的问题进行客观公正的评价（Nichols，1987；Cashell，1996）。而在我国资本市场上，投资者保护和信息披露环境较差，需要对企业所披露的内部控制信息的质量在制度上有所保证，因此，企业内部控制有效性须经过外部审计师审计成为我国内部控制信息披露制度设计的需要。我国正处于新兴市场，市场各方力量相对薄弱，强势的政府已成为市场的主要驱动力，政府监管作为规制者，不同于行业自律或外部审计师的监督，其行为具有强制性，对企业以及市场上各方都会产生重大的影响。而企业内部控制作为一种保护经济资源安全、完整、可靠的稀缺资源，其质量的好坏与否直接影响着经济资源在不同利益主体之间的配置，从而产生经济后果。政府监管通过纠正企业内部经济资源控制者的违法违规行为、提高内部控制这种稀缺资源的效率，以达到调节利益相关者利益的作用，由于依靠市场和企业内部监督不能让企业管理者提供真实的信息，政府监管必须利用其强制力量，发挥规制市场秩序的作用，保护各利益相关者利益，政府监管能弥补市场本身存在的缺陷（吴水澎和毕秀玲，2002），以及企业内部监督的不足。

公司对外部审计的监督需求存在于政府监管之前，因其经济监督而非管制因素决定了审计监督是企业自身发展的需求。外部独立审计是资本市场信息披露制度有效运行的基础保障，作为一种有效的外部监督机制，能缓解代理冲突，提高企业财务报告信息质量，促进资源配置的优化，外部审计对企业内部控制运行的效率和有效性起着至关重要的作用。西方国家独立审计产生于自发的经济活动中，在美国1933年的《证券法》要求所有上市公司必须经过独立机构审计之前就有超过80%的上市公司自愿接受了独立审计。对内部控制进行有效性评价最初也是出现在独立审计视野中，1939年，美国会计师协会发布的《审计程序公告》，首次提到要对内部控制进行审查评价，随后，SEC要求审计人员在报告中必须增加关于内部控制审查的内容。随着经济的发展以及审计方法的成熟，对内部控制进行评价作为一项审计程序逐渐成为外部审计师进行财务报告审计的重要组成部分，在世界各国风行，并得到逐步发展和完善。此后内部控制评价在实践中又演变为独立的一项业务，即企业在财务报告审计外单独聘请注册会计师对内部控制有效性进行评价，即内部控制审核业务。进入21世纪，安然、世通等财务舞弊事件的爆发，促使美国国会颁布了举世闻名的SOX法案，该法案302条款和404条款对内部控制有效性评价做出了规定，使内部控制评价业务从此成为美国上市公司和外部审计师强制披露的业务，外部审计师内部控制进行评价业务逐渐发展成为内部控制审计业务，相比以前财务报告中的评价和自愿审核业务，其评价范围更广，责任也更大，标志着内部控制评价和审计进入了强制披露的新时代。英国、加拿大和日本也参照 SOX 法案的做法，建立了本国的内部控制审计规范。

多年的制度背景和政治文化因素，导致美国上市公司出现了"强管理，弱股东"现象，为了保护中小股东的利益，美国政府通过引入各种外部监督治理制度，20 世纪 30 年代，受股东价值至上观念的影响，美国政府加强了外部监督机制的建设和独立董事制度的完善，美国政府监督在公司治理中起着重要的作用。1933 年颁布的《证券法》，对上市公司制定了强制性信息披露制度，要求所有上市公司必须经过独立审计机构的审计。我国审计市场最开始是由政府部门负责筹建的，1996 年我国颁布第一部关于内部控制的审计准则《内部控制与审计风险》，当时的评价是在财务报告审计中的评价，其内容也只涉及企业控制环境、会计系统及控制程序。2000 年年底，中国证监会颁布了《公开发行证券的公司信息披露编报规则》，首先针对商业银行、证券公司等金融企业进行规定，要求其应对内部控制制度的完整性、合理性和有效性单独进行说明，还应聘请会计师事务所对其内部控制制度进行评价，尤其是涉及风险管理系统的内容，要求提出改进建议，并披露报告。2001 年，证监会颁布的《公开发行证券的公司信息披露内容与格式准则第 11 号》，其中第 59 条规定，上市公司应披露管理层对内部控制制度的完整性、合理性及有效性的自我评估意见，同时注册会计师应对管理层披露的评估意见进行评价并出具结论性意见。2002 年，中国注册会计师协会发布《内部控制审核指导意见》，首次公开对注册会计师应如何进行内部控制专项审核进行指导，但由于其对内部控制、组成内容以及接受委托条件等未进行详细说明，比较模糊，不利于注册会计师实施工作。2006 年，上海交易所和深圳交易所分别发布了内部控制指引，倡导所有上市公司应披露内部控制自我评估报告和会计师事务所的审核评价意见，部分上市公司开始自愿披露内部控制鉴证报告。2008 年，财政部等五部委发布关于内部控制的《基本规范》，要求所有上市公司应披露自我评估报告，并聘请具有资格的会计师事务所对内部控制的有效性进行审计。2010 年，财政部等五部委发布了《内部控制审计指引》，从此我国内部控制自我评价和外部审计报告披露就进入了强制时期。

当外部审计成为世界各国上市公司的强制需求后，外部审计就逐渐演变成了高质量的审计服务，高质量的审计能降低并纠正不同类型的内部控制缺陷（Chen et al.，2011）。已有文献多研究外部审计师在财务报告审计中，企业内部控制对审计师行为和审计质量的影响。审计师对企业内部控制的评价效果与审计范围、审计计划、计划工作量有一定影响（Gaumnitz et al.，1982；Trotman et al.，1983），企业内部控制质量的高低会对审计师的行为和服务质量产生一定影响，内部控制质量是影响审计师变更的重要因素（Li，2007；陈丽蓉和周曙光，2010；方红星和刘丹，2013），由于内部控制有效性评价的可信赖程度会直接影响财务报告审计的计划及工作量（Ashton，1974），内部控制质量也因此影响审计收费，审计师与内部控制之间存在互补或替代效应（杨德明等，2009；张川等，2009），两者都是为缓解信息不对称，降低代理成本。内部控制有效性评价是财务报告审计的基础，内部控制被评价为可信赖时，审计师可以缩小财务报告审计抽样的范围（马珩和刘益平，2004；陈晖，2005）。刘桂春等（2013）分析了审计师的服务质量与内部控制间的关系，发现审计师规模及行业专著程度与内部控制水平之间存在显著的正相关关系。吴益兵和王艳艳（2009）的研究发现，我国未经过外部审计师审计的企业自愿内部控制信息披露行为无法得到市场的认可，无法达到降低企业资本成本的目的。

上述学者基本是从财务报告审计的角度，分析财务报告审计业务中外部审计师对内部控制有效性进行评价，以及评价结果对审计师进一步审计服务质量的影响。外部审计师在对内部控制进行的专门审计服务中，对内部控制质量产生影响的文献比较少见，从2011年起，内部控制自我评价和审计已成为我国上市公司的强制要求，其作为政府监管机构对内部控制监管的一项战略性制度安排，在我国资本市场能否发挥其应有作用，促进企业内部控制质量水平的提高？政府监管者作为市场的宏观调控者和引导者，通过事前的政策制定和事后的检查监督和惩罚措施，目的是促进资本市场的健康发展，保护中小投资者利益。但在我国上市公司面临较低的法律风险的情况下，政府监管处罚能否对企业内部的规范管理起到应有的威慑作用？还有待进一步研究验证。由于外部审计师和政府监管对企业监督方式方法存在很大差异，本章将分别检验外部审计师和政府监管对企业内部控制有效性的影响。

第二节

理论分析与研究假设

一、外部审计师与内部控制有效性

外部审计与内部控制都能发挥降低代理成本的作用（杨德明等，2009），根据代理理论，两者之间存在替代效应，审计是降低代理成本的重要保障机制

(Jensen and Mecking, 1976), 代理成本较高的公司更有可能聘请高质量的外部审计师（曾颖和叶康涛, 2005）。当公司内部控制无法有效降低代理成本时，公司会向外部寻求更高质量的审计服务。高质量的审计更能发现并纠正企业内部管理控制中存在的各种问题，从而更好地发挥内部控制的治理功能，降低代理成本。高质量的内部控制也能抑制大股东对中小股东的资金占用，降低股东与经理之间的代理成本（杨德明等, 2009）。利益相关者理论认为，内部控制质量水平会影响股东、债权人、政府、管理者以及员工等利益相关者控制和利益的分配，各利益相关者会为了个人利益进行博弈。由于信息的不对称，投资者、债权人及其他利益相关者无法识别公司内部控制的真实质量，而外部审计是一种能减少各利益方之间的利益冲突，并降低公司代理成本的监督保证机制①。外部审计师通过对内部控制的设计和执行进行了解，并对企业的经营管理情况进行客观公正地评价和审计，能对企业信息进行甄别，增强内部控制质量的可信度，并纠正内部控制中存在的缺陷，有利于内部控制质量的提高，内部控制质量的高低能反映公司内部控制有效性的程度。外部审计师行为和内部控制有效性是相互关联、密不可分的，内部控制有效性与审计范围存在反向关系（Seongjae Yu and John Neter, 1973）。内部控制有效性对审计计划产生影响，当内部控制有效性较差时，审计师会调整计划，增加测试的工作量。审计师对内部控制有效性的要求，会推动着外部审计师服务质量的提高。内部控制存在缺陷的公司，通常延迟时间也较长（Ettredge et al., 2006）。企业执行的内部控制监督技术能提高内部控制质量，提升审计效率（Masli et al., 2010）。高质量的审计也能促进内部控制的发展和完善，Chan（2008）发现在404条款下审计师能发现公司内部控制缺陷，并促使其完善内部控制，高质量的审计可以降低内部控制缺陷产生的负面影响（Hammersley et al., 2008; Beneish et al., 2008）。张龙平（2010）认为，当财务报告审计和内部控制审计为整合审计时，审计师能更大范围地进行审计测试，从而降低审计风险，提高审计质量。张红英等（2014）分析了财务报告审计师的选择对企业内部控制自愿信息披露的影响，结果发现聘请"国际四大"进行财务报告审计的公司更愿意披露内部控制信息。张川等（2009）通过调查表的形式考察了审计师对内部控制有效性评价与企业业绩的影响，结果表明审计师进行的内部控制质量更高，相比企业内部控制自我评价，既有替代，又有互补作用。上述研究表明，高质量

---

① Jensen, Meckling: Theory of the firm: Managerial behavior, agency costs and ownership structure. *Journal of financial economics*, 1976, 3 (4): 305 – 360.

的审计有助于提高企业的内部控制质量,同时声誉高的审计师,能向市场传递积极的信息,如果公司能聘请高质量审计师进行内部控制审计,说明公司的盈利状况是良好的,很重视内部控制,愿意在内部控制的建设方面花费更大的代价。

一直以来,审计质量被视为资本市场规制以及公司治理的关键因素,审计质量取决于审计师发现问题和报告问题的能力,大型会计师事务所拥有更多的资源,也能对人力资本给予更多的投入(特别是日常培训),从而其胜任能力会更强。同时,大型会计师事务所在行业中的地位、声誉更高,其高额的工薪待遇也会吸引更高能力的人才加盟,也有助于事务所整体执业水平的提高。在西方发达国家,声誉机制在提高审计质量方面发挥着重要的作用。高质量审计具备两个重要特性[1],一是审计师应具备足够的胜任能力;二是审计师要有高的监督强度,即通过委托经验丰富的审计师,投入足够的精力和时间,更能发现内部控制设计和执行中存在的重大缺陷,并能提出更合理可行的改进建议,保证审计质量,利于企业内部控制质量的提升。

因此,外部审计师的胜任能力一般用会计师事务所规模进行衡量。DeAngelo(1981)对审计质量与事务所规模之间的关系进行了理论分析,认为规模更大的事务所,其发现问题的能力较强,而且其迎合客户的动力低,独立性强,因此其审计质量也更高。Firth and Smith(1992)发现,聘请规模大的事务所审计的IPO公司的发行折价(公司市场价值与报表所列价值之差)更低,说明市场上投资者更加信任大所的审计质量。由于较大的会计事务所客户较多,如果做假后被市场禁入的成本比小型会计事务所更大,因此其更有动机保持审计独立性、客观性和公正性,其外部监督效率更强(方红星等,2009)。此外,Watts and Zimmerman(1986)认为规模较大的事务所有品牌优势,所能提供的担保和内部相互监督使大所更能承担相应的责任。审计师声誉作为审计独立性的表现,一般而言,声誉越高,审计师具有越强的独立性,高声誉的审计师增加了在市场上讨价还价的能力,不愿意配合公司管理层的机会主义行为动机,其外部监管约束会更严格。

由于真实审计质量无法准确衡量,通常"国际四大"[2] 被认为是高声誉和大规模会计师事务所的代表,代表高质量的审计服务(DeAngelo,1981;Francis and Krishan,1999;Lennox,1999),经大型会计师事务所审计的公司存在较少的会计差错和违规行为(Defond and Jiambalvo,1991)。但也有学者持不同意见,认为

---

[1] DeAngelo: Auditor Size and Audit Quality. *Journal of Accounting and Economics*, 1981, December, (3): 183-199.

[2] "国际四大"主要是指普华永道、毕马威、德勤、安永这四家会计师事务所。

"国际四大"与"非国际四大"审计师在出具非标准意见的倾向上并不存在显著的差异（刘峰和许菲，2002；方军雄等，2004；刘峰和周福源，2007）。质疑的原因在于，财务报告审计在我国已发展成熟，国内大型会计师事务所目前审计质量也得到了显著的改善。本章用"国际四大"作为审计师内部控制胜任能力的替代，除了上述影响因素外，主要还考虑到西方发达国家内部控制审计自愿披露和强制披露实施时间较早，已发展成熟，虽然国内大所财务报告审计质量有了很大提高，但内部控制审计在我国还属于新兴事物，国内会计师事务所经验尚存不足，而"国际四大"已积累了丰富的经验，应更能胜任相关工作，能更好地识别企业内部控制中的关键控制点、风险点及可能存在的重大缺陷，更好地帮助企业梳理内部控制中重要的业务流程、控制薄弱点，因此对内部控制质量改善的贡献会更大。总之，"国际四大"作为规模较大的事务所，其发现内部控制重大缺陷的能力和为了声誉保持独立性的能力均高于规模较小的事务所，其审计质量更高。因此，本章将以"国际四大"（Big4）作为规模大且高声誉审计师的表征变量，提出以下假设：

假设6-1：聘请"国际四大"进行内部控制审计的公司，其内部控制问题较少，内部控制质量更高。

随着审计市场的发展，审计意见对股东、债权人等利益相关者进行决策起着越来越重要的作用，审计意见具有公共产品属性的特点，不同的意见类型给资本市场带来不同的反应，对管理层的薪酬和声誉可能也会产生较大影响。而外部审计师是否有意愿披露发现的内部控制缺陷，以及内部控制缺陷是否重大的标准比较模糊，完全依赖于审计师的专业判断，衡量也比较复杂，学者们研究财务报告审计过程中审计师质量的替代指标时常根据出具审计报告的结果，即用审计意见进行衡量，Randal Elder（2009）的研究发现存在内部控制缺陷的公司更容易采取严格的审计程序，并且被出具非标准审计意见的可能性更大。方红星等（2009）在考察外部审计对自愿信息披露的影响时，用审计师出具审计报告的意见类型和是否"国际四大"作为外部审计质量高低的替代变量。考虑到财务报告审计与内部控制审计的相似性，本章也用"审计意见类型"[①]来衡量外部审计师报告的披露意见对内部控制质量的影响。

在财务报告审计中，已有国外文献还常用审计意见类型、市场反应、盈余管理、盈余反应系数等作为高的监督强度变量来度量高声誉审计师的审计质量，本

---

① 内部控制审计意见类型分为四种：标准无保留意见、带说明段的无保留意见、否定意见和无法表示意见。标准无保留意见为标准意见，其他为非标准意见。

章主要检验审计师在提供的内部控制审计服务中对企业内部控制质量的影响,不直接涉及企业财务状况的评价,因此选用审计意见类型作为高质量审计的替代变量更为合适,另外审计意见类型已被我国学者普遍接受,并在财务报告审计中得到广泛使用(方军雄和洪剑峭,2008;刘峰和许菲,2002;于鹏,2007;李长爱和申慧慧,2008;王霞和徐晓东,2009),国际上通常将审计意见类型分为"干净的"和"不干净的"的审计意见,"干净的"审计意见类型主要是指标准无保留审计意见和有修正但"不重要"的解释说明段,其他的意见类型为"不干净"意见(Lennox,2005)。国内审计意见一般区分为两种类型,即标准无保留意见和非标准意见。审计师形成审计意见前需要对企业内部控制及其环境进行充分的了解,在整个审计过程中投入大量的时间和精力识别和评估风险,并收集到充分的审计证据,出具审计报告,并对报告使用者做出合理保证的承诺。Choi et al.(2013)研究了公司不同层面的内部控制,因不同的人力投入,而对财务报告内部控制缺陷产生不同的影响作用。根据信号理论,审计意见是公司取信投资者的一个重要方面,由于非标准审计意见带来的经济后果较严重,可能会影响企业利益相关者的利益,审计师可能会面临被辞退的风险,同时也会承担审计失败的风险责任。如果审计师出具了非标准审计意见,表明企业内部控制中确实存在更多更严重的缺陷,审计师也会保持更高的职业谨慎,增加更多的审计投入,以收集到足够充分的证据进行证明,同时会就内部控制中存在的重大缺陷与审计委员会(或类似监督机构)和管理层进行沟通,并会提出对应的改进建议,会有利于企业内部控制质量的改进。大型事务所对客户的经济依赖程度更低,抵抗外界压力地能力更强,面对企业的会计违规行为,能保持更高的独立性。当企业内部控制存在缺陷时,大型事务所发现并报告缺陷的可能性更大,因而越容易出具非标准审计意见。被出具非标准意见的公司为了减少不利因素造成的影响,隐藏信息或违规的机会将会减少,会尽可能改进内部存在的问题,提高内部控制质量水平。本章将以内部控制审计的最终结果,即审计师出具的"审计意见"(Opinion)类型作为审计质量监督强度的替代变量,并提出以下假设:

假设6-2:外部审计师出具非标准审计意见后,企业内部控制质量将会得到显著改进。

二、政府监管与内部控制有效性

根据公共利益理论,当市场机制失灵时,政府监管为了维护社会公众的公共利益，会对企业的违规行为进行干预。政府监管为了维护资本市场秩序和保护广大投资者利益，通过发布行政事前的法律、法规等政策来规范企业内部控制的建设和对内部控制信息披露的要求，增强企业权利义务与法律责任。市场与政府监管两种力量共同促进企业内部控制信息披露的均衡水平。然而，据调查研究表明，我国企业对政府事前的监管政策遵守情况并不理想，除了企业内部管理者自身素质外，也有外部环境因素的影响，即企业违规处罚成本太低，企业一般会将处罚成本与遵守法律法规成本进行权衡。中国证监会作为资本市场统一的监管机构，与其下属的深圳证券交易所和上海证券交易所，共同组成资本市场的主要监管机构，每年会对企业的经营行为、政策遵守情况等进行定期与不定期的检查，以规范企业正常运行。国内外文献主要集中在上市公司违规处罚的影响因素以及带来的市场反应。蔡志岳等（2007）考察了违规处罚的公司特征，违规处罚会导致市场超额累计回报（Desai et al.，2006；Hennes et al.，2008；Wei Ting，2011；伍利娜等，2002；张弘，2006；杨忠莲等，2008）。

政府监管对内部控制有效性的影响最初主要来源于财务报告审计活动中，政府监管与审计师的关系。李爽和吴溪（2003）研究发现，如果前任审计师受到市场禁入的处罚，后任审计师倾向于出具非标意见。朱春艳和伍利娜（2009）研究了上市公司是否被处罚以及处罚力度与审计收费间的关系，结果发现是否被处罚以及处罚力度都与审计收费正相关。王兵等（2011）研究了政府监管处罚对审计质量的影响，结果发现监管处罚及处罚力度未改进审计质量。而内部控制与政府监管的研究文献较少，国外较早的研究者 Maher（1981），通过调查和访谈方式对内部控制与政府监管进行了研究，结果发现，监管措施并没显著改善企业内部控制的有效性。国内学者也进行了相关研究，政府监管在推动企业内部控制质量建设中发挥着积极作用（刘玉廷，2001）。黄新銮等（2008）从规范角度分析了法律、法规对内部控制实施的作用。赵息等（2010）用博弈理论分析了上市公司内部控制信息披露与监管问题，博弈结果显示内部控制披露的详细程度与监管力度成正比例关系，但随着政府监管检查与惩罚力度的加强，内外部监督评价者的风险也在增强（李爽和吴溪，2005）。张俊民等（2014）验证了政府监管比法律风险对资本市场的影响效果更大。

目前在我国特殊制度背景下，法律风险较低，对上市公司实施行政处罚可以促进企业遵纪守法，加强风险意识和管理控制，改进经营中出现的违规问题，进而促进内部控制质量的提高。如果公司在受罚后依然不改正存在的问题或者公司存在的问题性质或影响很严重，公司则应该受到证监会更为严厉的处罚。由于行政处罚具有信号传递功能，受处罚的上市公司形象声誉会受损，会影响投资者对公司的信心,甚至会造成不良市场反应,导致股价迅速下跌,也会影响客户信心和市场份额,甚至管理者的声誉和报酬也会受到影响。因此,受到处罚的上市公司会更加强化内部控制,通过提高内部控制质量来加强风险管理,增强投资者信心,重塑市场形象。行政处罚要发挥监管效率取决于处罚的效率,在法律风险低下的情况下,应通过加大行政处罚力度来促进上市公司减少违规,改正内部控制中出现的问题,提高企业内部管理效率。特别是对于非政府控制的企业,大股东直接对管理层行为进行控制,为了自身短期利益,会直接授意下属员工,绕过内部控制。如果被行政处罚,可能会抑制大股东的随意操控行为,提高企业的管理效率,但如果处罚力度不大,对大股东和管理层将起不到威慑作用,反而可能监管者被企业收买,导致管理者绕过法律监督,继续违法经营,对内部控制质量会起负向作用。

企业被监管部门出具处罚公告,则意味着企业违反了相关法律、法规或者破坏了资本市场规则、秩序,侵犯了中小股东的合法权益,而没有被出具处罚公告的企业,可以认为企业问题不严重或不明显。因此,企业被政府监管处罚,能说明其内部控制一定存在问题,其内部控制质量水平会比较低下。但企业被行政处罚后,其声誉会受损,企业为维护在资本市场上的声誉,会尽力改进经营中存在的控制缺陷,提高内部控制质量,防止再次被处罚。因此,政府监督处罚后,企业内部控制质量应该会有所改进,但由于我国较低的处罚成本,当企业改进成本大于处罚成本时,也许企业短期内不会提高企业内部控制质量。基于此,提出以下假设:

假设6-3a:公司被政府监管处罚后比处罚前,其内部控制质量水平会变得更高。

假设6-3b:公司被政府监管处罚后比处罚前,其内部控制质量水平不会得到显著改变。

第三节

研究设计

本章主要采用多元回归方法验证外部审计师的特征对内部控制质量的影响,对于外部审计师特征,主要选取审计师对内部控制进行审计的结果"审计意见"和对内部控制审计时,审计师的声誉"是否国际四大"作为审计师特征的替代变量,研究其对内部控制质量的影响,再考察政府监管对审计师及其报告的监督对内部控制质量的影响。

一、变量定义

(一) 内部控制有效性

国外已有研究常用内部控制缺陷数替代内部控制有效性水平,该指标与内部控制有效性水平是反向关系,缺陷越多,内部控制有效性越差,而我国上市公司较少披露内部控制缺陷,因此我国学者多通过构建内部控制指标体系来衡量内部控制有效性水平。由于外部直接监督者与企业内部监督对内部控制监督的角度不同,企业内部监督以《基本规范》《企业内部控制评价指引》《企业内部控制应用指引》为标准实施监督评价,因此适合于以"五要素"为基础的评价指标体系,而外部审计师是以《基本规范》和《内部控制审计指引》为标准,对内部控制是否存在重大缺陷发表意见,并以内部控制目标的实现为宗旨。政府监管部门则将企业是否遵守相关法律、法规以及是否按规定要求进行相关信息披露作为对企业监督检查的重点,目的是维护中小股东利益以及资本市场公平、公开、公正,并以企业社会目标的实现为宗旨。因此,本章以企业内部控制"五目标"的实现程度构建的指标体系,作为衡量企业内部控制质量的指标。

近年来,随着迪博内部控制指数研究的不断深入和完善,这一指标评价体系日益得到众多学者的认可和采用,该指数是以内部控制"五目标"的实现为基础来设计指标,并以内部控制重大缺陷设计修正指标,同时结合了上市公司内部控制内外部评价报告。该指标体系共分为两个层次,第一层次为内部控制五大目标,第二层为各目标下的分类指标,采用算术平均法计算指标变量的权重,并将变量运用标准化法进行标准化处理,即将计算得到的上市公司的内部控制评价各分类指标的数值与其行业各指标的平均水平进行对比,然后再除以指标之间的标准差,得到的数值。内部控制指数取值范围为 [0, 1000]。该指标越大,表示内部控制质量越高。本章被解释变量内部控制有效性水平用内部控制质量(IC)表示,企业内部控制质量选取迪博公司内部控制指数来进行衡量,内部控制质量的变化(ΔIC)用本年度与上年度内部控制质量之差表示。

(二) 解释变量

外部审计师为主要解释变量,本章主要采用对内部控制审计报告进行审计的会计师事务所规模是否是"国际四大"(Big4)以及审计意见类型(Opinion)两个特征指标来衡量外部审计师的服务质量。由于"国际四大"(Big4)在内部控制服务方面已积累了丰富的经验,而且其声誉更高,由其进行审计服务后,企业内部控制质量应该会得到很大提高。已有研究大多选用审计师提供财务报告审计的一些可观察的审计产出,如盈余质量、审计意见,以及审计意见引起的市场反应等来衡量审计质量的高低,本章选用不同的内部控制审计意见类型代表不同的审计质量,研究审计质量对企业内部控制质量的影响,主要是因为内部控制审计服务主要是对公司内部控制的设计是否合理以及执行是否有效发表意见,并不关注交易或事项的具体金额,因此选用审计意见的不同类型代表审计质量会更合适。如果审计师出具了非标准审计意见,那么能说明审计师投入了更多精力、更加谨慎地提供了审计服务,因为只有提供更高强度的审计监督,才能收集到更加充分的证据,以支撑其发表的具有更高审计风险的审计意见;同时,高强度的审计也能更好地发现和纠正企业内部控制运行中存在的问题,帮助企业提高内部控制质量水平。因此,本章采用是否选择"国际四大"(Big4)来衡量企业是否聘用了高质量的外部审计师,高质量的审计师对内部控制质量提高会产生重要影响。当审计师发表的内部控制审计意见(Opinion)为非标准意见时,表示审计师提供了高强度的审计监督服务,并以此来考察对上市公司内部控制质量改进的影响。

政府监管(Super)为主要解释变量,用来进一步考察监管处罚对企业内部控制质量的影响,本章将上市公司被处罚以及处罚后与处罚前企业内部控制质量的变化进行对比,样本被处罚当年为0,以后年度赋值为1,以前年度为-1。

(三) 控制变量

根据已有研究,考虑公司特征(Bushman et al., 2004; Ashbaugh-Skaife et al., 2007; Doyle et al., 2007; Gong et al., 2010)、公司治理(程晓陵和王怀明, 2008; Yermark, 1996; Eisenberg et al., 1998; 孙永祥和章融, 2000)、董事会领导权(Molz, 1988; Goyal et al., 2002; 吴淑棍, 2002; 周继军和张旺峰, 2011)等方面对内部控制有效性会产生重大影响,因此本章对公司特征和公司治理特征变量进行控制。

由于不同行业受监管程度不一致,导致企业内部控制有效性水平会有差异,本章在模型中对行业进行控制,并按证监会2012年版的行业分类标准,将我国上市公司分为18个一级行业,由于样本中制造业有4226家,占总样本的63.62%,为准确反映行业情况,将制造业C13~C43,进一步划分为4个二级行业,总共得到22个行业分类。此外,考虑企业性质不同可能也会影响企业内部控制质量,本节还对上市公司最终控制人是否为国有性质企业(Soe)进行了控制。2011年为我国内部控制评价报告强制披露实施的第一年，而且是分批逐年逐步实施，本章考察强制实施以来，2011~2014年内部监督对内部控制评价的影响，并对年度变量进行控制。具体情况见表6-1。

表6-1 外部监督及相关变量定义

	变量名称	变量符号	变量含义及描述
自变量	内部控制指数	LnIc	内部控制指数指标值取自然对数
解释变量	内部控制指数的变化	ΔIC	当年减去前一年度内部控制指数大于0取1，否则取0
	内部控制审计意见类型	Opinion	审计师出具标准无保留意见取0，其他取1
	是否由国际所审计	Big4	由"国际四大"进行审计取1，否则取0
控制变量	政府监管处罚	Super	公司被处罚当年取0，以后年度1，以前年度为-1
	董事会规模	Dsgm	公司董事会总人数
	两职合一	Liazh	哑变量，公司董事长与总经理为同一人取1，否则为0
	董事长是否变更	Dszbg	哑变量，公司董事长变动取值1，否则为0
	股权集中度	Z	公司第一大股东与第二大股东所占比例之比
	股权制衡度	Gqzhd	公司第二至五大股东所占比之和除以第一大股东所占比例
	公司规模	LnSize	公司年末总资产的自然对数
	上市时间	Age	公司成立时间至样本期间末，采取四舍五入，超过半年不到一年取1，不到半年取0
	盈利能力	Roa	年末净利润除以总资产
	成长性	Growth	公司当年营业收入除以上年营业收入后减1
	存货比例	Invp	年末存货除以总资产
	兼并与重组	MR	哑变量，当年发生并购或重组行为，则取值为1，否则为0
	企业性质	Soe	哑变量，实际控制人为国有或国有控股时取1，民营取0
	行业	Ind	18个行业，加上制造业再分为4个，共分为22个行业
	年度	Year	以2011年为基准年，设立3个虚拟变量

二、样本选择与数据来源

本章选取2011~2014年沪深两市的所有上市公司，主要是基于2011年是我国内部控制审计强制实施的第一年，终止年度是2014年，因截至本书完稿，2015年的数据还没有公开对外披露。在此基础上进行以下剔除：（1）当年上市的公司，由于上市当年公司来不及对整个年度的内部控制进行完整的评价；（2）剔除同时发行B股或H股的公司，由于不同制度背景和双重监管而导致的差异；（3）剔除财务数据缺失的公司；（4）剔除公司治理数据缺失的公司；（5）剔除内部控制信息披露数据缺失的公司；（6）为了避免极端值的影响，本章对连续变量按照（1%，99%）的标准进行了winsorize缩尾处理。

剔除未进行内部控制审计和数据缺失公司；外部审计师是否是"国际四大"最后选定5765个样本观测值组成研究样本，其中2011年792个，2012年1354个，2013年1685个，2014年1934个，由于内部控制审计属于从局部实施到整体实施的过程，因此每年样本会逐渐增加。外部审计师汇总上一期的数据，内部控制质量的变化为本期减上期数，剔除数据缺失公司，最后得到3935个样本观测值。

剔除未被处罚的上市公司及缺失数据；2011~2014共有563家上市公司被处罚，4年共2252个样本，由于一部分公司在一年或连续两年内被处罚的次数大于1，为了防止重复值影响观测结果，本节对同年度的重复样本只保留了当年被处罚的或以后年度的观测值，得到1880个样本观测值，在进行前面几项合并剔除后，最后共得到监管处罚1542个样本观察值。其中2011年321个，2012年383个，2013年424个，2014年414个。

样本观察值的数据主要来自国泰安（CSMAR）数据库和色诺芬（CCER）数据库，内部控制指数、内部控制审计意见以及进行内部控制审计的会计师事务所等数据均来自迪博数据库。对于公司治理数据库缺失资料，将国泰安数据库和色诺芬数据库进行了交叉引用和核对。本书利用State12.1和Excel完成数据处理分析过程。

三、模型设定

本章主要采用多元回归方法验证外部审计师的特征对内部控制质量的影响，对于外部审计师特征，主要选取外部审计师对内部控制进行审计的结果"审计意见"和对内部控制审计时，外部审计师的声誉"是否国际四大"作为审计师质量的替代变量。政府监管的作用主要是通过比较处罚前后上市公司内部控制质量的变化。

借鉴国内外有关内部控制与审计师关系的研究文献（Lennox，1999；方军雄和洪剑峭，2008；谭楚月和段宏，2014；张红英和高晟星，2014），内部控制变量主要设计为二元哑变量和多元离散型变量。为验证假设6-1和假设6-2，本章建立如下模型：

$$LnIc = \beta_0 + \beta_1 Big4 + \beta_2 Z + \beta_3 Gqzhd + \beta_4 Dsgm + \beta_5 Liazh + \beta_6 Dszbg + \beta_7 LnSize$$
$$+ \beta_8 Age + \beta_9 Roa + \beta_{10} Growth + \beta_{11} Invp + \beta_{12} MR + \beta_{13} Soe$$
$$+ \sum_{i=0}^{3} \beta_{14} year + \sum_{i=0}^{21} \beta_{15} Ind + \varepsilon \qquad (6-1)$$

$$\Delta Ic_t = \beta_0 + \beta_1 Opinion_{t-1} + \beta_2 Z + \beta_3 Gqzhd_t + \beta_4 Dsgm_t + \beta_5 Liazh_t + \beta_6 Dszbg_t$$
$$+ \beta_7 LnSize_t + \beta_8 Age_t + \beta_9 Roa_t + \beta_{10} Growth_t + \beta_{11} Invp_t$$
$$+ \beta_{12} MR_t + \beta_{13} Soe_t + \sum_{i=0}^{3} \beta_{14} year + \sum_{i=0}^{21} \beta_{15} Ind + \varepsilon_t \qquad (6-2)$$

模型（6-1）中解释变量为审计师是否为"国际四大"（Big4），模型（6-2）中解释变量为上一期审计意见（$Opinion_{t-1}$），控制变量与第五章相同。

为了检验政府监管处罚是否对企业内部控制质量产生影响，沿用前人文献（朱春艳和伍利娜，2009；王兵等，2011），为验证假设6-3，采用如下模型：

$$LnIc = \beta_0 + \beta_1 Super + \beta_2 Z + \beta_3 Gqzhd + \beta_4 Dsgm + \beta_5 Liazh + \beta_6 Dszbg$$
$$+ \beta_7 LnSize + \beta_8 Age + \beta_9 Roa + \beta_{10} Growth + \beta_{11} Invp + \beta_{12} MR$$
$$+ \beta_{13} Soe + \sum_{i=0}^{3} \beta_{14} year + \sum_{i=0}^{21} \beta_{15} Ind + \varepsilon \qquad (6-3)$$

模型（6-3）中解释变量为政府监管处罚（Super），控制变量与第五章相同。

第四节 实证结果分析

一、描述性统计

表6-2列示的是主要变量的描述性统计结果。LnIC均值为6.4987，说明上市公司平均内部控制指数取自然对数值为6.4987。ΔIC均值为0.3891，说明平均38.91%的上市公司的内部控制质量在2011～2014年比上年有所增长。审计意见（Opinion）均值为0.0163，说明我国平均1.63%的上市公司的内部控制审计意见类型是非标准意见。Big4均值为0.0726，说明上市公司中仅有7.26%的内部控制审计是由"国际四大"来执行的，由于"国际四大"比国内会计师事务所收费相对

较高，因此许多上市公司从成本角度考虑，宁愿选择声誉其次的国内会计师事务所进行内部控制审计。Super 反映了被证券监管部门在 2011~2014 年被处罚过的上市公司，其被处罚当年及以后年度与被处罚前对比情况，其均值为 -0.0531，标准差为 0.831。另外上市公司中平均 51.42% 的为国有性质的公司。

表 6-2　　　　　　　　外部监督及相关变量的描述性统计

变量	N	Mean	Sd	p25	p50	p75	min	max
LnIC	5765	6.4987	0.1792	6.4477	6.5267	6.5731	2.1939	6.8933
ΔIC	3935	0.3891	0.4876	0	0	1	0	1
Opinion	3935	0.0163	0.1265	0	0	0	0	1
Big4	5765	0.0726	0.2594	0	0	0	0	1
Super	1542	-0.0531	0.831	-1	0	1	-1	1
Z	5765	13.2857	23.0455	1.9821	4.6053	13.3714	1	145.8478
Gqzhd	5765	0.6355	0.6236	0.1733	0.4459	0.9113	0.0045	8.4579
Dszbg	5765	0.112	0.3154	0	0	0	0	1
LnSize	5765	22.1918	1.3714	21.1931	21.9464	22.9705	19.7687	26.5109
Dsgm	5765	8.9704	1.8029	8	9	9	5	15
Liazh	5765	0.2237	0.4168	0	0	0	0	1
Age	5765	10.3078	6.4942	3.9452	10.7123	16.1068	1.1205	22
Roa	5765	0.0427	0.0499	0.0138	0.0371	0.0684	-0.1203	0.2062
Growth	5765	0.1259	0.3131	-0.0402	0.0822	0.2215	-0.5094	1.6746
Invp	5765	0.1639	0.1566	0.064	0.1234	0.2043	0	0.7613
MR	5765	0.7089	0.4543	0	1	1	0	1
Soe	5765	0.5142	0.4998	0	1	1	0	1

二、多元回归结果及分析

(一) 外部审计师与内部控制质量的回归结果与分析

1. 相关性分析

表 6-3 列示了变量间的相关性系数，不难看出，解释变量与被解释变量间的相关关系都在 1% 水平上显著，初步说明外部审计师审计质量有助于企业内部控制评价质量提高。控制变量基本也与被解释变量关系显著，各变量间关系也基本显著，而且相互间系数都小于 0.5，说明各变量间不存在严重的多重共线性。

表6-3 变量相关系数表

	lnIC	ΔIC	Opinion	Big4	Z	Gqzhd	Dsgm	Liazh	Dszbg	Lnsize	Age	Roa	Growth	Invp	MR	Soe
lnIC	1															
ΔIC	0.279***	1														
Opinion	-0.127***	0.055***	1													
Big4	0.215***	-0.0220	-0.00600	1												
Z	-0.0150	0.0250	-0.00500	-0.054***	1											
Gqzhd	0.0190	-0.036*	-0.0300	0.077***	-0.429***	1										
Dsgm	0.097***	-0.0190	-0.0300	0.153***	-0.00900	0.083***	1									
Liazh	-0.0240	-0.00500	-0.034*	-0.094***	-0.094***	0.067***	-0.163***	1								
Dszbg	-0.0190	0.0220	0.046**	0.0160	0.039**	-0.039**	-0.00800	-0.063***	1							
Lnsize	0.309***	-0.052***	-0.0300	0.453***	0.044**	0.00200	0.323***	-0.137***	0.036*	1						
Age	-0.100***	0.0280	0.074***	-0.0160	0.156***	-0.162***	0.0220	-0.134***	0.114***	0.122***	1					
Roa	0.383***	0.044**	-0.087***	0.0250	-0.080***	0.034*	-0.063***	0.077***	-0.076***	-0.0290	-0.165***	1				
Growth	0.189***	0.106***	-0.077***	-0.0170	-0.062***	0.081***	-0.00700	0.00400	0	0.050***	-0.090***	0.187***	1			
Invp	0.0110	0.00900	-0.0230	-0.067***	0.047***	-0.086***	-0.084***	-0.00100	0.00100	0.080***	0.171***	-0.095***	0.064***	1		
MR	0.0210	0.039**	0.0250	-0.041**	-0.088***	0.073***	-0.041**	0.053***	-0.0300	0.050***	-0.00900	0.0110	0.074***	0.059***	1	
Soe	0.039**	0.0140	0.036*	0.160***	0.187***	-0.195***	0.236***	-0.227***	0.132***	0.272***	0.339***	-0.169***	-0.116***	-0.0300	-0.119***	1

注：*、**、*** 分别表示在10%、5%和1%的水平上显著。

2. 回归结果分析

表6-4列示的是验证审计师特征变量与内部控制评价质量关系的回归结果，模型（6-1）反映了外部审计师是否是"国际四大"对内部控制质量的影响，其回归系数为0.0215，且在5%的水平上与内部控制指数显著正向相关，说明外部审计师规模越大，声誉越高，内部控制指数越高，内部控制质量越高，与预期一致，验证了假设6-1。模型（6-2）反映审计意见对内部控制指数变化的影响，系数为0.162，在1%水平上与内部控制指数显著正向相关，说明外部审计师出具非标意见，有力地促进了企业内部控制质量的改进，与王艳艳等（2006）、蔡春等（2005）得出的结论一致，也与预期一致，验证了假设6-2。说明审计师规模声誉对于内部控制质量影响显著，企业可以通过聘请"国际四大"所的审计师进行审计，提供高质量的审计服务，使其更好地发现并纠正企业内部控制中存在的缺陷，完善企业内部控制体系。另外，审计师出具的非标审计意见会促使企业为了维护自身在资本市场上的形象，而努力改进其内部控制质量。政府监管部门应加强对审计师质量的监管，防止审计意见购买，通过外力强制审计师为企业提供高强度的审计服务，使企业更有动力去改进内部控制质量。

表6-4　　　　　　　外部审计师及相关变量回归结果

变量	模型（6-1）	模型（6-2）
Opinion		0.162 *** (2.7)
Big4	0.0215 ** (2.211)	
Z	0.0001 (0.9469)	-0.0412 *** (-5.3)
Gqzhd	0.0008 (0.1988)	0.0038 ** (2.3)
Dsgm	-0.0004 (-0.2689)	0.737 *** (4.0)
Liazh	0.0004 (0.0672)	0.157 *** (3.0)
Dszbg	-0.0174 ** (-2.4039)	0.131 *** (5.7)

续表

变量	模型 (6-1)	模型 (6-2)
Lnsize	0.0321*** (14.7356)	0.0005 (1.5)
Age	-0.0027*** (-6.1788)	-0.002 (-0.1)
Roa	0.972*** (19.619)	-0.0162 (-0.8)
Growth	0.0440*** (5.9)	-0.0217 (-0.3)
Invp	0.0643*** -3.0833	0.0466*** (2.7)
MR	-0.0017 (-0.3383)	0.0381* (1.9)
Soe	0.0045 (0.7939)	0.0012 -0.2207
Constant	5.844*** (56.4084)	1.131*** (3.1)
Observatios	5765	3935
R^2	0.174	0.050
Adj R^2	0.169	0.04
F 值	31.24	5.68

注：括号中的为 t 值，*、**、*** 分别表示在 10%、5% 和 1% 的水平上显著。

（二）政府监督与内部控制质量的回归结果与分析

1. 相关性分析

政府监督处罚各变量间的 Pearson 相关系数见表 6-5，监管处罚与内部控制指数之间的相关性较高，在 1% 水平上显著正相关，预期假设相符。控制变量中董事会特征变量中除了董事长与总经理两职合一相关性不强外，另两个指标与内部控制指数显著相关，股权特征变量与内部控制指数相关性不强，公司特征变量中除了存货占比与内部控制指数相关性不强外，其他变量指标与内部控制信息披露关系都很显著，基本符合预期。所有因变量、解释变量和控制变量以及其他变量相互之间的相关系数都较小，远远小于 0.5，表明各变量间不存在严重的多重共线性问题。

表6-5 政府监管处罚及相关变量的相关性分析

	lnIC	Super2	Z	Gqzhd	Dsgm	Liazh	Dszbg	LnSize	Age	Roa	Roa	Growth	Invp	MR
lnIC	1													
Super	-0.091***	1												
Z	0.0150	-0.050**	1											
Gqzhd	0.0120	-0.030	-0.412***	1										
Dsgm	0.127***	-0.048*	-0.003	0.110***	1									
Liazh	-0.0190	-0.010	-0.082***	-0.031	-0.094***	1								
Dszbg	-0.069***	0.055**	0.036	0.004	-0.041	-0.075***	1							
LnSize	0.209***	0.072***	0.182***	-0.085***	0.267***	-0.182***	0.047*	1						
Age	-0.111***	0.122***	0.210***	-0.167***	0.001	-0.176***	0.162***	0.210***	1					
Roa	0.398***	-0.050**	-0.0380	0.030	0.088***	-0.0410	-0.065**	0.110***	-0.063**	1				
Roa	0.119***	0	-0.074***	0.073***	-0.020	0.0360	0.012	0.0320	0.012	0.190***	1			
Growth	-0.0100	-0.0270	0.054**	-0.103***	-0.046*	-0.0380	0.004	0.124***	0.136***	-0.062**	-0.001	1		
Invp	-0.045*	0.062**	-0.065***	0.0200	-0.062**	-0.042*	-0.027	-0.004	0.018	-0.032	0.034	0.021	1	
MR	0.0400	0.0200	0.263***	-0.156***	0.211***	-0.199***	0.115***	0.355***	0.292***	-0.025	-0.096**	-0.007	-0.078***	1
Soe														

注：***、**、*分别表示在1%，5%和10%的水平上显著。

2. 回归结果分析

表 6-6 列示了政府监管及相关变量与内部控制指数的回归结果,模型 R^2 及调整 R^2 都在 0.279~0.360 之间,这说明模型拟合度很好,所选择的变量大部分具有较强的解释力。

表 6-6　　　　　　　　监督处罚相关变量回归结果

变量	(模型 6-3) 全样本	深圳交易所	上海交易所
Super	0.0236*** (4.56)	0.0279*** (4.8272)	0.0034 (0.3064)
Z	0.0001 (0.66)	0.0001 (0.5344)	0.0002 (0.7333)
Gqzhd	0.0011 (0.19)	0.0011 (0.1678)	-0.0064 (-0.4681)
Dsgm	0.0027 (1.27)	0.0013 (0.5670)	0.0068 (1.3928)
Liazh	0.0053 (0.70)	0.0023 (0.2942)	0.0118 (0.5929)
Dszbg	-0.0201** (-2.05)	-0.0074 (-0.6227)	-0.0139 (-0.8011)
LnSize	0.0274*** (8.23)	0.0255*** (6.2377)	0.0349*** (5.6858)
Age	-0.0030*** (-4.92)	-0.0017** (-2.4626)	-0.0032* (-1.7298)
Roa	0.858*** (14.16)	0.875*** (12.6224)	0.840*** (7.0205)
Growth	0.0170** (2.40)	0.0083 (1.0077)	0.0248* (1.8658)
Invp	-0.0345 (-1.33)	-0.0147 (-0.4701)	-0.0721 (-1.4755)
MR	-0.0111 (-1.45)	-0.0174** (-2.0912)	0.0062 (0.3794)
Soe	-0.0011 (-0.14)	0.0061 (0.6447)	-0.0169 (-1.0468)

续表

变量	（模型6-3）全样本	深圳交易所	上海交易所
Constant	5.791 *** (60.86)	5.896 *** (56.2536)	5.501 *** (33.1592)
Observations	1542	1056	486
R^2	0.295	0.306	0.360
Adj R^2	0.279	0.282	0.312
F 值	17.69	12.73	7.44

注：括号中的为 t 值，***、**、* 分别表示在1%、5%和10%的水平上显著。

从表中不难看出，监管处罚系数为0.0236，在1%水平上与内部控制指数显著正向相关，说明证监会监管处罚前后上市公司内部控制指数得到显著提高。一般而言，上市公司被处罚，能从一定程度说明其存在内部控制问题，上述回归结果也说明了被处罚后的上市公司内部控制质量得到了明显改善，验证了假设6-3a。由于我国监管机构主要是证监会和沪深交易所，其中深圳交易所和上海交易所在管理方式上有些区别，为验证两交易所是否会存在由于管理方式不同而影响内部控制评价质量的差异。本章进一步进行验证，结果见表6-6，可见监管处罚对在深圳交易所上市公司很显著，而对在上海交易所上市的公司不是很显著，说明上海交易所的监管处罚并没有对上市公司内部控制质量产生影响，一是因为可能上海交易所的处罚方式太轻，对其所辖的上市公司惩戒作用有限；二是因为上海交易所大多为国有控股公司，惩罚对于国家股东而言，其声誉不会受到任何影响，因此，董事会没有动力提高其内部控制质量。在控制变量中，除了公司成长性在两所上市公司之间存在差异外，其他变量的影响程度相同。

三、进一步分析

（一）内部控制审计费用与内部控制质量

已有研究分析财务报告审计过程中，审计费用与审计质量之间存在一定的关系，认为审计师在审计过程中投入越多的精力、时间和承担更多的风险，相应的审计费用也应更多，应该会有更高的审计质量，应能更好地识别财务报告中存在的重大错报，有助于财务报告质量的提高。根据审计契约规定，审计师收费的标准主要是根据审计工作量、审计师经验以及承担的责任风险来确定的。审计师进行内部控制审计时，其收费的多少主要也是依据审计契约的规定，从理论上看，内部控制审计收费也可以从一定程度上代表审计师的工作质量,因为收费越多,表示审计师会投入更多的努力到企业内部控制的了解和评价中,能更好地发现内部控制中存在的问题,应该会有助于内部控制质量的提高。影响审计收费的因素还很多,在审计费用缺乏的情况下,审计师一旦发现公司内部控制质量较高,将会大幅度削减实质性程序的工作范围,如果审计费用充足,审计师即使发现上市公司内部控制质量较高,也不会大幅削减实质性程序的工作(杨德明,2010)。SOX 法案后,国内外学者对审计收费与内部控制缺陷之间的关系进行了大量研究,披露内部控制重大缺陷的公司其审计费用比未披露重大缺陷的公司高(Raghunandan and Rama,2006),有内部控制缺陷的公司审计费用更高,而且审计费用随着缺陷严重程度的增加而增加(Hogan and Wilkins,2008;Hoitash,2008)。国内学者得出的结论有一定分歧,张敏和朱小平(2010)研究发现内部控制缺陷与审计费用显著正相关,张旺峰等(2011)认为审计收费与内部控制质量之间关系并不显著,而张宜霞(2011)却得出了审计收费与内部控制质量之间存在不显著的负相关关系。由于我国审计市场过度竞争,在财务报告审计中内部控制质量与审计收费存在反向的影响(夏冬林和林震昃,2003),在审计费用较低的情况下,审计师一旦发现内部控制质量很高,就会减小进一步审计程序的工作量。杨德明等(2010)研究发现,随着审计费用的提高(降低),内部控制质量与外部审计师之间的替代效应会弱化(强化)。本章主要检验内部控制审计收费对内部控制质量的影响作用,是否存在审计收费越多,审计师工作质量越高,内部控制质量越高。由于我国上市公司超过90%为整合审计[1],大部分上市公司披露审计费用的合计数,没有分别单独披露内部控制审计费用和财务报告审计费用,因此本章对于未单独披露审计费用的数据样本进行,得到2580个单独披露内部控制审计费用的样本,与控制变量合并后,最后得到2504个样本观测值。并通过建立如下模型,检验两者间的关系:

$$LnIC = \beta_0 + \beta_1 LnAfee + \beta_2 Z + \beta_3 Gqzhd + \beta_4 Dsgm + \beta_5 Liazh + \beta_6 Dszbg + \beta_7 LnSize + \beta_8 Age + \beta_9 Roa + \beta_{10} Growth + \beta_{11} Invp + \beta_{12} MR + \beta_{13} Soe + \sum_{i=0}^{3} \beta_{14} year + \sum_{i=0}^{21} \beta_{15} Ind + \varepsilon \qquad (6-4)$$

---

[1] 2012年沪市A股披露内部控制鉴证报告的有634家,其中615家内部控制审计与财务报告审计由同一家会计师事务所审计,即平均约97%的上市公司是整合审计。

LnAfee 为模型解释变量，对内部控制的审计收费取自然对数。回归结果见表 6-7。

表 6-7　　　　　　　　　内部控制审计费用的回归结果

变量	模型（6-4）	lnIC（加审计收费到模型6-1）
Big4		0.0322 ** (2.1021)
LnAfee	0.0053 (0.6539)	0.0006 (0.0770)
Z	0.000131 (0.8324)	0.0001 (0.8900)
Gqzhd	-0.00182 (-0.2240)	-0.0028 (-0.3471)
Dsgm	-0.00117 (-0.5118)	-0.0009 (-0.4115)
Liazh	-0.0036 (-0.3036)	-0.0027 (-0.2277)
Dszbg	-0.0151 (-1.3322)	-0.0153 (-1.3535)
Lnsize	0.0374 *** (8.4865)	0.0362 *** (8.1313)
Age	-0.0007 (-0.8295)	-0.0006 (-0.6886)
Roa	1.051 *** (11.6144)	1.037 *** (11.4334)
Growth	0.0495 *** (3.4275)	0.0514 *** (3.5538)
Invp	0.0698 ** (2.0631)	0.0753 ** (2.2210)
MR	-0.0091 (-1.0359)	-0.0081 (-0.9257)
Soe	0.012 (1.2098)	0.0107 (1.0794)

续表

变量	模型（6－4）	lnIC（加审计收费到模型6－1）
Constant	5.581*** (26.1474)	5.662*** (26.1223)
Observations	2504	2504
R^2	0.157	0.159
Adj R^2	0.145	0.146
F值	12.8	12.59

注：括号中的为t值，***、**、*分别表示在1%、5%和10%的水平上显著。

表6－7列示了审计收费与内部控制指数的回归结果，模型（6－4）反映审计收费与内部控制指数的关系，系数为0.0053，同方向，说明审计收费越高，内部控制质量越高，但其影响并不显著，由于审计收费受到公司规模、业务复杂度以及审计师所承担责任等众多因素影响，内部控制审计收费对内部控制质量的影响并不显著。得出这一结果的原因可能有两点，一是，出于审计责任考虑，审计师一旦承接了内部控制审计业务，表明其具备胜任能力，会对被审单位的内部控制是否存在重大缺陷做出合理保证，并出具审计报告，承担相应的责任，同时也会对审计过程中发现的问题提请被审单位进行改正或调整，会有助于内部控制质量的提高，而收费多少主要取决于不同公司的业务需要，对内部控制质量影响不大；二是，回归结果还可能受样本量的影响，本章回归的样本仅仅是那些单独披露了内部控制审计收费的公司，而我国大部分上市公司为整合审计，导致部分公司的内部控制审计和财务报告审计的收费并没有单独分开披露，因而全部上市公司单独的内部控制审计收费的数据难以获得。

（二）外部审计师在不同年度产生的影响差异

由于我国内部控制审计为逐年局部实施到整体实施，2011年为强制内部控制审计第一年，2014年为所有上市公司整体强制实施年，因此各年的影响应该会有差异，本章分年度检验审计师声誉规模与内部控制质量的关系，见表6－8。

表 6-8　　　　　　　　　外部审计师变量分年度回归结果

变量	2011 年	2012 年	2013 年	2014 年
Big4	0.0234 **	0.0243 **	0.0249 **	0.0228 **
	(2.3952)	(2.4829)	(2.5416)	(2.3410)
Z	0.0001	0.0001	0.0001	0.0001
	(1.2244)	(1.0600)	(1.1976)	(0.9551)
Gqzhd	0.0004	0.0004	0.0003	0.0008
	(0.0906)	(0.0981)	(0.0657)	(0.1900)
Dsgm	0.0003	0.0003	0.0006	-0.0001
	(0.2469)	(0.2114)	(0.4296)	(-0.0668)
Liazh	-0.0001	-0.0003	-0.0002	0.0006
	(-0.0143)	(-0.0582)	(-0.0426)	(0.1103)
Dszbg	-0.0182 **	-0.0173 **	-0.0182 **	-0.0181 **
	(-2.5108)	(-2.3869)	(-2.5024)	(-2.5050)
Lnsize	0.0307 ***	0.0311 ***	0.0305 ***	0.0317 ***
	(14.0767)	(14.2518)	(13.9403)	(14.5336)
Age	-0.0034 ***	-0.0036 ***	-0.0038 ***	-0.0030 ***
	(-7.7767)	(-8.4649)	(-8.8756)	(-6.8898)
Roa	0.987 ***	1.019 ***	1.017 ***	0.992 ***
	(19.8221)	(20.6201)	(20.5380)	(20.1171)
Growth	0.0443 ***	0.0419 ***	0.0423 ***	0.0424 ***
	(5.9030)	(5.5925)	(5.6313)	(5.6781)
Invp	0.0690 ***	0.0702 ***	0.0719 ***	0.0669 ***
	(3.2888)	(3.3498)	(3.4209)	(3.2041)
MR	-0.0032	-0.0020	-0.0030	-0.0022
	(-0.6433)	(-0.4015)	(-0.6132)	(-0.4368)
Soe	0.0107 *	0.0089	0.0116 **	0.0055
	(1.9071)	(1.5768)	(2.0554)	(0.9798)
Constant	5.840 ***	5.829 ***	5.851 ***	5.835 ***
	(56.1441)	(55.9928)	(56.1340)	(56.3012)
Observations	5510	5510	5510	5510
R^2	0.165	0.165	0.161	0.171

续表

变量	2011 年	2012 年	2013 年	2014 年
Adj R²	0.16	0.159	0.156	0.166
F 值	30.89	30.86	30.05	32.26

注：括号中的为 t 值，***、**、* 分别表示在 1%、5% 和 10% 的水平上显著。

从表 6-8 可以看出，审计师是否是"国际四大"在每个年度影响都在 5% 水平上正向显著，与前面模型（6-1）的结果相同，说明前面回归结果在各年没有大的差异，只是系数逐年略微增大，结果非常稳健，进一步说明由"国际四大"进行内部控制审计有助于企业内部控制质量的提高。

（三）政府监督不同处罚力度对内部控制质量的影响

我国监督机构对上市公司管理层、股东及第三方的行政处罚主要设定为警告、批评、谴责、罚款、没收非法所得、市场禁入等措施，本书根据其轻重程度将其分为三个层次，警告、批评和谴责为第一层次，处罚力度轻；罚款和没收非法所得为第二个层次，处罚力度一般；市场禁入为第三层次，处罚力度较重。第一层次对上市公司不会产生实质性影响；第二层次的处罚，如果其罚款金额太小，或者违规执业成本不是太高，在其可承受范围内，则不构成严重的威胁，上市公司会权衡成本收益进行选择；第三个层次的处罚，对上市公司构成威慑力，股东和管理层都会高度关注，认真改正违规问题和管理缺陷。为了检验政府监管不同的处罚力度是否对上市公司内部控制评价质量的影响，借鉴已有文献（朱春艳和伍利娜，2009；王兵等，2011），采用如下模型：

$$IC = \beta_0 + \beta_1 Punish + \beta_2 Z + \beta_3 Gqzhd + \beta_4 Dsgm + \beta_5 Liazh + \beta_6 Dszbg$$
$$+ \beta_7 LnSize + \beta_8 Age + \beta_9 Roa + \beta_{10} Growth + \beta_{11} Invp + \beta_{12} MR$$
$$+ \beta_{13} Soe + \sum_{i=0}^{3} \beta_{14} year + \sum_{i=0}^{21} \beta_{15} Ind + \varepsilon \qquad (6-5)$$

Punish 表示行政处罚的不同力度，分别赋值 1、2、3，代表处罚的严重程度。

回归结果见表 6-9。不难发现，不同处罚力度对内部控制评价质量影响不显著，说明上市公司尽管受证监会处罚，但监管部门处罚力度较低，而且对屡次违规的上市公司处罚力度并未加强，对企业主要股东和管理层也未造成实质性影响，这导致只考虑眼前利益的上市公司实质上并无意愿追求高质量的内部控制。这一结果与王兵（2011）得出结果相同。

表6-9　　　　　　　政府监督不同处罚力度的回归结果

变量	lnIC
Punish	-0.0072
	(-0.6179)
Z	0.0003
	(0.9807)
Gqzhd	-0.0011
	(-0.0976)
Dsgm	0.0066
	(1.5752)
Liazh	-0.0078
	(-0.5247)
Dszbg	-0.0230
	(-1.2302)
LnSize	0.0312***
	(4.8315)
Age	-0.0032***
	(-2.7381)
Roa	0.758***
	(6.7270)
Growth	0.0159
	(1.1172)
Invp	-0.0006
	(-0.0119)
MR	-0.0020
	(-0.1152)
Soe	-0.0244
	(-1.5928)
Constant	5.811***
	(31.5555)
Observations	444
R^2	0.378
Adj R^2	0.326
F值	7.3

注：括号中的为t值，***、**、*分别表示在1%、5%和10%的水平上显著。

(四) 进一步比较不同政府背景控制的公司的影响差异

政府控制与非政府控制,中央政府控制与地方政府控制对上市内部控制评价质量的影响差异,本节进行了相关检验。上市公司的控制人的性质数据是根据色诺芬数据中的上市公司实际控制人的类型整理而得,对于国有控股公司,根据其所属部门将其进一步分为中央政府控制和地方政府控制。据统计发现,被处罚的样本中非政府控制约占70%,政府控制企业约占30%。在政府控制企业中,中央控制企业约占25%,地方控制约占75%,说明非政府控制上市公司被处罚的较多,内部控制问题更严重,相比中央控制和地方控制上市公司,地方政府控制公司被处罚的更多,内部控制问题更重。回归结果见表6-10。从表中可以看出,处罚前后,政府控制与非控制两类企业内部控制质量均得到了提高,但在中央控制和地方控制企业中却存在较大差异,中央企业在处罚前后内部控制质量没有明显改善,而在地方控制企业中得到了改善。

表6-10 被处罚企业的不同政府背景与内部控制质量的回归结果

变量	政府控制	非政府控制	中央企业	地方企业
Super	0.0196 ** (2.003)	0.0263 *** (4.3250)	0.0209 (0.9545)	0.0212 * (1.8099)
Z	0.0001 (0.391)	0.0001 (0.3222)	$-3.71e-06$ (-0.0075)	0.0002 (0.8394)
Gqzhd	-0.0118 (-0.951)	0.0054 (0.7816)	-0.0305 (-1.1883)	-0.0091 (-0.5627)
Dsgm	0.0008 (0.215)	0.0049 * (1.9240)	-0.0018 (-0.2046)	0.0021 (0.4354)
Liazh	0.0329 * (1.809)	-0.00291 (-0.3498)	0.0206 (0.3436)	0.0458 ** (2.1938)
Dszbg	-0.0098 (-0.631)	-0.0219 * (-1.7108)	-0.0334 (-1.0443)	0.0007 (0.035)
LnSize	0.0338 *** (5.696)	0.0245 *** (5.8530)	0.0518 *** (3.8624)	0.0314 *** (4.3246)
Age	-0.0014 (-0.898)	-0.0036 *** (-5.2404)	-0.0027 (-0.9953)	-0.0007 (-0.3547)

续表

变量	政府控制	非政府控制	中央企业	地方企业
Roa	1.024 *** (8.369)	0.791 *** (11.1862)	1.233 *** (3.8846)	0.940 *** (6.3114)
Growth	0.0499 *** (3.234)	0.0093 (1.1795)	0.0297 (0.9026)	0.0529 *** (2.8613)
Invp	-0.0640 (-1.214)	-0.0212 (-0.7108)	-0.0702 (-0.5468)	-0.0513 (-0.7863)
MR	-0.0085 (-0.607)	-0.0126 (-1.3823)	-0.0280 (-1.0529)	-0.0033 (-0.1888)
Constant	5.824 *** (32.819)	5.868 *** (48.2924)	4.984 *** (15.7291)	5.752 *** (26.8054)
Observations	474	1068	116	358
R^2	0.355	0.304	0.539	0.341
Adj R^2	0.308	0.2809	0.4009	0.2747
F 值	7.49	13.04	3.91	5.13

注：括号中的为 t 值；***、**、* 分别表示在 1%、5% 和 10% 水平上显著。

四、稳健性检验

为进一步检验结果的稳健性，将内部控制指数以中位数大小为标准分为内部控制高低质量组，用虚拟变量 IC2 来替代表示，如果内部控制指数大于等于中位数的，则为高质量组，取值 1，小于中位数的为低质量组，取值为 0。将 IC2 分别代入模型（6-1）和模型（6-3）中进行回归，结果见表 6-11。不难看出外部审计师是否"国际四大"和政府监督处罚与内部控制质量关系仍然是正向显著的，审计师的显著程度略有降低，政府监督处罚显著程度不变，其他变量回归结果与前面基本一致，说明结果是稳健的。

表 6-11　　　　　　　外部监督稳健性检验的回归结果

变量	IC2 加入模型（6-1）	IC2 加入模型（6-3）
Big4	0.0483 * (1.826)	
Super		0.0405 ** (2.1214)

续表

变量	IC2 加入模型（6-1）	IC2 加入模型（6-3）
Z	0.0001 (0.499)	0.0001 (0.2321)
Gqzhd	0.0164 (1.482)	0.0518** (2.4305)
Dsgm	0.0006 (0.152)	0.0029 (0.368)
Liazh	0.0254 (1.645)	0.0477* (1.7212)
Dszbg	-0.0004 (-0.018)	0.0287 (0.8123)
Lnsize	0.0835*** (14.142)	0.0629*** (5.1839)
Age	-0.0052*** (-4.384)	-0.0065*** (-2.9436)
Roa	1.998*** (15.352)	1.202*** (5.5873)
Growth	0.136*** (6.733)	0.0331 (1.271)
Invp	0.0685 (1.206)	0.0075 (0.0789)
MR	0.0064 (0.476)	-0.0181 (-0.6447)
Soe	-0.0003 (-0.017)	0.0297 (1.0045)
Constant	-1.563*** (-5.463)	-1.231*** (-3.5093)
Observatios	5765	1542
R^2	0.185	0.168
Adj R^2	0.179	0.149
F 值	34.28	8.96

注：括号中的为 t 值；***、**、* 分别表示在 1%、5% 和 10% 水平上显著。

第五节

实证结论

外部审计师提供高质量的内部控制审计服务，能帮助企业改正内部控制缺陷，促进内部控制质量的提高。高声誉和大规模的审计师一般而言其独立性和胜任能力会更强，能提供更高质量的审计服务，由于财务报告审计与内部控制审计具有相似性，本章尝试采用内部控制审计的相关指标进行验证，结果表明，我国上市公司聘请"国际四大"进行内部控制审计的，其内部控制评价质量更高，说明上市公司可以通过提高外部审计师质量，聘请声誉更高的审计师进行内部控制审计来改善内部控制评价水平。审计师的审计意见对内部控制评价质量也会产生重大影响，审计师如果出具非标意见，其会投入更多的努力，监督强度会更大，会有利于内部控制质量的提高。实证结果显示，公司内部控制审计被出具了非标准审计意见，公司下一年度的内部控制质量得到了很大的改进。另外，审计收费越多，说明审计师需要投入更多的经验和精力，也能促进企业内部控制质量的改进，但实证结果表明审计收费对内部控制质量没有实质性影响，因审计收费会受公司规模、业务复杂性等因素影响，另外我国绝大部分公司是整合审计，部分公司并没有单独披露内部控制审计收费金额，这都会对实证结果造成一定程度的影响。

被政府监管部门处罚的上市公司，其内部控制质量更低，本章通过比较公司被处罚前后的内部控制指数，结果发现，处罚后的上市公司内部控制质量得到了显著改进。进一步比较深证交易所与上海交易所的监管差异带来的影响，结果显示，在深圳交易所上市的公司内部控制评价质量改进更明显。通过进一步比较受处罚上市公司不同产权性质的监管差异的影响，发现政府控制与非政府控制上市公司受处罚后，其内部控制质量都得到了显著提高，但政府控制企业中地方政府控制的公司提高程度更显著。本章还检验了不同处罚力度的影响，结果发现，处罚严重程度对内部控制质量提高的影响不明显，说明我国监管部门处罚力度不够，违规成本不高，没对企业造成威慑力。监管部门应加大违规惩戒成本，为投资者创造良好的外部市场环境。

第七章

内外监督、内部控制有效性及其经济后果的实证分析

第五和第六章分别分析了企业内外部直接监督对内部控制有效性的影响,本章主要检验监督约束对内部控制有效性的拓展分析,目的是为企业监督约束找到"落脚"点,即进一步探究其导致的经济后果。结合第四章的理论分析,根据委托代理理论,监督既能促进企业内部控制质量的提高,又能提高企业价值。利益相关者理论认为,利益相关者利益与企业整体价值相关联,利益相关方的利益集中体现在企业价值中,当企业价值最大时,各方利益达到最大。本章主要验证内部控制有效性对企业价值的影响,并进一步验证内外监督约束对企业内部控制质量及企业价值的影响。

第一节

问题提出

随着经济全球化的发展,衰败企业的惨痛教训表明,内部控制的失效以及战略风险的失控对企业发展是毁灭性的。内部控制的产生和发展与公司治理及企业价值等都有着一定的联系,缪艳娟和杨雄胜(2014)针对"内部控制最应优先发挥作用的领域"进行了问卷调查,据回复结果显示,"控制战略风险"位列第一,这说明现代企业管理的目标已经不再是单纯追求"股东至上"的管理模式,因为其模式可能损害员工、债权人等其他利益相关者的利益,甚至会导致企业追求短期利益,失去可持续发展能力。在微观经济学中,企业管理的发展目标大致经历了利润最大化、资产报酬率最大化、每股盈余最大化、股东财富最大化、企业价值最大化这几个发展阶段。随着企业并购、重组及股权交易等产权活动的发展,企业估价成为产权交易关注的核心问题,20世纪50年代,美国学者Modigliani and Miller 率先提出了企业价值概念,并构建了价值评估体系,随后,Copeland and Koller 对价值管理进行了分析,并将价值管理贯穿于企业整体战略和日常经营决策中,将价值评估与管理行为紧密联系在一起。1985 年,波特在《竞争优势》一书中提出的企业价值、价值链以及价值管理的思想,在后期经过发展,并将其时点价值定位和价值创造理论加入动态的环境元素,成为现代企业先进的管理思想,企业在持续的价值创造中实现整体价值增加。90 年代,美国学者 Joel Stern and Bennett Sterwart 正式定义了经济附加值的概念,并将其公司注册为商标 EVA,同时建立 EVA 排名数据库,每年在《财富》杂志上公布排名前 1000 名的上市公司,国外大量学者运用价值相关性模型对 EVA 业绩评价有效性进行实证验证,发现 EVA 比传统会计指标对企业价值具有更强的解释力。2010 年,我国国务院国资委在中央企业也全面推行经济增加值(EVA)考核办法,该办法作为一项新的制度安排,旨在改变中央企业管理层的经营理念与决策行为,促使企业由利润管理向企业价值管理转变,提升企业价值。企业价值和内部控制都是 21 世纪的人们的共同语言(林钟高等,2007),如何通过内部控制实现企业价值最大化是我们最关心的问题(阎达五,2004)。2004 年,美国 COSO 的风险管理框架在原内部控制整合框架(ERM)基础上明确提出了风险概念,将风险管理定义为"应用于战略制定",并提出了内部控制更高层次的目标,即企业战略目标,战略目标体现企业竞争优势,战略目标的提出,将企业内部控制与整体价值融合在一起,并将利益相关者的利益作为企业发展的目标。根据利益相关者理论,公司的资金不仅仅来自股东,还来自债权人、供应商、雇员、客户以及政府等利益相关者,其中部分利益相关者向企业提供了人力资本,在知识日新月异的时代,拥有丰富知识资源的人力资本在企业中起着重要的作用,最终成为企业财富的核心创造力。而企业价值最大化与利益相关者利益具有一致性,内部控制目标就不再仅仅是与财务报告、经营业绩等相关,而是将企业价值作为长期的最终发展目标,企业价值最大化成为现代企业财务管理及企业管理的目标。

SOX 法案后,内部控制有效性引起了全球人们的广泛关注,学者们围绕内部控制带来的经济后果进行了大量研究。主要集中在其对企业成本、审计师行为以及市场反应等方面的影响,如 Engel et al.(2007)、Zhang(2007)对 SOX404 条款的执行效果进行了研究,结果发现内部控制评价和审计的强制执行会导致企业高昂的执行成本。内部控制缺陷较多的公司会导致较低的盈余或应计质量(Doyle et al.,2007;Ashbaugh - Skaife et al.,2008;),从而导致企业价值降低。内部控制质量的高低会引起审计师变更(Li,2007;方红星和刘丹,2013)、审计收费变化（杨德明等，2009；张川等，2009）。内部控制信息披露会带来显著的市场反应（Hammersley et al.，2007；杨清香等，2012；余海宗等，2013）。这些后果最终都会间接对企业价值产生一定影响，少量文献从投资者等其他角度研究了企业价值的直接影响因素，例如，李海英和毕晓芳（2012）基于机构投资者对企业价值的影响进行了研究，认为较高的机构投资者持股比例是机构投资者提升上市公司价值的重要条件。孙永祥和黄祖辉（1999）和刘芍佳等（2003）从企业最终控制人性质、股权结构和动机等方面研究其对企业价值产生的影响。

鲜有文献将内部控制质量与企业最终目标直接关联起来，随着经济与科学技术的迅猛发展，企业组织日益复杂化和外部化，实现利益相关者共同治理企业，从而实现共同利益，追求企业价值最大化成为企业管理的目标，学者们开始从价值链角度研究内部控制，赵保卿（2005）基于价值链管理角度，提出企业内部控制目标是实现企业价值最大化，并进行了详细的理论分析。李斌（2005）用现金流量模型分析了内部控制与企业价值存在紧密的联系。内部控制信息披露能促进企业声誉及价值的提升，国外文献围绕 SOX 法案实施，内部控制的有效实施能提高公司价值（Litvak，2007）。林钟高等（2007）以资本市场 2005 年以前上市的 300 家公司数据为样本，通过构建内部控制评价指数，验证了内部控制指数与企业价值之间存在显著地正向关系。查剑秋等（2009）基于 ERM 构建战略执行体系，并通过设计 56 份调查表的方式，验证了战略内部控制执行体系与企业价值存在显著的正向关系。池国华等（2013）以 2011 年沪市 A 股 563 个上市公司为样本，研究了内部控制质量与公司价值创造之间的关系，结果发现，内部控制质量越高，越有助于企业价值创造效率和效果的提高。健全的内部控制及信息披露，有助于提高企业财务信息的可靠性、经营效率，以及实现企业战略目标，进而促进企业声誉和价值的提升。

2008 年，我国颁布了企业内部控制《基本规范》，并提出了内部控制的五大目标，即合法合规性、资产安全性、报告性、经营性和战略性，标志着我国企业也实现了真正意义上的将内部控制与企业长期的战略发展目标相结合，与企业价值紧密联系起来，与此同时，随着经济和互联网的快速发展，企业的组织模式已逐步扩展到整个外部供应链上，包括客户、供应商以及其他利益相关者，企业价值成为衡量现代企业管理的标准，这也为内部控制的目标与企业价值理念的结合提供了现实发展契机。但在已有研究内部控制与企业价值直接关联的文献中，大多是研究内部控制的评价模型和指标体系的构建，且选取的观测样本量比较少，涉及的期间基本也只有 1 个年度，并没有全面反映出强制实施后我国上市公司内部控制评价质量与企业价值间的关系。而我国上市公司内部控制评价的强制实施，是否促进了企业可持续发展和企业价值的提升？在强制实施后企业价值是否逐年呈现增长之势？有没有产生"水土不服"的情况？以及内部控制评价对企业价值是直接影响还是通过外因间接影响？内外部监督约束机制能促进企业内部控制评价质量的提高，但其能否带来企业价值的提升？现有研究几乎未能提供这些方面的直接的经验证据，本章尝试对此进行探索性研究。

第二节 理论分析与研究假设

一、内部控制有效性与企业价值

追求盈利是公司价值创造的源泉，也是公司保持持续发展的必要条件。根据利益相关者理论，价值管理作为一种管理理念，一个公司只有在管理增值、追求盈利、控制风险三者之间实现平衡，才能满足经营者、债权人、供应商、顾客、员工及政府的共同诉求，企业才能持久发展，价值目标才能得到保证（汤谷良，2007）。内部控制的目标之一就是要提高企业经营效率和效果，内部控制可通过一系列的制度安排来提高经营效率和效果，促进企业战略发展，给投资者带来收益（李万福等，2011）。因此，有效的内部控制有助于改善公司盈余质量，提高公司盈利水平，而盈余质量和盈利水平的提高无疑会提高企业价值。根据委托代理理论，内部控制的有效运行还能有助于企业信息披露质量的提高，可缓解股东与经理之间，以及大股东与中小股东之间因信息不对称而产生的代理冲突，降低代理成本。同时，企业价值管理也可以促进代理人持续关注股东价值，弱化代理冲突，促进委托人与代理人的利益趋同，从而实现代理成本最小化的目标。由于企业契约具有不完备性的特点，大股东和管理层可能存在逆向选择和道德风险问题。内部控制约束机制正是为了弥补契约的不完备性，保证企业资产安全完整、提高财务报告的可靠性、提高企业经营效率与效果，实现企业战略目标。然而设计健全完整的制度如果不执行或执行得不好，也不会起到应有的作用，内部控制监督、评价作为内部控制再控制手段，可以通过发现问题、及时改正问题等手段来保障企业内部控制机制的正常运行，促进企业长远目标和企业价值的实现。

已有关于内部控制经济后果的文献主要集中在盈余管理、融资成本以及审计定价等方面,有效的内部控制可以增加财务报告的可靠性,提高企业盈余质量(Bedard,2006,Doyle et al.,2007;Ashbaugh – Skaife et al.,2008;方红星和张志平,2013),业绩较差的公司出现重大缺陷的情况比较多(Doyle et al.,2007;Ashbaugh – Skaife et al.,2007),说明内部控制设计较差或执行得不好,会导致公司业绩差,内部控制审计也可以提升企业盈余质量,保护中小股东利益(张龙平等,2010)。内部控制缺陷多或内部控制质量差会导致企业面临更高的外部融资成本(Kim et al.,2008)。内部控制质量的高低会影响企业债务融资成本(陈汉文和周中,2014),也会影响企业并购绩效的实现(赵息和张西栓,2013),高质量的内部控制能降低企业的资本成本(Doyle,2007;Ashbaugh – Skaife,2008;Gordon,2012)。研究内部控制对企业价值创造的影响,实质上就是研究内部控制是如何影响公司增长、盈利以及风险这些关键价值驱动因素的,公司内部控制质量的提高有助于提高公司价值创造活动的效率和效果(池国华等,2013)。

企业价值要实现增值,应通过合理保证企业内部控制目标的实现来达成(阎达五,2004)。赵保卿(2005)认为内部控制体现企业价值链管理的基本内涵,企业内部控制的目标是实现整体价值最大化,内部控制有助于企业价值链整体实现增值。企业价值与财务、会计和审计也有一定渊源,刘成立(2004)认为,企业财务、会计及审计的逻辑起点是价值增值,但不同的环境下价值增值表现形式不同,实现价值增值是企业财务、会计和审计工作的共同目标,也是企业管理的目标。王海林(2006)认为内部控制是价值链企业开展全面业务,实现价值链管理目标的保证。其通过控制论管理思想,对价值链内部控制进行了深入研究,提出企业价值链的内部控制管理目标,并构建了企业价值链内部控制研究模型。林钟高等(2007)通过内部控制"五要素"构建内控综合评价指数,运用2005年以前沪深两市上市公司实际数据,研究了内部控制与企业价值间的关系,结果发现,内部控制水平的提高对企业价值的促进有显著影响,并且随着证券市场的规范化和改革的深化,治理结构越来越合理,公司内外部环境对内部控制水平的提升产生了一定促进作用。企业内部控制强制实施后,内部控制经济后果的文献呈增加之势,学者们研究的重心从盈余质量、融资成本、审计费用等方面逐步转向对企业价值的影响研究,各利益相关者们关心的主要问题是其强制实施是否给企业带来额外价值的增加。肖华和张国清(2013)以2007~2010年A股上市公司数据为样本,研究了内部控制质量、盈余持续性以及公司价值间的关系,结果发现,内部控制质量与盈余持续性,以及盈余持续性与公司价值都正向相关,表明我国内部控制质量有一定提高，促进了公司盈余质量的提高，也有利于公司估价。池国华和杨金（2013）在理论分析的基础上，通过构建内部控制质量指数，考察了内部控制质量对企业价值创造的影响，并用 EVA 代表企业价值的增加。沈烈等（2014）认为"人本和谐"内部控制的目标是满足企业各利益相关者的利益，即实现企业价值。从本质上讲，合理保证内部控制目标实现的环境应为"和谐的内部控制环境"，即能完整顾及企业各利益相关者利益关系的环境。综合考虑利益相关者的不同要求，进行自身定位，避免不同价值取向的冲突，关注企业的不同价值理念需顺应社会的价值取向。如何在实现利益相关者共同治理下的和谐分配，创造价值是企业提高核心竞争力，保持持续增长，以及内部控制的关键所在（徐虹等，2008）。综上所述，企业内部控制与企业价值创造应互相融合，协同发展。基于此分析，本书提出以下假设：

假设 7 -1：内部控制质量越高，越有利于企业整体价值增值。

二、监督约束、内部控制有效性与企业价值

进入 21 世纪，随着研究的进一步深入，发现衡量企业经营好坏的标准不再是利润，而是综合性竞争指标，体现企业新的管理模式的企业价值管理体系。价值管理强调内外部业绩管理，以及价值创造，体现各要素主体的价值取向与社会价值理念的协调一致，各要素主体和谐分配，这需要一套复杂、全面、有效的内部控制程序，将各利益人的行为进行规范、控制、协调，使内部管理控制顺应企业的治理目标，建立基于利益相关者共同治理的内部控制体系，并使之成为企业价值创造、实现价值最大化的重要手段。根据利益相关者理论，内部控制有效性评价的强制实施一般会导致企业出现两种情况，一是"形式合规"，Rice and Weber（2012）研究发现，部分存在重大缺陷的公司并未及时在报告中披露缺陷，我国上市公司存在重大缺陷而未进行披露的现象更为严重；二是"实质有效"，即当内控有效性的提高给遵循企业带来实质性好处时，企业才会有动力投入更多资源完善内部控制。虽然我国内部控制相关规范已颁布，但还需要健全的监督机制来督促企业内部控制体系的有效实施，才能保证内部控制目标和企业治理目标的实现。

良好的内部监督机制有助于提高内部控制的有效性，也能促进企业价值的增加。国外较多文献研究了独立董事比例、董事会会议、审计委员会、监事会独立性等内部监督指标对企业价值产生的影响。独立董事的存在能给企业带来价值的

增加（Baysing，1985；Weisbach，1988；Masli et al.，2008）；Vafeas（1999）的研究发现董事会的会议频率对内部控制和公司价值会产生正向影响；Ghosh and Sirmans（2003）的经验数据也证明了外部董事比例与企业价值之间存在显著的正向。审计委员会、董事会独立性和行动与非正常应计项目之间存在负向关系，阻止经理进行盈余管理（April Klein，2002；Biao Xie et al.，2001）。而部分学者也得出了不一致的结论，Yermack（1996）研究发现外部董事比例与企业价值之间存在显著负向关系，董事会的组成与企业价值间也存在显著影响；Mak and Li（2001）以新加坡1995年上市公司的数据得出外部董事比例与企业价值互为反向关系。监事会的独立性有助于强化其监督功能（Massen and Bosch，1999；Dahya et al.，2003）。国内学者也从独立董事比例、审计委员会、监事会等方面研究了其对企业价值的影响，研究得出的结论也不是一致的。王华和黄之骏（2006）研究显示，独立董事会比例与企业价值间存在显著负向关系，且在高科技企业中独立董事侧重于对经营者进行监督，而非执行董事比例与企业价值呈正向关系，其在高科技企业中侧重于对经营决策进行指导和修正；于东智（2004）用固定效应模型发现，独立董事比例与企业价值呈显著负向关系。而于东智和池国华（2004）的研究发现，独立董事与企业价值没有显著关系。吴清华等（2007）研究显示，审计委员会能显著抑制公司盈余管理，提高内部控制效率。王跃堂等（2006）、张先治等（2010）先后研究证明内部监督对公司业绩、企业内部控制质量和企业价值的提升都有重要作用。袁萍等（2006）的研究发现监事会对公司业绩无显著影响。薛祖云和黄彤（2004）的经验数据显示董事会、监事会会议频率与公司信息质量呈显著正向关系。Krishnan（2005）研究了董事会、审计委员会的构成和行为对内部控制质量的影响。Wu et al.（2005）的研究显示，审计委员会对盈余质量、审计质量以及财务报告质量会产生正向影响。Beasley et al.（2009）通过访谈方式考察了审计委员会的运行情况，结果发现审计委员会审计委员会都尽力履行监督职能而避免形式上的安排。Goh（2009）研究了审计委员会、董事会的组成和效率对内部控制重大缺陷整改的影响。吴清华和王平心（2007）的研究显示，审计委员会能抑制管理当局的盈余操纵动机。刘焱（2014）的研究表明，审计委员会以及审计委员会主席的专业性，可以降低公司出现内部控制缺陷的可能性，从而达到提高内部控制质量及保护投资者利益的目的。按照制度规定，企业内部监督者主要分为独立董事、审计委员会以及监事会，本章结合前面章节的内容，分别检验内部控制强制实施后，内部监督对内部控制质量与企业价值关系的影响，基于此，提出以下假设：

假设 7-2：良好的内部监督机制有助于实现内部控制最终目标，提升企业整体价值；

7-2a：独立董事的监督有助于企业内部控制水平提高，进而促进企业价值提升；

7-2b：审计委员会的监督有助于企业内部控制水平提高，进而促进企业价值提升；

7-2C：监事会的监督有助于企业内部控制水平提高，进而促进企业价值提升。

当市场提供的公共物品"失灵"时，政府管制必不可少。资本市场较为发达的美国，因爆发震惊中外的安然、世通等财务舞弊和法律诉讼案件，促进了 SOX 法案的颁布，政府监管力量逐步加强，全球企业内部控制信息披露进入管制阶段，已有研究证明了内部控制信息管制有助于企业规避风险（Leonce et al.，2009），提高企业内部控制质量，减少舞弊行为（Patterson and Smith，2007），改善公司治理环境（Cohen et al.，2010）。Berkman et al.（2005）的研究发现，中小股东法律保护的颁布，显著提高了企业价值。对于监管政策的遵守，利益相关者们会在实施成本与获得的收益之间进行权衡，根据博弈理论，当收益大于成本时，能带来企业价值的增加，企业会有动力实施政策。内部控制有效性评价在美国的强制实施，起初也因为其增加了高昂的实施成本，曾一度饱受争议。已有研究表明，内部控制监管将给企业带来较高的额外负担，例如，Zhang（2007）和 Defong（2011）等的研究提供了股东和债权人对 SOX 法案的实施带来企业预期净收益为负的经验证据。Litvak（2007）的研究也发现，与海外无须遵循 SOX 法案的公司相比，遵循 SOX 法案企业带来了负的异常回报和更低的托宾 Q 值。随后，美国 SEC 通过修改相关条款和推迟、豁免中小企业的实施，以减轻中小企业负担，可见，美国政府监管机构在企业实施过程中也起着重要的作用。在新兴资本市场，法制不太健全，政府行为对企业经济行为影响更大（Leuz and Flex，2005）。我国资本市场正处于转轨时期，政府行为对资源配置、投资者保护以及企业持续发展有着重要影响。政府监管在推动我国企业内部控制质量建设中发挥着积极作用（刘玉廷，2001），内部控制规范的实施属于开始投入大（陈骏，2014），后期收益逐期显现的一项战略政策。监管机构通过事前发布政策，事后对企业进行检查，并对违规行为出具处罚公告等行为方式进行管理，对企业违反相关法律、法规，或者破坏证券市场正常秩序，损害投资者合法权益的行为进行规范，当企业存在违法违规行为时，也说明企业没有遵守内部控制合法合规目标，企业未来经营发展会面临较高的不确定性，利益相关者会承担更高的风险，企业价值可能会降低。

根据代理理论，为缓解委托方与代理方之间的信息不对称，降低代理成本，委托方会对经理层的行为实施有效监督（Jensen and Meckling，1976）。在市场竞争日益激烈的情况下，审计质量是企业提升财务公信力以及实现企业可持续发展的一个重要途径，审计监督越来越受到企业、政府以及学术界的广泛关注。许多学者从外部审计师监督角度分析其对企业价值的影响，认为企业内部控制经过审计师审计后能为企业带来价值的增加。外部审计师主要通过降低委托方与代理方之间信息不对称、对内部人实施有效监督、信号传递以及赔偿担保等方式来实现对企业价值的影响（Menon and Williams，1994；Baber et al.，1995）。特别是随着审计准则和内部控制规范的陆续颁布、监管力度的加强，外部审计质量大大提高，有助于企业价值的增加。Titman 和 Trueman（1986）用理论模型分析了当企业有利好内部信息时，管理者有动力聘请高质量的审计师向投资者提供信息，投资者会根据外部审计质量评估企业价值。聘请高质量的审计师进行审计是现代公司治理的重要内容（Watts and Zimmerman，1983），当外部法律环境不健全或执行效果存在缺陷时，外部审计可以发挥替代性机制作用（Fan and Wong，2005）。国内审计市场，学者们的研究也得出了类似结论，曾颖和叶康涛（2005）发现，聘请高质量的外部审计师能降低公司代理成本，提高企业市场价值。雷光勇等（2009）的研究结果表明，外部审计可以替代法治水平不足发挥的公司外部治理功能，高质量的审计能提升企业价值。张奇峰和张鸣（2009）研究表明，经"国际四大"审计的公司盈余质量高于其他公司，审计师选择能影响公司会计信息质量，并对企业市场价值产生一定影响。吴益兵和王艳艳（2009）认为内部控制审计能提高我国资本市场效率，企业内部控制信息披露如果没有经过外部审计师审计，将无法得到投资者认可，无法得到市场认可，达到降低企业资本成本的目的。企业内部控制强制审计后，没有披露内部控制信息的企业与披露内部控制信息的企业之间的价值相关性存在差异，市场对经过内部控制审计的企业能进行资本定价，强制内部控制审计能提高资本市场运作效率，提高投资者信心（吴益兵，2009）。张红英等（2014）从政府和审计师监督两方面来分析其对企业内部控制信息披露的影响。张龙平等（2010）认为，当内部控制审计与财务报表审计整合时，内部控制审计会促进审计师扩大内部控制测试的范围和程度，从而促进与财务报告和风险管理相关的内部控制的完善，增强企业纠错防弊能力，提升公司会计盈余质量。对企业直接进行监督的外部监督者主要是外部审计师审计监督以及证监会等监管部门的监督，本章检验我国资本市场，内部控制强制实施后，外部监督对内部控制质量与企业价值关系的影响作用，内部控制质量水平是否受到外部监督因素的影响，进而影响企业价值的增加？本章提出以下假设：

假设 7-3：高质量的外部审计师和监管机构的监督处罚有助于实现内部控制最终目标，推动企业整体价值的提升。

7-3a：外部审计师的审计监督有助于企业内部控制水平提高，进而促进企业价值增加；

7-3b：政府监督处罚有助于企业内部控制水平提高，进而促进企业价值提升。

第三节

研究设计

一、变量定义

(一) 被解释变量

本章用企业价值作为被解释变量。对于企业价值的衡量指标，学者们主要采用以下几种：一是用会计指标，如净资产收益率（ROA），用年末净资产与净利润之比表示；公司市净率（ROE）指标，用股票市值与股权账面值之比表示。二是经济增加值 EVA，用税后净营业利润减去资本成本表示（池国华等，2013；杨松令等，2014）。三是托宾 Q，此指标应用最广泛，此指标相比会计指标包含风险，且不受会计操纵的影响。托宾 Q 也有几种不同的表示方法，主要体现在市场价值的不同计算上：（1）国泰安数据库中企业价值（TQ）表示为：人民币普通股 × 今收盘价当期值 + 境内上市的外资股 B 股 × 今收盘价当期值 × 当日汇率 +（总股数 - 人民币普通股 - 境内上市的外资股 B 股）× 所有者权益合计期末值/实收资本本期期末值 + 负债合计本期期末值。（2）汪辉（2003）、夏立军和方轶强（2005）、刘凤委等（2009）、林钟高等（2007）、雷光勇等（2009）等用托宾 Q 表示企业价值，托宾 Q（市场价值/重置成本）=（每股价格 × 流通股份数 + 每股净资产 × 非流通股份数 + 负债账面价值）/ 总资产。（3）肖华（2013）表示的企业价值，托宾 TQ = 指定证券年末收盘价（指定证券次年 4 月 30 日收盘价）× 总股本数 × 交易币种兑人民币汇率 + 负债账面值）÷ 总资产账面值。本章借鉴上述第（2）种的托宾 Q 的计算方法进行回归，再用第（1）种计算方法进行稳健性检验，因为这两种计算法在理论和实践中得到更多人的支持和应用。

（二）解释变量

内部控制有效性水平用内部控制质量（IC）表示，为主要解释变量，国外学者多用内部控制缺陷表示内部控制质量、内部控制有效性或内部控制信息披露质量，由于国内上市公司内部控制有效性评价报告中较少披露内部控制缺陷，因此，国内学者们多通过构建评价指标体系来衡量内部控制评价质量。而上市公司内部控制的真实质量无法直接观察，只能通过上市公司披露、评价和审计的有关内部控制的各种信息来替代企业真实信息，代替企业内部控制真实的质量水平。因此，企业内部控制质量指标、内部控制评价质量指标以及内部控制信息披露质量指标都是根据公司披露的内部控制评价报告信息分别进行赋值的，因此，其具有同质性。本章根据迪博公司课题组构建的内部控制指数来衡量内部控制评价质量，此指数是以内部控制"五目标"为基础，构建的评价指标体系，并结合内部控制缺陷进行修正。此指标体系共分为两个层次，第一层次为内部控制五目标，第二层次以第一层次为基础，再进行细分为若干个指标。此指标体系的赋值范围为［0，1000］。

监督约束分为内部监督和外部监督，内部监督指标主要为董事会特征、审计委员会特征以及监事会特征指标，具体包括独立董事4个特征指标、审计委员会2个特征指标以及监事会2个特征指标共8个具体指标。外部监督选用第六章外部直接监督指标，包括外部审计师和政府处罚监督两方面的衡量指标。

（三）控制变量

考虑与企业价值具有相关关系的其他因素时，沿用前人研究成果，本章对以下变量进行控制：（1）公司财务杠杆（Lev），根据汪辉（2003）、雷光勇等（2009）等的研究发现，债务融资具有传递公司业绩，增加企业价值的作用；（2）第一大股东持股比例（First），根据 Xu and Wang（1999）、孙永祥和黄祖辉（1999）、白重恩等（2005）等的研究表明，第一大股东持股比例会显著影响企业业绩；（3）董事长和总经理是否合一（Liazh），根据 Xu and Wang（1999）、陈晓和江东（2000）、Sun and Tong（2003）等的研究，当董事长同时兼任总经理时，会更多干预企业经营活动决策，对企业业绩产生一定影响；（4）根据刘凤委等（2009）、肖华（2013）、林钟高（2014）等研究，将公司规模（Size）、上市时间（Age）、债务能力（Lev）、企业成长性（Growth）、存货比（Invp）以及是否兼并与重组（MR）等公司特征变量进行控制；（5）考虑到董事会的重要地位，对内部监督的影响，本章将董事会规模进行控制，最后还对年度和行业进行了控制。本章选取的变量情况见表7-1。

表7-1 相关变量定义

	变量名称	变量符号	变量含义及描述
被解释变量	企业价值	TQ	市场价值/重置成本 =（每股价格×流通股份数 + 每股净资产×非流通股份数 + 负债账面价值）/ 总资产
解释变量	内部控制指数	Ln IC	内部控制质量指标值取自然对数
	独立董事参会频率	Dsmt	公司年内董事会开会次数
	独董比例	Ddp	公司独立董事人数除以董事会总人数
	海外背景独董人数	Oversea	公司拥有海外背景独立董事的人数
	事务所背景独董	Accfirm	哑变量，公司聘请事务所背景独立董事取1，否则取0
	审计委员会规模	Augm	公司审计委员会人数
	监事会规模	SJsgm	公司领取薪水监事人数
	监事会会议频率	Jsmt	公司年内监事会开会次数
	审计委员会会议频	Aumt	公司审计委员会开会次数
	审计师意见	Opinion	审计师出具标准无保留意见取1，其他取0
	是否国际四大审计	Big4	由国际四大进行审计取1，否则取0
	是否被处罚	Super	虚拟变量，处罚当年取0，处罚以后年度取1
控制变量	第一大股东持股比	First	公司第一大股东占公司全部股本的比例
	公司规模	LnSize	公司年末总资产的自然对数
	上市时间	Age	公司成立时间至样本期间末，采取四舍五入，超过半年不到一年取1，不到半年取0
	盈利能力	Roa	年末净利润除以总资产
	董事规模	Dsgm	公司董事会成员数
	成长性	Growth	公司当年营业收入除以上年营业收入后减1
	存货比例	Invp	年末存货除以总资产
	兼并与重组	MR	哑变量，当年发生并购或重组行为，则取值为1，否则为0
	行业	Ind	18个行业，加上制造业再分为4个，共分为22个行业
	年度	Year	以2011年为基准年，设立3个虚拟变量

二、样本选择与数据来源

本章选取2011~2014年沪深两市的所有上市公司，主要是基于2011年是我国内部控制评价强制实施的第一年，终止年度是2014年，因截至本书完稿，2015年的数据还没有公开对外披露。在此基础上进行以下剔除：（1）当年上市的公司，由于上市当年公司来不及对整个年度的内部控制进行完整的评价；（2）剔除同时发行B股或H股的公司，由于不同制度背景和双重监管而导致的差异；（3）剔除财务数据缺失的公司；（4）剔除公司独立董事、审计委员会及监事会数据缺失的公司；（5）剔除内部控制指数数据缺失的公司；（6）剔除公司内部控制审计数据和监督处罚数据缺失的公司；（7）为了避免极端值的影响，本章对连续变量按照（1%，99%）的标准进行了winsorize缩尾处理。最后选定8264个样本观测值组成研究样本，其中2011年1742个，2012年2089个，2013年2261个，2014年2172个。

样本观察值的数据主要来自国泰安（CSMAR）数据库和色诺芬（CCER）数据库，内部控制指数、内部控制审计意见以及外部审计师数据均来自迪博数据库，审计委员会资料来自巨潮资讯网，经手工收集整理而得。对于公司治理数据库缺失资料，将国泰安数据库和色诺芬数据库进行了交叉引用和核对。本章利用State12.1和Excel完成数据处理分析过程。

三、模型设定

借鉴前人模型，构建本章主要回归模型如下：

$$TQ = \beta_0 + \beta_1 LnIC + \beta_2 LnSize + \beta_3 Age + \beta_4 Growth + \beta_5 Lev \\ + \beta_6 Dsgm + \beta_7 First + \beta_8 Liazh + \beta_9 Invp + \beta_{10} MR \\ + \sum_{i=0}^{3} \beta_{11} year + \sum_{i=0}^{21} \beta_{12} Ind + \varepsilon \quad (7-1)$$

Tobin Q是因变量，代表公司整体价值。该变量指标用公司年末的市场价值与公司年末资产重置成本的比值表示。由于年末公司资产重置成本难以获得，一般用公司年末总资产的账面价值来代替。公司市场价值为公司债权资本的市场价值与公司所有者权益资本的市场价值之和。用短期负债和长期负债的账面值之和来表示公司债权资本的市场价值。由于我国上市公司存在流通股和非流通股，因此，所有者权益资本的市值等于流通股市值加上非流通股的价值，而非流通股的价值由于没有市场化的数据来度量，考虑到其转让价格通常是以净资产为基准的，其价值用非流通股份数与每股净资产的乘积来表示。因此，公司价值的计算公式为：TobinQ（市场价值/重置成本）=（每股价格×流通股份数＋每股净资产×非流通股份数＋负债账面价值）/总资产。

第四节

实证结果分析

一、描述性统计

表7-2列示的是主要变量的描述性统计结果。TQ均值为1.7787，最小值为0.9066，最大值为7.7067，标准差为0.9985，说明企业价值差距非常大，中位数为1.4591，低于平均数1.7787，说明了大部分企业的价值水平不高，未达到市场平均水平。内部控制指数取对数（lnIC）后均值为6.5129，标准差为0.1148。Ddp均值为0.3714，说明上市公司独立董事人数占董事会人数的比例平均为37.14%；Dsmt均值为9.3584，最小值为4，最大值为22，说明上市公司中召开董事会会议次数差距明显。Oversea均值为0.1843，最小值为0，最大值为4，说明公司拥有海外背景独立董事人数平均为0.1843人，很多公司没有海外背景独立董事，最多的拥有4个海外背景独董，公司间差别大。Accfirm均值为0.3052，说明平均有30.52%的上市公司聘请了会计师事务所背景的独立董事。Augm均值为3.2852，说明上市公司审计委员会人数平均3.2852人，整体符合证监会的规定。Aumt均值为4.5334，说明上市公司审计委员会平均开会次数为4.535次，符合证监会规定的审计委员会定期会议次数。Sjsgm均值为2.7235，说明我国上市公司实际领取薪水监事会平均人数为2.7235人，实际人数并没有达到3人的规定。Jsmt均值为4.4277，说明证监会平均年开会次数为4.4277次。审计意见（Opinion）均值为0.0199，说明我国平均1.99%的上市公司的内部控制审计意见类型是非标准意见。Big4均值为0.1014，说明上市公司中仅有10.14%的内部控制审计是由"国际四大"来执行的。Super均值为-0.0531，标准差为0.831。

表7-2　　　　内部控制评价质量及相关变量的描述性统计

变量	N	mean	sd	p25	p50	p75	Min	max
TQ	8264	1.7787	0.9986	1.1913	1.4591	1.9775	0.9066	7.7067
lnIC	8264	6.5129	0.1148	6.4658	6.5334	6.5739	6.0324	6.8075
Ddp	8229	0.3714	0.0527	0.3333	0.3333	0.4	0.3333	0.5714
Dsmt	8229	9.3584	3.4557	7	9	11	4	22
Oversea	8229	0.1843	0.4592	0	0	0	0	4
Accfirm	8229	0.3052	0.4605	0	0	1	0	1
Augm	5116	3.2852	0.7884	3	3	3	2	8
Aumt	3471	4.535	1.925	3	4	6	1	18
Sjsgm	6386	2.7235	1.2231	2	3	3	1	7
Jsmt	6386	4.4277	2.2146	3	4	6	1	11
Big4	5510	0.1014	0.302	0	0	0	0	1
Super	1471	-0.0531	0.831	-1	0	1	-1	1
LnSize	8264	21.9857	1.2779	21.0537	21.7904	22.6991	19.5511	26.0687
Age	8264	9.9291	6.3573	3.7973	9.7808	15.6027	1.1425	22
Lev	8264	0.4318	0.2227	0.2496	0.4277	0.6061	0.0338	0.9269
Growth	8264	0.145	0.4071	-0.0439	0.0822	0.2276	-0.5672	2.7436
Dsgm	8264	8.8686	1.7612	8	9	9	5	15
First	8264	0.3608	0.154	0.2362	0.3426	0.471	0.0863	0.7546
Liazh	8264	0.239	0.4265	0	0	0	0	1
Invp	8264	0.167	0.1578	0.0663	0.1265	0.207	0	0.7702
MR	8264	0.7162	0.4509	0	1	1	0	1

二、相关性分析

表7-3列示了主要变量间的相关性系数，不难看出，解释变量与被解释变量间的相关关系都在1%水平上显著，初步说明外部审计师审计质量有助于企业内部控制质量提高。控制变量基本也与被解释变量关系显著，各变量间关系也基本显著，而且相互间系数都小于0.5，说明各变量间不存在严重的多重共线性。

表7-3 内部控制质量及相关变量的相关系数

	TQ	LnIC	LnSize	Age	Lev	Growth	Dsgm	First	Liazh	Invp	MR
TQ	1										
LnIC	-0.078***	1									
LnSize	-0.426***	0.253***	1								
Age	0.087***	-0.101***	0.267***	1							
Lev	-0.202***	-0.049***	0.501***	0.412***	1						
Growth	0.050***	0.140***	0.0150	-0.038**	0.018*	1					
Dsgm	-0.138***	0.075***	0.329***	0.115***	0.180***	-0.033***	1				
First	-0.163***	0.129***	0.268***	-0.073***	0.047***	0.00400	0.018*	1			
Liazh	0.053***	-0.0130	-0.196***	-0.233***	-0.156***	0.0150	-0.180***	-0.059***	1		
Invp	-0.109***	0.0100	0.134***	0.179***	0.305***	0.0110	-0.061***	0.065***	-0.030***	1	
MR	0.037***	0.0100	0.134***	0.0040	0.075***	0.056***	-0.0170	-0.066***	0.0100	0.038***	1

注：***、**、*分别表示在1%、5%和10%水平上显著。

三、回归结果及分析

(一) 内部控制质量与企业价值

表7-4列示的是检验内部控制质量变量与企业价值变量间关系的回归结果,全样本模型反映了内部控制质量对企业价值的影响,其回归系数为0.981,且在1%的水平上与企业价值显著正向相关,说明企业内部控制质量越高,企业整体价值越大,与预期一致,验证了假设7-1。为了进一步验证结果的稳健性,避免因TQ计算方法代表企业价值具有片面性,将国泰安数据库中计算的托宾Q代表企业价值进行稳健性检验,该变量符号用TQ1表示,将其代入模型(7-1),回归结果见表7-4,可以看出,内部控制质量对TQ1的影响也是在1%水平上正向显著的,说明企业内部控制质量对企业价值的积极影响非常稳健。企业可以通过提高内部控制质量,来促进企业整体价值的提高,让企业保持健康持久发展。

表7-4 内部控制质量与企业价值的回归结果

变量	TQ	TQ1
lnIC	0.978*** (10.4)	1.360*** (11.50)
LnSize	-0.415*** (-38.1)	-0.541*** (-39.42)
Age	0.0425*** (22.4)	0.0208*** (8.75)
Lev	-0.242*** (-4.0)	-1.509*** (-19.82)
Growth	0.126*** (5.1)	0.342*** (10.86)
Dsgm	0.0089 (1.5)	0.0062 (0.80)
First	0.0477 (0.7)	0.0034*** (3.87)

续表

变量	TQ	TQ1
Liazh	-0.002 (-0.1)	0.0751** (2.45)
Invp	-0.431*** (-4.8)	-0.700*** (-6.16)
MR	0.114*** (5.1)	0.138*** (4.96)
Constant	3.771*** (5.6)	4.362*** (5.19)
Observations	8264	8264
R^2	0.313	0.429
Adj R^2	0.31	0.427
F值	110.08	181.81

注：括号中的为t值；***、**、*分别表示在1%、5%和10%水平上显著。

（二）内部监督、内部控制有效性与企业价值关系的影响

表7-4的实证回归结果显示，高质量的内部控制对企业价值的提升有明显的促进作用。但内部控制质量的这种促进作用是直接的，还是间接的？有没有受其他内外部因素的影响或是推动？因为不同企业规模、业绩水平、债务水平、内部环境、外部市场、审计师以及政府等都会影响企业内部控制水平和企业价值。在日益复杂多变的外部环境影响下，企业较高的内部控制水平，能向市场传递企业具有良好管理能力的利好信息，导致企业整体价值上升。本章考虑内外部直接监督环境，对内部控制质量影响企业价值的效应强度，内部监督对内部控制质量的影响第五章已经进行了验证，本章进一步验证在内部监督机制作用下，内部控制质量对企业价值的影响，本章验证回归模型如下：

$$TQ = \beta_0 + \beta_1 LnIC + \beta_2 DDTZ + \beta_3 DDTZ \times LnIC + \beta_4 LnSize + \beta_5 Age \\ + \beta_6 Growth + \beta_7 Lev + \beta_8 First + \beta_9 Liazh + \beta_{10} Invp + \beta_{11} MR \\ + \sum_{i=0}^{3} \beta_{12} year + \sum_{i=0}^{21} \beta_{13} Ind + \varepsilon \quad (7-2a)$$

$$\begin{aligned}TQ = &\beta_0 + \beta_1 LnIC + \beta_2 AUCM + \beta_3 AUCM \times LnIC + \beta_4 LnSize + \beta_5 Age \\ &+ \beta_6 Growth + \beta_7 Lev + \beta_8 First + \beta_9 Liazh + \beta_{10} Invp + \beta_{11} MR \\ &+ \sum_{i=0}^{3} \beta_{12} year + \sum_{i=0}^{21} \beta_{13} Ind + \varepsilon \end{aligned} \quad (7-2b)$$

$$\begin{aligned}TQ = &\beta_0 + \beta_1 LnIC + \beta_2 SJTZ + \beta_3 SJTZ \times LnIC + \beta_4 LnSize + \beta_5 Age \\ &+ \beta_6 Growth + \beta_7 Lev + \beta_8 First + \beta_9 Liazh + \beta_{10} Invp + \beta_{11} MR \\ &+ \sum_{i=0}^{3} \beta_{12} year + \sum_{i=0}^{21} \beta_{13} Ind + \varepsilon \end{aligned} \quad (7-2c)$$

DDTZ 表示独立董事特征，AUCM 表示审计委员会特征，SJTZ 表示监事会特征。

表 7-5 列示的是在内部监督影响下，内部控制质量对企业价值影响的回归结果，将独立董事的四个特征变量（Ddp、Dsmt、Oversea、Accfirm）分别代入模型（7-2a），回归结果分别在表 7-5 的（1）（2）（3）（4）下列示，从表中可以看出，在独立董事监督作用下，内部控制质量与企业价值是显著正向相关的，表明独立董事监督能强化内部控制质量对企业价值的正向效应。在加入独立董事特征变量模型中，独立董事比例和独立董事开会次数对强化内部控制质量与企业价值的促进影响效应并不显著，这与 Mehran（1995）结论一致，说明内部控制质量对企业价值的影响作用与独立董事比例以及独立董事开会次数不是很相关；而拥有海外背景的独立董事对内部控制质量的积极促进作用非常明显，这与魏刚等（2007），王裕和任杰（2016），宋建波和王雯（2016）等的研究结论一致，与假设 7-2a 相符，说明海外背景的董事受国外法律以及文化的熏陶，独立性较强，能更好地履行监督职责，提高公司治理水平；另外，海外背景的董事更熟悉国外规范的运作方式和理念，掌握更为先进的专业技能和管理经验，能为企业咨询提供更多的服务，有助于企业经营业绩的提高，对企业价值增加能发挥更大的促进作用。而有事务所背景的独立董事对内部控制评价质量影响企业价值并未起到正向强化作用，反而是反向的抑制作用，与假设 7-2a 的预期不一致，出现背离现象也符合我国企业实际，正好反映了我国资本市场的现实情况，因为会计师事务所背景独董是财务专业人士，由于更熟悉我国企业的财务情况，往往更容易被管理层"同化"，不认真履行监督职责，反而帮着管理层进行蒙骗，利用娴熟的专业技术进行盈余管理，反而降低了企业的整体价值。

表7-5　　内部监督、内部控制质量与企业价值的回归结果

变量	TQ (7-2a)			TQ (7-2b)		TQ (7-2c)		
	(1)	(2)	(3)	(4)	(5)	(6)	(7)	(8)
LnIC	1.148** (2.1)	0.849*** (3.50)	0.883*** (8.751)	1.271*** (11.4734)	0.126 (0.3)	0.603** (1.98)	0.762*** (3.4)	1.099*** (5.25)
Ddp	3.896 (0.4)							
LnIC×Ddp	-0.450 (-0.3)							
Dsmt		-0.0878 (-0.58)						
LnIC×Ddmt		0.0136 (0.59)						
Oversea			-2.691** (-2.481)					
LnIC×Oversea			0.430*** (2.586)					
Accfirm				6.036*** (5.0343)				
LnIC×Accfirm				-0.938*** (-5.0825)				
Augm					-1.468 (-1.6)			
LnIC×Augm					0.231* (1.7)			
Aumt						-0.311 (-0.81)		
LnIC×Oversea			0.430*** (2.586)					
Accfirm				6.036*** (5.0343)				
LnIC×Accfirm				-0.938*** (-5.0825)				

续表

变量	TQ (7-2a)			TQ (7-2b)		TQ (7-2c)		
	(1)	(2)	(3)	(4)	(5)	(6)	(7)	(8)
Augm					-1.468 (-1.6)			
LnIC × Augm					0.231* (1.7)			
Aumt						-0.311 (-0.81)		
LnIC × Aumt						0.0483 (0.82)		
Sjsgm							-0.958** (-2.1)	
LnIC × Sjsgm							0.147** (2.1)	
Jsmt								-0.107 (-0.41)
LnIC × Jsmt								0.0138 (0.34)
LnSize	-0.429*** (-38.6)	-0.422*** (-37.95)	-0.429*** (-38.818)	-0.428*** (-38.7564)	-0.428*** (-31.0)	-0.416*** (-25.42)	-0.369*** (-31.5)	-0.367*** (-31.22)
Age	0.0432*** (22.8)	0.0429*** (22.60)	0.0434*** (22.868)	0.0425*** (22.4393)	0.0411*** (16.7)	0.0427*** (14.10)	0.0416*** (20.5)	0.0402*** (19.29)
Lev	-0.235*** (-3.9)	-0.237*** (-3.90)	-0.226*** (-3.725)	-0.230*** (-3.7965)	-0.299*** (-3.9)	-0.166* (-1.76)	-0.263*** (-4.1)	-0.275*** (-4.28)
Growth	0.129*** (5.2)	0.123*** (4.89)	0.127*** (5.082)	0.130*** (5.2048)	0.0759** (2.4)	0.0978** (2.48)	0.156*** (5.7)	0.165*** (5.98)
Dsgm	0.0230*** (3.4)	0.0097 (1.57)	0.0072 (1.165)	0.0107* (1.7300)	-0.0016 (-0.2)	0.0138 (1.46)	0.0108* (1.7)	0.0108* (1.67)
First	0.0467 (0.7)	0.0547 (0.79)	0.0489 (0.707)	0.0456 (0.6597)	0.0398 (0.4)	-0.140 (-1.29)	-0.0206 (-0.3)	-0.0149 (-0.20)
Liazh	-0.0079 (-0.3)	-0.0012 (-0.05)	-0.0046 (-0.188)	-0.0018 (-0.0721)	-0.0093 (-0.3)	0.0072 (0.18)	0.0119 (0.5)	0.0157 (0.61)

续表

变量	TQ (7-2a)			TQ (7-2b)		TQ (7-2c)		
	(1)	(2)	(3)	(4)	(5)	(6)	(7)	(8)
Invp	-0.415*** (-4.6)	-0.427*** (-4.72)	-0.423*** (-4.683)	-0.427*** (-4.7248)	-0.401*** (-3.5)	-0.536*** (-3.94)	-0.328*** (-3.4)	-0.346*** (-3.59)
MR	0.115*** (5.2)	0.114*** (5.03)	0.112*** (5.046)	0.114*** (5.1226)	0.119*** (4.1)	0.135*** (3.90)	0.0969*** (4.2)	0.104*** (4.45)
Constant	2.416 (0.7)	4.430*** (2.70)	4.605*** (6.454)	2.729*** (3.6013)	9.580*** (3.1)	6.026*** (2.91)	4.716*** (3.2)	2.556* (1.88)
Observations	8229	8229	8229	8229	5116	3471	6386	6386
R^2	0.316	0.314	0.317	0.317	0.328	0.346	0.285	0.286
Adj R^2	0.313	0.311	0.314	0.314	0.324	0.339	0.281	0.282
F值	105.04	104.02	105.53	105.5	68.99	50.49	70.4	70.64

注：括号中的为t值；***、**、*分别表示在1%、5%和10%水平上显著。

模型（7-2b）反映在审计委员监督下，内部控制质量对企业价值没有明显的影响作用，将审计委员会规模和召开会议次数分别代入模型（7-2b）中，其回归结果列示在表7-5的（5）（6）列下，从表中可以看出，审计委员会规模下，内部控制评价质量与企业价值的关系不明显，但审计委员会规模对促进内部控制评价质量与企业价值的促进效应是明显的，与预期假设7-2b相符；在审计委员会会议频率变量下，内部控制评价质量与企业价值的关系是正向显著的，但是其促进效应不明显，与假设7-2b预期不一致，表明我国上市公司审计委员会人数越多，越有利于对内部控制评价对企业价值的提升，但是审计委员会开会次数的多少并没有影响其对企业价值的促进效力。

模型（7-2c）反映在监事会的作用下，内部控制质量对企业价值的影响作用，将领取薪水监事规模和监事开会次数代入模型（7-2c）中，其回归结果列示在表7-5（7）（8）列下，可以看出，内部控制质量与企业价值在1%水平上正向显著，说明领取薪水的监事能认真履行监督职能，其规模和勤勉次数都有助于促进企业内部控制质量的提高，进而提升企业价值。在监事会特征变量中，领取薪水的监事会规模对内部控制质量与企业价值的正向促进效应非常显著，与假设7-2c预期一致，说明我国上市公司领取薪水的监事在促进内部控制质量对企业价值提升的影响上起到了积极作用,促进了企业整体价值的提升;但监事会的会议次数对内部控制质量与企业价值的促进效应不显著,说明监事会会议次数的多少对于内部控制质量提升企业价值的促进作用并不明显。企业内部监督主体作用下,整体上是内部控制质量越高,对企业价值提升的促进效应越显著,对内部控制质量促进企业价值提升有明显积极促进作用的是具有海外背景的独立董事、审计委员会成员规模和在公司领取薪水的监事成员规模,内部监督主体的开会次数对内部控制质量与企业价值提升的影响没有实质性促进作用,说明内部监督机构的开会效率并不高,开会主要是出于形式上应付公司内外制度的规定,我国国内的独立董事总体上能对企业内部控制质量发挥监督职能,但对于企业价值的提升并未发挥积极的促进作用。

(三) 外部监督、内部控制有效性与企业价值

外部监督对内部控制质量的影响第六章已得到验证,本章进一步验证外部监督机制作用下内部控制质量对企业价值提升的影响,外部监督机制是否有助于企业实现内部控制最终目标,进而促进企业整体价值的提升。回归模型如下:

$$
\begin{aligned}
TQ = &\beta_0 + \beta_1 LnIC + \beta_2 Big4 + \beta_3 Big4 \times LnIC + \beta_4 LnSize + \beta_5 Age \\
&+ \beta_6 Growth + \beta_7 Lev + \beta_8 First + \beta_9 Liazh + \beta_{10} Invp + \beta_{11} MR \\
&+ \sum_{i=0}^{3} \beta_{12} year + \sum_{i=0}^{21} \beta_{13} Ind + \varepsilon
\end{aligned} \quad (7-3a)
$$

$$
\begin{aligned}
TQ = &\beta_0 + \beta_1 LnIC + \beta_2 Super + \beta_3 Super \times LnIC + \beta_4 LnSize + \beta_5 Age \\
&+ \beta_6 Growth + \beta_7 Lev + \beta_8 First + \beta_9 Liazh + \beta_{10} Invp + \beta_{11} MR \\
&+ \sum_{i=0}^{3} \beta_{12} year + \sum_{i=0}^{21} \beta_{13} Ind + \varepsilon
\end{aligned} \quad (7-3b)
$$

表 7-6 列示的是在外部直接监督影响下,内部控制质量与企业价值的回归结果,模型 (7-3a) 反映了在外部审计师的审计监督下,内部控制质量对企业价值的影响,从表 7-6 可以看出,内部控制质量与企业价值在 5% 水平上正向显著,外部审计师与内部控制质量的交乘 (LnIC × Big4) 项回归系数为 0.417,且在 5% 的水平上正向显著,说明外部审计师的审计监督作用是明显的,有助于降低企业信息不对称,提升内部控制质量,同时促进企业盈余管理质量的提高,进而提升企业价值,与预期一致,验证了假设 7-3a。

表7-6　外部监督、内部控制质量与企业价值的回归结果

变量	审计师特征 TQ (7-3a)	监管处罚 TQ (7-3b)
LnIC	0.188** (2.5)	0.867*** (4.3555)
Big4	-2.426* (-1.8)	
LnIC × Big4	0.417** (2.0)	
Super		2.623* (1.7383)
LnIC × Super		-0.403* (-1.7319)
LnSize	-0.345*** (-26.4)	-0.499*** (-17.6489)
Age	0.0335*** (14.9)	0.0472*** (9.7848)
Lev	-0.493*** (-6.7)	-0.130 (-0.9104)
Growth	0.245*** (6.3)	0.0302 (0.5419)
Dsgm	0.0052 (0.7)	-0.442** (-2.3382)
First	0.0056 (0.1)	0.0089 (0.5333)
Liazh	0.0034 (0.1)	-0.202*** (-3.4147)
Invp	-0.279** (-2.5)	-0.584*** (-2.7521)
MR	0.0963*** (3.7)	0.130** (2.1511)
Constant	7.479*** (10.6)	8.060*** (6.0018)

续表

变量	审计师特征 TQ (7-3a)	监管处罚 TQ (7-3b)
Observations	5510	1471
R^2	0.309	0.338
Adj R^2	0.304	0.322
F 值	67.83	22.18

注：括号中的为 t 值；***、**、* 分别表示在1%、5%和10%水平上显著。

模型（7-3b）反映在政府监督下，内部控制质量对企业价值的影响，从表7-6可以看出，内部控制质量与企业价值还是在1%水平上正向显著，说明政府通过对内部控制质量的监管，内部控制质量的提高能促进企业价值的增加。政府行政处罚与内部控制质量的交乘（LnIC×Super）回归系数为-0.403，在10%的水平上与内部控制指数负向显著相关。说明政府行政处罚对内部控制质量的提高起反向作用，与假设7-3b不相符，但与王兵等（2011）得出的实证结论一致。主要是因为在我国资本市场上公司因受到政府行政处罚，能一定程度上说明企业有违法或违规行为，其内部控制存在一定问题，因而，在资本市场上的信誉度会大打折扣，导致投资者会对其丧失信心，会引起企业股票价格波动，进而造成企业价值下降，也进一步说明我国资本市场缺乏自我调节、自我修复机制，完全受政府政策和行政手段的影响。

四、稳健性检验

为进一步检验结果的稳定性，本书用国泰安数据库计算的托宾Q（TQ1）代替计算的TQ，分别对内外监督的促进效应进行稳健性检验。在检验内部监督的促进作用中，将变量TQ1代入模型（7-2a）、模型（7-2b）、模型（7-2c）中，回归结果见表7-7，不难看出，在内部监督作用下，内部控制质量对企业价值提升的促进作用呈正向强化效应，与表7-5的回归结果基本相同，内部监督对内部控制质量促进企业价值提升的影响作用有正向强化效应，所有内部监督特征变量的积极促进作用与表7-5的结果基本相同，说明内部监督对企业价值的促进影响效应的结果总体上是稳健的。

表7-7　　　　　　　内部监督影响下稳健性检验的回归结果

变量	TQ1 (DDTZ)			TQ1 (AUCM)		TQ1 (JSTZ)		
	(1)	(2)	(3)	(4)	(5)	(6)	(7)	(8)
LnIC	1.191* (1.8)	1.262*** (4.30)	1.213*** (9.935)	1.680*** (12.5223)	-0.275 (-0.2803)	0.862** (2.3583)	1.123*** (4.6912)	1.299*** (5.775)
Ddp	-1.074 (-0.1)							
LnIC×Ddp	0.390 (0.2)							
Dsmt		-0.0497 (-0.27)						
LnIC×Ddmt		0.0099 (0.35)						
Oversea			-3.601*** (-2.741)					
LnIC×Oversea			0.569*** (2.828)					
Accfirm				7.003*** (4.8244)				
LnIC×Accfirm				-1.083*** (-4.8502)				
Augm					-3.158* (-1.671)			
LnIC×Augm					0.488* (1.6778)			
Aumt						-0.252 (-0.544)		
LnIC×Aumt						0.0397 (0.5584)		
Sjsgm							-0.813 (-1.6344)	
LnIC×Sjsgm							0.126* (1.6658)	

续表

变量	TQ1 (DDTZ)				TQ1 (AUCM)		TQ1 (JSTZ)	
	(1)	(2)	(3)	(4)	(5)	(6)	(7)	(8)
Jsmt								-0.252 (-0.8950)
LnIC×Jsmt								0.0391 (0.9031)
LnSize	-0.545*** (-40.5)	-0.539*** (-40.15)	-0.541*** (-40.379)	-0.539*** (-40.2996)	-0.644*** (-22.3177)	-0.519*** (-26.3391)	-0.436*** (-34.6734)	-0.434*** (-34.4022)
Age	0.0204*** (8.9)	0.0204*** (8.89)	0.0204*** (8.889)	0.0196*** (8.5538)	0.0279*** (5.4473)	0.0164*** (4.509)	0.0131*** (5.9986)	0.0132*** (5.8824)
Lev	-1.528*** (-20.9)	-1.553*** (-21.13)	-1.519*** (-20.708)	-1.521*** (-20.7579)	-0.932*** (-5.7563)	-1.475*** (-13.0423)	-1.541*** (-22.4107)	-1.543*** (-22.4116)
Growth	0.336*** (11.1)	0.314*** (10.30)	0.333*** (11.006)	0.335*** (11.0628)	0.277*** (4.1324)	0.380*** (7.9964)	0.296*** (10.0414)	0.296*** (9.9902)
Dsgm	0.337*** (4.0)	0.366*** (4.36)	0.343*** (4.103)	0.342*** (4.0839)	-0.0043 (-0.2573)	0.0191* (1.6706)	0.0057 (0.8069)	0.0065 (0.9363)
First	0.0268*** (3.2)	0.0084 (1.13)	0.0042 (0.564)	0.0075 (1.0065)	0.149 (0.7993)	0.0381 (0.2901)	0.228*** (2.9069)	0.221*** (2.832)
Liazh	0.0656** (2.2)	0.0735** (2.49)	0.0723** (2.454)	0.0742** (2.5193)	0.139** (2.0439)	0.0516 (1.0991)	0.0708** (2.5508)	0.0726** (2.6120)
Invp	-0.623*** (-5.7)	-0.646*** (-5.92)	-0.635*** (-5.809)	-0.644*** (-5.8913)	-1.097*** (-4.5626)	-0.709*** (-4.335)	-0.454*** (-4.3953)	-0.454*** (-4.3823)
MR	0.135*** (5.0)	0.115*** (4.23)	0.132*** (4.907)	0.133*** (4.9622)	0.184*** (3.0712)	0.189*** (4.5482)	0.0890*** (3.5706)	0.0882*** (3.5206)
Constant	4.774 (1.1)	4.771** (2.41)	5.254*** (6.083)	3.056*** (3.3304)	16.91*** (2.6289)	7.115*** (2.8585)	4.393*** (2.7887)	3.223** (2.2074)
Observations	8229	8229	8229	8229	5116	3471	6386	6386
R^2	0.443	0.442	0.443	0.443	0.227	0.458	0.467	0.466
Adj R^2	0.441	0.439	0.44	0.44	0.222	0.453	0.464	0.463
F值	181.11	179.97	180.76	180.73	41.48	80.65	154.25	154.1

注：括号中的为t值；***、**、*分别表示在1%、5%和10%水平上显著。

在检验外部监督促进作用时，将 TQ1 代入模型 (7-3a)、模型 (7-3b) 中，回归结果见表 7-8，从表中可见，内部控制质量与企业价值之间的关系都在 1% 水平上正向显著，与表 7-6 的回归结果基本相同，外部监督中外部审计师和政府监督处罚对内部控制质量与企业价值的影响作用基本保持不变，外部审计师的促进强度略有减弱，政府监管的负向显著程度仍保持不变。说明外部监督的影响结果还是很稳健的。

表 7-8　　　　　　外部监督影响下稳健性检验的回归结果

变量	审计师特征 TQ1 (7-3a)	监管处罚 TQ1 (7-3b)
LnIC	0.907*** (6.243)	1.174*** (4.7251)
Big4	-4.472* (-1.714)	
LnIC × Big4	0.729* (1.836)	
Super		3.091 (1.6404)
LnIC × Super		-0.488* (-1.6801)
LnSize	-0.483*** (-28.402)	-0.689*** (-19.4683)
Age	0.0135*** (4.775)	0.279*** (5.8527)
Lev	-1.740*** (-18.769)	-1.464*** (-8.1112)
Growth	0.396*** (9.230)	0.255*** (3.6647)
Dsgm	0.00340 (0.378)	0.0407 (0.1719)
First	0.00231** (2.254)	0.0115 (0.5554)

续表

变量	审计师特征 TQ1 (7-3a)	监管处罚 TQ1 (7-3b)
Liazh	0.0994*** (2.673)	-0.225*** (-3..0437)
Invp	-0.527*** (-3.712)	-0.924*** (-3.4886)
MR	0.130*** (3.974)	0.145* (1.9091)
Constant	9.303*** (10.4589)	10.91*** (6.5001)
Observations	6.304***	1471
R^2	(5.741)	0.418
Adj R^2	5510	0.405
F值	0.444	31.28

注：括号中的为 t 值；***、**、* 分别表示在 1%、5% 和 10% 水平上显著。

第五节

实证结论

企业内部控制越有效，质量水平越高，越有利于实现企业内部控制目标，能较大限度地满足各利益相关者的要求，从而给企业带来更高的价值。企业内部控制质量在内外监督约束的作用下，对企业整体价值增加有积极的促进作用。在内部监督中，独立董事的监督作用，特别是拥有海外背景的独立董事对内部控制质量影响企业价值提升的促进效应是正向强化的，而拥有会计师事务所背景的独立董事对内部控制质量影响企业价值的促进作用却是反向，独立董事其他特征对内部控制质量影响企业价值的促进作用并不明显；在审计委员会特征指标中，审计委员会规模对内部控制质量影响企业价值的作用是积极显著的，但开会次数的多少并没有积极影响内部控制质量对企业价值的提升作用；在监事会特征指标中，监事会中领薪水的监事人数对内部控制质量影响企业价值的促进作用是正向显著的，但监事会会议次数对内部控制质量的影响企业价值的提升并没有实质的促进作用。从整体上看，内部控制质量越高，企业价值越大，但不同的内部监督主体、不同特征以及不同背景的主体发挥的监督作用侧重点不同。

在外部监督中，在外部审计师的监督作用下，内部控制质量对企业价值提升的影响效应较强，说明高声誉、大规模的外部审计师能积极地促进企业内部控制质量对企业价值的影响。在政府监督下，内部控制质量越高，企业价值也越大，但政府的行政处罚方式并没有积极促进内部控制影响企业价值的提升，由于政府对企业违规行为进行监督处罚的同时，也向市场传递了企业不遵纪守法或不诚信等不利好的信息，反而导致了企业价值的下降。政府监管，虽然提升了企业内部控制质量，但是其也向市场传递了企业更多负面的信息，会导致企业整体价值下降。

我国政府部门应从加强内外部环境入手，为企业营造法制和诚信的外部环境，同时引导企业营造和谐的内部环境，促进企业提高监督机构的监督效力，促进内部控制质量提升的同时，促进企业整体价值的提高。

第八章

结论与政策建议

第一节

研究结论

本书从内部控制理论的发展演进和现状需求出发,对监督约束与内部控制质量及其后果的影响动机及机理进行了理论分析,并运用我国资本市场强制实施内部控制评价以来的数据[①],从内部监督和外部监督两大维度分别对内部控制质量的影响进行了验证,并检验了监督约束对内部控制质量的后果的影响。

本书主要结论是:

(1)委托代理理论下的内部监督约束,通过完善契约,对内部控制质量的提高能起到显著的影响。

独立董事的独立性和勤勉性在对企业内部控制质量的提高起着显著的促进作用。上市公司可以通过适当地提高董事会中独立董事的比例,达到提升董事会的治理效率的目的。另外,经常召开董事会会议,也能让独立董事更深入地了解公司的重大业务活动及事项,识别重要的风险点,更好地对公司重大关联交易、财务报告以及内部控制活动进行监督,从而更客观地对内部控制发表意见。从独立董事的背景看,拥有海外背景的独立董事比会计师事务所背景和政府背景的独立董事对内部控制质量的影响更大,说明文化理念、先进的专业知识以及外部市场环境对人的执行力影响更深远。受西方成熟资本市场和伦理价值观影响,海外背景的独立董事,可能对公平、正义的理解更深刻,更能自觉

---

① 即用 2011~2014 年数据,因 2015 年的数据尚未出齐,还无法整体运用。

地在行为过程中遵守公正秩序，因此能极大地促进内部控制质量的提高。而我国处于转型期的新兴市场，在特殊的制度背景下，人们对制度的公平、公正理解存在偏差，导致我国即使是聘请拥有会计师事务所背景的财务专业人士和对政府政策把握更精准的政府背景人士任独立董事，也只是形式上遵守了公平、公正原则，实质上很难做到客观、公正履职，对企业内部控制质量的影响没起到明显的促进作用。

我国上市公司基本已完成了审计委员会的设立工作，作为董事会下属专门负责对内部控制进行审查监督的机构，如果能充分发挥作用，定会促进企业内部控制水平的提高。根据本书前面理论分析，通过完善审计委员会中内部董事的激励契约，可以充分调动其认真履职的积极性，另外还可以通过增加独立董事人数来增强其机构的独立性。实证结果验证了审计委员会人数越多，越勤勉，越有利于内部控制水平的提高，而审计委员会人员来源于董事会，独立董事须占一定比例，因此不同企业审计委员会人数的多少也取决于企业董事会规模以及独立董事所占的人数。

本书理论分析认为，监事会成员具有广泛代表性，由代表公司所有股东权益的代表和代表职工权益的代表组成，公司委托方可以通过修改内部契约，激励监事履行监督职责，监督公司重大业务活动、重要的业务流程以及高风险业务，规范内部各项管理控制，积极促进公司内部控制体系的实施。实证结果显示，监事会中领取薪水的人数越多，召开会议次数越多，说明其充分履行了监督职能，能给企业内部控制质量水平带来显著提升。另外，法律也应再进一步细化监事的监督职责，便于与其他不同监督机构划清职责范围，更好履职。

内部控制实质是一份具有经济利益性质的不完全合约，企业应充分借助内外部监督的力量，促使企业按平等原则，公平、公正地分配企业资源，同时兼顾企业各利益相关方利益，构建和谐的内部控制环境，促进企业整体价值的提高，利于企业持续健康发展。

（2）外部制度安排下外部审计师的内部控制审计，可以缓解信息不对称，提高会计信息质量，对内部控制质量提高起着重要的促进作用，使企业利益相关者利益得到一定程度满足。

内部控制与外部审计师作为确保提高公司会计信息质量、降低代理成本、保护投资者利益的内外两种治理机制，两者存在互相影响的作用。为提高内部控制有效性，外部制度安排审计师对企业内部控制有效性进行审计，聘请高质量的审计师对企业内部控制进行审计监督，可以提高监督效率，更好地帮助企业改善管理水平，改进内部控制设计及执行中存在的缺陷，提高企业内部控制质量，实现内部控制的目标。本书实证结果显示，"国际四大"作为高质量高声誉的审计师，具有丰富的内部控制实践经验，对内部控制质量的提升有重要的促进作用。由于审计工作质量具有隐蔽性特点，无法清楚衡量，委托方可以通过激励契约，来促进审计师提高工作质量。在委托代理关系下，为防止审计师因为经济利益与大股东和管理层合谋，政府监管可以通过加大惩戒机制，促进审计师监督效率的提高。另外，审计师的审计意见具有信息含量，能影响证券市场上股东的投资决策，当审计师出具非标意见时，向市场传递不好的信息，企业为维护在市场上的形象，有足够的动力去改正内部控制中存在的问题，本书实证结果表明，审计师的非标准审计意见显著地促进了企业内部控制质量的改进。

（3）政府基于公共利益角度，会事后直接对企业经营活动进行监督检查，对企业违规行为予以行政处罚，实证结果表明，公司被处罚后，其内部控制质量明显得到了改善。

为防止违规事件扰乱市场，保障广大股东合法权益，政府在市场失灵或市场秩序出现混乱时，会出面干预和协调，以维护社会公共利益。政府通过事前的监管政策，安排董事会和外部审计师强制对企业内部控制进行评价、监督，然后结合事后监督检查和违规行政处罚等措施，促进企业内部控制体系的实施与完善。本书实证结果显示，政府行政处罚有助于企业内部控制质量的提高，由于我国目前行政处罚力度整体太轻，导致不同处罚方式及严重程度对内部控制质量的改进并不明显。相比政府控制企业，非政府控制企业对政府行政处罚更敏感，内部控制质量改进更显著；在政府控制企业中，地方企业相比中央企业，更重视政府的行政处罚，违规企业被处罚后相比处罚前，其内部控制质量得到很大程度改进。

（4）内部控制质量的提高有利于企业内部控制目标的实现，企业内外部监督主体在促进内部控制质量提升的同时，也促进了企业内部控制目标的实现和企业整体价值的提升。

内部控制有效性评价的目的是促进企业内部控制目标的实现，其中战略目标是企业内部控制目标的最高层次，也是企业长期目标和整体目标的体现，是满足各利益方利益和企业价值达到最大化的目标。本书实证结果表明，内部控制质量越高，越有利于企业价值增加。

企业内外部监督约束有利于企业内部控制发挥积极的作用，强制内部控制评价的实施会有利于企业的持久发展，有效的内外部监督约束机制对内部控制影响企业整体价值的提升有积极的促进效应。从理论上分析，企业内部监督主体在促进内部控制及评价工作有效实施，也会带来企业价值的整体提升。同时，高质量的外部审计师能帮助企业改进内部控制设计和执行中存在的缺陷，提高内部管理效率，降低代理成本，提高盈余质量，有利于企业价值的增加；政府事后的监督处罚有利于企业按要求规范实施内部控制工作，改正经营过程中存在的问题，有助于实现企业内部控制质量的提高，利于企业目标的实现。本书实证结果表明，在我国内部监督主体中，拥有海外背景独立董事的规模、审计委员会规模和监事会规模都对内部控制质量影响企业整体价值的提升起到了积极促进作用，但内部监督主体的会议次数对内部控制质量影响企业价值提升的促进作用并不明显；在外部监督主体中，高质量的外部审计师对内部控制质量提升企业价值的促进效应很显著，但政府的事后监督处罚内部控制质量影响企业整体价值提升的促进作用却是反向的。说明我国要强化内外部环境的治理，完善市场管理和法制化建设，加强市场文化、诚信等人文环境的建设，提高企业内外部治理环境。

第二节 政策建议

内部控制质量的提高离不开有效的监督约束机制，内部监督机制要发挥应有的作用，需要良好的内部控制环境，内部环境是内部控制中其他要素的基础，影响着内部监督体系的设计与运行，以及内部控制目标的实现。外部监督机制作用的发挥须依靠法律、法规及制度等外部环境的制约和完善。

一、构建有效的内部监督基础

究竟什么样的内部控制环境才是实现内部控制监督目标、支撑企业实现价值的最佳"土壤"呢？本书认为，内部控制的最佳"土壤"是和谐内部控制环境，其核心是以人为本。

1. "和谐内控环境"具备的主要特征①

第一，能充分兼顾企业各利益相关者利益。企业上下能依照法律法规办事，对社会有着高度的责任意识，注重保护自然环境或他人的合法权益，追求合乎法律规范和道德标准条件下的高效率的内部控制，企业与社会、企业与自然能和谐共处。

第二，能科学全面地实施监督的基础与平台。企业将内部控制视为企业自身生存与发展的内在需求与保障，能主动构建并规范遵守运作，融入了正确的价值观念和科学完善的企业治理结构、机构设置、权责分配、人际关系、企业文化以及内部监督体系等元素的，已形成一种涵盖广泛、组成完整、相互监督、相互支撑、团结协作、赏罚分明、公平民主、安定有序的内部控制环境与平台。

第三，能充分发挥人的主观能动性和创造力的文化氛围。它具备了一套较为完善的人力资源政策，形成了具有个性特色的企业管理风格、共同的价值观念，诚实守信、尊重人性、尊重人才，知人善任、崇尚先进、"比、学、赶、帮、超"等蔚然成风，人们在这一氛围中，其积极性与创造性得到充分的调动与发挥。

2. 创建人本和谐的内部控制环境的思路②

第一，理顺人本和谐的企业内部控制环境创建的内在逻辑思路。"人本导向"的内控环境有别于"物本导向"的内控环境，因而其构建机理与逻辑思路呈现出自有特点。"以人为本"的核心是"人性"尊重、"人心"向背，这乃人本和谐的企业内控环境构建的内在逻辑。在定位企业内控"人"的范围及其相互关系的基础上，以"人"之"本性"为逻辑起点。首先，厘清人的"需求"规律及与企业内控目标与任务的内在对接点与风险点；其次，着力"潜移"人的社会属性及价值观，从精神上让每一个人有明确的目标，在习惯上让每一个人知悉什么是可为与应为的，什么是崇尚与禁止的；再次，精心"默化"公平与效率观念，让每一个人明白什么是创造、贡献与业绩，怎么才叫干得好与不好，干得好与不好应该有怎样的后果与奖罚；最后，营造担当意识与自然和谐氛围，在意识上让每一个人知悉责任与担当，明白"我"或"他人"为什么受到"奖"或"罚"，是否恰当，申诉与维权通道是什么，在心态上让每一个人能正确对待"奖"与"罚"，在导向上，在"人"们之间形成比业绩、学业务、赶先进、帮后进、超越

---

① 沈烈，孙德芝，康均. 论人本和谐的企业内部控制环境构建. 审计研究，2014（6）：109.
② 沈烈，孙德芝，康均. 论人本和谐的企业内部控制环境构建. 审计研究，2014（6）：110-111.

自我的自然和谐氛围。

第二，持续、全面地梳理和协调好与各利益相关者间的关系。企业是各种关系的集结体，营造良好的企业内部控制环境的过程，实际上是顾及并处理好各种关系的过程。

企业贯穿"人际"因素的各种关系主要有：内部人与外部人的关系、高中低层级之间的关系、部门与部门之间的关系、人格化与物格化的关系、内部治理外化与外部治理内化的关系等。企业必须时刻予以密切关注并妥善处理：(1)通过建立与不同利益相关者的利益关系的定期排查、检讨制度，及时发现并排除隐患，确保各利益相关者的行为理性与大局观，提升相互支撑与协作效率，降低相互倾轧与内耗。(2)关注员工的期盼、思想动态以及生理、生活、健康与家庭状况，体现人性关怀。可考虑引入部门、班组联络员制度和内外部的群防群控责任制度，并纳入年度考核指标体系，确保该制度的常态化。(3)把握好"奖罚""宽严""劳逸""容错""加压"的度，通过刚柔并济的方式，既要坚守底线、赏罚分明，又要尊重人性与个体差异，掌握好分寸。(4)充分利用网络、邮电、通讯与访问等形式，建立传统与现代并存、通畅且多元的对话与沟通渠道，既主动避免误会与隔阂的产生，又确保已产生的误会与隔阂，甚至损害有交涉、宣泄的渠道，减少极端行为或法律诉讼的发生。

第三，从企业的具体实际出发，找准人本和谐内部控制环境构建的切入点与关键点。不同的企业处于的发展历史阶段不同，具体情况也有别，其内控环境构建的切入点与关键点的选择也理应不尽相同。尽管目前大多企业进行人本和谐的内控环境构建所选择的切入点为企业文化，关键点选择为企业战略、人力资源与组织框架等，但这并不是固定统一的模式，不能简单仿效。例如，实践中有不少的企业，因本身历史较悠久，文化积淀较深厚，其内控环境建设选择的是以企业战略为切入点，再以企业文化带动组织框架、人力资源及社会责任等的整体推进，取得了不错的建设效果。切入点与关键点的选择必须从企业的实际情况出发，与时俱进，因势利导，适时、适当地选择与调整。

第四，不断创新监督考核评价与激励制度，保持内部控制环境的生机与活力。人的惰性需要持续的敲打与抑制，人的需求需要不断的激励与满足，因此，考核评价与激励制度的不断创新求变是保持内部控制环境的生机与活力的不竭推动力。

第五，始终突出企业价值与文化建设的基础作用。从长远看，良好的企业内控环境的完善与保持，取决于企业的"精气神"的长久保持与提升，取决于企业正确价值观念和行为导向下的物质文化与精神文化氛围的形成。因此，除了要不断创新评价与激励机制之外，企业还必须突出企业价值与文化建设的基础作用，做到以下四个方面：一是要制订明确的长期与短期的企业文化建设的规划及后续巩固措施，纳入企业战略体系，以及年度计划与考核体系；二是不忘检讨企业现行管理思想、经营理念和管理模式，定期开展相关研讨及有奖征文活动，确保思想、理念及模式的先进性；三是指定专门的部门定期开展企业内外部文化环境和发展条件的分析、评价与诊断，并提出相应的报告；四是定期开展"创新、创优、创效、创牌"评比活动，营造民主、公开、公平和公正的人才竞争与成长环境。

第六，重视人本和谐的内部控制环境建设的动态性，在规划、设计、落实中要根据情况适时修正。一是必须突出公司法人治理结构的设计、运作及修正的核心与关键作用，从内部监督机构的设立、权责分配与制衡、议事规则与流程、日常运作与监督等方面进行规范化设计与运作，定期评估与改进，以防范高层治理生态危机发生的风险；二是必须注意突出全员控制理念，使每一受控对象的所有风险点、控制点的控制目标明确，预案完整得当，责任落实到岗到人；三是必须制订内控环境建设规划与设计方案，在明确其组织领导、建设时间进度安排及保证措施之外，尤其要确定内控环境建设的板块、具体建设名目、建设责任单位及责任人，以及板块内部各构成部分之间、板块与板块之间的对接关系，确保规划与建设的系统性与全面性；四是必须建立缺陷发现与整改、修正机制。通过建立内控环境自我评价与外部审计的制度，跟踪内控方案落实，定期针对内部控制环境审计与评价中发现的重大缺陷、重要缺陷和一般缺陷，提出整改方案。审计委员会等监督机构实施全面监督，并适时报告整改落实进展及效果。

二、构建有效内部监督流程与机制

有效的内部监督，须厘清内部监督主体各自的工作职责，梳理各层次监督的流程，构建适于内部控制有效运行的监督机制。

首先，整合"独立董事、监事会和审计委员会"资源和职责权限，重新构建"三位一体"的内部监督机制。内部监督机制的构建要以"人本和谐"的内控环境为基础，监事会、独立董事与审计委员会三者之间合理分工与协作，优势互补，资源整合，三者之间根据不同的职责内容，分出责任层次和具体的监督范围，机构之间进行无缝对接，不断修订和完善内部控制制度，严格推进各项内控的执行，围绕内部控制有效性评价目标制定监控程序，推进内部控制评价工作质量与效率的提高。而且还可将企业进行的内部控制自我评价及监督结果与外部审计师进行的内部控制审计结论加以相互印证与比较，增强内部评价监督机构的责任感，全面提升企业内部控制质量。

其次，根据各监督主体的监督层级，梳理出每个层级的主要监督内容、关键的监督点，监督机构之间行政上实行层次化运行模式，业务上根据公司业务类型不同实行流程化作业管理，并明确每个流程的责任人，流程责任人再根据关键控制点分配具体的监督责任范围。实现管理与监督职能相分离，根据内部控制的设计、执行、评价分别安排不同的监督总体责任人与具体监督任务的责任人，并根据企业内部控制流程中涉及的关键控制点和高风险领域分配监督经验丰富和分配更多的资源。审计委员会主任对内部控制实施过程中的监督工作负总体责任，审计委员会内部成员应根据监督工作任务量、成员规模、知识结构、经验丰富程度等，有侧重地进行合理分工，做到关键控制点有监控人，高风险领域安排经验丰富的人员进行专门监督。审计委员会下可设内部审计部门，专门负责内部控制运行及评价过程中的日常组织、监督、跟踪与评价，科学地制定评价和考核标准，并报董事会批准，适时向审计委员会报告工作进展、实施情况、关键控制点和高风险领域的控制情况、考核情况以及内部控制设计及执行中存在的缺陷。审计委员会则定期或不定期对内部控制运行及评价工作进行抽查性监督，对于高风险领域尽量做到全覆盖，并关注各内部控制流程中存在的重大、重要缺陷，以及关键控制点的执行情况，对于发现的内部控制缺陷，督促及时进行整改，对于内部控制中的重大缺陷的整改，以及内部控制报告的披露问题要与公司其他独立董事和监事会进行沟通或当面会谈。在内部控制评价报告披露中，审计委员会中每个成员都应对在自己监督责任范围内的内部控制流程中的关键控制点及高风险领域的控制设计及执行情况发表意见。监事会作为公司常设机构和最高监督机构，对公司所有重大事件和对外披露事项进行监督，监事会内部成员之间可按监督内容进行监督职责的划分，并将对内部控制披露事项的监督责任到人。监事会专员主要负责对内部控制重大缺陷的关注，对内部控制自我评价报告发表意见，并跟踪监督重大缺陷的整改事项。内审部门受审计委员会直接领导，但对于发现内部控制中的重大缺陷情况应直接向监事会报告，独立董事与监事会可根据需要随时讨论解决内部控制中的重大缺陷，最后汇总由独立董事和监事会分别代表董事会和监事会发表独立意见。内部监督模式如图 8-1 所示。

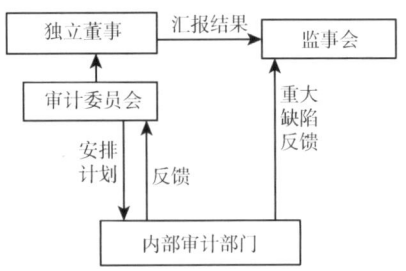

图 8-1 内部监督模式

最后，重构内部控制监督运作模式。内部控制监督管理类同于会计师事务所对审计师执业质量的监督，对评价报告的质量管理执行三级复核制度，即项目经理、部门经理和主任会计师（或合伙人）逐级对审计业务进行复核，上市公司内部监督也可建立内部审计部门、审计委员会和监事会三级监督检查制度，内部审计部门相当于项目经理，要深入业务活动现场，了解所有内部控制评价内容，包括每个流程、关键控制点等的设计和执行逐一复核，看其是否设计适当，执行是否有效；审计委员会相当于质量审核部门，对内审部门做出的重大判断和评价结论进行监督复核，对评价报告质量把关；监事会的监督相当于主任会计师的复核，主要是对内部控制重大缺陷的整改及披露进行监督复核。通过层次的三级监督复核制度，增强内部控制评价披露报告内容的真实性、可靠性和完整性，促进企业内部控制体系的完善。

三、构建有效的外部监督约束

有效的外部监督约束需要国家法律、法规等制度环境的支持。

第一，从法律上强化董事会及外部审计师对内部控制有效性的监督责任，完善相关法律、法规。应以法律形式规定董事会对内部控制有效性评价的披露责任，并规定如有不实披露，具体应承担相应的法律责任，引起董事会及全体成员的高度重视。对外部审计师也应加大其法律责任，使处罚成本远远大于其获得的收益，这样才能对其起到威慑的作用，抑制道德风险的发生。美国 404 条款的颁布，大大净化了市场环境，法律责任促进了企业内部控制质量的提高，我国监管和法律环境一直较薄弱，上市公司几乎没有因为不披露内部控制评价报告或披露不实而受到相应的处罚，为了提高我国企业内部控制建设与实施，保障中小企业权益以及企业持久发展，建议监管部门加大行政处罚的宽度和深度，提高政府行政监督效率，增加处罚的有效性和威慑力，更好地促进企业内部控制的有效实施。同时，为充分发挥外部审计师的监督作用，为企业信息增信，保护投资者利益，与内部监督和政府监督形成合力，从法律上，应规定责任更重、风险更大的外部审计师执业环境，责任、风险的加大会促使审计师会投入更多的工作量来收集证据，会提升审计质量，提高监督效果，促进企业内部控制质量提高。

第二，监管部门应建立独立董事准入制度。鉴于独立董事与外部审计师都具有独立性、专业性、权威性以及外部性等相似的特点，可以借鉴外部审计师的管理方法。首先，改变独立董事任职条件过于宽松的现状，重新设立独立董事市场准入和准出制度，同时实行严格的后续教育制度。建立独立董事资格考试制度，只有通过了独立董事的资格考试，并经历若干年的从业经验的人士，才能获得独立董事执业许可证，确保独立董事具备相应的胜任能力；并规定取得独立董事资格证的独立董事，每年要参加一定小时数的后续执业和道德教育，对后续教育的学习情况还要进行考核；同时，对独立董事也应设置相应的退出门槛，如年龄超过退休年龄或者后期继续教育及考试，连续几年不参加或者考核不过关的，须限期补救，在规定期限仍未补救或补救不合格者，必须进行标红，同时要暂停被单位聘用，对已经聘用的独立董事要按规定进行撤换，直到独立董事合格为止，以保障独立董事能保持持续履职能力。其次，成立专门的独立董事管理机构。独立董事的管理机构可类似注册会计师的主要管理机构是注册会计师协会，证监会也可在各地方成立专门的管理独立董事的协会或委派类似的机构或部门对独立董事的任职及执业情况进行管理，对取得执业许可资格的独立董事进行管理。建立聘用单位、行业监管部门与行业自律组织相结合的独立董事管理与考评机制，将企业的履职情况与聘用或续聘考核相结合。并重建独立董事国家信息资源库[①]，将取得执业许可资格的独立董事纳入信息资源库进行管理，要求企业只能从国家信息资源库选聘符合其条件和要求的独立董事，并规定独立董事的薪酬标准和界限范围，使独立董事承担的工作量、风险与其薪酬基本相匹配，增强独立董事的"独立性"[②]与责任感。再次，对于纳入国家信息资源库的独立董事，独立董事

---

① 证监会曾建立了独立董事信息库，但信息资源库的管理方式与新的准入制度不匹配，需要重建。
② 沈烈. 企业独立董事制度：现状解析与创新思考——基于沪深上市公司相关数据的分析. 经济管理，2011（5）：56-65.

协会应定期组织其接受继续教育，使其胜任能力得以继续保持或提高。最后，定期对独立董事执业情况和道德遵守情况进行监督检查与考核，监管机构每年对受聘的独立董事的执业情况和道德遵守情况进行监督检查或采取同业互相监督评价的方式进行，以进一步增强独立董事的尽职能力和胜任能力。使独立董事回归其应有的功效，充分发挥"独立""懂事""尽职"的作用，建立科学合理的任职资格条件是关键，例如，对于独立董事的年龄、最多同时兼职几家公司以及会计专业人士或法律专业人士的占比，甚至对会计人士必须具备注册会计师资格等方面进行更详细的规定，从源头上确保独立董事的独立性以及其履职能力，使其真正能以行业权威的身份为企业提供监督或咨询服务。

第三，政府监管部门应进一步细化内部控制规范体系相关规定。英美等国家对企业内部控制评价的管制方法是：英国要求董事会负责全部内部控制的有效性评价，外部审计师只对董事会出具的内部控制评价报告进行审核，发表意见，不需要对内部控制的有效性发表意见；美国则要求管理层对财务报告内部控制进行评价，外部审计师对管理层出具的评价报告发表意见，并对内部控制有效性发表意见。我国规定了董事会对内部控制有效性负责，外部审计师对特定日期的企业内部控制的有效性进行审计，并发表审计意见。其中可能有两方面的问题需要进一步明确和完善：一是并没有要求对董事会披露的评价报告进行鉴证；二是并没有说明审计师是对财务报告内部控制还是全面内部控制发表意见。因此本书认为，我国监管部门首先应进一步明确外部审计师对董事会披露的评价报告须进行鉴证，以增强投资者对董事会披露的评价报告的使用。其次，应明确规定外部审计师只对财务报告内部控制的有效性发表意见，对于非财务报告内部控制的有效性，外部审计师可能不具备相应的胜任能力，强制性交给外部审计师，会加大其执业风险，如果不明确说明，又会引起使用者的误解。

第四，完善资本市场，建立法制与诚信相结合的市场环境。在完善法制环境的同时，加强市场诚信建设，对于外部审计师和独立董事都应建立诚信考核机制，证监会设立专门的诚信评级考核部门，再结合社会公众的匿名投票，共同进行评级，分别对每个取得资格的外部审计师和独立董事建立诚信档案，每年度对其执业情况进行信用评级，考核其诚信情况。信用级别可以分为A、B、C、D四个级别：A类为诚信度级别最高的，没有任何违规记录，公众评价也很高，代表高质量和高声誉；B类为诚信度较高，没有任何违规记录，但公众评价也很高，代表高质量和高声誉；C类为诚信度一般，有被警告和批评的记录，公众评价一般的，可以维持执业；D类为诚信度较差，有被批评同时被罚款或者更重的处罚记录，公众评价也较差的，建议暂时退出资本市场或撤销其执业资格，让其重新学习，考核合格后才能继续执业，影响严重的实现终身市场禁入。声誉和诚信机制的建立，能促进市场形成公平竞争、健康有序的环境氛围，使外部审计师和独立董事增强独立性和执业能力，逐渐发挥出高强度的监督能力，真正帮助企业缓解代理问题，降低代理成本，提高治理效用。

第三节 研究局限与研究展望

一、研究局限

（1）内外监督之间存在互相影响，审计委员会会影响外部审计师，政府监管会影响内部监督和审计师。本书忽略了内外监督之间的相互影响，主要原因：一是会造成实证模型过于复杂性；二是不便于章节间整体的安排，通过实证数据很难将两者之间的实际问题验证清楚，希望后期能再分别进行进一步研究，以便得出更全面的结论。

（2）指标的替代衡量与实际值之间有出入。用"迪博内部控制指标体系"衡量内部控制质量、用"国际四大"和"审计意见"代替审计质量以及用"托宾Q"衡量企业价值，得到的估计值与实际值之间都会存在一定差异，希望以后可以进一步改进和细化。

（3）本书样本观测值选取 2011~2014 年四年的数据，时间不够长，另外，虽然内部控制规范从 2008 年就发布了，考虑到我国企业实际情况，内部控制有效性评价强制实施实现从局部到整体的逐步实施过程，2011 年为开始逐步实施的第一年，2014 年才是整体实施，因此，有些数据可能不具有代表性，还需要以后年度或更长的时间来进一步验证。

（4）本书外部监督只包含外部直接监督，未考虑新闻媒体等外部监督对内部控制有效性的影响，主要是由于数据的难以获得以及间接的影响作用。今后可以进一步研究所有外部监督对内部控制质量的影响。

二、研究展望

（1）进一步考察内部监督与外部监督之间的互相关系，以及共同对内部控制有效性评价联动的影响。本书只考察了内部监督和外部监督分别对内部控制有效性及其经济后果的影响，由于文章结构的安排，没有考察内外部监督机构之间的相互影响，如审计委员会以及下属审计部门与外部审计师之间的关联关系，其都会内部控制有效性产生影响。

（2）进一步研究政府监管对各监督的影响，进而影响内部控制有效性。政府监管对上市公司进行管制时，还会同时对外部审计师和内部监督机构进行监管，对其工作质量会产生直接或间接的影响，进而也会影响内部控制有效性水平，还需要今后分别进行考察，可以从不同国家或者不同地域环境对内部控制产生不同影响，挖掘出各自的影响动机及影响机理。

（3）进一步研究新闻媒体等外部监督的影响。随着互联网的发展，新闻媒体的作用日益凸显，进一步挖掘新闻媒体的特征及影响力所发挥的积极作用，促进内部控制质量的提高，保护投资者的合法权益。

（4）进一步拓展内部控制有效性的研究内容。将内部控制整体质量再进一步细分，从某一关键要素入手或者影响要素的因素入手，进一步挖掘对内部控制体系的影响，为提高企业内部控制体系建设做贡献。

（5）内部控制评价的实施对企业带来成本与收益的对比分析。SOX 法案实施后，许多文献都探讨了 404 条款的实施成本，但很少将收益与成本进行对应的分析。

参考文献

中文文献：

[1] 蔡吉甫：《我国上市公司内部控制信息披露的实证研究》,《审计与经济研究》,2005 年第 20 期。

[2] 蔡维灿、李春瑜：《基于相关者利益最大化的企业财务战略》,《经济管理》,2012 年第 7 期。

[3] 仓勇涛、储一昀、戚真：《外部约束机制监督与公司行为空间转换——由次贷危机引发的思考》,《管理世界》,2011 年第 6 期。

[4] 查剑秋、张秋生、庄健：《战略管理下的企业内控与企业价值关系实证研究》,《审计研究》,2009 年第 1 期。

[5] 陈关亭、黄小琳、章甜：《基于企业风险管理框架的内部控制评价模型及应用》,《审计研究》,2013 年第 6 期。

[6] 陈汉文、王韦程：《谁决定了内部控制质量：董事长还是审计委员会？》,《经济管理》,2014 年第 10 期。

[7] 陈汉文、张宜霞：《企业内部控制的有效性及其评价方法》,《审计研究》,2008 年第 3 期。

[8] 陈汉文、周中胜：《内部控制质量与企业债务融资成本》,《南开管理评论》,2014 年第 3 期。

[9] 陈其安、刘星：《基于过度自信和外部监督的团队合作均衡研究》,《管理科学学报》,2005 年第 6 期。

[10] 陈志斌、何忠莲：《内部控制执行机制分析框架构建》,《会计研究》,2007 年第 10 期。

[11] 程晓陵、王怀明：《公司治理结构对内部控制有效性的影响》,《审计研究》,2008 年第 4 期。

[12] 池国华、关建朋、乔跃峰：《企业内部控制评价系统的构建》,《财经问题研究》,2011 年第 5 期。

[13] 池国华、王志、杨金：《EVA 考核提升了企业价值吗？——来自中国国有上市公司的经验证据》，《会计研究》，2013 年第 11 期。

[14] 池国华、杨金：《高质量内部控制能够改善公司价值创造效果吗？——基于沪市 A 股上市公司的实证研究》，《财经问题研究》，2013 年第 8 期。

[15] 池国华：《中国上市公司内部控制指数的功能定位与系统构建》，《管理世界》，2011 年第 6 期。

[16] 崔永梅、余璇：《基于流程的战略性并购内部控制评价研究》，《会计研究》，2011 年第 6 期。

[17] 戴文涛、李维安：《企业内部控制综合评价模型与沪市上市公司内部控制质量研究》，《管理评论》，2013 年第 1 期。

[18] 戴彦：《企业内部控制评价体系的构建——基于 A 省电网公司的案例研究》，《会计研究》，2006 年第 1 期。

[19] 迪博企业风险管理技术有限公司：《中国上市公司 2013 年内部控制白皮书》，《中国证券报》，2013 年 6 月 26 日。

[20] 杜兴强：《公司治理演进与会计信息披露监管——博弈分析与历史证据》，《财经研究》，2004 年第 9 期。

[21] 方红星、金玉娜：《高质量内部控制能抑制盈余管理吗？——基于自愿性内部控制鉴证报告的经验研究》，《会计研究》，2011 年第 8 期。

[22] 方红星、孙翯、金韵韵：《公司特征、外部审计与内部控制信息的自愿披露——基于沪市上市公司 2003—2005 年年报的经验研究》，《会计研究》，2009 年第 10 期。

[23] 方红星、孙翯：《强制披露规则下的内部控制信息披露——基于沪市上市公司 2006 年年报的实证研究》，《财经问题研究》，2007 年第 12 期。

[24] 封铁英、王毅敏、段兴民：《注册会计师与上市公司的审计博弈及其行为选择》，《经济管理》，2003 年第 8 期。

[25] 高敏雪：《从外部监督入手解决统计数据质量问题的努力》，《统计研究》，2009 年第 8 期。

[26] 郭道扬：《论产权会计观与产权会计变革》，《会计研究》，2004 年第 2 期。

[27] 郭敏、孟宪芹：《会计准则的性质：基于契约论视角的分析》，《管理世界》，2006 年第 12 期。

[28] 韩东京：《所有权结构、公司治理与外部审计监督——来自中国上市

公司的经验证据》,《审计研究》,2008 年第 2 期。

[29] 韩玲:《企业内部控制信息披露影响因素研究》,《统计与决策》,2012 年第 23 期。

[30] 韩晴、王华:《独立董事责任险、机构投资者与公司治理》,《南开管理评论》,2014 年第 5 期。

[31] 何晖:《股份公司的内部与外部监督机制:经济学分析》,《经济科学》,1994 年第 3 期。

[32] 何威风、刘巍:《企业管理者能力与审计收费》,《会计研究》,2015 年第 2 期。

[33] 洪正、周轶海:《内部监督、监管替代与银行价值》,《金融研究》,2008 年第 7 期。

[34] 胡援成:《中国企业资本结构与企业价值研究》,《金融研究》,2002 年第 3 期。

[35] 黄蓉、易阳、宋顺林:《税率差异、关联交易与企业价值》,《会计研究》,2013 年第 8 期。

[36] 贾生华、陈宏辉、田传浩:《基于利益相关者理论的企业绩效评价——一个分析框架和应用研究》,《科研管理》,2003 年第 4 期。

[37] 阚京华:《美国强制性双重内部控制评价制度的解析与启示》,《经济管理》,2007 年第 22 期。

[38] 兰日旭:《近代中国的银行内部监督机制探析》,《江西社会科学》,2008 年第 10 期。

[39] 雷光勇:《企业会计契约:动态过程与效率》,《经济研究》,2004 年第 5 期。

[40] 黎文靖:《会计信息披露政府监管的经济后果——来自中国证券市场的经验证据》,《会计研究》,2007 年第 8 期。

[41] 李建标、张斌、李朝阳:《媒体监督与公司治理:一个理论模型》,《郑州大学学报(哲学社会科学版)》,2010 年第 3 期。

[42] 李明辉、王学军:《上市商业银行内部控制信息披露研究》,《金融研究》,2004 年第 5 期。

[43] 李享:《美国内部控制实证研究:回顾与启示》,《审计研究》,2009 年第 1 期。

[44] 林斌、饶静:《上市公司为什么自愿披露内部控制鉴证报告?——基于

信号传递理论的实证研究》,《会计研究》,2007 年第 2 期。

[45] 林钟高、徐虹、李倩:《内部控制、关系网络与企业价值》,《财经问题研究》,2014 年第 1 期。

[46] 林钟高、郑军、王书珍:《内部控制与企业价值研究——来自沪深两市 A 股的经验分析》,《财经研究》,2007 年第 4 期。

[47] 林钟高、郑军:《基于契约视角的企业内部控制研究》,《会计研究》,2007 年第 10 期。

[48] 刘成立:《价值增值动因:财务、会计、审计共同的逻辑起点》,《财会月刊》,2004 年第 3 期。

[49] 刘诚、杨继东:《独立董事的社会关系与监督功能——基于 CEO 被迫离职的证据》,《财经研究》,2013 年第 7 期。

[50] 刘峰、周福源:《国际四大意味着高审计质量吗——基于会计稳健性角度的检验》,《会计研究》,2007 年第 3 期。

[51] 刘启亮、罗乐、何威风、陈汉文:《产权性质、制度环境与内部控制》,《会计研究》,2012 年第 3 期。

[52] 刘行健、刘昭:《内部控制对公允价值与盈余管理的影响研究》,《审计研究》,2014 年第 2 期。

[53] 刘亚莉、马晓燕、胡志颖:《上市公司内部控制缺陷的披露:基于治理特征的研究》,《审计与经济研究》,2011 年第 3 期。

[54] 刘焱、姚海鑫:《高管权力、审计委员会专业性与内部控制缺陷》,《南开管理评论》,2014 年第 2 期。

[55] 鲁滩、李敦嘉:《关于内部控制体系及其评价方法的探讨——一项审计科研课题讨论简记》,《审计研究》,1987 年第 6 期。

[56] 陆庆平:《以企业价值最大化为导向的企业绩效评价体系——基于利益相关者理论》,《会计研究》,2006 年第 3 期。

[57] 南京大学会计与财务研究院课题组:《论中国企业内部控制评价制度的现实模式——基于 112 个企业案例的研究》,《会计研究》,2010 年第 6 期。

[58] 倪子靖、史晋川:《规制俘获理论述评》,《浙江社会科学》,2009 年第 5 期。

[59] 潘秀丽:《对内部控制若干问题的研究》,《会计研究》,2001 年第 6 期。

[60] 齐明山、李彦娅:《公共行政价值、公共利益与公共责任——政府公

[61] 齐明山、李彦娅：《公共行政价值、公共利益与公共责任——政府公共权力科学运作的三维构架》，《学术界》，2006年第6期。

[62] 曲亮、章静、郝云宏：《独立董事如何提升企业绩效——立足四层委托代理嵌入模型的机理解读》，《中国工业经济》，2014年第7期。

[63] 沈烈、孙德芝、康均：《论人本和谐的企业内部控制环境构建》，《审计研究》，2014年第6期。

[64] 沈烈、孙德芝：《上市公司内部控制自我评价》，《统计与决策》，2014年第13期。

[65] 沈烈：《企业独立董事制度：现状解析与创新——基于沪深上市公司相关数据的分析》，《经济管理》，2012年第5期。

[66] 施先旺：《内部控制理论的变迁及其启示》，《审计研究》，2008年第6期。

[67] 田高良、李留闯、齐保垒：《内部控制鉴证报告的信号失灵和甄别——一个本土化的实证研究》，《南开管理评论》，2011年第5期。

[68] 田高良、齐堡垒、李留闯：《基于财务报告的内部控制缺陷披露影响因素研究》，《南开管理评论》，2010年第4期。

[69] 汪辉：《上市公司债务融资、公司治理与市场价值》，《经济研究》，2003年第8期。

[70] 王兵、李晶、苏文兵等：《行政处罚能改进审计质量吗？——基于中国证监会处罚的证据》，《会计研究》，2011年第12期。

[71] 王恩山：《审计师变更、政府支持与审计力量》，《经济经纬》，2011年第1期。

[72] 王海林：《价值链内部控制模型研究》，《会计研究》，2006年第2期。

[73] 王宏、蒋占华、胡为民等：《中国上市公司内部控制指数研究》，人民出版社，2011年。

[74] 王华、黄之骏：《经营者股权激励、董事会组成与企业价值——基于内生性视角的经验分析》，《管理世界》，2006年第9期。

[75] 王立勇：《内部控制系统评价定量分析的数学模型》，《审计研究》，2004年第4期。

[76] 王奇杰：《基于博弈论的上市公司内部控制信息披露研究》，《财政研究》，2011年第6期。

[77] 王守海、李云：《管理层干预、审计委员会独立性与盈余管理》，《审计研究》，2012年第4期。

[78] 王霞、徐晓东：《审计重要性水平、事务所规模与审计意见》，《财经研究》，2009年第1期。

[79] 王雄元、管考磊：《关于审计委员会特征与信息披露质量的实证研究》，《审计研究》，2006年第6期。

[80] 吴秋生、敖小波：《内部治理、内部控制与债务治理效应——来自中国上市公司的经验证据》，《经济问题》，2014年第4期。

[81] 吴秋生、杨瑞平：《内部控制评价整合研究》，《会计研究》，2011年第9期。

[82] 吴益兵：《内部控制的盈余管理抑制效应研究》，《厦门大学学报》，2012年第2期。

[83] 吴益兵：《内部控制审计信号的有效性及定价效应》，《经济管理》，2012年第8期。

[84] 夏立军、方轶强：《政府控制、治理环境与公司价值——来自中国证券市场的经验证据》，《经济研究》，2005年第5期。

[85] 夏芸、徐欣：《企业内部控制信息披露与债务契约——来自于中国房地产上市公司的经验证据》，《经济管理》，2011年第3期。

[86] 肖华、张国清：《内部控制质量、盈余持续性与公司价值》，《会计研究》，2013年第5期。

[87] 肖柯：《治理与管理融合视角下上市公司内部监控机制研究》，山东大学博士学位论文，2014年6月。

[88] 谢德仁：《企业的性质：要素使用权交易合约之履行过程》，《经济研究》，2002年第4期。

[89] 徐虹、林钟高、郑军等：《内部控制、价值管理和企业价值》，《当代财经》，2008年第4期。

[90] 徐荣华：《审计意见购买的内在机理及其治理》，浙江大学出版社，2012年。

[91] 阳杰、庄明来：《内部控制持续监控系统研究的理论框架》，《江西社会科学》，2012年第5期。

[92] 杨柏：《上市公司信息披露违规行为监管博弈分析》，《管理世界》，2005年第8期。

[93] 杨德明、胡婷:《内部控制、盈余管理与审计意见》,《审计研究》,2010年第5期。

[94] 杨德明、林斌、王彦超:《内部控制、审计质量与大股东资金占用》,《审计研究》,2009年第5期。

[95] 杨凤:《部门利益理论与规制经济学的发展》,《当代财经》,2008年第6期。

[96] 杨清香、俞麟、宋丽:《内部控制信息披露与市场反应研究——来自中国沪市上市公司的经验证据》,《南开管理评论》,2012年第1期。

[97] 杨雄胜:《内部控制的性质与目标:来自演化经济学的观点》,《会计研究》,2006年第11期。

[98] 杨有红:《论内部控制环境的主导与环境优化——基于内部控制系统构建与持续优化视角》,《会计研究》,2013年第5期。

[99] 杨有红:《企业内部控制系统构建·运行·评价》,北京大学出版社,2013年2月。

[100] 杨有红、毛新述:《内部控制、财务报告质量与投资者保护——来自沪市上市公司的经验证据》,《财贸经济》,2011年第8期。

[101] 杨玉凤、王火欣、曹琼:《内部控制信息披露质量与代理成本相关性研究——基于沪市2007年上市公司的经验数据》,《审计研究》,2010年第1期。

[102] 杨玉凤:《内部控制信息披露:国内外文献综述》,《审计研究》,2007年第4期。

[103] 于海云:《内部控制质量、信用模式与企业价值——基于深市A股上市公司的实证分析》,《财经理论与实践》,2011年第3期。

[104] 于增彪、王竞达、瞿卫普:《企业内部控制评价体系的构建——基于亚新科工业技术有限公司的案例研究》,《审计研究》,2007年第3期。

[105] 余海宗、丁璐、谢璇、吴艳玲:《内部控制信息披露、市场评价与盈余信息含量》,《审计研究》,2013年第5期。

[106] 袁敏:《财务报表重述与财务报告内部控制评价——基于戴尔公司案例的分析》,《会计研究》,2012年第4期。

[107] 詹雷、王瑶瑶:《管理层激励、过度投资与企业价值》,《南开管理评论》,2013年第3期。

[108] 张川、沈红波、高新梓:《内部控制的有效性、审计师评价与企业绩效》,《审计研究》,2009年第6期。

[109] 张洪波、李健：《企业社会责任与利益相关者理论：基于整合视角的研究》，《科学与科学技术管理》，2007 年第 3 期。

[110] 张继勋、刘文欢：《投资倾向、内部控制重大缺陷与投资者的投资判断——基于个体投资者的实验研究》，《管理评论》，2014 年第 3 期。

[111] 张继勋、周冉、孙鹏：《内部控制披露、审计意见、投资者的风险感知和投资决策：一项实验证据》，《会计研究》，2011 年第 9 期。

[112] 张龙平、刘光忠：《企业内部控制审计准则研究》，大连出版社，2010 年 7 月。

[113] 张龙平、朱锦余：《关于注册会计师对内部控制评价的理论思考》，《审计研究》，2002 年第 2 期。

[114] 张奇峰、张鸣：《公司控制权安排、审计师选择与市场价值——来自中国上市公司的证据》，《山西财经大学学报》，2009 年第 6 期。

[115] 张然、王会娟、许超：《披露内部控制自我评价与鉴证报告会降低资本成本吗？——来自中国 A 股上市公司的经验证据》，《审计研究》，2012 年第 1 期。

[116] 张先治、戴文涛：《中国企业内部控制评价系统》，《审计研究》，2011 年第 1 期。

[117] 张先治、张晓东：《基于投资者需求的上市公司内部控制实证分析》，《会计研究》，2004 年第 12 期。

[118] 张砚、杨雄胜：《内部控制理论研究的回顾与展望》，《审计研究》，2007 年第 1 期。

[119] 张宜霞：《企业内部控制的范围、性质与概念体系——基于系统和整体效率视角的研究》，《会计研究》，2007 年第 7 期。

[120] 张兆国、刘晓霞、张庆：《企业社会责任与财务管理变革——基于利益相关者理论的研究》，《会计研究》，2009 年第 3 期。

[121] 张兆国、张旺峰、杨清香：《目标导向下的内部控制评价体系构建及实证检验》，《南开管理评论》，2011 年第 1 期。

[122] 赵璨、曹伟、朱锦余：《治理环境、产权性质与内部控制治理效应——基于公司违规视角的研究》，《经济与管理评论》，2013 年第 6 期。

[123] 赵德武、曾力、谭莉川：《独立董事监督力与盈余稳健性——基于中国上市公司的实证研究》，《会计研究》，2008 年第 9 期。

[124] 赵息、许宁宁：《管理层权力、机会主义动机与内部控制缺陷信息披

露》,《审计研究》,2013 年第 4 期。

[125] 赵息、张西栓:《内部控制、高管权力与并购绩效——来自中国证券市场的经验证据》,《南开管理评论》,2013 年第 2 期。

[126] 中国人民银行成都分行办公室课题组:《我国中央银行内部控制评价研究》,《会计研究》,2008 年第 7 期。

[127] 中国上市公司内部控制指数研究课题组:《中国上市公司内部控制指数研究》,《会计研究》,2011 年第 12 期。

[128] 周春喜:《内部会计控制评价指标体系及其评价》,《审计研究》,2002 年第 2 期。

[129] 周勤业、王啸:《美国内部控制信息披露的发展及其借鉴》,《会计研究》,2005 年第 2 期。

[130] 周守华、胡为民、林斌、刘春丽:《2012 年中国上市公司内部控制研究》,《会计研究》,2013 年第 7 期。

[131] 周中胜、陈汉文:《大股东资金占用与外部审计监督》,《审计研究》,2006 年第 3 期。

[132] 周中胜、陈汉文:《独立审计有用吗?——基于资源配置效率视角的经验研究》,《审计研究》,2008 年第 6 期。

[133] 朱春艳、伍利娜:《上市公司违规问题的审计后果研究——基于证券监管部门处罚公告的分析》,《审计研究》,2009 年第 4 期。

[134] 朱峰:《非对称信息下的审计委托代理理论——激励契约安排与外部监督机制》,《审计研究》,2007 年第 5 期。

[135] 朱庆锋、徐中平、王力:《基于模糊综合评价法和 BP 神经网络法的企业控制活动评价及比较分析》,《管理评论》,2013 年第 8 期。

[136] 朱荣恩:《美国财务报告内部控制评价的发展及对我国的启示》,《会计研究》,2003 年第 8 期。

[137] 朱卫东、李永志、何秀余:《基于 BP 神经网络的企业内部控制体系评价研究》,《运筹与管理》,2005 年第 14 期。

[138] 曾雪云、伍利娜、王雪:《上市公司审计委员会的履职活动与潜在绩效》,《财经研究》,2016 年第 2 期。

外文文献

[1] Altamuro, J., Beatty, A. How does Internal Control Regulation Affect Financial Reporting? *Journal of Accounting and Economics*, 2010, 49 (1-2): 58-74.

[2] Ashbaugh-Skaife H., D. W. Collins, and W. R. Kinney. The discovery and reporting of internal control deficiencies prior to SOX-mandated audits. *Journal of Accounting and Economics*, 2007, 44 (1-2): 166-192.

[3] Ashbaugh-Skaife H., D. W. Collins, et al. The effect SOX internal control deficiencies on firm risk and cost of equity. *Journal of Accounting Research*, 2009, 47 (1): 1-43.

[4] Ashbaugh-Skaife H., D. W. Collins, W. R. Kinney, and R. La Fond. The effect of SOX internal control deficiencies and their remediation on accrual quality. *The Accounting Review*, 2008, 83 (1): 217-250.

[5] Ashbaugh-Skaife H., D. W. Collins, W. R. Kinney, and R. La-Fond. The effect of internal control deficiencies on firm risk and cost-of-equity capital. *Working paper, University of Wisconsin-Madison*, 2006.

[6] Atkinson A. A., Waterhouse J. H. and Wells R. B. A stakeholder approach to strategic performance measurement. *Sloan Management Review (Spring)*, 1997: 25-37.

[7] Bargeron, L. L., Lehn, K. M., Zutter, C. J. Sarbanes-Oxley and Corporate Risk Taking. *Journal of Accounting and Economics*, 2010, 49 (1-2): 34-52.

[8] Bedard C, Graham L. Detection and severity classifications of sarbanes-oxley section 404 internal control deficiencies. *The Accounting Review*, 2010, 86 (3): 825-855.

[9] Bedard J., Hoitash R., Hoitash U., Westermann K. Material Weakness Remediation and Earnings Quality: A Detailed Examination by Type of Control Deficiency. *Auditing: A Journal of Practice & Theory*, 2012, 31 (1): 57-78.

[10] Bedard, J. Reported internal control deficiencies and earnings quality. *Working paper, Universite Laval*, 2006.

[11] Beneish M, Billings M, Hodder L. Internal control weaknesses and informaiton uncertainty. *The Accounting Review*, 2008, 83 (3): 665-703.

[12] Beneish, M. D., M. Billings, and L. Hodder. Internal control weaknesses and information uncertainty. *Working paper, Indiana University*, 2006.

[13] Beneish, M. D., Billings, M. B., Hodder, L. D. Internal Control Weaknesses and Information Uncertainty. *The Accounting Review*, 2008, 83 (3): 665-704.

[14] Beng W, Li D. Internal controls and conditional conservatism. *The Account-*

ing Review, 2011, 86 (3): 975 - 1005.

[15] Chan K H, Lin K, Mo PL. A political-economic analysis of auditor reporting and auditor switches. *Review of Accounting Studies*, 2006 (10): 21 - 48.

[16] Chan K, Farrell B, Lee P. Earnings management of firms reporting material internal control weaknesses undersection 404 of the sarbanes-oxley act. *Auditing: A Journal of Practice & Theory*, 2008, 27 (2): 161 - 179.

[17] Chan, K., Farrell, B., Lee, P., Earnings management and return-earnings association of firms reporting material internal control weaknesses under Section 404 of the Sarbanes-Oxley Act. *Working paper, Pace University*, 2005.

[18] Chen, Y. H., A. L. Smith, J. Cao, and W. D. Xia. Information Technology Capability, Internal Control Effectiveness, and Audit Fees and Delays. *Journal of Information Systems*, 2014, 28 (2): 149 - 180.

[19] Choi J S, Choi C, Hogan, et al. The effect of human resource investment in internal control on the disclosure of internal control weaknesses. *Auditing: A Journal of Practice & Theory*, 2013.

[20] Chow Chee W. Rice Steven J. Qualified Audit Opinions and Auditor Switching. *The Accounting Review*, 1982, (57): 326 - 335.

[21] Clarkson, M. A stakeholder framework for analyzing and evaluat-ing corporate social performance. *Academy of Management Review*, 1995, 20 (1): 92 - 117.

[22] Coase, Ronald H. The Natural of the Firm. *Economics*, 1937, 4: 386 - 405.

[23] Committee of Sponsoring Organizations of the Treadway Commission (COSO). Internal Control - Integrated Framework. The Framework. New York, NY: COSO. 2013.

[24] COSO. Guidance on Monitoring Internal Control Systems. New York, Jan 2009, http://www.coso.org.

[25] Criteria of Control Board (CoCo) of the Canadian Institute of Chartered Accountants, Guidance for Directors: Dealing with Risk in the Boardroom, Toronto, 1999.

[26] Criteria of Control Board (CoCo) of the Canadian Institute of Chartered Accountants, Guidance on Control, Toronto, 1995.

[27] Cushing B E. A mathematical approach to the analysis and design of internal

control systems. *The Accounting Review*, 1974, 49 (1): 24 – 41.

[28] Dan Dhaliwal, Chris Hogan, Robert Trezevant, Michael Wilkins. Internal Control Disclosures, Monitoring, and the Cost of Debt. *The Accounting Review*, 2011, 86 (4): 1131 – 1156.

[29] David Yermack. Higher market valuation of companies with a small board of directors. *Journal of Financial Economics*, 1996, 2 (40) 185 – 211.

[30] DeAngelo, L. Auditor Size and Audit Quality. *Journal of Accounting and Economics*, 1981, 3 (3): 183 – 199.

[31] Desai, H. , C. Hogan and M. Wilkins. The Reputational Penalty for Aggressive Accounting: Earnings Restatements and Management Turnover. *The Accounting Review*, 2006, 1 (81): 83 – 112.

[32] Dhaliwal D C H, Trezevant R, Wilkins M. Internal control disclosures, monitoring, and the cost of debt. *The Accounting Review*, 2011, 86 (4): 1131 – 1156.

[33] Douglass C. North. A Transaction Cost Theory of Politics. *Journal of Theoretical Politics*, 1990, 4 (2): 355: 367.

[34] Engel, E. , Hayes, R. M. , Wang, X. The Sarbanes – Oxley Act and Firms' Going Private Decisions. *Journal of Accounting and Economics*, 2007, 44 (1 – 2): 116 – 145.

[35] Fama, E. F. and M. C. Jensen. Agency problems and residual claims. *Journal of Law and Economics*, 1983, 26: 327 – 349.

[36] Fama, E. F. and M. C. Jenson. Separation of ownership and Control. *Journal of Law and Economics*, 1983, 26: 301 – 325.

[37] Feng, M. , C. Li, S. E. McVay, and H. Skaife. Does Ineffective Internal Control over Financial Reporting affect a Firm's Operations? Evidence from Firms' Inventory Management. The Accounting Review, 2015, 90 (2): 529 – 557.

[38] Franks, Julian R. and Mayer, Colin, Ownership and Control of German Corporations, September 25, 2000. Available at SSRN: http://ssrn.com/abstract = 247501.

[39] Freeman, R. E. Strategic management: A stakeholder approach. Boston: Pitman, 1984.

[40] Ge W, McVay S. The disclosure of material weaknesses in internal control after the sarbanes-oxley act. *Accounting Horizons*, 2005 (19): 137 – 158.

[41] Goh, B. W. Audit Committees, Boards of Directors, and Remediation of Material Weaknesses in Internal Control. *Contemporary Accounting Research*, 2009, 26 (2): 549-579.

[42] Goh, B W., J. Krishnan, and D. Li. Auditor Reporting under Section 404: The Association between the Internal Control and Going Concern Audit Opinions. *Contemporary Accounting Research*, 2013, 30 (3): 970-995.

[43] Hamlen S S. A chance constrained mixed integer programming model for internal control design. *The Accounting Review*, 1980, 55 (4): 578-593.

[44] Hammersley, J. S., L. A. Myers, and J. Zhou. The Failure to Remediate Previously Disclosed Material Weaknesses in Internal Controls. *Auditing: A Journal of Practice & Theory*, 2012, 31 (3): 73-111.

[45] Hammersley, J., L. Myers, and C. Shakespeare. Market reactions to the disclosure of internal control weaknesses and to the characteristics of those weaknesses under Section 302 of the Sarbanes Oxley Act of 2002. *Review of Accounting Studies*, 2008, 13 (1): 141-165.

[46] Hermanson H. An analysis of the demand for reporting on internal control. *Accounting Horizons*, 2000, 14 (3): 325-341.

[47] Hoitash, R., U. Hoitash, and K. M. Johnstone. Internal Control Material Weaknesses and CFO Compensation. *Contemporary Accounting Research*, 2012, 29 (3): 768-803.

[48] Hoitash, Udi, Hoitash, Rani, and Bedard, Jean C. Corporate Governance and Internal Control over Financial Reporting: A Comparison of Regulatory Regimes. *The Accounting Review*, 2009 (3): 839-867.

[49] Jeffrey Doyle, Weili Ge, Sarah McVay, Determinants of weaknesses in internal control over financial reporting. *Journal of Accounting and Economics*, 2007 (44): 193-223.

[50] Jeffrey Sonnenfeld. Measuring Corporate Social Performance. *Academy of Management Proceedings (00650668)*, August 1982: 371.

[51] Jeffrey T. Doyle, Weili Ge, Sarah McVay. Accruals Quality and Internal Control over Financial Reporting. *The Accounting Review*, 2007, 82 (5), p: 1141-1170.

[52] Jensen, M. C. Meckling, W. H. Theory of the firm: Managerial behavior, agency costs and ownership structure. *Journal of financial economics*, 1976, 3 (4):

305 – 360.

[53] John Pound. The Promise of the Governed Corporation. *Harvard Business Review*, March 1995.

[54] Kim J, Song B, Zhang L. Internal control weakness and bank loan contracting: evidence from SOX Section 404 disclosures. *The Accounting Review*, 2011, 86 (4): 1157 – 1188.

[55] Kinney W. R, Jr. Decision theory aspects of internal control system design compliance and substantive tests. *Journal of Accounting Research*, 1975, 13 (3): 14 – 29.

[56] Kinney, W., Maher, M., Wright, D., Assertions-based standards for integrated internal control. *Accountin Horizons*, 1990 (4): 1 – 8.

[57] Kinney, W., Research opportunities in internal control quality and quality assurance. *Auditing: Journal of Practice & Theory*, 2000 (19): 83 – 90.

[58] Krishnan J, Rama D, Zhang Y. Costs to comply with SOX Section 404. *Auditing: Journal of Practice & Theory*, 2008, 27 (1): 169 – 186.

[59] Krishnan, G. V., and W. Yu. Do Small Firms Benefit from Auditor Attestation of Internal Control Effectiveness? *Auditing: A Journal of Practice & Theory*, 2012, 4 (31): 115 – 137.

[60] Krishnan, Jayanthi. Audit Committee Quality and Internal Control: An Empirical Analysis. *The Accounting Review*, 2005, 2 (80): .649 – 675.

[61] Lawrence A. Gordon, Amanda L. Wilford. An Analysis of Multiple Consecutive Years of Material Weaknesses in Internal Control. *The Accounting Review*, 2012, 6 (8): 2027 – 2060.

[62] Lennox, C. Do companies successfully engagein opinion-shopping? Evidence from the UK *Journal of Accounting and Economics*, 2000 (29): 321 – 337.

[63] Maijoor, S. The internal control explosion, *International Journal of Auditing*, 2000, 4: 101 – 109.

[64] Maria Ogneva, K. R. Subramanyam, K. Raghunandan. Internal control weakness and cost of equity: evidence from SOX section 404 disclosures. The Accounting Review, 2007, 82 (5): 1255 – 1297.

[65] McMullen, D., Raghunandan, K., Rama, D. V., Internal control reports and financial reporting problems. *Accounting Horizons*, 1996 (10): 67 – 75.

[66] Mcvay, S. E. Discussion of Do Control Effectiveness Disclosures Require SOX 404 (b) Internal Control Audits? A Natural Experiment with Small U. S. Public Companies. *Journal of Accounting Research*, 2012, 49 (2): 449 –456.

[67] Mullen Dorothy and Ragahunandan. Internal Control Reports and Financial Reporting Problem. *Accounting Horizons*, 1996, 10 (12): 67 –75.

[68] Munsif, V. , K. Raghunandan, and D. V. Rama. Internal Control Reporting and Audit Report Lags: Further Evidence. Auditing: *A Journal of Practice & Theory*, 2012, 31 (3): 203 –218.

[69] Naiker V, Shama D. Former audit partners on the audit committee and internal control deficiencies. *The Accounting Review*, 2009, 84 (2): 559 –587.

[70] Nichols, Donald R. A model of auditors'preliminary evaluations of internal control from audit data, *Accounting Review*, 1987, 62 (1): 183 –190.

[71] Nikos Vafeas. The Nature of Board Nominating Committees and Their Role in Corporate Governance. *Journal of Business Finance and Accounting*, 1999 (1 –2): 199 –225.

[72] Ogneva, M. , Raghunandan, K. , Subramanyam, K. R. Internal Control Weakness and Cost of Equity: Evidence from SOX Section 404 Disclosures. *The Accounting Review*, 2007, 82 (5): 1255 –1297.

[73] Oliver E. Williamson. The Theory of the Firm as Governance Structure: From Choice to Contract. *The Journal of Economic Perspectives*, 2002, 3 (16): 171 –195.

[74] R. H. Coase. The Nature of the Firm. *Economica*, 1937, 14 (16): 386 –405.

[75] Ragahunandan and Rama. Management Report after COSO. Internal Auditor, 1994, 8: 54 –59.

[76] Raghunandan, K. , Read, W. J. , Rama, D. V. Audit Committee Composition, Grey Directors, and Interaction with Internal Auditing. *Accounting Horizons*, 2001, 15 (6): 105 –118.

[77] Ramalingegowda, S. , Yu, Y. Institutional Ownership and Conservatism. *Journal of Accounting and Economics*, 2012, (53): 98 –114.

[78] Ramy Elitzur, Haim Falk. Planned Audit Quality . *Journal of Accounting and Public Policy*. 1996, 15 (3): 247 –269.

[79] Rice, S, C. , and D. P. Weber. How Effective Is Internal Control Repor-

ting under SOX 404? Determinants of the (Non-) Disclosure of Existing Material Weaknesses. *Journal of Accounting Research*, 2012, 50 (3): 811-843.

[80] Sanford J. Grossman and Oliver D. Hart The Costs and Benefits of Ownership: A Theory of Vertical and Lateral Integration. *Journal of Political Economy*, 1986, 4 (96): 691: 719.

[81] Schmid, T. Control Considerations, Creditor Monitoring, and the Capital Structure of Family Firms. *Journal of Banking & Finance*, 2013, 37 (2): 257-272.

[82] Srinivasan, S., Consequences of Financial Reporting Failure for Outside Directors: Evidence from Accounting Restatements and Audit Committee Members. *Journal of Accounting Research*, 2005, 43: 291-334.

[83] The Committee of Sponsoring Organizations (COSO) of the Treadway Commission, *Enterprise Risk Management - Integrated Framework*, New York: AICPA, 2004.

[84] Treadway Committee. Report of the National Commission on Fraududulent *Financial Reporting*, 1987.

[85] Yan Zhang, Jian Zhou, Nan Zhou. Audit Committee Quality, Auditor Independence, and Internal Control Weaknesses. *Journal of Accounting and Public Policy*, 2007, 26: 300-327.

[86] Yu S, Neter J. A stochastic model of the internal control system. *Journal of Accounting Research*, 1973, 11 (2): 273-295.

[87] Zhang, I. X. Economic Consequences of the Sarbanes - Oxley Act of 2002 [J]. *Journal of Accounting and Economics*, 2007, 44 (1): 74-115.

[88] Zhou, J. Financial Reporting after the Sarbanes - Oxley Act: Conservative or Less Earnings Management? *Research in Accounting Regulation*, 2007, 20: 187-192.

高质量发展蓝皮书
BLUE BOOK OF
HIGH QUALITY DEVELOPMENT

中国经济高质量发展报告（2020）

ANNUAL REPORT ON THE HIGH QUALITY DEVELOPMENT OF CHINA (2020)

践行共享发展理念

主　编／韩保江
执行主编／邹一南

社会科学文献出版社
SOCIAL SCIENCES ACADEMIC PRESS (CHINA)

图书在版编目(CIP)数据

中国经济高质量发展报告.2020:践行共享发展理念/韩保江主编.--北京:社会科学文献出版社,2020.8
(高质量发展蓝皮书)
ISBN 978-7-5201-6618-8

Ⅰ.①中… Ⅱ.①韩… Ⅲ.①中国经济-经济发展-研究报告-2020 Ⅳ.①F124

中国版本图书馆 CIP 数据核字(2020)第 076910 号

高质量发展蓝皮书
中国经济高质量发展报告(2020)
——践行共享发展理念

主　　编／韩保江
执行主编／邹一南

出 版 人／谢寿光
组稿编辑／任文武
责任编辑／连凌云

出　　版／社会科学文献出版社·城市和绿色发展分社(010)59367143
　　　　　地址:北京市北三环中路甲29号院华龙大厦　邮编:100029
　　　　　网址:www.ssap.com.cn
发　　行／市场营销中心(010)59367081　59367083
印　　装／天津千鹤文化传播有限公司

规　　格／开　本:787mm×1092mm　1/16
　　　　　印　张:26　字　数:387千字
版　　次／2020年8月第1版　2020年8月第1次印刷
书　　号／ISBN 978-7-5201-6618-8
定　　价／128.00元

本书如有印装质量问题,请与读者服务中心(010-59367028)联系

▲ 版权所有 翻印必究

编委会

主　　编　韩保江

执行主编　邹一南

特约编委（以姓氏笔画为序）

马晓河　王小广　王剑峰　冯俏彬　毕吉耀
刘元春　许正中　孙久文　花长春　李怀义
杨成长　余　菁　张云华　张　青　陈启清
陈昌盛　欧阳慧　俞平康　姜长云　祝宝良
姚枝仲　徐　高　高进水　黄汉权　曹　立
董小君　韩保江　焦　利　魏加宁

编写组（以姓氏笔画为序）

马应超　王　昊　刘同山　李　鹏　李　蕾
李兴华　吴晓雅　邹一南　张　旭　张爱民
赵俊豪　姚志才　原　倩　顾　严　郭雅媛
韩保江　程玉伟　蔡之兵　谭智心

主要编撰者简介

韩保江 经济学博士,现为中共中央党校(国家行政学院)经济学教研部主任,教授,博士生导师。入选中宣部"四个一批人才"和国家万人计划首批"哲学和社会科学领军人才",享受国务院政府特殊津贴。主要研究社会主义市场经济理论、中国特色社会主义政治经济学、经济体制改革、国有企业改革、收入分配、当代世界经济和经济全球化等问题。先后出版《西方世界的拯救——现代资本主义收入分配制度变迁与贡献》《全球化时代》《刀尖上的舞者——中国职业经理人制度建设案例研究》《中国奇迹与中国发展模式》《瞭望中国——关于中国发展前途的思考》《新常态下中国经济的难题与出路》《中国特色社会主义经济问题》等专著,主编或编著《国际市场学》《劳动关系概论》《当前中国经济热点18个怎么看》《中国经济体制改革发展史》等教材30多部。在《经济研究》《管理世界》《人民日报》《光明日报》《经济日报》《瞭望》等报刊上发表论文200多篇,有多篇论文被《新华文摘》和中国人民大学复印报刊资料全文转载。

邹一南 经济学博士,中共中央党校(国家行政学院)经济学教研部副教授,硕士生导师。现担任中共中央党校乡村振兴创新工程项目组首席专家,北京市农业经济学会第七届理事会理事。主持2项国家社会科学基金项目,出版学术著作7部,发表CSSCI期刊论文30余篇,其中7篇被《新华文摘》和中国人民大学复印报刊资料全文转载。曾获得2016、2017、2018年度中共中央党校(国家行政学院)科研创新成果一等奖,2017年度国家发改委宏观经济研究院优秀研究成果一等奖、中国社会科学院第十一届优秀皮书报告二等奖等奖项,2020年7月获得第20届全国青年岗位能手称号。

摘　要

本书以全面建成小康社会为时代背景，以习近平总书记对共享发展内涵的阐释为依据，构建了中国经济共享发展评价指标体系，以期科学、全面、建设性地评价作为高质量发展重要组成部分的共享发展水平。首先，本书利用统计数据，对全国以及 31 个省、自治区、直辖市 2019 年共享发展基本情况和 2000~2019 年共享发展变化趋势进行了分析测算。结果表明，中国经济共享发展水平以及作为共享发展基本内涵的全民共享、全面共享、共建共享和渐进共享水平在过去 20 年间都有显著提升，中国经济全民共享水平高于全面共享、共建共享和渐进共享水平，发达地区共享发展绝对水平总体高于欠发达地区，欠发达地区共享发展提升速度总体快于发达地区，各地区共享发展水平总体呈收敛态势，部分地区部分领域的共享发展水平出现一定分化。未来践行共享发展理念，应在继续深入推进全民共享的同时，更加注重实现全面共享、共建共享、渐进共享的同步提升；发达地区应在继续巩固较高的共享发展水平的同时，更加注重挖掘全民共享、全面共享水平进一步提高的潜力；欠发达地区应在继续缩小与发达地区共享发展差距的同时，更加注重加快共建共享、渐进共享水平提高的速度。其次，本书对部分重点区域重点领域的共享发展进展情况进行了分析，包括京津冀地区公共服务一体化改革、长三角地区包容性发展城市群建设、粤港澳大湾区共享发展的制度体系建设、四川成都西部片区城乡融合发展和"三区三州"深度贫困地区脱贫攻坚等，报告了这些地区在推进共享发展方面的本地特色、存在的问题和改进建议。最后，本书围绕农村土地退出的增值收益共享、农民合作社以共享为原则的规范化发展、农业转移人口市民化、户籍制度改革、社会保障体制改革、收入分配制度改革和中国特色反贫困道路等与共享发展相关的热点问题展开了专题研究，对这些影响中国经济共享发展水平提升的关键问题进行深入剖析，总结经验和教训，展望未来发展趋势。

关键词： 中国经济　高质量发展　共享发展理念

Abstract

This book takes the closing year of building a moderately prosperous society in all respects as the background of the times, and based on general secretary Xi Jinping's interpretation of the connotation of shared development, it constructs the evaluation index system of Chinese economy shared development, so as to scientifically, comprehensively and constructively evaluate the level of shared development as an important part of high-quality development. Firstly, the book using statistical data to analyze and calculate the basic situation of shared development in 2019 and the trend of shared development from 2000 to 2019 in China and 31 provinces, autonomous regions and municipalities directly under the central government. The results show that the level of shared economic development, as well as the level of national sharing, all-round sharing, co-construction sharing and progressive sharing, which are the basic connotation of shared development, has been significantly improved in the past 20 years, the level of national sharing in the Chinese economy is higher than that of all-round sharing, co-construction contribution and progressive sharing. In general, the absolute level of shared development in developed areas is higher than that in less developed areas, and the speed of shared development in less developed areas is generally faster than that in developed areas. The level of shared development in all regions shows a convergence trend, and the level of shared development in some parts of some areas has been differentiated. To implement the concept of shared development in the future, we should continue to promote national sharing, and at the same time pay more attention to the simultaneous improvement of all-round sharing, co-construction sharing and progressive sharing; while consolidating the high level of shared development, the developed regions should pay more attention to tapping the potential for further improvement of the level of national sharing and all-round sharing; less developed regions should continue to narrow the development gap with developed regions, and at the same time pay more attention to speeding up the improvement of the level of co-construction sharing and progressive sharing. Secondly, this book analyzes the progress of shared development in some key areas, including reform of the integration of public services in Jing-Jin-Ji region, the Yangtze River Delta region inclusive development urban agglomeration construction, the Guangdong-Hong Kong-Marco Greater Bay Area shared development institutional system construction, the integrated development of urban and rural areas in the western part of Sichuan Chengdu and poverty alleviation in areas of extreme poverty like the "three regions and three prefectures". The book reports on the salient features, problems and recommendations for improving shared development in these areas. Lastly, this book focused on the withdrawal of rural land value-added income sharing, farmers cooperatives standardized development based on the principle of sharing, citizenization of the migrant agricultural population, reform of household registration system, reform of social security system, reform of income distribution system and anti-poverty road with Chinese characteristics and other hot issues related to shared development. The book makes an in-depth analysis of these key issues affecting the improvement of Chinese economy shared development level, summarizes the experience and lessons, and looks forward to the future development trend.

Keywords: Chinese Economy; High-quality Development; Shared Development Concept

目 录

全面建成小康社会与践行共享发展理念（代序）……………… 韩保江 / 001

Ⅰ 总报告

B.1 2019年中国经济共享发展评价报告
………………………………………… 高质量发展研究课题组 / 001
  一 中国经济共享发展评价指标体系的构建 ……………… / 002
  二 2019年中国经济共享发展的基本情况 ………………… / 009
  三 2000~2019年中国经济共享发展的变化趋势 ………… / 016
  四 基本判断和政策建议 …………………………………… / 028

Ⅱ 评价篇

B.2 2019年中国经济全民共享发展评价报告 ………… 程玉伟 / 052
B.3 2019年中国经济全面共享发展评价报告 ………… 张　旭 / 074
B.4 2019年中国经济共建共享发展评价报告 ………… 姚志才 / 096
B.5 2019年中国经济渐进共享发展评价报告 ………… 郭雅媛 / 117

Ⅲ 区域篇

B.6 京津冀地区公共服务一体化改革进展分析 ………… 王　昊 / 138

B.7 长三角地区建设包容性发展城市群进展分析 …………… 原 倩 / 157

B.8 粤港澳大湾区构建共享发展的制度环境进展分析 ……… 蔡之兵 / 172

B.9 四川成都西部片区城乡融合发展进展分析 ……………… 张爱民 / 190

B.10 "三区三州"深度贫困地区脱贫攻坚进展分析 ………… 马应超 / 209

Ⅳ 专题篇

B.11 农村土地退出与增值收益共享 …………………………… 刘同山 / 243

B.12 践行共享理念的农民合作社规范路径与政策 ………… 谭智心 / 259

B.13 农民工市民化困境与新一轮户籍制度改革反思 ……… 邹一南 / 277

B.14 农业转移人口市民化3.0阶段与"后1亿人时期"的城镇化
   …………………………………………………………… 顾 严 / 295

B.15 "十四五"时期农业转移人口落户趋势与政策展望
   …………………………………………………………… 邹一南 / 312

B.16 社会保障的再认识与推进中国社保体制改革 ………… 李 蕾 / 332

B.17 共享发展与收入分配制度改革 ………………………… 李 鹏 / 345

B.18 以人民为中心的发展思想与中国特色反贫困道路 …… 邹一南 / 357

Ⅴ 附录

B.19 中国经济共享发展大事记（1978~2019年） ………… 吴晓雅 / 370

B.20 后 记 ……………………………… 高质量发展研究课题组 / 378

皮书数据库阅读使用指南

CONTENTS

Building A Moderately Prosperous Society in All Respects and Pursuing Shared Development Concept (Preface)   *Han Baojiang* / 001

I General Report

B.1 Report on Chinese Economy Shared Development Index in 2019
    High-qualityDevelopment Research Group / 001

    1. Construction of the Evaluation Index System of Chinese Economy Shared Development   / 002

    2. The Basic Situation of Chinese Economy Shared Development in 2019   / 009

    3. The Changing Trend of Chinese Economy Shared Development from 2000 to 2019   / 016

    4. Basic Judgment and Policy Recommendations   / 028

II Evaluation Reports

B.2 Report on the Evaluation Index of the National Sharing Development of the Chinese Economy in 2019   *Cheng Yuwei* / 052

B.3 Report on the Evaluation Index of the All-round Sharing Development of the Chinese Economy in 2019   *Zhang Xu* / 074

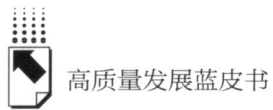
高质量发展蓝皮书

B.4　Report on the Evaluation Index of the Co-construction Sharing Development of the Chinese Economy in 2019　　*Yao Zhicai* / 096

B.5　Report on the Evaluation index of the Progressive Sharing Development of the Chinese Economy in 2019　　*Guo Yayuan* / 117

Ⅲ　Regional Reports

B.6　Analysis on the Progress of the Reform of the Integration of Public Services in Jing-Jin-Ji Region　　*Wang Hao* / 138

B.7　Analysis on the Progress of Building an Inclusive Development Urban Agglomeration in the Yangtze River Delta Region　　*Yuan Qian* / 157

B.8　Analysis on the Progress of the Institutional Environment of the Guangdong-Hong Kong-Marco Greater Bay Area for the Construction of Shared Development　　*Cai Zhibing* / 172

B.9　Analysis on the Progress of the Integrated Development of Urban and Rural Areas in the Western Part of Sichuan Chengdu　　*Zhang Aimin* / 190

B.10　Analysis on the Progress of "Three Regions and Three Prefectures" Poverty Alleviation in Deep-poverty Areas　　*Ma Yingchao* / 209

Ⅳ　Special Reports

B.11　Withdrawal of Farmers' Land Rights and the Sharing of Farmland Value-added Income　　*Liu Tongshan* / 243

B.12　Standardized Paths and Policies of Farmers' Cooperatives that Practice the Concept of Sharing Development　　*Tan Zhixin* / 259

B.13　Reflection on a New Round of the Reform of Household Registration System: Dilemma and Way Out　　*Zou Yinan* / 277

B.14　Citizenization 3.0 and the Urbanization in the Post-100 Million People Period　　*Gu Yan* / 295

CONTENTS

B.15 Trend and Policy Prospect of Settling Down of Rural Migrant Population During the 14th Five-Year Plan Period *Zou Yinan* / 312

B.16 Re-understanding of Social Security and Promoting the Reform of Chinese Social Security System *Li Lei* / 332

B.17 Shared Development and Reform of the Income Distribution System *Li Peng* / 345

B.18 People-centered Philosophy of Development and Anti-poverty Path with Chinese Characteristics *Zou Yinan* / 357

V Appendix

B.19 Memorabilia on Chinese Economy Shared Development(1978-2019) *Wu Xiaoya* / 370

B.20 Postscript *High-qualityDevelopment research group* / 378

全面建成小康社会与践行共享发展理念（代序）

韩保江*

全面建成小康社会，既是党的十八大确立的我们党带领全国人民为之奋斗的"第一个百年目标"，又是我们党向世界做出的庄严承诺。实现了这个目标，不仅意味着曾经积贫积弱，饱受落后折磨的中国人民从此彻底告别了贫困和落后，而且意味着我们将正式开启全面建成社会主义现代化国家新征程，真正实现从"富起来"到"强起来"的历史性飞跃，进而实现中华民族伟大复兴的中国梦。因此，全面建成的小康社会是否扎实，贫困群众是否百分之百地摆脱了贫困，能否经得起历史的检验和人民群众的评判，不仅关乎我们党和国家的声誉，更关乎我们中华民族的未来。

什么样的全面小康社会叫"扎实"？什么样的全面小康社会经得起历史检验和人民群众评判？无疑需要符合我们过去曾经设定的各种标准，但最重要的是看能否实现"共享发展"，看能否让全体人民公平共享经济发展的福祉，看老百姓是否都能过上殷实而幸福的日子。

追溯我国小康社会建设史，"小康"的标准并不是一成不变的，而是不断发展和变化的。1979年12月6日，邓小平在会见时任日本首相大平正芳时最早提出小康社会建设目标，标准并不高，只是借用《诗·大雅·民劳》中"民亦劳止，汔可小康"的"小康"之意，希望中国老百姓的生活不要太苦，能过上比较安定的日子。因此，他说："我们要实现的四个现代化，是中国式的四个现代化。我们的四个现代化的概念，不是像你们那样的现代

---

* 韩保江，中共中央党校（国家行政学院）经济学教研部主任，教授，博士生导师，主要研究方向为社会主义市场经济理论、中国特色社会主义政治经济学。

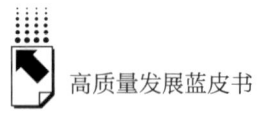

化的概念,而是'小康之家'。到本世纪末,中国的四个现代化即使达到了某种目标,我们的国民生产总值人均水平也还是很低的。要达到第三世界中比较富裕一点的国家的水平,比如国民生产总值人均一千美元,也还得付出很大的努力。就算达到那样的水平,同西方来比,也还是落后的。所以,我只能说,中国到那时也还是一个小康的状态。"① 经过改革开放20多年的努力,我们如期实现了邓小平提出的人均国民生产总值一千美元的"小康"目标。对此,党的十六大报告中明确指出:"经过全党和全国各族人民的共同努力,我们胜利实现了现代化建设'三步走'战略的第一步、第二步目标,人民生活总体上达到小康水平。这是社会主义制度的伟大胜利,是中华民族发展史上一个新的里程碑。"② "物质决定意识",当时对小康社会标准的认识比较简单,主要是由我们当时"人口多、底子薄"的基本国情决定的。所以我们今天完全可以把这个"简单标准"时期定义为小康社会建设的"初级阶段"。

无疑,这个"人民生活总体上达到小康水平"的"初级阶段","还是低水平的、不全面的、发展很不平衡的小康"。由此,党的十六大开启了"全面建设小康社会"阶段并提出了"全面建设小康社会的奋斗目标",进一步廓清了"全面小康社会"的建设标准,强调全面建设小康社会,不仅要从生活水平和经济建设的角度来理解,而且应把政治建设、文化建设、社会建设等标准包括在内。因此,党的十六大报告明确提出了"全面建设小康社会"的目标指向,即"全面建设惠及十几亿人口的更高水平的小康社会,使经济更加发展、民主更加健全、科教更加进步、文化更加繁荣、社会更加和谐、人民生活更加殷实"③。按照这些"定性"指标的要求,党的十六大又从经济、政治、文化、生态四个方面提出了全面建设小康社会的具体奋斗目标,即在经济建设方面提出"在优化结构和提高效益的基础上,国

---

① 《邓小平文选》第二卷,人民出版社,1994,第237页。
② 中共中央文献研究室编《改革开放三十年重要文献选编》(下),中央文献出版社,2008,第1249页。
③ 《江泽民文选》第三卷,人民出版社,2006,第543页。

内生产总值到二○二○年力争比二○○○年翻两番,综合国力和国际竞争力明显增强。基本实现工业化,建成完善的社会主义市场经济体制和更具活力、更加开放的经济体系。城镇人口的比重较大幅度提高,工农差别、城乡差别和地区差别扩大的趋势逐步扭转。社会保障体系比较健全,社会就业比较充分,家庭财产普遍增加,人民过上更加富足的生活";在政治建设方面提出"社会主义民主更加完善,社会主义法制更加完备,依法治国基本方略得到全面落实,人民的政治、经济和文化权益得到切实尊重和保障。基层民主更加健全,社会秩序良好,人民安居乐业";在文化建设方面提出"全民族的思想道德素质、科学文化素质和健康素质明显提高,形成比较完善的现代国民教育体系、科技和文化创新体系、全民健身和医疗卫生体系。人民享有接受良好教育的机会,基本普及高中阶段教育,消除文盲。形成全民学习、终身学习的学习型社会,促进人的全面发展";在生态建设方面提出"可持续发展能力不断增强,生态环境得到改善,资源利用效率显著提高,促进人与自然的和谐,推动整个社会走上生产发展、生活富裕、生态良好的文明发展道路"。[①]

党的十七大顺应国内外形势的新变化,顺应各族人民过上更美好生活的新期待,把握经济社会发展趋势和规律,坚持中国特色社会主义经济建设、政治建设、文化建设、社会建设的基本目标和基本政策构成的基本纲领,在十六大确立的全面建设小康社会目标的基础上又提出了新的建设要求。具体目标也从原来的经济、政治、文化、生态四个方面的要求变成了经济、政治、文化、社会、生态五个方面的新要求。即在经济建设方面更加强调"增强发展协调性,努力实现经济又好又快发展",明确要求"转变发展方式取得重大进展,在优化结构、提高效益、降低消耗、保护环境的基础上,实现人均国内生产总值到二○二○年比二○○○年翻两番。社会主义市场经济体制更加完善。自主创新能力显著提高,科技进步对经济增长的贡献率大幅上升,进入创新型国家行列。居民消费率稳步提高,形成消费、投资、出

---

① 《江泽民文选》第三卷,人民出版社,2006,第543~544页。

口协调拉动的增长格局。城乡、区域协调互动发展机制和主体功能区布局基本形成。社会主义新农村建设取得重大进展。城镇人口比重明显增加";在政治建设方面更加强调"扩大社会主义民主,更好保障人民权益和社会公平正义",明确要求"公民政治参与有序扩大。依法治国基本方略深入落实,全社会法制观念进一步增强,法治政府建设取得新成效。基层民主制度更加完善。政府提供基本公共服务能力显著增强";在文化建设方面更加强调"加强文化建设,明显提高全民族文明素质",明确要求"社会主义核心价值体系深入人心,良好思想道德风尚进一步弘扬。覆盖全社会的公共文化服务体系基本建立,文化产业占国民经济比重明显提高、国际竞争力显著增强,适应人民需要的文化产品更加丰富";在社会建设方面更加强调"加快发展社会事业,全面改善人民生活",明确要求"现代国民教育体系更加完善,终身教育体系基本形成,全民受教育程度和创新人才培养水平明显提高。社会就业更加充分。覆盖城乡居民的社会保障体系基本建立,人人享有基本生活保障。合理有序的收入分配格局基本形成,中等收入者占多数,绝对贫困现象基本消除。人人享有基本医疗卫生服务。社会管理体系更加健全";在生态建设方面更加明确"建设生态文明,基本形成节约能源资源和保护生态环境的产业结构、增长方式、消费模式",明确要求"循环经济形成较大规模,可再生能源比重显著上升。主要污染物排放得到有效控制,生态环境质量明显改善。生态文明观念在全社会牢固树立"。①

从党的十六大到党的十八大,十年的全面小康社会建设取得巨大成就,我国经济总量从世界第六位上升到第二位,社会生产力、经济实力、科技实力迈上一个大台阶,人民生活水平、居民收入水平、社会保障水平迈上一个大台阶,综合国力、国际竞争力、国际影响力迈上一个大台阶,国家面貌发生新的历史性变化。"人们公认,这是我国经济持续发展、民主不断健全、文化日益繁荣、社会保持稳定的时期。"②但老实地讲,全面小康社会建设

---

① 《胡锦涛文选》第二卷,人民出版社,2016,第627~628页。
② 《胡锦涛文选》第三卷,人民出版社,2016,第617页。

还存在许多不足,如发展中不平衡、不协调、不可持续问题依然突出,科技创新能力不强,产业结构不合理,农业基础依然薄弱,资源环境约束加剧,制约科学发展的体制机制障碍较多,深化改革开放和转变经济发展方式任务艰巨;城乡区域发展差距和居民收入分配差距依然较大;社会矛盾明显增多,教育、就业、社会保障、医疗、住房、生态环境、食品药品安全、社会治安、执法司法等关系群众切身利益的问题较多,部分群众生活比较困难;一些领域道德失范、诚信缺失;等等。

鉴于此,党的十八大又做出了"全面建成小康社会"的新部署,提出要确保到2020年实现全面建成小康社会。这也标志着我国的全面小康社会建设进入"收官阶段"。根据我国经济社会发展实际,十八大在十六大、十七大确立的全面建设小康社会目标的基础上努力实现新的要求,进而更鲜明地提出经济上要持续健康发展。进一步强调"转变经济发展方式取得重大进展,在发展平衡性、协调性、可持续性明显增强的基础上,实现国内生产总值和城乡居民人均收入比二〇一〇年翻一番。科技进步对经济增长的贡献率大幅上升,进入创新型国家行列。工业化基本实现,信息化水平大幅提升,城镇化质量明显提高,农业现代化和社会主义新农村建设成效显著,区域协调发展机制基本形成。对外开放水平进一步提高,国际竞争力明显增强"。政治上要不断扩大人民民主。进一步强调"民主制度更加完善,民主形式更加丰富,人民积极性、主动性、创造性进一步发挥。依法治国基本方略全面落实,法治政府基本建成,司法公信力不断提高,人权得到切实尊重和保障"。文化上要使文化软实力显著增强。进一步强调"社会主义核心价值体系深入人心,公民文明素质和社会文明程度明显提高。文化产品更加丰富,公共文化服务体系基本建成,文化产业成为国民经济支柱性产业,中华文化走出去迈出更大步伐,社会主义文化强国建设基础更加坚实"。社会建设上要全面提高人民生活水平。进一步强调"基本公共服务均等化总体实现,全民受教育程度和创新人才培养水平明显提高,进入人才强国和人力资源强国行列,教育现代化基本实现。就业更加充分。收入分配差距缩小,中等收入群体持续扩大,扶贫对象大幅减少。社会保障全民覆盖,人人享有基

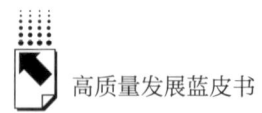

本医疗卫生服务,住房保障体系基本形成,社会和谐稳定"。生态上要使得资源节约型、环境友好型社会建设取得重大进展。进一步明确"主体功能区布局基本形成,资源循环利用体系初步建立。单位国内生产总值能源消耗和二氧化碳排放大幅下降,主要污染物排放总量显著减少。森林覆盖率提高,生态系统稳定性增强,人居环境明显改善"。

党的十九大没有再对全面小康社会建设提出更多的新标准或新目标,而是重申了党的十六大最早界定的"经济更加发展、民主更加健全、科教更加进步、文化更加繁荣、社会更加和谐、人民生活更加殷实"的全面小康社会要求,并强调指出"从现在到二〇二〇年,是全面建成小康社会决胜期。要按照十六大、十七大、十八大提出的全面建成小康社会各项要求,紧扣我国社会主要矛盾变化,统筹推进经济建设、政治建设、文化建设、社会建设、生态文明建设,坚定实施科教兴国战略、人才强国战略、创新驱动发展战略、乡村振兴战略、区域协调发展战略、可持续发展战略、军民融合发展战略,突出抓重点、补短板、强弱项,特别是要坚决打好防范化解重大风险、精准脱贫、污染防治的攻坚战,使全面建成小康社会得到人民认可、经得起历史检验"。①

对照逐渐完善的全面小康社会的建设标准,对照人民群众对美好生活的新向往,对照创新、协调、绿色、开放、共享的新发展理念的要求,再对照社会主义制度的本质要求,我们在全面排查制约全面建成小康社会进程的"短板和弱项"时发现,经济发展成果惠及全体人民的程度不够高,收入分配差距仍然较大,体现公平公正的共享发展不充分,仍是最大的"短板弱项"。也就是说,如果"共享发展"的问题解决不好,那么在创新发展、协调发展、绿色发展、开放发展等方面取得的成就再大,人民群众对即将建成的全面小康社会的认可度也不一定很高。人民群众的认可度不高又怎能经得起历史的检验。因此,在全面建成小康社会最后这一年,虽然有许多短板弱项需要补,有许多攻坚战要打,但是最大限度地补上共享发展短板,全力做

---

① 《党的十九大报告辅导读本》,人民出版社,2017,第27页。

好民生工作，尤其是打赢精准脱贫攻坚战是最重要、最紧迫的。这也是今年中共中央党校（国家行政学院）经济学教研部撰写《中国经济高质量发展报告》为什么聚焦"共享发展"问题的缘由。

"天下大同"一直是中华民族对未来社会的美好信仰和追求，人民始终向往着"大道之行也，天下为公。选贤与能，讲信修睦，故人不独亲其亲，不独子其子，使老有所终，壮有所用，幼有所长，矜寡孤独废疾者皆有所养"的社会。我们党从成立的那天起，更是把建设一个没有剥削、没有压迫、社会平等、共富共享的新社会作为自己孜孜以求的目标。新中国成立后，尤其是改革开放以来我们党带领人民一直为实现共同富裕不懈奋斗。早在1953年，毛泽东主持起草的《中共中央关于发展农业生产合作社的决议》指出，为着进一步提高农业生产力，党在农村中工作的最根本的任务，就是"逐步克服工业和农业这两个经济部门发展不相适应的矛盾，并使农民能够逐步完全摆脱贫困的状况而取得共同富裕和普遍繁荣的生活"。邓小平首次把共同富裕同社会主义本质联系在一起，进一步突出了实现共同富裕的重要性。他指出，"社会主义的本质是解放生产力，发展生产力，消灭剥削，消除两极分化，最终达到共同富裕"①。习近平更是多次强调，广大人民群众共享改革发展成果，是社会主义的本质要求，我们追求的发展是造福人民的发展，我们追求的富裕是全体人民共同富裕。改革发展搞得成功不成功，最终的判断标准是人民是不是共同享受到了改革发展成果。党的十八届五中全会把习近平的这一思想写入"十三五"规划建议，又进一步明确"共享是中国特色社会主义的本质要求"，鲜明提出要"按照人人参与、人人尽力、人人享有的要求，坚守底线、突出重点、完善制度、引导预期，注重机会公平，保障基本民生，实现全体人民共同迈入全面小康社会"。

当然，补齐共享发展这一全面建成小康社会的"短板"，不能只是喊口号，更不能搞什么"数字游戏"或"速度游戏"，而是需要扎扎实实的经济发展，需要不断做大的民生事业，需要完胜精准脱贫攻坚战，更需要公平正

---

① 《邓小平文选》第三卷，人民出版社，1993，第373页。

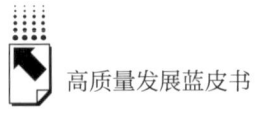

义的收入分配。

第一,要高扬以经济建设为中心的旗帜,不断做大经济总量"蛋糕",为实现共享发展和共同富裕夯实物质基础。习近平指出:"党的十八大确立了'两个一百年'奋斗目标,党中央提出要实现中华民族伟大复兴的中国梦。这是当前全党全国各族人民要共同为之奋斗的目标。这一目标,既是中华民族的宏伟目标,也把每个人、每个家庭、各方面群众的愿望和利益结合起来了。发展是硬道理,把经济搞上去,是实现'两个一百年'奋斗目标的重要基础,也是国家繁荣、社会稳定、人民幸福的重要基础。"因此,"以经济建设为中心是兴国之要,发展仍是解决我国所有问题的关键"。① 作为有着十四亿多人口的国家,中国用几十年的时间走完了发达国家几百年走过的发展历程,无疑是值得骄傲和自豪的。但我们也必须清醒地认识到,中国经济总量虽大,但除以十四亿人口,人均国内生产总值还排在世界第八十位左右。因此,"中国人民要过上美好生活,还要继续付出艰苦努力。发展依然是当代中国的第一要务,中国执政者的首要使命就是集中力量提高人民生活水平,逐步实现共同富裕"②。

第二,全力打赢精准脱贫攻坚战,确保全面小康一个也不能少。打好精准脱贫攻坚战,是党的十九大提出的三大攻坚战之一,对如期全面建成小康社会、实现第一个百年奋斗目标具有十分重要的意义。党的十八大以来,在党中央坚强领导下,在全党全国全社会共同努力下,我国脱贫攻坚取得决定性成就。脱贫攻坚目标任务接近完成,贫困人口从2012年底的9899万人减到2019年底的551万人,贫困发生率由10.2%降至0.6%,区域性整体贫困基本得到解决。贫困群众收入水平大幅度提高,自主脱贫能力稳步提高,贫困群众"两不愁"质量水平明显提升,"三保障"突出问题总体解决。贫困地区基本生产生活条件明显改善,群众出行难、用电难、上学难、看病难、通信难等长期没有解决的老大难问题普遍得到解决,义务教育、基本医

---

① 《习近平关于社会主义经济建设论述摘编》,中央文献出版社,2017,第3、6页。
② 《习近平关于社会主义经济建设论述摘编》,中央文献出版社,2017,第9页。

疗、住房安全有了保障。但是,在新冠肺炎疫情严重冲击以及疫情防控常态化的条件下,计剩余的551万贫困人口如期彻底实现脱贫,实现"小康路上一个也不落下"的庄严承诺,并不是没有难度。对此,习近平指出,脱贫攻坚战不是轻轻松松一冲锋就能打赢的,必须高度重视面临的困难挑战。剩余脱贫攻坚任务艰巨,新冠肺炎疫情带来新的挑战,巩固脱贫成果难度很大,脱贫攻坚工作需要加强。[①] 尤其要继续聚焦"三区三州"等深度贫困地区,落实脱贫攻坚方案,瞄准突出问题和薄弱环节狠抓政策落实,攻坚克难完成任务。对52个未摘帽贫困县和1113个贫困村实施挂牌督战,啃下最后的硬骨头。要巩固"两不愁三保障"成果,防止反弹。对没有劳动能力的特殊贫困人口要强化社会保障兜底,实现应保尽保。

第三,千方百计加大民生事业投入,为方便人民美好生活提供充分的公共产品和服务。习近平强调指出,在推动科学发展的过程中,要始终坚持民生为先、民生为重、民生为本,使民众共享改革发展成果。就业是收入之源,更是民生之本。人民过上美好生活的前提和关键是充分就业。所以我们要通过稳定经济增长和调整经济结构,特别是扶持小微企业和服务业发展,努力增加就业岗位。尤其要抓好高校毕业生就业工作,加大自主创业支持力度,对就业困难毕业生进行帮扶,增强学生就业创业和职业转换能力。鼓励大学生志存高远、脚踏实地,转变择业观念,勇于到基层一线和艰苦地方去,善于在平凡的岗位上创造不平凡的业绩。同时,要做好化解产能过剩中出现的下岗再就业工作,加强城镇困难人员、退役军人、农村转移劳动力就业工作,搞好职业技能培训、完善就业服务体系,缓解结构性失业问题,推动实现更高质量的就业。尤其要不断增加公共产品和服务供给,切实补齐公共事业领域的"短板弱项"。通俗来讲,公共产品和服务就是指经济社会发展"必需"但社会或私人部门"不愿"生产和供给的产品和服务。如国防安全、基础设施、公共教育、公共卫生、社会保障与救助等。这部分产品和服务不仅是国家安全和社会稳定的需要,许多是为所有老百姓过上好日子服

---

① 习近平:《在决战决胜脱贫攻坚座谈会上的讲话》,新华网,2020年3月6日。

务的。但由于这些产品和服务的使用或消费具有"非排他性",公众可以免费搭车,所以私人成本核算的"竞争性"企业或组织不可能"自觉"充分地供给给社会,因此政府部门必须"责无旁贷"。因此,政府的公共投资要尽可能投到公共产品生产领域,为老百姓尤其是相对贫困的老百姓提供充分的公共产品和服务,最大限度地缩小甚至消灭人民群众在享受公共产品和服务上的差距,让全体人民通过"公共产品和服务的充分供给"共享经济社会发展成果。2020年这场百年罕见的新冠肺炎疫情带来的重大公共卫生危机,也再次提醒我们不仅要重视日常所需的公共产品和服务,而且要重视提高应对重大公共卫生突发事件的能力,加快建设和完善我国的公共卫生体系,确保人民群众的生命安全。习近平总书记指出,"只有构建起强大的公共卫生体系,健全预警响应机制,全面提升防控和救治能力,织密防护网、筑牢筑实隔离墙,才能切实为维护人民健康提供有力保障"[①]。因此,要建立稳定的公共卫生事业投入机制,不断优化完善疾病预防控制机构职能设置,建立上下联动的分工协作机制。既要加强国家级疾病预防控制机构能力建设,又要健全疾控机构和城乡社区联动工作机制,建立人员通、信息通、资源通和监督监管相互制约的机制。

第四,要持之以恒调整收入分配关系,加快形成"托低、限高、扩中"的收入分配体制。不断提高低收入人群的收入水平,规范和限制高收入人群的收入水平,逐步扩大中等收入人群规模,逐步形成"橄榄型"社会,不仅是全面建成小康社会的"目标模式",而且是实现共享发展的"收入分配路径"。为此,一方面,要坚持多劳多得,着重保护劳动所得,增加劳动者特别是一线劳动者劳动报酬,提高劳动报酬在初次分配中的比重,在经济增长的同时实现居民收入同步增长,在劳动生产率提高的同时实现劳动报酬同步提高;另一方面,要健全劳动、资本、土地、知识、技术、管理、数据等生产要素由市场评价贡献,按贡献决定报酬的机制。尤其要健全最低工资标

---

① 《习近平主持专家学者座谈会强调 构建起强大的公共卫生体系 为维护人民健康提供有力保障》,《人民日报》2020年6月3日。

准调整机制和以税收、社会保障、转移支付等为主要手段的再分配调节机制，完善第三次分配机制，发展慈善等社会公益事业，从而多措并举促进城乡居民增收，缩小收入分配差距，扩大中等收入群体。

第五，下大力气完善覆盖全民的社会保障体系，健全统筹城乡、可持续的基本养老保险制度、基本医疗保险制度，稳步提高保障水平。社会保障体系是让人民群众共享发展成果的"兜底制度"，是确保社会和谐稳定的"安全网"。因此，全面小康社会是否真正建立起来，从某种程度上说要看社会保障体系是否真正"覆盖全民"。因此，要认真查摆我国现行社会保障体系存在的"短板弱项"，"多管齐下"进行弥补和增强。一要实施企业职工基本养老保险基金中央调剂制度，尽快实现养老保险全国统筹，促进基本养老保险基金长期平衡；二要全面推进中央和地方划转部分国有资本充实社保基金工作；三要大力发展企业年金、职业年金、个人储蓄性养老保险和商业养老保险；四要深化医药卫生体制改革，完善统一的城乡居民医保和大病保险制度，健全基本医保筹资和待遇调整机制，持续推进医保支付方式改革，加快落实异地就医结算制度；五要完善失业保险制度，开展新业态从业人员职业伤害保障试点；六要统筹完善社会救助、社会福利、慈善事业、优抚安置等制度，加强社会救助资源统筹，完善基本民生保障兜底机制。

总报告

General Report

B.1
2019年中国经济共享发展评价报告

高质量发展研究课题组*

摘　要： 习近平总书记指出，共享理念实质就是坚持以人民为中心的发展思想。共享发展理念的内涵主要有四个方面，即全民共享、全面共享、共建共享和渐进共享。这一重要论断为我们践行共享发展理念指明了方向。本报告将全民共享、全面共享、共建共享、渐进共享作为衡量共享发展水平的二级指标，在此基础上构建了中国经济共享发展评价指标体系。经测算，2019年中国经济共享发展指数达到59.84分，相对2000年的33.94分提高了25.90分。分领域看，2019年全民共享指数

---

* 课题组组长：韩保江，中共中央党校（国家行政学院）经济学教研部主任，教授，博士生导师，主要研究方向为政治经济学；课题组成员：邹一南、赵俊豪、程玉伟、张旭、吴晓雅、姚志才、郭雅媛。执笔人：邹一南，中共中央党校（国家行政学院）经济学教研部副教授，主要研究方向为发展经济学、劳动经济学。

为 24.00 分，全面共享指数为 13.94 分，共建共享指数为 10.97 分，渐进共享指数为 10.93 分，相对 2000 年也都有不同程度的提高。分区域看，2019 年发达地区共享发展总体水平高于欠发达地区，欠发达地区在过去 20 年共享发展水平提高幅度高于发达地区，各地区共享发展呈现总体水平缩小、部分领域分化态势。基于上述分析结论，本报告提出了推动中国经济共享发展水平进一步提高的政策建议。

关键词： 中国经济　共享发展　高质量发展

一 中国经济共享发展评价指标体系的构建

2020 年在当代中国发展史上是具有重要里程碑意义的一年。我国将在这一年完成全面建成小康社会的宏伟目标，开启全面建设社会主义现代化国家新征程，这一年还是国民经济和社会发展第十三个五年规划收官之年，以及"十四五"规划开启之年，同时我国还将在这一年决胜脱贫攻坚战，使发展更平衡、更充分地惠及全体人民。在这样一个特殊的历史节点，以"共享发展"为主题，通过量化指标体系的构建和测算，系统地总结分析当前以及过去一段时间我国践行以人民为中心的发展思想所取得的成就和存在的问题，将为我们今后更好地贯彻落实全心全意为人民服务的宗旨提供重要的参考依据。

（一）编制依据

2019 年 5 月 16 日，习近平总书记在《求是》杂志上发表重要文章《深入理解新发展理念》指出，共享理念实质就是坚持以人民为中心的发展思想，体现的是逐步实现共同富裕的要求。以人民为中心的发展思想，不是一个抽象的、玄奥的概念，不能只停留在口头上、止步于思想环节，而要体现在经济社会发展各个环节。文章提出，共享发展的内涵主要有四个方面，即全民共享、全面共享、共建共享和渐进共享，这四个方面分别是从共享的覆盖面、共享的内容、共享的实现途径和共享的推进进程来加以展开的。这四个方面相互贯通，各有侧重，为我们全面科学地评价共享发展的水平提供了重要的依据。

从现有研究来看，已有一些与共享发展理念相关主题的指标研究出现。例如，国家统计局课题组（2013）根据党的十八大精神，构建了一套全面建成小康社会统计监测指标体系，从经济发展、民主法制、文化建设、人民生活和资源环境5个方面，设置了包含39项指标的评价指标体系，每年向社会发布全面建成小康社会的实现程度。再如，中国统计学会（2013）为反映各地区发展与民生状况，构建了地区发展与民生评价指标体系，该评价指标体系包括经济发展、民生改善、社会发展、生态建设、科技创新、公众评价六大方面，共42项指标，对全国各省级行政单位的地区发展与民生指数进行了分析。上述两类研究虽然以社会民生为主题构建指标体系，但总体上仍为经济社会发展较为全面的指标体系研究，并未充分侧重共享发展。湖南省社会科学院李晖（2017）以共享发展为题，发布了指标体系研究成果，但是该指标体系是从经济共享、政治共享、文化共享、社会共享、生态共享五个方面对共享发展水平进行测度和评价的，在共享发展的内涵上仅包括全面共享一个层面，并未明确涉及全民共享、共建共享、渐进共享的内容。

鉴于此，本报告基于习近平总书记对共享发展理念最新的理论阐述，构建了包含共享发展完整内涵的评价指标体系，并立足于2020年这一特殊时间节点，对刚刚过去的2019年和进入21世纪之后的20年我国践行共享发展理念的成绩进行分析评价，具有理论上的科学性、创新性和实践上的时效性、可参考性。

（二）指标选取

中国经济共享发展评价指数作为一个指标体系，自然应由多个指标层级构成。其中，作为共享发展四个基本内涵的全民共享、全面共享、共建共享和渐进共享，理所当然地成为共享发展一级指标下的4个二级指标。每一个

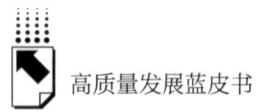

二级指标将由若干三级指标构成。三级指标的选取应当一方面能够最大限度地支撑其二级指标的理论内涵,另一方面又具有数据可得性,尤其是能够在时间序列维度和地区截面维度上保证研究需要,确保数据质量。

根据上述原则,本报告在每个共享发展二级指标下设置了数量不等的三级指标,共26个,每个三级指标的名称和指标测算口径如表1所示。需要指出的是,全民共享、共建共享、渐进共享3个二级指标与其三级指标之间

表1 中国经济共享发展评价指标体系

一级指标	二级指标	三级指标	测算指标	指标方向
共享发展	全民共享	农村贫困	农村贫困发生率	—
		城镇贫困	城镇最低生活保障居民占比	—
		收入差距	城乡居民可支配收入比(乡/城)	—
		消费差距	城乡居民消费支出比(乡/城)	—
		区域差距	区域(省)人均GDP泰尔指数	—
	全面共享	失业	年末城镇登记失业率	—
		住房	城镇居民人均住房面积	+
		财产	年末城乡居民人均存款余额	+
		工农代表	一线工人农民在全国人大代表中比例	+
		妇女代表	妇女在全国人大代表中比例	+
		民族代表	少数民族在全国人大代表中比例	+
		图书	人均公共图书馆藏书量	+
		文化机构	万人拥有文化机构数	+
		师生比	中小学师生比	+
		教育投入	生(大中小学)均教育财政支出	+
		公共卫生	千人医疗机构床位数	+
		医疗人员	千人拥有卫生技术人员数	+
		养老保险	基本养老保险参保率	+
		绿化	城市人均公园绿地面积	+
		生活环境	生活垃圾无害化处理率	+
	共建共享	劳动报酬	劳动者报酬占GDP份额	+
		劳动参与	就业人数占总人口比重	+
		信息共享	互联网普及率	+
	渐进共享	收入分配	城镇基尼系数	—
		消费水平	恩格尔系数	—
		收入水平	人均可支配收入	+

是直接的主从关系,而全面共享二级指标与其15个三级指标之间还存在着一个隐含的层级。根据全面共享的内涵,全面应包括经济、政治、文化、社会、生态五位一体的内容,因此在选取全面共享三级指标时,我们也正是从这五个方面进行的。其中,经济共享二级指标采用了失业、住房、财产3个三级指标,政治共享二级指标采用了工农代表、妇女代表、民族代表3个三级指标,文化共享二级指标采用了图书、文化机构2个三级指标,社会共享二级指标采用了师生比、教育投入、公共卫生、医疗人员、养老保险5个三级指标,生态共享二级指标采用了绿化、生活环境2个三级指标。在本书的评价篇中国经济全面共享发展评价报告中,对这一分类做了进一步阐述。

(三)数据说明

中国经济共享发展评价指数由全国和31个省、区、市26个指标2000~2019年共16640个数据编制而成。数据来自《中国统计年鉴》《中国劳动统计年鉴》《中国金融年鉴》《中国社会统计年鉴》《中国文化文物统计年鉴》以及部分省域统计年鉴和论文、万德数据。对于部分缺失数据,采用线性插值等方法填补。2019年中国经济共享发展指标体系各指标的描述统计如表2所示。

表2 测算指标数据的描述统计

测算指标	平均值	标准差	最大值	最小值
农村贫困发生率	21.30	20.22	74.47	0.00
城镇最低生活保障居民占比	4.04	2.71	11.27	0.18
城乡居民可支配收入比(乡/城)	0.36	0.07	0.55	0.18
城乡居民消费支出比(乡/城)	0.39	0.09	0.61	0.13
区域(省)人均GDP泰尔指数	0.11	0.08	0.42	0.00
年末城镇登记失业率	3.53	0.72	6.80	0.76
城镇居民人均住房面积	29.87	6.95	51.04	12.90
年末城乡居民人均存款余额	2.56	2.32	17.85	0.15
一线工人农民在全国人大代表中比例	14.43	4.13	18.89	8.24

续表

测算指标	平均值	标准差	最大值	最小值
妇女在全国人大代表中比例	22.95	3.68	35.59	11.94
少数民族在全国人大代表中比例	19.95	20.37	80.00	1.06
人均公共图书馆藏书量	0.30	0.27	2.21	0.01
万人拥有文化机构数	0.16	0.11	0.89	0.04
中小学师生比	0.04	0.01	0.08	0.03
生(大中小学)均教育财政支出	0.92	0.80	4.99	0.07
千人医疗机构床位数	3.95	1.46	7.62	1.53
千人拥有卫生技术人员数	4.96	1.87	15.50	2.00
基本养老保险参保率	34.92	24.47	90.03	1.63
城市人均公园绿地面积	0.03	0.02	0.16	0.00
生活垃圾无害化处理率	73.15	25.03	100.00	9.67
劳动者报酬占GDP份额	42.36	6.07	61.59	24.72
就业人数占总人口比重	55.71	6.77	80.32	36.37
互联网普及率	30.34	22.84	96.16	0.87
城镇基尼系数	0.30	0.03	0.44	0.21
恩格尔系数	0.37	0.06	0.57	0.20
人均可支配收入	1.05	0.71	4.55	0.21

（四）权重设置

1. 标准化方法

为消除量纲的影响，需要运用标准化方法对变量进行无量纲化处理。最大最小值法可以根据变量的方向性将数据以线性的方式映射在［0，100］区间内。考虑到全国、省级层面的变量一致、口径一致，具有可比性，因此将两个层面的数据混合后进行标准化处理。

对于正向指标，采取如下公式处理：

$$\text{st\_}x_{ij} = \frac{x_{ij} - \min\{x_{ij}\}}{\max\{x_{ij}\} - \min\{x_{ij}\}} \times 100, \forall i,j$$

对于负向指标，采取如下公式处理：

$$\text{st\_}x_{ij} = \frac{\max\{x_{ij}\} - x_{ij}}{\max\{x_{ij}\} - \min\{x_{ij}\}} \times 100, \forall i,j$$

2. 赋权方法

本报告对二级、三级指标采取不同的赋权方法。

二级指标权重根据德尔菲法（专家打分法）确定，经专家打分并结合对共享发展内涵的综合判断，将全民共享指数、全面共享指数、共建共享指数、渐进共享指数的权重分别设置为30%、30%、20%、20%。

三级指标权重根据熵值法确定。信息论用"熵"度量信息的不确定程度，信息量越大，不确定性就越小，熵就越小，反之亦然。当运用于赋权时，熵值法通过计算数据的熵值衡量变量的随机性及无序程度，当变量的离散程度越大，该指标对综合评价的影响越大，权重也就越大。

熵值法的实施步骤如下。

（1）对于混合的全国、省级层面数据标准化后，计算第 i 年份第 j 项指标值的比重：

$$Y_{ij} = \frac{\text{st\_}X_{ij}}{\sum_{i=1}^{m} \text{st\_}X_{ij}}$$

（2）计算变量的信息熵：

$$e_j = -k \times \sum_{i=1}^{m} Y_{ij} \times \ln(Y_{ij}) \text{，其中} k = \frac{1}{\ln m}$$

（3）计算信息熵冗余度：

$$d_j = 1 - e_j$$

（4）计算指标权重：

$$w_j = \frac{d_j}{\sum_{j=1}^{n} d_j}$$

以上步骤的结果表明，变量权重差异大，可能难以全面衡量各指标的综合水平。这是由于熵值法仅考虑变量的离散程度，与变量选择的主观考虑不一致。为克服熵值法这一弱点，尝试在第2步引入小量 Δ 调节权重大小。

$$e_j = -k \times \sum_{i=1}^{m} Y_{ij} \times \ln(Y_{ij} + \Delta)$$

当 $\Delta = 0.005$ 时，可以将权重控制在合理区间，在保持各变量权重大小关系的前提下，有效地降低权重的差距。得出一级指标下各变量权重如表3所示。

3. 指标合成

采用加法规则，由三级指标按权重加总得出二级指标，二级指标按权重加总得出一级指标。全国、省域指标具有可比性。

表3　各类指标在指标体系中的权重

单位：%

指数类型	测算指标	指标权重
共享发展指数		100.00
全民共享指数		30.00
农村贫困指数	农村贫困发生率	6.34
城镇贫困指数	城镇最低生活保障居民占比	6.23
收入差距指数	城乡居民可支配收入比(乡/城)	6.12
消费差距指数	城乡居民消费支出比(乡/城)	5.87
区域差距指数	区域(省)人均GDP泰尔指数	5.44
全面共享指数		30.00
失业指数	年末城镇登记失业率	1.22
住房指数	城镇居民人均住房面积	1.45
财产指数	年末城乡居民人均存款余额	2.55
工农代表指数	一线工人农民在全国人大代表中比例	2.20
妇女代表指数	妇女在全国人大代表中比例	1.36
民族代表指数	少数民族在全国人大代表中比例	3.08
图书指数	人均公共图书馆藏书量	2.33
文化机构指数	万人拥有文化机构数	2.25
师生比指数	中小学师生比	1.72
教育投入指数	生(大中小学)均教育财政支出	2.57
公共卫生指数	千人医疗机构床位数	1.82
医疗人员指数	千人拥有卫生技术人员数	1.82
养老保险指数	基本养老保险参保率	2.22
绿化指数	城市人均公园绿地面积	1.96
生活环境指数	生活垃圾无害化处理率	1.46
共建共享指数		20.00
劳动报酬指数	劳动者报酬占GDP份额	5.35
劳动参与指数	就业人数占总人口比重	5.38
信息共享指数	互联网普及率	9.27
渐进共享指数		20.00
收入分配指数	城镇基尼系数	5.09
消费水平指数	恩格尔系数	5.47
收入水平指数	人均可支配收入	9.45

二 2019年中国经济共享发展的基本情况

(一)2019年中国经济共享发展评价指数测算结果

经测算,2019年中国经济共享发展指数为59.84分,其中全民共享指数为24.00分,全面共享指数为13.94分,共建共享指数为10.97分,渐进共享指数为10.93分(见表4)。横向比较而言,在4个二级指标中,全民共享指数得分最高,并且领先另外3个二级指标的幅度较大。但是,这一组指数是加权之后的数值,由表3可知,4个二级指标的权重分别为30%、30%、20%、20%,因此指标之间大小的客观比较应在平权后进行。通过计算,在不加权的条件下,4个二级指标中仍然是全民共享指数得分最高,共建共享、渐进共享、全面共享指数分列第2~4位,这表明,我国在推进共享发展过程中,实现人群覆盖面上的共享取得的成绩相对最为突出,共享发展在人人享有、多数人享有方面的表现较好,而在共享的全民参与、共享的平稳推进和共享的覆盖面等领域的表现有待进一步加快提高。

表4 2019年中国经济共享发展评价指数

单位:分

指数类型	得分	指数类型	得分
共享发展指数	59.84	师生比指数	0.85
全民共享指数	24.00	教育投入指数	0.91
农村贫困指数	6.29	公共卫生指数	1.45
城镇贫困指数	5.55	医疗人员指数	0.70
收入差距指数	3.34	养老保险指数	1.69
消费差距指数	4.26	绿化指数	0.66
区域差距指数	4.55	生活环境指数	1.46
全面共享指数	13.94	共建共享指数	10.97
失业指数	0.64	劳动报酬指数	2.56
住房指数	1.10	劳动参与指数	2.32
财产指数	0.83	信息共享指数	6.09
工农代表指数	1.54	渐进共享指数	10.93
妇女代表指数	0.74	收入分配指数	2.83
民族代表指数	0.53	消费水平指数	4.25
图书指数	0.66	收入水平指数	3.85
文化机构指数	0.16		

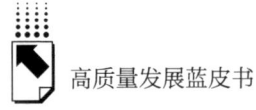

在全民共享二级指标下的5个三级指标中，农村贫困指数得分最高，城镇贫困指数得分次之，区域差距指数、消费差距指数、收入差距指数得分分列第3~5位。农村贫困指数的良好表现说明，我国在消除贫困尤其是农村贫困方面的成绩十分显著，脱贫攻坚取得了实质性成效，充分实现了使发展的成果惠及农村贫困人群。但是，相对来说，衡量城乡收入水平差距的指数得分较低，这表明，我国城乡二元结构问题仍然比较突出，事实上，近年来我国农村与城市居民人均可支配收入增长率相对差距的确略有缩小，但是绝对水平的差距仍然在不断扩大，这反映在指标上就是收入差距指数得分在全民共享指数5个三级指标中排名最后。

在全面共享二级指标下的15个三级指标中，指数得分较高的三级指标为住房指数、工农代表指数、公共卫生指数、养老保险指数和生活环境指数。住房指数得分较高与我国致力于推进城镇住房条件改善的努力有关，工农代表指数得分较高与我国推进全国人大代表中一线工人农民代表比例提升有关，公共卫生指数得分较高与我国长期致力于改善城乡居民基本公共卫生服务取得的成果有关，养老保险指数得分较高与我国长期以来对体制内职工实施较为健全的养老保障有关，生活环境指数得分较高与近年来我国加强生态文明建设的努力有关。但是，相对来说，失业指数、民族代表指数、图书指数、文化机构指数、绿化指数等得分较低，表明在相关领域的共享发展还有待进一步提高。

在共建共享二级指标下的3个三级指标中，信息共享指数得分较高。信息共享指数得分较高与我国互联网经济的快速发展和城乡居民互联网普及率快速提高有关。但是，相对来说，劳动报酬指数和劳动参与指数得分较低，这与我国当前所处的经济发展阶段有关。当前我国经济仍未超越工业化阶段，资本密集型产业在国民经济中占比较高，技术和知识密集型产业占比较低，使得劳动报酬在国民收入中的份额也较低，劳动报酬指数得分较低。此外，劳动参与指数受人口红利消失的拖累影响，得分也相对较低。

在渐进共享二级指标下的3个三级指标中，得分相对较高的是消费水平指数和收入水平指数。收入水平指数得分较高与我国城乡居民人均可支配收入连年跑赢 GDP 增速有关,体现了发展成果由人民共享的理念得到了有效贯彻。消费水平指数得分较高体现了近年来随着我国城乡居民生活水平的提高,消费已呈现日趋多样化的态势。但是,相对来说,收入分配指数得分较低,该指数的测算指标是基尼系数,其反映出的情况与我国社会收入分配差距较大的现实也是吻合的。

(二)2019年全国31个省、区、市经济共享发展评价指数测算结果及排名

全国 31 个省、区、市经济共享发展指数的测算结果及排名情况如表 5 所示。其中,北京市以 80.25 分的共享发展指数得分在 31 个省、区、市中排名第一,排名最后的是甘肃省,其共享发展指数得分为 50.91 分。从全国各地区的排名来看,共享发展指数排名的高低与各地区经济发展总体水平在全国所处的位置高度相关,经济越发达的地区,共享发展指数排名越高,排名前 10 位的地区全部为东部沿海省份,排名靠后的地区全部为中西部省份。这表明,践行以人民为中心的共享发展理念,必须要以一定的经济基础为前提,只有经济发展水平提高了,共享发展的水平才能相应提高。

表5 2019 年全国 31 个省、区、市共享发展指数及排名

单位:分

地区	共享发展指数		地区	共享发展指数	
	得分	排名		得分	排名
北京	80.25	1	安徽	58.83	17
上海	74.21	2	吉林	58.58	18
浙江	72.61	3	宁夏	57.72	19
天津	68.18	4	黑龙江	57.20	20
福建	66.68	5	西藏	57.02	21
江苏	65.45	6	山西	56.95	22
广东	61.78	7	江西	56.75	23
辽宁	61.75	8	四川	56.46	24

续表

地区	共享发展指数		地区	共享发展指数	
	得分	排名		得分	排名
山 东	61.21	9	陕 西	55.81	25
河 北	61.16	10	贵 州	55.76	26
湖 北	60.54	11	湖 南	55.25	27
河 南	60.19	12	云 南	54.69	28
重 庆	59.79	13	新 疆	53.70	29
海 南	59.36	14	青 海	52.56	30
广 西	59.29	15	甘 肃	50.91	31
内蒙古	59.10	16			

全国31个省、区、市全民共享指数的测算结果及排名情况如表6所示。其中，天津市以28.75分的全民共享指数得分在31个省、区、市中排名第一，排名最后的仍然是甘肃省，其全民共享指数得分为17.77分。从全国各地区的排名来看，全民共享指数排名的高低与各地区经济发展水平在全国的位置仍然具有正相关性，但与共享发展指数相比，一个比较明显的变化是北京和上海两个超大城市全民共享指数的排名明显较低，分别排在第7位和第5位。通过分析三级指标发现，城镇贫困、收入差距和消费差距3个指标的低迷表现拖累了北京和上海全民共享指数的排名。北京和上海虽然经济发达程度在全国领先，但作为农业转移人口迁入的目的地城市，其内部的不均衡也十分突出，两地政府在消除城市贫困和缩小城市内部差距方面的任务十分繁重，这是导致两地全民共享指数排名相对较低的主要原因。

表6 2019年全国31个省、区、市全民共享指数及排名

单位：分

地区	全民共享指数		地区	全民共享指数	
	得分	排名		得分	排名
天 津	28.75	1	四 川	24.22	17
浙 江	28.13	2	广 东	23.89	18
江 苏	27.04	3	吉 林	23.84	19

续表

地区	全民共享指数		地区	全民共享指数	
	得分	排名		得分	排名
福 建	26.98	4	山 西	23.62	20
上 海	26.12	5	辽 宁	23.52	21
河 北	25.92	6	湖 南	23.46	22
北 京	25.84	7	陕 西	22.93	23
湖 北	25.58	8	宁 夏	22.80	24
重 庆	25.45	9	内蒙古	22.40	25
海 南	25.38	10	贵 州	21.82	26
河 南	25.31	11	青 海	20.74	27
安 徽	25.03	12	云 南	20.68	28
广 西	24.95	13	西 藏	19.96	29
山 东	24.91	14	新 疆	18.23	30
黑龙江	24.83	15	甘 肃	17.77	31
江 西	24.53	16			

全国31个省、区、市全面共享指数的测算结果及排名情况如表7所示。其中，北京市以20.94分的全面共享指数得分在31个省、区、市中排名第一，排名最后的是江西省，其全民共享指数得分为11.93分。从全国31个省、区、市的排名来看，除前三位的省份为发达地区省份外，一些相对欠发达省份的排名也比较靠前，如西藏自治区、内蒙古自治区、宁夏回族自治区、新疆维吾尔自治区和云南省分别排名第4位、第5位、第7位、第9位、第10位。这些相对欠发达地区省份之所以排名靠前，究其原因，一方面是由于民族自治区的人民代表大会有很多少数民族代表，提高了其政治共享水平；另一方面是由于这些欠发达地区的生态和文化共享指数得分较高。

表7 2019年全国31个省、区、市全面共享指数及排名

单位：分

地区	全面共享指数		地区	全面共享指数	
	得分	排名		得分	排名
北 京	20.94	1	广 东	13.79	17
上 海	17.08	2	福 建	13.52	18

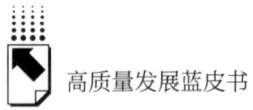

续表

地区	全面共享指数		地区	全面共享指数	
	得分	排名		得分	排名
浙江	17.00	3	湖北	13.34	19
西藏	16.08	4	山东	13.31	20
内蒙古	14.99	5	陕西	13.29	21
辽宁	14.97	6	海南	13.24	22
宁夏	14.64	7	四川	13.18	23
江苏	14.61	8	吉林	13.08	24
新疆	14.59	9	湖南	13.06	25
云南	14.45	10	安徽	12.88	26
重庆	14.28	11	山西	12.67	27
甘肃	14.24	12	黑龙江	12.62	28
青海	14.14	13	河南	12.52	29
广西	14.03	14	河北	12.12	30
贵州	13.86	15	江西	11.93	31
天津	13.86	16			

全国31个省、区、市共建共享指数的测算结果及排名情况如表8所示。其中，北京市以14.81分的共建共享指数得分在31个省、区、市中排名第一，排名最后的是陕西省，其共建共享指数得分为8.78分。从全国31个省、区、市的排名来看，共建共享指数排名的高低与各地区经济发展水平在全国的位置大体上符合正相关关系，但西藏自治区作为一个欠发达地区排名第三有些出乎意料。通过分析三级指标发现，西藏自治区的劳动参与和劳动报酬指标均排名全国第一，这是西藏共建共享指数排名前列的主要原因。

表8 2019年全国31个省、区、市共建共享指数及排名

单位：分

地区	共建共享指数		地区	共建共享指数	
	得分	排名		得分	排名
北京	14.81	1	辽宁	10.95	17
福建	14.77	2	广西	10.86	18

续表

地区	共建共享指数		地区	共建共享指数	
	得分	排名		得分	排名
西 藏	14.09	3	宁 夏	10.84	19
浙 江	13.16	4	山 西	10.55	20
广 东	13.14	5	贵 州	10.53	21
上 海	13.07	6	内蒙古	10.51	22
海 南	12.39	7	黑龙江	10.46	23
天 津	11.86	8	甘 肃	10.44	24
河 南	11.56	9	云 南	10.44	25
河 北	11.37	10	吉 林	10.38	26
山 东	11.29	11	四 川	9.90	27
安 徽	11.19	12	湖 南	9.89	28
新 疆	11.11	13	重 庆	9.81	29
江 苏	11.09	14	江 西	9.06	30
湖 北	11.03	15	陕 西	8.78	31
青 海	11.02	16			

全国31个省、区、市渐进共享指数的测算结果及排名情况如表9所示。其中，北京市以18.65分的渐进共享指数得分在31个省、区、市中排名第一，排名最后的是青海省，其渐进共享指数得分为6.64分。从全国31个省、区、市的排名来看，渐进共享指数排名的高低与各地区经济发展水平在全国的位置具有正相关性，排名前十位的省份有九个都是东部沿海省份，而排名靠后的省份除海南省外，全部为中西部欠发达的省份。这表明，共享发展的推进程度与经济发达程度密切相关，经济越发达的地区，其在推进共享发展的步伐上也更迅速，在节奏上也更稳健。

表9 2019年全国31个省、区、市渐进共享指数及排名

单位：分

地区	渐进共享指数		地区	渐进共享指数	
	得分	排名		得分	排名
北 京	18.65	1	重 庆	10.25	17
上 海	17.95	2	山 西	10.11	18

续表

地区	渐进共享指数		地区	渐进共享指数	
	得分	排名		得分	排名
浙江	14.31	3	新疆	9.77	19
天津	13.72	4	安徽	9.73	20
江苏	12.72	5	贵州	9.56	21
辽宁	12.31	6	广西	9.46	22
河北	11.75	7	宁夏	9.45	23
山东	11.69	8	黑龙江	9.29	24
福建	11.42	9	四川	9.16	25
吉林	11.29	10	云南	9.12	26
江西	11.24	11	湖南	8.84	27
内蒙古	11.20	12	甘肃	8.46	28
广东	10.95	13	海南	8.36	29
陕西	10.82	14	西藏	6.89	30
河南	10.80	15	青海	6.64	31
湖北	10.59	16			

三 2000~2019年中国经济共享发展的变化趋势

（一）2000~2019年中国经济共享发展评价指数测算结果

经测算，从2000年到2019年的20年间，我国经济共享发展指数从33.94分上升到59.84分，提高了25.90分，增幅达76.3%（见表10）。从指数增长轨迹来看，进入21世纪以来，除2002年和2003年以外，我国经济共享发展指数始终保持增长势头，平均每年增长1分以上。其中，从2009年到2013年的4年时间里，共享发展指数年增量保持在2分以上，是近20年以来增幅最大的时期（见图1）。

表10　2000~2019年中国经济共享发展指数

单位：分

年份	共享发展指数	全民共享指数	全面共享指数	共建共享指数	渐进共享指数
2000	33.94	15.52	6.58	5.60	6.24
2001	34.23	15.54	6.59	5.59	6.51
2002	34.21	15.17	6.57	5.65	6.81
2003	33.89	15.08	6.43	5.48	6.90
2004	34.46	15.71	6.73	5.26	6.77
2005	35.74	16.33	6.92	5.57	6.92
2006	36.39	16.46	7.16	5.40	7.37
2007	37.94	16.79	7.63	5.96	7.56
2008	38.22	17.28	5.95	7.61	7.38
2009	39.76	17.62	6.42	7.78	7.93
2010	41.97	18.25	7.15	8.20	8.37
2011	44.85	19.23	8.02	9.03	8.56
2012	47.34	19.84	8.91	9.49	9.09
2013	50.98	21.31	10.66	9.98	9.03
2014	52.82	21.92	11.07	10.33	9.50
2015	54.46	22.36	11.55	10.61	9.93
2016	55.53	22.74	11.98	10.62	10.19
2017	56.82	23.17	12.48	10.74	10.43
2018	58.90	23.76	13.65	10.97	10.52
2019	59.84	24.00	13.94	10.97	10.93

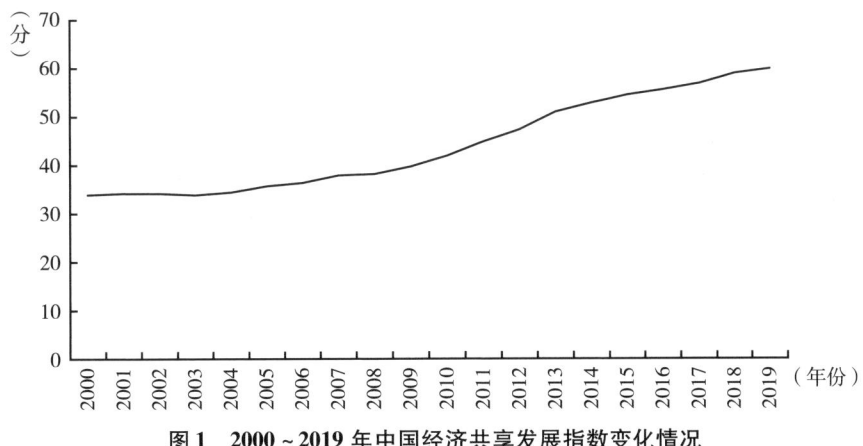

图1　2000~2019年中国经济共享发展指数变化情况

从共享发展的4个二级指标在过去20年的变化情况来看,各指标大体上保持了增长的趋势(见表10、图2),这也是共享发展指数能够基本保持上升趋势的原因。

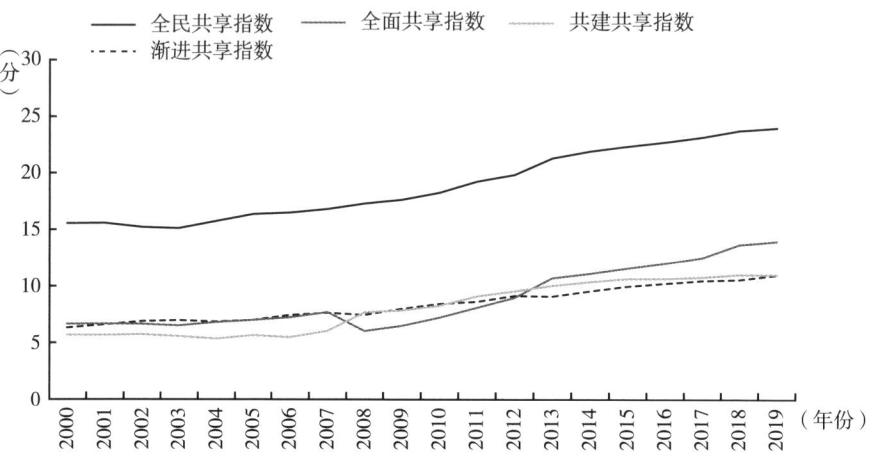

图2　2000~2019年中国经济共享发展指数二级指标变化情况

注:图2中代表全民共享、全面共享、共建共享、渐进共享指数变化趋势的曲线是按照30%、30%、20%、20%加权后的数值绘制的,因此并不能完全体现二级指标之间的相对大小。由于本报告并未致力于分析20年间4个二级指数之间可比的大小关系,因此并未绘制平权条件下的趋势图。2019年4个二级指数之间的大小关系的分析见本报告二(一)部分。

第一,4个二级指标中所占权重较大的全民共享指数,在20年的时间里变化趋势与共享发展指数的变化趋势吻合程度最高,从2000年的15.52分上升到2019年的24.00分,增长了8.48分,增幅为54.6%。从增长轨迹看,除2002年和2003年外,全民共享指数在其余年份均保持增长,平均每年增长0.5分左右。其中,增长最快的时期是2010~2013年,在这一时期年均上升1分左右,这也是推动共享发展指数在这一时期实现较快增长的重要原因。而全民共享指数在2002年和2003年的负增长,也是共享发展指数在这两个年份出现负增长的主要拖累因素。

第二,4个二级指标中下设三级指标最多的全面共享指数,在20年的时间里呈现出波动上升的趋势,从2000年的6.58分上升到2019年的

13.94分，增长了7.36，增幅为111.9%，在4个二级指标中是增幅最大的。从增长轨迹看，全面共享指数在2000~2007年变化趋势相对平稳，上升幅度不大，而在2008年出现了一个较大的降幅，直到2011年才基本回补了之前的下降。通过分析三级指标发现，这主要是由政治共享指数在这一年出现了较大幅度下降导致的。2008~2013年是第十一届全国人大代表期，这一届全国人大代表中，来自一线工人农民、妇女和少数民族的代表占比相对较低，拖累了政治共享指数，并影响到全面共享乃至共享发展指数的表现。从2013年之后，政治共享指数有了很大提升，加之党的十八大提出全面建成小康社会，协调推进五位一体的总体布局，使得全面共享指数的增幅在此之后有了明显提升，并在一定程度上推动了共享发展指数的稳步上升。

第三，共建共享指数在过去20年里呈现波动上升态势，从2000年的5.60分上升到2019年的10.97分，增长了5.37分，增幅为95.9%。从增长轨迹看，在2007年以前，共建共享指数基本保持稳定，7年仅增长0.36分，增幅很小，而在2008年该指数有一个明显的跃升，从5.96分上升到7.61分，1年就增长了1.65分。通过分析三级指标发现，由于2007~2008年正是我国互联网经济开始起飞的年代，互联网普及率指标在这两年出现大幅提升，助推了共建共享指数的提升。此外，由于2008年爆发了国际金融危机，引发国内出现产能过剩，大量企业倒闭，使得国民收入中的资本回报率下降，劳动报酬占比提升，从而也对共建共享指数有正面贡献。

第四，渐进共享指数在过去20年里呈现稳步上升态势，从2000年的6.24分上升到2019年的10.93分，增长了4.69分，增幅为75.2%。从增长轨迹看，大多数年份该指数都有小幅上升，在2004年、2008年、2013年3个年份有小幅下降。通过分析三级指标发现，构成渐进共享指数的3个三级指标中，收入水平和消费水平指标在20年间都有相对较大幅度的上升，是推动渐进共享指数总体呈上升趋势的主要原因。收入分配指标总体呈现下降趋势，这也是渐进共享指数增幅相对较小的主要拖累因素。

（二）2000～2019年全国31个省、区、市经济共享发展水平变化趋势

1. 2000～2019年全国31个省、区、市经济共享发展指数变化趋势

我们将31个省、区、市在2000年和2019年的经济共享发展指数列在图3中。从绝对水平看，无论是2000年还是2019年，各地区的共享发展指数绝对水平均呈现与经济发展水平正相关的关系，经济较发达的北京、天津、上海、江苏、浙江、山东、福建、广东等省市，其共享发展指数得分也较高，而广大欠发达地区的共享发展指数在这两个年份均较低。从相对水平变化看，各地区共享发展指数在20年间均有较大幅度的上升，发达地区由于共享发展指数基数较高，增幅相对较小，增长了60%～70%。欠发达地区共享发展指数的基数较小，在这20年间均抓住机遇，实现了不同程度的赶超，增长幅度普遍在100%左右，部分西部省份如四川、西藏、陕西、新疆的增幅还超过了100%，使得全国各地区共享发展水平在这20年间呈现收敛态势。

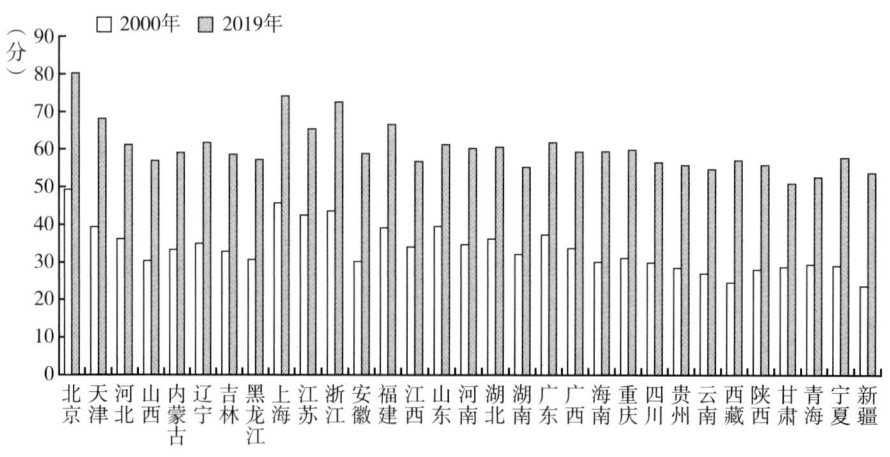

图3　全国31个省、区、市经济共享发展指数变化情况

我们将31个省、区、市在2000年和2019年的全民共享指数列在图4中。通过观察发现，2000年时各地区全民共享指数得分与地区经济发达程度呈现较强的正相关性，如北京、天津、上海、江苏、浙江、福建、山东、

广东等经济强省（市）在2000年明显领先于其他地区。20年间，欠发达地区省份在推进全民共享发展方面取得长足进步，大有赶超发达地区之势，而上述省市的全民共享指数增幅很小，北京、上海两地的增幅更是微乎其微，这使得到了2019年，发达地区省份的全民共享指数相对其他省份已无明显优势。导致这一变化趋势的主要原因是，全民共享指数中反映农村贫困程度的指标在欠发达地区表现突出，而原本贫困程度较低的发达地区则没有明显变化，此外，发达地区在消除城市贫困、缩小城乡收入差距方面的表现也不突出，共同拖累了全民共享指数的上升幅度。相比之下，西藏、新疆、云南、贵州、甘肃、青海等地区，充分利用过去20年国家实施农村扶贫、新农村建设、乡村振兴等战略的历史机遇，有效地减轻了农村贫困程度，缩小了城乡收入发展差距，使得全民共享水平有了很大提高。

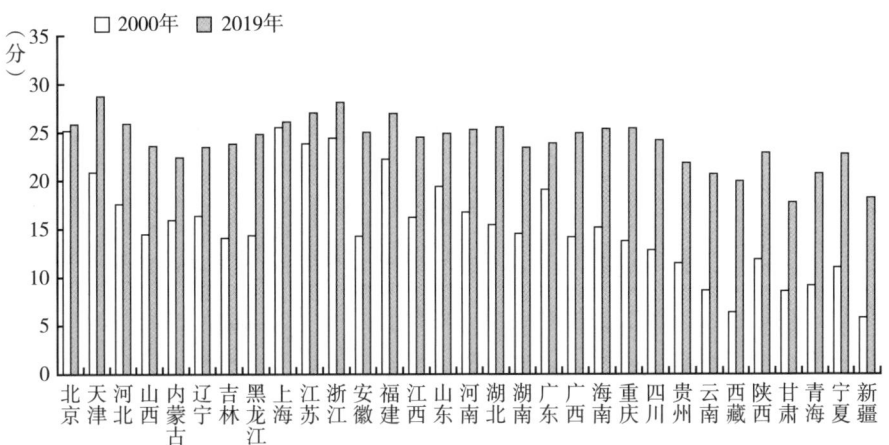

图4　全国31个省、区、市全民共享指数变化情况

我们将31个省、区、市在2000年和2019年的全面共享指数列在图5中。通过观察发现，两个年份各地区的全面共享指数差别较小，与经济发达程度的相关性较弱。其中，作为国家首都的北京市，两个年份的全面共享指数在全国处于明显的领先地位，上海、浙江两个发达地区全面共享水平也相对较高，体现了经济发达程度对共享发展全面性的促进作用。但同时，西藏、广西、内蒙古、辽宁等省份的全面共享水平提升也较为突出，这与这些地区在政治、文化、生态等领域的共享表现较为突出有关。从增长幅度看，2000年相对落后的河北、安徽、重庆、四川、陕西、甘肃等省份，全面共享指数增长较快，增幅均超过100%，表明这些地区在推进共享发展中较好地贯彻落实了五位一体总体布局的要求。

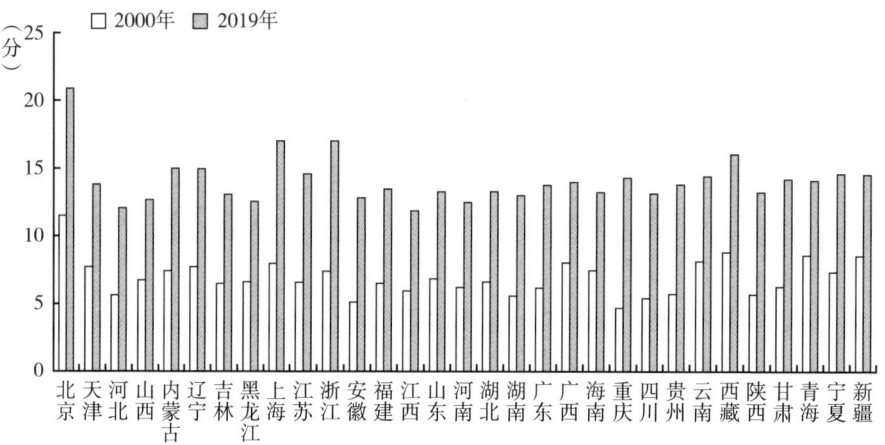

图5　全国31个省、区、市全面共享指数变化情况

我们将31个省、区、市在2000年和2019年的共建共享指数列在图6中。通过观察发现，各地区共建共享指数在两个年份的变化展现出与共享发展指数和其他二级指标指数明显不同的规律。首先，就起始年份2000年的水平来看，发达地区的共建共享指数处于相对落后的位置，而中西部省份普遍处于领先地位。其次，到了2019年，发达地区的共建共享指数出现了快速的赶超，例如北京、上海、浙江、福建、广东等省市，其共建共享指数已处于全国领先地位。相对来说，欠发达地区的多数省份，在20年间的共建共享指数提高幅度相对较小，但也有西藏、广西等少数西部省份提升较快。出现这种现象的原因可能源于各地区20年间的产业结构变化。由于发达地区在过去20年间普遍发生了从工业化中期重化工业为主的产业结构向知识和技术密集型的工业化后期产业结构演进的过程，劳动要素的报酬在国民收入中的占比有了大幅提高。欠发达地区则在过去20年间普遍经历了从工业化前期劳动密集型产业为主向工业化中期资本密集型产业为主演进的过程，

劳动要素报酬在国民收入中的占比出现下降。而西藏、新疆等地区在过去20年间经历的产业结构变化则是从前工业化时期向工业化早期的劳动密集型产业演进历程，因此劳动报酬在国民收入中的占比也出现上升。当然，西藏、新疆等地区这种劳动报酬占比的上升与发达地区劳动报酬占比的上升并非在同一个层面。此外，发达地区的互联网经济发展速度明显快于欠发达地区，这也是助推共建共享指数较快提升的重要原因。

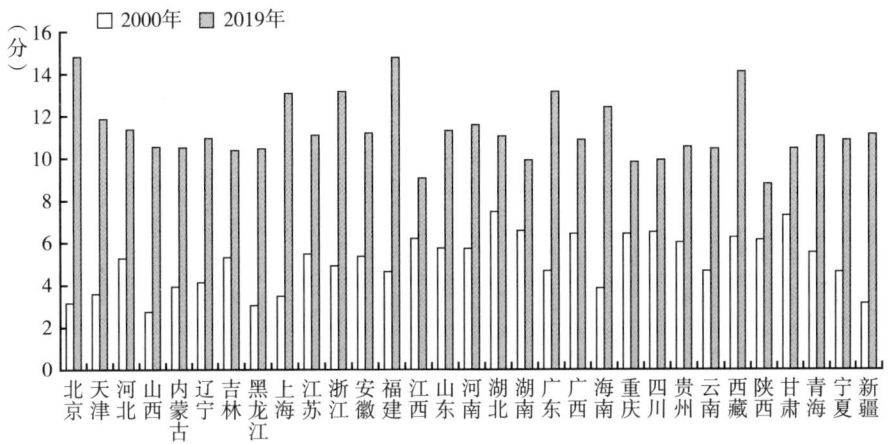

图6　全国31个省、区、市共建共享指数变化情况

我们将31个省、区、市在2000年和2019年的渐进共享指数列在图7中。通过观察发现，2000年和2019年两个年份各地区渐进共享指数与经济发达程度呈现一定的正相关性，2019年相对2000年，这种正相关性更加明显，使得各地区渐进共享指数更加发散。其中，北京、天津、上海、江苏、浙江等发达地区省份在2019年处于明显领先地位，在20年间的增幅均在100%左右。相对来说，中西部和东北地区的大多数省份在20年间渐进共享指数虽有增长，但增幅较小。这表明，经济发达地区良好的发展基础，对于更加快速且稳健地推动共享发展进程，确有明显的助力，而欠发达地区在推动共享发展的进程中表现得不够稳健，在一定程度上源于其相对薄弱的发展基础。

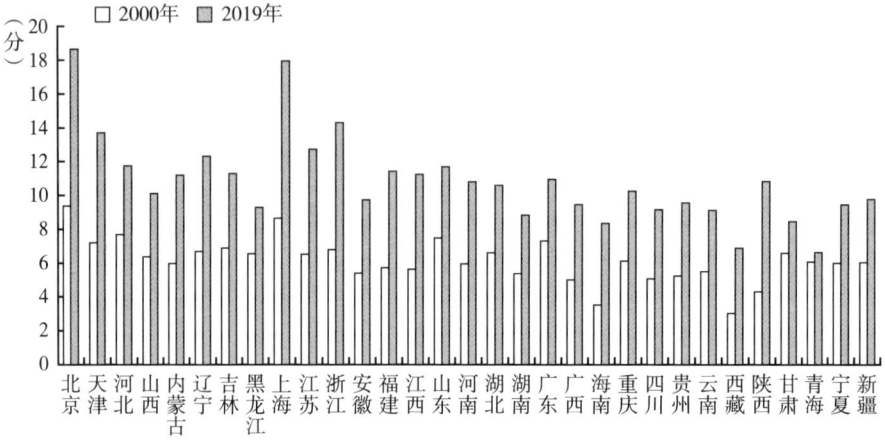

图 7　全国 31 个省、区、市渐进共享指数变化情况

2. 2000~2019年全国31个省、区、市经济共享发展排名变化趋势

我们进一步将31个省、区、市在2000~2019年的经济共享发展指数全国排名情况列在表11中。通过观察发现，各地区共享发展指数的全国排名总体上较为稳定，多数地区的排名变化不大。与2000年相比，2019年的共享发展指数排名上升的地区有天津、辽宁、安徽、福建、广东、海南、重庆、贵州、云南、西藏、陕西、宁夏、新疆；排名下降的地区有山西、内蒙古、吉林、黑龙江、江苏、江西、山东、湖北、湖南、广西、四川、甘肃、青海；排名保持不变的有北京、河北、上海、浙江、河南。

表 11　2000~2019 年全国 31 个省、区、市经济共享发展指数排名变化情况

年份	2000	2001	2002	2003	2004	2005	2006	2007	2008	2009	2010	2011	2012	2013	2014	2015	2016	2017	2018	2019
北京	1	1	1	1	1	1	1	1	1	1	1	1	1	1	1	1	1	1	1	1
天津	6	6	5	4	4	4	4	4	4	4	4	4	4	4	4	4	4	4	4	4
河北	10	9	10	9	9	11	10	10	10	10	10	10	7	7	9	8	8	8	8	10
山西	20	23	21	23	25	22	22	18	19	19	18	17	17	19	19	19	19	20	22	22
内蒙古	15	16	15	21	19	21	21	24	21	20	19	19	14	13	14	9	14	17	16	16
辽宁	11	11	13	12	10	9	9	9	9	9	8	7	8	10	13	9	9	9	9	8
吉林	16	14	16	13	18	18	16	17	18	17	17	17	17	18	18	18	18	18	18	18
黑龙江	19	21	20	20	22	20	20	22	23	23	26	25	23	20	20	21	21	20

续表

年份	2000	2001	2002	2003	2004	2005	2006	2007	2008	2009	2010	2011	2012	2013	2014	2015	2016	2017	2018	2019
上海	2	2	2	2	2	2	2	2	2	2	2	2	2	2	2	2	2	2	2	2
江苏	4	4	4	5	5	5	5	5	5	5	5	5	6	6	6	6	6	6	6	6
浙江	3	3	3	3	3	3	3	3	3	3	3	3	3	3	3	3	3	3	3	3
安徽	21	18	18	22	20	21	19	19	17	14	15	14	12	13	16	16	18	17	16	17
福建	7	7	7	7	7	7	7	7	6	6	6	6	6	5	5	5	5	5	5	5
江西	13	15	14	16	14	16	15	14	16	20	18	20	20	20	22	22	22	23	23	23
山东	5	5	6	6	6	6	6	6	7	7	7	7	7	8	8	8	7	7	10	9
河南	12	12	12	15	17	13	12	12	12	13	12	13	13	12	12	12	12	10	12	12
湖北	9	10	9	10	11	12	13	16	15	15	17	15	14	11	11	11	11	13	11	11
湖南	17	17	17	14	15	17	16	15	21	23	23	22	22	25	24	26	26	27	28	27
广东	8	8	8	8	8	9	8	8	8	8	8	9	9	10	10	10	10	11	7	7
广西	14	13	11	11	12	10	11	11	11	11	11	12	15	19	18	15	8	16	15	15
海南	22	19	19	19	13	15	14	17	14	16	14	16	18	16	15	13	17	16	14	14
重庆	18	20	23	17	16	14	17	13	13	12	12	11	10	15	14	15	14	14	14	13
四川	23	22	22	18	21	22	23	23	22	22	24	24	24	23	24	24	24	24	24	24
贵州	27	29	30	29	31	28	29	30	30	30	30	30	30	28	29	28	27	26	26	26
云南	29	28	28	27	27	27	28	26	26	27	27	26	26	27	28	29	28	28	27	28
西藏	30	30	24	30	29	29	27	28	28	26	25	27	28	29	27	27	25	22	19	21
陕西	28	26	26	24	28	26	26	25	25	25	25	25	23	20	21	23	21	25	25	25
甘肃	26	27	27	28	28	31	31	31	31	31	31	31	31	31	31	31	31	31	31	31
青海	24	24	25	25	25	26	27	27	29	29	29	29	30	30	30	30	30	30	30	30
宁夏	25	25	24	26	23	24	23	24	22	21	21	21	21	20	21	19	20	19	20	19
新疆	31	31	31	31	30	30	30	29	27	28	28	27	24	24	26	25	29	29	29	29

少数地区的共享发展指数排名变化幅度较大。例如内蒙古自治区的共享发展指数排名轨迹在2000~2019年呈现一个"U"形变化趋势,从2000年开始,其排名位次即开始下滑,直至2008年下滑至第24名,随后从2009年开始排名持续上升,一度上升到2016年的第9名,并在2019年结束在第16名(见图8)。内蒙古自治区共享发展指数排名在前期下降较快的原因主要是全民共享二级指标的增速较慢、排名下降,排名在后期上升较快的原因主要是全面共享二级指标的增速较快、排名上升。

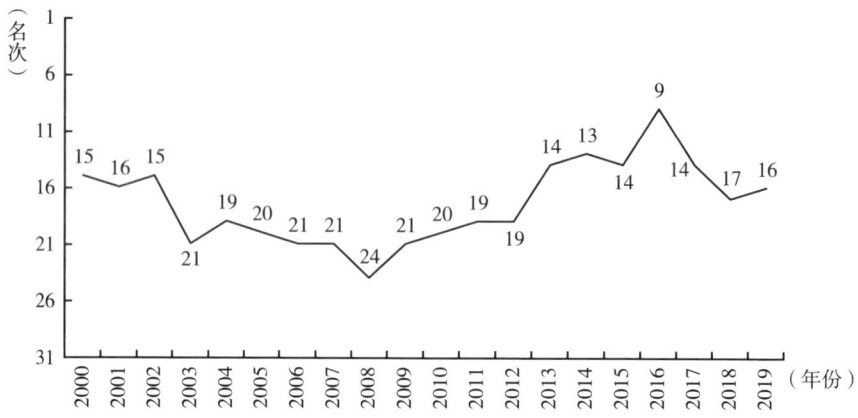

图 8　2000~2019 年内蒙古自治区共享发展指数在全国排名变化情况

西藏自治区的共享发展指数排名在 2000~2019 年呈现平稳较快上升态势，从 2000 年的第 30 名上升到 2019 年的第 21 名，在 2018 年一度达到最高的第 19 名，基本稳定在接近中游的水平（见图9）。西藏自治区共享发展指数排名出现较大幅度上升的原因主要是其全民共享二级指标增长幅度较大，共建共享二级指标的增幅较大、排名提升较多，这体现出西藏在过去 20 年里推进农村减贫、缩小城乡差距、全民参与共建等方面成绩突出。

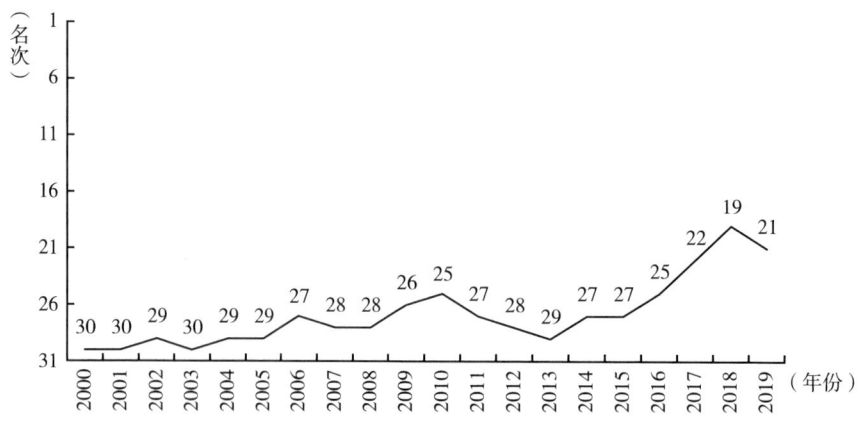

图 9　2000~2019 年西藏自治区共享发展指数在全国排名变化情况

江西省的共享发展指数排名在 2000~2019 年呈现持续下降态势，从 2000 年的第 13 名下降到 2019 年的第 23 名，从中等偏上的位置逐步退至全国下游水平（见图 10）。江西省共享发展指数排名出现较大幅度下降的原因主要是其全面共享二级指标和共建共享二级指标的增速较慢、排名下滑幅度较大。

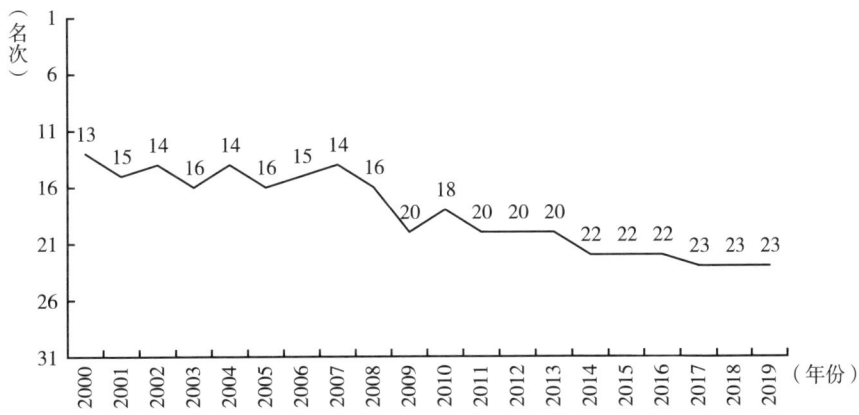

图 10　2000~2019 年江西省共享发展指数在全国排名变化情况

湖南省的共享发展指数排名在 2000~2019 年呈现持续下降态势，从 2000 年的第 17 名下降到 2019 年的第 27 名，从全国中游水平逐步退至接近全国末尾的位置（见图 11）。湖南省共享发展指数排名出现较大幅度下降的原因主要是其全民共享二级指标和共建共享二级指标的增速较慢、排名下滑幅度较大。

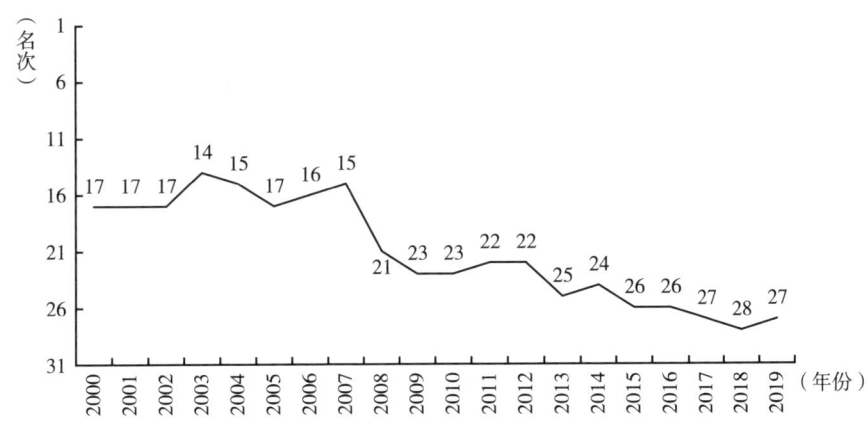

图 11　2000~2019 年湖南省共享发展指数在全国排名变化情况

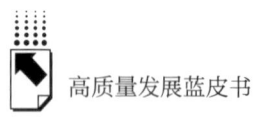

四 基本判断和政策建议

（一）中国经济共享发展的主要特征

1. 中国经济共享发展水平在过去20年全面显著提高

2019年中国经济共享发展指数为59.84分，在过去20年总体保持持续上升趋势，比2000年提高了76.3%。作为共享发展基本内涵的全民共享、全面共享、共建共享和渐进共享，在2019年分别为24.00、13.94、10.97、10.93分，分别比2000年提高了54.6%、111.9%、95.9%、75.2%，总体上保持着持续上升的趋势。

2. 全民共享水平高于全面共享、共建共享和渐进共享

从2019年中国经济共享发展指数的4个二级指数来看，全民共享指数显著高于全面共享指数、共建共享指数和渐进共享指数（即使剔除加权因素后也是如此），并且这种二级指数间的相对优势在过去20年间始终保持，从而表明中国经济的共享发展在成果惠及更广人群这一领域的表现，要优于共享内容更加全面、凝聚力量更加广泛和发展进程更加稳健等几个领域。

3. 发达地区共享发展绝对水平总体高于欠发达地区

从2019年各地区的经济共享发展指数得分来看，共享发展水平与各地区经济发达程度总体呈现正相关关系，发达地区的共享发展水平普遍高于欠发达地区。其中，发达地区在共建共享、渐进共享两个领域的发展水平领先欠发达地区的幅度较大。发达地区偏向技术和知识密集型的产业结构是其有着较高的劳动报酬和劳动参与从而具有较高的共建共享水平的主要原因，而良好的发展基础也是助力发达地区从容应对市场和社会风险，使其能够平稳快速地推进共享发展的主要原因。

4. 欠发达地区共享发展提升速度总体快于发达地区

从过去20年各地区经济共享发展水平提升速度来看，欠发达地区共享

发展指数的增幅明显高于发达地区，各地区的共享发展水平总体呈现收敛态势。其中，欠发达地区在全民共享、全面共享两个方面的提升速度明显快于发达地区。欠发达地区抓住近年来国家加大扶贫、支农力度的历史性机遇，有效缩小了域内城乡差距，使发展的成果惠及更广的人群，同时基于自身处于生态脆弱地区、民族地区，文化资源丰富等特点，充分推动了在更全面的领域实现共享发展。

5. 部分地区部分领域的共享发展水平呈现一定的分化态势

过去 20 年间，各地区共享发展指数在全国所处位置总体稳定，但仍有个别省份（如内蒙古、西藏、江西、湖南）出现了较大波动，表现优劣出现一定分化态势。从共享发展二级指标看，东部发达地区省份虽然在各领域总体处于领先地位，并且在共建共享、渐进共享领域表现突出，但在农村减贫、缩小内部差距等个别领域改进的空间有限，使得全民共享等部分二级指标的增幅较小。中部六省共享发展的绝对水平和增长速度均相对落后，各二级指标也缺乏突出表现。西部地区各省份虽然共享发展的起点较低，但在过去 20 年间，各自在不同二级指标领域内均表现出不同的亮点，使得很多西部省份全民共享、全面共享和共建共享指数的增速相对较快。

（二）进一步推进共享发展的政策建议

1. 在继续深入推进全民共享的同时，应更加注重实现全面共享、共建共享、渐进共享的同步提升

虽然中国经济共享发展在过去 20 年间取得了长足进步，但就其四个方面的内涵而言，发展并不平衡，全民共享水平明显高于全面共享、共建共享、渐进共享。未来应在继续推动相对贫困帮扶、缩小城乡区域差距的同时，更加注重推动共享发展在经济、政治、文化、社会、生态各领域全面发展，使更多的人参与到经济建设中来，更加彰显劳动的价值，同时要注重共享发展的可持续性和稳健性，缩小社会收入分配差距，稳步提升人民生活水平。

2. 发达地区在继续巩固较高的共享发展水平的同时，应更加注重挖掘全民共享、全面共享水平进一步提升的潜力

发达地区以其良好的发展基础，在共享发展方面处于领先地位。但是，相对来说，在全民共享和全面共享的某些领域，仍有较大的提升空间。未来应在缩小地区内部的城乡差距、区域差距、贫富差距等领域出台新的举措，勇于推进体制改革，以更加包容的心态使发展成果惠及更广的人群，挖掘全民共享水平提升的潜力。此外，发达地区应探索在政治、文化等领域的共享发展方面取得新的突破，为其他地区在推进全面共享方面做出表率。

3. 欠发达地区在继续缩小与发达地区共享发展差距的同时，应更加注重加快共建共享、渐进共享水平提高的速度

欠发达地区的共享发展水平与发达地区总体上呈缩小态势，这既有欠发达地区政府和人民在推进共享发展方面自身努力的因素，也有国家近年来实施农村扶贫、乡村振兴、区域协调等重大战略的外生推动因素。对于欠发达地区，共建共享和渐进共享是共享发展中的短板，未来应在工业化快速推进过程中注重保证劳动要素的合理报酬，确保收入分配能够兼顾效率与公平，提高全社会参与发展的积极性和人民生活水平提高的稳定性。

附表 2000~2019年全国31个省、区、市经济共享发展评价指数及排名

附表1 2000~2019年北京市经济共享发展指数及排名

单位：分

年份	共享发展		全民共享		全面共享		共建共享		渐进共享	
	指数	排名	指数	排名	指数	排名	指数	排名	指数	排名
2000	49.27	1	25.17	2	11.57	1	3.16	28	9.38	1
2001	49.37	1	24.96	2	11.86	1	3.39	29	9.17	1
2002	50.79	1	24.54	2	12.11	1	4.78	19	9.36	2
2003	51.73	1	24.00	3	11.79	1	5.55	8	10.39	1

2019年中国经济共享发展评价报告

续表

年份	共享发展		全民共享		全面共享		共建共享		渐进共享	
	指数	排名	指数	排名	指数	排名	指数	排名	指数	排名
2004	53.67	1	23.96	3	12.85	1	6.90	1	9.96	1
2005	55.53	1	24.69	2	13.02	1	7.26	1	10.56	1
2006	56.18	1	24.53	2	13.22	1	7.14	1	11.29	1
2007	58.64	1	25.22	2	13.41	1	8.79	1	11.22	1
2008	59.57	1	25.61	1	12.38	1	10.74	1	10.83	1
2009	61.65	1	26.40	1	13.28	1	10.53	1	11.45	1
2010	63.29	1	26.39	1	14.08	1	10.53	1	12.29	1
2011	65.64	1	26.82	1	14.85	1	11.49	2	12.48	1
2012	66.25	1	26.80	1	14.43	1	11.95	2	13.06	1
2013	69.08	1	24.91	6	16.66	1	12.59	2	14.93	1
2014	70.09	1	25.07	6	16.39	1	12.67	2	15.96	1
2015	71.47	1	25.10	6	17.06	1	13.12	3	16.18	1
2016	74.09	1	25.38	6	18.34	1	13.30	3	17.07	1
2017	76.05	1	25.54	6	18.83	1	13.97	3	17.72	1
2018	78.59	1	25.64	7	20.43	1	14.51	2	18.01	1
2019	80.25	1	25.84	7	20.94	1	14.81	1	18.65	1

附表2　2000~2019年天津市经济共享发展指数及排名

单位：分

年份	共享发展		全民共享		全面共享		共建共享		渐进共享	
	指数	排名	指数	排名	指数	排名	指数	排名	指数	排名
2000	39.37	6	20.86	6	7.72	9	3.59	26	7.21	6
2001	38.99	6	20.55	6	7.81	9	3.59	27	7.04	8
2002	40.05	5	21.09	6	7.85	8	3.80	27	7.30	7
2003	40.49	4	21.53	5	8.20	8	3.62	27	7.15	6
2004	41.92	4	21.99	5	8.79	6	3.92	25	7.22	6
2005	44.39	4	23.30	4	9.25	6	4.37	24	7.47	6
2006	45.42	4	23.34	4	9.30	4	4.57	24	8.22	4
2007	46.14	4	23.05	4	9.78	4	4.71	23	8.60	3
2008	47.70	4	22.65	5	8.80	3	7.46	15	8.79	3
2009	48.71	4	22.62	5	9.14	3	7.56	14	9.39	3
2010	50.85	4	22.90	5	9.75	3	8.16	12	10.04	3
2011	54.49	4	24.65	4	10.35	4	8.86	14	10.63	3
2012	56.36	4	25.75	4	10.18	4	9.36	15	11.07	3

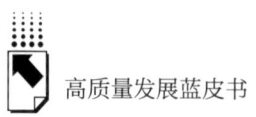

续表

年份	共享发展		全民共享		全面共享		共建共享		渐进共享	
	指数	排名	指数	排名	指数	排名	指数	排名	指数	排名
2013	61.32	4	28.54	1	11.59	7	9.96	14	11.24	3
2014	62.73	4	28.91	1	11.50	8	10.28	16	12.04	4
2015	63.06	4	28.93	1	11.68	13	10.44	16	12.01	4
2016	64.46	4	28.96	1	11.97	13	10.80	15	12.73	4
2017	65.98	4	28.76	1	12.96	15	11.37	10	12.89	4
2018	67.11	4	28.51	1	13.63	12	11.74	8	13.22	4
2019	68.18	4	28.75	1	13.86	15	11.86	8	13.72	4

附表3　2000～2019年河北省经济共享发展指数及排名

单位：分

年份	共享发展		全民共享		全面共享		共建共享		渐进共享	
	指数	排名	指数	排名	指数	排名	指数	排名	指数	排名
2000	36.17	10	17.59	9	5.62	28	5.27	17	7.69	3
2001	36.66	9	17.94	9	5.71	28	5.32	16	7.69	4
2002	35.68	10	17.41	9	5.73	27	4.82	18	7.71	3
2003	35.12	9	17.67	9	5.54	27	4.31	23	7.61	5
2004	35.20	9	18.48	8	5.67	25	3.80	26	7.25	5
2005	36.57	11	18.69	8	5.97	27	4.38	22	7.53	5
2006	37.67	10	18.90	8	6.14	25	4.70	21	7.93	6
2007	39.57	10	19.14	8	6.87	26	5.35	18	8.20	7
2008	39.47	10	19.12	8	5.11	21	7.50	13	7.74	6
2009	40.84	10	19.45	8	5.39	23	7.81	10	8.19	6
2010	43.33	10	20.38	8	6.28	25	8.10	13	8.57	6
2011	46.18	10	21.67	8	7.14	23	8.89	13	8.49	10
2012	49.14	10	22.47	8	7.97	24	9.72	9	8.99	11
2013	53.49	7	23.85	7	9.42	27	10.42	8	9.81	5
2014	55.81	7	24.50	7	9.75	28	10.81	9	10.74	5
2015	56.82	9	24.93	7	10.12	30	10.68	13	11.09	6
2016	57.75	8	25.22	7	10.46	30	10.90	13	11.17	7
2017	59.02	8	25.45	7	10.93	30	11.16	11	11.48	7
2018	60.50	8	25.73	6	11.98	30	11.37	10	11.41	7
2019	61.16	10	25.92	6	12.12	30	11.37	10	11.75	7

附表4 2000～2019年山西省经济共享发展指数及排名

单位：分

年份	共享发展		全民共享		全面共享		共建共享		渐进共享	
	指数	排名	指数	排名	指数	排名	指数	排名	指数	排名
2000	30.40	20	14.48	17	6.80	15	2.74	31	6.37	14
2001	29.73	23	14.04	21	6.70	15	2.56	31	6.43	15
2002	29.69	21	14.05	21	6.37	17	2.31	31	6.96	8
2003	28.67	23	13.16	23	6.42	20	2.13	31	6.96	7
2004	29.38	25	13.98	23	6.29	20	2.30	31	6.82	8
2005	30.80	24	14.59	22	6.40	21	2.65	30	7.15	8
2006	32.58	22	15.13	20	6.85	21	2.91	30	7.69	8
2007	33.58	22	15.60	21	7.14	18	3.22	30	7.62	9
2008	34.72	18	16.13	21	5.34	20	5.82	27	7.43	9
2009	35.82	19	16.22	22	5.88	21	6.04	26	7.69	9
2010	38.05	19	17.43	19	6.70	20	5.75	29	8.17	7
2011	41.65	18	18.53	19	7.56	20	7.21	25	8.35	13
2012	45.26	17	19.63	18	8.36	20	8.32	22	8.95	12
2013	48.89	17	20.99	18	10.00	20	9.35	20	8.55	17
2014	51.05	19	21.76	17	10.35	21	9.84	21	9.10	17
2015	52.75	19	22.10	20	10.98	22	10.13	21	9.54	17
2016	53.10	19	22.48	20	11.28	22	9.40	28	9.93	16
2017	54.72	20	22.79	19	11.67	21	10.29	24	9.97	16
2018	56.22	22	23.33	20	12.65	24	10.49	23	9.74	18
2019	56.95	22	23.62	20	12.67	26	10.55	20	10.11	18

附表5 2000～2019年内蒙古自治区经济共享发展指数及排名

单位：分

年份	共享发展		全民共享		全面共享		共建共享		渐进共享	
	指数	排名	指数	排名	指数	排名	指数	排名	指数	排名
2000	33.33	15	15.94	13	7.48	11	3.93	24	5.98	19
2001	33.52	16	14.93	15	7.45	11	3.68	26	7.45	6
2002	32.56	15	14.46	18	7.36	12	3.14	29	7.60	4
2003	30.02	21	13.75	21	7.12	12	2.67	30	6.48	13
2004	30.96	19	14.20	22	7.45	11	2.36	30	6.94	7
2005	31.86	20	14.44	23	7.71	12	2.36	31	7.35	7
2006	32.63	21	14.74	23	8.07	12	1.93	31	7.89	7
2007	34.01	21	14.61	23	8.50	11	2.38	31	8.52	4
2008	32.89	24	14.50	23	6.94	11	3.99	31	7.45	8

续表

年份	共享发展		全民共享		全面共享		共建共享		渐进共享	
	指数	排名	指数	排名	指数	排名	指数	排名	指数	排名
2009	35.55	21	14.25	24	7.62	11	5.46	28	8.22	5
2010	38.05	20	15.12	25	8.51	7	5.82	28	8.60	5
2011	41.26	19	16.50	23	9.08	7	7.09	27	8.59	7
2012	44.75	19	17.21	24	10.20	9	8.03	24	9.31	7
2013	49.32	14	19.23	24	11.96	6	9.26	21	8.87	13
2014	52.70	13	20.00	24	12.41	6	10.70	11	9.59	15
2015	54.42	14	20.74	24	12.80	6	10.93	11	9.94	13
2016	57.50	9	21.54	24	13.28	5	12.19	6	10.50	11
2017	56.90	14	21.81	25	13.73	5	10.59	20	10.77	10
2018	58.31	17	22.26	25	14.80	5	10.48	24	10.78	12
2019	59.10	16	22.40	25	14.99	5	10.51	22	11.20	12

附表6 2000～2019年辽宁省经济共享发展指数及排名

单位：分

年份	共享发展		全民共享		全面共享		共建共享		渐进共享	
	指数	排名	指数	排名	指数	排名	指数	排名	指数	排名
2000	34.96	11	16.37	11	7.77	8	4.13	23	6.69	9
2001	35.10	11	16.60	11	7.62	8	4.10	23	6.78	10
2002	33.60	13	16.05	11	7.15	9	4.69	22	5.71	20
2003	33.38	12	15.64	10	7.07	13	4.23	24	6.44	14
2004	34.64	10	16.92	10	7.59	12	3.93	24	6.20	18
2005	37.83	8	18.38	9	7.93	11	5.60	8	5.92	24
2006	38.71	9	18.75	9	8.32	10	5.42	9	6.22	23
2007	39.74	9	18.58	9	8.71	10	5.99	11	6.45	20
2008	39.75	9	18.72	10	7.15	9	7.31	17	6.57	16
2009	41.62	9	19.06	10	7.45	8	7.76	11	7.34	15
2010	44.24	9	19.70	9	8.09	8	8.48	7	7.97	12
2011	46.98	9	20.43	10	9.02	9	9.12	12	8.41	11
2012	49.83	8	21.10	10	9.76	10	9.67	11	9.30	8
2013	52.23	10	21.06	17	11.44	10	10.27	10	9.47	8
2014	55.01	9	21.59	19	11.64	10	11.45	8	10.33	8
2015	58.29	7	22.12	19	12.07	11	13.02	4	11.08	7
2016	56.46	13	21.81	21	12.32	11	10.53	18	11.80	5
2017	58.03	9	22.64	21	12.88	11	10.60	19	11.91	6
2018	60.42	9	23.07	22	14.65	13	10.78	19	11.91	6
2019	61.75	8	23.52	21	14.97	6	10.95	17	12.31	6

附表7 2000~2019年吉林省经济共享发展指数及排名

单位：分

年份	共享发展		全民共享		全面共享		共建共享		渐进共享	
	指数	排名	指数	排名	指数	排名	指数	排名	指数	排名
2000	32.84	16	14.09	21	6.54	20	5.31	16	6.89	7
2001	33.91	14	14.18	19	6.71	20	6.07	8	6.95	9
2002	31.92	16	13.31	22	6.60	16	6.01	7	6.01	14
2003	33.01	13	13.69	22	6.60	16	5.90	4	6.83	8
2004	32.19	18	14.87	18	6.86	17	3.69	28	6.76	9
2005	32.14	18	15.47	18	6.90	18	3.67	27	6.11	21
2006	33.13	18	16.28	15	6.75	18	3.54	27	6.56	19
2007	34.66	18	16.70	15	7.30	20	4.00	27	6.66	17
2008	34.55	19	17.16	15	5.93	18	4.65	30	6.82	15
2009	36.20	17	17.29	16	6.21	17	5.15	30	7.55	10
2010	38.71	16	18.59	13	6.84	18	5.47	30	7.82	14
2011	42.06	17	20.01	11	7.58	19	6.22	30	8.24	14
2012	45.31	16	21.48	9	8.04	19	6.77	31	9.01	10
2013	48.81	18	22.96	9	9.48	25	7.56	31	8.80	14
2014	51.49	17	23.46	10	9.87	27	8.57	29	9.59	14
2015	53.61	17	23.67	12	10.56	27	9.11	28	10.28	10
2016	55.63	15	23.95	13	10.98	26	9.83	26	10.87	9
2017	56.04	18	24.13	14	10.95	27	10.02	26	10.94	9
2018	57.73	18	23.97	18	12.51	29	10.30	26	10.94	9
2019	58.58	18	23.84	19	13.08	27	10.38	26	11.29	10

附表8 2000~2019年黑龙江省经济共享发展指数及排名

单位：分

年份	共享发展		全民共享		全面共享		共建共享		渐进共享	
	指数	排名	指数	排名	指数	排名	指数	排名	指数	排名
2000	30.69	19	14.36	18	6.72	16	3.04	30	6.56	12
2001	30.40	21	14.41	17	6.50	16	3.42	28	6.07	20
2002	30.61	20	14.72	17	6.47	19	3.51	28	5.91	18
2003	30.12	20	14.02	19	6.52	17	3.42	29	6.16	18
2004	30.62	22	15.01	17	6.71	18	2.50	29	6.40	13
2005	32.10	19	15.94	14	6.93	19	2.87	29	6.36	15
2006	32.73	20	16.12	18	6.85	17	3.08	28	6.68	15
2007	34.36	20	17.08	13	7.16	19	3.46	29	6.65	19
2008	34.43	20	17.88	12	5.44	19	4.68	29	6.42	19

续表

年份	共享发展		全民共享		全面共享		共建共享		渐进共享	
	指数	排名	指数	排名	指数	排名	指数	排名	指数	排名
2009	36.19	18	18.37	11	5.74	19	5.08	31	7.00	18
2010	37.72	22	18.56	14	6.45	21	5.34	31	7.38	17
2011	39.99	23	19.64	15	6.87	21	6.18	31	7.29	22
2012	42.70	23	20.01	16	7.75	26	7.16	29	7.78	22
2013	45.04	26	20.06	21	9.50	29	8.14	29	7.34	24
2014	48.21	25	20.96	21	9.84	26	8.88	25	8.53	21
2015	51.00	23	22.26	18	10.49	28	9.38	26	8.86	21
2016	53.00	20	23.24	17	10.79	27	10.02	24	8.96	22
2017	54.51	21	24.07	15	11.19	28	10.19	25	9.06	22
2018	56.44	21	24.80	14	12.33	28	10.42	25	8.89	24
2019	57.20	20	24.83	15	12.62	29	10.46	23	9.29	24

附表9　2000~2019年上海市经济共享发展指数及排名

单位：分

年份	共享发展		全民共享		全面共享		共建共享		渐进共享	
	指数	排名	指数	排名	指数	排名	指数	排名	指数	排名
2000	45.69	2	25.53	1	8.02	7	3.49	27	8.66	2
2001	45.60	2	25.71	1	8.16	7	3.31	30	8.42	2
2002	48.29	2	25.94	1	8.30	5	4.49	24	9.55	1
2003	47.81	2	25.68	1	8.77	5	4.59	19	8.76	2
2004	49.29	2	25.35	1	9.90	3	5.09	13	8.94	2
2005	51.00	2	26.19	1	10.33	2	5.08	15	9.40	2
2006	51.95	2	26.45	1	10.68	2	5.14	15	9.69	2
2007	54.55	2	25.97	1	11.73	2	6.49	6	10.36	2
2008	54.93	2	25.47	2	10.83	2	8.17	7	10.46	2
2009	55.52	2	25.47	2	10.84	2	7.92	9	11.30	2
2010	57.47	2	25.32	3	11.96	2	8.00	14	12.18	2
2011	59.86	2	25.49	3	12.55	2	9.50	7	12.31	2
2012	60.49	2	25.97	2	12.22	2	9.76	8	12.55	2
2013	65.00	2	25.10	5	14.63	2	11.33	6	13.94	2
2014	67.04	2	25.49	5	14.74	2	11.60	7	15.21	2
2015	68.34	2	25.78	5	15.20	2	11.63	8	15.73	2
2016	69.67	2	25.76	5	15.83	2	11.78	7	16.30	2
2017	70.80	2	25.82	5	15.72	2	12.47	6	16.79	2
2018	72.56	2	25.94	5	16.54	2	12.88	6	17.21	2
2019	74.21	2	26.12	5	17.08	3	13.07	6	17.95	2

附表10 2000～2019年江苏省经济共享发展指数及排名

单位：分

年份	共享发展		全民共享		全面共享		共建共享		渐进共享	
	指数	排名	指数	排名	指数	排名	指数	排名	指数	排名
2000	42.50	4	23.87	4	6.63	18	5.47	14	6.53	13
2001	42.58	4	23.80	4	6.72	18	5.49	15	6.57	14
2002	40.82	4	23.62	4	6.76	15	5.29	12	5.15	24
2003	40.40	5	22.43	4	6.72	15	5.45	10	5.80	23
2004	39.83	5	22.61	4	7.10	15	4.75	16	5.37	25
2005	40.88	5	22.27	5	7.34	14	5.24	11	6.04	22
2006	42.09	5	22.52	5	7.63	14	5.42	10	6.52	20
2007	43.55	5	22.84	5	8.10	15	5.95	12	6.66	18
2008	43.92	5	22.92	4	6.78	15	7.09	19	7.13	10
2009	45.86	5	23.01	4	7.33	12	7.99	8	7.54	12
2010	48.22	5	23.79	4	8.02	10	8.43	9	7.98	11
2011	52.03	5	24.54	5	9.10	11	9.30	9	9.09	6
2012	54.07	5	24.72	5	9.90	8	9.64	12	9.82	6
2013	56.49	6	25.14	4	11.63	9	9.98	13	9.73	6
2014	58.54	6	25.67	4	11.96	7	10.35	15	10.56	7
2015	59.91	6	25.98	4	12.41	7	10.41	18	11.11	5
2016	61.29	6	26.46	3	12.83	7	10.34	21	11.67	6
2017	62.83	6	26.73	4	13.37	7	10.77	17	11.96	5
2018	64.36	6	26.81	3	14.26	8	11.05	14	12.24	5
2019	65.45	6	27.04	3	14.61	10	11.09	14	12.72	5

附表11 2000～2019年浙江省经济共享发展指数及排名

单位：分

年份	共享发展		全民共享		全面共享		共建共享		渐进共享	
	指数	排名	指数	排名	指数	排名	指数	排名	指数	排名
2000	43.59	3	24.43	3	7.45	12	4.91	18	6.80	8
2001	44.49	3	24.10	3	7.61	12	4.83	19	7.95	3
2002	43.83	3	23.90	3	7.73	10	4.67	23	7.53	6
2003	44.30	3	24.00	2	7.45	9	4.97	16	7.89	3
2004	45.03	3	24.07	2	8.00	10	5.44	7	7.52	4
2005	46.45	3	24.28	3	8.26	8	5.78	7	8.12	3
2006	47.79	3	24.42	3	8.65	8	6.31	3	8.40	3
2007	50.34	3	24.92	3	9.13	7	7.84	2	8.45	5
2008	50.41	3	25.28	3	7.27	7	9.59	2	8.28	4

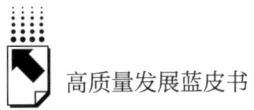

续表

年份	共享发展		全民共享		全面共享		共建共享		渐进共享	
	指数	排名	指数	排名	指数	排名	指数	排名	指数	排名
2009	51.74	3	24.91	3	8.42	6	9.50	3	8.91	4
2010	53.79	3	25.58	2	8.92	5	9.87	3	9.42	4
2011	56.43	3	25.69	2	9.72	6	11.06	3	9.96	4
2012	58.22	3	25.78	3	10.48	6	11.45	3	10.51	4
2013	62.56	3	26.83	2	12.29	5	12.49	3	10.95	4
2014	64.81	3	27.37	2	12.85	4	12.51	3	12.09	3
2015	67.30	3	27.79	2	13.89	4	12.76	5	12.86	3
2016	68.48	3	27.94	2	14.73	4	12.65	4	13.16	3
2017	69.58	3	27.67	2	15.46	3	12.94	4	13.51	3
2018	71.63	3	27.87	2	16.79	3	13.20	4	13.77	3
2019	72.61	3	28.13	2	17.00	2	13.16	4	14.31	3

附表12 2000~2019年安徽省经济共享发展指数及排名

单位:分

年份	共享发展		全民共享		全面共享		共建共享		渐进共享	
	指数	排名	指数	排名	指数	排名	指数	排名	指数	排名
2000	30.19	21	14.28	19	5.15	30	5.35	15	5.41	24
2001	31.01	18	14.79	16	5.11	30	5.22	17	5.89	21
2002	30.89	18	14.92	15	5.02	30	5.19	13	5.77	19
2003	29.18	22	14.50	15	4.66	30	4.37	22	5.65	25
2004	30.93	20	15.43	15	4.59	30	5.10	12	5.81	22
2005	31.58	21	15.27	19	4.60	31	5.44	9	6.28	17
2006	32.89	19	15.45	19	5.15	31	5.30	12	6.99	12
2007	34.56	19	15.81	20	5.75	31	5.78	13	7.22	11
2008	35.38	17	16.63	19	4.64	31	7.62	11	6.48	17
2009	36.62	14	17.08	17	5.02	30	7.45	17	7.06	17
2010	38.78	15	17.48	18	5.76	30	8.22	11	7.32	18
2011	43.19	14	19.03	18	7.30	29	9.18	11	7.69	17
2012	46.40	12	19.46	19	8.36	23	9.89	7	8.70	16
2013	49.75	13	22.04	13	9.82	21	10.14	12	7.74	20
2014	52.20	16	22.56	14	10.19	25	10.45	14	9.00	18
2015	53.74	16	23.31	14	10.76	25	10.43	17	9.24	19
2016	54.73	18	23.67	14	11.18	24	10.78	16	9.09	21
2017	56.17	17	23.99	16	11.95	24	10.96	13	9.27	21
2018	58.48	16	24.97	12	13.11	22	11.05	13	9.35	20
2019	58.83	17	25.03	12	12.88	22	11.19	12	9.73	20

附表 13　2000~2019 年福建省经济共享发展指数及排名

单位：分

年份	共享发展		全民共享		全面共享		共建共享		渐进共享	
	指数	排名	指数	排名	指数	排名	指数	排名	指数	排名
2000	39.14	7	22.23	5	6.55	19	4.63	21	5.73	21
2001	38.57	7	21.95	5	6.40	19	4.65	21	5.58	23
2002	37.93	7	21.48	5	6.30	20	4.93	17	5.22	23
2003	38.37	7	21.22	6	6.68	21	4.97	15	5.50	26
2004	38.64	7	21.35	6	6.98	16	4.69	18	5.61	23
2005	39.58	7	21.56	6	7.21	16	4.92	17	5.88	25
2006	39.94	7	21.53	6	7.01	16	5.16	14	6.23	22
2007	42.12	7	21.79	6	7.60	17	6.40	8	6.33	21
2008	43.69	6	22.04	6	6.21	17	9.35	3	6.09	22
2009	45.36	6	22.19	6	6.75	15	9.85	2	6.56	21
2010	47.96	6	22.47	6	7.48	14	10.29	2	7.72	15
2011	51.32	6	23.12	6	8.22	16	11.91	1	8.07	15
2012	53.97	6	23.40	6	9.00	18	12.81	1	8.76	15
2013	58.51	5	25.43	3	10.89	16	13.16	1	9.03	11
2014	60.95	5	25.84	3	11.11	15	13.70	1	10.31	9
2015	62.08	5	26.13	3	11.45	15	14.39	1	10.11	11
2016	62.91	5	26.42	4	11.62	16	14.36	1	10.51	10
2017	64.03	5	26.79	3	11.99	19	14.51	1	10.74	11
2018	65.86	5	26.79	4	13.39	21	14.75	1	10.93	10
2019	66.68	5	26.98	4	13.52	17	14.77	2	11.42	9

附表 14　2000~2019 年江西省经济共享发展指数及排名

单位：分

年份	共享发展		全民共享		全面共享		共建共享		渐进共享	
	指数	排名	指数	排名	指数	排名	指数	排名	指数	排名
2000	34.06	13	16.23	12	6.00	24	6.19	8	5.64	22
2001	33.79	15	16.16	12	5.94	24	5.59	12	6.10	19
2002	32.63	14	15.14	13	5.94	24	5.56	9	5.99	16
2003	31.76	16	15.46	11	5.46	24	5.03	13	5.81	22
2004	32.89	14	16.19	12	5.65	27	5.47	6	5.59	24
2005	33.27	16	16.93	12	5.79	28	4.32	25	6.22	19
2006	34.17	15	17.33	11	5.83	28	4.42	26	6.60	17
2007	35.51	14	17.29	12	6.57	30	4.95	20	6.71	15
2008	35.48	16	17.95	11	5.01	27	5.61	28	6.91	12

续表

年份	共享发展		全民共享		全面共享		共建共享		渐进共享	
	指数	排名	指数	排名	指数	排名	指数	排名	指数	排名
2009	35.66	20	18.02	13	5.25	24	5.15	29	7.24	16
2010	38.13	18	18.69	12	5.78	27	6.08	27	7.58	16
2011	40.94	20	19.75	14	6.69	28	6.91	28	7.60	20
2012	43.11	20	20.15	14	7.62	30	7.13	30	8.21	20
2013	48.03	20	21.84	16	9.18	30	7.78	30	9.22	10
2014	49.20	22	22.28	16	9.44	31	7.74	31	9.75	11
2015	51.01	22	22.83	15	9.70	31	8.18	31	10.30	9
2016	52.59	22	23.30	16	10.07	31	8.84	30	10.38	12
2017	53.86	23	23.64	17	10.59	31	8.96	30	10.67	12
2018	56.13	23	24.37	16	11.76	31	9.11	30	10.89	11
2019	56.75	23	24.53	16	11.93	31	9.06	30	11.24	11

附表15　2000~2019年山东省经济共享发展指数及排名

单位：分

年份	共享发展		全民共享		全面共享		共建共享		渐进共享	
	指数	排名	指数	排名	指数	排名	指数	排名	指数	排名
2000	39.50	5	19.41	7	6.87	14	5.74	11	7.48	4
2001	39.95	5	19.76	7	6.95	14	5.74	10	7.50	5
2002	39.87	6	19.89	7	6.96	14	5.46	10	7.56	5
2003	39.66	6	19.69	7	6.75	14	5.53	9	7.70	4
2004	39.39	6	20.09	7	7.04	14	4.60	19	7.66	3
2005	40.32	6	20.28	7	6.84	15	5.22	12	7.98	4
2006	41.49	6	20.44	7	7.22	19	5.71	7	8.13	5
2007	42.93	6	20.65	7	7.78	16	6.24	9	8.26	6
2008	42.51	7	20.78	7	5.97	16	7.86	9	7.90	5
2009	43.87	7	20.92	7	6.45	16	8.49	6	8.01	7
2010	44.76	7	21.12	7	7.17	16	8.38	10	8.10	8
2011	48.60	7	22.29	7	8.28	17	8.84	15	9.19	5
2012	50.78	7	22.78	7	9.08	17	9.10	16	9.82	5
2013	53.49	8	23.27	8	10.82	15	9.88	15	9.52	7
2014	55.67	8	23.78	8	11.05	17	10.23	17	10.60	6
2015	56.95	8	24.09	8	11.30	17	10.83	12	10.73	8
2016	57.99	7	24.26	11	11.69	17	11.05	12	10.98	8
2017	59.41	7	24.48	12	12.11	17	11.54	9	11.27	8
2018	60.42	10	24.66	15	13.15	19	11.31	11	11.29	8
2019	61.21	9	24.91	14	13.31	21	11.29	11	11.69	8

附表16　2000~2019年河南省经济共享发展指数及排名

单位：分

年份	共享发展		全民共享		全面共享		共建共享		渐进共享	
	指数	排名	指数	排名	指数	排名	指数	排名	指数	排名
2000	34.67	12	16.75	10	6.24	22	5.72	12	5.96	20
2001	34.76	12	16.62	10	6.25	22	5.59	11	6.30	17
2002	33.85	12	16.08	10	6.28	23	5.10	16	6.40	12
2003	31.79	15	15.38	12	5.81	22	4.20	25	6.41	15
2004	32.44	17	15.99	13	5.71	23	4.47	20	6.26	17
2005	33.92	13	16.20	13	5.92	25	5.18	13	6.61	11
2006	34.96	12	16.90	12	5.88	27	4.80	19	7.38	9
2007	36.64	12	17.32	11	6.30	28	5.39	17	7.64	8
2008	36.33	13	17.70	13	4.08	30	7.08	20	7.47	7
2009	38.03	12	18.16	12	4.51	31	7.62	13	7.74	8
2010	40.42	13	18.70	11	5.21	31	8.44	8	8.08	9
2011	43.56	13	19.78	13	6.19	31	9.22	10	8.38	12
2012	46.35	13	20.48	12	7.24	31	9.70	10	8.93	13
2013	50.60	12	22.11	12	9.22	31	10.29	9	8.97	12
2014	53.29	12	23.00	11	9.84	30	10.77	10	9.68	12
2015	54.57	12	23.50	13	10.22	29	10.96	10	9.88	14
2016	56.48	12	24.24	12	10.68	29	11.39	9	10.15	14
2017	57.99	10	24.50	11	11.40	29	11.64	8	10.44	13
2018	59.74	12	25.10	11	12.47	27	11.70	9	10.47	14
2019	60.19	12	25.31	11	12.52	28	11.56	9	10.80	15

附表17　2000~2019年湖北省经济共享发展指数及排名

单位：分

年份	共享发展		全民共享		全面共享		共建共享		渐进共享	
	指数	排名	指数	排名	指数	排名	指数	排名	指数	排名
2000	36.18	9	15.46	14	6.65	17	7.46	1	6.61	10
2001	36.62	10	15.88	13	6.59	17	7.52	1	6.62	12
2002	35.79	9	15.10	14	6.46	18	7.38	1	6.85	10
2003	34.32	10	14.42	16	6.33	18	6.87	1	6.70	10
2004	34.14	11	15.42	16	6.43	21	5.69	5	6.60	10
2005	34.96	12	15.77	16	6.61	20	5.89	6	6.68	10
2006	34.54	13	16.17	17	6.32	20	5.43	8	6.62	16
2007	35.31	16	16.29	18	6.65	23	5.70	14	6.67	16
2008	35.95	15	17.02	16	4.91	26	7.88	8	6.13	21

续表

年份	共享发展		全民共享		全面共享		共建共享		渐进共享	
	指数	排名	指数	排名	指数	排名	指数	排名	指数	排名
2009	36.30	15	16.95	19	5.22	28	7.76	12	6.36	24
2010	38.50	17	18.03	17	5.90	28	7.91	15	6.66	24
2011	43.03	15	19.10	17	6.82	27	9.43	8	7.68	18
2012	45.87	14	19.65	17	8.05	27	9.90	6	8.26	19
2013	51.07	11	22.21	11	10.01	24	10.25	11	8.60	16
2014	53.97	11	22.96	12	10.75	20	10.58	13	9.68	13
2015	55.24	11	23.78	10	11.27	18	10.46	15	9.73	15
2016	56.75	11	24.40	10	11.72	18	10.90	14	9.74	17
2017	57.75	13	24.73	10	12.19	16	10.86	14	9.97	17
2018	59.80	11	25.36	8	13.19	17	11.04	15	10.20	16
2019	60.54	11	25.58	8	13.34	20	11.03	15	10.59	16

附表18 2000~2019年湖南省经济共享发展指数及排名

单位：分

年份	共享发展		全民共享		全面共享		共建共享		渐进共享	
	指数	排名	指数	排名	指数	排名	指数	排名	指数	排名
2000	32.12	17	14.54	16	5.64	27	6.57	3	5.38	25
2001	31.54	17	14.39	18	5.70	27	6.63	2	4.83	29
2002	31.68	17	14.91	16	5.64	28	6.37	4	4.76	26
2003	32.22	14	14.88	13	5.44	28	5.71	6	6.18	17
2004	32.82	15	15.70	14	5.80	28	5.32	8	6.00	21
2005	33.03	17	15.88	15	6.23	23	6.07	4	4.85	28
2006	34.09	16	16.27	16	6.48	22	5.96	6	5.38	27
2007	35.43	15	16.63	16	6.83	21	6.52	5	5.44	26
2008	34.35	21	16.84	17	4.95	22	7.61	12	4.95	27
2009	35.19	23	16.70	20	5.54	26	7.47	16	5.49	27
2010	37.43	23	17.30	20	6.29	22	7.81	16	6.02	27
2011	40.25	22	18.02	21	7.31	22	8.58	16	6.34	27
2012	42.74	22	18.54	22	8.34	22	8.99	18	6.88	27
2013	45.87	25	19.96	22	9.90	22	9.37	19	6.63	26
2014	48.34	24	20.87	22	10.27	23	9.87	19	7.33	29
2015	49.38	26	21.33	22	10.64	24	9.67	24	7.74	29
2016	51.09	26	21.80	22	11.15	25	10.05	23	8.09	28
2017	52.39	27	22.45	23	11.63	25	9.93	27	8.37	27
2018	54.28	28	23.14	21	12.78	25	9.95	28	8.42	27
2019	55.25	27	23.46	22	13.06	25	9.89	28	8.84	27

附表19　2000~2019年广东省经济共享发展指数及排名

单位：分

年份	共享发展		全民共享		全面共享		共建共享		渐进共享	
	指数	排名	指数	排名	指数	排名	指数	排名	指数	排名
2000	37.28	8	19.08	8	6.22	23	4.66	19	7.32	5
2001	37.46	8	19.00	8	6.32	23	4.70	20	7.43	7
2002	36.24	8	18.56	8	6.38	21	4.74	20	6.55	11
2003	35.24	8	17.98	8	6.47	19	5.02	14	5.77	24
2004	36.14	8	17.89	9	6.93	19	5.23	10	6.08	19
2005	37.63	9	17.99	10	7.25	17	5.93	5	6.46	13
2006	38.73	8	18.30	10	7.63	15	6.08	5	6.72	14
2007	41.22	8	18.30	10	8.13	14	7.69	3	7.09	13
2008	41.85	8	19.03	9	6.63	14	9.35	4	6.84	13
2009	42.44	8	19.06	10	6.87	13	9.05	4	7.46	13
2010	44.39	8	19.56	10	7.52	13	9.30	5	8.01	10
2011	48.20	8	20.45	9	8.39	14	10.83	4	8.53	9
2012	49.82	9	20.51	11	8.96	15	11.18	4	9.16	9
2013	53.29	9	21.95	14	10.86	17	11.68	4	8.80	15
2014	54.49	10	22.29	15	11.09	16	11.99	5	9.11	16
2015	56.11	10	22.55	16	11.58	16	12.28	6	9.70	16
2016	57.09	10	22.68	19	12.09	15	12.29	5	10.03	15
2017	57.97	11	22.68	20	12.40	14	12.57	5	10.32	15
2018	60.52	7	23.61	19	13.37	15	13.10	5	10.45	15
2019	61.78	7	23.89	18	13.79	18	13.14	5	10.95	13

附表20　2000~2019年广西壮族自治区经济共享发展指数及排名

单位：分

年份	共享发展		全民共享		全面共享		共建共享		渐进共享	
	指数	排名	指数	排名	指数	排名	指数	排名	指数	排名
2000	33.68	14	14.19	20	8.08	6	6.41	6	5.00	28
2001	33.92	13	14.05	20	8.09	6	6.21	7	5.57	24
2002	34.13	11	14.37	19	8.07	7	6.05	6	5.64	21
2003	33.41	11	14.27	18	8.03	6	5.29	11	5.82	21
2004	33.34	12	14.86	19	8.09	7	5.12	11	5.26	27
2005	36.93	10	15.75	17	8.30	7	6.96	2	5.92	23
2006	37.24	11	16.64	14	8.47	7	6.86	2	5.27	28
2007	37.97	11	16.61	17	8.85	8	7.19	4	5.32	27
2008	38.15	11	16.57	20	7.19	8	8.61	5	5.79	23

续表

年份	共享发展		全民共享		全面共享		共建共享		渐进共享	
	指数	排名	指数	排名	指数	排名	指数	排名	指数	排名
2009	38.66	11	16.68	21	7.31	7	8.13	7	6.53	22
2010	41.46	11	17.16	21	7.96	11	9.21	6	7.13	19
2011	43.74	12	17.95	22	8.56	13	10.02	6	7.21	23
2012	45.63	15	18.76	20	9.47	13	9.62	13	7.78	23
2013	48.48	19	20.93	19	11.06	12	9.16	23	7.34	23
2014	51.44	18	21.75	18	11.57	13	9.88	18	8.25	23
2015	53.33	18	22.49	17	11.99	12	10.24	19	8.61	23
2016	55.58	16	23.50	15	12.29	12	11.18	11	8.60	24
2017	56.71	15	24.25	13	12.76	12	10.81	15	8.89	23
2018	58.65	15	24.81	13	13.77	14	10.95	17	9.11	22
2019	59.29	15	24.95	13	14.03	14	10.86	18	9.46	22

附表21 2000～2019年海南省经济共享发展指数及排名

单位：分

年份	共享发展		全民共享		全面共享		共建共享		渐进共享	
	指数	排名	指数	排名	指数	排名	指数	排名	指数	排名
2000	30.05	22	15.18	15	7.51	10	3.84	25	3.52	30
2001	30.55	19	15.82	14	7.34	10	3.71	25	3.68	31
2002	30.81	19	15.53	12	7.37	13	3.91	26	4.00	30
2003	30.35	19	14.61	14	7.71	11	4.01	26	4.02	31
2004	33.14	13	16.81	11	7.76	9	4.35	21	4.21	30
2005	33.55	15	17.36	11	7.77	10	4.38	23	4.05	30
2006	34.20	14	16.70	13	7.97	11	4.60	23	4.93	29
2007	34.87	17	17.08	14	8.46	12	4.42	25	4.91	29
2008	35.97	14	17.44	14	5.77	12	7.47	14	5.29	26
2009	36.22	16	17.66	14	6.36	18	6.74	20	5.47	28
2010	38.80	14	18.25	16	7.13	17	7.44	18	5.98	28
2011	42.59	16	19.42	16	8.55	18	8.51	17	6.12	28
2012	45.00	18	20.06	15	9.26	14	9.37	14	6.31	29
2013	49.06	16	21.88	15	10.17	13	10.71	7	6.30	28
2014	52.24	15	22.64	13	10.51	19	11.75	6	7.34	28
2015	54.43	13	23.78	11	11.14	21	11.68	7	7.83	28
2016	54.87	17	24.43	9	11.19	20	11.62	8	7.63	29
2017	56.43	16	24.79	9	11.61	23	12.11	7	7.92	29
2018	58.65	14	25.14	10	13.06	26	12.48	7	7.98	29
2019	59.36	14	25.38	10	13.24	23	12.39	7	8.36	29

附表22　2000~2019年重庆市经济共享发展指数及排名

单位：分

年份	共享发展		全民共享		全面共享		共建共享		渐进共享	
	指数	排名	指数	排名	指数	排名	指数	排名	指数	排名
2000	31.07	18	13.78	22	4.75	31	6.42	5	6.13	15
2001	30.53	20	14.01	22	4.74	31	6.30	5	5.49	25
2002	29.34	23	14.13	20	4.72	31	6.00	8	4.48	28
2003	31.38	17	14.28	17	4.56	31	6.01	3	6.54	11
2004	32.49	16	14.84	20	5.28	31	6.28	2	6.08	20
2005	33.61	14	15.25	20	5.59	30	6.41	3	6.35	16
2006	33.70	17	14.84	22	5.88	30	6.16	4	6.83	13
2007	35.73	13	15.92	19	6.66	29	6.43	7	6.72	14
2008	36.56	12	16.68	18	5.37	25	7.69	10	6.82	14
2009	37.97	13	17.31	15	5.97	20	7.14	18	7.54	11
2010	41.20	12	18.40	15	7.51	19	7.40	19	7.89	13
2011	44.64	11	19.88	12	8.37	15	8.35	18	8.04	16
2012	46.96	11	20.34	13	9.20	16	9.06	17	8.36	17
2013	49.32	15	22.71	10	11.10	14	8.29	27	7.21	25
2014	52.36	14	23.48	9	11.67	12	8.65	28	8.56	20
2015	54.23	15	24.08	9	12.23	10	8.85	29	9.07	20
2016	56.04	14	24.69	8	12.70	8	9.24	29	9.41	18
2017	57.91	12	24.97	8	13.54	9	9.67	29	9.73	18
2018	59.51	13	25.32	9	14.53	6	9.83	29	9.83	17
2019	59.79	13	25.45	9	14.28	7	9.81	29	10.25	17

附表23　2000~2019年四川省经济共享发展指数及排名

单位：分

年份	共享发展		全民共享		全面共享		共建共享		渐进共享	
	指数	排名	指数	排名	指数	排名	指数	排名	指数	排名
2000	29.89	23	12.84	23	5.50	29	6.50	4	5.06	27
2001	29.98	22	12.73	23	5.53	29	6.61	4	5.12	27
2002	29.42	22	13.24	23	5.55	29	6.55	3	4.08	29
2003	30.41	18	13.77	20	5.54	29	6.29	2	4.81	28
2004	30.68	21	14.58	21	5.73	24	5.80	4	4.57	29
2005	31.52	22	15.05	21	5.96	24	5.36	10	5.16	26
2006	32.02	23	15.06	21	6.21	26	5.24	13	5.52	25
2007	33.23	23	15.41	22	6.74	25	5.60	16	5.48	25
2008	33.76	22	15.94	22	4.98	24	7.32	16	5.52	25

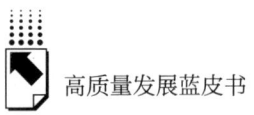

续表

年份	共享发展		全民共享		全面共享		共建共享		渐进共享	
	指数	排名	指数	排名	指数	排名	指数	排名	指数	排名
2009	35.51	22	16.97	18	5.46	25	6.65	22	6.43	23
2010	37.16	24	16.91	22	6.21	24	7.14	22	6.90	22
2011	39.56	24	18.09	20	6.95	24	7.55	23	6.97	24
2012	42.18	24	18.65	21	8.23	25	8.03	25	7.26	25
2013	46.68	22	20.69	20	9.84	23	8.32	26	7.82	19
2014	48.48	23	21.29	20	10.31	24	8.87	26	8.02	25
2015	50.70	24	21.99	21	10.77	23	9.36	27	8.59	24
2016	52.00	24	22.77	18	11.28	23	9.50	27	8.46	25
2017	53.79	24	23.40	18	11.84	22	9.85	28	8.70	25
2018	55.88	24	24.14	17	12.97	23	9.98	27	8.79	25
2019	56.46	24	24.22	17	13.18	24	9.90	27	9.16	25

附表24 2000~2019年贵州省经济共享发展指数及排名

单位：分

年份	共享发展		全民共享		全面共享		共建共享		渐进共享	
	指数	排名	指数	排名	指数	排名	指数	排名	指数	排名
2000	28.50	27	11.49	25	5.78	25	6.00	10	5.23	26
2001	27.74	29	11.30	25	5.77	25	5.52	14	5.15	26
2002	25.84	30	11.18	26	5.74	25	5.19	14	3.73	31
2003	25.24	29	10.62	25	5.39	26	5.17	12	4.07	30
2004	25.03	31	10.49	26	5.68	29	4.03	23	4.84	28
2005	26.13	28	10.90	26	6.12	26	4.24	26	4.87	27
2006	27.35	29	10.69	28	6.45	23	4.77	20	5.44	26
2007	28.10	30	11.34	27	6.77	22	4.93	21	5.06	28
2008	28.51	30	12.12	27	5.15	23	6.36	26	4.87	28
2009	30.17	30	12.57	26	5.53	22	6.43	25	5.64	26
2010	32.26	30	13.78	26	6.12	23	6.43	26	5.94	29
2011	34.83	30	15.21	26	6.74	26	6.87	29	6.01	29
2012	38.47	30	16.11	26	7.97	28	7.61	27	6.79	28
2013	43.88	28	18.15	26	9.97	26	8.35	25	7.41	21
2014	46.47	29	18.98	26	10.57	22	8.87	27	8.05	24
2015	48.86	28	19.76	26	10.98	20	9.54	25	8.58	25
2016	50.46	27	20.38	26	11.49	21	9.89	25	8.70	23
2017	52.57	26	21.10	26	12.18	20	10.42	22	8.87	24
2018	55.07	26	21.65	26	13.58	18	10.62	20	9.22	21
2019	55.76	26	21.82	26	13.86	16	10.53	21	9.56	21

附表25　2000～2019年云南省经济共享发展指数及排名

单位：分

年份	共享发展		全民共享		全面共享		共建共享		渐进共享	
	指数	排名	指数	排名	指数	排名	指数	排名	指数	排名
2000	27.00	29	8.67	28	8.19	5	4.65	20	5.50	23
2001	27.82	28	9.00	27	8.11	5	4.92	18	5.79	22
2002	26.95	28	9.14	28	7.94	6	4.73	21	5.14	25
2003	27.19	27	9.10	27	7.81	7	4.40	21	5.89	20
2004	27.42	27	9.36	28	7.99	8	4.71	17	5.36	26
2005	28.13	27	10.31	27	8.24	9	5.13	14	4.44	29
2006	29.49	28	11.32	26	8.33	9	4.93	17	4.91	30
2007	30.81	26	12.07	26	8.52	9	5.32	19	4.90	30
2008	30.98	26	12.44	26	7.04	10	6.84	22	4.67	29
2009	31.79	27	12.20	27	7.37	9	7.00	19	5.21	29
2010	34.15	27	13.11	27	8.13	9	6.85	23	6.07	26
2011	37.85	26	14.86	27	8.65	8	7.84	21	6.50	26
2012	41.00	26	15.64	27	9.71	11	8.60	20	7.05	26
2013	43.89	27	16.82	27	11.56	11	9.44	17	6.07	29
2014	46.88	28	17.58	28	11.85	9	9.82	22	7.64	26
2015	48.23	29	18.33	28	12.15	9	9.78	23	7.96	26
2016	50.16	28	19.06	28	12.71	10	10.17	22	8.23	26
2017	52.25	28	20.05	28	13.22	8	10.46	21	8.52	26
2018	54.50	27	20.95	28	14.22	10	10.57	21	8.75	26
2019	54.69	28	20.68	28	14.45	11	10.44	25	9.12	26

附表26　2000～2019年西藏自治区经济共享发展指数及排名

单位：分

年份	共享发展		全民共享		全面共享		共建共享		渐进共享	
	指数	排名	指数	排名	指数	排名	指数	排名	指数	排名
2000	24.49	30	6.38	30	8.84	2	6.24	7	3.02	31
2001	24.91	30	6.16	30	8.52	2	6.29	6	3.94	30
2002	26.10	29	5.95	30	8.57	3	6.86	2	4.72	27
2003	24.87	30	6.06	30	8.71	3	5.61	7	4.50	29
2004	26.10	29	7.69	29	9.05	4	5.25	9	4.11	31
2005	25.53	29	8.54	29	9.10	4	4.93	16	2.97	31
2006	29.76	27	11.23	27	9.25	5	5.31	11	3.96	31
2007	30.57	28	11.26	28	9.34	5	6.22	10	3.75	31
2008	30.38	28	11.54	28	7.81	5	7.07	21	3.97	31

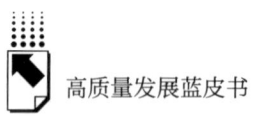

续表

年份	共享发展		全民共享		全面共享		共建共享		渐进共享	
	指数	排名	指数	排名	指数	排名	指数	排名	指数	排名
2009	33.19	26	11.77	28	8.14	5	8.67	5	4.61	31
2010	35.88	25	12.48	29	9.27	6	9.37	4	4.76	31
2011	37.70	27	13.03	28	10.30	5	10.22	5	4.16	31
2012	40.52	28	13.61	29	11.61	5	11.11	5	4.19	31
2013	43.80	29	14.67	30	12.91	3	11.57	5	4.64	31
2014	47.25	27	16.07	29	13.55	3	12.27	4	5.36	31
2015	49.25	27	17.12	29	14.22	3	13.29	2	4.62	31
2016	51.29	25	18.31	29	14.34	3	13.72	2	4.93	31
2017	54.05	22	19.34	29	15.04	4	14.33	2	5.33	31
2018	57.26	19	19.87	29	16.47	4	14.38	3	6.54	30
2019	57.02	21	19.96	29	16.08	4	14.09	3	6.89	30

附表27 2000~2019年陕西省经济共享发展指数及排名

单位：分

年份	共享发展		全民共享		全面共享		共建共享		渐进共享	
	指数	排名	指数	排名	指数	排名	指数	排名	指数	排名
2000	28.05	28	11.89	24	5.74	26	6.12	9	4.29	29
2001	28.57	26	11.88	24	5.74	26	6.00	9	4.95	28
2002	28.55	26	11.78	24	5.80	26	5.38	11	5.59	22
2003	27.88	24	11.72	24	5.49	25	4.70	18	5.97	19
2004	28.33	26	12.29	24	5.58	26	4.11	22	6.35	14
2005	29.76	26	12.75	24	5.69	29	4.50	21	6.82	9
2006	31.05	25	13.03	24	6.21	29	4.50	25	7.31	10
2007	31.51	25	13.62	24	6.34	24	4.34	26	7.20	12
2008	32.55	25	13.86	24	4.93	29	6.66	24	7.10	11
2009	33.65	25	14.46	23	5.25	27	6.53	24	7.40	14
2010	34.88	26	15.31	24	6.17	26	6.60	25	6.79	23
2011	39.26	25	16.26	24	7.33	25	7.11	26	8.57	8
2012	41.80	25	17.19	25	8.37	21	7.36	28	8.88	14
2013	46.01	23	19.32	23	10.28	19	8.21	28	8.20	18
2014	49.32	20	20.25	23	10.71	18	8.56	30	9.80	10
2015	51.02	21	21.13	23	11.22	19	8.66	30	10.01	12
2016	52.33	23	21.79	23	11.67	19	8.58	31	10.28	13
2017	53.57	25	22.48	22	12.30	18	8.43	31	10.37	14
2018	55.23	25	22.77	23	13.26	16	8.73	31	10.47	13
2019	55.81	25	22.93	23	13.29	19	8.78	31	10.82	14

附表28　2000~2019年甘肃省经济共享发展指数及排名

单位：分

年份	共享发展		全民共享		全面共享		共建共享		渐进共享	
	指数	排名	指数	排名	指数	排名	指数	排名	指数	排名
2000	28.74	26	8.60	29	6.26	21	7.29	2	6.59	11
2001	27.86	27	8.24	29	6.29	21	6.62	3	6.71	11
2002	27.21	27	7.91	29	6.23	22	6.21	5	6.87	9
2003	26.01	28	7.49	29	6.00	23	5.76	5	6.77	9
2004	26.27	28	7.55	30	6.19	22	6.05	3	6.48	12
2005	24.62	31	7.42	30	6.01	22	4.71	19	6.49	12
2006	24.88	31	7.34	30	6.09	24	4.85	18	6.59	18
2007	24.91	31	7.48	31	6.43	27	4.92	22	6.07	23
2008	25.57	31	7.69	31	4.91	28	7.24	18	5.74	24
2009	26.97	31	9.13	31	5.08	29	6.65	23	6.11	25
2010	29.65	31	9.78	30	5.73	29	7.74	17	6.41	25
2011	31.78	31	10.82	31	6.70	30	7.62	22	6.63	25
2012	34.73	31	11.61	31	7.80	29	7.98	26	7.33	24
2013	38.40	31	13.55	31	9.24	28	9.02	24	6.59	27
2014	41.79	31	14.63	31	10.03	29	9.77	24	7.36	27
2015	43.95	31	15.76	31	10.48	26	9.87	22	7.83	27
2016	46.07	31	16.41	30	11.10	28	10.44	20	8.13	27
2017	47.36	31	16.71	31	12.05	26	10.38	23	8.22	28
2018	50.68	31	17.79	31	14.21	20	10.54	22	8.14	28
2019	50.91	31	17.77	31	14.24	12	10.44	24	8.46	28

附表29　2000~2019年青海省经济共享发展指数及排名

单位：分

年份	共享发展		全民共享		全面共享		共建共享		渐进共享	
	指数	排名	指数	排名	指数	排名	指数	排名	指数	排名
2000	29.41	24	9.18	27	8.62	3	5.52	13	6.08	16
2001	29.19	24	8.99	28	8.41	3	5.55	13	6.25	18
2002	28.92	25	9.34	27	8.46	4	5.13	15	5.98	17
2003	27.77	25	9.08	28	8.52	4	4.92	17	5.25	27
2004	29.77	24	9.59	27	8.79	5	4.86	14	6.54	11
2005	29.88	25	9.73	28	8.89	5	4.89	18	6.36	14
2006	29.83	26	9.87	29	9.01	6	5.04	16	5.91	24
2007	30.73	27	10.14	29	9.26	6	5.64	15	5.68	24
2008	30.44	27	10.73	29	7.01	6	8.37	6	4.34	30

续表

年份	共享发展		全民共享		全面共享		共建共享		渐进共享	
	指数	排名	指数	排名	指数	排名	指数	排名	指数	排名
2009	31.12	29	11.60	29	7.05	10	7.48	15	4.98	30
2010	33.05	29	12.88	28	7.96	12	7.33	20	4.87	30
2011	35.07	29	12.63	29	9.47	12	7.90	20	5.06	30
2012	38.66	29	14.79	28	9.91	7	8.19	23	5.77	30
2013	42.38	30	16.34	28	11.19	8	9.17	22	5.67	30
2014	45.52	30	18.04	27	11.92	11	9.79	23	5.77	30
2015	47.57	30	18.91	27	12.15	8	10.18	20	6.33	30
2016	49.25	30	19.38	27	12.67	9	10.76	17	6.45	30
2017	50.84	30	20.27	27	13.30	10	10.80	16	6.46	30
2018	52.45	30	21.05	27	14.08	9	11.03	16	6.28	31
2019	52.56	30	20.74	27	14.14	13	11.02	16	6.64	31

附表30　2000~2019年宁夏回族自治区经济共享发展指数及排名

单位：分

年份	共享发展		全民共享		全面共享		共建共享		渐进共享	
	指数	排名	指数	排名	指数	排名	指数	排名	指数	排名
2000	29.06	25	11.05	26	7.39	13	4.61	22	6.00	18
2001	28.92	25	10.51	26	7.48	13	4.61	22	6.33	16
2002	29.21	24	11.26	25	7.48	11	4.36	25	6.11	13
2003	27.37	26	9.51	26	6.95	10	4.53	20	6.38	16
2004	30.37	23	12.20	25	7.12	13	4.76	15	6.30	15
2005	30.93	23	12.44	25	7.68	13	4.66	20	6.15	20
2006	31.52	24	12.51	25	7.95	13	4.69	22	6.38	21
2007	32.28	24	12.99	25	8.39	13	4.60	24	6.30	22
2008	32.98	23	13.65	25	6.45	13	6.42	25	6.45	18
2009	34.40	24	14.18	25	6.63	14	6.69	21	6.89	19
2010	38.00	21	15.70	23	8.03	15	7.23	21	7.04	20
2011	40.53	21	16.16	25	8.59	10	8.11	19	7.67	19
2012	43.03	21	17.29	23	8.94	12	8.75	19	8.04	21
2013	46.71	21	18.98	25	10.91	18	9.43	18	7.40	22
2014	49.25	21	19.89	25	11.27	14	9.84	20	8.25	22
2015	51.45	20	20.40	25	11.59	14	10.61	14	8.85	22
2016	52.72	21	20.85	25	12.13	14	10.46	19	9.29	20
2017	55.45	19	22.34	24	13.07	13	10.71	18	9.33	20
2018	57.12	20	22.66	24	14.48	11	10.89	18	9.09	23
2019	57.72	19	22.80	24	14.64	8	10.84	19	9.45	23

附表31 2000~2019年新疆维吾尔自治区经济共享发展指数及排名

单位：分

年份	共享发展		全民共享		全面共享		共建共享		渐进共享	
	指数	排名	指数	排名	指数	排名	指数	排名	指数	排名
2000	23.58	31	5.84	31	8.58	4	3.12	29	6.04	17
2001	24.48	31	5.47	31	8.64	4	3.77	24	6.60	13
2002	23.23	31	5.66	31	8.62	2	2.94	30	6.01	15
2003	24.37	31	5.55	31	8.87	2	3.44	28	6.51	12
2004	25.21	30	5.89	31	9.28	2	3.74	27	6.29	16
2005	25.09	30	6.13	31	9.34	3	3.34	28	6.28	18
2006	25.97	30	6.35	31	9.38	3	3.06	29	7.18	11
2007	28.50	29	7.59	30	9.65	3	3.85	28	7.42	10
2008	29.08	29	7.82	30	8.23	4	6.67	23	6.35	20
2009	31.24	28	9.85	30	8.74	4	5.86	27	6.79	20
2010	33.22	28	9.64	31	9.89	4	6.74	24	6.95	21
2011	37.04	28	11.53	30	10.60	3	7.51	24	7.41	21
2012	40.68	27	12.95	30	11.01	3	8.44	21	8.29	18
2013	46.00	24	14.79	29	12.24	4	9.67	16	9.30	9
2014	47.60	26	15.40	30	12.55	5	10.68	12	8.97	19
2015	49.39	25	15.96	30	12.64	5	11.54	9	9.25	18
2016	49.93	29	16.27	31	13.07	6	11.20	10	9.38	19
2017	51.18	29	17.15	30	13.41	6	11.03	12	9.60	19
2018	53.40	29	18.40	30	14.40	7	11.18	12	9.42	19
2019	53.70	29	18.23	30	14.59	9	11.11	13	9.77	19

评价篇

Evaluation Reports

B.2
2019年中国经济全民共享发展评价报告

程玉伟*

摘　要： 当前，随着我国社会主要矛盾的变化，贫富差距、区域发展不平衡的趋势越发突出，怎样保障人民的根本利益，如何做到发展成果由全体人民共享成为党和国家面临的一个重要问题。为此，本报告将农村贫困指数、城镇贫困指数、收入差距指数、消费差距指数、区域差距指数作为衡量全民共享发展水平的三级指标，在此基础上构建了中国经济全民共享发展评价指标体系。经测算，2019年中国经济全民共享发展指数达到24.00分，相对2000年的15.52分提高了8.48分，增

---

* 程玉伟，中共中央党校（国家行政学院）经济学教研部硕士研究生，主要研究方向为政治经济学。

幅为54.6%。同时，报告还分别对各地区的全民共享指数及其5个三级指标进行了分析比较。在上述分析结论的基础上，本报告提出了进一步推动全民共享发展水平的政策建议。

关键词： 中国经济　全民共享　发展指数

一　2019年中国经济全民共享发展的基本情况

（一）2019年中国经济全民共享评价指数测算结果

经测算，2019年中国经济全民共享指数为24.00分，其中农村贫困指数为6.29分，城镇贫困指数为5.55分，收入差距指数为3.34分，消费差距指数为4.26分，区域差距指数为4.55分（见表1）。在这5个三级指标中，农村贫困指数最高，城镇贫困指数、区域差距指数、消费差距指数以及收入差距指数分别居第2~5位。农村贫困指数高居第一，这充分说明了2019年我国在脱贫攻坚过程中取得了显著成效，真正实现了发展成果惠及农村地区的贫困人口。而相比较而言，收入差距指数居第5位，这说明我国城乡居民之间仍存在着较为明显的收入差距。尽管近年来，国家出台一系列惠民政策，使得我国农村与城市居民人均可支配收入增长率差距呈现缩小趋势，但是绝对水平的差距仍然在不断扩大，使得收入差距指数值在5个三级指标中排名最后。

表1　2019年中国经济全民共享评价指数

单位：分

指数类型	全民共享指数	农村贫困指数	城镇贫困指数	收入差距指数	消费差距指数	区域差距指数
指数得分	24.00	6.29	5.55	3.34	4.26	4.55

（二）2019年全国31个省、区、市经济全民共享评价指数测算结果及排名

2019年全国31个省、区、市全民共享指数的测算结果及排名情况如表2所示。其中，天津市以28.75分的全民共享指数在31个省、区、市中排名第一，排名最后的是甘肃省，其全民共享指数为17.77分。从全国各地区的排名来看，全民共享指数排名前七的全部为东部地区省份，而排名靠后的全部为西部地区省份。全民共享指数排名的高低与各地区经济发展水平在全国的位置仍然具有正相关性。但北京和上海作为中国的两个超大城市，其全民共享指数排名与其经济发展水平存在一定差异，仅分别排在第7位和第5位。通过进一步分析三级指标发现，城镇贫困、收入差距和消费差距3个指标的低迷表现拖累了北京和上海全民共享指数的排名。虽然北京和上海经济发达程度在全国领先，但每年都有大量的外来农业转移人口流入，其内部的不均衡也十分突出，两地政府在消除城市贫困和缩小城市内部差距方面的任务十分繁重，这是导致两地全民共享指数排名相对较低的主要原因。

表2 2019年全国31个省、区、市全民共享指数及排名

单位：分

地区	全民共享指数 得分	排名	地区	全民共享指数 得分	排名
天津	28.75	1	四川	24.22	17
浙江	28.13	2	广东	23.89	18
江苏	27.04	3	吉林	23.84	19
福建	26.98	4	山西	23.62	20
上海	26.12	5	辽宁	23.52	21
河北	25.92	6	湖南	23.46	22
北京	25.84	7	陕西	22.93	23
湖北	25.58	8	宁夏	22.80	24
重庆	25.45	9	内蒙古	22.40	25
海南	25.38	10	贵州	21.82	26
河南	25.31	11	青海	20.74	27
安徽	25.03	12	云南	20.68	28
广西	24.95	13	西藏	19.96	29
山东	24.91	14	新疆	18.23	30
黑龙江	24.83	15	甘肃	17.77	31
江西	24.53	16			

2019年全国31个省、区、市农村贫困指数的测算结果及排名情况如表3所示。其中,北京市、天津市、上海市这三大直辖市以6.34分在31个省、区、市中并列排名第一,排名最后的是新疆维吾尔自治区,其农村贫困指数为5.77分。从全国各地区的排名来看,农村贫困指数排名的高低与各地区经济发展水平在全国的位置具有正相关性。排名前十位的省份有9个都是东部沿海省份,另外一个为重庆,表明全国四大直辖市在消除农村贫困方面走在前列。而排名靠后的省份除山西省外,全部为西部欠发达地区的省份。这表明,农村贫困消除的推进进程与经济发达程度密切相关,经济越发达的地区,其在消除农村贫困的步伐上也更迅速,在节奏上也更稳健。

表3 2019年全国31个省、区、市农村贫困指数及排名

地区	农村贫困指数			地区	农村贫困指数		
	农村贫困发生率(%)	得分	排名		农村贫困发生率(%)	得分	排名
北 京	0.00	6.34	1	江 西	1.95	6.18	17
天 津	0.00	6.34	2	四 川	2.02	6.17	18
上 海	0.00	6.34	3	河 南	2.22	6.15	19
广 东	0.29	6.32	4	海 南	2.55	6.13	20
浙 江	0.36	6.31	5	湖 南	2.69	6.11	21
福 建	0.41	6.31	6	宁 夏	2.95	6.09	22
江 苏	0.43	6.31	7	山 西	3.63	6.03	23
山 东	0.51	6.30	8	广 西	3.77	6.02	24
重 庆	0.58	6.29	9	青 海	3.97	6.00	25
辽 宁	1.10	6.25	10	陕 西	4.18	5.99	26
河 北	1.43	6.22	11	云 南	5.01	5.92	27
内蒙古	1.75	6.19	12	西 藏	5.29	5.89	28
吉 林	1.75	6.19	13	贵 州	5.71	5.86	29
黑龙江	1.75	6.19	14	甘 肃	6.56	5.78	30
湖 北	1.82	6.19	15	新 疆	6.70	5.77	31
安 徽	1.95	6.18	16				

2019年全国31个省、区、市城镇贫困指数的测算结果及排名情况如表4所示。其中,广东省以6.19分在31个省、区、市中排名第一,排名最

后的依然是新疆维吾尔自治区,其城镇贫困指数为3.64分。从全国各地区的排名来看,城镇贫困指数排名的高低与各地区经济发展总体水平在全国所处的位置高度相关。在排名前十的省份中,除了广西,其余的均为东部沿海省份;而排名靠后的全部为中西部欠发达地区的省份。但北京和上海这两大城市的城镇贫困指数分别排在第5位和第10位,这一结果仍然是因为每年有大量的农民工流入城市寻找工作,使得内部不均衡十分突出,两地政府在消除城市贫困方面的任务十分繁重,而这一指数的落后同样导致两地全民共享指数排名相对较低。

表4 2019年各地区城镇贫困指数及排名

地区	城镇贫困指数			地区	城镇贫困指数		
	城镇最低生活保障居民占比(%)	得分	排名		城镇最低生活保障居民占比(%)	得分	排名
广 东	0.25	6.19	1	辽 宁	1.75	5.34	17
福 建	0.27	6.18	2	湖 南	1.77	5.34	18
山 东	0.30	6.16	3	山 西	1.89	5.27	19
江 苏	0.30	6.16	4	贵 州	2.28	5.05	20
北 京	0.41	6.10	5	云 南	2.39	4.98	21
广 西	0.55	6.02	6	四 川	2.46	4.95	22
河 北	0.64	5.97	7	青 海	2.68	4.82	23
浙 江	0.64	5.97	8	宁 夏	2.74	4.79	24
天 津	0.71	5.93	9	内蒙古	2.79	4.76	25
上 海	0.82	5.86	10	江 西	3.03	4.63	26
海 南	0.99	5.77	11	西 藏	3.10	4.59	27
河 南	1.15	5.68	12	黑龙江	3.74	4.23	28
湖 北	1.21	5.65	13	吉 林	3.74	4.23	29
陕 西	1.32	5.59	14	甘 肃	4.52	3.79	30
安 徽	1.41	5.53	15	新 疆	4.79	3.64	31
重 庆	1.75	5.34	16				

2019年全国31个省、区、市收入差距指数的测算结果及排名情况如表5所示。其中,天津市以6.12分在31个省、区、市中排名第一,排名最后的是甘肃省,其收入差距指数为2.00分。从全国各地区的排名来看,收入差距指

数与经济发展水平之间也同样表现出了一定的正相关性。在排名前十的省份中，东部和中部地区省份各占一半，而排名靠后的省份基本上为西部省份。而在这些排名当中，令人意外的是北京市位居第 18，这说明北京市在缩小城乡居民收入差距上仍有很长的路要走。全民共享是实现共同富裕的内在要求，其"新"在共享，"难"在全民，既然要实现全民共享，就不能让任何一个地区、一个人掉队，首要任务就是要不断缩小城乡居民之间的贫富差距。

表5　2019年全国31个省、区、市收入差距指数及排名

地区	收入差距指数			地区	收入差距指数		
	城乡居民可支配收入比（乡/城）	得分	排名		城乡居民可支配收入比（乡/城）	得分	排名
天 津	0.55	6.12	1	辽 宁	0.40	3.68	17
浙 江	0.50	5.35	2	北 京	0.40	3.63	18
黑龙江	0.48	5.04	3	广 东	0.39	3.59	19
吉 林	0.46	4.75	4	湖 南	0.39	3.53	20
上 海	0.45	4.59	5	广 西	0.39	3.52	21
江 苏	0.45	4.51	6	山 西	0.38	3.44	22
湖 北	0.44	4.39	7	宁 夏	0.37	3.25	23
河 南	0.44	4.38	8	新 疆	0.37	3.22	24
江 西	0.43	4.27	9	内蒙古	0.37	3.13	25
河 北	0.43	4.24	10	西 藏	0.34	2.77	26
福 建	0.43	4.20	11	陕 西	0.34	2.73	27
海 南	0.43	4.13	12	青 海	0.33	2.61	28
山 东	0.42	4.01	13	云 南	0.33	2.47	29
安 徽	0.41	3.92	14	贵 州	0.31	2.24	30
四 川	0.41	3.83	15	甘 肃	0.30	2.00	31
重 庆	0.40	3.72	16				

2019年全国31个省、区、市消费差距指数的测算结果及排名情况如表6所示。其中，安徽省以5.87分在31个省、区、市中排名第一，排名最后的是西藏自治区，其收入差距指数为2.49分。从全国各地区的排名来看，消费差距指数与经济发展水平之间并没有表现出很强的相关性。在消费差距指数排名前十的省份中，东部沿海地区的省份仅占三个。而与其他指标明显

不同的是北京市、山东省、上海市以及辽宁省作为经济发达地区的省份，在这一指标的排名中，却居于中下游甚至下游。由此可见，经济发达地区在经济发达程度较高的同时，在很能体现发展成果全民共享的消费差距指标上表现相对较差，提示发达地区应该注重不断缩小城乡居民之间的消费差距，让发展成果惠及更广大的人民群众。

表6 2019年全国31个省、区、市消费差距指数及排名

地区	消费差距指数 城乡居民消费支出比（乡/城）	得分	排名	地区	消费差距指数 城乡居民消费支出比（乡/城）	得分	排名
安徽	0.61	5.87	1	宁夏	0.50	4.60	17
湖北	0.59	5.73	2	吉林	0.49	4.50	18
浙江	0.58	5.59	3	海南	0.49	4.42	19
江苏	0.58	5.50	4	北京	0.48	4.34	20
黑龙江	0.56	5.25	5	山西	0.47	4.25	21
四川	0.55	5.24	6	陕西	0.47	4.19	22
福建	0.54	5.10	7	山东	0.46	4.14	23
广西	0.54	5.05	8	青海	0.46	4.09	24
江西	0.54	5.02	9	贵州	0.45	3.97	25
内蒙古	0.53	4.94	10	上海	0.44	3.88	26
天津	0.53	4.92	11	辽宁	0.44	3.87	27
河北	0.53	4.89	12	云南	0.43	3.73	28
湖南	0.52	4.81	13	甘肃	0.41	3.47	29
广东	0.51	4.69	14	新疆	0.40	3.32	30
重庆	0.51	4.66	15	西藏	0.33	2.49	31
河南	0.51	4.65	16				

2019年全国31个省、区、市区域差距指数的测算结果及排名情况如表7所示。其中，北京市、天津市、上海市以及重庆市这四大直辖市以5.44分在31个省、区、市中并列排名第一，排名最后的是新疆维吾尔自治区，其区域差距指数为2.28分。从全国各地区的排名来看，贵州省作为西部地区省份，却以4.71分居于第8位；而与之相反的是，广东省作为我国的经济大省，在区域差距这一指标上，仅排在了第29位，凸显了广东省在缩小区域差距道路

上的艰巨任务。经济发展的成果应该是本省各区域共同努力的结果,而不是个别城市的突出表现拉升全省的整体成绩。同样,经济发展的同时亦应让省内更多的人民享受这一发展成果,不断缩小省域范围内的地区差距。

表7 2019年全国31个省、区、市区域差距指数及排名

地区	区域差距指数			地区	区域差距指数		
	区域(省)人均GDP泰尔指数	得分	排名		区域(省)人均GDP泰尔指数	得分	排名
北 京	—	5.44	1	山 东	0.088	4.30	17
天 津	—	5.44	1	西 藏	0.095	4.22	18
上 海	—	5.44	1	吉 林	0.099	4.16	19
重 庆	—	5.44	1	黑龙江	0.102	4.12	20
福 建	0.018	5.20	5	宁 夏	0.106	4.07	21
海 南	0.040	4.92	6	四 川	0.109	4.03	22
浙 江	0.041	4.91	7	湖 南	0.137	3.67	23
贵 州	0.057	4.71	8	湖 北	0.142	3.62	24
山 西	0.063	4.62	9	云 南	0.145	3.57	25
河 北	0.065	4.60	10	安 徽	0.149	3.52	26
江 苏	0.068	4.57	11	内蒙古	0.160	3.38	27
河 南	0.077	4.45	12	青 海	0.172	3.22	28
江 西	0.078	4.44	13	广 东	0.181	3.11	29
陕 西	0.078	4.43	14	甘 肃	0.211	2.72	30
辽 宁	0.083	4.38	15	新 疆	0.246	2.28	31
广 西	0.085	4.34	16				

二 2000~2019年中国经济全民共享发展的变化趋势

(一)2000~2019年中国经济全民共享评价指数测算结果

经测算,从2000年到2019年的20年间,我国经济全民共享评价指数从15.52分上升到24.00分,提高了8.48分,增幅达54.6%(见表8)。从指数增长轨迹来看,进入21世纪以来,除2002年和2003年以外,我国全

民共享评价指数始终保持增长势头，平均每年增长0.5分左右。其中，增长最快的时期是2010～2013年，在这一时期年均上升1分左右（见图1）。

表8　2000～2019年中国经济全民共享评价指数

单位：分

年份	全民共享指数	农村贫困指数	城镇贫困指数	收入差距指数	消费差距指数	区域差距指数
2000	15.52	2.10	3.98	3.01	2.53	3.89
2001	15.54	2.44	3.99	2.78	2.46	3.87
2002	15.17	2.78	4.02	2.39	2.17	3.83
2003	15.08	3.12	3.92	2.19	2.09	3.76
2004	15.71	3.45	4.05	2.22	2.16	3.82
2005	16.33	3.77	4.10	2.20	2.38	3.88
2006	16.46	3.81	4.17	2.11	2.42	3.94
2007	16.79	4.11	4.22	2.04	2.38	4.04
2008	17.28	4.39	4.23	2.06	2.43	4.17
2009	17.62	4.65	4.29	2.03	2.43	4.23
2010	18.25	4.88	4.39	2.19	2.42	4.37
2011	19.23	5.26	4.48	2.36	2.65	4.48
2012	19.84	5.47	4.64	2.40	2.78	4.55
2013	21.31	5.62	4.74	2.97	3.40	4.58
2014	21.92	5.73	4.92	3.09	3.59	4.59
2015	22.36	5.86	5.09	3.13	3.73	4.56
2016	22.74	5.96	5.28	3.16	3.82	4.52
2017	23.17	6.08	5.46	3.18	3.93	4.52
2018	23.76	6.20	5.65	3.24	4.13	4.54
2019	24.00	6.29	5.55	3.34	4.26	4.55

从全民共享指数的5个三级指标在过去20年的变化情况来看，各指标大体上都保持了增长的趋势（见表8、图2），这也是全民共享指数能够基本保持上升趋势的原因。

第一，在全民共享指数的5个三级指标中，农村贫困指数在20年的时间里呈现出一路上升的趋势，从2000年的2.10分上升到2019年的6.29分，增长了4.19分，增幅高达200%。从增长轨迹看，在这20年中农村贫困指

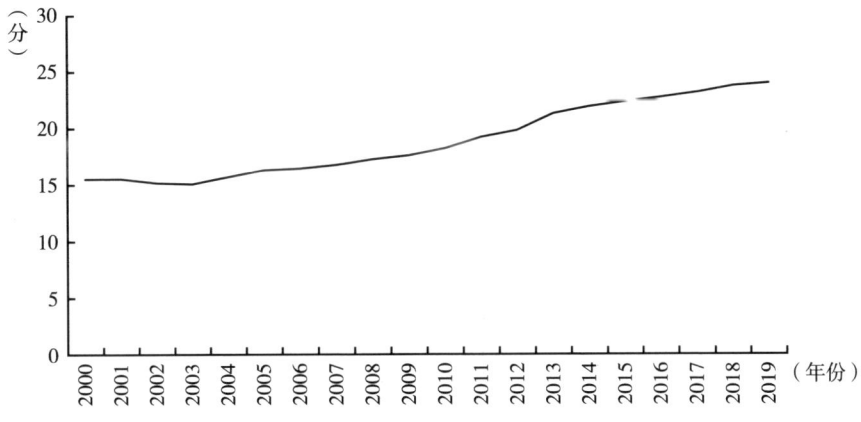

图1　2000~2019年中国经济全民共享指数变化情况

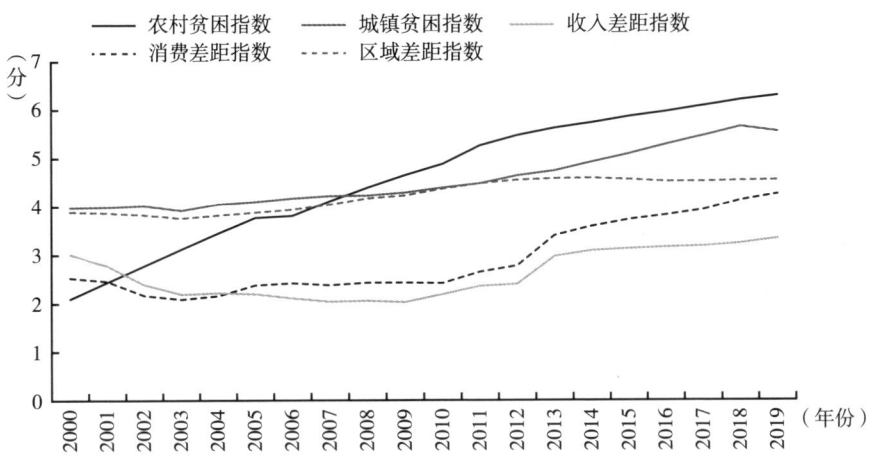

图2　2000~2019年中国经济全民共享指数三级指标变化情况

数保持连续增长，平均每年增长0.2分左右。其中，增长最快的时期是2010~2011年，指数在这一时期上升了0.38分。

第二，城镇贫困指数在全民共享指数的5个三级指标中所占权重较高，在20年的时间里变化趋势与全民共享指数的变化趋势吻合程度最高，从2000年的3.98分上升到2019年的5.55分，增长了1.57分，增幅为39.4%。从增长轨迹看，除了2003年和2019年，城镇贫困指数在其余年份均保持增长,平均每年增长0.08分左右。且自2013年开始,城镇贫困指数增长最为明显,年均增长0.14分。与农村贫困指数不同的是,在这20年的时间里,城镇贫困指数的增幅远低于农村贫困指数的增幅。

第三,收入差距指数在过去20年中增长趋势大体呈现出"U"形,这一指数在2009年达到了谷底。从2010年开始逐步上升,直到2014年才基本补回了之前的降幅。而这一指数在2012~2013年的这一阶段增长最快,达到了0.57分。这也充分说明了自党的十八大以来,我国政府在发展经济的同时,更加注重缩小城乡之间的收入差距。

第四,消费差距指数在过去的20年中呈现出波动上升趋势。得分从2000年的2.53分上升到2019年的4.26分,增长了1.73分,增幅达到68.4%。这一指数在2000~2003年呈现逐年下滑趋势,从2004年开始,除2007年和2010年外,整体呈现上升趋势。而其中,2012~2013年的增长最快,高达0.62分。而这一指标的大幅增长也使得全民共享指数在这一时间段内也出现了较大幅度的提升。

第五,区域差距指数在过去的20年中呈现出较为平缓的上升趋势。得分从2000年的3.89分上升到2019年的4.55分,增长了0.66分,增幅仅为17%。其中峰值出现在2014年,且其最大值也仅为4.59分。这说明我国在这20年的发展历程中,在缩小区域差距方面取得的成就较小。这也是我国政府今后工作的重中之重。立足区域发展实际,构建区域协同发展模式;同时,也应注重协同发展阶段性,不断优化区域协调发展模式。

(二)2000~2019年全国31个省、区、市全民共享发展水平变化趋势

1. 2000~2019年全国31个省、区、市全民共享指数变化趋势

我们将全国31个省、区、市在2000年和2019年的全民共享指数得分列在图3中。通过观察发现,2000年时各地区全民共享指数得分与地区经济发达程度呈现较强的正相关性,如北京、天津、上海、江苏、浙江、福建、山东、广东等经济强省在2000年的全民共享发展得分明显领先于其他地区。20

年间，欠发达地区省份在推进全民共享发展方面取得长足进步，大有赶超发达地区省份之势，而上述省市的全民共享指数增幅很小，北京、上海两地的增幅更是微乎其微，使得到了2019年，发达地区省份的全民共享指数相对其他省份已无明显优势。导致这一变化趋势的主要原因是，全民共享指数中反映农村贫困程度的指标在欠发达地区表现突出，而原本贫困程度较低的发达地区则没有明显变化，此外，发达地区在消除城市贫困、缩小城乡收入差距方面的表现也不突出，共同拖累了全民共享指数的上升幅度。相比之下，西藏、新疆、云南、贵州、甘肃、青海等地区，充分利用过去20年国家实施农村扶贫、新农村建设、乡村振兴等战略的历史机遇，有效地减轻了农村贫困程度，缩小了城乡收入发展差距，使得全民共享水平有了很大提高。

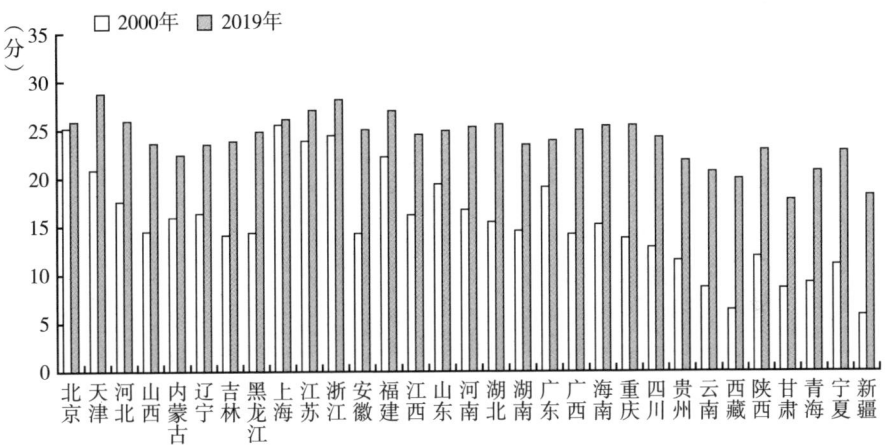

图3 全国31个省、区、市全民共享指数变化情况

我们将全国31个省、区、市在2000年和2019年的农村贫困指数得分列在图4中。通过观察发现，2000年时各地区农村贫困指数得分与地区经济发达程度呈现较强的正相关性，如北京、天津、上海、江苏、浙江、福建、山东、广东等经济强省（市）在2000年的农村贫困指数得分明显领先于其他地区。经过20年的发展，欠发达地区省份在摆脱农村贫困方面取得长足进步，已呈现明显的赶超发达地区省份态势，发达地区省份的全民共享指数增幅很小，北京、上海两地的增幅更是微乎其微，使得到了2019年，

063

各省份农村贫困指数已相差无几。这一变化的原因在于发达地区的农村贫困基数较小,相应地,过去20年间农村减贫的表现不突出。相比之下,西藏、新疆、云南、贵州、甘肃、青海等地区,充分利用过去20年国家实施农村扶贫、新农村建设、乡村振兴等战略的历史机遇,有效地减轻了农村贫困程度,缩小了城乡收入发展差距,使得全民共享水平有了很大提高。

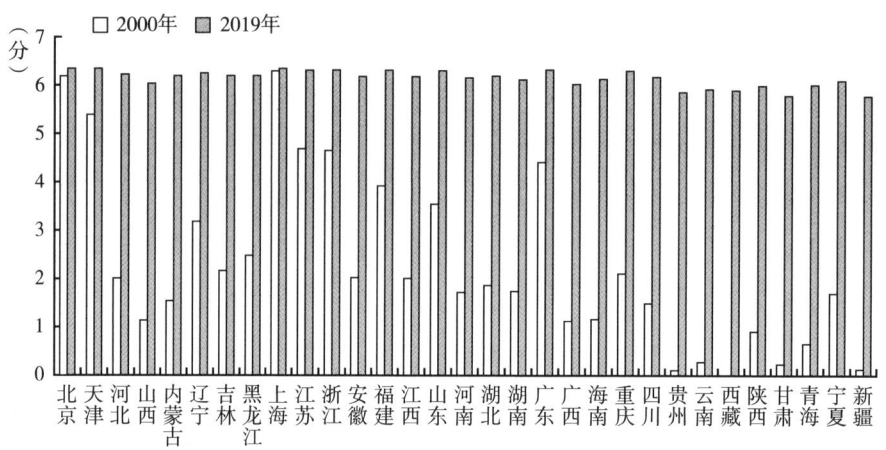

图4 全国31个省、区、市农村贫困指数变化情况

我们将31个省、区、市在2000年和2019年的城镇贫困指数得分列在图5中。通过观察发现,2000年时各地区城市贫困指数得分与地区经济发达程度之间并未呈现较强的相关性,尽管北京、江苏、浙江、福建、山东、广东这样的经济发达地区省份拥有较高的城镇贫困指数,而天津、辽宁这样的东部省份的城镇贫困指数也仅居于中等水平。经过20年的发展,欠发达地区省份在摆脱城镇贫困方面取得较大进步,与发达地区省份之间的差距不断缩小,而上述省份的城镇贫困指数增幅很小,其中浙江省在这20年间,城镇贫困指数出现了负增长。

我们将31个省、区、市在2000年和2019年的收入差距指数得分列在图6中。通过观察发现,收入差距指数与经济发展水平之间表现出了一定的相关性,在2000年时,东部沿海地区省份的收入差距指数明显高于西部地

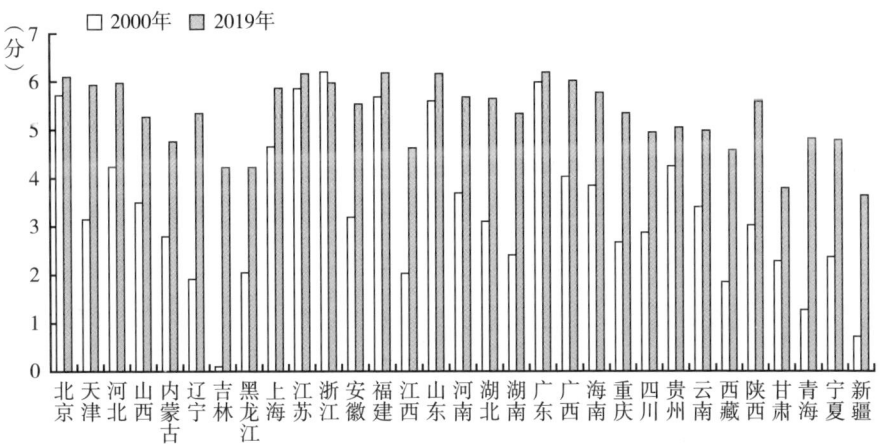

图5　全国31个省、区、市城镇贫困指数变化情况

区省份。经过20年的发展，大部分西部地区在缩小收入差距中取得了明显的进步，其中尤以西藏自治区最为明显，增幅超过250%。而与之相反的是，北京、河北、山西、内蒙古、辽宁、上海、江苏、福建这几个省、区、市在过去的20年中，增幅为负值，使得城镇居民之间的收入差距不断拉大。进一步缩小城乡居民之间的收入差距，不断提高人民群众获得感、幸福感是这些地区的当务之急。

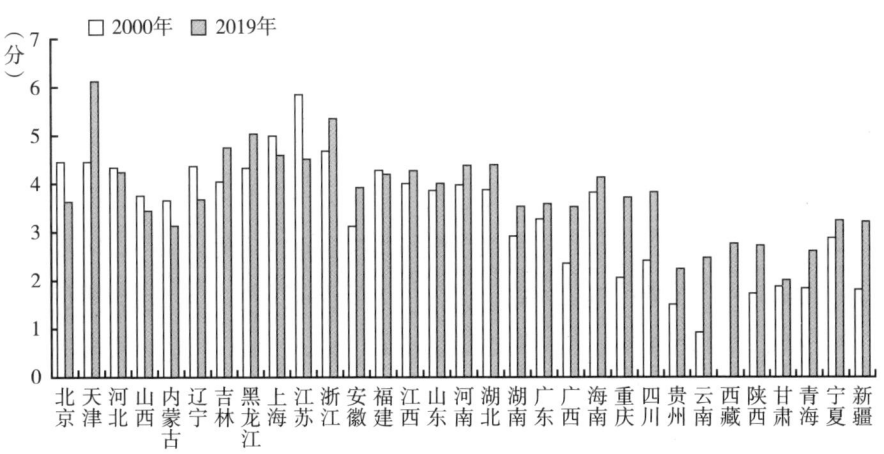

图6　全国31个省、区、市收入差距指数变化情况

我们将31个省、区、市在2000年和2019年的消费差距指数得分列在图7中。通过观察发现，消费差距指数得分与地区经济发达程度之间同样表现出了较弱的相关性。在2000年的时候，各个地区之间的消费差距指数参差不齐，但东部地区省份的指数整体高于西部地区省份。随着20年的发展，大部分省份在缩小城乡居民之间的消费差距上取得了一定的成绩。部分西部地区省份由于消费差距指数的基数较小，在20年的时间里，缩小城乡消费差距取得了明显的效果。而东部发达省份由于基数大，增幅相比而言较小，其中上海市作为我国的经济中心，消费差距指数得分较低，消费差距较大，并且消费差距在20年间没有缩小，反而有所扩大，这是需要引起重视的。

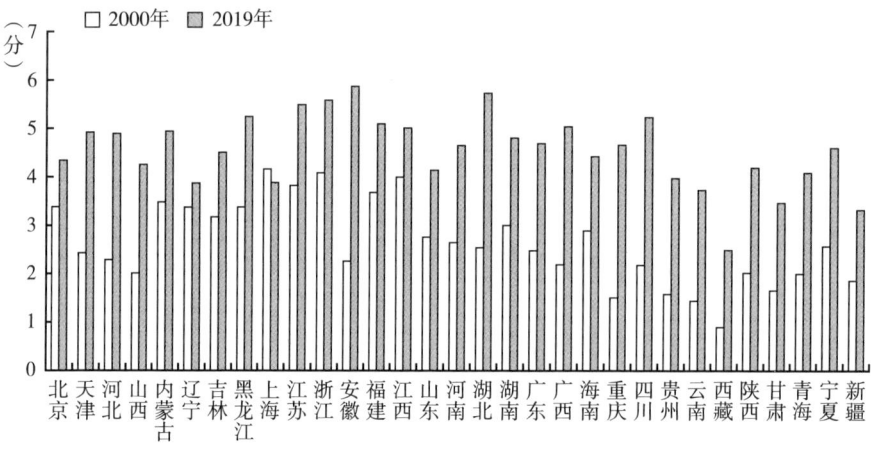

图7　全国31个省、区、市消费差距指数变化情况

我们将31个省、区、市在2000年和2019年的区域差距指数得分列在图8中。通过观察发现，一些区域差距指数得分原本较低的省份在20年间有了明显增长，使各地区区域差距指数呈收敛态势，尤其是江苏、宁夏等存在较大内部差距的省份，在改善区域差距方面进步明显。与之形成明显对比的是，河北、内蒙古、吉林、安徽、河南、湖北、湖南、广西、青海的区域差距指数甚至出现了负增长，使得城乡之间的差距有所扩大，区域发展更为不协调。坚定不移地贯彻实施乡村振兴战略和区域协调发展战略，不断缩小城乡区域差距是这些地区在今后的工作中仍需努力的方向。

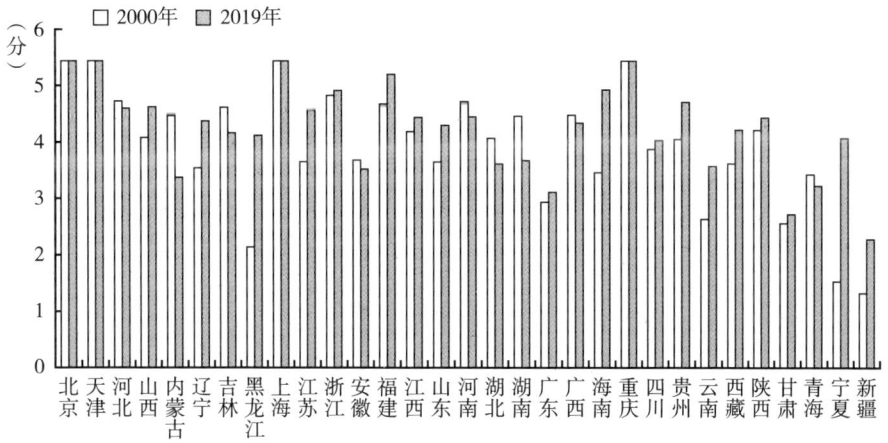

图 8　全国 31 个省、区、市区域差距指数变化情况

2. 2000~2019 年全国 31 个省、区、市全民共享排名变化趋势

我们进一步将 31 个省、区、市在 2000~2019 年的全民共享指数全国排名情况列在表 9 中。通过观察发现，大部分地区全民共享指数的全国排名发生了变化，但整体排名变化不大。与 2000 年相比，2019 年全民共享指数排名上升的地区有天津、河北、吉林、黑龙江、江苏、浙江、安徽、福建、湖北、广西、海南、重庆、四川、西藏、陕西、宁夏、新疆；排名下降的地区有北京、山西、内蒙古、辽宁、上海、江西、山东、河南、湖南、广东、贵州、甘肃；排名保持不变的有云南、青海。

表 9　2000~2019 年全国 31 个省、区、市全民共享指数排名变化情况

年份	2000	2001	2002	2003	2004	2005	2006	2007	2008	2009	2010	2011	2012	2013	2014	2015	2016	2017	2018	2019
北京	2	2	2	3	3	2	2	2	1	1	1	1	1	6	6	6	6	6	7	7
天津	6	6	6	5	3	4	4	4	5	5	5	4	4	1	1	1	1	1	1	1
河北	9	9	9	9	8	8	8	8	8	8	8	8	8	7	7	7	7	7	6	6
山西	17	21	21	21	23	22	20	21	21	22	19	19	18	18	17	20	20	19	20	20
内蒙古	13	15	18	21	22	23	23	23	24	25	23	24	24	24	24	24	24	25	25	25
辽宁	11	11	11	10	10	9	9	9	9	9	9	9	10	17	19	19	19	21	22	21
吉林	21	19	22	22	18	18	15	15	16	13	11	11	9	9	12	13	14	13	14	19
黑龙江	18	17	17	17	19	17	14	13	15	12	14	12	11	14	16	21	18	17	15	15

续表

年份	2000	2001	2002	2003	2004	2005	2006	2007	2008	2009	2010	2011	2012	2013	2014	2015	2016	2017	2018	2019
上海	1	1	1	1	1	1	1	2	2	3	3	2	5	5	5	5	5	5	5	5
江苏	4	4	4	4	4	5	5	5	4	4	4	5	4	4	4	4	3	4	3	3
浙江	3	3	3	2	2	3	3	3	3	2	2	3	2	2	2	2	2	2	2	2
安徽	19	16	15	15	15	19	19	20	19	17	18	18	19	13	14	14	14	16	12	12
福建	5	5	5	6	6	6	6	6	6	6	6	6	6	3	3	3	4	3	4	4
江西	12	12	13	11	12	11	11	11	12	12	14	14	16	16	15	16	16	17	16	16
山东	7	7	7	7	7	7	7	7	7	7	7	7	7	8	8	8	11	11	15	14
河南	10	10	11	12	12	13	13	11	13	12	11	13	12	12	11	12	12	12	11	11
湖北	14	15	14	16	16	16	16	17	18	16	19	17	17	17	11	10	10	10	10	8
湖南	16	18	16	13	14	15	16	17	20	20	21	22	22	22	22	22	22	23	21	22
广东	8	8	8	8	9	10	10	10	9	10	10	9	11	14	15	16	19	19	20	18
广西	20	20	19	18	19	17	17	14	17	20	21	21	21	20	19	19	17	15	13	13
海南	15	14	12	14	11	11	13	12	14	16	14	15	13	11	11	9	9	9	10	10
重庆	22	22	20	17	20	20	22	19	18	15	15	12	13	10	9	9	9	8	8	9	9
四川	23	23	23	20	21	21	22	22	18	22	20	21	20	20	20	21	21	18	17	17
贵州	25	25	26	25	26	26	26	28	27	27	26	26	26	26	26	26	26	26	26	26
云南	28	27	28	27	28	27	26	26	26	27	27	27	27	28	28	28	28	28	28	28
西藏	30	30	30	30	29	29	27	28	28	29	28	28	29	29	30	29	29	29	29	29
陕西	24	24	24	24	24	24	24	24	24	24	24	25	24	23	23	23	23	23	23	23
甘肃	29	29	29	29	30	30	30	31	31	31	30	31	31	31	31	31	30	31	31	31
青海	27	28	27	28	27	28	28	29	29	28	29	28	28	27	27	27	27	27	27	27
宁夏	26	26	25	26	25	25	25	27	25	23	23	23	25	25	24	25	25	25	24	24
新疆	31	31	31	31	31	31	31	30	30	30	30	30	30	30	29	30	30	31	30	30

天津市的全民共享指数排名在2000～2019年总体呈现平稳上升态势，从2000年的第6名上升到2013年的第1名，并且将这一成绩一直保持到2019年，整体成绩一直保持在全国前列（见图9）。天津在全民共享指数排名上出现如此优秀成绩的原因主要是天津市在全民共享指数的三级指标中均取得了较好的成绩。其2019年的农村贫困指数、收入差距指数、区域差距指数均位于全国的前两名，而城镇贫困指数和消费差距指数尽管排名处于中上游，分别居于全国第9名和第11名，但在2000～2019年总体依旧大幅增长，前者的增幅达到88.9%，而后者的增幅超过100%。

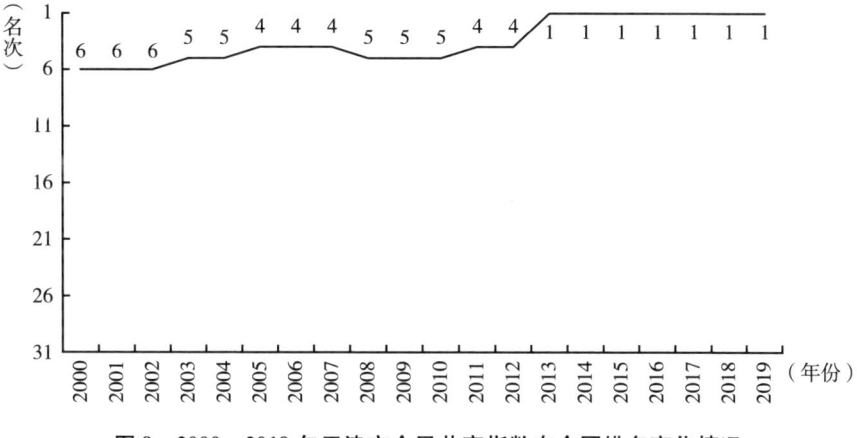

图 9　2000～2019 年天津市全民共享指数在全国排名变化情况

重庆市的全民共享指数排名在 2000～2019 年总体呈现平稳较快上升态势，从 2000 年的第 22 名上升到 2019 年的第 9 名，在 2017 年、2018 年达到最高的第 8 名，经过 20 年的发展，逐步由下游水平发展到了上游水平（见图 10）。经过这 20 年的发展，重庆市在全民共享的 5 个三级指标中均取得了较大幅度的增长。农村贫困指数和消费差距指数的增幅均在 200% 左右，城镇贫困指数的增幅达到 100%，收入差距指数的增幅超过 80%。重庆市在全民共享方面成绩突出的原因与过去一段时间在城乡统筹发展方面的试验和实施乡村振兴战略有密切关系。

图 10　2000～2019 年重庆市全民共享指数在全国排名变化情况

与重庆市和天津市不同的是北京市。北京市的全民共享指数排名在2000~2019年出现了下降的趋势，从2000年的第2名下降到2019年的第7名，这一成绩与其经济的发展水平及发展速度并不匹配（见图11）。尽管在2008年到2012年间，北京市的全民共享指数位居全国第一，但从2012年开始，突然下降到第6名。分析北京市在全民共享这一指标上下降的原因包括：全民共享指标下的5个三级指标中，尽管2019年的农村贫困指数、城镇贫困指数和区域差距指数位居全国前列，但相比别的省份而言，这3个指标在过去20年中的增幅微乎其微；而收入差距指数和消费差距指数分别位居全国的第18名和第20名，前者相比2000年下降了18%，后者相比2000年上升了28%。这一系列因素使得北京市的全民共享指数呈现下降态势。

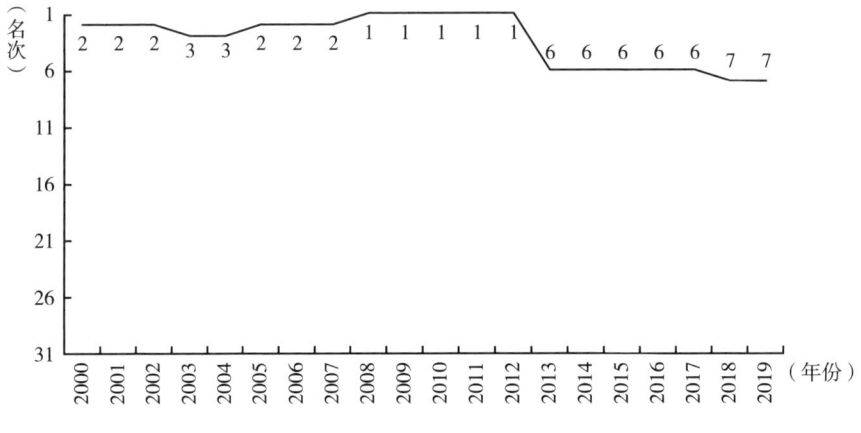

图11　2000~2019年北京市全民共享指数在全国排名变化情况

辽宁省的全民共享指数排名在2000~2019年总体呈现持续下降态势，从2000年的第11名下降到2019年的第21名，2018年最低排在全国的第22名。从全国中上游水平逐步退至全国的下游水平（见图12）。分析其下降的原因包括：全民共享的5个三级指标在2019年分别位于全国的中上游、中游、下游水平。其中农村贫困指数、城镇贫困指数、消费差距指数和区域差距指数在过去20年的发展中呈现了一定的上升幅度，但相比其他省份，辽宁省的相关指标增幅较小，其中消费差距指数和区域差距指数仅分别增加

14.8%和23.7%。而2019年的收入差距指数位居全国第17名,相比2000年的指数下降了15.6%。这一系列原因导致辽宁省全民共享指数总体呈现下降态势。

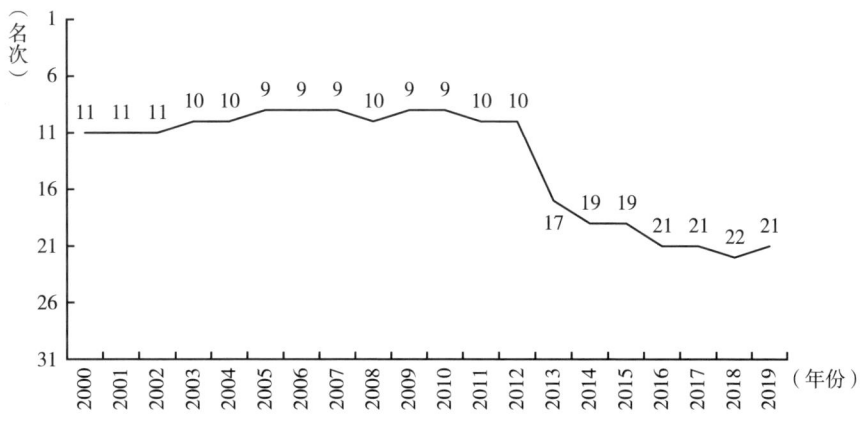

图12 2000~2019年辽宁省全民共享指数在全国排名变化情况

作为我国经济大省的广东省,其全民共享指数在过去20年中的表现也不尽如人意。广东省的全民共享指数排名在2000~2019年总体呈现持续下降态势,从2000年的第8名下降到2019年的第18名,2017年最低排在全国的第20名。从全国中上游水平逐步退至全国的中下游水平(见图13)。

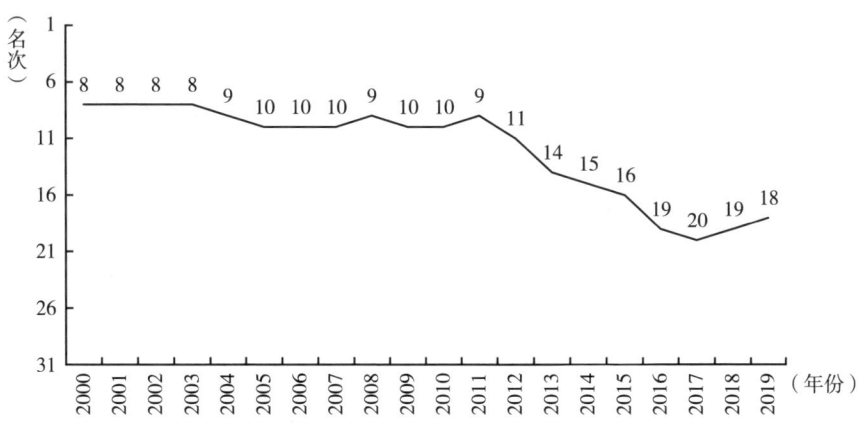

图13 2000~2019年广东省全民共享指数在全国排名变化情况

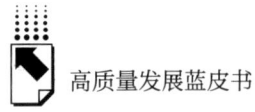

分析其出现这一现象的原因包括：全民共享的三级指标中，收入差距指数、消费差距指数以及区域差距指数在 2019 年为全国的中游甚至下游水平，分别排在全国的第 19 名、第 14 名、第 29 名，且收入差距指数和区域差距指数在过去 20 年的发展过程中，仅分别增长了 9.8% 和 6%，相较于其他省份，广东省这些指标的增幅较小。这一系列原因使得广东省的全民共享指数整体呈现下降态势。

三 基本判断和政策建议

（一）全民共享发展的主要特征

1. 中国经济全民共享水平在过去20年全面显著提高

2019 年中国经济全民共享指数为 24.00 分，在过去 20 年总体保持持续上升趋势，比 2000 年提高了 54.6%。作为全民共享下级指数的农村贫困指数、城镇贫困指数、收入差距指数、消费差距指数以及区域差距指数，在 2019 年的得分分别为 6.29、5.55、3.34、4.26、4.55 分，分别比 2000 年提高了 199.5%、39.4%、11.0%、68.4%、17.0%，总体上均保持着持续上升的趋势。

2. 农村贫困指数高于城镇贫困指数、收入差距指数、消费差距指数和区域差距指数

从 2019 年中国经济全民共享指数的 5 个三级指标来看，农村贫困指数高于城镇贫困指数、收入差距指数、消费差距指数和区域差距指数，并且这种优势自 2008 年出现之后，一直存在。农村贫困指数的良好表现表明，我国在消除贫困尤其是农村贫困方面的成绩十分显著，脱贫攻坚取得了实质成效，充分实现了使发展的成果惠及农村贫困人群。

3. 欠发达地区全民共享发展提升速度总体快于发达地区

从过去 20 年各地区经济全民共享发展水平提升速度来看，欠发达地区省份在推进全民共享发展方面取得长足进步，这一指数的增幅明显高于发达

地区，大有赶超发达地区之势，而发达地区省份的全民共享指数增幅很小，使得到了2019年，发达地区省份的全民共享指数相对其他省份已无明显优势。全民共享指数中反映农村贫困程度的指标在欠发达地区表现突出，这些地区充分利用过20年国家实施农村扶贫、新农村建设、乡村振兴等战略的历史机遇，有效地减轻了农村贫困程度，缩小了城乡收入发展差距，使得全民共享水平有了很大提高。

（二）进一步推动全民共享发展的政策建议

1. 在继续减少农村贫困的同时，应更加注重缩小城镇贫困、收入差距、消费差距以及区域差距的同步进行

虽然中国经济全民共享发展在过去20年取得了长足进步，但就其包含的5个方面而言，发展并不平衡，农村贫困指数取得的进步明显高于城镇贫困指数、收入差距指数、消费差距指数和区域差距指数。未来应在继续推动相对贫困帮扶、缩小农村贫困范围的同时，更加注重推动全民共享在城镇贫困、收入差距、消费差距以及区域差距各领域全面发展，不断缩小社会收入分配差距，稳步提升人民生活水平。

2. 在保持经济持续健康发展的同时，确保全民共享领域取得的成绩不缩水

在过去20年的发展过程中，浙江省的城镇贫困指数出现了负增长；北京、河北、山西、内蒙古、上海、江苏等地区的城镇居民收入差距不断扩大；上海市城乡居民之间的消费差距也不断扩大；河北、内蒙古、吉林、安徽、河南等地区的区域差距指数同样出现了负增长，使得城乡之间的差距有所扩大，区域发展更为不协调。这表明经济发展并不必然带来全民共享发展水平的提高，在推动经济高质量发展，确保经济发展成果由人民共享的同时，还要不断巩固全民共享领域取得的成就，不断提高人民群众的获得感、幸福感以及安全感。

B.3
2019年中国经济全面共享发展评价报告

张　旭＊

摘　要： 全面共享是共享发展理念的一个重要内涵，它包括经济共享、政治共享、文化共享、社会共享和生态共享五个方面。经测算，2019年中国经济全面共享指数为13.94分，相对2000年的6.58分提高了7.36分，上升幅度为111.9%。其中，2019年经济共享指数为2.57分，政治共享指数为2.82分，文化共享指数为0.82分，社会共享指数为5.61分，生态共享指数为2.12分，各指数相对于2000年都有不同程度的提高。分区域看，经济共享指数排名的高低与各地区经济发展水平在全国位置的正相关性最强，文化共享、社会共享、生态共享指数次之，政治共享指数与经济发展水平的相关性不强。总体来说，在过去20年间，欠发达地区全面共享水平提高幅度略高于发达地区，但各地区全面共享下一级层次的经济共享、政治共享、文化共享、社会共享、生态共享等方面的提高幅度呈分化态势。基于上述测算结果，本报告提出了推动中国经济全面共享发展水平进一步提高的政策建议。

关键词： 中国经济　全面共享　评价指数

＊ 张旭，中共中央党校（国家行政学院）经济学教研部硕士研究生，主要研究方向为政治经济学。

一 2019年中国经济全面共享发展的基本情况

（一）2019年中国经济全面共享评价指数测算结果

经测算，2019年中国经济全面共享指数为13.94分，其中经济共享指数为2.57分，政治共享指数为2.82分，文化共享指数为0.82分，社会共享指数为5.61分，生态共享指数为2.12分（见表1）。从全面共享所包含的经济、政治、文化、社会、生态五位一体的内容角度分析，通过表1，我们可以直观地看出这五个方面的发展并不平衡，其中社会共享指数得分最高，政治、经济、生态共享指数得分次之，而文化共享指数得分最低。社会共享指数的良好表现表明，我国在教育、医疗、卫生和养老保险等领域实现了卓有成效的共享发展。以工农代表、妇女代表、民族代表三个指标构成的政治共享指数得分，以失业、住房、财产三个指标构成的经济共享指数得分和以绿化、生活环境两个指标构成的生态共享指数得分大体相当，但距离社会共享指数得分仍有一定差距，这表明需进一步推动政治、经济、生态领域的发展。值得引起重视的是，文化共享指数得分偏低，这与我国当前的人均公共图书馆藏书量和人均文化机构数有关，表明文化领域的共享发展应成为未来共享发展的重要一环。

表1 2019年中国经济全面共享评价指数

单位：分

指数类型	全面共享指数	经济共享指数	政治共享指数	文化共享指数	社会共享指数	生态共享指数
得分	13.94	2.57	2.82	0.82	5.61	2.12

注：作为共享发展综合评价指数二级指标的全面共享指标，下设15个三级指标，根据全面共享的含义，将15个三级指标聚类为经济共享、政治共享、文化共享、社会共享、生态共享5个指标，作为二级指标和三级指标的中间指标，由此形成了下属于全面共享指数的经济共享指数（包括失业指数、住房指数、财产指数）、政治共享指数（包括工农代表指数、妇女代表指数、民族代表指数）、文化共享指数（包括图书指数、文化机构指数）、社会共享指数（包括师生比指数、教育投入指数、公共卫生指数、医疗人员指数、养老保险指数）、生态共享指数（包括绿化指数、生活环境指数）。

（二）2019年全国31个省、区、市经济全面共享评价指数测算结果及排名

全国31个省、区、市经济全面共享指数的测算结果及排名情况如表2所示。其中，北京市以20.94分的全面共享指数得分在31个省、区、市中排名第一，排名最后的是江西省，其全面共享指数得分为11.93分。从全国31个省、区、市的排名来看，除前三位的省份为发达地区省份外，一些相对欠发达省份的排名也比较靠前，如西藏自治区、内蒙古自治区、宁夏回族自治区、新疆维吾尔自治区和云南省分别排名第4位、第5位、第7位、第9位、第10位。这些相对欠发达地区省份之所以排名靠前，究其原因，一方面是由于民族自治区的人民代表大会有很多少数民族代表，提高了其政治共享水平；另一方面是由于这些欠发达地区的生态和文化共享指数较高。

表2 2019年全国31个省、区、市全面共享指数及排名

单位：分

地区	全面共享指数		地区	全面共享指数	
	得分	排名		得分	排名
北　京	20.94	1	广　东	13.79	17
上　海	17.08	2	福　建	13.52	18
浙　江	17.00	3	湖　北	13.34	19
西　藏	16.08	4	山　东	13.31	20
内蒙古	14.99	5	陕　西	13.29	21
辽　宁	14.97	6	海　南	13.24	22
宁　夏	14.64	7	四　川	13.18	23
江　苏	14.61	8	吉　林	13.08	24
新　疆	14.59	9	湖　南	13.06	25
云　南	14.45	10	安　徽	12.88	26
重　庆	14.28	11	山　西	12.67	27
甘　肃	14.24	12	黑龙江	12.62	28
青　海	14.14	13	河　南	12.52	29
广　西	14.03	14	河　北	12.12	30
贵　州	13.86	15	江　西	11.93	31
天　津	13.86	16			

全国31个省、区、市经济共享指数的测算结果及排名情况如表3所示。其中，北京市以4.44分的经济共享指数得分在31个省、区、市中排名第一，排名

最后的是黑龙江省,其经济共享指数得分为 2.03 分。从全国 31 个省、区、市的排名来看,经济共享指数排名的高低与各地区经济发展水平在全国的位置具有正相关性,但山东省和河北省两个省份的经济共享指数的排名较低,分别仅排在第 23 位和第 24 位。通过分析三级指标发现,山东省和河北省经济共享指数排名较低主要是由这两个省份的城镇居民人均住房面积指标偏低造成的。

表3 2019 年全国 31 个省、区、市经济共享指数及排名

单位:分

地区	经济共享指数		地区	经济共享指数	
	得分	排名		得分	排名
北 京	4.44	1	青 海	2.50	17
浙 江	3.53	2	甘 肃	2.49	18
上 海	3.45	3	天 津	2.44	19
江 苏	3.24	4	海 南	2.43	20
湖 北	2.81	5	陕 西	2.42	21
广 东	2.78	6	辽 宁	2.39	22
湖 南	2.73	7	山 东	2.39	23
江 西	2.70	8	河 北	2.38	24
安 徽	2.62	9	内蒙古	2.34	25
福 建	2.55	10	新 疆	2.25	26
云 南	2.54	11	贵 州	2.20	27
四 川	2.52	12	西 藏	2.14	28
河 南	2.51	13	吉 林	2.08	29
山 西	2.50	14	宁 夏	2.05	30
广 西	2.50	15	黑龙江	2.03	31
重 庆	2.50	16			

全国 31 个省、区、市政治共享指数的测算结果及排名情况如表 4 所示。其中,西藏自治区以 4.98 分的政治共享指数得分在 31 个省、区、市中排名第一,排名最后的是江苏省,其政治共享指数得分为 2.03 分。从全国各地区的排名来看,政治共享指数排名的高低与各地区经济发展水平在全国的位置具有负相关性,排名前 10 位的地区除辽宁省外,均为中西部省份,排名靠后的省份则大多为经济发达地区。这主要是由于中西部许多省份为我国的少数民族聚居地,这些民族自治区的人民代表大会有很多少数民族代表,提高了其政治共享水平。

表4 2019年全国31个省、区、市政治共享指数及排名

单位：分

地区	政治共享指数		地区	政治共享指数	
	得分	排名		得分	排名
西 藏	4.98	1	四 川	2.74	17
广 西	4.96	2	河 北	2.65	18
云 南	4.83	3	山 东	2.62	19
新 疆	4.47	4	天 津	2.59	20
贵 州	4.19	5	湖 北	2.57	21
甘 肃	3.99	6	北 京	2.52	22
宁 夏	3.95	7	河 南	2.52	23
内蒙古	3.84	8	安 徽	2.51	24
青 海	3.58	9	陕 西	2.47	25
辽 宁	3.53	10	江 西	2.47	26
海 南	3.28	11	广 东	2.47	27
黑龙江	2.99	12	浙 江	2.44	28
福 建	2.98	13	上 海	2.34	29
吉 林	2.86	14	山 西	2.18	30
湖 南	2.82	15	江 苏	2.03	31
重 庆	2.77	16			

全国31个省、区、市文化共享指数的测算结果及排名情况如表5所示。其中，浙江省以2.74分的文化共享指数得分在31个省、区、市中排名第一，排名最后的是贵州省，其文化共享指数得分为0.31分。从全国各地区的排名来看，文化共享指数排名的高低与各地区经济发展水平在全国的位置具有正相关性，其中排名第一的浙江省比排名第二的上海市的文化共享指数得分高出1.23分，这主要是由其三级指标图书指数所带来的，浙江省在人均公共图书馆藏书量方面明显领跑全国。此外，西藏自治区作为一个欠发达地区，由于其三级指标文化机构指数表现良好，其文化共享指数在全国排名第八。

全国31个省、区、市社会共享指数的测算结果及排名情况如表6所示。其中，北京市以9.29分的社会共享指数得分在31个省、区、市中排名第一，排名最后的是广西壮族自治区，其社会共享指数得分为4.13分。从全国各地区的排名来看，除前三位的省份为发达地区省份外，一些相对欠发达

表5　2019年全国31个省、区、市文化共享指数及排名

单位：分

地区	文化共享指数		地区	文化共享指数	
	得分	排名		得分	排名
浙江	2.74	1	河南	0.62	17
上海	1.51	2	山东	0.61	18
北京	1.26	3	甘肃	0.61	19
江苏	1.25	4	青海	0.60	20
安徽	1.14	5	湖北	0.59	21
福建	1.11	6	广西	0.57	22
重庆	1.09	7	江西	0.55	23
西藏	1.05	8	云南	0.49	24
广东	1.04	9	湖南	0.48	25
宁夏	1.02	10	河北	0.46	26
天津	1.00	11	四川	0.46	27
辽宁	0.81	12	黑龙江	0.41	28
海南	0.80	13	吉林	0.40	29
山西	0.79	14	新疆	0.39	30
内蒙古	0.74	15	贵州	0.31	31
陕西	0.70	16			

表6　2019年全国31个省、区、市社会共享指数及排名

单位：分

地区	社会共享指数		地区	社会共享指数	
	得分	排名		得分	排名
北京	9.29	1	甘肃	5.33	17
上海	7.24	2	贵州	5.31	18
浙江	6.04	3	黑龙江	5.28	19
辽宁	6.00	4	山西	5.26	20
西藏	5.95	5	湖南	5.21	21
陕西	5.79	6	宁夏	5.05	22
内蒙古	5.79	7	河南	4.98	23
江苏	5.70	8	广东	4.86	24
青海	5.60	9	云南	4.84	25
新疆	5.55	10	福建	4.78	26
四川	5.48	11	海南	4.77	27
天津	5.48	12	河北	4.73	28
重庆	5.45	13	安徽	4.67	29
山东	5.41	14	江西	4.26	30
吉林	5.39	15	广西	4.13	31
湖北	5.33	16			

省份的排名也比较靠前,如西藏自治区、内蒙古自治区、青海省、新疆维吾尔自治区分别排名第 5 位、第 7 位、第 9 位、第 10 位。这些相对欠发达地区省份之所以排名靠前,原因是这些地区各有侧重地在教育、卫生、医疗和养老保险等领域加大了投入。

全国 31 个省、区、市生态共享指数的测算结果及排名情况如表 7 所示。其中,北京市以 3.42 分的生态共享指数得分在 31 个省、区、市中排名第一,排名最后的是云南省,其生态共享指数得分为 1.76 分。从全国 31 个省、区、市的排名来看,生态共享指数排名的高低与各地区经济发展水平在全国的位置具有正相关性,排名前十位的省份大多为东部发达地区省份,但一些西部欠发达地区省份也位列其中,如宁夏回族自治区、内蒙古自治区,分别排名第 3 位和第 8 位。这些省份排名靠前,主要是因为该省份城市绿化水平较高,城市人均公园绿地面积较大。

表 7 2019 年全国 31 个省、区、市生态共享指数及排名

单位:分

地区	生态共享指数		地区	生态共享指数	
	得分	排名		得分	排名
北 京	3.42	1	海 南	1.95	17
广 东	2.65	2	江 西	1.95	18
宁 夏	2.57	3	山 西	1.94	19
上 海	2.54	4	安 徽	1.94	20
重 庆	2.48	5	新 疆	1.93	21
吉 林	2.35	6	黑龙江	1.91	22
天 津	2.34	7	陕 西	1.90	23
内蒙古	2.28	8	河 北	1.90	24
山 东	2.28	9	河 南	1.88	25
辽 宁	2.25	10	青 海	1.88	26
浙 江	2.25	11	广 西	1.87	27
江 苏	2.23	12	贵 州	1.85	28
福 建	2.09	13	甘 肃	1.83	29
湖 北	2.04	14	湖 南	1.81	30
四 川	1.99	15	云 南	1.76	31
西 藏	1.97	16			

二 2000~2019年中国经济全面共享发展的变化趋势

(一)2000~2019年中国经济全面共享评价指数测算结果

经测算,从2000年到2019年的20年间,我国经济全面共享指数得分从6.58分上升到13.94分,提高了7.36分,增幅达111.85%(见表8)。从指数增长轨迹来看,进入21世纪以来,除2002年、2003年的小幅度下降和2008年的显著下降以外,我国经济全面共享指数始终保持平稳增长势头,每年的指数得分增长保持在0.5分的范围内。其中,从2009年到2013年的5年时间以及2018年,全面共享指数年增量保持在0.7分以上,是近20年以来增幅最大的时期(见图1)。

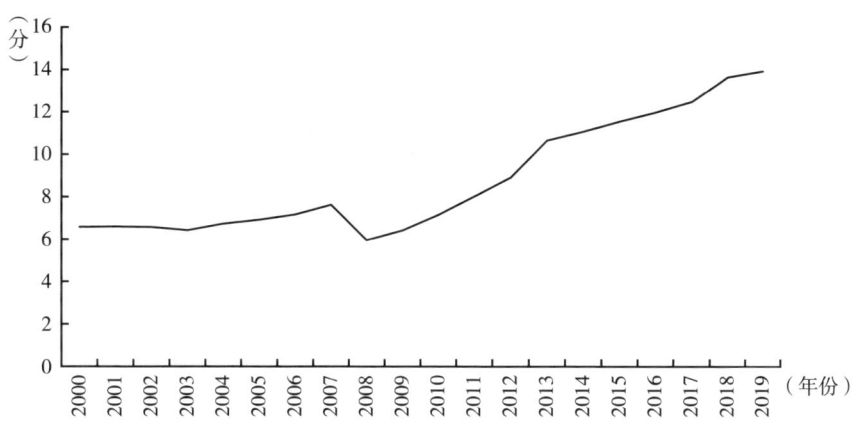

图1 2000~2019年中国经济全面共享指数变化情况

从全面共享指数的5个下级指标在过去20年的变化情况来看,除政治共享指数呈现略微下降形势外,各指标大体上都保持了增长的趋势(见表8、图2),这也是全面共享指数能够基本保持上升趋势的原因。

表8 2000～2019年中国经济全面共享评价指数

单位：分

年份	全面共享指数	经济共享指数	政治共享指数	文化共享指数	社会共享指数	生态共享指数
2000	6.58	1.08	3.29	0.29	1.19	0.73
2001	6.59	1.03	3.29	0.30	1.19	0.77
2002	6.57	1.02	3.29	0.31	1.14	0.82
2003	6.43	1.01	3.09	0.30	1.16	0.87
2004	6.73	1.09	3.09	0.31	1.31	0.92
2005	6.92	1.16	3.09	0.32	1.41	0.95
2006	7.16	1.24	3.09	0.33	1.53	0.98
2007	7.63	1.31	3.09	0.38	1.70	1.15
2008	5.95	1.35	1.03	0.41	1.91	1.25
2009	6.42	1.42	1.03	0.47	2.14	1.37
2010	7.15	1.56	1.03	0.49	2.56	1.51
2011	8.02	1.64	1.03	0.54	3.23	1.57
2012	8.91	1.74	1.03	0.60	3.86	1.68
2013	10.66	1.84	2.22	0.65	4.16	1.78
2014	11.07	1.91	2.22	0.69	4.40	1.84
2015	11.55	2.03	2.22	0.78	4.61	1.91
2016	11.98	2.07	2.22	0.87	4.83	1.98
2017	12.48	2.12	2.22	1.01	5.10	2.03
2018	13.65	2.32	2.82	1.09	5.34	2.08
2019	13.94	2.57	2.82	0.82	5.61	2.12

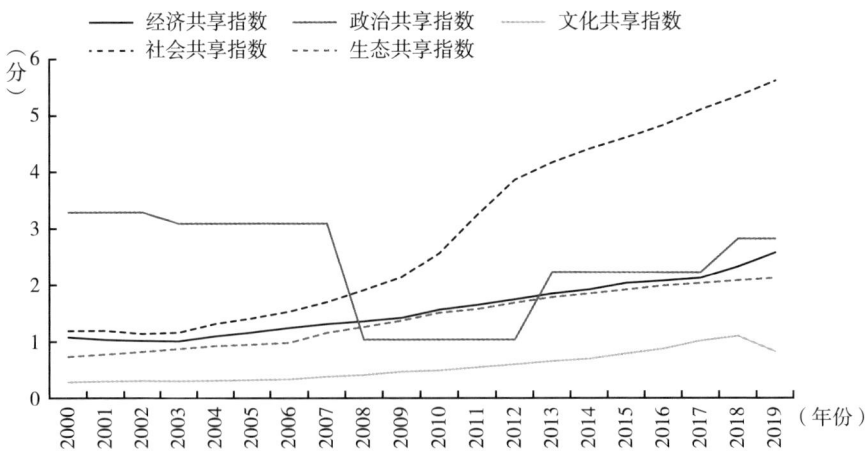

图2 2000～2019年中国经济全面共享指数下级指标变化情况

第一，经济共享指数在20年的时间里，总体呈现平稳增长态势，其指数得分从2000年的1.08分上升到2019年的2.57分，增长了1.49分，增幅为137.96%。从增长轨迹看，除2000~2003年外，经济共享指数在其余年份均保持增长，指数得分平均每年增长0.1分左右。通过分析三级指标发现，构成经济共享指数的3个三级指标中，住房指数在20年间有相对较大幅度的上升，财产指数在20年间也有明显上升，是推动经济共享指数总体呈上升趋势的主要原因。失业指数在2000~2003年的下降趋势，是拖累经济共享指数的主要原因，但总体上来看，除2000年失业指数较低外，其余年份基本保持稳定。

第二，政治共享指数在20年的时间里，总体呈现下降态势，其指数得分从2000年的3.29分下降到2019年的2.82分，下降了0.47分，降幅为14.29%。从其运动轨迹来看，从2000年至2012年政治共享指数呈下降态势，其中2008年政治共享指数明显下降，而在2013年至2019年政治共享指数有所回补。通过分析三级指标发现，2008~2013年是第十一届全国人大代表期，这一届全国人大代表中，来自一线工人农民代表占比相对较低，拖累了政治共享指数，使之出现明显下降。2013年之后，一线工人农民代表占比明显提高，妇女代表占比也有所提高，使得政治共享指数有所恢复。

第三，文化共享指数在20年的时间里，总体呈现平稳上升态势，其指数得分从2000年的0.29分上升到2019年的0.82分，增长了0.53分，增幅为182.76%。从增长轨迹看，从2000年至2018年文化共享指数保持前期慢后期快的持续增长，其中2000年至2006年，指数得分平均每年增长0.01分左右，而2006年至2018年，指数值平均每年增长0.05分左右。但是2019年文化共享指数出现了明显下降。通过分析三级指标发现，这一时期文化机构指标出现明显下降致使文化共享指数下跌。

第四，社会共享指数在20年的时间里，总体呈现波动上升趋势，其指数得分从2000年的1.19分上升到2019年的5.61分，增长了4.42分，增幅为371.43%。从增长轨迹来看，社会共享指数得分呈现出阶段性增长的趋势，在2000年至2003年呈现略微下降趋势，2004年至2008年保持平稳的增长速度，2009年至2012年社会共享指数值的增长速度呈现明显跃升，2013年至2019

年增长速度又有所回落。通过分析三级指标发现，社会共享指数的这种运动态势主要与养老保险指标的变化有关，2009年至2012年期间我国基本养老保险参保率出现明显的上升趋势，这可能在一定程度上与2008年爆发的国际金融危机有关，在此之后的一段时间里人们更加倾向于规避风险。

第五，生态共享指数在20年的时间里，总体呈现稳步上升趋势，其指数得分从2000年的0.73分上升到2019年的2.12分，增长了1.39分，增幅为190.41%。从增长轨迹来看，生态共享指数保持持续增长，2000年至2007年指数得分平均每年增长0.05分左右，2007年至2019年指数得分增长速度提高，平均每年增长0.1分左右。通过分析三级指标发现，这主要是由2007年以后生活环境指标的提高带来的。

（二）2000~2019年全国31个省、区、市全面共享发展水平变化趋势

1. 2000~2019年全国31个省、区、市全面共享指数变化趋势

我们将全国31个省、区、市在2000年和2019年的全面共享指数得分列在图3中。通过观察发现，两个年份各地区的全面共享指数差别较小，各地区的经济全面共享发展相对平衡，与经济发达程度的相关性较弱。其中，作为国家首都的北京市，两个年份的全面共享指数在全国均处于明显的领先地位，上海、浙江两个发达地区全面共享水平也相对较高，体现了经济发达程度对共享发展全面性的促进作用。但同时，西藏、广西、内蒙古、辽宁等省份的全面共享水平也较为突出，这与这些地区在政治、文化、生态等领域的共享表现较为突出有关。从增长幅度看，2000年相对落后的河北、安徽、重庆、四川、陕西、甘肃等省份，全面共享指数增长较快，增幅均超过100%，表明这些欠发达地区在推进五位一体全面共享发展中取得了较好的成绩。

我们将全国31个省、区、市在2000年和2019年的经济共享指数得分列在图4中。通过观察发现，两个年份各地区的经济共享指数差别较小，各地区的经济全面共享发展相对平衡，与经济发达程度存在一定相关性，但相关性不大。首先，北京市两个年份的经济共享指数在全国处于明显的领先地

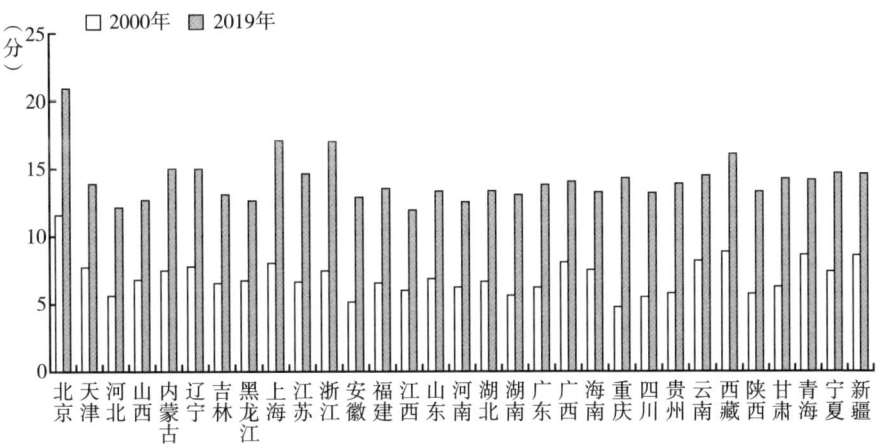

图 3　全国 31 个省、区、市全面共享指数变化情况

位。其次，就起始年份 2000 年的水平来看，福建、江西、广东、山西、河南、广西和云南等省份表现突出，经济共享指数处于全国领先地位。而到了 2019 年，上海、江苏、浙江等省份经济共享指数出现了快速的赶超，其经济共享指数处于全国领先地位。出现这种现象的原因可能源于近年来金融、互联网经济发展迅猛，长三角地区在此领域有着较大的优势，同时，这几个省份的住房和财富水平相对于其他省份也增长较快。

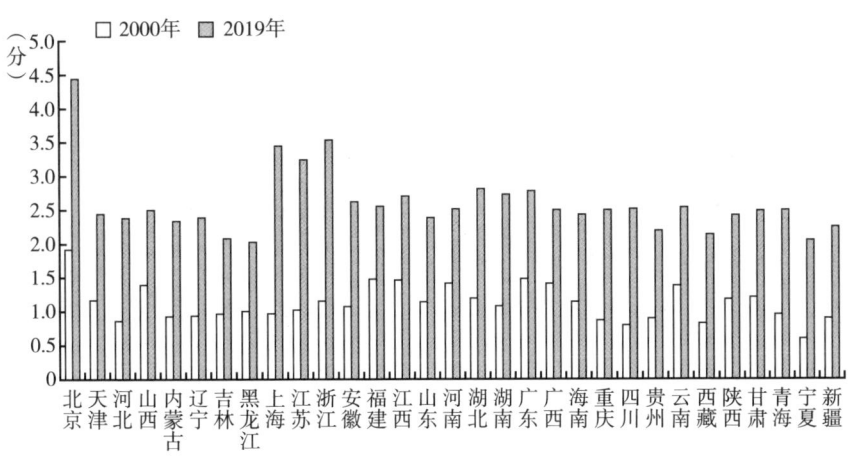

图 4　全国 31 个省、区、市经济共享指数变化情况

我们将全国31个省、区、市在2000年和2019年的政治共享指数得分列在图5中。通过观察发现，各地区政治共享指数在两个年份的变化展现出与全面共享指数和其他4个下级指标指数明显不同的规律。首先，绝大多数地区2000年的政治共享指数要高于2019年的该指数，只有少数几个省份，如天津、辽宁、吉林、福建、云南和甘肃等呈现相反形势。通过对三级指标进行分析，我们认为出现少数省份反向变化这种现象的原因可能是源于这些省份2019年妇女代表在全国人大代表中所占比例明显高于2000年，使得政治共享指数提高。至于其他绝大部分省份政治共享指数在20年间出现下降，主要原因可能是一线工人农民代表在全国人大代表中所占比例有所下降。

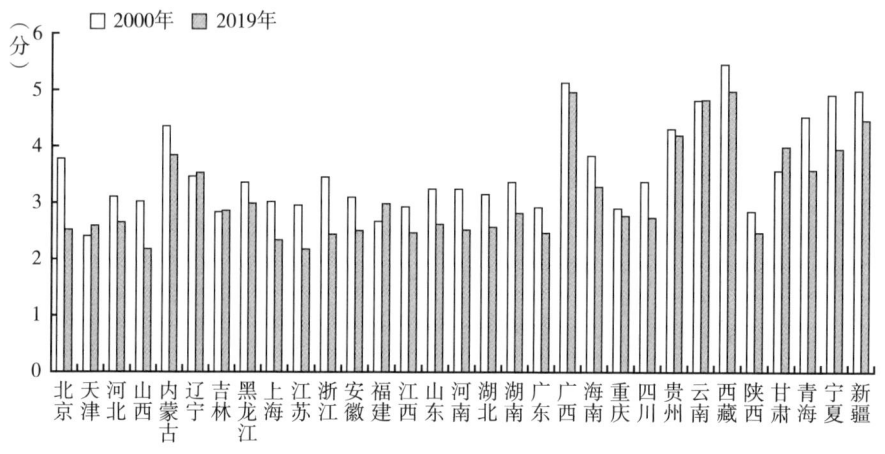

图5 全国31个省、区、市政治共享指数变化情况

我们将全国31个省、区、市在2019年和2000年的文化共享指数得分列在图6中。通过观察发现，两个年份各地区的经济共享指数差别较小，但在2000年西藏自治区的文化共享指数表现突出，在全国处于明显的领先地位。20年间，浙江、上海、江苏等省份在文化共享发展方面取得长足进步。浙江省文化共享指数出现了快速赶超，明显处于全国领先地位，出现这一变化趋势的主要原因是文化共享指数中的图书指数在浙江省增长明显。相对来说，西藏、青海、新疆等地区的文化共享指数虽然基数较高，但没有明显提升。

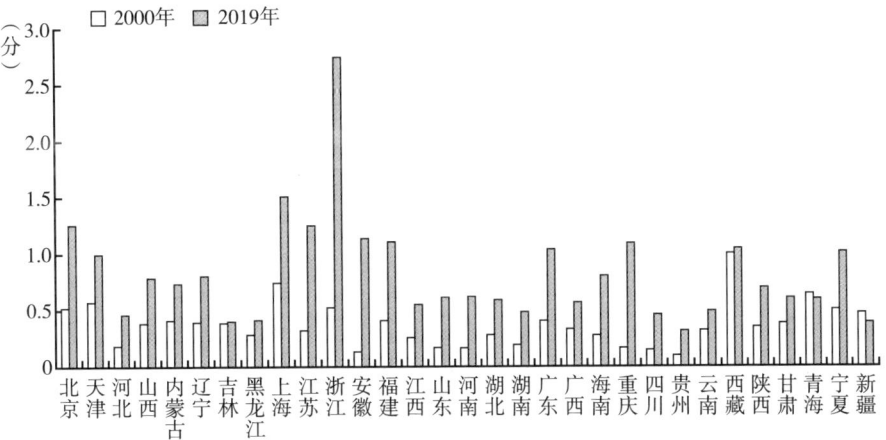

图 6　全国 31 个省、区、市文化共享指数变化情况

我们将全国 31 个省、区、市在 2000 年和 2019 年的社会共享指数值列在图 7 中。通过观察发现，2019 年全国各地区社会共享指数较 2000 年有明显提高，北京、上海、天津、辽宁等省份在 2000 年的社会共享发展指数得分明显领先于其他地区，全国其他省份社会共享指数得分差别不大。到了 2019 年，北京、上海两个城市的社会共享指数得分在全国范围内处于领先地位。从增长幅度看，2000 年相对落后的安徽、河南、广西、贵州等省份

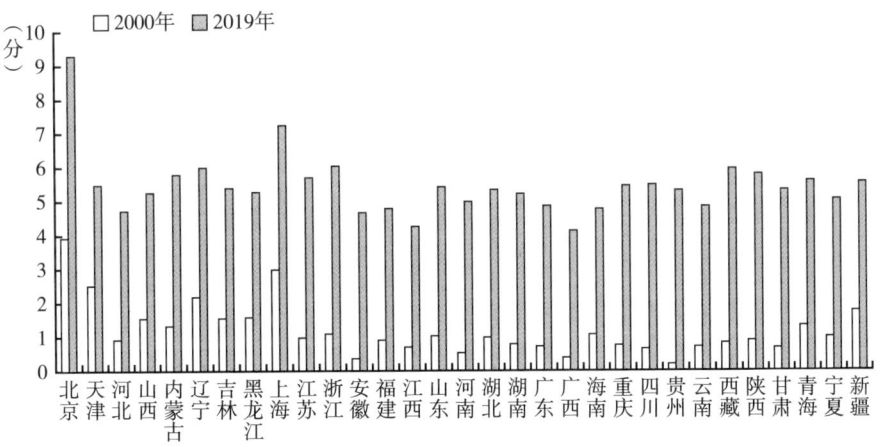

图 7　全国 31 个省、区、市社会共享指数变化情况

社会共享指数增长较快,增幅均超过800%,表明这些地区在推进全面共享发展中重视全社会共享发展成果。

我们将全国31个省、区、市在2000年和2019年的生态共享指数得分列在图8中。通过观察发现,在这两个年份中各地区生态共享指数差距不大,2019年各地区生态共享指数较2000年均有明显提高。其中北京市两个年份的生态共享指数在全国处于明显的领先地位。值得注意的是,重庆市在2000年生态共享指数得分最低而到了2019年则跻身前列,位列全国第五,上海、内蒙古、宁夏等省份生态共享指数也相对提升较快。

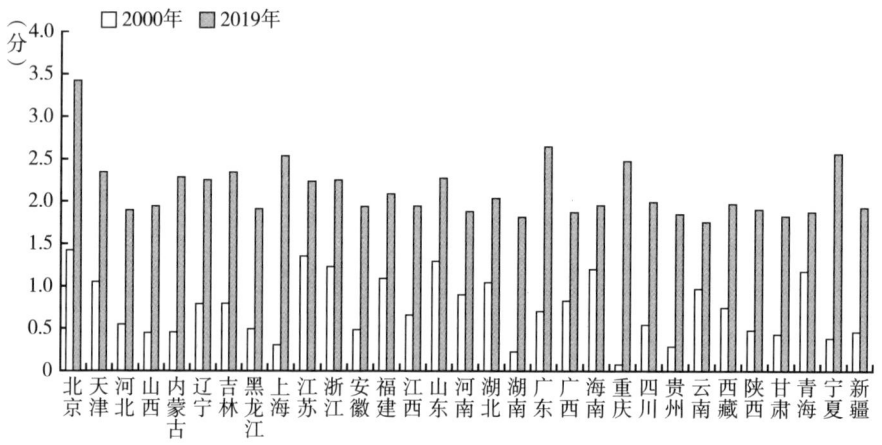

图8 全国31个省、区、市生态共享指数变化情况

2. 2000~2019年全国31个省、区、市全面共享排名变化趋势

我们进一步将全国31个省、区、市在2000~2019年的经济全面共享指数全国排名情况列在表9中。通过观察发现,各地区全面共享指数的全国排名总体上波动平稳,多数地区的排名变化不大。与2000年相比,2019年的全面共享指数排名上升的地区有内蒙古、辽宁、上海、江苏、浙江、安徽、福建、湖南、广东、重庆、四川、贵州、陕西、甘肃、宁夏;排名下降的地区有天津、河北、山西、吉林、黑龙江、江西、山东、河南、湖北、广西、海南、云南、西藏、青海、新疆;排名保持不变的仅有北京。

表9 2000~2019年全国31个省、区、市全面共享指数排名变化情况

年份	2000	2001	2002	2003	2004	2005	2006	2007	2008	2009	2010	2011	2012	2013	2014	2015	2016	2017	2018	2019
北京	1	1	1	1	1	1	1	1	1	1	1	1	1	1	1	1	1	1	1	1
天津	9	8	8	6	6	4	4	3	3	3	4	4	7	8	13	13	15	12	15	16
河北	28	27	27	25	27	25	26	21	23	25	23	24	27	28	30	30	30	30	30	30
山西	15	17	20	20	21	21	18	20	21	20	20	20	21	22	22	21	24	26	27
内蒙古	11	12	12	11	12	12	11	11	11	7	7	9	6	6	6	5	5	5	5	5
辽宁	8	9	13	12	11	10	10	9	8	8	9	10	10	11	11	11	13	6	6
吉林	20	16	16	17	18	18	20	18	17	18	19	19	25	27	27	27	27	29	27	24
黑龙江	16	19	17	18	19	17	19	17	19	21	21	26	29	26	28	27	28	28	29	28
上海	7	5	5	3	2	2	2	2	2	2	2	2	2	2	2	2	2	2	3	2
江苏	18	15	15	14	14	15	14	12	10	11	8	9	7	7	7	7	7	7	8	10	8
浙江	12	10	9	10	8	8	7	7	6	5	6	6	5	4	4	4	3	3	2	3
安徽	30	30	30	30	31	31	31	31	30	30	29	23	21	25	25	24	24	22	22	26
福建	19	20	21	16	16	16	17	17	15	14	16	18	16	15	15	16	19	15	17	18
江西	24	24	24	27	28	28	30	27	24	27	28	30	30	31	31	31	31	31	31	31
山东	14	14	14	14	15	19	16	16	16	17	15	17	17	17	17	17	18	21	20
河南	22	23	22	23	25	27	28	30	31	31	31	31	30	31	31	31	30	27	28	29
湖北	17	18	18	21	20	20	23	20	26	28	28	27	24	20	18	18	20	20	19
湖南	27	28	28	28	23	22	21	22	26	22	22	22	22	22	24	25	25	25	25	25
广东	23	21	19	19	17	15	14	14	13	13	14	15	13	16	16	16	14	15	18	17
广西	6	7	6	7	7	8	9	7	13	12	13	12	12	12	12	12	12	14	14	14
海南	10	13	11	9	10	11	12	15	18	17	15	18	14	13	19	21	20	23	26	23	22
重庆	31	31	31	31	30	30	29	25	20	19	15	16	14	12	10	9	9	6	7	11
四川	29	29	29	24	24	24	25	24	25	24	24	23	23	22	23	24	23
贵州	25	25	26	29	26	23	22	25	22	26	26	22	20	21	20	19	18	16	15
云南	5	6	7	8	9	9	9	10	9	9	8	11	11	9	10	8	9	11	10
西藏	2	3	3	4	4	3	3	4	4	4	3	3	3	3	3	4	4	4	4
陕西	26	26	25	26	29	29	24	29	27	28	25	24	19	18	19	18	18	19	21
甘肃	21	22	23	22	22	24	27	28	29	29	30	25	28	28	26	28	26	20	12	12
青海	3	4	4	5	5	7	6	12	8	7	10	7	8	8	7	10	17	17	13
宁夏	13	11	10	13	13	13	14	15	10	7	7	8	4	14	13	11	8	7
新疆	4	2	2	2	3	3	4	4	3	4	4	4	4	5	5	6	6	7	9	9

浙江省的全面共享指数排名在2000~2019年呈现平稳较快上升态势,从2000年的第12名上升到2019年的第3名,在2018年一度达到最高的第2名,

近几年基本稳定在全国排名前列（见图9）。浙江省全面共享指数排名出现较大幅度上升的原因主要是其经济共享指标增长幅度较大，文化共享指标增幅较大、排名提升较多，这体现出浙江省在过去20年里在提高就业率、提升居民住房和财产水平以及推动市民共享文化资源等方面成绩突出。

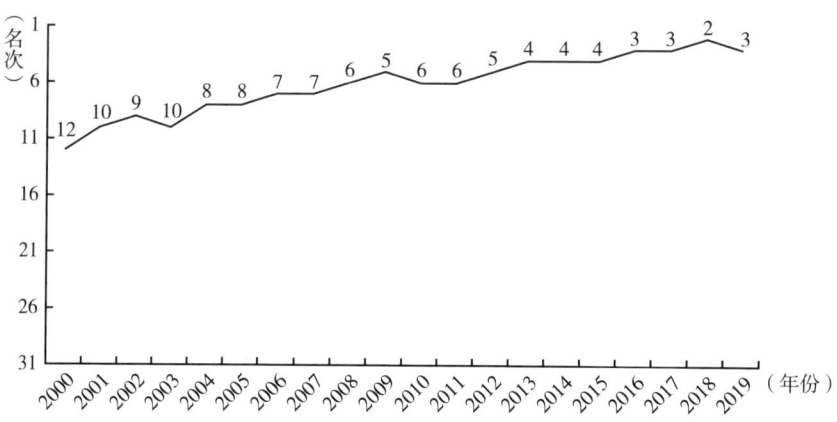

图9 2000~2019年浙江省全面共享指数在全国排名变化情况

重庆市的全面共享指数排名在2000~2019年呈现快速上升态势，从2000年的第31名上升到2019年的第11名，在2017年一度达到最高的第6名，全面共享指数排名提升巨大（见图10）。重庆市全面共享指数排名出现较大幅度上升的原因主要是其文化共享指标下的文化机构指标增幅较大，生态共享指标下的生活环境指标增幅较大、排名提升较多，这体现出重庆市在过去20年里在丰富市民文化生活、改善市民生活环境等方面表现突出。

贵州省全面共享指数排名变化幅度较大，其排名轨迹在2000~2019年大致呈现一个"W"形变化趋势，从2000年开始，其排名位次即开始下滑，2003年触底至第29名后反弹，2009年后有所回落，直至2011年开始再次反弹，随后排名保持较快上升，并在2019年排在第15名（见图11）。贵州省全面共享指数排名在2011年前出现波动主要是由生态共享指标下的生活环境指标、政治共享指标的波动所造成的，排名在2011年后上升较快的原因主要是社会共享指标的增速较快、排名上升，贵州省自2011年以来在教育、卫生、

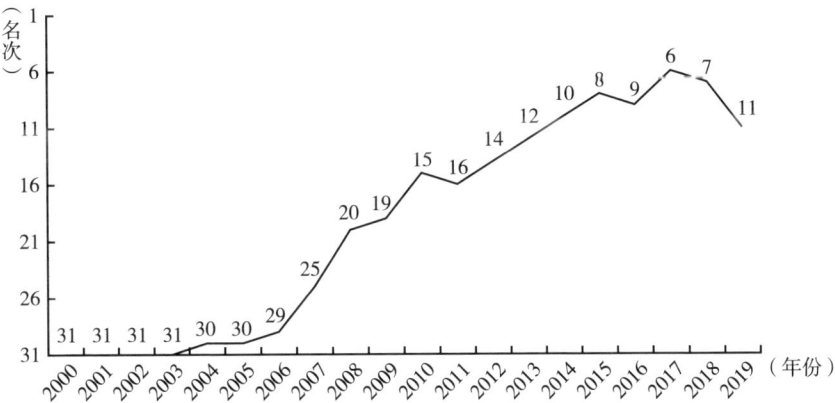

图10　2000~2019年重庆市全面共享指数在全国排名变化情况

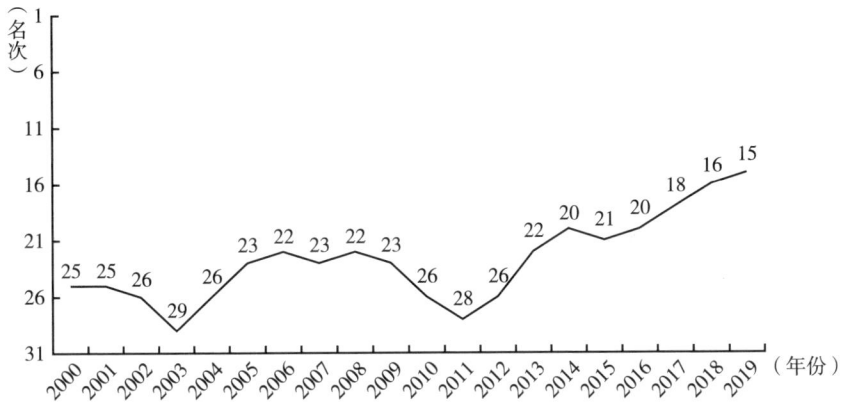

图11　2000~2019年贵州省全面共享指数在全国排名变化情况

医疗、养老保险等领域取得了显著成绩。

山西省的全面共享指数排名在2000~2019年呈现持续下降态势,从2000年的第15名下降到2019年的第27名,从排名中等的位置逐步退至全国下游水平(见图12)。导致山西省全面共享指数排名出现较大幅度下降的原因主要是其经济共享指标下的失业指数改善相对较慢,政治共享指标的增幅相对其他省份也有一定差距,这体现出山西省未来在经济全面共享发展方面应重视经济共享和政治共享的改善。

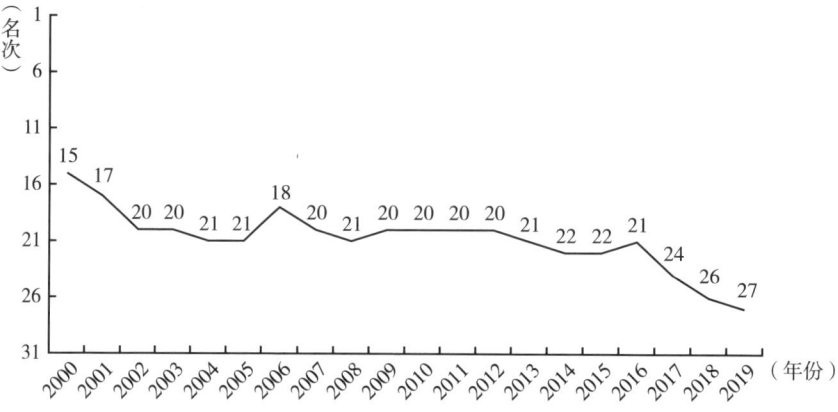

图12　2000~2019年山西省全面共享指数在全国排名变化情况

黑龙江省的全面共享指数排名在2000~2019年呈现持续下降态势，从2000年的第16名下降到2019年的第28名，从全国中游水平逐步退至接近全国末尾的位置，其中在2012年排名一度下降至第29名（见图13）。黑龙江省全面共享指数排名出现较大幅度下降的原因主要是其经济共享指标下的财产指标增速相对较慢，文化共享指标下的文化机构指标增速较慢。

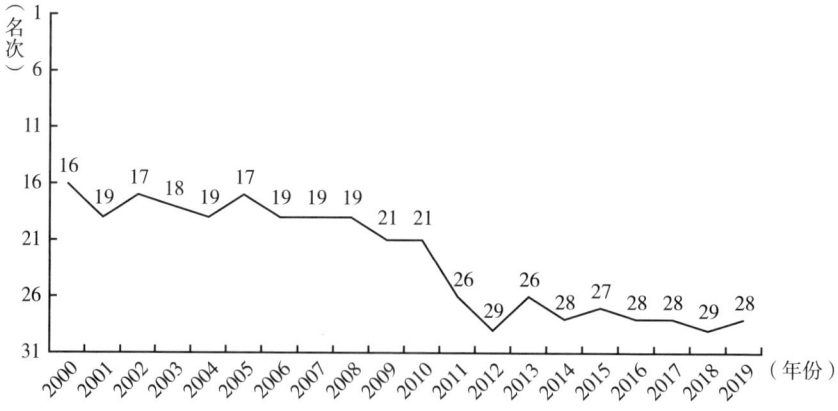

图13　2000~2019年黑龙江省全面共享指数在全国排名变化情况

三 基本判断和政策建议

(一) 全面共享发展的主要特征

1. 中国经济全面共享发展水平在过去20年全面显著提高

2019年中国经济全面共享发展指数得分为13.94分,在过去20年总体保持持续上升趋势,比2000年提高了111.9%。作为全面共享发展基本内涵的经济共享、政治共享、文化共享、社会共享和生态共享,在2019年的指数得分分别为2.57分、2.82分、0.82分、5.61分、2.12分,除政治共享指数比2000年下降了14.3%之外,其他分别提高了138.0%、182.8%、371.4%、190.4%,使得中国经济全面共享发展指数总体上保持着持续上升的趋势。

2. 社会共享指数对全面共享指数的增长贡献率最高

从2019年中国经济全面共享发展指数的五个维度(包含15个三级指标)来看,社会共享指数显著高于经济共享、政治共享、生态共享和文化共享指数,同时文化共享指数显著低于社会共享、经济共享、政治共享、生态共享指数。从2000年到2019年整体情况来看,2008年以前政治共享水平最高,2008年以后社会共享水平开始占据首位。从而表明全面共享发展在加大公共资源、提供公共产品方面的表现要优于其他领域。

3. 全面共享指数与经济发达程度的相关性较弱

比较2000年和2019年两个年份,全国31个省、区、市全面共享指数的增长趋势差异较小,与经济发达程度的相关性较弱。北京、上海、浙江等发达地区全面共享水平较高的同时,西藏、广西、内蒙古、辽宁等省份的全面共享水平也较为突出。发达地区全面共享水平较高是因为经济发达程度推动经济共享水平的提升,在一定程度上起到了支撑作用,促进了全面共享发展。而欠发达地区在政治、文化、生态等领域的共享表现较为突出,一方面是因为民族自治区的人民代表大会存在较多少数民族代表,提高了其政治共享水平;另一方面是由于这些欠发达地区的生态和文化共享指数较高,带动了其整体全面共享水平。

4. 部分地区部分领域的全面共享水平稳中有变

过去20年间，从各地区全面共享发展指数整体来看，在全国所处位置总体稳定，但仍有个别省份（如山西、黑龙江、海南、青海）出现了较大波动。从全面共享发展五大领域看，所有地区整体社会共享水平稳步大幅提升。东部发达地区省份始终保持着经济共享水平的领先地位，但在政治共享领域却呈现出相对下降的状态。西部地区各省份在生态共享、文化共享领域提升相对较快，这也使得很多西部省份全面共享指数的增速相对较快。中部六省全面共享发展的绝对水平和增长速度均明显落后，各个维度也缺乏突出表现。

（二）进一步推动全面共享发展的政策建议

1. 在继续深入推进社会共享的同时，应更加注重实现经济共享、政治共享、文化共享、生态共享的同步提升

虽然中国经济全面共享水平在过去20年里实现倍增，但就其五个维度的内涵而言，存在发展不平衡、不充分的现象。首先，社会共享水平的确取得了长足的进步，但其显著高于经济共享、政治共享、文化共享、生态共享水平，引发了发展不平衡的问题。其次，文化共享水平尽管相对增速较高，但其绝对水平依然不足，带来了发展不充分的现象。最后，政治共享指数的绝对水平呈现"U"形态势，截止到2019年尚未回升到2000年的水平。因此，一要持续推动经济发展，加大创新力度。在经济高质量发展的同时，不能忽略经济水平的绝对增长。二要合理开发文化旅游产业。提升文化产业扶持力度，在保护生态的同时科学地开发地方旅游资源，做到省际联合联动。

2. 发达地区在保持高水准经济共享的同时，应稳步提升其他维度共享水平

发达地区经济发展水平较高，在经济共享发展方面处于领先地位。在保持经济共享水平稳步提升的同时，需要在政治共享、文化共享、社会共享、生态共享领域有所突破，尤其是在政治共享和生态共享方面要加大政策力度、完善体制机制。未来应在提高妇女在全国人大代表中比例、生活垃圾无

害化处理率方面出台新的举措,提升妇女地位、推动可持续发展。此外,发达地区应探索在政治、文化等领域的共享发展方面取得新的突破,为其他地区在推进全面共享领域方面做出表率。

3.欠发达地区在保持政治共享水平的同时,尤其要加快提高经济共享水平

全面共享发展水平在发达地区和欠发达地区总体来看相差不大,20年间还呈现差距缩小趋势,这除了欠发达地区政治共享水平高的因素,也与生态原始、保护较好从而使得生态共享水平较高密切相关。但是,相对于西部欠发达地区,中部六省全面共享发展的绝对水平和增长速度均明显落后,各个维度也缺乏突出表现。因此,中部六省必须在高质量发展的同时,将共享发展作为全省计划的关键一环。在相互合作的基础上,共同开发生态文旅产业,从而推动经济共享、文化共享和生态共享水平的提升;还要加大公共资源投入,尤其是在医疗卫生保障和养老保险方面,加大投入力度。

B.4
2019年中国经济共建共享发展评价报告

姚志才*

摘　要： 共建共享作为共享发展的一个基本内涵，是中国经济共享发展综合评价指标体系下的一个二级指标，其下又包括劳动报酬、劳动参与和信息共享3个三级指标。经测算，2019年中国经济共建共享指数为10.97分，相对2000年的5.60分提高了5.37分，上升幅度为95.9%。从三级指标看，2019年劳动报酬指数为2.56分，劳动参与指数为2.32分，信息共享指数为6.09分，相对2000年有不同程度的提高。分区域看，共建共享指数排名的高低与各地区经济发展水平在全国的位置大体上符合正相关关系，少数欠发达地区共建共享指数排名靠前。在过去20年间，发达地区共建共享水平提高幅度明显高于欠发达地区，使得区域间共建共享水平呈现分化态势。基于上述分析结论，本报告提出了推动中国经济共建共享发展水平进一步提高的政策建议。

关键词： 中国经济　共建共享　评价指数

---

* 姚志才，中共中央党校（国家行政学院）经济学教研部硕士研究生，主要研究方向为政治经济学。

一 2019年中国经济共建共享发展的基本情况

（一）2019年中国经济共建共享评价指数测算结果

经测算，2019年中国经济共建发展指数为10.97分，其中劳动报酬指数为2.56分，劳动参与指数为2.32分，信息共享指数为6.09分（见表1）。由于3个三级指标的权重不相等，在二级指标权重占比为20%的情况下，其中劳动报酬指标权重占比5.35%，劳动参与指标权重占比5.38%，信息共享指标权重占比9.27%。因此在考虑权重的影响下，我们对于测算出的评价指数去量纲化，分析各个指数得分对于总体共建共享指数的影响，可以初步得出结论：在对于共建共享指数的贡献上，信息共享指数贡献最大，劳动报酬指数次之，劳动参与指数贡献最小，同时劳动报酬指数与劳动参与指数之间的贡献差距很小。这表明，在推进我国共建共享的发展过程中，信息共享起了重大的作用，即互联网式技术的出现和推广，极大地促进了共建共享的发展。而在劳动报酬和劳动参与方面，相对来说，劳动报酬指数和劳动参与指数对于共建共享指数的贡献较低，说明在当前我国的经济发展阶段，我国经济仍未超越工业化阶段，从而资本密集型产业在国民经济中占比较高，技术密集型和知识密集型产业占比较低，使得劳动报酬在国民收入中的份额也较低，劳动报酬指数较低。同时，由于人口红利的逐渐消失所产生的拖累影响，也使得劳动参与指数的贡献低。此外，劳动者报酬占GDP份额和就业人数占总人口比重两者对于共建共享发展的贡献差距小的现象，也是与我国所处的经济发展阶段有着密切联系的。

表1 2019年中国经济共建共享评价指数

单位：分

指数类型	共建共享指数	劳动报酬指数	劳动参与指数	信息共享指数
得分	10.97	2.56	2.32	6.09

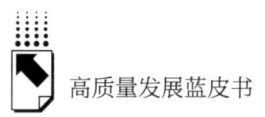

（二）2019年全国31个省、区、市经济共建共享评价指数测算结果及排名

在对全国31个省、区、市总体共建共享指数的测算中，其具体的测算结果及排名情况如表2所示。其中，北京市以14.81分的共建共享指数在31个省、区、市中排在第一名，陕西省则以8.78分的共建共享指数排在最后一名。从全国各地区的指数得分来看，以14.81分的共建共享指数排名第一的北京市与以8.78分排名最后的陕西省，即共建共享指数最高值与最低值存在着显著的差异。但同时有10个地区指数得分稳定在10分左右，有9个地区指数得分稳定在11分左右，说明在这些地区共建共享指数得分呈现了集中分布的现象。这表明，从全国的地区分布来看，在推进共建共享的发展上，全国各地区的发展程度表现出明显的梯度，也存在着局部的稳定情况。其次从全国各地区的指数得分排名来看，共建共享指数排名的高低与各

表2 2019年各地区共建共享指数及排名

单位：分

地区	共建共享指数		地区	共建共享指数	
	得分	排名		得分	排名
北 京	14.81	1	辽 宁	10.95	17
福 建	14.77	2	广 西	10.86	18
西 藏	14.09	3	宁 夏	10.84	19
浙 江	13.16	4	山 西	10.55	20
广 东	13.14	5	贵 州	10.53	21
上 海	13.07	6	内蒙古	10.51	22
海 南	12.39	7	黑龙江	10.46	23
天 津	11.86	8	甘 肃	10.44	24
河 南	11.56	9	云 南	10.44	25
河 北	11.37	10	吉 林	10.38	26
山 东	11.29	11	四 川	9.90	27
安 徽	11.19	12	湖 南	9.89	28
新 疆	11.11	13	重 庆	9.81	29
江 苏	11.09	14	江 西	9.06	30
湖 北	11.03	15	陕 西	8.78	31
青 海	11.02	16			

地区经济发展水平在全国的位置也有一定的联系。经济发展水平高的地区通常都是排名靠前的，但其中也出现了意外，比如欠发达的西藏自治区，却以14.09分的指数得分排名第三，欠发达的新疆维吾尔自治区以11.11分的指数得分稳定在11分左右。通过具体分析三级指标可以发现，西藏自治区的劳动报酬指数得分和劳动参与指数得分均排名全国第一，新疆维吾尔自治区的劳动报酬指数得分排名全国第二，这是一些欠发达地区共建共享指数排名较靠前的主要原因。

针对具体的三级指标进行各地区的测算，可得到各地区的指数得分及其排名。其一，关于劳动报酬指数的测算，以劳动者报酬占GDP份额为测算依据，可得到全国各地区劳动报酬指数的测算结果及排名情况如表3所示。其中，西藏自治区以4.23分的劳动报酬指数得分在31个省、区、市中排名第一，陕西省则以1.76分的劳动报酬指数得分排在最后。从全国各地区的

表3 2019年各地区劳动报酬指数及排名

地区	劳动报酬指数			地区	劳动报酬指数		
	劳动者报酬占GDP份额(%)	得分	排名		劳动者报酬占GDP份额(%)	得分	排名
西藏	53.90	4.23	1	内蒙古	43.30	2.69	17
新疆	49.58	3.60	2	山西	42.68	2.60	18
海南	48.71	3.48	3	四川	42.13	2.52	19
贵州	48.43	3.44	4	山东	42.00	2.50	20
广西	47.75	3.34	5	浙江	41.73	2.47	21
北京	47.14	3.25	6	湖北	41.73	2.47	22
河北	46.77	3.20	7	吉林	40.95	2.35	23
宁夏	46.57	3.17	8	安徽	40.31	2.26	24
甘肃	46.37	3.14	9	上海	40.30	2.26	25
云南	46.07	3.10	10	天津	39.12	2.09	26
黑龙江	45.68	3.04	11	江苏	39.12	2.09	27
福建	45.50	3.01	12	重庆	38.47	1.99	28
湖南	44.94	2.93	13	辽宁	38.12	1.94	29
青海	44.91	2.93	14	江西	37.04	1.79	30
河南	44.60	2.88	15	陕西	36.88	1.76	31
广东	43.40	2.71	16				

指数得分来看，西藏自治区以53.90%的劳动者报酬占GDP份额居于首位，而新疆维吾尔自治区以49.58%的数值紧随其后，最后一名陕西省的占比仅为36.88%。这表明，在劳动者报酬占GDP份额问题上，对于各地区的GDP的贡献中，劳动者报酬的占比处于3/10至1/2的位置，这与我国当前所处的经济转型时期密切相关。在当前这个时期，劳动者报酬始终还是我国经济增长的一个主要原因，同时这也揭示了某些欠发达地区总体的共建共享指标数值排名靠前的原因。其次，从全国各地区的指标数值排名来看，共建共享指数排名的高低与各地区的具体情况比如产业组成结构等是有一定的关联的。产业结构组成不同，劳动报酬的比重也有所不同。

其二，关于劳动参与指数的测算，以就业人数占总人口比重为测算依据，可得到全国各地区劳动参与指数的测算结果及排名情况如表4所示。其中，西藏自治区以4.92分的劳动参与指数得分在31个省、区、市中依然排

表4 2019年全国31个省、区、市劳动参与指数及排名

地区	劳动参与指数			地区	劳动参与指数		
	就业人数占总人口比重(%)	得分	排名		就业人数占总人口比重(%)	得分	排名
西藏	76.57	4.92	1	江西	54.35	2.20	17
安徽	68.87	3.98	2	贵州	54.27	2.19	18
福建	67.88	3.86	3	上海	54.12	2.17	19
河南	66.77	3.72	4	河北	53.47	2.09	20
浙江	64.08	3.39	5	重庆	52.82	2.01	21
海南	61.62	3.09	6	宁夏	52.54	1.98	22
云南	59.38	2.82	7	青海	52.34	1.96	23
山东	58.96	2.77	8	吉林	52.25	1.94	24
湖北	57.98	2.65	9	湖南	51.93	1.91	25
江苏	56.55	2.47	10	内蒙古	51.00	1.79	26
甘肃	56.54	2.47	11	黑龙江	50.46	1.73	27
四川	56.08	2.41	12	辽宁	49.70	1.63	28
广西	55.41	2.33	13	山西	49.25	1.58	29
天津	55.08	2.29	14	新疆	48.89	1.53	30
北京	55.07	2.29	15	陕西	44.97	1.05	31
广东	54.98	2.28	16				

名第一，陕西省则以1.05分的劳动参与指数得分排在最后。从全国31个省、区、市的指数得分来看，西藏自治区以76.57%的就业人口占总人口的比重居于首位，最后一名陕西省的占比为44.97%。这表明，在推进共建共享的发展中，伴随着人口红利的消失，我国各地劳动参与情况差距较大，使得各地的劳动参与指数表现分化。其次，从全国31个省、区、市的指数得分排名来看，西藏自治区的排名最高，究其原因可能有相应的就业政策指导。而陕西省的劳动报酬指数和劳动参与指数得分和排名均为各地区最后一名，表明陕西省在推进共建共享的建设过程中，确实存在某些突出的约束因素。

其三，关于信息共享指数的测算，以互联网普及率为测算依据，可得到全国31个省、区、市信息共享指数的测算结果及排名情况如表5所示。其中，北京市以9.27分的信息共享指数得分在31个省、区、市中排在第一位，

表5　2019年全国31个省、区、市信息共享指数及排名

地区	信息共享指数			地区	信息共享指数		
	互联网普及率（%）	得分	排名		互联网普及率（%）	得分	排名
北　京	96.16	9.27	1	湖　北	61.68	5.92	17
上　海	89.62	8.64	2	海　南	60.67	5.82	18
广　东	84.65	8.15	3	重　庆	60.46	5.80	19
福　建	82.00	7.89	4	宁　夏	59.39	5.69	20
天　津	77.72	7.48	5	黑龙江	59.39	5.69	21
辽　宁	76.64	7.37	6	广　西	54.17	5.19	22
浙　江	75.91	7.30	7	江　西	52.94	5.07	23
江　苏	67.98	6.53	8	湖　南	52.80	5.05	24
山　西	66.27	6.36	9	四　川	51.87	4.96	25
青　海	63.99	6.14	10	河　南	51.78	4.95	26
河　北	63.36	6.08	11	安　徽	51.75	4.95	27
吉　林	63.35	6.08	12	西　藏	51.60	4.94	28
内蒙古	62.79	6.02	13	贵　州	51.19	4.90	29
山　东	62.76	6.02	14	甘　肃	50.56	4.83	30
新　疆	62.30	5.98	15	云　南	47.35	4.52	31
陕　西	62.12	5.96	16				

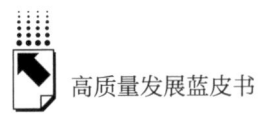

云南省则以4.52分的信息共享指数得分排在最后一位。从全国31个省、区、市的指数得分来看，北京市以96.16%的互联网普及率居于首位，而最后一名云南省的互联网普及率仅为47.35%。从最高值约为最低值的两倍这个数据差距来看，在互联网普及率的问题上差距明显，各地区存在发展不协调的状况。但另一方面，我国各地区的互联网普及率除云南省以外全部处于50%以上，说明在推进共建共享的发展中，信息共享整体水平也较高。其次，从全国31个省、区、市的排名来看，信息共享指数排名的高低与各地区经济发展水平在全国位置的高低存在着必然联系。经济发展水平越高，基础设施明显更好，互联网普及率也越高，信息共享指数得分也越高。

二 2000~2019年中国经济共建共享发展的变化趋势

在测算出2019年中国经济共建共享发展的基本情况后，结合以往统计的中国经济共建共享发展的数据结果，我们分析了2000~2019年我国经济共建共享发展的变化趋势。

（一）2000~2019年中国经济共建共享评价指数测算结果

从总体上来看共建共享指数的发展情况，经测算，从2000年到2019年的20年间，我国经济共建共享指数从5.60分上升到10.97分，提高了5.37分，增幅达95.9%（见表6）。从增长轨迹看，在2007年以前，共建共享指数得分基本保持稳定，维持在5分左右。而在2008年该指标得分有一个明显的跃升，从5.96分上升到7.61分，1年就增长了1.65分。自2008年之后，我国共建共享指数就一直保持上涨的趋势。其中，从2014到2019年的6年时间里，共建共享指数均稳定在10分左右。所以总的来说，就整体发展而言，自2007年以来，共建共享指数就一直在稳步增长，直至2014年后呈现一个稳定的状态（见图1）。

表6　2000～2019年中国经济共建共享评价指数

单位：分

年份	共建共享指数	劳动报酬指数	劳动参与指数	信息共享指数
2000	5.60	2.81	2.70	0.09
2001	5.59	2.78	2.64	0.17
2002	5.65	2.64	2.65	0.36
2003	5.48	2.32	2.65	0.51
2004	5.26	2.00	2.64	0.62
2005	5.57	2.15	2.68	0.74
2006	5.40	1.81	2.66	0.93
2007	5.96	1.86	2.64	1.46
2008	7.61	2.86	2.65	2.10
2009	7.78	2.41	2.66	2.72
2010	8.20	2.26	2.71	3.23
2011	9.03	2.72	2.69	3.62
2012	9.49	2.84	2.68	3.97
2013	9.98	2.97	2.68	4.33
2014	10.33	3.11	2.68	4.53
2015	10.61	3.14	2.68	4.79
2016	10.62	2.87	2.69	5.06
2017	10.74	2.76	2.65	5.32
2018	10.97	2.66	2.62	5.69
2019	10.97	2.56	2.32	6.09

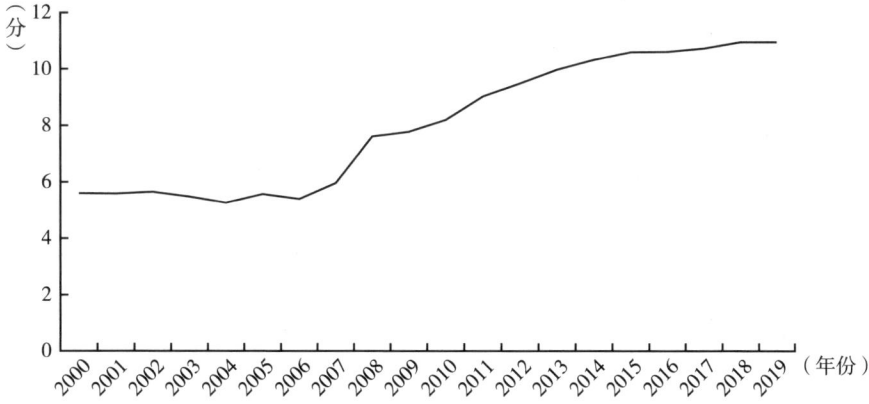

图1　2000～2019年中国经济共建共享指数变化情况

从共建共享指数的3个三级指标在过去20年的变化情况看,劳动报酬指数和劳动参与指数的得分基本上保持在一个稳定的区间。其中,劳动报酬指数的得分变化虽然发生波动,但波动始终在2~3分的小范围内。劳动参与指数得分的波动则极为微小,20年间基本保持稳定,虽然2018~2019年出现了一定的下降,但其幅度依旧很小。相比较而言,信息共享指数的得分则在过去20年大体上始终保持增长的趋势(见表6、图2),且增长幅度较大,这也是共建共享指数保持上升趋势的重要原因。

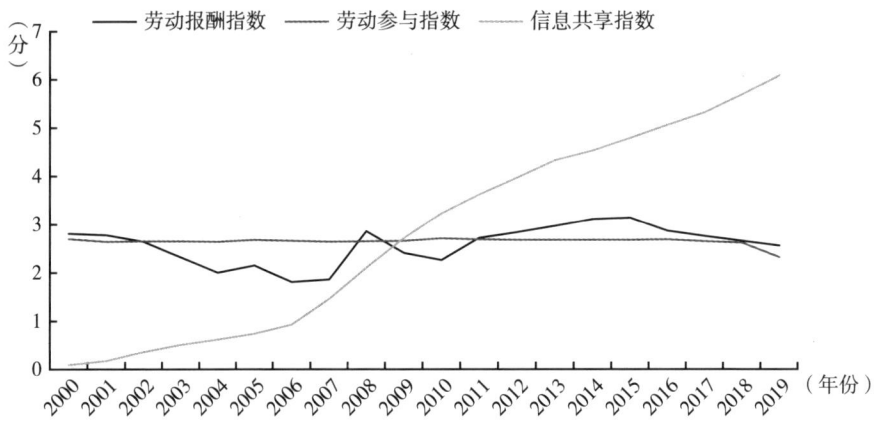

图2 2000~2019年中国经济共建共享指数下级指标变化情况

通过上述总体指标和具体指标的分析,再结合我国具体的经济发展实际情况,自2007年开始,我国互联网发展进入一个高速增长的时期,互联网的快速发展和大范围的推广,使得互联网普及率有了一个稳定的较大增长,从而推动了共建共享指数的得分增大。其次,2008年爆发的国际金融危机,对全世界造成了巨大影响,也使得国内出现产能过剩,大量企业倒闭的问题,继而使得国民收入中的资本回报率下降,劳动报酬指数和劳动参与指数得分开始上升,从而对共建共享指数的变化起了正面贡献的作用。

(二)2000~2019年全国31个省、区、市共建共享发展水平变化趋势

具体就各地区而言,共建共享发展水平和其下面的三级指标的指数得分

在这 20 年也经历了不同的变化情况。

1. 2000~2019年全国31个省、区、市共建共享指数变化趋势

我们将 31 个省、区、市在 2000 年和 2019 年的共建共享指数得分列在图 3 中。通过对比观察，可以看出这 20 多年来各地区共建共享指数发展情况。从整体上来看，20 年间各地区的共建共享指数得分普遍实现了平均约一倍幅度的增长，表明我国共建共享持续向好的发展趋势。其次，就各个地区而言，发达地区的上升趋势更明显，在起始年份，共建共享指数在发达地区明显低于中西部地区，而到了 2019 年，绝大多数的发达地区实现了反超，并以优于中西部地区及欠发达地区的增长速度实现了指数提升。例如北京、上海、浙江、福建、广东等发达省市，其共建共享指数在 2019 年时就处于全国上游位置。而中西部地区及欠发达地区增长速度则普遍较为缓慢，但同时也有西藏、广西等少数西部省份由于各自区位的实际情况而提升较快。这种情况的出现是与我国的经济发展状况密切联系的。在这 20 年里，我国经济处于一个不断调整经济结构、优化产业性质的过程中，发达地区普遍经历了从工业化中期的重化工业为主的产业结构向知识和技术密集型的工业化后期产业结构演进的过程，同时后期新兴技术的使用又进一步提升了增速换挡的动力，劳动要素的报酬在国民收入中的占比有了大幅提高，互联网的普及率大幅增长。欠发达地区则在过去 20 年间普遍经历了从工业化前期劳动密集型产业为主向工业化中期资本密集型产业为主演进的过程，劳动要素报酬在国民收入中的占比出现下降。当然，西藏、新疆等地区这种劳动报酬占比的上升与发达地区劳动报酬占比的上升并非处于同一速率，发达地区所展示的增长始终是明显高于欠发达地区的。此外，后期发达地区的经济增长明显高于其他地区，也带动共建共享指数得分的增长速率快于其他地区，一个很重要的原因就是互联网新兴技术的快速发展和广泛应用，新兴技术所带来的极大驱动效益助推了共建共享指数的快速攀升。

具体分析各地区共建共享指标下的三级指标。其一，我们将 31 个省、区、市在 2000 年和 2019 年的劳动报酬指数得分列在图 4 中。从整体上来看，自 2000 年到 2019 年的劳动报酬指数得分变化情况，大致可以分为两

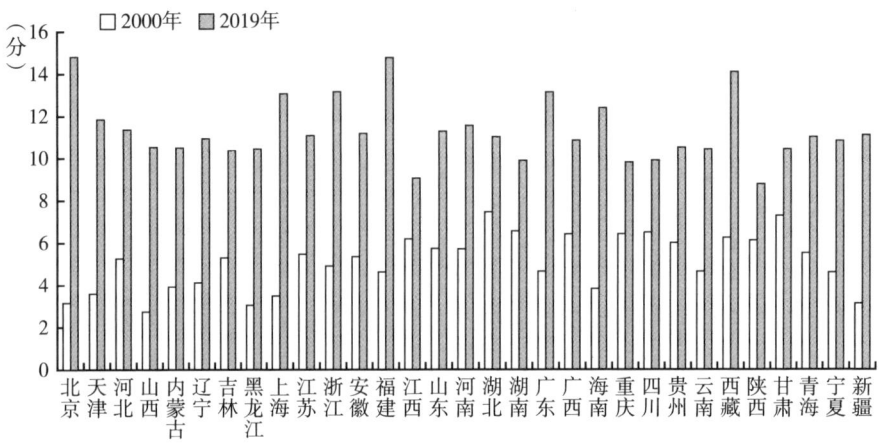

图3 全国31个省、区、市共建共享指数变化情况

类。第一类是2000年的劳动报酬指数得分高于2019年的数值的，其所包括的省、区、市依次有：河北省、内蒙古自治区、辽宁省、吉林省、江苏省、安徽省、江西省、山东省、河南省、湖北省、湖南省、广东省、广西壮族自治区、重庆市、四川省、贵州省、西藏自治区、陕西省、甘肃省和青海省共20个地区。第二类是2000年的劳动报酬指数得分低于2019年的数值的，其所包括的省、区、市依次有：北京市、天津市、山西省、黑龙江省、上海市、浙江省、福建省、海南省、云南省、宁夏回族自治区和新疆维吾尔自治区共11个地区。在第一类中，中西部和欠发达地区较多，而第二类中发达地区较多，特别是其涵盖了三个直辖市。这表明在劳动报酬的指数得分变化中，经历了20多年的经济发展转型，第一类地区中的劳动要素的报酬在国民收入中的比重有所下降，如东北地区的吉林省就面临大幅下降的情况。而第二类地区中的劳动要素的报酬在国民收入中的比重则呈现上升情况，尤其是直辖市中的北京市和上海市，劳动报酬指数得分甚至出现了一倍的增加。

其二，我们将31个省、区、市在2000年和2019年的劳动参与指数得分列在图5中。从整体上来看，除江苏省、山东省、湖北省、湖南省、重庆市、陕西省、甘肃省和青海省共8个地区以外，其他地区的劳动参与指数得分都出现了增长。但反观这8个地区，对比其劳动参与指数得分下降的幅度

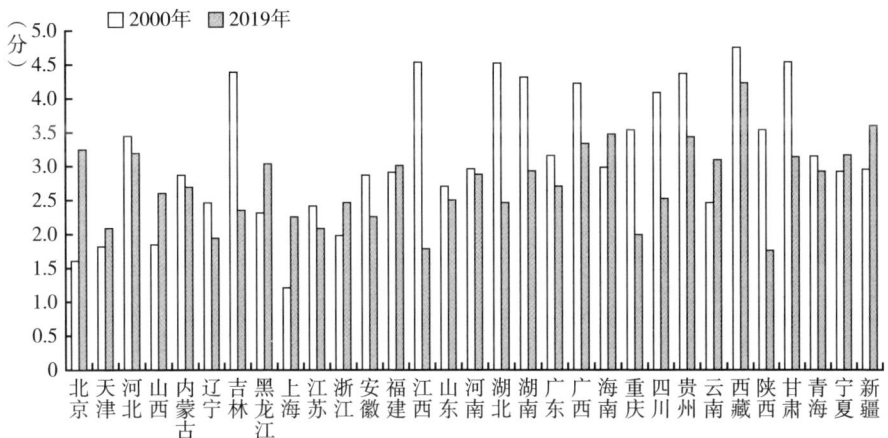

图4 全国31个省、区、市劳动报酬指数变化情况

与其他地区的得分增长幅度,可以看出下降的总体幅度远远小于上升的总体幅度。究其原因,可能是存在人口跨省流动、跨省劳务等问题。因此就总体情况而言,劳动参与程度在20多年的发展中是逐步加深的。

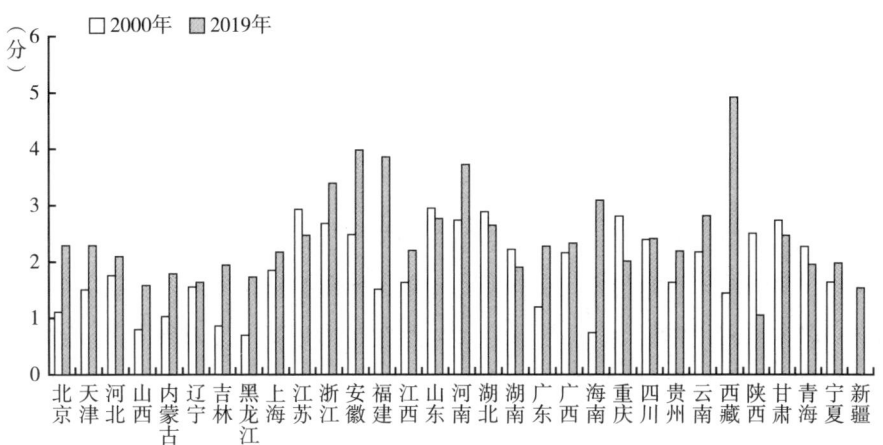

图5 全国31个省、区、市劳动参与指数变化情况

其三,我们将31个省、区、市在2000年和2019年的信息共享指数得分列在图6中。从图6中我们可以直观地看到,各地区在2019年的信息共享指数得分均是远远高于在2000年的指数得分的。其无论从增长数值还是从增长速度上来分析,20多年的信息共享指数得分的发展都是极其迅猛的,同时经济发达地区的增长速率又是远远高于欠发达地区的。这一现象得益于新兴技术互联网的普及推广所带来的巨大驱动效应,使得在劳动报酬指数得分和劳动参与指数得分增长幅度不是较大的情况下信息共享指数得分的倍增给共建共享指数得分的提高带来了强劲的推动力。

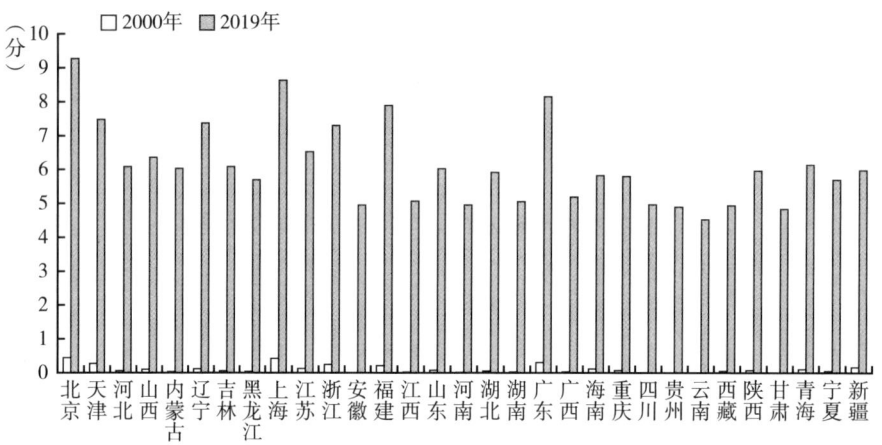

图6 全国31个省、区、市信息共享指数变化情况

2.2000~2019年全国31个省、区、市共建共享排名变化趋势

我们进一步将31个省、区、市在2000~2019年的共建共享指数得分全国排名情况列在表7中。通过将2019年的共建共享指数得分与2000年的指数得分相比较,可以发现,各地区共建共享指数得分的全国排名除保持不变的江苏省和山东省外,排名上升的地区总数是多于排名下降的地区总数的。其中,排名上升的地区依次有北京市、天津市、河北省、山西省、内蒙古自治区、辽宁省、黑龙江省、上海市、浙江省、安徽省、福建省、河南省、广东省、海南省、西藏自治区、宁夏回族自治区和新疆维吾尔自治区共17个地区。排名下降的地区依次有吉林省、江西省、湖北省、湖南省、广西壮族自治区、重庆市、四川省、贵州省、云南省、陕西省、甘肃省和青海省共12个地区。

2019年中国经济共建共享发展评价报告

表7 2000～2019年全国31个省、区、市共建共享指数排名变化情况

年份	2000	2001	2002	2003	2004	2005	2006	2007	2008	2009	2010	2011	2012	2013	2014	2015	2016	2017	2018	2019
北京	28	29	19	8	1	1	1	1	1	1	1	2	2	2	2	3	3	3	2	1
天津	26	27	27	27	25	24	24	23	15	14	12	14	15	14	16	16	15	10	8	8
河北	17	16	18	23	26	22	21	18	13	10	13	13	9	8	9	13	13	11	10	10
山西	31	31	31	31	31	30	30	30	27	26	29	25	22	20	21	21	28	24	23	20
内蒙古	24	26	29	30	30	31	31	31	28	28	27	24	21	11	11	6	20	24	22	
辽宁	23	23	22	24	24	8	9	11	17	11	7	12	11	10	8	4	18	19	19	17
吉林	16	8	7	4	28	27	27	30	30	30	29	31	29	28	28	26	26	26	26	
黑龙江	30	28	28	29	29	29	28	29	29	31	31	31	29	29	25	26	24	25	25	23
上海	27	30	24	19	13	15	15	6	7	9	14	7	8	6	7	8	7	6	6	6
江苏	14	15	12	10	16	11	10	12	19	8	9	9	13	15	18	21	17	14	14	
浙江	18	19	23	16	7	7	3	2	2	3	3	3	3	3	5	4	4	4	4	4
安徽	15	17	13	22	12	9	12	13	11	17	11	7	12	12	14	17	16	13	13	12
福建	21	21	17	15	18	17	14	8	3	2	2	1	1	1	1	1	1	1	1	2
江西	8	12	9	13	6	25	26	20	28	29	27	28	30	31	31	30	31	30	30	30
山东	11	10	10	9	19	12	7	9	5	6	10	15	16	15	17	12	12	9	11	11
河南	12	11	16	25	20	13	19	17	20	13	20	10	10	9	10	9	9	8	9	9
湖北	1	1	1	1	5	6	8	14	8	12	15	8	6	11	13	15	14	14	15	15
湖南	3	2	4	6	8	4	4	5	6	5	12	16	16	19	19	24	23	27	28	28
广东	19	20	20	14	10	5	5	3	4	4	5	4	4	5	6	5	5	5		
广西	6	7	6	11	11	2	2	4	5	7	6	13	23	19	11	15	17	18		
海南	25	25	26	26	21	23	25	14	20	18	17	14	7	6	7	8	7	7		
重庆	5	5	8	3	2	3	4	7	10	18	19	18	17	27	28	29	29	29	29	29
四川	4	4	3	2	4	10	13	16	21	22	23	26	26	27	27	24	28	27	27	
贵州	10	14	14	12	23	26	20	21	24	26	25	29	25	25	25	22	22	20	21	
云南	20	18	21	21	17	14	21	19	22	19	23	21	20	17	22	23	22	21	21	25
西藏	7	6	2	7	9	16	11	10	21	5	4	5	5	4	2	2	2	3	3	
陕西	9	9	11	18	21	18	26	24	25	26	24	28	30	30	31	31	31			
甘肃	2	3	5	5	3	19	18	22	8	23	17	22	26	24	22	20	23	22	24	
青海	13	13	15	17	18	16	15	12	20	20	17	20	20	19	20	16	16	16		
宁夏	22	22	25	20	15	20	22	24	21	19	17	17	19	14	19	18	18	19		
新疆	29	24	30	28	27	28	29	25	27	24	21	23	27	21	16	16	9	12	12	13

109

我们具体分析一些典型地区的共建共享指数在全国排名变化情况。北京市的共建共享指数得分排名在2000~2019年总体上呈现上升态势。从2001年的第29名上升到2004年的第1名，并且在2004~2010年一直保持第1名的位置，其后也一直在前三名的区间范围内波动，直至2019年又重新上升到第1名（见图7）。可以看到北京市的共建共享指数得分发展状况呈现先增长后稳定的现象，其主要原因可能是其共建共享下的三级指标信息共享的程度提高，其互联网普及率实现了巨大的增长。所以自2004年起实现巨大飞跃，而在之后又依赖新兴技术的发展而保持位置的稳定。这体现出北京市在过去20年里推动共建共享发展取得的显著成绩。

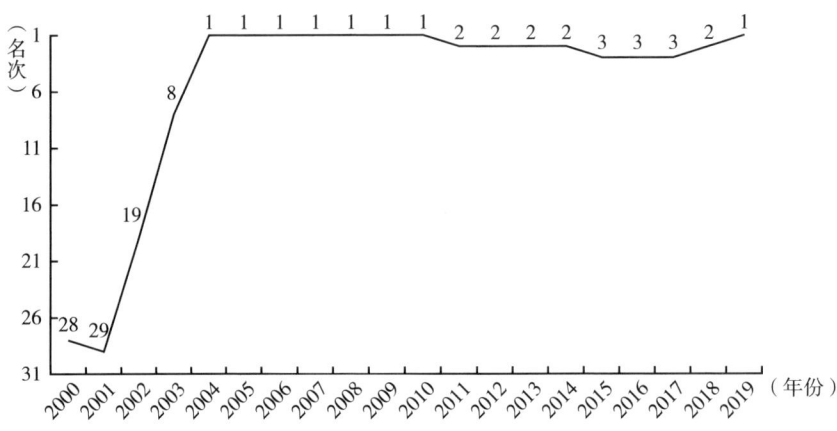

图7　2000~2019年北京市共建共享指数在全国排名变化情况

就上海市而言，上海市的共建共享指数得分排名变化在2000~2019年虽然波动起伏，但没有改变总体逐步上升的态势。从2001年的第30名上升到2004年的第13名，从2007年的第6名又下降到2010年的第14名，直至最近三年2017~2019年又稳定在第6名的位置（见图8）。联系上海市的经济发展实际情况，可以看到上海市的共建共享指数得分发展状况在曲折中增长，其中最大一次下降转折点的出现，是与2008年国际金融危机的爆发有密切关系。而在其后的数年间，上海市成功实现了经济转型，迈向工业化后期，劳动报酬在国民收入中的占比有所提高，同时与北京市相类似，互联

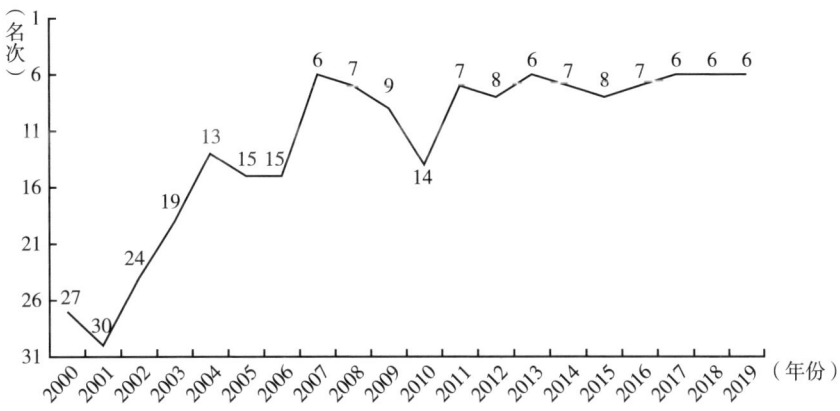

图 8　2000~2019 年上海市共建共享指数在全国排名变化情况

网得到广泛普及，进而也拉升了共建共享指标的得分。

广东省作为沿海发达地区之一，其共建共享指数得分排名变化轨迹与北京市的指数其变化轨迹相类似。综观 20 年的发展变化，呈现先上升后稳定的变化现象。从 2002 年的第 20 名上升到 2007 年的第 3 名，之后一直在前五名的范围内上下波动，并在 2016~2019 年共四年时间里一直保持第 5 名的位置（见图 9）。从广东省这样的发展情况分析原因，可以由其共建共享指标下的三级指标劳动参与来解释。首先广东省作为接收跨省流动劳动人口数量最大的省份，在过去的 20 年里，劳动参与程度显然得到了提高。其次作为沿海发达地区，广东省在互联网普及方面取得的巨大成效，也助推了共建共享指数得分的上升。

湖南省的共建共享指数得分排名在 2000~2019 年呈现下降趋势，虽然中间有过短暂的转折，但总体上还是从 2000 年的第 3 名最终下降到 2019 年的第 28 名，从全国上游水平逐步退至接近全国末尾的位置（见图 10）。导致湖南省共建共享指数得分排名出现较大幅度下降的原因主要是其共建共享二级指标下三级指标劳动报酬和劳动参与指标得分的增速较慢和有下降的情况，说明湖南省在过去 20 年里在推进共建共享发展工作中有待进一步提高。

广西壮族自治区的共建共享指数得分的变化波动幅度较大。具体而言，

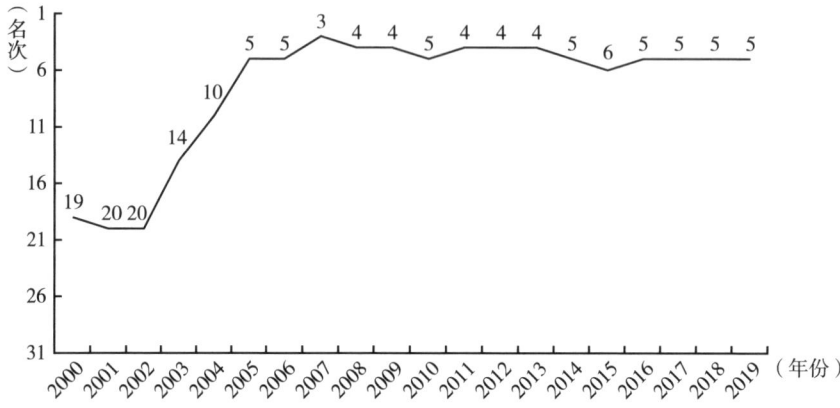

图9　2000~2019年广东省共建共享指数在全国排名变化情况

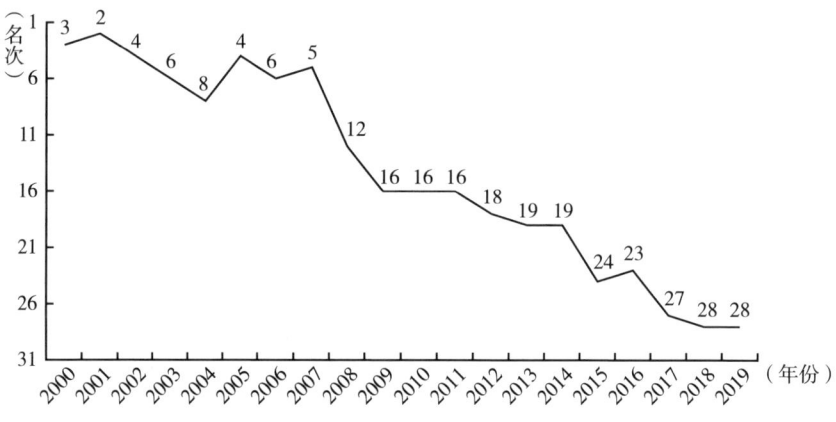

图10　2000~2019年湖南省共建共享指数在全国排名变化情况

在2000~2019年，其排名的变化轨迹从2000年的第6名开始，到2011年的第6名结束，其排名位次始终围绕着6上下波动。但是，从2011年开始到2013年则出现了大幅下滑，从第6名下降到第23名。随后从2013年开始排名持续上升，但最后也没有上升到开始的第6名，只是在2019年结束在第18名（见图11）。导致广西壮族自治区共建共享指数排名在前期下降较快的原因主要是三级指标劳动报酬和劳动参与的相互变动影响，以及最后信息共享即互联网的普及率的提升又在一定程度上提升了共建共享指数在全国的排名。

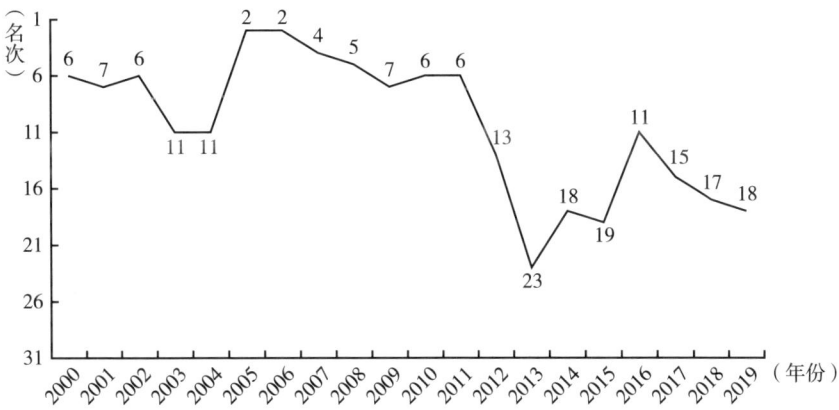

图 11　2000～2019 年广西壮族自治区共建共享指数在全国排名变化情况

陕西省的共建共享指数得分排名在 2000～2019 年持续下降，可以看到从 2000 年的第 9 名开始逐年下降，直至 2016 年达到全国最后一名，之后在 2016～2019 年一直停滞在最后一名的位置（见图 12）。陕西省的共建共享指数得分呈现如此直接的下降趋势可以从三级指标劳动报酬和劳动参与来解释。在进行三级指标的测算中，陕西省劳动报酬和劳动参与两项指标的测算结果均为最后一名，而且劳动报酬和劳动参与的测算指标得分在这 20 年里

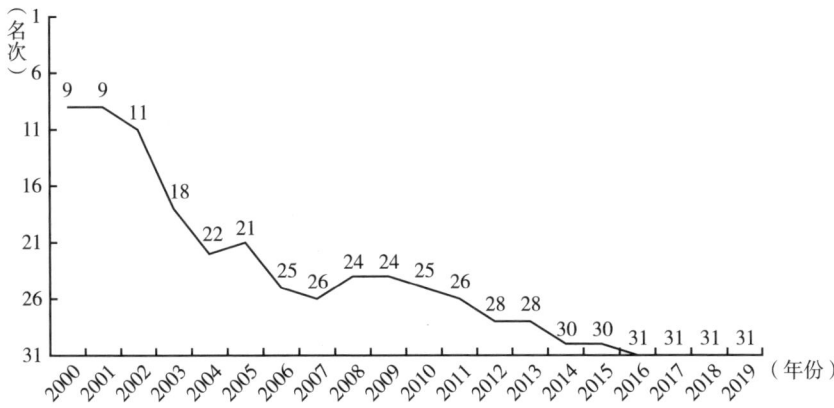

图 12　2000～2019 年陕西省共建共享指数在全国排名变化情况

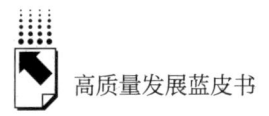

同时下降,此外关于信息共享指标的测算得分也比较靠后。这表明过去20年里在推进共建共享发展工作中,陕西省在提高劳动要素报酬、推进就业和推广普及互联网等方面工作都亟待提高。

三 基本判断和政策建议

(一)共建共享发展的主要特征

1. 中国经济共建共享发展水平总体显著提高

2019年中国经济共建共享指数得分为10.97分,与2000年5.60分的共建共享指数得分相比,提高了5.37分,增幅达到了95.9%。可以认为,过去20年中国经济共建共享发展水平实现了较大幅度的提升。

2. 信息共享指数增长幅度普遍高于劳动报酬和劳动参与指数增长幅度

从2019年中国经济共建共享评价指数的结果来看,信息共享指数对于共建共享指数的贡献是高于劳动报酬和劳动参与指数的。其次从变化的发展趋势来看,劳动报酬与劳动参与的指数变化在20年的时间里始终保持在一个较为稳定的水平,略有上升或下降但变化的幅度始终不是很大。相比较而言,信息共享指数的变化则是一种大幅度的增长。同时也由于信息共享水平指数的显著提高,从而拉动了共建共享评价指数的提高,甚至成为推动共建共享指数增长的主要动力。

3. 发达地区信息共享指数增长速率较高于其他地区

观察2019年的经济共建共享评价指数,可以发现总体上是一种上升直至稳定的增长现象,但具体就各个地区而言,变化情况又有所不同。虽然发达地区偏向技术和知识密集型的产业结构使得相较于其他地区有着较高的劳动报酬和劳动参与,但还是比不上信息共享指数的增长。而信息共享指数的增长助推了共建共享指数的增长,其中一个重要的特征是信息共享指数的增长速率在发达地区是高于其他地区的。结合测量的结果差距来看,这可以归因于发达地区的经济水平高,基础设施完善,使得新兴技术的推广和应用更为迅捷。

4.影响各地区共建共享指数增长波动的因素不同

观察共建共享指标下的三级指标可以发现,影响各地区二级指标得分波动的原因并不相同,其中一个显著的例子就是西藏自治区的共建共享指数变化。西藏自治区的共建共享指数排名靠前主要是因为劳动报酬指数和劳动参与指数得分均排名全国第一,而陕西省的共建共享指数表现不尽良好以及在20年的发展中逐步后退,就不仅包括劳动报酬指数和劳动参与指数得分低而且靠后,还包括信息共享推进程度绝对数值较弱且速率也低于其他地区。

5.各地区共建共享的推进程度各不相同

针对各个地区而言,总体上关于推动共建共享工作都取得了一定的成就,但也存在个别地区的发展滞后甚至退后的现象,比如就有12个地区的共建共享指数得分的全国排名相较于2000年出现了下降的情况。不可否认,在这20年的时间里,也有可能是各地区的发展水平均有了一些提高,从而造成提升程度较慢的地区出现了下降现象。但这也仅仅是问题的一个次要方面,更主要的方面在于各地区是否成功推行实施提高共建共享水平的相关方案,充分发挥自身优势,实现各地区的绝对增长。这也就表明了当前推进共建共享建设过程中,部分地区的部分领域发展呈现一定的分化态势。

(二)进一步推动共建共享发展的政策建议

1.分地区实施相应的方案促进共建共享发展

制约各地区共建共享发展的条件不一样,但同样各地区具有发展潜力的增长因素也不一样。比如欠发达地区在经历了从工业化前期劳动密集型产业为主向工业化中期资本密集型产业为主演进的过程后应改变相应的转型思路和调整发展思路,以期进一步推动从工业化中期重化工业为主的产业结构向知识和技术密集型的工业化后期产业结构演进,从而提高劳动报酬在国民收入中的占比。同时在产业结构的转换过程中,也会相应地创造更多的就业和提升劳动参与。中西部及发达地区则应该继续保持原有的增长优势,结合自身的经济基础,稳定挖掘新兴技术的发展潜力。

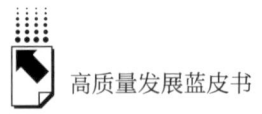

2. 引导鼓励信息化水平提高推进共建共享发展

就共建共享指标下的三个指标相比较而言，可以看出，信息共享指数的提高对于共建共享指数增长的作用是巨大的，表明信息化水平对于共享发展有着重要影响。信息普及对提升全民参与经济社会的发展建设，更好地贡献自己的聪明才智有着重要作用。互联网经济模式以其低准入门槛、开源式平台的模式特征，尤其有利于欠发达地区借以实现弯道超车，充分挖掘自身发展潜力。因此，积极推动互联网经济的发展，对于促进共建共享水平的提高大有裨益。

3. 推动各地区协同共建共享发展

各个地区组成一个整体，在统一协作的前提下可以建设得更加全面和完整。各地区可以充分开展交流合作，实现相应政策的相互帮扶，缩小区域差异，共享建设经验，共享创新效益，从而也共享发展成果。比如发达地区在继续巩固较高的共享发展水平的同时，也应积极探索从而为其他地区提供发展方案；其他地区则应充分发挥后发优势，借鉴成功经验，和发达地区实现优势互补，从而提振全国经济发展水平。

4. 实现共建共享与全民共享、全面共享和渐进共享共同发展

共建共享是"发展依靠人民"这一思想内涵的重要体现，是以人民为中心的共享发展思想的重要组成部分。但是，在实践中共建共享的重要性往往被人们所忽略。应牢固树立发展依靠人民的理念，把共建共享提升到与全民共享、全面共享和渐进共享同样的高度，在继续推动共建共享的建设过程中，应该更加注重推动全民共享、全面共享和渐进共享的共同进步。这样才会使得共享发展全面涵盖经济、政治、文化、社会和生态文明各个领域，使得更多的人参与共同建设，使得建设的内容更加全面，使得建设的过程逐渐推进，从而继续保持共享发展的持续和稳定，让发展的成果逐步提升人民的生活水平。

B.5
2019年中国经济渐进共享发展评价报告

郭雅媛*

摘　要： 渐进共享是就实现过程而言的共享，本报告用收入分配、消费水平和收入水平作为衡量渐进共享发展的下级指标。经测算，2019年中国经济渐进共享指数为10.93分，相对2000年的6.24分提高了4.69分，上升幅度为75.2%。从三级指标看，2019年收入分配指数为2.83分，消费水平指数为4.25分，收入水平指数为3.85分，相对2000年也都有不同程度的提高。分区域看，渐进共享指数排名的高低与各地区经济发展水平在全国的位置有较明显的正相关关系。在过去20年间，发达地区渐进共享发展水平的提高幅度明显高于欠发达地区，使得区域间渐进共享水平呈现分化态势。基于上述分析结论，本报告提出了推动中国经济渐进共享发展水平进一步提高的政策建议。

关键词： 中国经济　渐进共享　评价指数

一　2019年中国经济渐进共享发展的基本情况

（一）2019年中国经济渐进共享评价指数测算结果

经测算，2019年中国经济渐进共享指数为10.93分，其中收入分配指

---

* 郭雅媛，中共中央党校（国家行政学院）经济学教研部硕士研究生，主要研究方向为政治经济学。

数为2.83分，消费水平指数为4.25分，收入水平指数为3.85分（见表1）。在渐进共享二级指标下的3个三级指标中，收入分配指数的测算指标是城镇基尼系数，消费水平指数的测算指标是恩格尔系数，收入水平指数的测算指标是人均可支配收入。渐进共享指数在中国经济共享发展指数的指标体系中的权重为20%，其中收入分配指数的指标权重为5.09%，消费水平指数的指标权重为5.47%，收入水平指数的指标权重为9.45%。从3个三级指标的表现来看，消费水平指数表现最好，收入水平指数次之，收入分配指数对于渐进共享指数增长的贡献则相对较小。这表明，我国在推进渐进共享发展过程中，实现人民消费结构优化的成绩最为突出，最大限度地提高了人民的消费水平，提升了广大人民群众的生活质量。

表1　2019年中国经济渐进共享评价指数

单位：分

指数类型	渐进共享指数	收入分配指数	消费水平指数	收入水平指数
得分	10.93	2.83	4.25	3.85

从2019年中国渐进共享指数的构成来看，在渐进共享二级指标下的3个三级指标中，消费水平指数最高，这与我国城乡居民生活水平近年来获得了较大提高，进而使得我国呈现出显著的消费升级态势密不可分；收入水平指数次之，但由于我国城乡居民人均可支配收入增速连年超过了GDP增速，所以收入水平指数依然相对较高，较好地体现了人民共享发展成果的理念；收入分配指数在中国经济渐进共享指数下的3个三级指标中最小，反映出我国社会收入分配差距较大的现实问题。

（二）2019年全国31个省、区、市经济渐进共享评价指数测算结果及排名

全国31个省、区、市经济渐进共享指数的测算结果及排名情况如表2所示。其中，北京市以18.65分的渐进共享指数得分在31个省、区、市中排名第一，排名最后的是青海省，其渐进共享指数得分为6.64分。从全国

31个省、区、市的排名来看,渐进共享指数排名的高低与各地区经济发展总体水平在全国所处的位置具有正相关性,排名前十位的省份有9个都是东部沿海省份,而排名靠后的省份除海南省外,全部为中西部欠发达地区的省份。这表明,渐进共享发展的推进进程与经济发达程度密切相关,在经济越发达的地区,其推进共享发展的步伐也更迅速,并且在节奏上也更稳健,在促进地区收入分配均等化、提高消费水平和收入水平方面更加具有优势。

表2 2019年全国31个省、区、市渐进共享指数及排名

地区	渐进共享指数		地区	渐进共享指数	
	得分	排名		得分	排名
北 京	18.65	1	重 庆	10.25	17
上 海	17.95	2	山 西	10.11	18
浙 江	14.31	3	新 疆	9.77	19
天 津	13.72	4	安 徽	9.73	20
江 苏	12.72	5	贵 州	9.56	21
辽 宁	12.31	6	广 西	9.46	22
河 北	11.75	7	宁 夏	9.45	23
山 东	11.69	8	黑龙江	9.29	24
福 建	11.42	9	四 川	9.16	25
吉 林	11.29	10	云 南	9.12	26
江 西	11.24	11	湖 南	8.84	27
内蒙古	11.20	12	甘 肃	8.46	28
广 东	10.95	13	海 南	8.36	29
陕 西	10.82	14	西 藏	6.89	30
河 南	10.80	15	青 海	6.64	31
湖 北	10.59	16			

全国31个省、区、市收入分配指数的测算结果及排名情况如表3所示。其中,江西省以4.04分的收入分配指数得分在31个省、区、市中排名第一,这一结果相对来说有些令人意外。排名最后的仍然是青海省,其收入分配指数得分为0.21分。从全国各地区的排名来看,青海省的收入分配指数得分远低于其余30个省、区、市的得分,并且根据城镇基尼系数来看,青海省处于收入差距较大等级,其内部的贫富差距较为突出,收入分配在一定

程度上缺乏公平。江苏省和广东省两个东部沿海省份的收入分配指数的排名明显较低，分别排在了第18位和第26位，通过收入分配指数的测算指标发现，城镇基尼系数相对较高拖累了江苏和广东两个省份收入分配指数的排名。广东和江苏的经济发达程度在全国较高，但作为东部沿海地区的工业大省，其居民的收入分配差距却显得较为突出，两地政府在防止城市出现贫富两极分化和促进收入分配公平方面的任务十分繁重。值得一提的是，新疆维吾尔自治区、内蒙古自治区作为相对欠发达地区，城镇基尼系数却比较靠前，表现出了其居民收入分配比较平均，贫富差距较小。

表3 2019年全国31个省、区、市收入分配指数及排名

地区	收入分配指数			地区	收入分配指数		
	城镇基尼系数	指数（分）	排名		城镇基尼系数	指数（分）	排名
江西	0.25	4.04	1	贵州	0.31	2.82	17
河北	0.26	3.97	2	江苏	0.31	2.82	18
北京	0.26	3.82	3	重庆	0.31	2.76	19
天津	0.26	3.82	4	广西	0.31	2.76	20
上海	0.27	3.71	5	安徽	0.31	2.75	21
辽宁	0.27	3.60	6	山西	0.33	2.50	22
吉林	0.27	3.60	7	海南	0.33	2.32	23
河南	0.28	3.44	8	甘肃	0.34	2.28	24
陕西	0.29	3.33	9	云南	0.34	2.19	25
浙江	0.29	3.28	10	广东	0.34	2.08	26
山东	0.30	3.14	11	宁夏	0.35	2.00	27
福建	0.30	3.08	12	西藏	0.35	1.86	28
新疆	0.30	2.98	13	黑龙江	0.36	1.73	29
内蒙古	0.30	2.94	14	湖南	0.39	1.21	30
湖北	0.31	2.92	15	青海	0.43	0.21	31
四川	0.31	2.86	16				

全国31个省、区、市消费水平指数的测算结果及排名情况如表4所示。其中，北京以5.47分的消费水平指数得分在31个省、区、市中排名第一，排名最后的是西藏，其消费水平指数得分为2.88分。从全国各地区的排名来看，除前两位的省份为发达地区省份外，宁夏回族自治区作为相对欠发达

省份的第 4 位排名也比较靠前。内蒙古自治区、贵州、云南这些相对欠发达省份排名也在中间偏上的水平,分别为第 13 位、第 14 位、第 16 位。这些欠发达省份之所以排名靠前,究其原因,一方面是在区域协调发展战略和农村扶贫政策的推动下,居民收入的逐年增长改变了当地的消费习惯和消费结构,促进了当地的消费水平增长;另一方面是欠发达省份相对经济发达地区的物价水平一般较低,使得其恩格尔系数也相对较低。另外,天津、广东、福建、海南 4 个东部沿海省份的消费水平指数排名分别为第 20 位、第 27 位、第 28 位和第 30 位,排名较为落后,说明其消费结构与其经济发展水平不能较好匹配,这不仅与经济发达地区物价水平较高有关,还与这些省份的消费习惯和消费观念有关。

表 4　2019 年全国 31 个省、区、市消费水平指数及排名

地区	消费水平指数			地区	消费水平指数		
	恩格尔系数	指数(分)	排名		恩格尔系数	指数(分)	排名
北　京	0.20	5.47	1	湖　南	0.28	4.31	17
上　海	0.25	4.79	2	湖　北	0.28	4.29	18
山　西	0.25	4.77	3	青　海	0.28	4.28	19
宁　夏	0.25	4.71	4	天　津	0.29	4.17	20
河　北	0.25	4.68	5	新　疆	0.29	4.16	21
吉　林	0.26	4.65	6	甘　肃	0.29	4.15	22
河　南	0.26	4.59	7	广　西	0.30	3.95	23
江　苏	0.26	4.59	8	江　西	0.30	3.94	24
陕　西	0.26	4.52	9	安　徽	0.32	3.75	25
辽　宁	0.27	4.49	10	重　庆	0.32	3.66	26
山　东	0.27	4.49	11	广　东	0.32	3.63	27
黑龙江	0.27	4.47	12	福　建	0.33	3.57	28
内蒙古	0.27	4.45	13	四　川	0.33	3.47	29
贵　州	0.27	4.39	14	海　南	0.37	2.91	30
浙　江	0.28	4.34	15	西　藏	0.37	2.88	31
云　南	0.28	4.32	16				

全国31个省、区、市收入水平指数的测算结果及排名情况如表5所示。其中，上海以9.45分的收入水平指数得分在31个省、区、市中排名第一，排名最后的是甘肃省，其收入水平指数得分为2.03分。从全国各地区的排名来看，收入水平指数排名的高低与各地区经济发展水平在全国的位置具有正相关性，排名前十位的省份有9个都是东部沿海省份，而排名靠后的省份全部都是中西部欠发达地区的省份。这表明，收入水平与经济发达程度密切相关，经济越发达的地区居民可支配收入越多，人们直接分享的经济发展成果也越多。值得一提的是，河北作为一个东部沿海省份排名相对较低，居于第17位。内蒙古自治区作为相对欠发达地区，收入水平指数却比较靠前，排名为第11位，居民拥有较高的人均可支配收入，这与其近年来大力发展产业、推进农牧业绿色高质量发展有关。

表5 2019年全国31个省、区、市收入水平指数及排名

地区	收入水平指数			地区	收入水平指数		
	人均可支配收入（万元）	指数（分）	排名		人均可支配收入（万元）	指数（分）	排名
上海	4.55	9.45	1	河北	1.64	3.10	17
北京	4.52	9.36	2	黑龙江	1.63	3.09	18
浙江	3.29	6.70	3	吉林	1.61	3.03	19
天津	2.84	5.72	4	陕西	1.58	2.97	20
江苏	2.65	5.31	5	山西	1.52	2.84	21
广东	2.62	5.24	6	四川	1.52	2.84	22
福建	2.40	4.76	7	河南	1.49	2.77	23
辽宁	2.15	4.21	8	广西	1.48	2.76	24
山东	2.08	4.06	9	宁夏	1.47	2.75	25
重庆	1.97	3.82	10	新疆	1.42	2.62	26
内蒙古	1.96	3.81	11	云南	1.42	2.62	27
湖北	1.77	3.38	12	贵州	1.29	2.35	28
湖南	1.73	3.31	13	青海	1.20	2.16	29
江西	1.71	3.26	14	西藏	1.20	2.15	30
安徽	1.70	3.24	15	甘肃	1.15	2.03	31
海南	1.65	3.12	16				

二 2000~2019年中国经济渐进共享发展的变化趋势

(一) 2000~2019年中国经济渐进共享评价指数测算结果

经测算,从2000年到2019年的20年间,中国经济渐进共享指数从6.24分上升到10.93分,提高了4.69分,增幅达75.2%(见表6)。从指数增长轨迹来看,进入21世纪以来,除2004年、2008年和2013年有小幅下降以外,渐进共享指数始终保持增长势头,指数得分平均每年增长0.2分以上。其中,除了2018年到2019年间0.41分的增量,从2008年到2012年的5年间,渐进共享指数年增量基本保持在0.3分以上,是20年以来增幅最大的时期(见图1)。

表6 2000~2019年中国经济渐进共享评价指数

单位:分

年份	渐进共享指数	收入分配指数	消费水平指数	收入水平指数
2000	6.24	3.84	2.05	0.34
2001	6.51	3.81	2.28	0.41
2002	6.81	3.87	2.42	0.52
2003	6.90	3.76	2.53	0.61
2004	6.77	3.66	2.40	0.71
2005	6.92	3.51	2.59	0.83
2006	7.37	3.58	2.80	0.98
2007	7.56	3.63	2.76	1.17
2008	7.38	3.48	2.57	1.33
2009	7.93	3.57	2.83	1.53
2010	8.37	3.71	2.93	1.73
2011	8.56	3.70	2.89	1.97
2012	9.09	3.92	2.94	2.24
2013	9.03	2.79	3.80	2.43
2014	9.50	3.01	3.83	2.66
2015	9.93	3.15	3.89	2.90
2016	10.19	3.11	3.97	3.11
2017	10.43	2.97	4.09	3.37
2018	10.52	2.68	4.23	3.62
2019	10.93	2.83	4.25	3.85

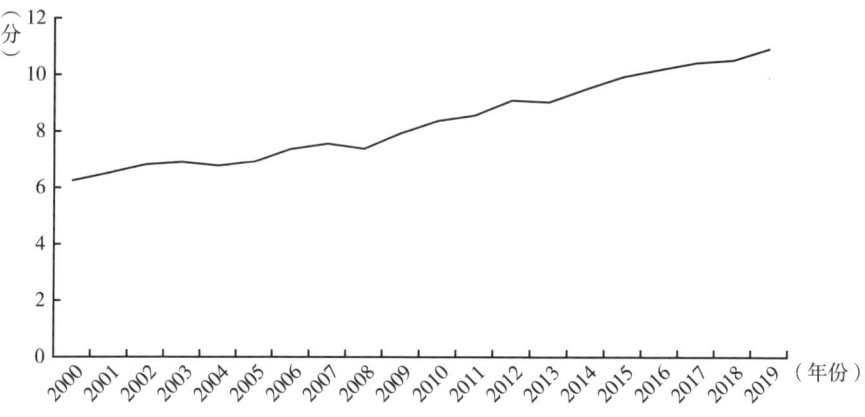

图 1　2000～2019 年中国经济渐进共享指数变化情况

从渐进共享的 3 个三级指标在过去 20 年的变化情况来看,收入分配指数大体上呈现了下降的趋势,消费水平指数大体上保持了增长的趋势,收入水平指数则一直保持增长且增长势头强劲(见表 6、图 2)。消费水平指数和收入水平指数在 20 年间都有相对较大幅度的上升,成为渐进共享指数能够总体保持上升趋势的重要推动力。收入分配指数总体上呈现出的下降趋势则成为渐进共享指数增幅上涨的主要拖累因素。

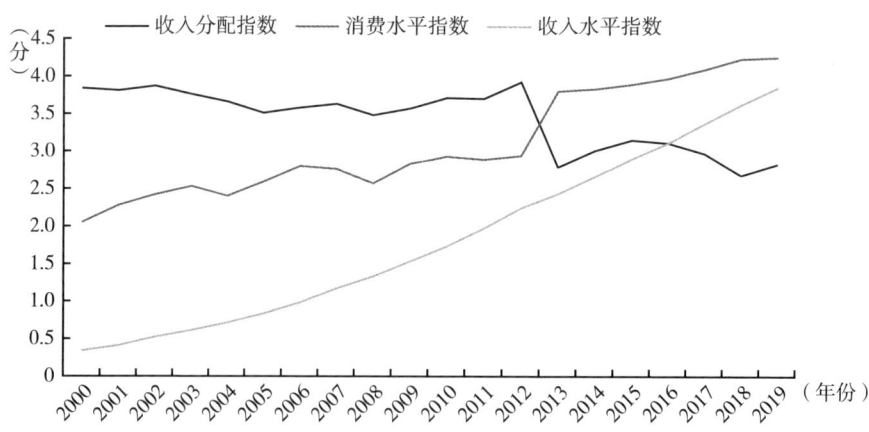

图 2　2000～2019 年中国经济渐进共享指数三级指标变化情况

首先，收入分配指数在过去 20 年里呈现波动下降态势，指数从 2000 年的 3.84 分下降到 2019 年的 2.83 分，下降了 1.01 分，降幅为 26.3%。从下降轨迹来看，收入分配指数在 2002~2005 年出现了连续四年的下降，特别是在 2004 年的负增长，拖累了渐进共享指数的上升。在 2012 年以前，收入分配指数基本保持稳定的波动下降，12 年里仅下降 0.14 分，降幅很小，而在 2013 年该指数有一个明显的"断崖式"下跌，从 3.92 分下降到了 2.79 分，1 年就下降了 1.13 分。通过分析测算指标发现，2012~2013 年我国城镇基尼系数增加，导致收入分配指数降低，成为 2013 年渐进共享指数负增长的拖累因素，反映出我国社会收入分配差距出现逐渐加大的趋势。该指数得分虽然在 2013 年后出现了小幅回升，但随后便在 2018 年回落到了 2.68 分的 20 年间新低点。

其次，消费水平指数在过去 20 年里呈现波动上升态势，指数得分从 2000 年的 2.05 分上升到 2019 年的 4.25 分，增长了 2.2 分，增幅为 107.3%。从增长轨迹看，除了 2004 年、2007 年、2008 年、2011 年 4 个年份有小幅下降，消费水平指数在其余大多数年份均保持增长，指数值平均每年增长 0.1 分左右。其中，该指数在 2013 年出现了一个明显的跃升，从 2.94 分上升到了 3.80 分，1 年就增长了 0.86 分，这也是推动渐进共享指数在这一时期实现较快增长的重要原因。消费水平指数在 2004 年、2008 年与收入分配指数的下降共同拖累了这几年渐进共享指数的上升，导致其出现了负增长。通过分析测算指标发现，消费水平指数得分的上升主要是由恩格尔系数的下降趋势导致的，在我国经济快速发展的背景下，我国城乡居民收入水平提高，消费呈现日趋多样化态势，人们在非食品消费上的支出占比逐渐增加，消费结构的转型升级提高了人民的生活水平，较好地体现出了共享发展理念的实质。

最后，渐进共享的 3 个三级指标中所占权重最大的收入水平指数，在过去 20 年的时间里呈现持续上涨的变化趋势，指数从 2000 年的 0.34 分一直上升到了 2019 年的 3.85 分，增长了 3.51 分，增幅为 1032.4%，在 3 个三级指标中是增幅最大的。从增长轨迹看，收入水平指数一路飙升，20 年来未曾出现下降趋势，指数得分平均每年增长 0.18 分左右，是渐进共享指数

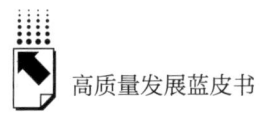

在这一时期实现较快增长的最大推动力,也是推动共享发展指数上升的重要因素。通过分析测算指标发现,20年来我国居民人均可支配收入连年上涨,超过了GDP的增速,居民收入水平持续上升,可用于最终消费支出和储蓄的收入逐年增加,并且收入水平指数增幅趋于平稳,反映出我国有效贯彻落实了发展成果由人民共享的理念,在大力促进经济增长中实现了人民收入水平的稳步提升。

(二)2000~2019年全国31个省、区、市渐进共享发展水平变化趋势

1. 2000~2019年全国31个省、区、市渐进共享指数变化趋势

我们将31个省、区、市在2000年和2019年的渐进共享指数得分列在图3中。通过观察可以发现,各地区渐进共享指数绝对水平与经济发达程度在2000年和2019年两个年份呈现出了一定的正相关性,但2019年相对2000年来看,正相关性更加明显,这使得各地区渐进共享指数更加发散。其中,北京、上海、浙江、天津、江苏等经济发达省份在2019年处于显著领先地位,其渐进共享指数得分也较高,这些省份的渐进共享指数在20年间增幅均在100%左右。大部分中西部和东北地区省份的渐进共享指数在20年间也获得了增长,但增幅相对较低,并且指数得分在2000年和2019年两个年份也均相对较低。这说明具有良好的发展基础的经济发达地区能够更加快速且平稳地推动共享发展的进程,而相对欠发达地区的发展基础相对薄弱,在推动共享发展的进程中缺乏稳健性。

我们将31个省、区、市在2000年和2019年的收入分配指数得分列在图4中。通过观察可以发现,各地区收入分配指数在两个年份的变化发展与渐进共享指数和其他两个三级指标指数表现出了相反的变化趋势。两个年份各地区的收入分配指数与市场经济发达程度有一定的相关性,并且2019年相对2000年,这种相关性要强一些。其中,北京、天津、上海的收入分配指数在2019年的领先地位更加明显。全国31个省、区、市除陕西省以外,收入分配指数2019年与2000年相比,均出现了下降,拖累了全国渐进共享

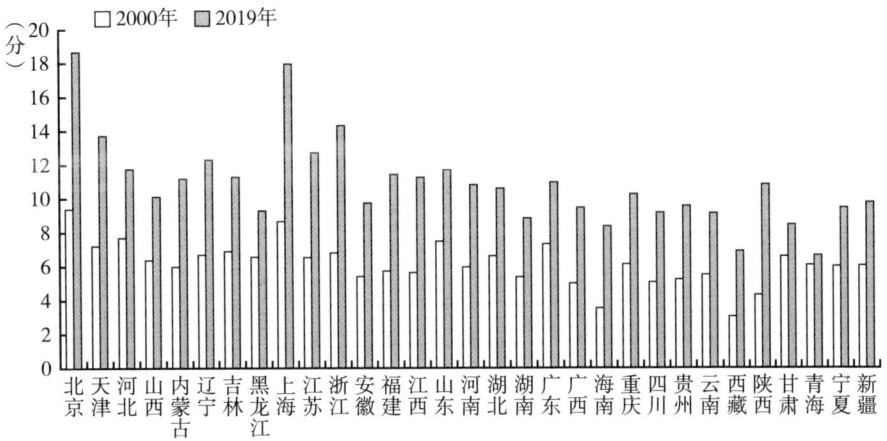

图3 全国31个省、区、市渐进共享指数变化情况

指数的增长。其中，上海在2000年的收入分配指数位居第一，但在2019年却不占优势。陕西省成为20年来收入分配指数唯一上升的省份，并且增幅较大，达到了122%。青海省在收入分配指数方面与全国各地区拉开了较大差距，成为20年来收入分配指数下降最多的省份，指数得分从2000年的4.49分暴跌到2019年的0.21分，降幅达到了95%，显示出其在经济发展过程中收入分配差距逐年拉大的突出矛盾，并且居民之间贫富差距增加速度也较快。广东省作为发达的东部沿海省份，收入分配指数的降幅也较大，而内蒙古自治区作为相对欠发达地区，指数得分的降幅则很小。对比2000年和2019年全国31个省、区、市的收入分配指数可以发现，总体来说发达地区的收入分配指数下降慢于中西部省份，天津、浙江两地的降幅更是微乎其微，而青海、湖南、甘肃、云南的降幅相对较大，均在50%左右，这在一定程度上说明了中西部省份的收入分配差距在总体上要大于东部沿海发达省份，中西部地区在确保收入分配能够兼顾效率和公平方面较经济发达地区还有一定差距。

我们将31个省、区、市在2000年和2019年的消费水平指数得分列在图5中。从绝对水平来看，2000年和2019年两个年份各地区消费水平指数与经济发达程度有一定的相关性。其中，作为国家首都的北京市，两个年份的消费水平指数在全国处于明显的领先地位。河北、山东两个东部沿海省份

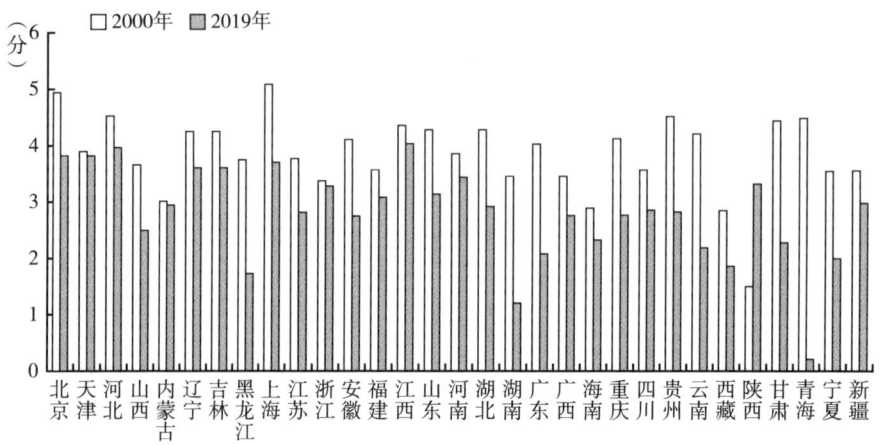

图4　全国31个省、区、市收入分配指数变化情况

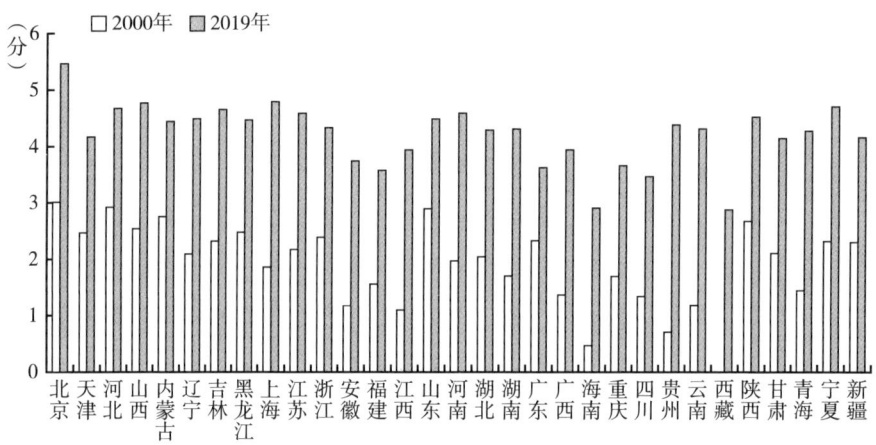

图5　全国31个省、区、市消费水平指数变化情况

2000年的消费水平指数相对较高。上海在经历了20年的发展后，2019年的消费水平指数取得了相对经济发达地区的较大增长，增幅达到了158%，赶超了大部分地区，达到了全国领先地位。但同时，山西、宁夏等省份的消费水平指数也较为突出，而作为经济发达省份的广东，消费水平指数却较低，这与这些地区在饮食习惯和消费习惯上的表现有一定关系。从相对水平变化看，各地区消费水平指数在20年间均有较大幅度的上升，增幅均在50%以

上。西藏自治区作为相对欠发达省份，2000年的消费水平指数得分为零，但在2019年，其消费水平指数同全国其他地区一同获得了较大幅度的增长，其原因主要是在国家的西部大开发政策和扶贫政策的帮助下，西藏地区在穿着、文化、娱乐等方面的支出比例有了较大提高。消费水平指数增幅最大的省份主要是海南、贵州、西藏、云南，其2019年的指数得分较2000年增幅均在250%～500%。而在北京、浙江、天津、广东、山东等经济较发达省份，消费水平在过去20年间的增幅相对较小，但仍然实现了50%～80%的增长。总体来说，相对欠发达地区的消费水平指数相较于发达地区增幅较大，说明经济欠发达地区在我国经济平稳较快发展的过程中取得了长足的进步，享受到了国家经济发展成果，并且随着消费观念的转变，消费结构实现升级，人民的生活质量获得了稳步提升。

我们将31个省、区、市在2000年和2019年的收入水平指数得分列在图6中。从绝对水平看，无论是2000年还是2019年，各地区的收入水平指数与地区经济发达程度呈现出了较强的正相关性，上海、北京、天津、浙江、广东、福建、江苏等经济强省在2000年和2019年的收入水平指数得分明显领先于其他地区，而广大欠发达地区的收入水平指数在这两个年份均较低，体现了经济发达程度对收入水平提升的巨大促进作用。从相对水平变化看，各地区收入水平指数在20年间均有很大幅度的上升，发达地区由于收入水平指数的基数较高，增幅相对较低，但大体上增幅仍然在400%～800%。欠发达地区收入水平指数的基数较低，在这20年间均抓住了良好的经济发展机遇，虽然在收入水平指数得分上相比经济发达地区仍在存在较大差距，但在增幅上远远赶超了发达地区，指数得分增长幅度均在1000%以上，部分中西部及欠发达省份如甘肃省、云南省、贵州省、宁夏回族自治区、四川省、内蒙古自治区等的增幅还超过了1700%，人均收入水平表现出了强劲的增长动力。这与我国实行的减贫政策，特别是农村地区的减贫政策，以及乡村振兴、区域协调等重大战略取得的成果密不可分，体现出了我国以人民为中心的共享发展理念。

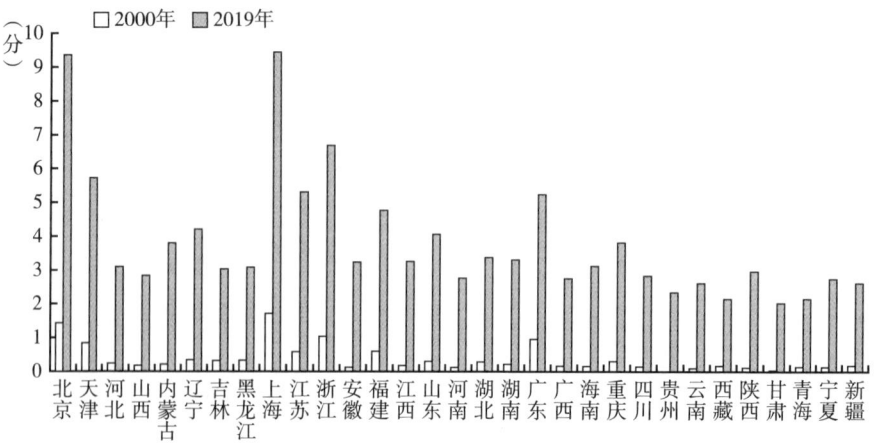

图 6　全国 31 个省、区、市收入水平指数变化情况

2. 2000~2019 年全国 31 个省、区、市渐进共享排名变化趋势

我们进一步将 31 个省、区、市在 2000~2019 年的渐进共享指数全国排名情况列在表 7 中。通过观察发现，各地区渐进共享指数的全国排名总体上稳定，但出现了一定的波动，部分地区的排名情况出现了相对较大的波动。与 2000 年相比，2019 年的渐进共享指数排名上升的地区有天津、内蒙古、辽宁、江苏、浙江、安徽、福建、江西、河南、广西、海南、四川、贵州、西藏、陕西；排名下降的地区有河北、山西、吉林、黑龙江、山东、湖北、湖南、广东、重庆、云南、甘肃、青海、宁夏、新疆；排名保持不变的地区有北京和上海。

表 7　2000~2019 年全国 31 个省、区、市渐进共享指数排名变化情况

年份	2000	2001	2002	2003	2004	2005	2006	2007	2008	2009	2010	2011	2012	2013	2014	2015	2016	2017	2018	2019
北京	1	1	2	1	1	1	1	1	1	1	1	1	1	1	1	1	1	1	1	1
天津	6	8	7	6	6	6	4	3	3	3	3	3	3	4	4	4	4	4	4	4
河北	3	4	3	5	5	5	6	7	6	6	10	11	5	6	7	7	7	7	7	7
山西	14	15	8	7	8	8	8	9	9	9	7	13	12	17	17	17	16	16	18	18
内蒙古	19	6	4	13	7	7	7	4	8	5	5	7	7	13	15	13	11	10	12	12
辽宁	9	10	20	14	18	24	23	20	16	15	12	11	8	9	7	6	6	6	6	6
吉林	7	8	14	8	7	21	19	17	15	14	14	14	10	14	14	9	9	9	9	10
黑龙江	12	20	18	18	13	15	15	19	19	17	22	22	24	21	21	22	22	22	24	24

续表

年份	2000	2001	2002	2003	2004	2005	2006	2007	2008	2009	2010	2011	2012	2013	2014	2015	2016	2017	2018	2019
上海	2	2	1	2	2	2	2	2	2	2	2	2	2	2	2	2	2	2	2	2
江苏	13	14	24	23	25	22	20	18	10	12	11	6	6	6	7	5	6	5	5	5
浙江	8	3	6	3	4	3	3	5	4	4	4	4	4	3	3	3	3	3	3	3
安徽	24	21	19	25	22	17	12	11	17	17	18	17	16	20	18	19	21	21	20	20
福建	21	23	23	26	23	25	22	21	22	15	15	15	11	9	11	10	11	10	10	9
江西	22	19	16	22	24	19	17	15	12	16	19	20	11	9	12	12	12	11	12	11
山东	4	5	5	4	3	4	5	6	5	7	5	5	7	6	8	8	8	8	8	8
河南	20	17	12	15	17	11	9	8	7	8	9	12	13	12	12	14	13	13	14	15
湖北	10	12	10	10	10	10	16	19	21	20	24	13	14	13	17	13	15	17	16	16
湖南	25	29	26	17	21	28	23	27	27	27	27	26	29	29	28	27	27	27	27	27
广东	5	7	11	24	19	13	14	13	13	10	9	14	9	15	16	15	15	15	15	13
广西	28	24	21	21	27	23	23	27	23	22	19	23	23	23	23	23	24	23	23	22
海南	30	31	30	31	30	30	29	29	24	28	28	28	24	28	28	28	29	29	29	29
重庆	15	25	28	11	20	16	13	14	14	11	18	13	16	25	18	20	18	18	17	17
四川	27	27	29	22	29	29	26	25	25	22	23	25	25	24	25	24	25	25	24	25
贵州	26	26	31	30	28	27	26	28	26	29	29	24	21	25	21	25	24	24	21	21
云南	23	22	25	20	26	29	30	30	29	26	26	29	26	26	26	26	26	26	26	26
西藏	31	30	27	29	31	31	31	31	31	31	31	31	31	31	31	31	31	31	30	30
陕西	29	28	22	19	14	9	10	12	11	14	12	8	21	14	18	12	13	14	13	14
甘肃	11	11	9	9	12	12	8	23	25	25	25	24	27	27	27	27	27	28	28	28
青海	16	18	17	27	11	14	24	24	30	30	30	30	30	30	30	30	30	30	31	31
宁夏	18	16	13	16	13	20	12	22	18	21	19	22	19	22	22	22	22	20	20	23	23
新疆	17	13	15	12	16	18	11	10	20	20	21	21	21	19	8	15	19	18	19	19

少数地区的渐进共享指数排名变化幅度较大。例如江苏省的渐进共享指数排名在2000~2019年总体呈现上涨态势,指数排名轨迹在前期呈现出一个"V"形变化,在后期则保持在一个较为稳定的平台上。从2000年开始,江苏省的渐进共享指数排名位次开始出现"断崖式"下跌,从第13名下降到了2004年的第25名,随后从2005年开始排名持续上升,一度上升到2011年的第6名,并在2019年结束在第5名(见图7)。江苏省渐进共享指数排名在前期下降较快的原因主要是收入分配三级指标的大幅下降;排名在中后期上升较快的原因是收入水平三级指标的增速较快、增幅较大。

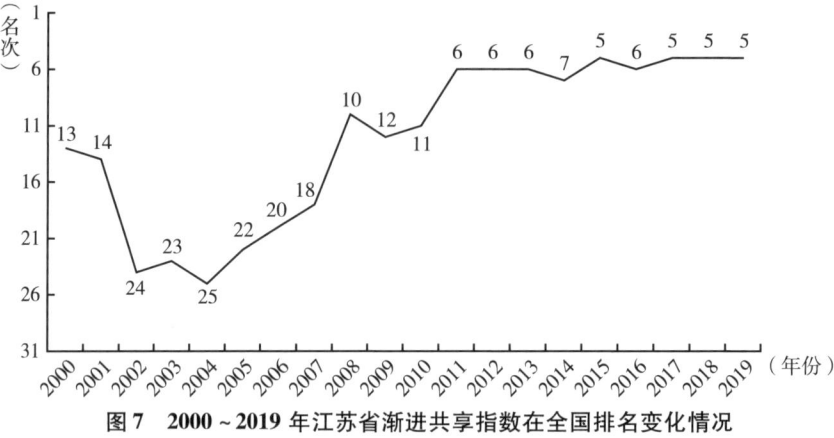

图7　2000~2019年江苏省渐进共享指数在全国排名变化情况

福建省的渐进共享指数排名在2000~2019年呈现稳定上升态势，从2000年的第21名上升到2019年的第9名，从全国中下游水平提升到了上游水平（见图8）。福建省渐进共享指数排名出现大幅度上升的主要原因是收入水平三级指标的大幅上涨，这体现出了福建省过去20年里在拉动经济增长和提高人民可支配收入等方面成绩突出。

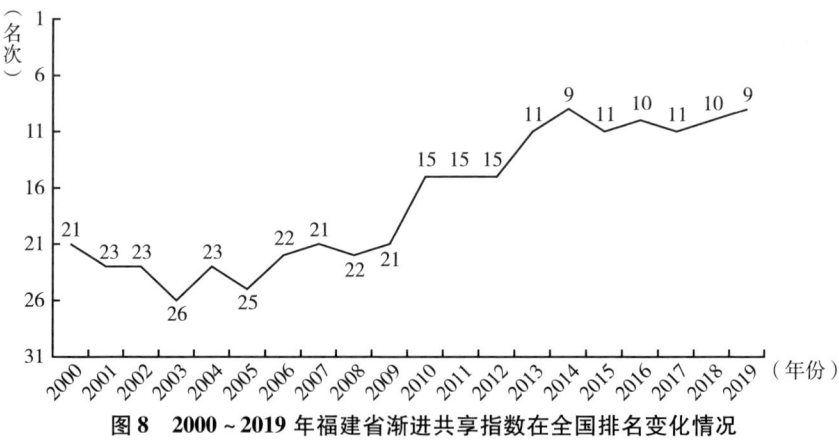

图8　2000~2019年福建省渐进共享指数在全国排名变化情况

江西省的渐进共享指数排名在2000~2019年呈现波动上升态势，从2000年的第22名上升到2019年的第11名，在2015年一度达到最高的第9名，基本稳定在中上游水平（见图9）。江西省的渐进共享指数排名在2002~2004年和2008~2011年出现了较为明显的下跌,主要原因是收入分配三级指标的较快速下降。在2000~2002年、2004~2008年、2012~2013年三个时期上涨较快的原因是收入水平三级指标的增速较快,以及消费水平三级指标的大幅上涨,这体现出江西省在促进经济发展、提高居民收入方面取得了较好成效,并且在优化消费结构、提高消费水平方面也取得了突出成绩。

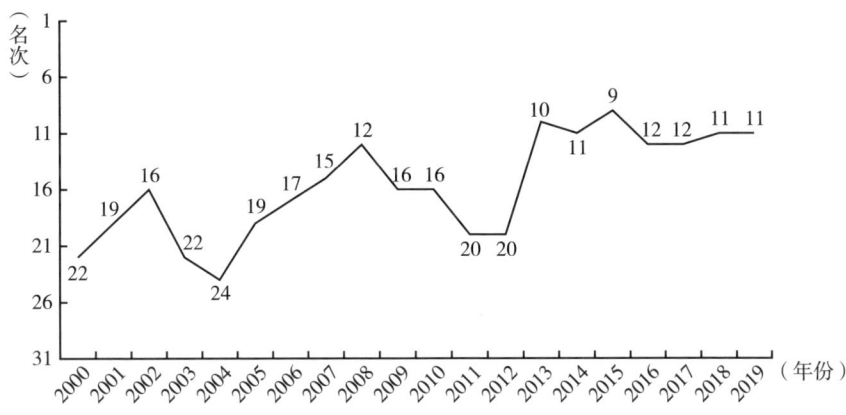

图9　2000~2019年江西省渐进共享指数在全国排名变化情况

黑龙江省的渐进共享指数排名在2000~2019年呈现波动下降态势,从2000年的第12名下降到2019年的24名,从中等偏上的位置退至全国下游水平(见图10)。黑龙江省渐进共享指数排名出现大幅度下降的原因主要是收入水平三级指标的增速较缓,以及收入分配三级指标的大幅下降,这体现出黑龙江省在推进经济建设和缩小居民贫富差异、促进收入分配公平方面还有待于进一步提升。

甘肃省的渐进共享指数排名在2000~2019年呈现持续下降的态势,从2000年的第11名下降到2019年的第28名,从全国的中上游水平逐步退至接近全国末尾的位置(见图11)。甘肃省渐进共享指数排名出现较大幅度下降的主要原因是收入水平三级指标的增长幅度较小,以及收入分配三级指标的连续大幅下降,这体现出了甘肃省在提高经济发展水平以及在收入分配时将效率与公平并重方面还存在一定欠缺,有待进一步提高。

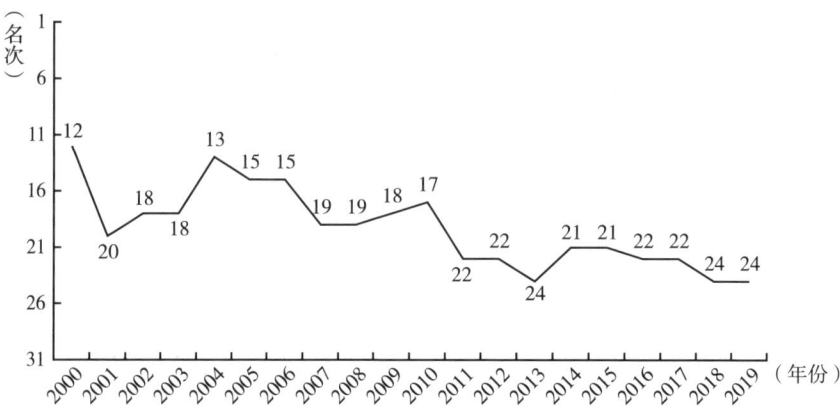

图10　2000~2019年黑龙江省渐进共享指数在全国排名变化情况

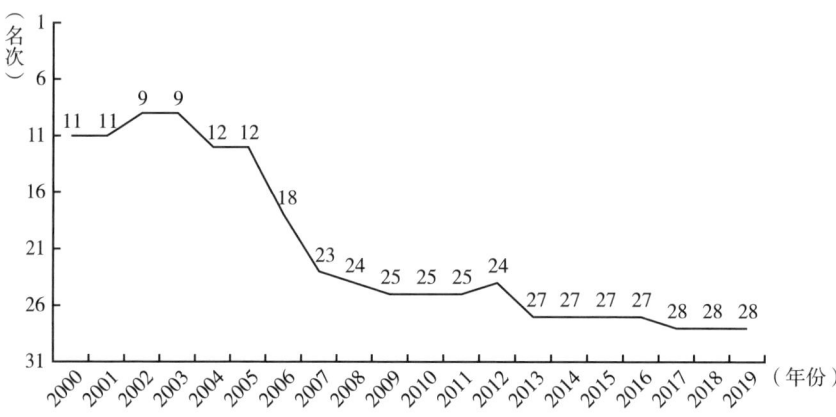

图11　2000~2019年甘肃省渐进共享指数在全国排名变化情况

三　基本判断和政策建议

(一)渐进共享发展的主要特征

1. 中国经济渐进共享发展水平在过去20年全面显著提高

2019年中国经济渐进共享指数为10.93分,在过去20年总体保持持续上升趋势，比2000年提高了75.16%。作为渐进共享指数下级指标的收入分配指数、消费水平指数、收入水平指数，在2019年的指数得分分别为2.83分、4.25分、3.85分。其中，收入分配指数比2000年下降了26.3%；消费水平指数、收入水平指数分别比2000年提高了107.3%、1032.4%，总体上均保持着持续上升的趋势。

2. 消费水平指数高于收入水平指数和收入分配指数

从2019年中国经济渐进共享指数的3个三级指标来看，消费水平指数明显高于收入水平指数和收入分配指数，并且这种三级指标间的相对优势是在过去20年间逐渐发展起来的，消费水平指数逐渐取代了收入分配指数在3个三级指标中的相对优势，从而表明中国经济的渐进共享发展的成果在提高消费水平和生活水平方面的表现，要优于促进收入水平提升和实现收入分配公平等领域。

3. 发达地区渐进共享发展绝对水平总体高于欠发达地区

从2019年各地区的渐进共享指数得分来看，渐进共享发展水平与各地区经济发达程度总体呈现正相关关系，发达地区的渐进共享发展水平普遍高于欠发达地区。其中，发达地区在收入水平方面领先欠发达地区的幅度较大。发达地区产业和人才的集聚在提高居民收入水平方面提供了较大动力，合理的消费结构以及人口素质的相对较高也使得发达地区的生活质量水平能够居于高位且社会收入分配更加公平，良好的经济基础也是帮助发达地区缓解市场等各类风险从而更好地实现渐进共享平稳发展的主要因素。

4. 发达地区渐进共享发展提升速度快于欠发达地区

从过去20年各地区渐进共享发展水平提升速度来看，发达地区渐进共享指数的增幅明显快于欠发达地区，各地区的渐进共享发展水平总体呈现收敛态势。其中，发达地区在收入分配领域指数得分的下降速度显著慢于欠发达地区，但欠发达地区消费水平和收入水平两个领域的指数得分的提升速度却相对领先于发达地区。发达地区雄厚的经济基础和发展基础使得其在推进渐进共享发展进程方面更加快速和稳健，而欠发达地区相对薄弱的发展基础在推动渐进共享发展中则表现出缺乏一定的稳健性。但在过去20年各地区

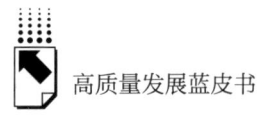

渐进共享发展中，欠发达地区也把握住了国家西部大开发、扶贫脱贫、乡村振兴等战略机遇期，在提高收入水平和消费水平、改善生活质量方面取得了长足进步，充分推动了渐进共享在更全面的领域得到实现。

5. 部分地区部分领域的渐进共享发展水平呈现一定的分化态势

在过去的 20 年间，各地区渐进共享指数在全国所处位置总体稳定，但出现了一定的波动，并且有部分省份（如江苏、福建、江西、黑龙江、甘肃）出现了较大波动，各地区总体表现出一定的分化态势。从渐进共享三级指标看，东部发达地区省份虽然在各领域总体上处于领先地位，并且在收入水平领域表现突出，但由于在提高收入水平、提升消费水平等领域改进的空间有限，消费水平和收入水平等部分三级指标的增幅相对较慢。中部省份渐进共享的绝对水平和增长速度均相对落后，大部分省份各三级指标也缺乏突出表现。西部地区各省份虽然渐进共享发展的起点较低，但在过去 20 年间，各自在不同三级指标领域内均表现出了不同程度的亮点，使得部分西部省份的消费水平指数和收入水平指数的增速相对较快。

（二）进一步推动渐进共享发展的政策建议

1. 在继续深入推动消费水平提升的同时，应更加注重收入水平、收入分配的同步提升

虽然中国经济渐进共享发展在过去 20 年取得了长足进步，但就其三个方面的内涵而言，发展并不平衡，消费水平明显高于收入水平、收入分配水平。未来应在继续推动消费结构优化和引导居民合理消费的同时，更加注重推动渐进共享发展在提高人民工资性收入、经营性收入、财产性收入和转移性收入方面发挥作用，使得全国人民更大限度地共享经济发展成果，同时要注重收入分配兼顾效率和公平，缩小社会收入分配差距，防止出现贫富两极分化现象，公平稳定地提高人民生活水平。

2. 发达地区在继续巩固较高的渐进共享发展水平的同时，应更加注重挖掘消费水平、收入水平进一步提高的潜力

发达地区以其良好的经济基础和发展基础，在渐进共享发展方面处于领

先地位，且增幅较大。但是，相对来说，在消费水平和收入水平的某些领域，仍有提升空间。未来应在多渠道扩宽收入来源并提高收入水平，扩大就业规模并提高就业质量，规范劳动力市场并构建和谐的劳资关系，提升农业产业化经营并扩宽农产品销售渠道等领域出台新的举措，勇于推进体制改革，挖掘城乡居民收入水平提升的潜力。此外，发达地区应在稳定地区物价水平和引导居民合理消费、调整优化消费结构等方面取得新的突破，挖掘消费水平提升的潜力。

3. 欠发达地区在继续缩小与发达地区渐进共享发展差距的同时，应更加注重加快提高收入水平和收入分配水平

欠发达地区的渐进共享发展水平有明显提高，但仍与发达地区存在明显差距。欠发达地区渐进共享水平的提升既有其自身努力的因素，也有国家近年来实施西部大开发、农村扶贫、乡村振兴、区域协调等重大战略机遇期的外生推动因素。对于欠发达地区，收入分配、收入水平是渐进共享发展中的短板领域。未来应在促进消费水平提升和消费结构转型升级的过程中，注重创新就业形式，扩宽就业渠道，并处理好经济发展中的劳动力转移问题，实现欠发达地区人均可支配收入的提高。同时，欠发达地区更应在注重分配差异对于经济快速增长的刺激作用的同时，注重分配政策的调节作用，完善收入分配制度，缩小居民贫富差距，提高收入分配水平，注重共享发展的可持续性和稳健性。

区域篇

Regional Reports

B.6
京津冀地区公共服务一体化改革进展分析

王昊[*]

| 摘　要： | 京津冀地区公共服务一体化改革的主要进展和基本做法：人力资源政策衔接有效加强，人员往来更加便利；基础教育、职业教育和高等教育协同发力，教育资源共建共享成效显著；医疗卫生联动协作明显加强，合作帮扶作用突出；养老保险关系转移接续顺畅实施，率先开展异地就医直接结算；文体资源互通共享，冬奥会筹备工作有序推进。发展现状和存在的问题：从经济、财政和人口情况看，三地发展差距依然较大，且有扩大趋势，这从根本上影响了地 |

---

[*] 王昊，中共北京市委党校（北京行政学院）经济学教研部教授，北京高端服务业发展研究基地研究员，主要研究方向为中国经济转型升级和人力资源管理。

区公共服务的一体化发展；从教育经费看，河北正在努力追加投入、缩小差距，但是在人均经费和师资水平方面，区域差距依然较大；医疗卫生共建共享取得一定成效，但优质医疗资源仍高度集中于京津；社会保障水平差异较大，养老保险政策多有不同；区域文体协同力度加大，但是发展差距仍然较大。京津冀地区公共服务一体化改革对策建议：加强顶层设计，研究制定覆盖公共服务全领域、面向今后三到五年的行动计划；在增量共建的基础上，进一步加强存量资源共享；向改革创新要动力，进一步深化系统性改革攻坚；积极争取资金支持，进一步加强协同发展的财政保障。

关键词： 京津冀　公共服务　区域协同　改革创新

一　京津冀地区公共服务一体化改革的主要进展和基本做法

2014年以来，在国家京津冀协同发展领导小组指导下，京津冀三地在人力资源、公共教育、医疗卫生、社会保障、文化体育等领域，开展了大量务实合作，工作衔接交流日益密切，政策体系逐步建立健全。在国家层面，《京津冀协同发展规划纲要》《"十三五"时期京津冀国民经济和社会发展规划》都有公共服务的专门篇章，明确了公共服务一体化改革的方向和主要任务；在区域层面，三地党委、政府，以及各相关部门、下属区市，如表1所示，关于公共服务的各个领域，达成了一系列合作协议，对公共服务一体化起到重要推动作用。

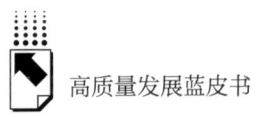

表1 京津冀地区公共服务各领域协同发展的部分协议

领域	协议名称
人力资源	《京津冀高校毕业生就业创业协同创新框架协议》《推动人力资源和社会保障深化合作协议》《加强人才工作合作协议》《留学人员创业园共建协议》《专业技术人员继续教育合作协议》等
公共教育	《关于雄安教育发展合作协议》《京津冀教育协同发展行动计划（2018~2020年）》《北三县地区教育发展合作协议》等
医疗卫生	《京津冀卫生计生事业协同发展合作协议》《卫生应急协议》《医疗卫生全面协同发展协议》《药品医用耗材的联合采购协议》《京津冀养老工作协同发展合作协议》等
社会保障	《京津冀民政事业协同发展合作框架协议》《京津冀救灾物资协同保障协议》《津冀医疗保险跨省异地就医直接结算经办合作协议》等
文化体育	《京津冀新闻出版广播影视协同创新战略框架协议》《京津冀残疾人文化体育发展框架协议书》《京津冀三地文化领域协同发展战略框架协议》等

（一）人力资源政策衔接有效加强，人员往来更加便利

1. 发布实施全国首个人力资源服务区域协同地方标准

人力资源服务京津冀区域协同地方标准包括《人力资源服务规范》和《人力资源服务机构等级划分与评定》两部分，涵盖了人力资源服务领域的全部11个业态，覆盖了人才的选、育、用、留全流程，对人力资源服务机构开展各项业务的标准和要求提出了详细、明确的规范，确定了统一的行业标准。同时，建立了一个对人力资源服务机构进行量化评价的指标体系，可以对人力资源服务机构进行从A到5A的评级。

2. 专业技术人才职称实现互认

职称互不相认，曾经是阻碍京津冀人才自由流动的一个门槛。2016年10月，京津冀三地共同签署了《专业技术人员职称资格互认协议》。职称互认领域主要有两个：一是互认专业技术人员资格证书，包括参加国家设立、地方组织实施的专业技术人员职业资格考试，专业技术资格考试，外语、计算机应用能力等职称相关考试；二是互认专业技术人员职称评审证书，包括由京津冀职称主管部门核发（确认）的高、中、初级职称资格证书等。职称互认，结束了重复考证、反复认证的历史，实现了一本证书、三地认可，评一次职称、到哪都是人才,真正打破了人才流动的一大壁垒,节省了人力成本,避免了资源浪费,提高了工作效率。

3. 建立健全劳动关系协作机制

三地已建立调整最低工资标准和高温津贴等方面的沟通信息机制,印发京津冀劳动合同参考文本,北京市通州区、天津市武清区、河北省廊坊市签署了《关于劳动人事争议协同处理工作的意见》。京津冀三地人力社保部门签订《劳动关系工作协同发展协议书》,明确三地在企业工资分配、劳动标准、劳动用工和集体合同、劳动人事争议处理、劳动保障监察等7个方面进行协同。完善跨区域劳动人事争议仲裁和劳动保障监察协作机制,出台劳动保障监察跨区域突发性、群体性事件处置办法。

4. 人才共引共育共享进展迅速

联合举办专场招聘会、校企交流合作研讨会等,2018年北京高校4164名毕业生到河北省就业创业。研究共同增设新职称专业,京津按照统一评价标准和内容、分别开展评价的方式,增设了科学传播专业。北京市针对城市副中心、大兴新机场、临空经济区等建设地区开展特殊就业扶持,支持创业者到天津、河北地区创业。

(二)基础教育、职业教育和高等教育协同发力,教育资源共建共享成效显著

1. 京津优质基础教育资源辐射带动作用大大加强

异地办校快速发展,通过异地建新校、办分校、委托管理、集团办学、联合培养等多种合作模式,京津优质基础教育资源与河北省中小学开展跨区域合作办学,例如北京市景山学校、北京五中、八一学校等在河北省唐山市曹妃甸,廊坊市香河、大厂等县市举办分校。异地帮扶有序推进,如表2所示,实施京津冀教育对口帮扶"一十百千万"工程,助力河北省深度贫困县教育教学水平提升。北京市首个教育援助雄安项目启动,北京市朝阳区实验小学雄安校区等四所优质学校雄安校区正式挂牌成立。合作办学加速拓展,北京市通州区、天津市武清区、河北省廊坊市签署三地推进基础教育合

作协议，由三地部分优质品牌同类校组建10个基础教育协同发展共同体，在学校管理、师资培养、课程建设、资源共享、学生活动等方面开展交流合作。数字教育平台开放共享，北京还向天津和河北开放了"数字学校"云课堂，率先接入平台的河北省唐山市，使全市1470所中小学、1.2万名教师及教研人员、近80万名中小学生受益。

表2　京津冀教育对口帮扶"一十百千万"工程

类型	内容
"一"	建设一所高职院校
"十"	在张家口、承德、保定三市21个贫困县，每个县建立一个教师培养培训基地
"百"	通过"手拉手"、建联盟校等形式组成100余对中小学校、幼儿园、职业学校
"千"	互派中小学校长、幼儿园园长、骨干教师、职业院校教师和管理人员，每年250人、持续四年、共1000人
"万"	向21个贫困县提供不少于10000节优质课资源

2. 职业教育协同发展巩固提升

河北省146所职业学校与京津地区的313所职业学校或企业开展了实质性合作。共同组建京津冀模具现代职业教育集团、北京外事服务职业教育集团、京津冀信息安全职业教育产教融合联盟等多个跨区域特色职教集团，将职业教育与相关产业紧密地联系在一起。例如京津冀现代农业职教联盟，汇集京津冀现代农业领域的职业院校、科研院所和行业企业等82家单位，致力于在专业设置、教学模式、产教研结合、校企合作等方面进行探索创新，推进资源共享。逐步深化合作办学，北京财贸职业学院在廊坊市燕京职业技术学院挂牌成立北京财贸职业学院廊坊校区；北京工美集团、北京市电气工程学校成立曹妃甸分校；房山区第二职业高中、北京求实职业学校分别与容城职教中心、迁安职教中心签署合作办学协议，着力加强行业技术技能人才培养。启动对河北省贫困县职业教育13项援助项目，丰台区职教中心、密云区职业学校、北京信息职业技术学院等向涞源、张家口、承德、怀来地区开展教师互派培训、学生联合培养、教学设备援助等，深入开展点对点交流。

3. 高等教育协同发展逐步增强

先后组建京津冀工业院校、师范院校、农林院校、医科院校等9个创新发展联盟，在师资共享、联合培养、产学研等方面合作不断深化。北京农学院与天津农学院还通过合作办学尝试开展本科生交流培养和学分互认。积极搭建优质课程共享平台，京津冀高校商科类协同创新联盟等开放共享优势科研资源，联合开展核心理论研究和应用研究。促进师生交流，联合开展研究生创业企划大赛、法律文书写作大赛、导师论坛等活动，积极筹备人文知识、计算机应用及机器人等大学生竞赛。健全协同创新机制，支持北京高校面向津冀地区开展技术转移转化，鼓励引导北京高校主动对接曹妃甸京冀合作示范区、宝坻京津中关村科技城等重点区域开展产学研合作。

（三）医疗卫生联动协作明显加强，合作帮扶作用突出

1. 加快京津冀医疗卫生政策协同

三地卫生部门陆续签订医政、疾病防控、采供血、卫生应急、综合监督、药品医用耗材集中采购等方面的合作协议，在建立信息共享平台、突发事件协调联动机制、血液应急调剂制度、联合演练培训机制等方面取得积极进展，共同开展了多次卫生应急综合演练。建成京津冀药品信息数据库，完成三地药品编码比对，实现了定期交换药品资质信息及药品价格信息的共享。逐步建立区域内分级诊疗、双向转诊机制。2020年新冠肺炎疫情暴发后，京津冀三地卫健委迅速建立了五大合作机制，即疫情防控沟通机制、信息共享机制、疫情防控会商机制、疫情协查管控机制、诊疗方案共享和危重病人会诊机制，联防联控联动控制疫情。

2. 实施京津冀医学检验结果和医学影像检查互认

2018~2019年度，京津冀地区临床检验检查结果互认项目达到36个，互认医疗机构达到411家，覆盖了符合要求的三级、二级医疗机构和医学检验实验室。176家医疗机构的21项医学影像资料实现共享，持续助力提升三地医学检验检测工作标准化、同质化、科学化水平。

3. 推进京张、京承、京唐、京廊、京保等重点医疗卫生合作项目34个,并取得阶段性成效

例如,朝阳医院等北京市属医院对口支持燕达医院,帮助其于2018年成功通过三级甲等综合医院评审,医院门急诊量较2014年合作初期增长4倍,出院量增长5倍。此外,天坛医院与张家口市第一医院合作,成功打造出可复制推广的"天坛模式";同仁医院与张家口市第四医院合作共建,探索建立利益共享的"同仁模式"。

表3 京冀部分重点医疗合作项目

年份	主要内容
2015	实施北京—燕达、北京—张家口、北京—曹妃甸3个重点医疗合作项目
2016	落实北京—承德重点医疗合作项目
2017	落实北京—保定重点医疗合作项目。在张家口、承德、唐山、廊坊等地共建医院近20所,标志着环首都医疗卫生帮扶合作圈已经建立
2018	北京市宣武医院、妇产医院、中医医院、市疾控中心和市卫生计生监督所支持帮扶雄安新区容城县对口机构
2019	新增4家北京市属医院与张家口市展开对接合作 北京支持雄安新区的1所医院开工建设

4. 实施京津冀医用耗材联合采购

三地共同制定了京津冀公立医院医用耗材联合采购方案,搭建了京津冀医用耗材联合采购平台,进行了采购涉及的心内血管支架等六大类品种的历史数据采集整理工作,找出历史采购最低价,成立专家组与供应商进行谈判,最终实现了京津冀三地六大类医用耗材的首批联合采购。2018年6月30日,京津冀三地二级及以上公立医院(不含军队所属医院)同步执行了六大类医用耗材联合采购结果。此次医用耗材联合采购,共涉及近180家企业申报的3.2万余条产品。经测算,每年可为三地公立医院节约耗材采购费用超过8亿元,采购价格整体平均降幅达到15%。

5. 引导向京外疏解养老需求

三地签订了《京津冀养老服务协同发展合作协议》,出台了《京津冀养老服务协同发展试点方案》，从医养结合、医保互通等方面打破异地养老障碍，打通政策衔接壁垒，推动"政策跟着老人走"，鼓励京籍老年人异地养老。自2019年起，津冀蒙（仅包括赤峰市、乌兰察布市）地区所有接收北京户籍老年人的养老机构纳入补贴范围，可以申请叠加享受本地和老年人户籍所在地民政部门的床位运营补贴政策。津冀养老机构已收住京籍老人4000多名。以燕达国际健康城为例，已入住的2000位老人中98%以上为京籍老人。

（四）养老保险关系转移接续顺畅实施，率先开展异地就医直接结算

1. 实现养老保险关系在三省市间的顺利衔接

三地均出台了本地养老保险跨区域转移接续办法实施细则，发行了符合全国统一标准的社会保障卡，基本实现了城乡居民养老保险制度名称、政策标准、经办服务、信息系统"四统一"。京津两地社会保险经办机构进一步优化提升养老保险关系转移接续服务，用电子表单代表纸质表单，用互联网传递代替传统邮寄，并基于数字化工作思维对流程进行了优化，实现了养老保险转移接续时间的大幅缩减，使人民群众能体验到更便捷、更智能的经办服务。2019年1~9月，养老保险关系转移接续方面，北京市向津冀转出13793人，由津冀转入6731人。

2. 跨省异地就医费用实现及时结算

随着京津冀协同发展步入快车道，异地就医现象越来越普遍，与此同时也带来诸多不便，比如往返报销的奔波之苦。近年来，京津冀异地结算取得了较大进展。2016年，京津冀与国家异地就医结算平台成功对接。2017年1月，京津冀异地就医即时报销试点正式启动，在河北省三河市燕郊镇居住的北京市参保人员，在河北燕达医院就医可持北京市医保卡直接结算。截至2018年4月30日，京津冀跨省异地就医住院医疗费用直接结算定点医疗机构达到1115家。其中，北京673家、天津170家、河北272家。有跨省异地就医需求的参保人员，可从名单中选择定点医疗机构就医，实现跨省异地就医住院医疗费用直接结算。同时，京津冀地区还在试行跨省异地就医门诊费用直接结算。

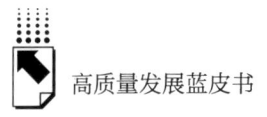

（五）文体资源互通共享，冬奥进入"北京时间"

1. 公共文化服务体系不断完善

2015~2017年三地陆续签订了演艺、人才、文化产业等领域合作协议，推动形成以联盟为主要形式、以重点领域为合作内容的京津冀文化合作的工作机制。2015年先后成立了京津冀图书馆联盟、京津冀职业教育协同发展联盟、京津冀文化产业联盟、京津冀数字文化馆联盟，2016年成立京津冀演艺联盟。京津冀公共图书馆总分馆制、文化馆总分馆制建成数量分别为88个、80个。

2. 旅游一体化加快发展

启动京津冀旅游行业信用信息共享平台，探索京津冀旅游诚信体系监管一体化模式。建设京东休闲旅游示范区、京北生态（冰雪）旅游圈、京西南生态旅游带、京南休闲购物旅游区、滨海休闲旅游带等五个试点示范区。共同整合区域旅游资源、共塑区域旅游品牌，三地共同推出56条京津冀旅游线路，发放京津冀旅游一卡通70万张。此外，144小时过境免签政策、境外游客购物离境退税政策在京津冀地区共享。

二　发展现状和存在的问题

总的来看，六年来，京津冀地区公共服务共建共享取得显著成效，《京津冀协同发展规划纲要》明确的很多任务已有相当进展，京津冀公共服务一体化建设和均等化水平有了一定程度的提高。相对而言，与北京、天津相比，河北在公共服务水平和质量上仍然存在明显差距。这种情况说明，填平京津冀地区公共服务的"悬崖落差"不可能一蹴而就，需要坚持不懈，久久为功。

（一）从经济、财政和人口情况看，三地发展差距依然较大，且有扩大趋势。这从根本上影响了地区公共服务的一体化发展

从人均地区生产总值看，京津遥遥领先于河北，北京涨幅最大。2014

年天津的人均地区生产总值略高于北京，2016年北京开始反超天津，2018年北京的人均地区生产总值超过天津16.2%即19500元。与京津相比，河北的落差呈现出逐年扩大的趋势。如表4所示，三地人均地区生产总值中，最高值与最低值相比，倍数已经从2014年的2.63逐年增至2018年的2.94，发展不平衡问题更加突出，这对于实现三地公共服务一体化的目标而言有所不利。

表4　2014~2018年京津冀三地人均地区生产总值

单位：元

地区	2014年	2015年	2016年	2017年	2018年
北京	99995	106497	118198	128994	140211
天津	105231	107960	115053	118944	120711
河北	39984	40255	43062	45387	47772
最高值/最低值	2.63	2.68	2.74	2.84	2.94

资料来源：根据《2019中国统计年鉴》相关数据整理。

从人均一般公共预算支出看，京津冀内部差异更加明显。如表5所示，北京大幅领先，2018年人均一般公共预算支出达34686元，天津次之、人均19892元，河北人均10225元。河北人均一般公共预算支出约占北京的29.6%，这直接导致了政府投向公共服务的资金受限，直接制约其公共服务发展的速度和水平。

表5　2018年京津冀三地人均一般公共预算支出

地区	一般公共预算支出（亿元）	人口数量（万人）	人均公共预算支出（元/人）
北京	7471.43	2154	34686
天津	3103.16	1560	19892
河北	7726.21	7556	10225

资料来源：根据《2019中国统计年鉴》相关数据整理。

从人口年龄结构看，如表6所示，2018年河北的人口总抚养比最高，每100名劳动年龄人口要负担45.28名非劳动年龄人口，北京和天津则明显低于河北，分别是27.75和26.89。河北的人口总抚养比甚至高于全国平均水平（40.44），反映出在对青壮年的吸引力上，河北与京津相比，甚至与全国其他省份相比，缺乏优势。人口的城乡分布差距也比较大，京津城镇人口比重很高，分别达到86.5%和83.15%，而河北的城镇人口比重仅为56.43%，不仅大幅低于京津，也低于全国平均水平（59.58%），区域发展落差依然较大。

表6　2018年京津冀三地人口情况

地区	总抚养比	常住人口城镇化率(%)
北京	27.75	86.5
天津	26.89	83.15
河北	45.28	56.43

资料来源：根据《2019中国统计年鉴》相关数据整理。

（二）从教育经费看，河北正在努力追加投入、缩小差距，但是在人均经费和师资水平方面，区域差距依然较大

河北公共财政对教育的投入力度较大。从一般公共预算教育经费占一般公共预算支出的比例看，2018年河北最高、达17.53%，高于北京（13.66%）、天津（14.44%），也高于全国平均水平（14.48%）。从一般公共预算教育经费的涨幅看，2018年河北最高、达8.65%，高于北京（6.80%）、天津（3.09%），如表7所示。

表7　2018年京津冀一般公共预算教育经费增长情况

地区	经费金额（亿元）	经费占一般公共预算支出比例(%)	本年经费比上年增长(%)
北京	1020.72	13.66	6.80
天津	448.04	14.44	3.09
河北	1354.50	17.53	8.65

资料来源：根据教育部官方网站历年教育统计相关数据整理。

从生均一般公共预算教育经费看,京津显著高于河北。2018年北京的幼儿园、普通小学、普通初中、普通高中、中等职业学校和普通高等学校,生均一般公共预算教育事业费分别是河北的7.97倍、3.86倍、5.10倍、5.56倍、3.34倍和3.59倍。尤其需要注意的是,2017~2018年,在幼儿园、普通初中生均一般公共预算教育经费增长率上,河北低于北京,这说明在2018年,二者差距不仅没有缩小,反而有所扩大。此外,需要引起关注的是,2018年河北各级教育,除中等职业学校外,生均一般公共预算教育经费的绝对值,均低于全国平均水平(如表8所示)。

表8 2018年各级教育生均一般公共预算教育经费情况

地区	幼儿园		普通小学		普通初中	
	金额(元)	增长率(%)	金额(元)	增长率(%)	金额(元)	增长率(%)
全国	7671.84	10.36	11328.05	3.82	16494.37	4.79
北京	44213.67	19.17	34056.72	4.60	64382.26	5.21
天津	22372.10	19.16	20497.47	0.96	33842.15	0.59
河北	5547.86	16.23	8829.12	6.76	12621.51	4.29

地区	普通高中		中等职业学校		普通高等学校	
	金额(元)	增长率(%)	金额(元)	增长率(%)	金额(元)	增长率(%)
全国	16446.71	8.64	16305.94	7.90	22245.81	3.61
北京	75612.21	4.93	57992.24	0.57	63273.24	-4.99
天津	36951.66	4.53	25528.26	1.33	21633.86	0.22
河北	13589.28	6.80	17388.05	8.43	17647.64	-2.35

资料来源:根据教育部《2018年全国教育经费执行情况统计公告》相关数据整理。

与京津相比,河北师资力量在基础教育阶段也有明显差距。从各阶段学校生师比(平均每一个老师对应多少个学生)看,基础教育各阶段,如表9所示,生师比都是河北最高,天津其次,北京最低,而且河北基础教育各阶段生师比,都高于全国平均水平,这说明河北基础教育教师数量明显不足。从基础教育专任教师学历水平看,如表10所示,小学阶段,河北专任教师中本科及以上学历者所占比例与京津相比差距尤为明显。

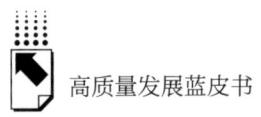

表9 2018年京津冀三地各级学校生师比

地区	普通小学	普通初中	普通高中	中等职业学校	普通高校
全国	16.97	12.79	13.10	19.10	17.56
北京	13.65	7.83	7.44	10.13	16.94
天津	15.03	10.20	9.63	15.53	18.67
河北	17.32	14.17	13.37	15.55	17.39

资料来源：根据教育部官方网站历年教育统计相关数据整理。

表10 2018年京津冀基础教育专任教师学历水平比例

单位：%

地区	本科及以上		研究生
	小学	初中	普通高中
北京	92.9	99.2	30.1
天津	90	96.9	17.7
河北	55.2	87.5	9.1
最高值-最低值	37.7	11.7	21

资料来源：根据教育部官方网站历年教育统计相关数据整理。

（三）医疗卫生共建共享取得一定成效，但优质医疗资源仍高度集中于京津

京津冀医疗卫生领域的协同合作，有力提高了河北的医疗水平，帮助越来越多的人能够在家门口看病。这方面，北京对河北的帮扶作用尤其明显，据统计，河北来京就诊患者已由2013年的940万人减少到2018年的770万人。

与此同时，京津冀医疗卫生资源分布不平衡问题仍然突出。从优质医院数量看，2018年北京的三级医院、三甲医院仍然占据绝对优势，分别高达102家、55家，分别高出河北省31家和9家。而且，六年来，北京虽然一直严控中心城区新增医疗资源，初步遏制了大医院规模的盲目扩张，但是就北京全市范围看，三级医院、三甲医院仍然大幅增加，分别增长37家和11家，同期河北省仅分别增长12家和8家，二者差距进一步拉大（如表11所示）。

表 11 京津冀三地三级医院、三甲医院数量

单位：家

地区	三级医院		三甲医院	
	2013 年	2018 年	2013 年	2018 年
北京	65	102	44	55
天津	38	43	23	31
河北	59	71	38	46

资料来源：根据《2014 中国卫生和计划生育统计年鉴》和《2019 中国卫生健康统计年鉴》相关数据整理。

人均医疗资源方面，每千人口医疗卫生机构床位数，京津冀三地差异较小，但是每千人口卫生技术人员数，仍然差异较大。北京的优势依然明显，每千人口卫生技术人员数分别是河北的 1.95 倍、天津的 1.77 倍，每千人口执业医师数分别是河北的 1.95 倍、天津的 1.65 倍，每千人口注册护士数分别是河北的 2.17 倍、天津的 2 倍（如表 12 所示）。

表 12 2018 年京津冀三地医疗卫生资源配置指标

地区	每千人口医疗卫生机构床位数（张）	每千人口卫生技术人员数（人）		
		卫生技术人员	执业医师	注册护士
全国	6.03	6.8	2.2	5.1
北京	5.74	11.9	4.3	5.0
天津	4.37	6.7	2.6	2.5
河北	5.58	6.1	2.2	2.3

资料来源：根据《2019 中国卫生健康统计年鉴》相关数据整理。

医疗卫生事业投入存在明显差异。如表 13 所示，2017 年，卫生总费用占 GDP 比例，北京最高，达 7.83%，河北次之，为 6.11%，天津最低，为 4.66%。从卫生总费用构成看，个人卫生支出占卫生总费用的比例，北京最低，为 16.36%，天津次之，为 30.77%，河北最高，为 34.06%，高出北京 17.7 个百分点，群众负担较重。

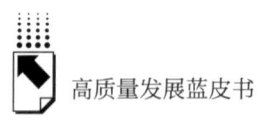

表 13　2017年京津冀三地卫生总费用

单位：%

地区	卫生总费用构成			卫生总费用占GDP比例
	政府卫生支出	社会卫生支出	个人卫生支出	
全国	28.91	42.32	28.77	6.36
北京	23.13	60.51	16.36	7.83
天津	23.26	45.97	30.77	4.66
河北	28.02	37.92	34.06	6.11

资料来源：根据《2019中国卫生健康统计年鉴》相关数据整理。

（四）社会保障水平差异较大，养老保险政策多有不同

北京社会保障水平最高。如表14所示，无论是职工最低工资、失业保险金最低标准，还是城镇居民最低生活保障标准，北京都是最高。特别是城镇居民最低生活保障标准，北京是河北的2.22倍、天津的1.28倍。即便是考虑到三地消费水平差异，三地城镇居民最低生活保障标准差异仍然较大。

表 14　2018年京津冀部分社会保障标准

单位：元/月

地区	职工最低工资	失业保险金最低标准	城镇居民最低生活保障标准
北京	2120	1536	1000
天津	2050	1240	780
河北	共4档,1380~1650	共4档,1210~1480	450

资料来源：根据京津冀三省市人力社保部门官方网站相关数据整理。

京津冀养老保险现状差别较大。就城乡居民基本养老保险情况看，如表15所示，河北省的参保人数、实际领取待遇人数分别是北京市的16.8倍和11.5倍，但是基金收入、基金支出、基金累计结余分别只是北京的3.5倍、3.1倍和2.2倍。这是由于京津冀三地的居民养老保险待遇在个人缴费标准、政府补贴额度以及基础养老金待遇等方面有很大差异，对河北吸引人才十分不利。

表15 2018年京津冀城乡居民基本养老保险情况

地区	参保人数（万人）	实际领取待遇人数（万人）	基金收入（亿元）	基金支出（亿元）	基金累计结余（亿元）
北京	209.0	88.9	55.9	47.3	155.8
天津	161.2	81.8	61.0	41.3	264.0
河北	3511.6	1024.1	194.8	146.5	339.4

资料来源：根据《2019中国统计年鉴》相关数据整理。

北京市的城镇职工基本养老保险基金收入远大于基金支出，天津市、河北省的城镇职工基本养老保险基金收入只是略大于基金支出，反映出天津市、河北省养老保险基金存在较大缺口风险。如表16所示，三地基金累计结余差异较大，北京分别是天津的9.99倍、河北的6.09倍，反映出地方财力和投入的差异。这些差异，不可避免地会影响到河北省承接非首都功能疏解和人口转移的能力。特别是根据国家规定，城镇企业职工基本养老保险关系转移接续时，统筹基金按12%转移，而养老保险统筹账户在实际操作中是按20%（2019年起落实减税降费，降至16%）的比例征集，这种做法会导致转移的统筹基金不足以支付转入地养老保险资金需求，这进一步增大了河北当地养老保险基金的压力，不利于劳动力的跨区域流动。

表16 2018年京津冀城镇职工基本养老保险情况

地区	参保人数（万人）	离退休人员（万人）	基金收支情况（亿元）		
			收入	支出	结余
北京	1685.8	293.5	2553.9	1519.2	5298.2
天津	683.2	221.0	1120.3	1059.9	530.3
河北	1586.1	455.4	2125.7	2020.3	870.4

资料来源：根据《2019中国统计年鉴》相关数据整理。

（五）区域文体协同力度加大，但是发展差距仍然较大

京津冀协同发展之初，北京旅游在京津冀中占有绝对优势。考虑到入境游是按外汇统计的，外汇价格存在波动，这里只比较了国内旅游收入。2013

年国内旅游收入，北京为3666.3亿元，同期河北仅为1973.82亿元，约为北京的54%。到2018年，北京国内旅游收入为5556.2亿元，占京津冀的比重下降为32.7%，而河北已超过北京，为7580.21亿元，占京津冀的比重为44.6%，河北旅游正在异军突起。同时，从人均旅游消费支出看，河北与京津的差距依然较大，分别只是北京、天津的61.9%和66.1%（如表17所示）。

表17　2018年京津冀三地国内旅游收入情况

地区	收入金额（亿元）	收入比重（%）	旅游人数（万人次）	人均消费支出（元）
北 京	5556.2	32.7	30693.2	1810
天 津	3840.89	22.6	22651	1696
河 北	7580.21	44.7	67610.73	1121
京津冀	16977.3	100	120954.93	1404

资料来源：根据《北京统计年鉴2019》、《天津统计年鉴2019》、河北省统计局官网相关数据整理。

京津冀文化发展的质量差距依然较大。从京津冀三地人均文化事业费及在全国的位次看，如表18所示，北京、天津的水平相对接近，河北排名靠后，与北京、天津在位次及绝对值上的差距较大。北京文化经济呈现出一家独大局面。如表19所示，2017年北京文化及相关产业增加值为2700.4亿元，分别是天津的4.36倍、河北的2.45倍。2017年北京文化及相关产业增加值占地区生产总值的比重为9.64%，分别高出天津、河北6.3个、6.4个百分点，优势十分明显。

表18　2015~2017年京津冀三地人均文化事业费及位次

地区	2015年		2016年		2017年	
	人均经费(元)	位次	人均经费(元)	位次	人均经费(元)	位次
全国	49.68		55.74		61.56	
北京	127.08	3	162.36	3	166.73	3
天津	99.39	5	101.18	6	120.01	5
河北	24.96	29	24.76	30	33.50	28

资料来源：根据《中国文化文物统计年鉴2018》相关数据整理。

表19 2017年京津冀文化及相关产业增加值及占GDP比重

地区	增加值（亿元）	占GDP比重（%）
北京	2700.4	9.64
天津	619.8	3.34
河北	1101.1	3.24

资料来源：根据《中国文化及相关产业统计年鉴2018》相关数据整理。

三 京津冀地区公共服务一体化改革对策建议

当前，与京津冀协同发展总体形势一致，区域公共服务一体化进入滚石上山、爬坡过坎、攻坚克难的关键阶段，需要持之以恒，久久为功，下更大气力，推出更多重大举措。

（一）加强顶层设计，研究制定覆盖公共服务全领域、面向今后三到五年的行动计划

2020年是《京津冀协同发展规划纲要》明确的中期目标之年。公共服务领域一体化，今后如何推进，亟须进一步明确。建议通盘考虑京津冀协同发展工作需要以及公共服务全领域工作，制定未来三到五年的工作计划，推出一系列新的重大举措。比如，是否根据当前京津冀三地公共服务差距现状，制定推进公共服务均等化的时间表、路线图，明确每年缩小地区差距的幅度，逐步采取有针对性措施，切实缩小地区差距。

（二）在增量共建的基础上，进一步加强存量资源共享

当前，优质的公共服务日益成为吸引人才、培育高端功能的关键所在。在新阶段，建议以更大力度推进公共服务共建共享，可以在前期举办分校、分院等"增量"措施基础上，考虑将部分在京公共服务存量资源向外疏解，优先布局雄安新区、北京城市副中心等地，尽快形成示范效应和规模效应，更好引导人口和功能流动。

（三）向改革创新要动力，进一步深化系统性改革攻坚

当前，京津冀地区公共服务一体化改革逐渐进入深水区，各领域都面临一些深层次问题。解决这些问题，既需要三地基层努力探索，也需要国家宏观指导支持，建议积极争取将京津冀确定为我国区域公共服务一体化改革的先行试验区，优先开展基本养老保险基金区域统筹等在全国具有领先意义、示范意义的深层次改革，更好地支持京津冀协同发展重大国家战略实施。还可以创新公共服务供给机制，鼓励引导有意愿的市场力量积极参与。

（四）积极争取资金支持，进一步加强协同发展的财政保障

公共服务的差距，根本上是经济发展、财政实力的差距。当前，与京津相比，河北的人均财力仍然较小，极大制约了三地公共服务落差的弥补。单靠河北一省乃至京津冀三地之力，京津冀公共服务一体化势必任重道远、道阻且长。建议中央进一步加大对河北省的财政转移支付力度，每年拨付一定资金，专项用于支持河北公共服务发展，夯实公共服务一体化发展的基础。

参考文献

［1］纪良纲、许永兵等：《京津冀协同发展：现实与路径》，人民出版社，2016。
［2］祝合良、叶堂林、张贵祥等：《京津冀发展报告（2017）》，社会科学文献出版社，2017。
［3］祝合良、叶堂林等：《京津冀发展报告（2019）》，社会科学文献出版社，2019。
［4］李勇：《京津冀医疗卫生协同发展的实践回顾与政策建议》，《北方经济》2019年第4期。
［5］方中雄、桑锦龙：《京津冀教育发展报告（2018～2019）》，社会科学文献出版社，2019。

B.7 长三角地区建设包容性发展城市群进展分析

原 倩*

摘　要： 建设长三角包容性发展城市群是落实共享发展理念的基本要求，对于促进长三角一体化，加快区域经济高质量发展，顺应社会主要矛盾转化推进城市化建设具有重要意义。当前，长三角城市群经济发展总体水平较高，教育、医疗、交通、文化等领域建设加快推进，但不平衡不充分问题依然存在。为此，应着力建设长三角城市群协同创新体系，构建城市群改革协同推进机制，推进城市群治理体系和治理能力建设，推动城市群基本公共服务均等化，并加强城市群包容性发展的金融支持，确保长三角包容性发展城市群建设蹄疾步稳向前推进。

关键词： 长三角城市群　包容性　共享发展

一　长三角建设包容性发展城市群基本内涵与重要意义

"创新、协调、绿色、开放、共享"的新发展理念是统领我国经济社会发展的重要原则，是管全局、管根本、管长远的红绿灯、指挥棒，也是指导城市群建设发展的基本遵循。建设包容性发展城市群是共享发展理念对城

---

* 原倩，国家发展和改革委员会宏观经济研究院对外经济研究所副研究员，主要研究方向为区域经济学。

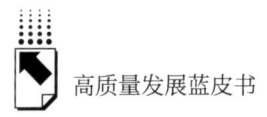

群建设的基本要求（李晓莉，2014；刘贵文和黄媛媛，2019；王雅莉，刘洋，齐昕等，2012）。

从内涵看，包容性发展城市群是城市群经济社会发展的新阶段。进入这一新阶段的城市群建设内涵更为丰富，既包括传统上推动城市群经济发展、要素聚集、产业集群等经济发展的内容，更包括对城市群交通、教育、医疗、文化等领域建设的新要求（曹景，2016；王华华，2018；权衡，2013）。因此，处于这一阶段的城市群必须处理好经济发展与包容性发展之间的关系，这一关系贯穿城市群包容性发展的全过程。

一方面，包容性发展城市群建设离不开经济发展的有力支撑，是在经济发展达到一定水平、经济增长保持一定增速基础上实现的共享发展水平的不断提升。保持经济发展的较高水平和一定增速为城市群包容性发展创造了基本条件，提供了重要依托。更重要的是，包容性发展城市群对经济发展质量提出了更高的要求。在该理念下，城市群发展应当更加自主自觉地从依赖资源和要素投入的传统增长模式转向更加依赖要素聚集经济、创新能力提升和产业链供应链创新链融合集成的高质量发展模式上。

另一方面，包容性发展城市群绝不是单纯的经济发展，而是要超越经济发展，关注更宽广的社会、民生、治理、文化等领域，实现城市群发展的质的提升。从外延看，包容性城市群发展在经济建设之外，还包括教育、医疗、交通、城市环境、文化等多个领域的发展。推动城市群包容性发展的最终目标是实现城市群的共享发展（黄建欣，宋彦，高文秀等，2019；唐鑫，李茂，刘小敏，2013）。

长三角一体化与京津冀协同发展、长江经济带发展、粤港澳大湾区建设、黄河流域生态保护和高质量发展战略相并列，共同构成促进我国区域均衡协调发展的重大国家战略体系。建设长三角包容性发展城市群具有重要的理论和现实意义。

（一）建设包容性发展城市群是推动长三角一体化的内在要求

2018年11月5日，习近平总书记在首届中国国际进口博览会上宣布，支持长江三角洲区域一体化发展，标志着长三角一体化正式上升为国家战略。从区域经济发展实践看，城市群建设是区域经济发展的重要载体和重要支撑，长三角一体化战略的有效推进离不开长三角城市群的有效配合。推动长三角城市群包容性发展有利于破除区域交流梗阻，打通长三角城市群内部人员、资金、信息联系，推动资源互通、产业互动、市场互联、优势互补和区域互惠，加强区域教育文化、医疗卫生、人力资源和社会保障合作，推动长三角基本公共服务均等化，补齐区域发展短板，提高城市群治理能力和治理体系建设，实现城市群文化繁荣和谐，对长三角一体化发展迈上新台阶具有重要促进作用。

从区域经济发展的规律看，"低水平平衡—高水平不平衡—高水平平衡"是区域经济协调发展的"三个必经阶段"，从低水平平衡向高水平不平衡跨越，再从高水平不平衡向高水平平衡跨越是任何区域经济协调发展必须经历的"两个重要跨越"，是任何区域经济协调发展进程都不可逾越的。从低水平平衡向高水平不平衡状态的跨越就是区域经济的起飞过程，这一过程遵循空间经济不平衡增长规律，通过聚焦一个或少数几个具备发展条件和一定先发优势的地区，着力打造区域增长极，实现区域经济水平的跃升；这一过程必然伴随着区域差距的拉大；长三角城市群已经走过这个阶段。目前，长三角进入从第二阶段向第三阶段的第二步跃升，即从高水平不平衡向高水平平衡阶段转变。这个转变之所以至关重要而任务又十分艰巨，就在于它不仅包含经济发展水平的平衡，更包括社会、文化、城市建设等各领域的协调平衡，而这一过程相比于促进经济增长而言将更加复杂繁重，对区域经济最终实现一体化发展而言具有更加重要的意义。因此，建设长三角包容性发展城市群是实现长三角区域一体化发展的必然要求和题中应有之义，只有通过这奋力一跃，才能真正实现长三角一体化发展的目标。

（二）建设包容性发展城市群是推动长三角经济高质量发展的关键环节

长三角地区历来是我国经济社会发展的重要区域，是我国经济发展最活跃、开放程度最高、创新能力最强的区域之一，在国家现代化建设大局和全方位开放格局中具有举足轻重的战略地位。该地区经济基础雄厚，自新中国成立以来就是我国工业重镇。但近年来，随着中国经济进入新常态，长三角地区经济发展虽不乏竞争优势，但其产业结构偏重等结构性矛盾也日益显现，一个明显的例子就是近来包括中国一重、二重以及三一重工等重点机械行业企业均在上海、江苏、浙江等地区设厂。如图1所示，安徽、江苏、浙江的二产占GDP比重均排在全国前1/2的水平，上海的二产比重也比北京、海南等地更高。与此相对应，长三角城市群在现代服务业以及科技创新等领域的优势相对弱化。

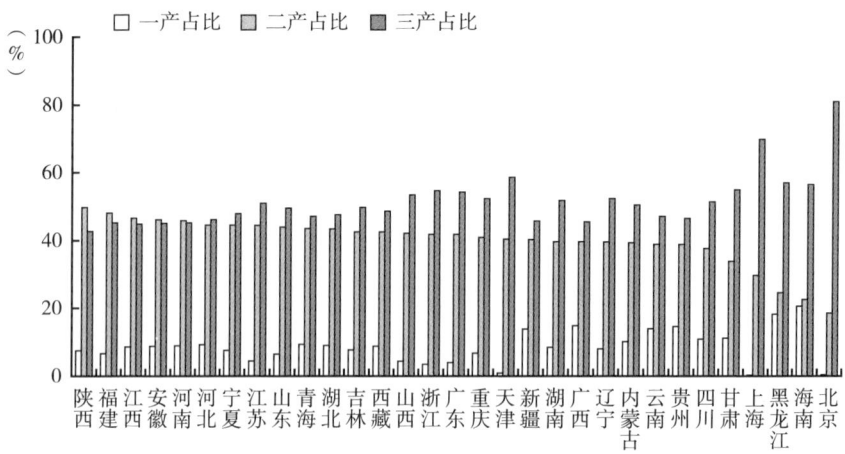

图1 2018年全国31个省、区、市三次产业结构情况

资料来源：《2019中国统计年鉴》。

从世界500强企业的拥有量看，2019年全国拥有世界500强企业的城市，长三角地区只有上海，江苏的南京、苏州，浙江的杭州、温州等城市上榜，总数15家，与京津冀、珠三角（加香港）相比居于劣势。由此可见，长三角的综合竞争力仍有待于进一步改善。当前，随着世界经济形势的深刻变化和我国经济发展进入"三期叠加"阶段，长三角经济结构偏重的传统发展模式在新形势下也面临市场、资源、环境以及用工等约束，促进长三角经济高质量发展面临重要挑战。

在此背景下，建设包容性发展城市群，全方位改善城市群及各城市建设发展的软硬件环境、社会治理水平和创新文化氛围，是提高城市群国际竞争力的重要途径，有利于构建区域协同创新体系，提高经济集聚度、区域连接性和政策协同效率，更好贯彻落实共享发展理念，坚持以人民为中心的发展思想，促进长三角地区经济高质量发展和现代化产业体系构建取得新成效。

表1　2019年各地拥有的世界500强企业数量

地区		企业数量（家）
北京		56
上海		7
江苏省	南京	1
	苏州	2
香港		7
广东省	深圳	7
	广州	3
	佛山	2
	珠海	1
浙江省	杭州	4
	温州	1
福建省	厦门	3
	福州	2

资料来源：财富中国网站（http：//www.fortunechina.com/fortune500/c/2019-07/22/content_339535.htm）数据，经作者整理。

（三）建设包容性发展城市群是顺应新时代我国社会主要矛盾转化、推进城市化健康发展的题中应有之义

改革开放以来，我国经济创造了年均9%以上的持续高速增长并且没有发生经济危机的世界奇迹，综合国力大幅跃升。在经济社会迅猛发展基础上，我国社会主要矛盾发生明显转化，由人民日益增长的物质文化需要同落后的社会生产力之间的矛盾，转变为人民日益增长的美好生活需要和不平衡不充分的发展之间的矛盾。这一社会主要矛盾的转变关乎我国经济社会发展各领域各环节的重大转变，从高速增长转向高质量发展、从先富带动后富到"一

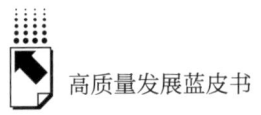

个都不能少",都是这一转变的重要体现。满足人民群众日益增长的美好生活需要,对城市群建设而言就不能单纯依赖经济增长,而是转向包容性发展。

社会主要矛盾转变对城市群建设提出新任务、新命题、新挑战。具体而言,在社会主要矛盾转变的大背景下,当前我们推动城市群就业和收入水平的不断改善和更加均衡的要求更高,推动城市群基本公共服务均等化的紧迫性更强,提升城市群治理能力和完善城市群治理体系的现实意义更重大,改善城市软硬件条件和培育弘扬城市文化的呼声更强烈。这些新诉求、新任务,对城市群包容性发展而言,既是机遇又是考验。长三角城市群作为我国城市群建设的领头羊之一,理应在包容性发展城市群建设方面先行先试、走在前列、勇担使命,为顺应我国社会主要矛盾转变,提高城市群建设的包容性共享性,探索我国新型城市化建设的新路子新模式做出应有的贡献。

二 长三角包容性发展城市群建设进展分析

当前,长三角城市群包容性发展正在稳步推进中,既取得了明显的成效,也存在阶段性的特征和问题。究其原因,这一局面的形成既受经济发展水平和阶段的影响,又受社会、文化以及历史等因素的影响。对此,应当在全面分析和评估基础上,扬长补短、守正创新,推动长三角城市群包容性发展水平不断提升。

(一)经济发展水平总体较高,城市群空间经济呈"伞形"结构

长三角城市群经济发展水平较高,该地区工业基础扎实,产业平台健全,科技水平总体较强,为实体经济创新发展和产业转型升级提供了良好条件。从产业平台看,2018年江苏、上海、浙江和安徽每千万人口的国家级开发区数量均排在全国前1/2,省级开发区数量更是在全国各省、区、市中占据明显优势。与此同时,长三角在自贸试验区建设方面也走在全国前列,尤其是上海临港新片区改革创新工作取得明显成效。高水平成体系的平台载体群为长三角城市群经济转型升级提供了有力支撑。

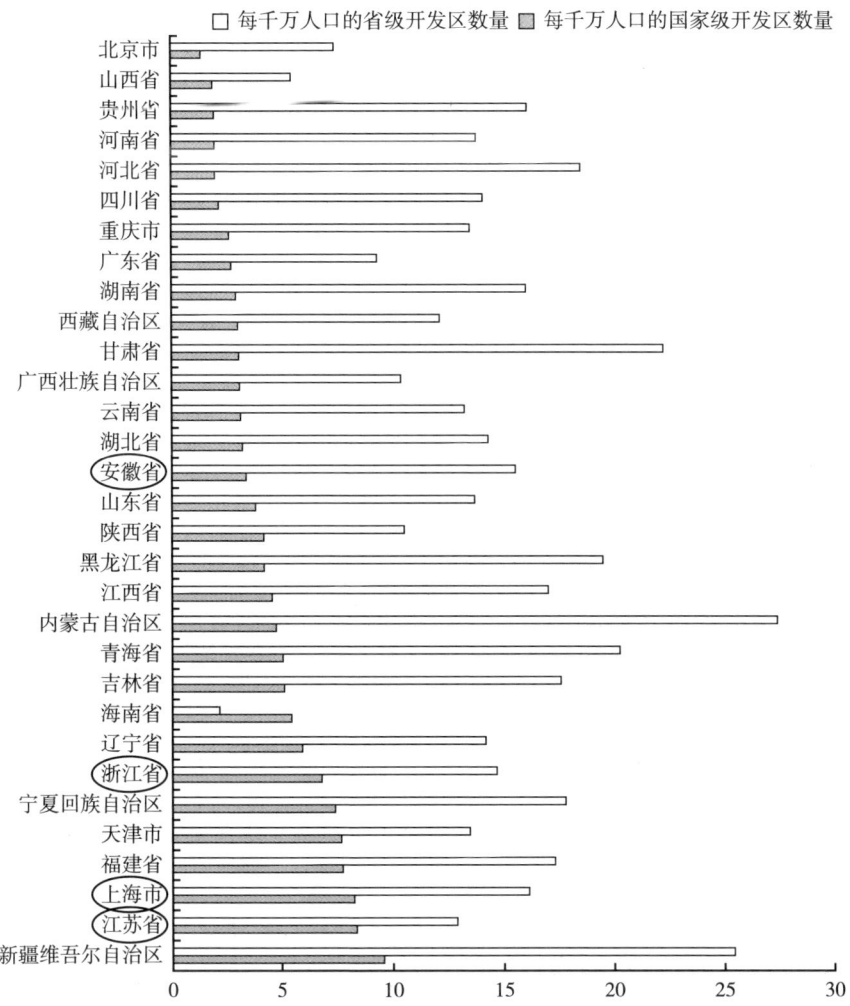

图2 全国各省、区、市与长三角城市群每千万人口的国家级和省级开发区数量比较

资料来源：《中国开发区审核公告目录》（2018年版）及《中国统计年鉴》。

从创新能力看，长三角城市群是全国落实创新驱动发展战略的重要领先地区之一。2018年，上海、江苏、浙江R&D经费分别为1359.2亿元、2504.4亿元和1445.7亿元，R&D经费投入强度分别为4.16%、2.7%和2.57%，均超过全国平均2.19%的投入强度，在全国分别排名第2位、第4位和第6位。充足的经费保障为长三角创新能力建设提供了有利的条件。可以说，长三角城市群具有强烈的创新驱动特征，为城市群包容性发展奠定了重要基础和竞争优势。

表2　2018年全国及31个省、区、市研究与试验发展（R&D）经费情况

地区	R&D经费（亿元）	R&D经费排名	R&D经费投入强度（%）	投入强度排名
全国	19677.9	—	2.19	—
北京	1870.8	3	6.17	1
上海	1359.2	6	4.16	2
广东	2704.7	1	2.78	3
江苏	2504.4	2	2.7	4
天津	492.4	15	2.62	5
浙江	1445.7	5	2.57	6
陕西	532.4	13	2.18	7
安徽	649	11	2.16	8
山东	1643.3	4	2.15	9
湖北	822.1	7	2.09	10
重庆	410.2	17	2.01	11
辽宁	460.1	16	1.82	12
四川	737.1	8	1.81	13
湖南	658.3	10	1.81	14
福建	642.8	12	1.8	15
江西	310.7	18	1.41	16
河南	671.5	9	1.4	17
河北	499.7	14	1.39	18
宁夏	45.6	28	1.23	19
甘肃	97.1	26	1.18	20
云南	187.3	19	1.05	21
山西	175.8	20	1.05	22
黑龙江	135	22	0.83	23
贵州	121.6	24	0.82	24
吉林	115	25	0.76	25
内蒙古	129.2	23	0.75	26
广西	144.9	21	0.71	27
青海	17.3	30	0.6	28
海南	26.9	29	0.56	29
新疆	64.3	27	0.53	30
西藏	3.7	31	0.25	31

资料来源：《2018年全国科技经费投入统计公报》。

从产业竞争力看，长三角城市群产业体系健全，在集成电路、高端装备、生物医药、现代物流等方面具有明显优势。据统计，长三角城市群集成电路产业占全国的50%。根据长三角城市群产业投资环境指数，在长三角地区，上海领头羊地位稳固，南京、苏州、杭州三市位列第二梯队，第三梯队代表城市为无锡、宁波、南通、合肥等，近年发展势头迅猛。

从总体经济布局看，长三角城市群经济发展呈现以上海为顶点，以苏锡常延至南京、合肥、芜湖，南通延至徐州，宁波延至杭州为骨架的"伞状"推进态势，"东重于西、海重于陆"格局突出。从发展动力看，目前长三角城市群形成了以上海等核心城市为引领，以南京、杭州、合肥、苏锡常、宁波都市圈为支撑，各类城市共同发展的动力系统。城市群包容性发展的突出问题和主要任务在于处理好"东西""海陆"关系，利用伞状经济格局实现经济包容性发展的"涓滴"带动效应。

（二）教育资源分布总体平衡，"中心地"分布特征突出

当前区域之间的竞争在很大程度上就是人才的竞争，优良的教育服务既是城市群包容性发展所应提供的基本公共服务之一，又是永葆城市群高质量发展的人才吸引力和竞争力的关键所在。从教育资源看，长三角城市群呈"大分散、小集中"的"中心地理论"的分布局面。所谓大分散，是指教育资源在四个省市呈总体平衡的分布格局，并未集中到某个省市；所谓小集中，是指教育资源主要分布在浙江、江苏、安徽3省省会及上海市，形成以上述4大城市为节点，以苏锡常、温州、宁波、徐州等为支撑，以其他地市为基础的教育资源布局特征。此种分布格局符合"中心地"的布局特征，受人口分布和行政力量的影响比较明显。从未来看，推动教育资源在各省市内部进一步优化布局，打通省际教育资源共享共建，是长三角城市群包容性发展的重要任务。

（三）医疗资源分布"东重于西"，省内不平衡问题有待解决

医疗卫生服务是城市群基本公共服务的重要内容，促进医疗资源优化配

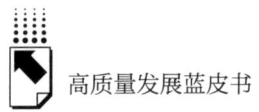

置对长三角城市群包容性发展意义重大。长三角城市群医院等医疗资源的分布呈"东重于西、重点集中"的特征。从省域布局看，上海、浙江、杭州医疗资源相对丰富而安徽医疗资源相对稀疏；从城市看，上海，浙江的杭州、宁波、台州、温州，以及江苏的南京、南通、宿迁医疗资源比较集中，资源分布的省内差异依然存在。

产生这一分布格局的因素有三：一是经济发展和人口分布。医疗资源的分布与经济发展水平具有比较明显的空间相关性，经济发展水平较高的上海、苏锡常、南京、杭州、宁波以及合肥等地医疗资源相对集中。二是行政力量对布局的影响。从中心地理论看，行政力量对公共服务的布局具有重要影响，这在医疗资源的分布上也有所表现。除上海外，江苏、浙江、安徽的医疗资源都具有向省会集中的分布特征，这是比较普遍的分布规律。三是历史因素对当前的影响。医疗资源等的分布具有较强的路径依赖和历史传承，因此，当前的医疗资源布局受历史上布局特征的影响比较明显。从未来的发展看，长三角城市群包容性发展要求医疗资源更多按照人口进行布局而不是按照政区进行布局，因此，打破医疗资源区域阻隔，促进城市群内部优质资源流动，推动城市群基本公共服务均等化，是未来一个时期长三角城市群建设的重要内容。

（四）道路交通能力建设"强干弱枝"，关键梗阻有待突破

便捷的交通条件是城市群加强经济社会联系的前提，也是城市群包容性发展的关键。只有城市群内部各节点城市交通基础设施均得到较好改善，各城市内部以及城市之间的往来联络才能够完全打通。相反，城市群中任何一个节点发生堵塞，都会带来整个城市群联系便捷程度的下降，产生负外部性溢出。长三角道路交通基础设施具有明显的"强干弱枝"的分布特征，即上海、苏锡常、南京、芜湖、合肥一线构成城市群交通基础设施建设的主干，同时沿着主干向南、北和西部方向延伸。从省域看，上海与江苏、安徽的核心地区交通情况普遍水平较高，而浙江则有待于进一步加强。形成这一道路交通建设格局原因有二：一是受全国主要交通干线布局的影响。长三角

城市群作为全国交通和经济版图的一部分,其交通格局势必受全球总体交通布局的影响。二是受经济和市场力量的影响。经济发达程度高、人员物资往来密切的地区交通更为便捷。这也反映出上海与苏锡常延至合肥等干线地区经济联系较为密切,而与杭州等城市群的浙江部分的联系有待加强,打通湖州、嘉兴两大"要塞"具有十分重要的意义。从发展看,如何加强长三角城市群关键节点城市交通便利性是下一步长三角城市群包容性发展的重要任务。

(五)文化资源布局向中部集中,"南重于北"现象明显

文化繁荣是包容性发展城市群建设的重要维度,只有丰富的文化生活作支撑,才能真正实现城市群共享发展和共同繁荣。当前,长三角城市群文化资源布局呈现"中部集中、南重于北"的特征。首先,以上海、苏锡常、南京、杭州、合肥一带为主要区域的中部区域文化资源比较集中,无论是博物馆还是图书馆的分布都具有这一特征。同时,从南部格局看,以安徽和苏北为核心的北部区域文化资源相对稀疏,资源空间布局仍不够平衡。

这一格局的形成既有经济社会发展水平差异的原因,也有历史和社会因素。首先,文化建设离不开经济建设的支撑,高度繁荣的城市文化是建立在高度发展的经济和产业基础之上的。上海和苏锡常等地区经济发展水平较高,在文化建设方面也先行一步,走在长三角城市群的前列。其次,文化建设拥有历史文化积淀,明清以来江南文化相对繁盛,民国时期上海更是东亚国际化大都市,文化积淀比较深厚。

用发展的眼光看,长三角城市群文化建设下一步的主要方向在于在保持并推动上海、苏锡常等地区文化繁荣发展态势基础上,下大力气推动安徽、苏北以及浙江中南部地区补齐文化繁荣这一短板,促进长三角城市群文化生活协同推进、共同繁荣。

三 推动建设长三角包容性发展城市群的政策建议

当前,长三角城市群建设取得明显进展,经济发展水平总体较高,基本

公共服务建设取得显著进展，基础设施和城市风貌迈上新台阶，为城市群包容性发展奠定了坚实基础。同时，对标国际化城市群标准，长三角城市群在包容性发展方面也存在一些问题和短板，包括：创新驱动能力有待提升，产业结构偏重问题有待改善；改革引领能力需进一步增强，体制机制创新协同性有待优化；社会治理水平有待提高，城市群治理体系建设需要继续完善；道路、管网等城市基础设施有待进一步联通，城市群硬件条件仍有改进空间；教育、文化、医疗、养老、社会保障等基本公共服务均等化有待推进，城市群包容性生活圈建设仍需加力提效。为此，提出推进长三角城市包容性发展的政策建议如下。

（一）建设长三角城市群协同创新体系

包容性发展必须立足经济高质量发展，否则就是无源之水、无本之木。加强协同创新体系建设，推动经济高质量发展，是为长三角城市群包容性发展夯基固本的关键一招。为此，要加快推动国家实验室、重点实验室、工程实验室、工程（技术）研究中心向长三角城市群合理布局，构建开放共享互动的创新网络，推动重大科研基础设施、大型科研仪器和专利基础信息资源开放，建立和完善重大科技基础设施建设协调推进机制和运行保障机制。着力营造符合科学规律、自由开放、充满活力的科学研究制度环境，建设长三角综合性国家科学中心体系，探索有关部委、省政府部门、高等院校、科研院所以及企业和社会组织共同参与的新型组织管理体制。依托亚欧大陆桥以及在航空、海运等领域的便捷交通优势，打造长三角科创走廊，对接澳门、香港及海外高校重点实验室等科研平台，吸引海外归国高层次科技人才在长三角城市群集聚。实施重大创新平台培育工程，在高端装备、芯片设计、集成电路制造、基因检测等领域引进和培育一批高水平国家级原始创新和科技成果产业化平台，打造若干国家级检验检测基地。

（二）构建城市群改革协同推进机制

长三角地区不仅是我国经济的重要增长极，更是我国推进新一轮改革开放的新高地。2013 年以来，以自贸试验区为代表的新一轮改革创新工作从上海开始，其间上海自贸试验区经历两次扩区，新成立的临港新片区仍是引领城市群地区乃至全国自贸改革的重要标杆。浙江自贸区建设积极开展，油气全产业链开放发展扎实推进。同时，南京、苏州、连云港等地自贸试验区建设也加速发展，围绕集成电路、高端制造、物流服务等重点行业加快发展。加快改革创新协同联动，是长三角城市群包容性发展的重要制度动力。为此，必须坚持改革引领，全面改革阻碍城市群包容性发展的体制机制障碍，创新行政管理、投资审批、商事登记、贸易便利化、社会治理等领域体制机制，使市场在资源配置中起决定性作用和更好发挥政府作用，促进各类优质要素便捷流动和优化配置。发挥好上海自贸区及临港新片区改革引领作用，推进浙江、江苏自贸改革，加快安徽省改革创新工作，构建融合"自贸试验区—国际级新区—国家级开发区—综合配套改革试验区"等改革开放平台的改革创新载体群，形成城市群改革创新协同推进动力系统。

（三）推进长三角城市群治理体系和治理能力建设

提高城市群治理能力，完善城市群治理体系，是促进长三角城市群包容性发展的基本保证。但从现实看，城市群不是我国行政序列中的一级政区，不存在类似于省、区、市的一级政府，而且很多城市群是跨政区的，长三角城市群就是典型代表，这为城市群治理能力改善带来了现实困难。为此，要以推动长三角城市群治理能力建设为目标，在发挥市场在资源配置中的决定性作用和更好发挥政府作用基础上，支持长三角城市群社会组织发展，加快市民公约、行业规章等社会规范制定，创新基层社会治理机制，加快治理重心下沉，完善基层综合服务平台建设。优化治理方式，扩大社会参与，涉及群众切身利益的重大决策出台前加大听取各方意见力度，完善公众参与平台和窗口建设，采取座谈会、论证会、听证会、问卷调查等形式广泛听取意见，建立健全文化教育、医疗卫生、资源开发、环境保护、公用事业等重大民生决策事项民意调查制度。探索推进长三角城市群法定机构改革，有效借鉴香港、新加坡、前海、顺德等法定机构改革经验，在城市群社会治理领域推进"依法设立、职责法定、运作独立、共同治理、公开透明"的法定机构改革，一方面补齐城市群社会治理能力不足的短板，另一方面避免设置新一级城市群范围的政府机构所带来的人员冗余、办事效率下降等问题。理顺法定机构及内设机构职责，构建城市群省级和市级两级联合治理机制，打造以法定机构管理模式为核心的城市群协同治理格局。

（四）推动长三角城市群基本公共服务均等化

推动基本公共服务均等化是城市群发展迈上新台阶、开创新阶段的内在要求，是建设长三角包容性发展城市群的必然选择。当前，长三角城市群基本公共服务能力和水平总体较高，但不平衡、不充分问题依然在不同领域存在。为此，要加快长三角城市群基本公共服务均等化，合理配置教育资源，促进教育资源在城市群内部高效流动、优化配置，打通省际和市际教育交流面临的体制机制障碍，促进长三角城市群全域实现教育"学有所教"、共享发展。促进医疗资源优化布局，按照服务人口而不是行政区划配置医疗资源，打破城市群医疗资源流动障碍，有效解决看病难、看病贵问题。加强城市群交通基础设施等硬件建设，打通交通网络、物流网络关键节点，提升城市群的整体交通便利性和设施现代化水平。建设城市群多层次公共文化服务体系，补齐安徽、苏北以及浙江中南部地区文化资源配置仍显不足的短板，完善城市群体育健身设施网络，推动公共文化服务与文化产业融合发展。

（五）加强城市群包容性发展的金融支持

包容性发展城市群建设离不开金融支持，长三角城市群及各城市基础设施、社会治理、创新合作、文化建设等领域发展都离不开金融载体和抓手。当前，在世界经济普遍去杠杆、我国经济供给侧结构性改革不断推进的背景下，更好运用市场化力量，合作建立投资基金，发挥政府资金的政策引导作用，撬动更大规模资金参与，是解决长三角城市群包容性发展资金问题的有效手段。为此，应整合上海、江苏、浙江、安徽等地金融资源，成立长三角城市群包容性发展投资基金，探索采取母子基金形式，围绕城市群基础设施建设互联互通、创新合作、社会治理合作、基本公共服务、文化繁荣等重大领域分设一系列子基金，吸纳金融机构和社会资本等多方面资源参与。引入开发性金融支持，加强与丝路基金、亚投行等金融机构合作，增强投资基金的金融实力和影响力。在长三角城市群包容性发展投资基金中，专门设置一笔针对长三角城市群经济、社会、文化、治理等各领域合作的智力支撑和研究支持专项资金，加强与长三角合作与发展共同促进基金的对接，重点支持针对城市群协同创新、教育合作、医疗卫生协同、基础设施建设对接、文化繁荣共建等领域的建设方案、总体思路、政策储备的研究，谋划长三角城市群包容性发展重大项目库建设。

参考文献

[1] 曹景：《基于包容的城市群集聚效应和极化效应》，《经营管理者》2016 年第 3 期。

[2] 王华华：《从行政吸纳到政治吸纳：城市边缘群体实现幸福的应然路径》，《学习与实践》2018 年第 4 期。

[3] 黄建欣、宋彦、高文秀、陈燕萍：《纽约包容性城市规划经验对我国的借鉴》，《城市发展研究》2019 年第 6 期。

[4] 李晓莉：《"包容性城市"需弥合"鸿沟问题"》，《东莞日报》2014 年第 1 期。

[5] 刘贵文、黄媛媛：《包容性发展理念对我国城市治理的启示》，《开发研究》2019 年第 4 期。

[6] 权衡：《城市包容性发展与长三角率先建设包容性城市群研究》，《苏州大学学报（哲学社会科学版）》2013 年第 3 期。

[7] 唐鑫、李茂、刘小敏：《北京包容性发展评价指标体系研究》，《中国市场》2013 年第 39 期。

[8] 王雅莉、刘洋、齐昕、张明斗：《城市包容性发展与我国新型城市化道路》，《城市》2012 年第 7 期。

B.8
粤港澳大湾区构建共享发展的制度环境进展分析

蔡之兵*

摘　要： 区域共享发展是实现区域一体化发展的最终目标，也是实现区域一体化发展的根本手段。在粤港澳大湾区率先实现共享发展具有缩小区域差距、助力区域协调、推动先行示范、满足共同富裕等多维意义。在剖析区域共享发展的个体区域发展、区域协调发展、区域协同发展以及区域一体化发展等四个阶段内涵及相互关系的基础上，发现粤港澳大湾区共享发展实践目前存在个体区域发展水平有待提高、多重区域关系有待理顺、产业分工有待深化、政策工具类型有待丰富等不足。进一步指出在大湾区实现区域共享发展应该坚持以利益共增到利益同增为根本导向，以利益共同体、空间共同体、规划共同体、生产共同体、生活共同体、政策共同体等六个共同体建设为主要路径，以户籍待遇趋同制度、产业统筹布局制度、经济产出分成制度、发展能力扩散制度以及行政区划动态调整制度为支撑。

关键词： 粤港澳大湾区　区域共享　区域利益　利益共同体

---

* 蔡之兵，中共中央党校（国家行政学院）经济学教研部副教授，主要研究方向为区域经济学。

一 从区域协调到先行示范：区域共享发展的重要意义

作为五大发展理念之一，共享发展不仅仅体现于居民收入分配领域，实际上，凡是涉及多个不同主体发展关系的领域，共享发展都是至关重要的指向，区域共享发展同样如此[①]。从区域共享发展的本质分析，实现区域共享发展具有如下几方面重大意义。

（一）区域共享发展是实现共同富裕目标的本质要求

与西方资本主义制度相比，中国特色社会主义制度的根本特征在于共同富裕，这也是中国特色社会主义制度的根本优势。然而，西方经济学理论和过去数百年的发展实践已经证明在资本主义制度下，实现共同富裕目标是不可能的，《21世纪资本论》所展现的贫富差距在资本主义制度下越来越大是一种趋势[②]。而中国共产党作为中国特色社会主义制度的构建者，实现共同富裕目标是其执政之基和制度构建的根本方向。影响共同富裕目标实现的诸多因素包括城乡差距、产业差距、职业差距、区域差距等。在这些因素中，区域差距是最底层的影响因素。这是因为中国地域辽阔，区域经济类型众多，区域之间的差距始终是制约共同富裕目标实现的重要因素。而缩小区域差距的重要手段就是通过构建区域共享发展机制，在不同区域间合理地分配发展成果从而缩小区域差距并最终实现共同富裕发展目标。因此，区域共享发展是缩小收入差距的重要手段，也是实现整体经济体系共同富裕目标的根本保障。作为中国区域经济最为发达的地区之一，粤港澳大湾区如果能够探索出实现区域共享发展的可行路径，将有助于京津冀协同发展、长江经济带、黄河流域生态保护和高质量发展等

---

① 蔡之兵：《五大发展理念视角下的经济发展方式转型框架研究——以中国31省市为例》，《国家行政学院学报》2017年第5期，第89～94、147页。
② 桑朝阳：《〈21世纪资本论〉批判：论 r＞g 和收入分配不平等的关系》，《中国经济问题》2018年第5期，第3～10页。

区域发展战略共享目标的顺利实现，从而能够从更高层面，更好地实现共同富裕目标。

（二）实现区域共享发展是缩小广东内部区域经济差距的重要手段

2019年，广东省GDP超过10万亿元，已经连续31年位于全国第一，且不断拉大与经济规模第二名地区的差距。然而，在整体经济发展取得耀眼成绩的同时，制约广东省进一步提升发展质量的问题仍然存在。其中，广东省内部区域差距仍然较大就是这些问题的典型代表[①]。2019年，广东省内GDP最高的城市是深圳市，其GDP为26927亿元，GDP最低的城市是云浮市，其GDP仅为922亿元。换言之，广东省内GDP最高城市的经济规模是最低城市经济规模的近30倍，区域差距之大可见一斑。实际上，在广东省21个地市中，2018年人均GDP高于全国均值6.46万元的城市只有7个，其他14个城市的人均GDP都低于全国平均水平，更为严重的是还有超过一半的城市人均GDP低于5万元，粤东西北地区与发达地区的发展差距极为显著。在这种背景下，推动粤港澳大湾区内部的区域共享发展不仅能够缩小大湾区内部城市的发展差距，还能够缓解广东省内部的区域差距，为广东省建设高水平的现代化经济体系奠定基础，也为粤港澳大湾区未来的发展提供更多的发展空间。

（三）实现粤港澳大湾区共享发展是"一国两制"质量的根本保障

与其他区域发展战略不同，由于涉及两种不同发展制度的合作，粤港澳大湾区发展战略在我国区域发展战略体系中具有显著独特性，尤其是在党中央进一步明确新时代"一国两制"重大使命的基础上，如何通过粤港澳大湾区发展战略推动粤港澳三地的一体化发展已经成为影响粤港澳大湾区发展战略和"一国两制"质量的关键因素。从区域合作的本质分析，影响不同

---

① 罗浩、冯润、颜钰莹：《广东区域经济增长收敛性：兼论"双转移"战略的效果》，《广东财经大学学报》2015年第4期，第44~52页。

区域关系的核心因素是区域利益分配，如果区域合作能够同时提升参与合作主体区域的利益份额，区域合作发展就可以顺利开展，反之亦然①。在过去粤港澳地区的发展过程中，由于粤港澳地区发展差距较大，三地合作发展带来的利益分配格局调整幅度较小，对三地合作发展积极性的影响也较小，"一国两制"的实施也比较顺利。然而，随着粤港澳三地发展差距的缩小甚至是发展地位的逆转，三地合作发展所带来的利益调整幅度及其衍生的包括经济、产业、政治、社会、心理等各方面的冲击无疑会严重影响各地参与区域合作的积极性并最终对"一国两制"的顺利推动产生阻碍作用。从这个角度分析，在粤港澳大湾区内部构建区域共享发展机制，尽可能使不同区域主体的利益变化幅度与自身参与区域合作发展的利益诉求相匹配，最大限度保证粤港澳大湾区发展战略内部的稳定程度是提升"一国两制"质量的根本保障。

（四）实现粤港澳大湾区共享发展是深圳建设中国特色社会主义先行示范区的题中应有之义

在粤港澳地区，除了"一国两制"和粤港澳大湾区两大战略，2019年，党中央还赋予深圳中国特色社会主义先行示范区的重要地位。作为《粤港澳大湾区发展规划纲要》明确定位的四大核心城市之一以及粤港澳大湾区目前经济规模最大的城市，未来能否在中国特色社会主义制度实践过程中发挥示范引领性作用是深圳乃至粤港澳地区的重大历史使命。就深圳自身发展实际情况及其在粤港澳大湾区内部的地位分析，深圳的示范作用可以体现在经济发展、城市规划、产业发展、技术研发、人才吸引等诸多方面。然而，这些示范功能能否实现并不完全取决于深圳，粤港澳大湾区内部其他地区能否学习并借鉴深圳这些先进经验也会影响深圳先行示范功能的实现。而影响这些区域能否借鉴这些经验的关键因素之一就是区域共享发展机制的建立与

---

① 张可云、吴瑜燕：《我国区域利益关系失调的成因探讨》，《天府新论》2009年第1期，第46~50页。

否,即能否通过区域共享发展机制的作用,将深圳的先进发展经验复制到其他地区,实现深圳的先行示范功能。因此,在粤港澳大湾区构建共享发展机制,不仅有助于粤港澳大湾区和"一国两制"的顺利实施,对深圳实现其中国特色社会主义先行示范区同样具有重要作用。

二 从个体区域到区域一体化:区域共享发展的内涵

区域共享发展的本质是一种区域关系,这种关系的实现是一个长期过程。按照共享发展水平的不同,可以将区域共享发展的实现过程分为四个阶段。

(一)区域个体发展阶段

归根结底,区域共享发展是一种区域发展利益在不同区域间进行重新调整的过程,如果所有区域都处于同一发展阶段,区域间共享发展会因为缺乏支撑基础和推进动力而无法实现。从这个角度分析,区域共享发展是一个高级阶段,它的实现离不开较强的发展实力作为支撑,只有当部分区域率先实现了发展,形成了相对于其他地区的较大比较优势,区域间形成了发展落差,区域共享发展才可能实现。因此,个体区域实现发展是区域共享发展的第一阶段。当然,这一阶段在区域共享发展的实现过程中可能会长期甚至永远存在,这是因为所有区域不可能同时处于同一水平。从粤港澳大湾区发展格局分析,目前大湾区内部已经进入发展轨道的城市有香港、澳门、深圳、广州等,其他次一级的城市包括佛山与东莞,除此之外的五个城市还需要加快寻找新的发展动力从而实现快速发展。可以发现,区域发展级差的存在既是区域共享发展存在的基础,也是区域共享发展旨在消除的对象。

(二)区域协调发展阶段

区域协调发展是实现区域共享发展的第二个阶段。随着区域发展水平的分化和发展差距的拉大，区域协调发展就成为实现区域共享发展的重要措施。与区域共享发展第一阶段更多关注个体区域的发展相比，区域协调发展更加强调区域差距的缩小。从具体内涵和不同层次分析，区域协调发展可以分为两种类型。第一种区域协调发展指的是由上级区域政府对部分发展失速的下级区域出台针对性的旨在提升这些区域发展速度的政策措施，像我国在20世纪90年代和21世纪初出台的西部大开发、振兴东北老工业基地和中部崛起等战略都是这种类型的区域协调。这种区域协调试图通过解决个体区域问题来实现区域协调发展。第二种区域协调发展则强调通过区域合作来缩小区域差距并实现区域协调发展目标。区域合作的渠道主要包括政府沟通机制的建立、交通联系程度的提高、产业体系的合理分工等内容①。两种不同类型区域协调的共享发展属性和程度并不相同，第一种区域协调实际上是两种不同行政级别区域间的协调，代表的是央地间或者上下级区域间的共享发展，并不直接体现同级区域的共享发展。与第一种区域协调类型不同，通过区域合作来实现区域协调则直接体现了同级区域的共享发展。然而，从实施的效果看，虽然第二种区域协调关注同级区域的共享发展，在实际经济发展中，这种类型的区域协调却很难实现区域共享发展，甚至其实施效果还比不上第一种区域协调。以京津冀地区为例，京津冀地区的协调发展早在20世纪70年代就被提出，但是京津冀三地的共享发展程度始终不尽如人意②。正是在这种背景下，京津冀协同发展才成为新时代的第一个国家层面的区域战略。因此，区域协调发展只是区域共享发展开始成形的一个起步阶段，真正实现区域共享发展还需要更加有力的策略。

---

① 蔡之兵、张可云：《空间布局、地方竞争与区域协调——新中国70年空间战略转变历程对构建中国特色社会主义空间科学的启示》，《人文杂志》2019年第12期，第11~20页。
② 薄文广、陈飞：《京津冀协同发展：挑战与困境》，《南开学报》（哲学社会科学版）2015年第1期，第110~118页；张可云、蔡之兵：《京津冀协同发展历程、制约因素及未来方向》，《河北学刊》2014年第6期，第101~105页；孙久文、原倩：《京津冀协同发展战略的比较和演进重点》，《经济社会体制比较》2014年第5期，第1~11页；丛屹、王焱：《协同发展、合作治理、困境摆脱与京津冀体制机制创新》，《改革》2014年第6期，第75~81页。

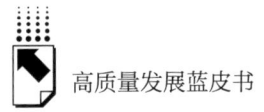

（三）区域协同发展阶段

经过区域协调发展阶段后，区域共享发展就需要更高层次的区域协同发展发挥作用。与区域协调发展相比，区域协同发展主要有三个方面的显著不同。

第一，区域协同发展对区域合作的要求更加严格。从具体内容分析，区域协调推动的如政府沟通机制的建立、合作文件的出台甚至大的交通联系规划等内容的难度并不大，区域协同发展则完全不同。从京津冀协同发展的实施效果看，协同发展不仅要求区域间合作领域的全面，对单个领域的具体细节也要求极高。比如区域协调在提高区域间交通联系层面，可能只提出了设想或者推动主干道的连接，但是区域协同发展则要求消灭区域间所有的断头路，实现交通一体化，这并不是一件容易的事情。以公认一体化程度最高的长三角为例，长三角地区早在1992年就建立了旨在推动区域协调发展的政府沟通机制即长江三角洲十四城市协作办（委）主任联席会，关于交通联系的提升始终是这一机制的工作方向之一[1]。然而，直到2018年6月，沪苏浙皖四省市还共同签署了一份《长三角地区打通省际断头路合作框架协议》，明确提出未来几年的首批重点任务是推进17个省际断头路项目，可见真正的区域协同发展对区域合作要求之高。第二，区域协同发展对区域利益调整的力度更大。区域协同发展对区域合作内容的较高要求意味着如果真正开始进行实质性的区域合作，区域间利益分配格局出现较大变化甚至局部区域的利益会出现暂时的下降都是有可能的。比如先发区域和后发区域的交通一体化就有可能导致先发区域的产业向后发区域转移从而导致先发区域发展利益短期受损[2]。第三，区域协同发展对实现区域共享发展的作用更大。从区域协调发展和区域协同发展的实际内容比较也可以发现，区域协同发展所强调的区域合作是"真金白银式"的合作，无论是短期局部区域的利益

---

[1] 巩丽娟：《长三角区域合作中的行政协议演进》，《行政论坛》2016年第1期，第16~21页。

[2] 黄春芳、韩清：《高铁线路对城市经济活动存在"集聚阴影"吗？——来自京沪高铁周边城市夜间灯光的证据》，《上海经济研究》2019年第11期，第46~58页。

受损和其他区域的利益增加以及长期整体区域利益的增加，区域协同更能直接推动区域共享发展局面的形成。因此，区域协同既是更高级的区域协调，也是初级的区域一体化。

（四）区域一体化发展阶段

如果区域协同发展取得实质性成效，那么距离最终彻底实现区域共享发展目标只剩下最后一个即完全的区域一体化发展阶段。前文已经指出，区域协同实际上就是初级或者局部的区域一体化，比如区域协同追求的交通联系提高的最高目标实际上就是交通一体化，不仅如此，区域协同在其他如公共产品、城市规划、产业培育等领域所追求的目标就是公共产品待遇一体化、跨区域规划一体化、产业布局一体化。当区域协同发展达到最高水平，完全的区域一体化格局就会接近形成。当然，在中国现行行政区划体制下，完全的区域一体化仍然需要通过进行行政区划调整来实现。完全的区域一体化是区域共享发展最高阶段的机理是：当区域发展到了这一阶段后，多个不同区域利益主体就会变成一个利益主体，原先不同区域的所有发展变量都可以混合并择优使用从而能够最大程度提升整个区域的发展上限并实现最高水平的共享发展。

三　从发展水平到政策质量：粤港澳大湾区共享发展存在的不足

从具体发展情况分析，粤港澳大湾区共享发展的前两个阶段初步完成，目前处于第三个阶段的实践和第四个阶段的探索期。当然这并不意味着前两个阶段已经不存在任何不足。实际上，由于区域发展级差始终存在，前两个阶段的任务仍然需要长期推进。从四个阶段的内涵和当前实践分析，目前粤港澳大湾区共享发展存在如下不足。

（一）区域发展水平有待提高

个体区域发展是实现区域共享发展的基础，在粤港澳大湾区，至少存在如下三方面的个体区域继续提升发展水平的需求。

第一,粤港澳大湾区发展水平仍需提高。2018 年粤港澳大湾区的经济总量已经超过了 10 万亿元,折合美元超过 1.64 万亿,但是与其他三大湾区经济相比,仍然存在一定差距(见表 1)。

表 1　2018 年世界四大湾区主要经济指标比较

湾区/指标	旧金山湾区	纽约湾区	东京湾区	粤港澳大湾区
人口(万人)	777	2020	4400	7116
面积(万平方公里)	1.79	2.15	3.69	5.6
GDP(万亿美元)	0.78	1.66	1.77	1.64
人均 GDP(万美元)	10.04	8.22	4.02	2.31
单位土地 GDP 产出(万美元/平方公里)	0.44	0.77	0.48	0.29
三产比重(%)	82.9	89.5	82.5	65.8
受过高等教育人口比重(%)	46	42	37	17

资料来源:各国统计网站。

可见,粤港澳大湾区经济总量虽然远远超过旧金山湾区,却仍然低于纽约湾区和东京湾区,除此之外,在包括人均 GDP、单位土地 GDP 产出、三产比重、受过高等教育人口比重等一系列指标上,粤港澳大湾区与其他三个湾区仍然有较大差距,需要进一步提升发展水平,为大湾区内部的共享发展提供更多空间。

第二,粤港澳大湾区内部的一线城市仍然需要提高发展水平。不可否认,粤港澳大湾区的香港、澳门、广州、深圳等城市在中国整个城市竞争力排行榜中都占有重要位置。然而,以全球化与世界城市(GaWC)研究网络每年定期公布的《世界城市名册 2019》来看,这四个城市尤其是深圳和广州市仍然需要进一步提升发展水平(见表 2)。

可见,在全球十强城市中,粤港澳大湾区只有香港进入第二级别,广州与深圳分别只位于第三级和第四级,除此之外,粤港澳大湾区其他 8 个城市无一进入前八级别。考虑到区域共享发展对先发区域发展水平较高要求,香港、广州、深圳应该瞄准更高级别定位,尽早成为具有全球影响力的顶级城市。

表2 2019年全球城市综合实力排行

分级	城市	含义
Alpha++	伦敦、纽约	第一档第一级
Alpha+	香港、北京、新加坡、上海、悉尼、巴黎、迪拜、东京	第一档第二级
Alpha	米兰、芝加哥、莫斯科、多伦多、圣保罗、法兰克福、洛杉矶、马德里、墨西哥城、吉隆坡、首尔、雅加达、孟买、迈阿密、布鲁塞尔、台北、广州、布宜诺斯艾利斯、苏黎世、华沙、伊斯坦布尔、曼谷、墨尔本	第一档第三级
Alpha-	阿姆斯特丹、斯德哥尔摩、旧金山、新德里、圣地亚哥、约翰内斯堡、都柏林、维也纳、蒙特利尔、里斯本、巴塞罗那、卢森堡市、圣菲波哥大、马尼拉、华盛顿、布拉格、慕尼黑、罗马、利雅得、布达佩斯、休斯敦、深圳	第一档第四级
Beta+到Gamma-	成都、杭州、天津、南京、武汉、重庆、苏州、大连、厦门、长沙、沈阳、青岛、济南、福州、西安、郑州、昆明、合肥、太原、乌鲁木齐	第二档第一级到第三档第三级

资料来源:《世界城市名册2019》。

第三,粤港澳大湾区内部个别区域需要加快发展速度。虽然粤港澳大湾区拥有3个GDP超过2万亿元的城市,但是其内部仍然有个别城市发展水平较低(见表3)。

表3 2018年粤港澳大湾区11个城市经济数据

城市	国内城市百强排名	GDP(亿元)	人均GDP(万元)
香港	4	23433	30.45
澳门	40	5441	83.71
深圳	3	24247	22.25
广州	4	23070	16.43
佛山	16	10308	12.18
东莞	19	8202	9.86
惠州	56	4136	8.68
茂名	77	3158	4.22
湛江	82	3013	4.16
江门	83	2970	6.29
珠海	91	2718	16.17

资料来源:各城市年度统计公报,百强城市排名来源于华顿经济研究院编制发布的年度数据。

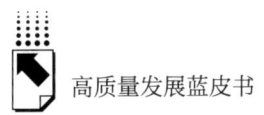

可以发现,粤港澳大湾区11个城市根据经济规模不同,可以分为四个层次:第一个层次包括3个2万亿元的城市,包括深圳、香港与广州。第二个层次为8000亿元以上的城市,包括佛山与东莞。第三层次为4000亿元以上的城市,包括澳门与惠州,其余为第四层次城市即GDP在3000亿元左右水平的城市,包括茂名、湛江、江门、珠海。因此,可以很明显发现,第三层次和第四层次的城市距离前两个层次还有较大差距,其中第四层次城市的平均经济规模仅约为深圳经济规模的1/8,未来需要进一步提升发展水平。

(二)区域关系有待完善

与京津冀和长三角地区相比,粤港澳大湾区共享发展面临最大的问题就是区域内部两种制度、三个关税区、多个核心城市的存在,尤其是存在制度差异的背景下,湾区内部城市关系的理顺是未来实现共享发展面临的重大挑战之一。

首先,大湾区内陆城市与香港的关系是共享发展的首要挑战。在11个大湾区城市中,"9"与"2"的关系是粤港澳大湾区内部的首要关系,它不仅包括深圳与香港的关系,还包含内陆与香港的关系。香港与内陆尤其是深圳,从过去的紧密合作到现在开始出现局部竞争,再到未来的重新合作,双方在粤港澳大湾区规划的指引下将面临新的挑战。如何处理好双方的关系,不仅对深圳和香港意义重大,对整个大湾区内部的共享发展也具有重要意义[1]。其次,深圳与广州的关系也是未来实现共享发展面临的挑战之一。不可否认,作为计划单列市,广州与深圳双方在利益分配上难免存在一定程度的分化,同时,广州作为省会城市,某种程度上还与深圳存在一定程度的竞争关系。因此,深圳与广东省和广州市的关系也需要统筹考虑。最后,港口群和机场群的关系。由于地处沿海,粤港澳大湾区内部拥有广州港、深圳港、香港港、虎门港、珠海港、中山港、惠州港等多个世界级港口,已经是

---

[1] 罗小龙、沈建法:《从"前店后厂"到港深都会:三十年港深关系之演变》,《经济地理》2010年第5期。

世界第一大港口集群区域。除此之外，大湾区内部还拥有四个年客流量超过1000万人次的城市机场，除6972万人次的白云机场、4934万人次的深圳机场、7469万人次的香港机场外，珠海机场的客流量也超过1000万人次，而澳门机场2019年的客流量也超过900万人次。因此，能否处理好如此之多港口和机场的关系对区域共享机制的质量也提出了较高要求。

（三）区域分工需要深化

产业作为经济活动的载体，产业竞争力直接影响区域利益分配格局。粤港澳大湾区不仅是我国经济发展水平最高的区域之一，同时也是实体经济发展水平最高的区域之一。《粤港澳大湾区发展规划纲要》对11个大湾区城市未来的发展定位都做了明确规定，从四个核心城市产业结构分析，香港、澳门、深圳与广州之间的产业分工相对清晰，当前制约粤港澳大湾区区域分工的关键因素是广东内部9个城市的制造业分工，可以用各城市主导制造业进行说明（见表4）。

表4 广东属于大湾区9城市的主导产业

城市	主导产业数量	产业产值占城市GDP比重超过1%的制造业（%）
广州	3	医药、化学制造业（2.08）；计算机、通信和其他电子设备制造业（1.76）；烟酒、食品制造及食品加工业（1.96）
深圳	5	矿物制品、金属及金属冶炼制品业（1.15）；计算机、通信和其他电子设备制造业（21.28）；仪器仪表、文体办公用品制造业（1.18）；专用设备制造业（1.59）；电气机械和器材制造业（2.36）
珠海	6	医药、化学制造业（3.79）；矿物制品、金属及金属冶炼制品业（2.45）；计算机、通信和其他电子设备制造业（7.56）；烟酒、食品制造及食品加工业（1.12）；专用设备制造业（1.51）；电气机械和器材制造业（11.99）
佛山	8	医药、化学制造业（2.31）；矿物制品、金属及金属冶炼制品业（9.96）；计算机、通信和其他电子设备制造业（1.95）；仪器仪表、文体办公用品制造业（1.10）；纺织服装、皮革及鞋业（3.38）；烟酒、食品制造及食品加工业（2.02）；专用设备制造业（1.79）；电气机械和器材制造业（11.24）
惠州	5	医药、化学制造业（4.56）；矿物制品、金属及金属冶炼制品业（3.16）；计算机、通信和其他电子设备制造业（19.07）；纺织服装、皮革及鞋业（3.34）；电气机械和器材制造业（2.77）

续表

城市	主导产业数量	产业产值占城市GDP比重超过1%的制造业(%)
东莞	8	医药、化学制造业(1.08);矿物制品、金属及金属冶炼制品业(3.83);计算机、通信和其他电子设备制造业(17.53);仪器仪表、文体办公用品制造业(2.34);纺织服装、皮革及鞋业(3.79);烟酒、食品制造及食品加工业(1.21);专用设备制造业(1.75);电气机械和器材制造业(3.88)
中山	7	医药、化学制造业(2.54);矿物制品、金属及金属冶炼制品业(2.70);计算机、通信和其他电子设备制造业(3.88);仪器仪表、文体办公用品制造业(1.63);纺织服装、皮革及鞋业(3.12);烟酒、食品制造及食品加工业(1.27);电气机械和器材制造业(5.67)
江门	6	医药、化学制造业(1.74);矿物制品、金属及金属冶炼制品业(6.19);计算机、通信和其他电子设备制造业(2.46);纺织服装、皮革及鞋业(2.77);烟酒、食品制造及食品加工业(7.20);电气机械和器材制造业(3.63)
肇庆	5	医药、化学制造业(2.22);矿物制品、金属及金属冶炼制品业(9.95);计算机、通信和其他电子设备制造业(1.65);纺织服装、皮革及鞋业(1.76);烟酒、食品制造及食品加工业(1.04)

资料来源:《中国城市统计年鉴》。

基于大湾区内部广东9城主导制造产业的测算结果,可以发现,这些城市的制造业结构比较相似,很多城市的主导产业也基本一致,未来随着产业市场份额的集中,很有可能会出现比较激烈的产业竞争,如果包含大湾区11城市的产业分工体系无法顺利形成,不同地区的发展利益分配格局可能会受到巨大冲击并最终使得区域共享发展难以实现。

(四)政策力度有待加强

区域共享发展的最高阶段是完全的区域一体化,从目前粤港澳大湾区一体化发展面临的难点分析,部分领域的共享发展政策需要进一步加强。具体政策的内容与不足详见表5。

可见,虽然粤港澳大湾区已经成为国家战略,但是这并不意味着其内部的一体化水平就已经达到顶峰。实际上,与国内其他区域发展战略一样,粤港澳大湾区内部的区域共享发展仍然面临很多直接涉及三地切身利益的难

粤港澳大湾区构建共享发展的制度环境进展分析

表5 粤港澳大湾区不同领域共享发展的不足

领域	共享发展存在的不足及表现
交通	1. 车辆来往需要粤港澳三地车牌，制约了交通一体化 2. 大陆港澳的交通规则存在较大差异 3. 城际铁路密度有待提高 4. 通关时间和程序仍需优化
就业	1. 包括律师、教师、医生等多种职业资格证书在三地互认程度不够 2. 三地社保、医保等制度的统筹管理如何实现 3. 内陆居民赴港澳管理过程过于严格
教育	1. 三地高等学历互认、高等教育课程学分互算程度不够 2. 三地初等教育权利的相互共享 3. 职业教育的共享
创新	1. 科研资金跨地使用 2. 科研项目跨地申请 3. 科研物资跨地运输与使用 4. 不同科研体制的深度融合
金融	1. 资本自由流动的障碍 2. 金融监管制度的差异 3. 支付工具的互通互用 4. 银行开户的烦琐 5. 投资渠道的限制
合作	1. 港深创新及科技园的建设需要加快 2. 横琴与澳门的合作发展需要加速 3. 三地需要探索更多具有直接效应的合作发展模式

资料来源：根据相关政策文件整理而得。

题。从全局来看，解决这些问题不仅是粤港澳大湾区实现共享发展和一体化发展的关键，也能为全国其他区域发展战略未来的发展方向提供参考经验。

四 从利益共增到利益同增：粤港澳大湾区共享发展制度构建的方向

区域共享发展既是区域一体化发展的目的，也是实现区域一体化发展的手段。根据前文分析，探索粤港澳大湾区区域共享发展制度需要遵循从利益共增到利益同增这一要求并以此为依据探索构建具体的区域共享机制。

（一）从利益共增到利益同增——粤港澳大湾区共享制度构建的根本原则

想要实现粤港澳大湾区一体化这种最高水平的共享发展目标，需要坚持以利益同增为最终目标，以利益共增为起点，以区域共享制度为抓手。首先，任何共享发展机制的建立都必须保障参与区域各自利益在共享机制发挥作用后的利益增加，这是保障区域共享发展能够实现的基础和前提。倘若区域共享发展机制最终使得区域利益分配格局出现分化即部分区域主体利益增加而其他区域主体利益减少，那么我们所构建的区域共享发展机制就无法发挥作用，也无法顺利实现最高水平的区域共享发展。因此，区域共享制度的根本导向是所有参与合作发展区域的利益都得增加。其次，保障不同区域主体利益的增加并不意味着要选择平均主义路线，实际上，在区域经济发展过程中，区域经济的分化是一种常态，区域共享发展的基础在于整体区域发展水平的最大化，而实现整体区域发展水平的最大化则要求区域之间的要素、先进发展理念、产业布局都能够统筹使用，最大程度提高这一区域的发展上限，实现区域发展利益的共增，这是最终实现区域共享发展的基础。最后，从利益共增走向利益同增主要依靠区域共享制度在经济发展实践过程中的推动，只有区域共享制度合理且可行，不同区域的要素才能统筹使用，才能实现经济发展成果的"1+1>2"的格局，才有机会最终实现不同区域的利益同增。

（二）六个共同体建设——实现粤港澳大湾区共享发展制度的具体路径

粤港澳大湾区共享发展的制度建设路径主要围绕"一主五次"等六个共同体建设展开。其中，构建利益共同体是粤港澳大湾区共享发展制度的主要路径，所谓的粤港澳大湾区利益共同体指的是粤港澳大湾区内部所有城市都能够在一体化发展过程中实现利益增加且这种利益增加的过程密切相关。

从具体路径分析，建设这种利益共同体需要包括空间共同体、规划共同体、生产共同体、生活共同体、政策共同体等五种不同类型共同体作为基础。其中，空间共同体指的是应该将粤港澳大湾区看作一个整体区域，通过交通的绝对一体化来打破行政区域界限。规划共同体强调大湾区不同城市的规划应该高度协调尤其是在不同城市相邻地区，更应该强调不同城市规划对该地区规划的一致性，比如落马洲河套地区，横琴乃至广佛，深莞交界地区。生产共同体侧重于经济和产业活动布局的整体性，要求在产业布局时充分考虑大湾区的整体性而不是单个行政区域的主体利益属性，尽可能地提高要素的边际产出。生活共同体关注教育、就业、社保、户籍等一系列能够影响居民生活资源因素在不同城市间的均等性，这不仅仅是因为大湾区存在两种不同制度，实际上即使是广东9城内部的部分制度和公共产品待遇也存在较大差异。因此，建设粤港澳大湾区生活共同体，推动不同城市各项生活制度和公共产品水平的趋同，能够显著提高大湾区共享发展水平。政策共同体则聚焦于不同城市行政决策体制的协调，处理区域关系是实现共享发展无法避免的环节，也是实现共享发展必须处理好的环节。在进行行政区划调整前，构建政策共同体是顺利建成其他共同体乃至利益共同体的基础。

（三）五类制度改革——构建粤港澳大湾区共享发展制度的支撑机制

任何地区想要实现共享发展都不容易，粤港澳大湾区也不例外，从所需的政策保障分析，实现粤港澳大湾区共享发展需要如下几方面制度改革作为支撑。

第一，户籍待遇趋同制度。目前我国不同城市的主要福利待遇包括高考录取率、初等教育质量、公务员事业单位工资体系、医疗体系质量等方面都存在一定差异。从我国发展战略的方向看，取消不同地区户籍附带福利的差异和差距是一个根本方向[①]。粤港澳大湾区能否在这一环节取得实质性突破不仅影响大湾区共享发展的实现，对全国共享发展格局的形成也是一种参考。

---

① 赵军洁、范毅：《改革开放以来户籍制度改革的历史考察和现实观照》，《经济学家》2019年第3期，第71~80页。

第二，产业统筹布局制度。在逐步取消行政区域主体利益壁垒和实现要素自由流通的前提下，能否构建基于整体区域利益的产业统筹布局制度对最终共享局面的形成具有重要意义。考虑到产业的落地直接关系到各个地区切身利益，一方面，产业统筹布局制度要绝对保证质量和科学性，让产业布局规律而非行政命令或者官员偏好来主导布局过程，这就要求提高政府的专业水平和对其产业布局的监管力度；另一方面，产业统筹布局制度也需要经济分成制度的配合。

第三，经济产出分成制度。区域共享发展一定会涉及不同地区相互使用对方的优势要素，这就直接带来一个问题即当一个城市使用了另外一个城市的发展要素或者当上级政府根据产业布局规律将某项产业落地于特定地区，又该如何保障该产业产出比如税收在全区域的合理分成，这是保障区域共享发展能否最终实现的根本因素。必须构建合理的和可量化的既能保障整体区域布局效率，又能准确兼顾不同区域在产业发展过程中所做出的不同贡献的经济产出分成制度。

第四，发展能力扩散制度。除了强调发展要素投入过程和经济产出成果分配的共享，实现粤港澳大湾区共享发展最重要的制度之一就是发展过程的共享。在这一过程中，先发地区的发展经验、发展模式、发展思路能否被后发地区所借鉴和复制是实现共享发展的关键。而目前深圳和汕尾正在探索的深汕特别合作区就是先发地区和欠发达地区共享发展能力、发展要素、发展收益的有益尝试之一。

第五，行政区划动态调整制度。当区域共享发展水平提升到一定层次，一体化发展格局逐渐实现，就可尝试通过行政区划调整进一步稳固一体化发展成果。这和民政部 2018 年 11 月出台的《行政区划管理条例》所强调的通过行政区划促进区域协调发展的要求是一致的。

五 结语

区域共享发展既是区域一体化发展的根本目标，也是实现区域一体化发展的根本手段。这意味着，实现区域一体化发展需要制度型的区域共享机制予以支撑。而保障参与共享发展的区域利益都有所增加是区域共享发展制度构建的导向，在这一过程中，区域共享制度的构建应该强调投入过程、产出成果和投入产出过程的共享。从粤港澳大湾区的共享发展实践分析，在局部领域的共享发展制度探索已经开始进行，但是总体而言，由于涉及不同制度、多个核心城市的复杂区域关系，粤港澳大湾区区域共享发展制度的构建和区域共享发展的实践仍然有待深化。

B.9 四川成都西部片区城乡融合发展进展分析

张爱民*

摘　要： 城乡融合是缩小城乡发展差距和居民生活水平差距，协调推进乡村振兴战略和新型城镇化战略的重要抓手，旨在实现城乡生产要素双向自由流动和公共资源合理配置。融合试验区的设立就是要通过以工促农、以城带乡破除制度弊端、补齐政策短板，率先建立起城乡融合发展的体制机制和政策体系，为全国提供可复制可推广的典型经验。四川成都西部片区在建立城乡有序流动的人口迁徙制度、建立农村集体经营性建设用地入市制度、完善农村产权抵押担保权能、搭建城乡产业协同发展平台、建立生态产品价值实现机制等五个领域进行了重点探索，形成了许多既具地域特色又有普遍适用价值的先行经验。

关键词： 城乡融合发展　农村经济　成都　高质量发展

一　四川成都西部片区城乡融合发展总体情况

（一）国家城乡发展融合试验区成都西部片区简介

成都市是四川省省会，行政区划面积为14335平方公里。2019年，

---

* 张爱民，中共成都市委党校经济学教研部副教授，主要研究方向为区域经济、产业经济学。

全市年末常住人口1658.1万人，常住人口城镇化率74.41%；地区生产总值17012.65亿元，城乡居民收入比为1.88∶1。国家城乡发展融合试验区成都西部片区包括温江区、郫都区、彭州市、都江堰市、崇州市、邛崃市、大邑县、蒲江县的全部行政区划范围，共93个镇（街道）、1805个村（社区）。试验区面积7672平方公里，占市域面积的53.5%，水资源总量100.51亿立方米，占全市水资源总量的70%，森林覆盖率48.2%，高于全市森林覆盖率近10个百分点。2019年，试验区年末常住人口495.7万人，常住人口城镇化率58.2%；地区生产总值3342.8亿元，城乡居民收入比为1.68∶1。

（二）改革开放后成都促进城乡协调发展的实践探索

成都具有的大城市大乡村格局和敢为人先、勇于创新的探索基因，使其在全国重大改革探索中始终走在前列，多次为促进城乡协调发展贡献了可复制、可借鉴的成都方案、成都经验和成都智慧，也为此次城乡融合发展的深入探索奠定了良好基础。

1978年，全国农业经营体制改革刚起步，原温江地区金鱼公社在全国率先"包产到组"，随后全面推开"双包到户"，极大地解放了农业生产力。1983年以"市带县"为标志，推动行政体制改革，温江地区合并到成都市，实行市领导县体制，打破了市搞工业、县搞农业的传统格局，为重塑城乡产业关系进行了有益探索。2001年以启动免征农业税试点为标志，成都比全国提前一年免除农业税，打破了城乡二元结构下两线并行的税制结构，开启了工业反哺农业、城市支持农村的新机制。2003年以促进城乡一体化为目标，推动统筹城乡改革，统筹推进城乡规划、产业发展、市场体制等"六个一体化"，率先开展农村产权制度改革、村级公共服务和社会管理改革。2007年，作为全国统筹城乡综合配套改革试验区，成都全面推进各个领域的体制改革，在许多重点领域和关键环节率先突破，大胆创新，形成一系列有利于统筹城乡的体制机制，在全国城乡统筹中发挥了示范和带动作用。

（三）党的十八大以来成都市促进城乡融合发展的新探索

新时代标定新方位，新思想引领新未来。党的十八大以来，成都市深入学习领会习近平总书记关于城乡发展的重要指示精神，聚焦城乡发展不平衡、农村发展不充分展开了新一轮创新实践。

2017年，成都市出台《实施乡村振兴战略建立健全城乡融合发展体制机制加快推进农业农村现代化的意见》（成委发〔2017〕34号），同时辅以《成都市实施乡村振兴战略推进城乡融合发展"十大重点工程"和"五项重点改革"总体方案》。十大重点工程包括：一是实施全域乡村规划提升工程，编制了《成都市乡村振兴战略空间发展规划》。坚持"多规合一"，结合城市总体规划、土地利用总体规划和生态环境建设规划，对全域乡村进行

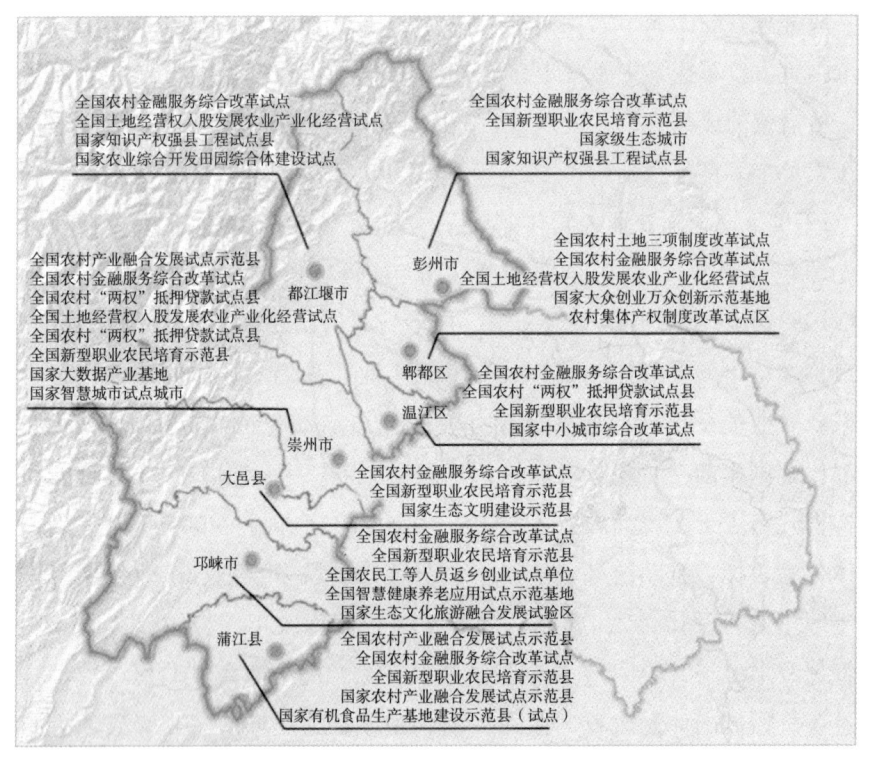

图1　近年来成都西部片区承担的国家级试验试点

全面规划、系统设计；以"西控"区域8个区（市）县为重点，编制《成都市乡村振兴示范走廊规划》；完善乡村规划师管理制度，探索乡村规划师与社区发展治理相结合的工作模式。二是实施特色镇（街区）建设工程。建设健全特色镇（街区）规划管理机制；提升特色镇（街区）集聚功能；创新特色镇（街区）开发模式；组织开展试点示范。三是实施川西林盘保护修复工程。开展林盘调查摸底；开展川西林盘规划设计大赛；组织开展试点示范。四是实施大地景观再造工程。再造都江堰精华灌区大地景观；再造龙泉山绿色低碳生态森林景观；再造旅游航空沿线旅游景观。五是实施农村人居环境整治工程。全面提升农村环境风貌；全面推进农村环境综合整治；全面重塑农村农业形态。六是实施农业品牌建设工程。实施品牌价值体系构建行动；实施品牌生产体系构建行动；实施品牌营销体系构建行动。七是实施乡村人才培育集聚工程。实施农村专业人才引进培育行动；实施新型职业农民培育行动；实施千村万人村（社区）后备干部孵化行动。八是实施农民增收促进工程。九是实施农村文化现代化建设工程。十是实施城乡社区发展治理工程。大力提升社区服务能力，深化乡村社区治理领导体制和工作机制改革，推进共建共治共享。五项重点改革涉及：深化农业供给侧结构性改革；深化农村集体产权制度改革；深化农村金融服务综合改革；深化公共产品服务生产供给机制改革；深化农村行政管理体制改革。

成都市委、市政府将2018年确定为乡村振兴"全面落实年"，发布了《2018年成都市实施乡村振兴战略推进城乡融合发展行动计划》，从构建乡村振兴规划体系、加快建设生态宜居美丽乡村等方面进行了全面部署。当年成都市实现农业增加值541.7亿元，同比增长3.6%；农民人均可支配收入22135元，同比增长9%；实施乡村振兴项目586个，完成投资614.6亿元。

2019年，成都发布《2019年成都市实施乡村振兴战略推进城乡融合发展行动计划》，提出实施乡村振兴重大项目200个，完成投资600亿元，实现农业增加值增长3%、农林产品加工业总产值增长8%、休闲农业和乡村旅游总收入增长20%、农村居民人均可支配收入增长8%、城乡居民收入比缩小到1.89∶1以内的奋斗目标。

图 2 成都西部片区 23 个产业功能区布局

二 四川成都西部片区城乡融合发展重点领域探索

（一）建立城乡有序流动的人口迁移制度

一是优化人口空间结构，引导人口有序流动。结合国土空间、产业发展等规划，推进公共产品服务生产供给机制改革，推动各类要素资源向优势区域聚集，进一步增强人口承载能力，实现人口空间结构与生态、生产、生活空间相匹配。依托产业功能区、特色镇、城市街道，引导试验区外人口优先向郫都区、温江区等中心城区流入，提升彭州市、都江堰市、崇州市、邛崃市、大邑县、蒲江县城市建成区对新增人口的吸纳能力，实现人口流动与空间结构优化、产业经济地理重塑相统一。

二是健全农业转移人口市民化机制，维护进城农民权益。首先，健全农业转移人口市民化成本分担机制。全面落实促进农业转移人口落户城市的"人、地、钱"挂钩配套政策，提高城市吸纳农村转移人口落户的积极性。其次，完善农业转移人口合法权益保障办法。加快推进农村集体组织成员身份认定工作，充分保障进城农业转移人口在农村的合法财产权利；鼓励进城农业转移人口依法自愿有偿放弃"三权"，健全农村产权交易、产权保护和产权纠纷调处体系。最后，建立农业转移人口市民化奖励机制。增强落实农业转移人口市民化的财政保障能力，切实保障农业转移人口在就业、教育、医疗、养老、住房、社会救助方面的权益，推动农民工特别是新生代农民工融入城市。

三是建立城市人才入乡激励机制，促进乡村人才振兴。首先，探索集体经济组织人才加入机制。支持温江区等地根据农村居住时间与创业创新情况，以合资、合作、投资入股等方式引进人才，保障参与乡村自治、住房使用、土地流转经营等相关权益；支持崇州市等地农商文旅体人才作为新村民、乡贤进村落户。其次，完善城乡人才合作交流机制。探索通过岗编分离等多种方式，推进城市教科文卫体等工作人员定期服务乡村。最后，完善乡村专业技术人才"引育用留"机制。引导规划、设计、文创、营销等专业技术人才入乡，推动职称评定、工资待遇向乡村医生、教师倾斜。支持邛崃市健全特色人才评价激励体系；推广崇州市农业职业经理人培育模式。

四是持续深化户籍制度改革，完善户籍政策体系。首先，健全条件入户和积分入户双轨并行的入户政策体系。放宽外来人口落户，保障非户籍常住人口应落户者尽落户，逐步减少常住人口候鸟式迁徙流动规模。其次，完善居住证积分管理体系。以居住证为载体，以合法稳定就业、合法稳定居住等为主要指标，根据城市发展需要和区域综合承载能力对入户指标实行年度计划调控，合理调控积分入户规模，鼓励非城镇户籍的居住证持有人落户城镇。最后，实行区域差异化积分。通过差异化落户政策，科学调控人口规模、优化人口结构；建立与人的全生命周期需求相匹配的服务机制，吸引各类外来投资者和劳动者。

2015年，成都常住人口1228.05万人，人口城镇化率为58.68%。2019年，常住人口达到1633.00万人，人口城镇化率73.12%，在全市人口持续增加的基础上，城镇化率也快速提升，比2015年末提升了14.44个百分点。

（二）建立农村集体经营性建设用地入市制度

一是统筹推进农村集体经营性建设用地入市，建立城乡统一的建设用地市场。首先，健全农村集体经营性建设用地合规入市制度。在坚持符合国土空间规划、用途管制和依法取得前提下，采取就地入市、调整入市和城中村整治入市等多种途径，以及出让、租赁、作价入股等多种有偿使用方式，推动农村集体经营性建设用地入市。推动农村集体公益性建设用地转变为集体经营性建设用地入市。允许郫都区在农村集体经营性建设用地入市改革试点成果的基础上，继续执行和完善相关政策，并在试验区推广试点经验。其次，建立农村集体经营性建设用地使用权和地上建筑物所有权房地一体、分割转让办法。为了规范土地用途，成都市出台了集体经营性建设用地用途负面清单，允许项目在符合规划、用途管制、依法取得基础上进行开发建设。竣工验收后按规划、不动产登记等部门审定的房屋基本单元进行产权分割登记、分拆交易。最后，建立农村集体经营性建设用地入市民主决策机制。切实维护农民合法权益，完善农村土地产权制度，就农村集体经营性建设用地入市的范围、条件、处置方式、利益分配等重大事项，探索建立规范的民主决策政策体系和工作流程，推动农村集体经济组织决策管理的科学化、民主化。

二是探索农村集体经营性建设用地高效利用途径，提高建设用地利用效率。成都创新性地采取了三条措施：第一，建立撤并乡镇闲置建设用地收储机制。推进闲置建设用地整理、储备和流转，界定所用权、使用权主体的相关权利，完善登记颁证和税费征缴办法，大力发展农村新产业、新业态，盘活用好存量土地资源。第二，建立"点状供地"和"混合用地"制度。依法灵活确定地块面积，组合不同用途和面积地块搭配供应，构建"国有建设用地＋集体建设用地＋农用地"综合利用模式，提升农村土地利用价值。第三，健全利用农村集体经营性建设用地建设租赁住房办法。在符合规划的前提下，鼓励集体经济组织或国有平台公司在集体经营性建设用地上建设租赁住房，将闲置农民房屋改造为长租公寓，并根据入驻企业的需求进行个性化设计，有效增加重点产业功能区周边住房供给。

三是优化完善农村集体经营性建设用地的市场化交易制度，实现与国有土地同地同权。首先，推动农村集体经营性建设用地指标跨区域使用。农村土地整理项目的结余指标优先用于本村产业项目；经协商一致，允许在试验区内跨区（市）县使用。按照"占用耕地与开发复垦耕地数量平衡、质量相当"的原则，完善相关政策。允许四川省内国家和省定贫困县将闲置低效的建设用地复耕后结余指标调剂到成都市域使用。其次，推进农村集体经营性建设用地使用权转让、出租、抵押二级市场建设。建立农村集体经营性建设用地二级市场交易规则，发挥土地交易机构、平台的专业优势，提供法律、政策咨询服务，妥善处置交易纠纷，营造良好的交易环境。最后，完善农村集体经营性建设用地使用权抵押融资办法。建立农村集体经营性建设用地使用权抵押登记办法，通过政府性融资担保公司提供增信服务等方式，鼓励金融机构开展农村集体经营性建设用地使用权抵押贷款，促进农村产权融资总量增长、融资成本下降。

四是探索农村集体经营性建设用地入市收益分配机制，保障农民公平分享土地增值收益。首先，建立农村集体经营性建设用地土地增值收益调节金管理办法。按照土地级差收益原则，在国家、集体和农民个人之间公平分配土地增值效益，建立调节金征收机制。加强供前约定和供后监督，倒逼土地精拿细用。其次，建立集体经营性建设用地入市收益在集体经济组织内部分配办法。土地所有权人出让或租赁取得的农村集体经营性建设用地使用权收益，集体经济组织按一定比例计提公积金或公益金，主要用于发展壮大集体经济和公益性支出。

（三）完善农村产权抵押担保权能

一是加快农村信用体系建设，提升金融信用水平。首先，完善守信激励和失信惩戒机制。为农户、农场、农民合作社、休闲农业和农产品生产、加工企业等农村社会成员和市场主体建立信用档案，夯实农村信用体系建设基础。二是完善信用贷款及风险应对机制。开展信用户、信用村、信用镇、信用区（市）县创建活动，赋予额度递增的信用贷款。制定信用等级评定、授信、用信等方面风险应对措施，对调整等级的农户在信贷系统及时进行调整和更新。

二是优化农村金融服务平台，畅通金融服务渠道。首先，打造"农贷通"2.0版。引导更多金融机构参与平台建设与应用，发挥市场中介的积极作用，促进各类金融平台互动合作、信息共享。运用大数据、云计算等先进技术，深度挖掘各类信息资源，提升平台资金汇集、产融对接、信用建设、上市辅导、保险推广、农村双创等功能。其次，搭建供应链金融服务平台。整合供应链优势，推动企业与金融机构无缝衔接，解决市场经营主体贷款难等问题。通过电子结算、综合授信，提高供应链企业资金运作能力，降低整体管理成本。

三是创新农村金融产品和服务方式，改善金融生态环境。首先，创新市场实体型金融产品。依法合规开展农村集体经营性建设用地使用权、农民房屋财产权、集体林权抵押融资，以及承包地经营权、集体资产股权等担保融资。支持郫都区、都江堰市、邛崃市等地探索区（市）县土地储备公司参与农村承包土地经营权、农民住房财产权、农村集体资产股权等抵押贷款试点工作。其次，创新新型信用类普惠金融支农产品。依托"农贷通""天府信用通"等平台，充分发挥信用信息共享平台和金融信用信息基础数据库的作用。探索农业保险产品创新，推动政策性保险扩面、增品、提标，降低农户生产经营风险。再次，创新农村金融服务方式。支持蒲江县等地建立"天使投资+风险投资+债券投资+上市融资"的农村中小微企业金融服务体系，服务中小微企业成长。支持大邑县等地发展社区微银行，打通金融服务"最后一公里"。最后，推进"银保、银担、银政保、银政担"等政府主导、银行主体、保险和担保公司配合的协同创新。提高直接融资比重，积极运用产业发展基金、政府投资基金等手段，支持农业企业依托多层次资本市场发展壮大，争取发行农村产业融合发展专项债券。引导持牌金融机构通过互联网和移动终端提供普惠金融服务，促进农村金融规范发展。

四是完善农村金融风险防范处置机制，保障金融安全。一是推动农业信贷担保、再担保体系建设。不断完善"农贷通"风险补偿机制，推进财政奖补线上办理，健全风险缓释补偿机制。二是加强风险监测预警。严控高风险偏好行为，切实做好前瞻预警纠偏。强化信用风险、流动性风险、案件风险等银行业机构风险防控，密切关注农险领域的特殊性。

（四）搭建城乡产业协同发展平台

一是构建产业融合发展空间新格局，引导城乡产业有机融合。首先，构建"两带两廊三片"产业融合发展新格局。沿近中心城区构建以生物医药与健康、生物农业与食品为主的生物经济产业带，沿龙门山山前构建以旅游运动、文化创意、康养为主的农商文旅体融合发展产业带。以蓉昌高速（成灌路段）、成名高速公路（成温邛路段）为轴线，串联沿线镇（街道）、产业功能区以及都江堰精华灌区等特色资源，打造形成集产业融合和现代田园文化展示于一体的绿色生态田园景观走廊。在试验区打造都彭、崇温、邛蒲等都市现代农业和生态涵养片区，建立以生物医药与健康、生物农药与食品、旅游运动等为主的"大健康"现代产业体系。其次，打造城乡产业协同发展先行区。围绕主导产业精准布局建设差异化的产业功能区标准厂房、专业楼宇、新型基础设施等生产配套设施；依据现代城市人文需求多样性和消费偏好差异性，合理配置人才公寓、医院、学校等公共服务设施，构建15分钟优质生活圈，将成都医学城、成都川菜产业园、安仁·中国文博等

23个产业功能区打造成为城乡产业协同发展先行区。

二是构建绿色高质量发展产业体系，打造差异化竞争优势。首先，建设具有国际竞争力的生物经济高地。完善生物医药健康产业体系，建强成都医学城、天府中药城等载体，筑牢温江医学、医药、医疗融合应用优势，建设"三医＋人工智能"产业科技园，加速生物技术药、新型中药创制和产业化，打造国内领先的生物制药研发生产基地；加快建设龙门山中医药康养旅游区，发展高端医美、健康管理、养生保健、特色专科医疗等新产业，培育"健康＋养老""健康＋互联网"等新业态。推进生物农业高水平发展，加快建设都市现代农业高端研发平台，依托温江都市现代农业高新技术产业园、天府现代种业园等，开展主要农畜新品种选育、微生物酶制剂和农作物基因编辑等关键技术攻关，培育"育繁推"一体化现代生物种业企业集群。前瞻布局生物经济新兴产业，以成都新材料产业功能区、成都现代工业港等为载体，打造生物基材料、生物质燃料等关键技术和设备研发平台，培育生物材料、生物能源、生物环保等产业，加快推动生物产业成链集群、跨界融合。其次，创新推进农商文旅体融合发展。大力实施"农业＋"战略，以延长产业链、提升价值链为重点优化农业产业体系，探索"产业功能区＋特色镇＋川西林盘"发展模式，推动农业与旅游、康养、文创、体育、互联网等产业融合发展，激活农村经济内生动力。打造农商文旅体特色品牌，推动都江堰会展旅游、郫都区美食双创、蒲江县生态农业等优势产业提质增效，加快建设李冰文化创意旅游、西岭雪山运动康养等产业功能区，发展龙门山文创产业带；突出"品质化、品牌化、国际化"方向，积极探索"IP＋产业"、场景体验等新模式，推出一批特色鲜明的农业节庆、农博展会、科普体验和民俗赛事，打造一批全国知名的"艺家乐""创意村"，因地制宜建设农商文旅体融合发展示范区。

三是构建产业功能区一体化发展体制机制，增强产业协同发展动力。首先，完善产业功能区管理运营机制。推动经济区与行政区适度分离，理清市级部门与功能区、街道社区的权责，剥离街道招商引资、协税护税等职能，赋予产业功能区经济发展、规划实施、要素保障、项目审批等自主权，形成功能区负责产业发展、镇（街道）社区负责公共服务和社会管理的职能分工。推广崇州市等地试点经验，推动产业功能区专业化、精细化管理和可持续发展。支持郫都区、大邑县等地积极探索镇（街道）与产业功能区管理机构委托管理、合署办公、合并设立等有效形式。探索产业功能区综合开发运营模式，按照"一个产业功能区，就是一个新型城市社区"的理念，推行"国有投资平台+专业性企业"合作开发模式，采取"整体开发建设、内部封闭运行"方式，加速开发模式创新及推广运用。其次，建立产业生态圈协作机制。支持西部片区各产业功能区之间协同联动，支持建立有效的信息沟通、经验交流、工作协调机制，理顺规范产业功能区竞合关系，营造优良的产业创新发展生态。支持温江区成都医学城与彭州市、邛崃市等地开展中西医融合发展合作，与天府国际生物城、中心城区等地开展医疗健康服务产业链深度合作。支持郫都区成都川菜产业园与邛崃绿色食品产业功能区及其他区（市）县食品饮料产业抱团合作发展。支持都江堰精华灌区康养产业功能区、安仁·中国文博产业功能区等建立产业协作机制。支持试验区合力建设西部旅游环线串联沿线功能区，共同打造世界旅游目的地。

（五）建立生态产品价值实现机制

一是加快美丽宜居公园城市建设，探索生态价值实现新路径。第一，建立完善公园城市发展制度体系。深入践行习近平生态文明思想，落实习近平总书记"突出公园城市特点，把生态价值考虑进去"的重大要求，加快构建生态优先发展制度框架，完善绿色发展政策体系，通过保护和利用生态资源禀赋，实现更高质量、更可持续发展，建设人城境业高度和谐统一的公园城市典范区、长江经济带生态价值转化先行区。第二，塑造城园相融的公园城市形态。科学布局生态空间、农业空间和城镇空间，构建"多中心、组团式、网络化"的城乡空间结构。以绿道有机联结山川农田和城镇街区，营造山水生态公园、乡村郊野公园、城市街区公园等全域公园场景，实施"百镇千村"景观化景区化建设，形成"青山绿水抱林盘、大城小镇嵌田园"的公园城市形态。第三，提升绿色低碳的生态经济价值。坚持"植绿筑景、引商成势、产业聚人"，提高优质生态产品供给和高端资源要素集聚能力，率先建立以产业生态化和生态产业化为主体的生态经济体系。实施产业准入负面清单制度，保障农产品供给水平和质量，加快发展以新经济为引领的环境友好型产业。第四，创造健康宜居的生态生活价值。围绕满足市民对美好生活需要，涵养山水林田湖城生命共同体，推动形成人、城、境、业高度和谐统一的大美城市格局。优化绿色公共服务供给，聚力智慧城镇建设，营造舒适宜居生活环境。第五，弘扬根脉传承的生态人文价值。传承自然人文历史，深度挖掘林盘文化、都江堰水文化、大熊猫文化等文化资源精华，打造全国知名文创中心，建设世界旅游名城核心区和天府农耕文明重要展示区。遵循"天人合一、道法自然"，依托优美生态环境和独特人文魅力，建立健全以生态价值观念为准则的生态文化体系。

二是建立生态价值向经济价值转化机制，提高生态价值转化效率。首先，构建生态系统生产总值（GEP①）核算标准和评估体系。用科学统计方式将生态系统各类功能"有价化"，进一步核算"生态账"，加速推动生态价值转化为经济价值，实现 GDP 与 GEP 良性互动互促。支持崇州市等地探索编制县域自然资源资产负债表，支持都江堰市等地探索构建 GDP 和 GEP "双核算、双运行"的绿色经济考评体系。其次，利用生态资源催生业态升级、模式创新。以"绿道+"经济带为突破，培育全息情景营造、主题消费体验、田园生态旅居等新经济业态，打造形成新业态、新模式、新场景的策源地。支持温江区、郫都区等通过整合组建专营公司、产权入股、资产租赁等方式，构建公益性园林市场化运营共同体。

三是健全生态保护机制，夯实生态价值转化基础。首先，健全生态环境保护修复机制。严格"三区三线"管理，严控生态保护红线，健全生态环境监测网络，加强生态环境能力建设。设立区域绿色发展基金，构建财

---

① GEP（Gross Ecosystem Product）是生态系统生产总值的简称，是生态系统为人类提供的最终产品和服务及其价值的综合，包括生态产品价值、调节服务价值和生态文化价值。

政资金激励引导生态环境保护产业发展的长效机制。支持大邑县建立生态环境信用档案、正负面清单和信用评价机制，探索建立联合奖惩机制。其次，健全生态保护补偿机制。探索优化绿隔区内建设用地收益分配，按比例专项用于生态投入补偿。支持崇州市、邛崃市开展政府采购生态公共产品试点，探索建立生态建设资金安排、转移支付和生态补偿机制。加大重要水源涵养区、生态脆弱区生态保护修复力度，支持都江堰市、郫都区以饮用水水源地保护为重点，整合各级财政资金，加大对重点生态功能区转移支付力度。

四是建立市场多元投入机制，强化生态价值转化资金保障。首先，创新投入产出平衡机制。土地出让、入市部分收益定向用于生态项目建设，探索形成土地增值与生态投入良性互动机制。通过政府对公共绿色生态产品采购、生产者对自然资源约束性有偿使用、消费者对生态环境附加值付费、生态产品交易市场交易等方式，构建运用经济杠杆进行生态环境保护和环境治理的市场体系。其次，创新生态价值转化多元投入机制。设立生态价值转化基金，重点支持生态环境保护修复、生态环境基础设施建设、生态环境产业发展等。探索开发绿色信贷、绿色保险、绿色债券、绿色担保等绿色金融产品。通过购买服务、先建后补、以奖代补、贷款贴息、PPP等方式，引导社会资本多渠道、多形式投入生态领域。支持大邑县等地创新生态开发投融资机制，探索"生态银行"模式。

三 四川成都西部片区城乡融合发展典型案例

（一）案例1：邛崃市建立城乡有序流动人口迁徙制度的探索

邛崃市是全国第二批返乡创业试点县，位于成都平原西部，距成都市区75公里，全市辖2个街道办事处、18个镇、4个乡、200个行政村、71个社区（居委会）。年末户籍总人口65.47万人，其中户籍城镇人口26.10万人，户籍乡村人口39.37万人，面积1384平方公里。作为中国最大白酒

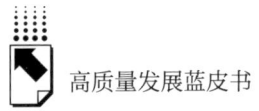

原酒基地、国家瘦肉型猪生产基地县和中国食品工业百强县,近年人口一直呈下降趋势。邛崃市针对返乡创业人才匮乏、人口负增长的困局,创新性出台了《邛崃市"周末磁场"柔性引才引智计划实施方案(试行)》,打破时间、空间、身份等传统硬约束,定期发布邛崃市产业、人才需求信息,构建灵活多样的引才机制,创造良好环境,鼓励和吸引市内外优秀人才携带项目和实用技术返乡下乡创业。一方面,通过完善返乡下乡创业就业服务机制,不断拓宽引才渠道,为人才进入创造条件;另一方面,积极培育壮大返乡创业平台,深入挖掘地区资源优势,全力推动邛酒、畜牧业、现代农业等特色产业转型升级,为人才提供发展机会。全市建立了5个返乡下乡创业示范基地,发展返乡下乡创业小微企业5631户,带动1.5万人实现就业。

(二)案例2:郫都区战旗村建立农村集体经营性建设用地入市制度的探索

郫都区是全国农村集体经营性建设用地入市试点县,战旗村位于成都的郫都区、都江堰市、彭州市三市县交界处。全村地域面积2.06平方公里,有9个农业合作社,8个集体企业(全部实行租赁经营),5家私人企业。2015年,战旗村开启集体经营性建设用地入市改革试点,组建了郫县唐昌战旗资产管理有限公司,实施村集体经济股份制量化改革,以每亩52.5万元、总价700多万元的价格,将一宗13.4亩集体经营性建设用地成功出让,落下了全省农村集体经营建设性用地入市的"第一槌"。战旗村以农村集体经营建设性用地入市为突破口,进一步完成了资源变资产、资金变股金、农民变股东的华丽转变。通过科学规划集体经营性建设用地,现已建起了党群服务中心、居民活动中心、电商服务站、卫生服务站、农村金融服务站、农村产权交易服务站等功能俱全的新型社区。2018年,战旗村集体资产达到5700余万元,比2017年增长24%,村民人均可支配收入达28600元,同比增长10%。2018年2月12日,习近平总书记视察战旗村后给予高度评价,鼓励战旗村在乡村振兴中要"走在前列,起好示范"。

（三）案例3：都江堰川西音乐林盘生态价值开发与转化的探索

2018年底，针对"川西林盘"[①]这一具有成都特色的生态资源，成都发展改革委启动了生态价值核算重大课题，以崇州为重点试验区，在分析评价川西林盘中林地、农田、灌丛、草地、湿地、水系等生态系统的基础上，构建起由生态系统产品价值、调节服务价值、文化价值3大类12项功能指标构成的核算指标体系。

2019年10月22日，成都发布《川西林盘生态系统生产总值（GEP）核算技术规范》和《川西林盘绿色发展指南》，旨在通过GEP的核算摸清"绿水青山"的内在价值，全面掌握现有"生态家底"。在试点核算的9个林盘中，观胜镇严家弯湾、道明镇竹艺村生态系统生产总值在试点林盘中最高，分别达到4106万元和3361万元，其中生态产品价值占比均超过70%。通过实践检验的技术标准和规范将被继续应用于其他林盘GEP核算中，为更好吸引社会资源、科学有序开发林盘提供决策依据。

川西音乐林盘位于都江堰市柳街镇红雄社区，面积约130亩，含26户75名村民，森林覆盖率达到51%。经过两年的精心打造，已经成为游客青睐的旅游消费场景、一站式乡村旅游综合体和网红旅游打卡地。林盘按照"景区化、景观化、可进入、可参与"理念，按照生活实用性、乡土记忆性和旅游观赏性需求，就地取材、变废为宝，完整保留茂林、修竹、古井、小桥、流水等原乡基底和田园特色，使田园变景区、农房变客房、农特产品变旅游商品。林盘中最具特色的"猪圈咖啡"馆，由曾经的猪圈改造而成，咖啡桌由猪槽改造，座椅由打谷子的拌桶改造，店里还摆放着旧式的自行车、石磨盘、鼓风机等农村老物件，传统的农家气息与现代化的时尚要素有机组合，在互联网吸引了超过500万的粉丝。同时，借助在林盘中植入艺

[①] 川西林盘是指分布在川西平原的传统农家院落。这些院落往往与周边树木、竹林、河流及外围耕地等自然环境有机融合，形成集生产、生活、生态功能于一体的传统农村居住形态。

术、音乐等高雅元素，依托川西音乐原创工作室、陈明志声音景观工作室两个创客项目，实现了音乐创作及演绎、民俗体验、农家餐饮、婚庆喜宴、林盘诊所等业态融合发展。定期举办的乡村民谣音乐会、独具特色的旅游纪念品和伴手礼已成为吸引游客、实现林盘华丽转变的重要因素。2018年，川西音乐林盘被评为成都市首批AAA级林盘景区。2019年上半年接待游客超10万人次、旅游收入超500万元，林盘及周边村民65人通过参与经营实现人均增收近4000元。

四 成都西部片区城乡融合探索的主要经验

（一）突出党的领导，推动城乡思想融合

始终坚持党在促进试验区城乡融合发展中总揽全局、协调各方的领导核心作用，充分发挥城乡基层党组织的战斗堡垒作用，推行村党组织书记通过法定程序担任村委会主任、兼任集体经济组织负责人。成都成立了市城乡融合发展工作领导小组，由市委主要领导担任组长，相关市领导担任副组长，试验区区（市）县、市级部门为成员单位。试验区区（市）县成立由党委、政府主要负责同志任组长的工作领导小组，实现组织共建、资源共享、机制衔接、功能优化，为城乡融合发展提供坚强政治保证和组织保证。为了确保科学有序地推进城乡融合，成都除了适时推出一系列引导和规范的相关政策，还制定改革方案和突破性措施，明确时间表、路线图，确保改革扎实落地。

（二）强调规划引领，推动城乡空间融合

不断完善城市总体规划、国土空间规划，健全"多规合一"规划机制，统筹规划城乡空间形态、产业布局、生态保护、基础设施，构建起"双核+功能区+特色镇（街区）+新型社区（林盘聚落）"的四级城乡体系。2019年，全市规划建设120个特色镇，协同推进321个川西林盘保护修复。

实施"东进、南拓、西控、北改、中优"空间发展战略，引导市域空间差异化协调发展，实现城市格局从"两山夹一城"到"一山连两翼"的千年之变。全域统筹布局建设66个（其中试验区23个）主导产业明确、专业分工合理、特色鲜明的产业功能区。

（三）坚持市场机制，推动城乡要素融合

持续深化农村产权制度改革，全面实现农村产权"应确尽确、应登尽登、应颁尽颁"，基本建立起"老六权"和"新五权"的农村产权交易制度，2019年，累计成交各类农村产权1.93万余宗、面积263.35万亩、金额1067亿元。推进涉农资金整合，改进财政投入方式，积极引导金融资本和社会资金投入农业农村。"农贷通"平台已接入一级金融机构105家，发布金融产品797个，发放贷款12153笔、163.38亿元。推行"户籍新政"和"人才新政"，实施条件入户和积分入户双轨并行的新型户籍政策，实施人才优先发展战略行动计划12条措施，全市人口净迁移率和西部片区人口净迁移率持续上升，温江区和郫都区落户增量尤为明显。

（四）以功能区为载体，推动城乡产业融合

在对全市66个产业功能区精准定位、合理布局的基础上，打破行政区划壁垒，构建形成以产业功能区、特色镇和城市街道为主的新型城乡组织形态。建立"管委会+专业公司"管理运营机制，创新建立政府主导、市场化运营的片区开发模式。以"功能复合、职住平衡、服务完善、宜业宜居"为导向，建成一批高品质基础设施、住房和生活配套服务设施。2019年底，全市建设人才公寓和产业园区配套住房255万平方米，新竣工标准化厂房370万平方米。

（五）坚持共建共享，推动城乡基础设施融合

一是强化城乡综合交通体系建设，市域范围内国铁干线、市域铁路、城

市轨道交通运营总里程达 1113 公里，公路路网密度达 193 公里/百平方公里，累计建成"四好农村路"示范段 1800 公里，试验区已通达地铁 4 号线（到温江城区）、2 号线（到郫都区），开通运营成蒲、成灌、成彭城市快铁。二是补齐市政基础设施短板，全市城镇自来水厂、生活污水处理厂实现全覆盖，城镇生活垃圾无害化处理率达 100%，乡镇污水处理率达 72%。三是完善农村能源通信设施网络，实施农村电网改造、天然气管网建设、光纤到户工程，实现农村电网可靠率达 99.98%，乡镇天然气管网覆盖率达 95%，光纤入村率达 99% 以上。

（六）重视社区治理，推动城乡公共服务融合

为了有效推进城乡社区发展行政体制改革，成立了市委城乡社区发展治理委员会，推动城市治理重心不断向基层下沉。开通了推进智慧社区建设的"天府市民云"平台，平台集成了 57 个部门 189 项服务，开通了 1000 余个社区频道。持续健全城乡社会保障制度体系，深入实施全民参保计划，落实降低社保费率政策，全市城乡居民养老保险参保率保持在 95% 以上。同时，深化教育领域改革，建立"以城带乡、整体推进、城乡一体、均衡协调"的城乡教育一体化发展机制，成都市城乡教育一体化达成度连续 6 年保持 85% 以上。建立医疗保障战略协同机制，形成多层次、高质量医疗保障体系，市属三级医院、县级综合公立医院、基层医疗卫生机构医联体覆盖率达到 100%。

B.10 "三区三州"深度贫困地区脱贫攻坚进展分析

马应超*

摘　要： 本研究以2017年6月习近平总书记在深度贫困地区脱贫攻坚座谈会上的讲话为基点，用脱贫数据说话，以经验案例呈现，对"三区三州"深度贫困区脱贫攻坚进展情况进行了全面客观、多维立体分析。研究共分为三个部分，首先，客观呈现"三区三州"深度贫困区脱贫攻坚的主要成效，其次，系统总结"三区三州"深度贫困区脱贫攻坚的主要做法，最后，指出2020年收官之年"三区三州"决战决胜深度贫困区脱贫攻坚面临的特殊困难与现实问题。

关键词： "三区三州"　深度贫困　脱贫攻坚

一　"三区三州"深度贫困区脱贫攻坚的主要成效

2017年6月，习近平总书记主持召开深度贫困地区脱贫攻坚座谈会时指出，连片的深度贫困地区，包括西藏和四省藏区、南疆四地州、四川凉山、云南怒江、甘肃临夏等地区（以下简称"三区三州"），生存环境恶劣，致贫原因复杂，基础设施和公共服务缺口大，贫困发生率普遍在20%左右，

---

* 马应超，中共甘肃省委党校（甘肃行政学院）马克思主义学院副院长，教授，主要研究方向为财政经济、扶贫开发。

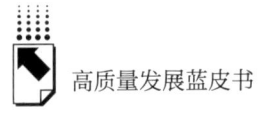

是脱贫攻坚的主要难点。党的十九大报告明确提出要"重点攻克深度贫困地区脱贫任务"。2017年9月中共中央办公厅、国务院办公厅印发的《关于支持深度贫困地区脱贫攻坚的实施意见》、2018年6月党中央国务院发布的《关于打赢脱贫攻坚战三年行动的指导意见》，都把集中力量支持"三区三州"等深度贫困地区摆在脱贫攻坚最优先、最突出位置进行安排部署。在以习近平同志为核心的党中央的坚强领导下，在中央各部委、中央定点扶贫单位、东部扶贫协作各省区和社会各界支持帮助下，在各族干部群众艰苦奋斗下，"三区三州"脱贫攻坚取得了决定性成就。

（一）深度贫困人口大幅减少，脱贫进程不断加快

"三区三州"共有4个市州、209个县，总面积289.97万平方公里，占全国国土面积的30.2%；人口2587万人，占全国总人口的1.9%，其中少数民族人口1963.14万人，占人口总量的75.88%。2013年"三区三州"建档立卡贫困人口532万人，贫困发生率为25.5%；2016年"三区三州"建档立卡贫困人口318.54万人，占全国贫困人口总量的8.2%，贫困发生率约为16.69%，相当于全国平均水平的3.7倍。2017年底，"三区三州"建档立卡贫困人口为305万人。

自2017年深度贫困地区脱贫攻坚座谈会以来，各省区为落实《关于支持深度贫困地区脱贫攻坚的实施意见》《关于打赢脱贫攻坚战三年行动的指导意见》中"新增脱贫攻坚资金、新增脱贫攻坚项目、新增脱贫攻坚举措主要用于深度贫困地区"的战略部署，脱贫攻坚目标很多方面的进展都快于预期。统计表明，2018年各省区落实"三区三州"财政专项扶贫资金超过400亿元，是年初计划的107%。全年实施项目17074个，是原计划的110%，占三年计划的46%。新解决170多万贫困人口安全饮水问题，是原计划的106%，占三年计划的56%。通过公益性岗位、劳务输出、就近就地转移新解决82万人就业，是原计划的160%，占三年计划的47.8%。2018年"三区三州"减贫133万人，贫困发生率较2017年下降6.4个百分点，高出西部平均水平3.3个百分点。有4400多个贫困村退出，计划摘帽49个

县。2019年,"三区三州"所剩脱贫人口43万人,2018年、2019年两年贫困发生率下降了12.6个百分点,降到了2%。

据不完全统计,分区域来看,到2019年底,西藏全区74个县区全部摘帽,所有贫困人口全部脱贫,贫困发生率降为零。经过一代又一代西藏干部群众的接续奋斗,全国唯一省级集中连片地区的绝对贫困得到基本消除,是西藏扶贫开发史上的又一个里程碑。云南深度贫困地区贫困人口从2018年的137.78万人减少到36.54万人,2018年3个深度贫困县脱贫摘帽,2019年17个深度贫困县脱贫摘帽,怒江减少贫困人口9.8万人,贫困发生率下降到10.15%。11个"直过民族"和人口较少民族累计减贫70.75万人,贫困发生率降至2.41%,独龙、基诺等9个民族贫困发生率降至1%以下。四川藏区贫困县实现整体摘帽,彝区4个贫困县实现首批摘帽。甘肃"两州一县"贫困人口减少到3.55万人,贫困发生率下降到1.39%,2019年临潭、舟曲摘帽之后,甘南提前一年实现整体脱贫目标。青海全省深度贫困地区脱贫攻坚任务基本完成,33个县(市、区、行委)全部实现摘帽,658个贫困村全部退出,27万贫困人口实现脱贫。深度贫困地区农牧民人均可支配收入达到10324元,较2015年增长32.8%,年均增幅9.9%,高出全省0.5个百分点。南疆四地州12个县摘帽、976个贫困村出列、64.43万贫困人口脱贫,贫困发生率由2018年的10.9%降至2019年底的2.2%。2020年全区剩余未摘帽贫困县10个、未出列贫困村560个、未脱贫人口16.5万人。其中2019年和田地区贫困发生率为4.09%。

(二)围绕基本要求和核心指标,"两不愁三保障"突出问题总体得到解决

为重点解决"三区三州"因病致贫、因残致贫、饮水安全、住房安全等问题,各省区坚持因地制宜,强化问题导向,紧紧围绕"两不愁三保障"基本要求和核心指标,通过查漏补缺、倒排工期、对表销号,打通高质量脱贫的"最后一公里"。

西藏:2019年持续实施安全饮水巩固提升工程,受益74.8万人,其中

建档立卡贫困人口3.85万户17.3万人，贫困群众饮水安全问题全部得到解决；通过建立0~15岁建档立卡家庭适龄少儿信息库，狠抓控辍保学，累计劝返适龄少儿24536人，其中建档立卡贫困家庭学生5213人全部劝返；贫困人口基本医疗、大病保险、医疗救助全覆盖，大病集中救助4337人，慢病签约服务18948人，重病兜底保障1149人，救治率达到99%以上；排查实施危房改造4.36万户，其中建档立卡贫困户3.04万户危房全部改造完成。

新疆：2019年聚焦深度贫困区，安排财政扶贫资金375.67亿元，着力补齐饮水安全和住房安全短板，大力实施危房改造工程，南疆四地州剩余9292户贫困户安全住房全部竣工，彻底结束贫困人口住危房的历史；加快实施农村饮水安全巩固提升工程，全年解决34.62万贫困人口饮水安全问题，完成年计划的132.39%，剩余1.53万贫困人口饮水安全问题于2020年上半年全部得到解决。

四川：2019年聚焦彝区藏区"两不愁三保障"存在的突出问题和特殊困难，投入财政资金441.5亿元，累计投入资金873.5亿元，占三年计划的124.9%，聚力推进住房、教育等重点任务，各项目标全面完成。住房安全方面：2019年投入资金82.01亿元，实施异地扶贫搬迁2.4万户12.14万人、累计搬迁6.1万户29.3万人；建成彝家新寨2.16万户7.58万人、累计建成4.07万户14.24万人；建成藏区新居0.98万户3.45万人、累计建成2.67万户9.34万人。教育方面：2019年实际投入资金42.72亿元，大力实施民族地区教育发展十年行动计划、大小凉山彝区"教育扶贫提升工程"等重大项目，新建校舍49.3万平方米、21个脱贫摘帽县乡中心校全部达到标准化要求，劝返辍学学生61127万人，深入实施"一村一幼"和"学前学会普通话"行动推广等活动。基本医疗方面：实际投资6.55亿元，实施医疗卫生机构建设填平补齐工程，21个计划摘帽县县、乡、村三级医疗机构全部达标。深入推进深度贫困县卫生人才振兴工程，定向培养深度贫困县学生354名。

甘肃：义务教育方面，2018年3月以来（截至2019年11月底），全省35个深度贫困县累计劝返义务教育阶段失辍学学生23507人，其中建档立卡贫困家庭学生9389人。基本医疗方面，"两州一县"和省定18个深度贫困县大病救治人数累计2.16万人，2019年度6157人。危房改造方面，2016～2019年深度贫困地区累计完成危房改造264410户，其中，"两州一县"67244户、18个省定深度贫困县197166户。2019年深度贫困地区完成危房改造29885户，其中，"两州一县"6397户、18个省定深度贫困县23488户。

（三）区域发展围绕精准扶贫发力，基础设施建设步伐加快

2016年6月，习近平总书记在深度贫困地区脱贫攻坚座谈会上的讲话中指出，集中连片的贫困区要着力解决健全公共服务、建设基础设施、发展产业等问题，给贫困人口脱贫提供有利的发展环境。各省区认真落实习近平总书记关于"区域发展围绕精准扶贫发力"的重要指示精神，谋划实施了一大批管当前、利长远的基础设施项目建设。

以四川为例，凉山地处横断山脉核心区，72%的面积为高山地貌，复杂的地理环境和地质条件导致交通发展极其缓慢，2/3的县不通高速，高速公路仅为全国平均水平的1/4，交通异常不便，学生上下学需要爬升800米钢梯的"悬崖村"——昭觉县支尔莫乡阿土勒尔村，因媒体报道而闻名于世。2019年四川计划投入资金25.0亿元，实际到位资金55.73亿元，占计划的222.9%，扎实推进基础设施建设扶贫。继续开展彝区藏区"交通大会战"，新改建农村公路1283公里，占目标任务的275.9%；新增3个乡镇、24个建制村通硬化路，实施深度贫困地区乡镇、建制村100%通硬化路；大力实施安全饮水巩固提升工程，解决11.3万贫困人口饮水不安全问题；新改建农村输电线路105.08公里，解决569户2673人供电达标问题，累计达11.7万人。完成635个贫困村通光纤，重点道路沿线4G网络覆盖1200公里，完成率均为100%。

云南以高速公路"能通全通"工程为主攻方向，2019年全省高速公路通车里程达6000公里以上，90个县可通高速公路，2020年有望接近1万公里，新增通高速的县有10个是深度贫困县，建成全长300公里的怒江美丽公路，保山至泸水的高速公路也将于2020年底建成通车，30万各族人民不

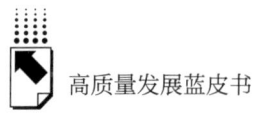

再为行路难发愁。云南2018~2019年提前1年完成"三区三州"农网改造升级攻坚三年行动计划固定资产投资10.1亿元的投资目标,2018~2020年3年累计可完成投资11.7亿元,怒江州、迪庆州以州为单位,全面推进农网改造升级攻坚建设实施,确保农村电网供电可靠率达到99.8%,综合电压合格率达到97.9%,户均配变容量不低于2千伏安,2个州所辖7个县全面解决农村电网低电压、重过载等存量问题,光伏等分布式新能源发电无障碍并网,满足贫困地区生产生活、易地扶贫搬迁、扶贫产业等用电需求,进一步提升农村地区供电能力和用电质量。

甘肃2016~2019年农村公路建设,贫困地区新改建3084公里,"畅返不畅"整治2271公里;农村硬化路里程66635公里,具备条件的建制村100%通了路;村组道路硬化里程51422公里,比例达到40.42%;建制村硬化路水毁里程总数3683公里,2019年修复2224公里,2020年计划修复1090公里,水毁特别严重的369公里计划在2020年完成路基恢复,2021年全面修复。全省已通动力电自然村数约9.49万个,全部实现通动力电,覆盖贫困人口约417万人,覆盖比例100%。2018年底全省电力公司营业区域内已实现自然村动力电全覆盖,2019年结合全省农网改造升级,进一步提升动力电供电能力及供电质量,惠及贫困人口约152万人。2020年计划结合扶贫车间、设施农业等项目进一步提升动力电供电能力及服务水平,惠及贫困人口约30万人。全省大电网延伸范围内无电户全部通电,全省已通生活用电自然村占比100%,覆盖贫困人口100%。全省行政村光纤宽带网络覆盖率达到99%以上。已完成2018年度电信普遍服务试点项目287个4G基站建设,基本完成全年任务。截至2019年11月底,全省现有4G基站10.1万个,全省行政村4G网络覆盖率达到99%以上。先后多批次支持全省12市州光纤宽带网络建设以及4G基站建设,彻底改变了甘肃省农村地区宽带网络的落后面貌,赶上全国平均水平。

青海全面推进基础设施建设,藏区乡镇大电网覆盖率达到90%以上,生活用电全部解决,具备条件的行政村道路硬化率达到100%,有线覆盖率达到99.4%,无线覆盖率达到90%,广播电视综合人口覆盖率达到100%。

（四）富民产业初具规模，带贫机制不断完善

2015年中央扶贫开发工作会议上，习近平总书记提出将发展生产脱贫一批作为实施"五个一批"工程的首个一批，明确指出扶贫是要引导和支持所有有劳动能力的人，依靠自己的双手开创美好明天。各省区都把产业扶贫作为稳定脱贫的根本之策，积极探索符合本地实际的扶贫产业发展路子，因地制宜编制产业扶贫规划或实施方案，建设特色产业生产基地，培育新型农业经营主体，打造特色产品品牌，很多贫困地区的扶贫产业发展实现了从无到有的历史性跨越，比如西北的养牛养羊、南疆的大枣核桃、藏区的青稞牦牛、怒江的草果等产业已经形成了一定规模。据统计，截至2019年8月，我国共实施了98万多个扶贫产业项目，累计建成各类扶贫产业基地10多万个。

以甘肃为例，甘肃近年来坚持"大特色"与"小品种"一起抓，着力构建以六大特色产业为主导、以"五小"产业为补充的扶贫产业体系，做足"独一份""特别特""好中优""错峰头"等文章，因地制宜培育壮大"牛羊菜果薯药"六大特色产业，2019年牛存栏458.8万头、出栏212万头，分别增长4.2%和3.7%；羊存栏2000万只、出栏1562万只，分别增长5.1%和5.4%；蔬菜、苹果、马铃薯、中药材产量分别增长3.3%、62.5%、23.46%和5.69%。全省特色优势产业种植面积扩大到3286万亩，中药材、马铃薯种植面积和产量位居全国前列。扶持8.28万户贫困群众发展小庭院、小家禽、小手工、小买卖、小作坊，有效拓展了贫困群众增收门路。从特色产业项目落地数和覆盖贫困人口数来看，2018年甘肃贫困地区龙头企业累计达到1781家，带动专业合作社8710家，带动贫困户20.4万户；以农村"三变"改革为切入点，实施贫困村农民合作社全覆盖行动，新建合作社2862个，累计建成3.49万个，村均达到2个以上，全面实现贫困村专业合作社全覆盖，龙头企业对合作社全辐射。已建成果蔬保鲜库701座，新增储藏能力26.3万吨。新增肉牛、肉羊、高原夏菜、设施蔬菜、生猪、鸡等6个省级补贴险种。建立"3+1"农业保险保障体系，实现了建

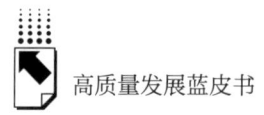

档立卡户、产业自然灾害和产品市场价格保险全覆盖。从电商扶贫来看，全省已有60个县列入国家电子商务进农村综合示范项目，在西部省份名列前茅，全省75个贫困县电商服务中心实现全覆盖，1169个有建档立卡贫困人口的乡镇建成1032个乡服务站，占比88%；3720个深度贫困村建成2636个村服务点，占比71%，全面完成了确定的目标任务；2018年1~11月，全省实现农产品网上零售110亿元，带动贫困地区群众人均增收260元。从旅游扶贫来看，扶持325个贫困村发展乡村旅游，重点建设268个示范村，全年乡村旅游人数8520万人次，实现收入165亿元，带动建档立卡贫困群众3.1万户13万人，贫困人口人均增收273.5元。

2018年到2019年10月底，全省75个贫困县共落实到户种养产业扶持资金155.6亿元，81亿元直接到户用于发展种养产业，占52.1%；74.6亿元入股合作社或龙头企业带动发展产业，占47.9%。其中2019年落实到户种养产业扶持资金60.3亿元，用于产业发展资金35亿元，占58%；用于入股资金25.3亿元，占42%。共扶持109.4万户贫困户发展种养产业和"五小"产业。2019年预计依靠种养产业和"劳务+种养"产业脱贫12.98万户54.83万人。75个贫困县已实现电商服务中心全覆盖，93.9%有建档立卡贫困村的乡镇建成服务站，80%的深度贫困村建成服务点，有力推动了农产品线上销售，成为农民增收的重要渠道之一。2019年1~11月全省农产品实现网上销售159亿元，带动全省农民人均增收近370元，预计全年农产品网上销售可突破170亿元。2019年，扶持贫困地区187个村开展乡村旅游，发展农家乐2200多户，培育旅游专业合作社151个，其中"两州一县"和18个深度贫困县扶持建设81个村，发展农家乐1251户，培育旅游专业合作社142个。在"两州一县"和18个深度贫困县举办全省乡村旅游扶贫培训32期4200多人，组织136名乡村旅游扶贫重点村干部参加文化和旅游部举办的深度贫困地区旅游扶贫培训班，全省累计完成培训8500人次。全省乡村旅游接待人数预计突破1亿人次，实现乡村旅游收入200亿元，分别较上年同期增长25%和35%。全省通过发展乡村旅游预计带动3.8万户、15.2万贫困人口脱贫。

云南以打造"绿色食品牌"为抓手，出台《关于加快乡村产业发展促进农民增收农民就业的实施意见》，支持贫困地区发展茶叶、水果、花卉、中药材等特色产业，培育主导产业。鼓励农业产业化龙头企业、专业合作社与贫困户建立多种形式的利益联结机制，促进龙头企业、合作社、农民形成紧密相连的产业发展共同体，实现小生产与大市场有效对接、小农户与现代农业有机衔接，让贫困群众稳定受益。截至2019年底，27个深度贫困县产业覆盖有产业发展条件的贫困户82.75万户、覆盖率达99.57%，9540个新型农业经营主体带动有产业发展条件的贫困户81.6万户、覆盖率达97.18%。

西藏充分利用主要河谷流域资源优势发展河谷经济，以青稞牦牛为主的种养业、文化旅游业、民族手工业、商贸流通业和资源开发利用等产业从小到大、从弱到强不断发展，累计投资362.24亿元、实施项目2661个，培育产业化龙头企业145家、专业合作社组织1万余家，带动23.8万贫困人口脱贫，受益农牧民群众超过40万人。支持27个县（区）开展电子商务进农村综合示范工作，实现农牧区网络销售额2亿多元，直接带动建档立卡贫困户就业、创业300多人；大力发展乡村旅游扶贫。2018年西藏农牧民旅游从业人员达到7万余人，帮助3.2万贫困人口脱贫，2018年全年乡村旅游接待量达到935万人次，乡村旅游收入达到12亿元，2019年实现旅游总收入549.04亿元，带动2.4万建档立卡贫困人口脱贫。

四川制定全省、四大片区、深度贫困地区县乡村五级产业扶贫规划，与特色产业培育计划深度对接，打造形成长江中上游柑橘、龙门山脉猕猴桃、川南优势早茶、川西益生菌等产业集群，把培育带贫新型农业经营主体作为主攻方向，近年来整合各级各类财政资金近300亿元，建成农业园区1万余个，引导2.6万个新型农业经营主体入园发展，覆盖了70%的贫困村。在全国率先注册"四川扶贫"公益性集体商标，授权贫困地区1155家企业、2375个扶贫产品无偿使用，贫困地区"三品一标"（无公害农产品、绿色食品、有机农产品和农产品地理标志）农产品达4658个，占全省总数的87%。广元市苍溪县通过大力发展红心猕猴桃、雪梨等扶贫特色产业，建设扶贫产业园和"自强农场"，探索建立保土地租金、保贫困农户就业、保农

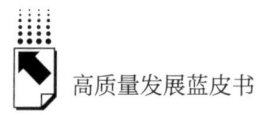
高质量发展蓝皮书

产品订单收购、特色产业保险和生产托管超产分红、订单收购二次返利分红、果品存储增值分红、集体资产收益分红的"四保四分红"联贫带贫机制，2018年带动园内农民人均实现可支配收入14500元，其中，贫困户人均实现收入10800元，为贫困群众稳定脱贫、持续增收提供了重要支撑。

（五）"拔穷根""挪穷窝"，异地扶贫搬迁成效显著

2017年9月中共中央办公厅、国务院办公厅印发的《关于支持深度贫困地区脱贫攻坚的实施意见》指出，把"三区三州"作为推进易地扶贫搬迁的重中之重，加大对居住在自然条件特别恶劣地区贫困群众搬迁力度。2018年"十三五"异地搬迁规模调整对"三区三州"给予了倾斜支持，搬迁人数达到116万，任务量占全国的近12%。据初步统计，2018年底"三区三州"剩余的建设任务量涉及20多万人，在全国占比超过20%，全国要基本完成易地扶贫搬迁建设任务，重点难点就在"三区三州"。"三区三州"大部分地区在施工难度大、可用施工时间短、建设成本高等不利情况下，采取超常规支持力度，以精准搬迁精准脱贫贯穿始终，推动各类资源向建档立卡贫困人口精准"滴灌"，力求从根本上解决贫困群众稳定脱贫问题，取得了巨大成就。

以甘肃为例，2018年全部下达"十三五"时期50万建档立卡贫困人口易地搬迁任务和投资计划，累计搬迁入住39.06万人。其中，2016年和2017年项目已搬迁入住32.78万人，入住率96%；2018年下达建档立卡贫困人口搬迁任务15.9万人，按照"一年建成住房主体、两年完成搬迁入住"的要求，目前住房主体完成3.3万套、完工率91.6%，已建成住房2.2万套、竣工率61.3%，搬迁入住6.28万人、入住率39.5%。2019年全省"十三五"49.9万建档立卡贫困人口11.4万套安置住房已全部竣工，群众搬迁入住；拆除旧房6.47万套，占应拆旧房的68.4%。后续扶持方面，制定《关于进一步加大易地扶贫搬迁后续扶持工作力度的实施意见》《关于做好易地扶贫搬迁就业帮扶工作的通知》，将易地扶贫搬迁群众纳入产业到户扶持范围，通过特色种养、扶贫车间、乡村旅游、公益岗位、资产收益分红

等多种措施,引导搬迁群众在安置点就地就近就业,因人因户精准施策,努力实现"搬得出,稳得住,能发展,可致富"目标。对于县城和中心城镇安置区,将解决搬迁群众就业作为重要任务,通过加强有组织劳务输转、稳步推进扶贫车间建设、积极开发公益性岗位、扶持创业带动就业、推动职业技能培训、鼓励企业等经济组织吸纳就业、强化就业服务供给等措施,努力促进有劳动能力和就业意愿的搬迁贫困劳动力就业创业,力争每个家庭至少1人实现稳定就业。对于农村安置区,结合安置区资源禀赋,持续抓好"牛、羊、菜、果、薯、药"六大特色产业和地方优势产业,扶持有条件的搬迁贫困户发展小庭院、小家禽、小手工、小买卖、小作坊等容易上手、短平快的"五小"产业,切实提高搬迁群众收入。同时,加快补齐安置区基础设施和公共服务短板,切实增强集中安置点的吸引力和承载力,提高实际入住率。全省已通过发展特色产业扶持16.6万人,发展劳务经济扶持9.5万人,发展现代服务业扶持2.2万人,资产收益扶持7.4万人,社会兜底保障扶持1.7万人,其他方式2.3万人,有力推动了搬迁群众增收脱贫。

2019年西藏全区975个易地扶贫安置区(点)已竣工953个,完成投资189.2亿元,搬迁入住25.7万人,占26.6万搬迁总人口的96.6%;云南怒江州聚焦"一方水土养不起一方人"区域贫困人口脱贫目标,全州近1/5的总人口、1/3的建档立卡贫困人口纳入易地扶贫搬迁,城镇化安置比例达92%。2019年全州易地扶贫搬迁任务全面完成,近90%的搬迁群众已领取钥匙、75%的搬迁群众已入住新房,搬迁群众身份从"农民"向"市民"转变,职业从"务农"向"务工"转变,全州城镇化率由35%上升到56%,贫困群众"挪穷窝、拔穷根、换穷貌"的期盼变成了现实,实现了"一步跨千年"。

(六)生态保护与脱贫攻坚互相促进,生态扶贫成效彰显

"三区三州"是国家"两屏三带"生态安全格局的"青藏高原生态屏障"和"黄土高原—川滇生态屏障"的核心地带。四川藏区地处青藏高原东麓,是全球变暖趋势最明显、生态挑战最大的区域之一,甘南是黄河、长

江上游重要的水源涵养补给区和国家重要的生态安全屏障，被整体纳入国家生态功能区，是首批国家生态文明先行示范区。落实好"三区三州"生态建设与环境保护，对于维护国家生态安全，促进边疆稳定和民族团结，全面建设小康社会，具有重要意义。

2011年国家出台的《青藏高原区域生态建设与环境保护规划（2011～2030年）》范围包括西藏、青海、四川、云南、甘肃、新疆6省（区）27个地区（市、州）179个县（市、区、行委），其地理位置特殊，自然资源丰富，是我国西部重要的生态安全屏障。2001年以来，规划区域内累计退牧还草约16万平方公里，退耕还林约4200平方公里，治理水土流失面积约9000平方公里，森林覆盖率提高0.8个百分点，主要河流、湖泊水质优良，大部分城镇大气环境质量优于国家一级标准。但由于自然环境复杂脆弱，区域产业结构不尽合理，青藏高原生态安全仍面临严峻挑战，生态建设和环境保护任务依然艰巨。2017年9月出台的《关于支持深度贫困地区脱贫攻坚的实施意见》，对加大生态扶贫支持力度提出了明确要求。各省区在落实国家相关政策方面取得了很好成效。

2019年，西藏整合中央对民族地区、主体功能区、边境地区转移支付等资金，对有劳动能力和意愿的贫困人口实行定岗、定员、定责、定酬，累计安排专兼职生态补偿岗位244.16万个，岗位人均年补助标准从3000元提高到3500元，累计发放补助资金79.86亿元。综合实施退耕还林还草、荒山绿化、草畜平衡奖补项目，覆盖贫困人口22万人。多点布局建成53个本土树种扶贫苗圃，带动1590名群众脱贫。组织农牧民参与林草生态工程建设，在有效保护高原生态环境的同时，增加了贫困群众劳务收入。青海加大生态保护扶贫力度，2019年新增生态公益管护岗位2366个，累计安排贫困劳动力3.19万名，占全省生态管护员总数的63.3%，直接带动11万贫困人口脱贫。同时结合三江源二期、天然林和防护林建设、退牧还草、水土保持等生态工程，吸纳6万人（次）贫困劳动力参与工程建设，人均增收7200元。云南怒江州组建182个生态扶贫专业合作社，带动5412户2.05万贫困人口参与生态扶贫建设实现收益，选聘生态护林员30643名，带动12.35万贫困人口实现稳定增收。甘南州牢固树立"绿水青山就是金山银山"的理念，纵深推进环境革命，总投资100亿元累计建成生态文明小康村1003个，带动脱贫9740户4.14万人，占近3年脱贫总人口的48%。大力实施生态扶贫项目，完成新一轮退耕还林7.7万亩，综合治理流动沙丘、沙化草地和黑土滩9万亩，新选聘生态管护员9752人，进一步激活放大了甘南藏区生态福源地和绿色大屏障的潜力价值。

（七）促进社会发展与文明进步，为打赢脱贫攻坚战营造良好的社会生态

作为民族地区，"三区三州"贫困成因复杂多样，自然、历史与社会因素相互交织叠加，促进社会发展和文明进步，既是当前脱贫攻坚的需要，也是实现长远发展的必然要求。各省区扭住多因致贫破瓶颈，坚持综合施治，多管齐下，坚决铲除滋生贫困的土壤，特殊社会问题得到有效解决。

以四川彝族，云南的景颇、傈僳、独龙、怒、佤、布朗、基诺、德昂等8个民族的"直过民族"和人口较少民族为例。据统计，云南"直过民族"有66万多人，"三区三州"分布有11个人口较少民族，总人口约70万人，有656个人口较少民族聚居的行政村。这些民族人口无论外出经商务工还是开展交流合作，不会说普通话，进行正常交流都成问题，孩子多而且得不到良好的教育也是重要的致贫原因。调查表明，凉山州整体人口的受教育年限约7年，部分深度贫困县，人均受教育年限只有4.4年。不少村寨的文盲、半文盲劳动力占比超过七成，不会说普通话，更是影响了他们的日常交往和外出务工。2018年初，教育部、国务院扶贫办、国家语委联合印发《推普脱贫攻坚行动计划（2018~2020年）》，将推广普通话纳入脱贫攻坚战略，以充分发挥普通话在提高劳动力基本素质、促进职业技能提升、增强就业能力方面的重要作用。为不让凉山彝族娃输在人生起跑线上，尽快阻断贫困代际传递，2018年5月，国务院扶贫办依托四川省2015年启动的"一村一幼"工程，以"听懂、会说、敢说、会用"普通话为目标，与教育部、四川省人民政府启动了凉山州"学前学会普通话"行动，第一批近12万名彝

族儿童成为直接受益者。

凉山在新中国成立前曾是烟毒的原植地。20世纪80年代以来，凉山成为境外毒品经滇入川的重要通道和集散地之一，毒品、艾滋病问题是部分群众致贫返贫的重要根源，也是困扰当地发展的"拦路虎"。近年来，省州县上下联动、有关部门协同配合，采取了一系列措施：一是接力推进禁毒攻坚。《凉山州禁毒条例》正式施行，通过重拳肃毒、全域防艾，取得了明显成效。目前，凉山州外流贩毒人数、本地新滋生吸毒人数大幅下降，艾滋病抗病毒治疗覆盖率大幅提升，新发感染率逐年降低。全州抗病毒治疗在治人员3.68万人，治疗覆盖率89.23%，治疗成功率78.49%，满18个月龄儿童死亡校正后母婴传播率为3.15%，四个重点县满18个月儿童死亡校正后母婴传播率为2.78%。"1+15"绿色家园加快建设，新滋生吸毒人员年均下降32.5%，5个国家毒品问题严重地区中有3个实现"摘帽"，2个达到"摘帽"标准。二是推进艾防攻坚。"1+8"艾防中心开工建设，艾滋病抗病毒治疗覆盖率和有效率分别提高到90.2%、89.3%，母婴传播率降至3.26%。三是推进超生整治。11个重点县符合政策生育率为93.75%，"皮埋"等长效节育措施落实率77.39%，"环孕情"监测率为91.86%，政策外多孩子生育率降至4.61%，11个重点县降至6.19%。四是推进移风易俗。凉山州把洗脸、洗手、洗脚、洗澡、洗衣服等"五洗"作为养成好习惯的重要内容，从生活细节入手，逐步引导贫困群众适应现代文明。五是统筹解决彝族群众自发搬迁问题。历史上彝族先民惯于游牧轮耕。直到前些年，说走就走的自发搬迁仍在一些地方流行，这样一来，群众在迁居地没有户籍，不能加入当地村集体经济组织、享受相关政策照顾，而原户籍地也因其外迁不再过问，形成"两不管"局面。据统计，凉山州内跨县自发搬迁人口有15.08万人（搬迁至其他市州还有3.43万人）。为确保不让一个贫困家庭掉队，近年来，州委州政府加大了对这部分特殊群体的帮扶力度，对其中符合条件的6652户25424人纳入建档立卡贫困户，由迁出地与迁入地按照责任分工进行帮扶，部分实现了脱贫，尚未脱贫的还有4362户18090人，已落实帮扶责任和措施。通过综合施策，力争用几年时间彻底解决这一历史遗留的"老大难"问题。

另外，教育引导贫困群众逐步接受现代文明也取得了显著成效。比如，部分藏区探索合作社托管性畜办法，解决部分贫困群众"惜杀""惜售"等缺乏市场观念的问题。临夏州倡导尊老爱幼、邻里和睦、勤俭节约、自力更生新风尚，充分发挥"红白"理事会、道德评议会、村民议事会等群众自发组织作用，对婚嫁彩礼、礼金、宴席等事宜制定具体的量化标准，持续整治农村高价彩礼、薄养厚葬等问题，防止因婚、因丧返贫。通过广播、电视、手机等现代传播手段作用，促进贫困群众逐步形成现代生产生活方式，树立财富观念、增强理财意识。针对一些贫困群众在民族团结、反分裂以及义务教育、计划生育、婚姻关系等方面法律意识淡薄的问题，通过推行普法教育，让贫困群众学法、知法、守法，增强法律意识，学会用法律手段解决问题。

二 "三区三州"深度贫困区脱贫攻坚的主要做法

（一）提高政治站位，坚持省区负总责，为攻克深度贫困提供政治保障

脱贫攻坚，加强领导是根本。"三区三州"深度贫困地区坚持发挥各级党委总揽全局、协调各方的作用，落实脱贫攻坚一把手负责制，省市县乡村五级书记一起抓，为脱贫攻坚提供坚强政治保证。

西藏自治区坚持以脱贫攻坚统揽经济社会发展大局，全面贯彻落实"中央统筹、自治区负总责、市县抓落实、乡镇专干"的工作机制，调整完善四级脱贫攻坚指挥部，统筹优势资源和精干力量向贫困地区和脱贫攻坚聚集，坚持党政"一把手"脱贫责任制，实行干部"四包"制度，坚持党政主体和部门主责相结合，各行业部门主动作为、勇挑重担，规划项目资金安排、人员调配与自治区年度脱贫计划同拍合奏、同频共振，脱贫攻坚与行业工作同步安排、同步实施、同步推进，从思想、组织、机制上保障了深度贫困地区脱贫攻坚快速推进、高质量完成。

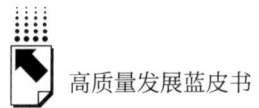

新疆立足反恐怖、反渗透、反分裂前沿阵地和集中连片特殊困难地区的实际,坚持两手抓、两手硬,既挖"乱根",又拔"穷根",在思想认识、整体谋划、目标任务、推进举措、落实责任、监督执纪上紧密结合,统筹推进社会稳定和脱贫攻坚。一方面,坚定不移抓稳定,综合施策、标本兼治,为脱贫攻坚营造安定的社会环境,促进经济平稳健康发展;另一方面,坚定不移抓脱贫,充分用好稳定红利,多措并举、聚力攻坚,实现脱贫攻坚的阵地向前推进到哪里,反恐维稳、民族团结的阵地就巩固到哪里,新疆社会稳定和长治久安的根基就夯实到哪里,通过脱贫攻坚为维护社会稳定奠定坚实的群众基础。

四川深入学习贯彻习近平总书记关于扶贫工作的重要论述,认真落实"三区三州"脱贫攻坚座谈会等重要会议精神,以习近平总书记在民盟中央《关于巩固扩大四川凉山彝区脱贫攻坚成果的建议》上作出的重要指示为指引,始终把脱贫攻坚作为最大的政治责任、最大的民生工程、最大的发展机遇,聚焦"甘孜、阿坝藏区贫困县整体摘帽,凉山州4个贫困县首批摘帽"的目标任务,坚持把凉山州脱贫作为影响全省夺取脱贫攻坚全面胜利的控制性因素,牢牢锁定藏区3州9县和雅砻江上游24个深度贫困乡镇特殊困难问题,统筹谋划、精准施策,加力加劲、苦干实干,深度贫困地区年度脱贫目标任务超额完成。

甘肃以2019年3月全国两会期间习近平总书记参加甘肃代表团审议的重要指示和2019年8月习近平总书记再次视察甘肃要求"深化脱贫攻坚,坚决攻克最后的贫困堡垒"为思想指引、行动指南和强大精神力量,把脱贫攻坚作为首要政治任务和底线任务,聚焦深度贫困,坚持目标标准,贯彻精准方略,实施"一户一策",狠抓"三个落实"(责任落实、政策落实、工作落实),夯实"五个基础"(精准帮扶、产业扶贫、各方责任、基层队伍、工作作风),制定完善《甘肃省深度贫困地区脱贫攻坚实施方案》,加快实施"两州一县"和18个深度贫困县脱贫攻坚实施方案,出台30多个政策文件支持深度贫困地区脱贫,完善基本财力保障机制,提高扶贫开发支出标准,深度贫困地区财政专项扶贫资金、涉农整合资金均占全省总额的

65%以上，重点生态功能区转移支付增量资金全部用于"两州一县"。加快深度贫困地区水利、交通、能源、生态、社会事业等项目审批、核准进度，已经布局的建设项目提前实施，充实帮扶力量，开展冲刺清零，补上明显短板，解决突出问题，深度贫困地区脱贫攻坚取得决定性成效。甘南州坚持主要工作围绕脱贫攻坚谋划、主要力量围绕脱贫攻坚聚焦、主要资源围绕脱贫攻坚配置、主要政绩围绕脱贫攻坚检验，全面开展"上山下乡抓脱贫、敢死拼命奔小康"三年攻坚行动，按照"山大沟深不漏一户家庭、山高路远不漏一顶帐篷、山重水复不漏一个群众"的要求，组织发动广大党员干部上山下乡、进村入户，加快推动人、财、物各类资源要素向贫困村、贫困户聚集，汇聚起了各级领导率先垂范、干部职工冲锋一线、部门单位携手攻坚的磅礴力量，有效激发了各族群众立志摆脱贫穷落后的信心、矢志追求幸福生活的决心，为决战深度贫困、决胜全面小康奠定坚实的政治基础。

青海以习近平总书记关于扶贫工作的重要论述为指导，坚持精准扶贫精准脱贫基本方略，细化深度贫困地区"2+5+N"脱贫攻坚政策举措，坚持包片督战、联点督导、遍访贫困等制度，严格落实攻坚队伍保持稳定要求和每月调度、挂牌督办、约谈提醒等具体措施，加大脱贫攻坚考核权重，强化结果运用，倒逼各级党委和政府真抓实干。

云南把脱贫攻坚作为"不忘初心、牢记使命"主题教育的实践载体，把深度贫困地区脱贫攻坚作为硬仗中的硬仗，压紧压实政治责任，主要负责同志挂包贫困人口最多、任务最重的镇雄、会泽两个深度贫困县，坚持"一线调研、一线检查、一线督战、一线问效"，构建"条块结合、层层负责"的责任体系，实行行业扶贫定职责、定政策、定计划、定资金、定考核"五定"法。

（二）强化精准方略，力求脱贫实效，强力推进"三保障"突出问题基本解决

脱贫攻坚，精准是要义。"三区三州"深度贫困地区坚持因地制宜，坚持精准方略，强化问题导向，下大力气解决"两不愁三保障"突出问题。

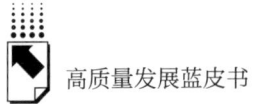

义务教育方面：四川大力实施民族地区教育发展十年行动计划、大小凉山彝区"教育扶贫提升工程"等重大项目，解决校舍标准化问题。全面落实控辍保学"五长责任制"，创新建立"户籍与学籍系统定期比对、义务教育学生身份证学校集中托管、超龄生学业补偿、依法强制劝返复学、严厉打击违法用工"五项制度。深入实施"一村一幼"和"学前学会普通话"行动推广，上线运行凉山州"学前学会普通话"信息管理平台和手机 App 对9000 名"一村一幼"学前学普通话辅导员开展脱产培训。甘肃对失学辍学学生运用宣传引导、帮扶救助、行政法律、干部包抓等多种方法劝返稳学，采取单独编班、普职融合等方式分类施教，辍学学生基本回校上学。2018年 3 月以来（截至 2019 年 11 月底），全省累计劝返义务教育阶段适龄儿童少年失辍学学生 25688 人，其中建档立卡贫困家庭学生 10043 人。控辍保学成效位居全国前列。云南注重压实"双线四级"责任（县、乡镇、村一条线，教育局、学校、班级一条线；县领导包乡镇、乡镇干部包村、村干部包村民小组、村民小组包户），创新依法控辍保学"四步法"，开展义务教育控辍保学专项行动和早婚早育问题专项整治。青海果洛州牧区群众常年居所不定，在控辍保学工作中，充分发挥"马背宣传队"重要作用，宣传队团员们一边上山入帐，给牧民宣传教育政策和法律法规，一边在宣讲中核查失学儿童数目，劝说适龄儿童返校。

基本医疗方面：作为全国健康扶贫人群数量最多、任务最艰巨、脱贫难度最大的地区之一，云南在全国率先制定"基本医疗有保障"具体标准，以深度贫困和重点人群为主要工作着力点，精准识别、分类救治、合力保障，健康扶贫工作深入持续推进。甘肃 2018 年底启动电子健康卡建设工作，不仅是全国第一个明确提出在公立医疗机构取消发放实体就诊卡的省份，也是一次性与全省基层卫生信息系统完成对接应用的省份。通过"互联网＋"推广启用的基层医疗卫生机构管理信息系统，采取省级统建、云化部署、基层应用的模式，将业务信息系统覆盖到全省约 2 万个乡、村（含城市社区）医疗机构，最大限度地解决了基层信息化建设投入、升级改造、运行维护、安全防护和与其他系统的有机对接问题，成为全国第一个乡村两级医疗机构业务信息系统实现省级集中统一部署的省份。电子健康卡关联相关服务功能，不仅解决了各级各类医疗和公共卫生机构的"信息孤岛"问题，还成为居民管理全生命周期健康服务的有效工具。新疆克孜勒苏柯尔克孜自治州为切实解决农牧民群众治病住院负担重、住院结算时环节烦琐、审核时间长等问题，开辟健康扶贫结算窗口进行基本医疗保险、大病保险、医疗救助等"一站式"结算。同时，民政、保险等部门也在各级医院设立专门结算窗口，让贫困患者出院结算"只进一扇门""最多跑一次"。

安全住房方面：南疆四地州瞄准检查短板，逐一对账销号，大力实施危房改造工程，截至2019年底所有贫困户安全住房全部竣工，彻底结束了贫困人口住危房的历史。凉山把建房作为先决条件，坚持新村、新居、新产业、新农民、新生活"五新同步"，整村规划、连片推进新村新寨建设。怒江锁定四类重点对象全力推进危房改造工程，实现"危房不住人、住人无危房"目标的同时，把易地搬迁入住新房作为决战决胜脱贫攻坚的"头号战役"和标志性工程，按照"进城入镇抵边"安置方式，在保证搬迁群众入住新房的同时，全力抓好教育、卫生等公共服务设施的提供，抓实产业稳定就业的"后半篇文章"。甘南全面落实C级、D级危房改造任务，针对碌曲、玛曲、夏河三县游牧群众无法建设固定住房的实际，通过与省直对口部门衔接，进一步明确了参照危改政策，主要通过为游牧户购买安全帐篷解决住房问题。

饮水安全方面：截至2018年底，"三区三州"部分省区未解决或需要提升的贫困人口，南疆四地州有37万人，怒江有28万人，青海有8万人。对于怒江、凉山等工程性缺水地区，主要措施为通过加大投入，加强储水供水设施建设；甘肃临夏、南疆四地州等资源型缺水地区，重点解决水源保障问题，确保水质达标。

（三）坚持从实际出发，培育产业保障就业，拓展贫困群众增收渠道

在"三区三州"脱贫攻坚过程中，各地结合实际，积极探索创新，在

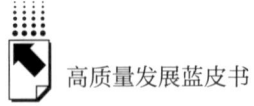

培育产业保障就业,拓展贫困群众增收渠道等方面,形成了一批可复制可推广的好做法。

西藏将土地整合与发展河谷经济相结合,通过"公司+基地+合作社+农户",发展林业、种草养畜等产业,既壮大了农村经济,又吸纳贫困人口就业增收。

云南在全省推广怒江利用公路养护公益性岗位扶贫的办法,既降低了养护成本,又实现了贫困群众劳动增收。

青海藏区发挥光热资源优势,采取村级联建模式,启动实施658个贫困村光伏扶贫项目,收益主要用于安排村内公益性岗位就业,帮扶弱劳力贫困人口增收脱贫。2019年落实村级光伏扶贫项目装机容量287.9兆瓦,占全省的61%,目前658个贫困村村级联建光伏电站已全部建成并网发电,累计发电2.65亿千瓦时,收益1.99亿元,村均集体经济收入33万元以上。

新疆南疆四地州累计整理土地772万亩,通过政府主导、企业化经营、土地折股量化受益运行机制,惠及贫困人口104万人。

四川省突出抓规划、抓园区、抓品牌、抓项目,成效明显;凉山构建"产业强州"战略,推动优势资源大开发、特色产业大发展,推动清洁能源、战略资源、装备制造、农产品加工、信息化"4+1"工业主导产业格局,加快全域旅游、现代物流、电子商务、健康养老等现代服务业发展。加快推进攀西战略资源创新开发试验区建设,创建稀土产业技术研究院等创新平台,全面拓展开放合作,吸引到凉山投资的世界500强、中国500强、中国民营经济500强企业达29家。

甘肃紧紧抓住贫困人口增收这个脱贫攻坚难点和关键,坚持把发展产业和扩大就业作为脱贫攻坚首要任务和根本之策,以大力发展现代丝路寒旱农业为抓手,以构建富民产业为牵引,形成以"五个体系"为主的产业扶贫格局,努力实现县有主导产业、村有致富产业、户有增收项目的目标。一是围绕解决"干什么"的问题,构建特色产业体系。坚持"大特色"与"小品种"一起抓,着力构建以六大特色产业为主导、以"五小"产业为补充的扶贫产业体系。做足"独一份""特别特""好中优""错峰头"等文章,因地制宜培育壮大"牛羊菜果薯药"六大特色产业,发展小庭院、小家禽、小手工、小买卖、小作坊"五小产业",有效拓展了贫困群众增收门路。二是围绕解决"谁来干"的问题,构建生产组织体系。目前,基本形成"市场牵龙头、龙头带合作社、合作社带农户"的生产组织体系。采取轻资产引进、混合型自建的办法,培育了一批农业新型经营主体,实施农民专业合作社能力提升工程,建立健全新型经营主体带贫减贫机制,开展"壮大万家合作社行动计划"和合作社带头人"万人培训计划",努力提高合作社带贫益贫效能。三是围绕解决"没钱干"问题,构建投入保障体系。坚持将产业扶持资金使用与"一户一策"、群众意愿、真种真养、见物见钱、奖勤罚懒紧密挂钩,确保资金使用的规范和收益。在充分尊重农民意愿的前提下,选择与贫困群众发展产业关联度高、经营状况好、带贫能力强的龙头企业和合作社作为入股资金承接主体,探索"保底收益+按股分红""分红+务工"等利益联结模式,深化农村"三变"改革,持续壮大村级集体经济,在上年全面消除集体经济"空壳村"的基础上,多措并举增加村级集体经济收入。四是围绕解决"闷头干"问题,构建产销对接体系。充分发挥全省扶贫产业产销协会和9个特色产业产销协会作用,按照找协会、找大户、找超市、找网络、找团体、找国外"六找"思路,抱团出省对接粤港澳等终端大市场,加大特色农产品宣传推介力度,加快实施贫困村果蔬保鲜库建设和贫困县电商服务中心实现全覆盖。五是围绕解决"不白干"问题,构建风险防范体系。持续完善推广保险保本垫底、入股分红保底、公益岗位托底、低保政策兜底的"3+1"保险保障体系,农业保险对有投保意愿的贫困户主要增收产业全覆盖。18个中央和省级补贴品种提高保额、降低费率均达到30%以上,对贫困户参保给予保费减半的特惠政策。

(四)坚持志智双扶,激活内生动力,提高贫困群众的致富能力

脱贫攻坚,群众动力是基础。"三区三州"深度贫困地区围绕扶贫扶志(智),深入细致地开展群众思想工作,采取有力措施,切实帮助贫困群众提高增收致富的能力,帮助贫困群众摆脱思想贫困、意识贫困。

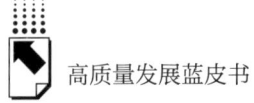

云南深入开展"自强、诚信、感恩"主题实践活动,通过"六抓六促"(抓组织领导、促责任落实,抓宣传发动、促广泛开展,抓现场观摩、促比学赶超,抓经验推广、促借鉴提高,抓典型选树、促榜样引领,抓乡风文明、促融合推进),进行志智双扶,有力引导贫困群众将对美好生活的向往、对党的感恩之心转化为自力更生、诚实守信、感恩思源、艰苦奋斗的自觉意愿和行动,"等靠要"思想正在逐步消除,脱贫光荣的思想意识正逐渐深入人心。怒江州、迪庆州全力实施"推普攻坚"工程,共创普及普通话示范村153个,提高贫困群众的社会交往能力和文化水平。勐海县布朗山乡乡曼三队,采取"带着干、帮着干、促着干"的方式,立足特色产业,助农脱贫致富,开展扫盲培训,从"最穷村寨"蜕变为全乡水稻亩产"最高水平"村。在实现整族脱贫后,独龙江乡群众给总书记写信,自发喊出"心向党、听党话、跟党走、感党恩"的心声,全省物质、精神"双脱贫"的氛围正逐渐形成。

青海制定印发《关于开展扶贫扶志行动的实施意见》,通过完善村规民约,加强道德教育、减轻宗教负担、严格奖惩激励等措施,防止薄养厚葬、高额彩礼、相互攀比、禁杀惜售等问题反复。建立3000万元省级励志基金,每年开展脱贫光荣户集中表彰,有效激发了脱贫群众苦干实干、增收致富的内生动力。

凉山州以"板凳工程"为切入,引导群众从坐板凳、睡床铺、用灶台改起,从洗脸、洗手、洗脚、洗澡、洗衣服"五洗"做起,帮助群众养成良好生活习惯。

西藏坚持物质文明与精神文明建设齐头并进,外力推动与内力驱动并举,既管好"肚子"又管好"脑子",实现贫困群众从物质脱贫向精神脱贫转变。充分运用好脱贫攻坚活的典型,引导群众转变观念、崇尚科学文明,淡化宗教消极影响,防止宗教过度消费,坚持教育引导与价值管理有机结合,对宗教大额支出、非婚生子等采取取消帮扶政策,在改善民生的过程中凝聚人心,切实增强"五个认同",激发群众感党恩、听党话、跟党走的思想自觉和行动自觉。

甘肃注重通过扶志扶智激发内生动力，完善多干多补、劳务补助、以奖代补、以工代赈等措施，推广"巾帼家美积分超市""两户见面会""三说三抓"等经验，开展"致富光荣户""脱贫能人"评选，调动群众脱贫致富的积极性。临夏国家公务人员带头全面贯彻落实《全州治理高价彩礼推动移风易俗专项行动"九个一"建设实施方案》《中共临夏州委办公室临夏州人民政府办公室关于严格执行殡葬改革制度进一步规范党员干部操办丧事活动的通知》，稳步推进高价彩礼整治，从根本上解决天价彩礼、薄养厚葬等问题，切实为农村群众减负，为农民发展创造条件。

新疆和田地区将 2019 年确定为"全民培训年"，以全民培训和企业实训"双培训"为抓手，激发广大干部群众的内生动力和脱贫攻坚的能力。一方面，针对干部群众脱贫攻坚的需求强化学历教育，整合全地区职业教育资源，推进"中职 3 年 + 高职 2 年"联合办学机制，有效提升干部群众的学历层次、技术技能及文化素质。强化技能教育，围绕全地区产业发展布局，开设汽修、电焊、厨师等培训工种，采取"国语 + 法律 + 技能"培训方式，以青壮年劳动力技能为重点，为和田产业发展培育一大批有技能的后备劳动力大军。另一方面，加大企业扶持力度，利用企业岗位优势，以邀请企业上门培训、与企业对接顶岗实训、"师带徒"以干代训等方式，吸纳农牧民群众参加实训，使其逐步成为企业生产的主力军。

（五）坚持社会动员，强化东西部扶贫协作，凝聚脱贫攻坚的强大合力

脱贫攻坚，各方参与是合力。对深度贫困地区的协作帮扶和对口支援，是党和国家交给的政治任务，是体现我们政治优势和制度优势的重大举措。就"三区三州"而言，靠自身的资源禀赋很难脱贫致富，必须借助东西部协作扶贫、中央单位定点扶贫以及其他社会力量，最大限度利用好外力，才能打赢打好脱贫攻坚战，与全国一道实现全面小康社会的战略目标。

新疆学习借鉴闽宁扶贫协作经验，完善专项扶贫、行业扶贫、上海扶贫、援疆扶贫"四位一体"的大扶贫格局。坚持 80% 以上的援疆资金用于

保障和改善民生、用于县及县以下。截至2019年底，10个援疆省市与南疆四地州签约资金93.06亿元，项目479个，16个中央单位定点扶贫22个贫困县，投入资金4.22亿元，实施帮扶项目185个。四川持续深化省内外各方帮扶，切实凝聚打赢脱贫攻坚战的强大合力。2019年浙江、广东在彝区藏区落实财政性帮扶资金21.03亿元，实施帮扶项目587个；13个定点扶贫中央单位落实帮扶资金7.83亿元，实施项目230个。甘肃把深化拓展东西部扶贫协作作为政治任务来抓，与天津、厦门、福州、青岛四市共同研究谋划帮扶工作、落实帮扶事项，并完善相关机制推动协作协议落地。2019年东部四市投入财政援助资金28.25亿元，比协议目标增加10.2亿元，增幅56.5%，比上年增加8.5亿元，增幅43%；实施重点协作项目1470个，带动贫困人口136.67万人；帮助甘肃新引进企业201家，带动贫困人口13.7万人。36家中央定点扶贫单位直接投入帮扶资金4.91亿元，是上年的1.55倍，实施帮扶项目344个；帮助引进项目249个，资金6.75亿元，购买定点扶贫县农产品1.3亿元，较上年增长了3.31倍。国务院扶贫办与西藏自治区连续四年召开西藏深度贫困地区脱贫攻坚现场推进暨深化对口援藏工作会议，推动对口援藏省市、中央企业与受援地开展需求对接、协议签署，2019年累计签约项目247个，签约总额349.48亿元，不断丰富援藏扶贫内涵，深化消费扶贫，努力把消费扶贫打造成对口援藏的升级版。云南加大东西部扶贫协作力度，上海、广东帮扶云南27个深度贫困县，广东与昭通市、怒江州14个深度贫困县建立结对关系，2019年，27个深度贫困县东西部扶贫协作到位资金达41.81亿元，持续推动"一个民族一个行动计划""一个民族一个集团帮扶"，三峡集团、华能集团等企业集团已到位资金73.9亿元，"直过民族"和人口较少民族聚居区基本设施和公共服务与全省其他地区的差距不断缩小，各族群众感受到了每天都在变化、每时都在进步，实现了第二个"千年跨越"。青海强化社会帮扶举措，2019年落实援青资金17.44亿元，其中援青省市15.77亿元，援青央企1.67亿元，80%以上资金向县以下基层倾斜，用于脱贫攻坚各类项目450多个。开展"百企帮百村、百企联百户"精准帮扶行动，189家民营企业（异地商会）与藏区

153 个贫困村建立了结对帮扶关系。

另外，国家相关部委借助民委委员制度这一中国特色社会主义政治制度优势，积极推动兴边富民行动，实施民族教育扶贫工程，开展少数民族特色村镇保护与发展工作，支持民族特色产业发展，提升民族地区文化旅游美誉度，提高贫困群众收入。比如，国家民委在推进云南边境民族风情走廊、西藏门巴族珞巴族特色村镇示范带等建设中，协调有关部门加大投入力度，进行整体保护，集中打造一批自然环境优美、民族关系和谐的少数民族特色村镇示范廊带，助力"三区三州"等深度贫困地区脱贫攻坚。再比如，文化和旅游部、国务院扶贫办联合成立"三区三州"旅游大环线宣传推广联盟，以所在青藏高原区为核心，推出"丝路文化经典线""边境极限探险线""茶马古道寻踪线""大香格里拉人间乐土线"等四条旅游线路，借力旅游开发推进当地产业转型升级，加快推进旅游扶贫工作。另外，国家在"三区三州"以"建设小康同步、公共服务同质、法治保障同权、民族团结同心、社会和谐同创"为目标，深入开展民族团结进步创建工作进机关、进企业、进乡镇、进社区、进学校、进宗教活动场所等活动，加强民族团结进步宣传教育，促进各民族交往交流交融，不断铸牢中华民族共同体意识。组织"三区三州"少数民族精准脱贫参观团，举办全国边境地区脱贫攻坚专题研究班等，学习先进发展理念和发展方式，为深度贫困地区培养作风优良、能打硬仗的本土人才干部队伍。

（六）坚持从严从实，抓好问题整改落实，确保脱贫攻坚任务见底见效

脱贫攻坚，从严从实是要领。习近平总书记指出："必须坚持把全面从严治党要求贯穿脱贫攻坚工作全过程和各环节，实施经常性的督查巡查和最严格的考核评估，确保脱贫过程扎实、脱贫结果真实，使脱贫攻坚成效经得起实践和历史检验。""三区三州"各省区都坚持把国家考核结果和中央领导约谈作为对"三区三州"脱贫攻坚的最大鞭策和强化工作的最大动力，引导各级党委、政府正确面对、主动认领，坚决整改中央巡视"回头看"、历年扶贫开发成效考核、国务院扶贫开发领导小组脱贫攻坚巡查等方面反馈的问题，树立抓整改就是抓落实、抓攻坚的思想，举一反三、以点带面，不断提升脱贫攻坚质量和水平。

甘肃省委、省政府认真贯彻习近平总书记"整治问题不手软"的重要指示，牢固树立"整改不落实，就是对人民不负责"的思想，坚决扛起抓整改的政治责任，坚持从本级抓起，以上率下、带头整改，真认账、真反思、真整改、真负责，努力推动各类问题整改到位。针对财政专项扶贫资金拨付不及时的问题，对相关责任人员进行了严肃问责，并研究建立"限时拨付"和资金支出"周调度、旬报告、月通报"制度，使以前的弱项成为工作中的亮点。目前，国家考核、省里考核和省市县自查发现的问题，整改率达到99%，收到了以问题整改补齐工作短板、促进任务落实的效果。坚持统筹联动一体整改，把中央脱贫攻坚专项巡视反馈问题整改同国家脱贫攻坚成效考核反馈问题整改结合起来，同习近平总书记参加甘肃代表团审议列举问题整改结合起来，同督查巡查、审计信访、民主监督、自查自纠发现的问题结合起来，制定《整改方案》，明确问题、任务、责任、时限、要求"五个清单"，切实做到事事有人抓、件件有回音。

西藏高度重视中央专项巡视反馈问题的整改，把发现问题、整改问题作为确保扶贫工作务实、过程扎实、结果真实的重要途径，经过深入改、挂牌督、多轮验，巡视反馈的4个方面12类34项整改任务，除"十一五"立项建设的沼气项目无法整改、产业项目弱小散和异地搬迁住房超面积问题正在持续整改外，其他问题已整改完毕。

新疆坚持问题导向，抓好整改落实。一是强化一体整改，把中央专项巡视反馈问题与脱贫攻坚成效考核、党委巡视、监督巡查、审计、信访、民主监督、社会监督等发现的问题统筹起来，一体推进、一体整改、一体解决。二是强化整改交账。对标反馈意见梳理具体问题，建立清单调度、整改销号、台账管理制度，整改一件销号一件、巩固一件、提升一件。三是强化制度建设。把问题整改与打赢脱贫攻坚战三年行动结合起来，既解决问题又完善政策，健全责任落实、巩固提升等长效机制。

(七)注重基层创新,培育可持续致富的动力,走生态保护与稳定脱贫相结合的路子

习近平总书记指出,深度贫困地区脱贫攻坚,尤其要加强工作第一线的组织领导。深度贫困是坚中之坚,打这样的仗,必须加强基层基础工作,派最能打的人,各地要在这个问题上下功夫。习近平总书记对很多贫困村面临着经济功能薄弱、基础设施滞后、人才持续流失、陈规陋习严重等问题,特别是基层党组织力量薄弱,难以发挥带领群众脱贫致富的战斗堡垒作用的老大难问题甚为忧虑。"三区三州"深度贫困区注重夯实基层基础,多向贫困群众培育可持续脱贫的机制,走出了生态保护与稳定脱贫相得益彰、互利共赢的康庄大道。

新疆推进干部驻村常态化长效化制度化的实践。从 2014 年开始,自治区党委每年从各级机关选派 7 万名干部进驻全区所有农村和社区,深入开展"访惠聚"(访民情、惠民生、聚民心)驻村工作,2018 年 12 月,印发《关于推进"访民情惠民生聚民心"驻村工作常态化长效化制度化的意见》,总结提炼固化队伍建设、工作运行和组织保障三个方面的 18 项工作机制。聚焦新疆工作总目标,坚持抓党建促稳定、促脱贫攻坚、促乡村振兴,队员当代表、单位做后盾、一把手负总责,扎实做好维护稳定、脱贫攻坚、群众工作、建强组织、发展党员、大办实事等 8 项重点工作,为实现新疆社会稳定奠定了基础、为推进脱贫攻坚注入了力量、为加强民族团结做出了贡献、为密切党群干群关系架好了桥梁,夯实了党在新疆的执政根基。

云南贡山县独龙江乡立足乡情,广泛论证,坚持保护优先,引导和支持所有有劳动能力的群众发展草果、独龙牛等林下特色种养产业,实现发展产业就地脱贫一批。实施生态补偿政策,让有劳动能力的贫困人口就地转成护林员或生态保护人员,实现工资性的稳定收入;实施"以电代柴"项目,改变传统的生产生活方式;成立生态产业合作社,让群众通过参与生态修复工程和生态产业项目,就地实现劳务收入。2018 年底,独龙江乡独龙族实现整族脱贫,成功解决了生态保护和独龙族群众生存的尖锐矛盾,走出了一

条"不砍树、不烧山"也能脱贫致富的路子。独龙族整族脱贫的主要做法和成功经验,为解决怒江州境内的怒族、普米族、傈僳族等人口较少民族和"直过民族"的整族脱贫提供了可复制、可推广的成功"样本"。贡山县建成全国"绿水青山就是金山银山"实践创新基地,其生态扶贫实践,被选入由中组部牵头编选出版的《贯彻落实习近平新时代中国特色社会主义思想、在改革发展稳定中攻坚克难案例》丛书。

甘南牢固树立"绿水青山就是金山银山"的理念,2015年以来,高倍聚焦"生态扶贫"主攻方向,团结带领全州各族干部群众在全州范围内开展了一场声势浩大的"环境革命",实现了4.5万平方公里青山绿水大草原"全域无垃圾"的预期目标,革除了千百年来的陈规陋习和落后思想,革新了甘南藏区的整体形象和气质内涵,激发了广大农牧民群众自我发展的内生动力,成为藏区贯彻新发展理念、助力脱贫攻坚的一大亮点。将建设生态文明小康村作为脱贫攻坚的新载体和农牧村全面建成小康社会的新实践,整合各类资源资金,统筹脱贫攻坚、乡村振兴、农牧村环境综合整治等指标要求,以自然村为单元,以"六化七改三治"(即"硬化、绿化、亮化、净化、美化、文化";"改圈、改厕、改厨、改炕、改院、改房、改人";"治乱弃、治乱排、治乱建")为目标,全力实施以"生态人居、生态经济、生态环境、生态文化"四大工程为主要内容的生态文明小康村建设,截至2019年上半年,已投资100多亿元,建成1003个生态文明小康村,使项目村的基础设施、产业培育、生态环境、公共服务、社会保障、基层组织得到根本性改善提升。

三 "三区三州"深度贫困区决战决胜脱贫攻坚的困难与问题

(一)"三区三州"深度贫困区决战决胜脱贫攻坚的特殊困难

由于历史、地理与社会等多种原因的影响,"三区三州"的脱贫攻坚工作面临很多特殊困难。一是自然条件恶劣。"三区三州"大部分是我国的边疆地区、生态脆弱区、限制或禁止开发的主体功能区，生态环境脆弱，自然灾害频发，生存条件差，西藏和四省藏区位于青藏高原及其边缘地带，地广人稀、高寒缺氧、无霜期短，大部分地区年积雪期超过半年，人居环境恶劣。南疆四地州和甘肃临夏州地处西北干旱地带，大漠荒原、极度缺水。四川凉山州和云南怒江州位于横断山脉，山高、谷深、水急、平地少。二是地理位置偏远。"三区三州"地处边疆或偏远地带，远离区域经济中心，处于整个经济链条末端，很难接收到大城市直接辐射带动，要素、商品、信息等难以和中心市场有效对接。三是社会发育滞后。"三区三州"许多地区长期封闭，远离现代文明。如云南怒江不少民族从原始社会直接过渡，四川凉山彝族从奴隶社会直接过渡，西藏和部分藏区从封建农奴制发展而来，部分贫困群众缺乏法治、财产等现代观念，有些村落甚至还保留了一些原始落后的习俗。四是基础设施落后。"三区三州"道路通达性差，相当部分的村不通硬化路，物流成本高，东西很难进出。饮水、卫生、学校等基础设施薄弱，与全国平均水平有很大差距。五是肩负着很多特殊任务。反分裂和维护国家统一方面，新疆和藏区面临着严峻形势。巩固民族团结方面，"三区三州"都是民族地区，做好民族团结始终是重要工作。加强宗教工作方面，一些地区非法宗教活动屡禁不止，防范境外宗教渗透的压力很大。此外，"三区三州"控超保学、禁毒防艾等工作也非常繁重。

（二）"三区三州"深度贫困区决战决胜脱贫攻坚的现实困难与问题

1. 脱贫攻坚目标任务尚未完成，贫困人口稳定增收的难度大任务重

据不完全统计，到2019年底，四川全省7个未摘帽县、300个未退出贫困村均在凉山州，其中4个县贫困发生率高于10%，280个村贫困发生率高于20%；全省20.3万未脱贫人口中有17.8万在凉山州，占到全省的87.7%。云南还有7个深度贫困县没有摘帽、44万贫困人口没有脱贫，怒江州贫困发生率在10%以上、福贡县在20%以上，全州有3个县未摘帽、

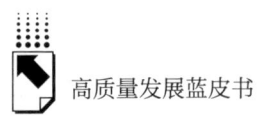

80个贫困村未出列、4.43万贫困人口未脱贫。就甘肃而言，剩下的8个贫困县均为深度贫困县，都是最难啃的"硬骨头"，其中有5个县贫困人口规模超过1万人、4个县贫困发生率超过3%。新疆全区预计未脱贫人口16.58万人，通过"两摸底、一核查"，南疆四地州录入全国扶贫开发信息系统业务管理子系统中的边缘户和脱贫监测户预计有12.41万户53.84万人。其中，边缘户8.57万户37.08万人，脱贫监测户3.84万户16.76万人。喀什地区还有4个深度贫困县未摘帽、293个村未退出、2.1万户7.72万人未脱贫；和田地区还有5个深度贫困县要摘帽，占新疆全区摘帽贫困县总量的一半，228个贫困村未出列、1.83万户7.69万贫困人口未脱贫。剩余未脱贫人口多为缺劳动力、大慢病家庭，继续攻坚与防止返贫任务艰巨。数量上"看似一步之遥"，剖开攻坚任务来看"实则荆棘丛生"。

"三区三州"很多贫困地区自然条件恶劣、生态环境脆弱，农业生产基础弱、底子薄，再加上贫困劳动力观念落后、素质不高，又受气候和市场价格影响，产业增收波动较大，稳定增收还有不小难度。作为新疆"口袋底"的和田地区，地处偏远，交通相对闭塞，有边境无口岸，自然环境条件差，全年浮尘天气260天左右，人均耕地面积0.8亩，人多地少矛盾十分突出。喀什地区摸排发现，全地区"两类户"24.37万人，占贫困总人数的20.2%。部分"两类户"产业提质增效任务重，就业稳定性差，少数深度贫困村基层基础薄弱，一些特殊困难家庭持续增收压力大，防止"两类户"返贫任务重。

2. "三保障"仍然存在薄弱环节，巩固提升脱贫成果难度大

截至2019年底，喀什地区伽师县还有1.53万贫困人口城乡居民安全饮水工程还未完全完工，部分贫困户饮水水质不达标问题尚未得到彻底解决，健康医疗服务存在弱项，乡村两级医疗机构人员服务能力需要提升，部分贫困村"五通七有"弱项需要进一步补强，人居环境需要进一步巩固提升。西藏全区仍有96个乡镇2174个建制村未通硬化路，8个县1312个行政村4386个自然村未纳入主电网，56个行政村未通光纤，112个行政村未通4G网络，县级以下仅通邮政物流，这些不仅影响脱贫成果的巩固，而且对未来

的发展产生明显的制约。四川彝区藏区"三保障"和安全饮水不达标的共有55794户,其中住房安全无保障的42759户、基本医疗无保障的6545户、安全饮水不达标的59797人、失学辍学的705人。凉山州部分寄宿制学校建设资金缺口大,学校床位紧张、教师编制紧缺。云南"直过民族"和人口较少民族聚居区基础设施、公共服务等巩固提升任务重,可持续发展能力差。青海藏区还有9个乡镇2614户9366人不通大电网,离网光伏电站容量小。藏区学前教育教师编制严重短缺,应有学前专任教师11502人,在编仅1073人。农牧业生产基础条件薄弱,防灾、抗灾设施不健全,一些地方虽然初步解决了饮水安全问题,但个别高海拔地区还存在季节性缺水的现象。有些偏远乡村卫生机构现有医疗队伍能力素质不高、服务能力较弱,医疗卫生人均服务面积达到13.5平方公里。甘南"三保障"政策支持仍有短板,推进义务教育均衡发展难度较大,教师队伍专业结构和知识结构不尽合理,基层医疗服务能力不足,州县乡医疗卫生机构专业人才短缺的问题十分严重,群众看病难的问题尚未从根本上得到解决。调研发现,有些地区地方公共服务仍然存在资金缺口。特别是贫困户就业增收(农牧村公益性岗位)、贫困大学生就业扶贫专岗、贫困村人居环境综合整治、特色农畜产品加工、贫困人口大病及意外伤害保险、贫困村村级文化活动中心等项目,需要纳入当地财政扶贫配套资金建设,但由于地方财政十分困难,加之行业渠道落实的专项资金不足,造成这些项目实施进度缓慢。有些地方新建、改扩建、维修村卫生室和乡镇卫生院等健康扶贫项目,需要通过地方债务等方式筹措资金,下一步债务偿还存在较大困难。

"三区三州"有些地方稳定脱贫基础还很不牢固,巩固提升脱贫成果难度大。就甘肃而言,一方面,部分脱贫户返贫风险较大。特别是2020年突如其来的新冠肺炎疫情,由于一些企业或者项目不能开工或开工较晚,将会对全省已脱贫的131万户557万人中,务工收入占总收入50%以上的93万户390多万人的收入带来非常大的影响。另一方面,虽然总体解决了"两不愁三保障"主要领域突出问题,但还是低标准低水平的,一些贫困地区的义务教育、基本医疗、住房安全、饮水安全等问题仍然是农民群众反映较

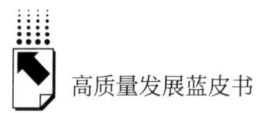

为强烈的问题，巩固提升脱贫成果任务依然繁重。多数贫困地区山高路远，群众出行不便，农产品外运不畅，农村道路后期管护任务重，群众对修建通自然村道路呼声高。易地扶贫搬迁配套产业还没有充分发展起来，拆旧复垦工作需要持续推进。

3. 扶贫产业可持续发展问题依然突出，稳定脱贫的根本之策有待夯实

"三区三州"大多数深度贫困地区产业发展滞后，产业同质化、集体经济"小散弱"问题较为突出，带动贫困群众脱贫能力弱。以西藏为例，由于社会发育程度较低，气候环境对产业发展制约较多，产业项目可选择空间小，培育大产业难度大，产业见效周期长，无法利用两三年时间全面解决，农牧业产业化经营率、农牧业科技贡献率仅分别为42%和45%，特别是异地搬迁点配套产业大多为新建项目，需要较长的建设期、培育期和见效期，一段时期产业项目还难以成为贫困群众增收的重要支撑。就青海来说，统筹谋划培育壮大主导产业不够，青稞、牦牛等传统优势产业规模小、链条短、抗风险能力弱。龙头企业数量少、规模效益不高，品牌化水平低，市场竞争力不强，带贫益贫能力较弱。南疆四地州气候干旱，生态环境脆弱，人均资源占有量少，水土资源高度紧张，工业化城镇化水平低，远离销区市场。由于基础薄弱，产业扶贫面临两大潜在风险：一是市场波动风险。纺织服装等劳动密集型产业属于典型"来料加工"，产品设计与市场营销环节"双在外"，抵御生产风险能力弱，受经济下行等诸多因素影响，一旦遭遇市场大幅波动可能造成企业关停、人员失业。二是畜禽疫病风险。南疆四地州特别是和田、喀什的畜禽养殖，助推当代产业发展、贫困群众增收益处多多，但由于大群体、多批次、高密度养殖，有可能产生较大疫病疫情风险。

"三区三州"大部分地区市场发育不完善，远离消费地，建设成本高，产业投资收益低，部分相关企业对口援建项目考虑自身成本收益多、真正支持当地资源开发和群众增收少。近年来，国家推动对口支援省市、中央企业与"三区三州"受援地签约项目数量多、签约资金额度大，但由于前期准备不够等各种因素影响，部分项目落地率不高，资金到位率普遍较低，签约

项目重意向、轻落实的问题比较突出。

4. 贫困群众劳动技能缺乏、就业能力弱、内生动力不足

从深度贫困地区人力资本现状来看，西藏建档立卡贫困人口年龄在16～60岁的23.3万人，占深度贫困人口总量的58.9%，其中有劳动能力的19.5万人，占深度贫困人口总量的49.3%；初中文化程度的2.5万人，所占比重为6.3%，高中文化程度的0.6万人，所占比重为1.53%，大专及以上的0.38万人，所占比重为0.97%；有劳动技能的0.11万人，所占比重为0.27%，贫困人口具有受教育程度低、发展能力差的共性，文化贫困特征明显。在发展扶贫产业过程中，缺乏懂经济、有头脑、有闯劲的管理和专业技术人才，可持续发展受限。

部分贫困群众思想观念落后，"等靠要"依赖思想较为严重，自主脱贫意识不强、动力不足、能力不够，法纪观念弱、就业技能差，激发贫困家庭内生动力任务较重；部分群众宗教信仰对思想意识和生产方式的影响比较大。比如"惜杀惜售惜卖""小富即安""故土难离"等思想普遍存在，现代文明生活方式有待进一步养成。

5. 易地搬迁任务重，生态环境保护压力仍然较大

据统计，截至2019年底，凉山州"十三五"易地扶贫搬迁总任务35.32万人，超过四川全省的25%，其中2018年新增任务11.78万人。由于有效施工期短、建材供应不足等问题，2018年、2019年搬迁入住任务仅完成68.5%，同时还有未拆旧复垦、超面积等问题尚未完全解决。部分搬迁群众担心搬迁后离耕地太远，新建安置住房人均面积不能超过25平方米，大多数没有配套生产用房，生产不便，搬迁意愿不够强烈。搬迁安置地群体比较复杂，各类群众性互助组织尚未建立，自我管理、自我服务、自我教育机制不健全，安置点社区管理难度较大。云南易地搬迁后续帮扶压力大，实现搬得出到稳得住、能脱贫仍有差距，后续解决产业发展、稳定就业、社区管理以及社会融入等问题任务繁重。

习近平总书记考察青海时曾强调："青海最大的价值在生态、最大的责任在生态、最大的潜力也在生态，必须把生态文明建设放在突出位置来抓，

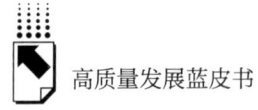

尊重自然、顺应自然、保护自然，筑牢国家生态安全屏障，实现经济效益、社会效益、生态效益相统一。"青海全省深度贫困乡镇全部位于三江源和祁连山生态保护区内，25个省定深度贫困乡镇处于重要的水土流失防治生态功能区，绝大部分深度贫困地区属于禁止和限制开发区。藏区平均海拔4500米以上，自然灾害易发频发，90%以上地域是禁止和限制开发区，生态补偿等政策性收入占比高，持续巩固脱贫成果难度大。

专题篇
Special Reports

B.11
农村土地退出与增值收益共享

刘同山*

摘　要： 在农民乡城迁移和农业转型发展的大背景下，农村土地资源如何通过"再配置"提高利用效率受到高度关注。对崇州、义乌和青州等地农村承包地、宅基地"以退促用"的典型做法分析发现，如果能够调动农民及其他市场主体的参与积极性，无论是承包地、宅基地单独退出还是二者"一体退出"，都可以显著提升土地利用效率，促进农业农村高水平发展。不过，除存在农民不能"失地"的认识误区外，当前农村土地退出还面临如何实施、退出的土地如何利用、地方的积极性不高等挑战。为了更好地推进农村土地退出改革，需要加强宣传引导，健全顶层制度设计，统筹推动"进退联动、退

---

* 刘同山，南京林业大学城乡高质量发展研究中心主任，教授，博士生导师，主要研究方向为农村土地制度、农业经营主体。

用结合",并形成配套支撑机制。

关键词: 城镇化 农村土地退出 土地优化利用

21世纪以来,随着工业化、城镇化的快速发展,大量农业、农村人口向城镇非农领域转移。因土地不可移动,农业、农村人口向城镇非农领域转移的一个直接后果就是农村土地退出。所谓农村土地退出,是指在我国农村土地"集体所有、农户承包"这一基本制度前提下,离农、进城农户自愿有偿放弃农村土地承包经营权、宅基地使用权及其他集体土地权益的行为。广义上看,农村土地退出包括承包地、宅基地使用权出租。但是,当前我国农村土地出租一般时间较短、可逆性较强。考虑到工业化、城镇化进程的不可逆性,这里的农村土地退出是狭义的退出概念,指基本不可逆的农村土地使用权的让渡,与"三权分置"下的土地出租有所不同。

土地是农业农村发展之基,也是农民家庭最重要的资源资产。习近平总书记指出,"当前,我国正处于正确处理工农关系、城乡关系的历史关口"[①],"新形势下深化农村改革,主线仍然是处理好农民和土地的关系"[②]。考虑到进城农民的需求和农业发展的需要,中共中央十八届五中全会通过的《关于制定国民经济和社会发展第十三个五年规划的建议》要求,"维护进城落户农民土地承包权、宅基地使用权、集体收益分配权,支持引导其依法自愿有偿转让上述权益"。此后,党中央、国务院多个相关文件对农村土地退出做了部署,最新修正的《土地管理法》《农村土地承包法》也明确规定,允许农村承包地、宅基地使用权有条件转让或有偿交回集体。

---

① 中共中央党史和文献研究院:《习近平关于"三农"工作论述摘编》,中央文献出版社,2019,第42~63页。
② 《习近平:加大推进新形势下农村改革力度》,新华网,http://www.xinhuanet.com/politics/2016-04/28/c_1118763826.htm。

在城乡大变革的新形势下，贯彻落实中央改革精神和国家法律规定，为离农、进城农民自愿有偿退出农村土地提供制度安排，借以实现农村土地的高效利用和增值收益共享，关系到农业农村转型乃至影响着城乡高质量发展。

一 农村土地退出改革的现实背景

在传统农业社会，农民依靠土地而生存和繁衍，土地是农民最大的社会保障。然而，进入21世纪后，我国实现了从"乡土中国"向"城市中国"转变，历史的场景发生了根本性转换——不仅在2006年取消存在两千多年的农业税，还向农民发放种粮补贴；至2019年底，常住人口城镇化率从1979年的18.96%增加到60.60%，农业增加值占GDP的比重则从1979年的30.7%下降为7.1%。经济社会的发展，对农村土地资源优化利用提出了更高要求，成为农村土地退出改革的根本原因。具体而言，我国之所以需要加快推动农村土地退出改革，主要有以下三个现实背景。

一是农业、农村人口持续向城镇非农领域转移。20世纪末城乡壁垒被打破之后，受工农、城乡收入差距的影响，大量农业、农村人口为了追求更高的收入向城镇非农领域转移。农业、农村人口的转移，支持了城镇化进程。一方面，城镇化率显著提高。2000年至2019年，常住人口城镇化率从36.2%稳步增加至60.6%；城镇人口从4.6亿人增加至8.5亿人，而乡村人口则从8.1亿人减少至5.5亿人。另一方面，农业[①]从业人员数量和比例大幅减少。2000年至2018年，农业从业人员的数量从3.6亿人减少至2.0亿人；农业从业人员的比重则从50.0%降低至26.1%。

农村人口的迁移，要求家庭财富相应流动。农村土地是农民家庭最重要的资源资产，而且宅基地还与农民最重要的资产——房屋紧密相关。2019年

---

① 此处的农业是大农业的概念，包括农、林、牧、渔，即第一产业。

底,全国外出农民工达17425万人。其中,举家迁移者超过1/5①。很多农村转移人口,不仅在城镇有稳定的工作,还购置了城镇房产,已经成为新市民。《2018年农民工监测调查报告》的数据显示,2018年,多达17.4%的进城农民工家庭购买了城镇商品房。为筹措购房资金或更好地在城镇发展事业,很多外出农民工有处置农村土地使用权及房屋的需求。但是,农村土地使用权(从而涉及农村房屋)转让受到严格限制。因此,为了支持农业农村人口向城镇转移,应当给离农、进城的农民自愿有偿退出农村土地提供制度通道。

二是农户分化以及不同类型农户的差别化土地需求。与改革之初大部分农户"一穷二白"、在温饱线附近挣扎不同,受工业化城镇化的推动,近年来,我国小农户群体分层分化严重。农户分化已成为当前我国农村经济社会转型中的一个突出现象。家庭收入来源不同,是传统农户分化的根本体现。农业农村部全国农村固定观察点对全国2.2万户农户的监测数据显示,2016年,仅有12.75%的农户农业收入多于非农收入;家庭非农收入占比超过八成的农户比例高达64.04%,比2003年提高30.76个百分点;农业收入占比不足5%的农户比例已经高达41.05%,比2003年高24.12个百分点(张琛等,2019)。

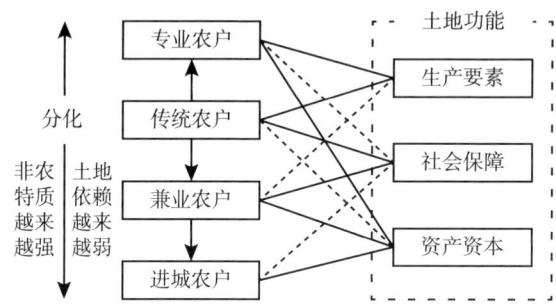

图1 农户分化与不同类型农户的差别化土地功能需求

注:实线表示该类农户对土地的某一类功能非常看重;虚线表示该类农户对土地某一功能的需求较弱。

---

① 国家统计局农村社会经济调查司印制的《中国农村经济主要数据(1978~2015)》的数据显示,2014年、2015年外出农民工分别为16821万人、16884万人,其中举家外出农民工数量分别为3578万人(占比21.27%)、3847万人(占比22.78%)。

分化形成的不同类型农户，无疑会有差别化的农村土地需求。对离农、进城农户而言，他们不关心土地产出和农业收入，主要在意让渡土地使用权获得的收益，因此农村土地主要具有资产资本功能；对"以农为业、力农致富"的新型职业农民而言，他们不仅要在土地上从事农业生产，可能还需要在遭受自然风险和市场风险时，将土地进行抵押获得融资以渡过难关，因此农村土地兼具生产要素和资产资本功能。对传统的生存农户和一部分兼业农户而言，农村土地既是生产要素，也是生产保障。不过，由于种粮比较效益越来越低，再加上生活费用持续上涨，单靠几亩承包地，难以保障农民的基本生活。这也是很多农民外出打工、兼业经营的原因。

农村土地流转是农户有差别化土地需求的直接表现。农业农村部的数据显示，至2018年底，全国农地流转面积达到5.12亿亩，流转比例达36.98%。在农地流转的支持下，全国第三次农业普查数据表明，2016年我国规模农业经营户已达398万户。我们对黄淮海农区1026户农户抽样调查发现，承包地方面，有10.74%的农户将土地全部流转出去，但也有10.94%的农户流入土地、扩大经营规模，成为"以农为业"的专业农户；宅基地方面，有12.21%的农户曾经交易过宅基地（使用权）。

三是农村承包地、宅基地的"供求错配、空间错位"。理论上看，为了提高利用效率，需要根据人口迁移和农业转型发展对农村土地资源进行"再配置"。然而，受制于多方面的因素，当前我国农村土地优化配置的速度明显滞后于人口迁移和农业农村转型发展，因而造成了土地资源的"供求错配、空间错位"。

承包地方面，随着农村人口向城镇转移，越来越多的离农、进城农户想转让农村土地使用权。同时，也有一些农户想流入耕地、扩大经营规模，发展成为新型职业农民。我们对黄淮海农区1026户农户调查发现，在当前条件下，有43.10%的农户想进一步减少土地规模，其中一些甚至愿意将承包地使用权转让给本集体成员或者出售给国家，60.3%的农户愿意把土地交给村里统一经营；有32.36%的农户想耕种更多土地，其中近半农户甚至愿意花钱受让一些本集体成员的承包地（使用权），却因土地不连片、租金太贵、没人转让等原因而未能成行。在现有流转价格下，有需求有供给却因各种原因没能达成交易，农村承包地存在明显的"供求错配"。

宅基地方面，随着农村人口的大量迁移，农村建设用地理应相应减少。但是，2009年至2016年间，在农村人口减少1亿人的情况下，全国村庄用地面积不仅没有减少，反而增加了1091.3万亩①。其直接后果是农村空心化和宅基地闲置（刘同山、张云华，2020）。据我们对黄淮海农区农户的调查，多达15.9%的农户家里有闲置宅基地，还有不少农户家里的房屋和宅基地一起闲置。江西省委农办的调查发现，按常住农户数计算，1008个样本村庄，有371个"空心化"率在40%以上②。与宅基地大量闲置相对应的，是大量农村人口进城后引发的城镇建设用地的高度紧张。建设用地（指标）不能"地随人走"，造成了土地资源城乡"空间错位"。

二 农村土地"以退促用、收益共享"的典型经验

为了支持农村人口向城镇迁移和农业农村高质量发展，消除农村土地资源的"供求错配、空间错位"，党中央启动了以农村承包地、宅基地退出和优化利用为重点的新一轮农村土地制度改革。考虑到在2018年国务院机构调整前，农村承包地、宅基地使用和改革分属不同的政府部门管理，改革思路和进度有明显差异，我们这里选择农村承包地退出、宅基地退出和两类地联合退出的三个改革试点，着重分析城镇化进程中农村土地"以退促用、收益共享"的典型做法及其制度创新。

---

① 数据来源：第二次全国土地调查和年度全国土地变更调查，自然资源部官方网站，http://tddc.mnr.gov.cn/to_Login。
② 江西省委农办：《江西省"空心村"调研报告》，中央农村工作领导小组办公室、农业农村部主编《乡村振兴文稿》2019年第2期。

（一）承包地"以退促用、收益共享"的崇州探索

崇州是成都市的农业大县，被誉为"西蜀粮仓"，距离成都市区仅一小时车程。由于农业比较收益低，进入21世纪后，大量崇州农民到成都务工，愿意务农的年轻农民越来越少，农村土地"谁来经营""如何经营"问题日益突出。因此，崇州近年来大力支持农业企业租赁农户土地从事规模经营。但是，由于农业经营收益低、风险高，崇州市一些租地的农业企业被迫中途弃租甚至违约"跑路"。为了找到能把地种好并能稳定付租的经营者，从2010年起，崇州开始推行"农业共营制"，将离农、进城农民自愿退出的农村承包地，集中连片和高标准整治后，交给职业农民（崇州称为"农业职业经理人"）耕种。其做法主要包括以下三方面。

一是政府引导村一级组建土地股份合作社，不愿种地的农户可以将承包地入股，获得"保底+分红"收益。大部分合作社的保底收益是每亩地每年600~700元。由于政府对农田进行了连片整治并做了其他配套建设，因此农户承包地入股具有很强的不可逆性，是一种承包地退出行为。为了实现合作社土地集中连片，对于仍想种地的农户，村集体按照"面积不减少、质量不变差"的原则，将其承包地进行调串。二是政府帮助合作社招募职业农民负责具体生产管理，每个职业农民（家庭）管理300~500亩。按约定支付土地成本（入股农户的保底收益）和其他成本后，盈余的50%（不同片区、不同合作社存在差异）为职业农民的生产管理收入，30%用于土地入股农户的二次分红，20%为合作社公积金、公益金等。按照上述分配比例，我们2017年实地调研发现，某职业农民夫妻二人，经营350亩地，每年收入约为7.7万元，与外出务工的收入相近。三是政府及社会机构做好配套服务，改善农业生产条件，提高职业农民生产管理技能和抗风险能力。除农田整治外，崇州市组建三家综合性农业服务公司、建设10余个农业服务超市，为职业农民提供农资、农机等方面的服务；建立农业培训的导师制度，对职业农民开展一对一教学指导和跟踪服务；整合财政支农资金，将粮食规模种植补贴、城镇职工养老保险补贴、信用贷款贴息和经营权抵押补贴

等向职业农民倾斜。

此外，为了让入股农户和职业农民获得更多增值收益，自2015年以来，崇州市还大力推动"社企联合"，积极延伸农业产业链条，提高农产品销售价格。

（二）宅基地"以退促用、收益共享"的义乌做法

虽然都是城镇化引发的农村土地资源"再配置"，但是与农村承包地制度改革相比，宅基地制度改革明显滞后。2015年1月，中办、国办印发《关于农村土地征收、集体经营性建设用地入市、宅基地制度改革试点工作的意见》后，全国人大常委会决定授权国务院在试点暂停相关法律规定，农村宅基地制度改革正式启动。浙江义乌市被列入首批15个宅基地制度改革试点。

义乌市经济比较发达，但是与全国大部分农村地区一样，宅基地利用效率低下，很多宅基地和农村房屋长期闲置。成为宅基地制度改革试点后，义乌市将城乡高质量发展需要与农村居民诉求相结合，以农村建设用地高效率利用为出发点，以宅基地有偿退出为突破点，制定了"以退促用、收益共享"的改革办法。

首先，对不同村庄和不同农户分类施策。城镇规划范围内的村庄，实施新社区建设；城镇规划范围外的村庄，实施农村改造，落实"一户一宅"。政府引导村集体设定宅基地标准面积，对本集体成员超标占用以及非本集体成员使用的宅基地，实行累进收费，但收费不超过基准价的60%。此外，政府鼓励发展底子薄、潜力小的村庄，整村退出宅基地，迁入新社区。

其次，为农户退出宅基地提供多种渠道。一是转让给个人。城镇规划范围外，村庄改造完毕的，农户可以将宅基地转让给本市其他集体成员，但受让人需要额外向村集体缴纳不少于宅基地基准价20%的费用；村庄改造未完成的，宅基地可以在本集体内部转让，但受让后面积不得超过按户控制面积。二是有偿退给集体。村集体可以政府制定的基准价为下限[①]，回购本集

[①] 因前期交易少，宅基地缺乏公允的市场价格。为了给宅基地交易提供价格指导，义乌市建立了全国首个宅基地基准地价体系，按照区位不同价格分九档，最高25870元/平方米，最低2870元/平方米。

体成员自愿退出的宅基地,再有偿调剂给符合要求的成员。2017年11月,义乌市坑口村以公开拍卖的方式,对农户退出的宅基地有偿调剂,共成交面积573.56平方米,成交均价为1.37万元/平方米。三是交给政府"换房"。城镇规划范围内合法占有宅基地的农户,可以按1∶5的比例,用宅基地置换新社区有产权的房产。

最后,借助"集地券"打通城乡建设用地。为了实现土地高效利用和增值收益共享,义乌市基于城乡建设用地"增减挂钩"政策,设计了能够将零星的农村建设用地集中复垦的"集地券"制度。村集体可以将回购的宅基地或村里的建设用地集中复垦,获得可以在市场上公开交易的"集地券"。若市场上无人收购,政府则以指导价回购"集地券"(2017年为40万元/亩),进而将复垦得来的建设用地指标在全市范围内统筹使用。至2017年底,政府已回购"集地券"994.2亩,增加村集体和相关农户收入3.98亿元(鲍建平,2018)。

(三)承包地、宅基地一体"退用联动"的青州个案

从土地类型上看,承包地用于农业生产,宅基地用于农民生活,两者差别明显。不过,承包地、宅基地及其上的房屋,都是农民的资源资产。从支持农民向城镇迁移和农业农村转型发展的角度看,应当允许离农、进城农民"一体退出"农村承包地和宅基地。山东青州市南小王村的做法表明,农村承包地、宅基地"一体退出"不仅可行,而且能够显著提高农村土地利用效率。

南小王村地处青州市东北部,距离寿光20多公里,全村共105户309人,人均耕地1.7亩。2013年以前,南小王村与其他村庄相似,土地资源粗放利用,长期闲置的宅基地和房屋超过1/3,承包地主要是农户分散经营和零星流转。从2013年起,南小王村结合当地政府的城乡建设用地"增减挂钩"政策和中信信托的"土地信托"项目,启动了承包地、宅基地一体"退用联动"尝试。

一方面,借助"增减挂钩"推动宅基地退出、复垦与村庄重建。按照

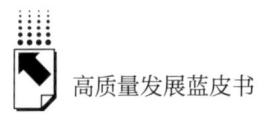

青州市城乡建设用地"增减挂钩"政策,农村宅基地复垦节约出来的建设用地指标,每亩有20万元的政府补贴。村民集体讨论后确定了宅基地及房屋退出方案和补偿办法:村民自愿决定是否退出宅基地及房屋;宅基地面积不小于200平方米的,退出一处可以获得4万元补偿;宅基地上被拆除的房屋按评估价格给予补偿。最终,103户村民退出了75亩宅基地,14亩用于村庄重建后,净增的61亩复垦为耕地后由村集体统一经营,建设用地指标则挪至城市,获得1220万元政府补贴。

南小王村利用政府补贴和村民的购楼资金,先后投资3200万元,建成了6栋180套楼房和28套平房(作为老年公寓)。65岁以上的老年村民,不愿上楼居住的,可以免费入住村里的老年公寓。退出宅基地的103户村民中,101户都购买了村里的楼房,有的还购买了不止一套,有2户已经在城里定居多年的则放弃购买,彻底退出了村里的建设用地。

另一方面,以土地入股、信托项目助推现代农业发展。南小王村成立了土地股份合作社,并与中信信托公司签订了土地信托协议,将村民入股的508亩承包地和复垦净增的61亩耕地,交给中信信托与合作社联合成立的"天禄农业公司"经营管理。村民土地入股除获得每年926斤小麦的保底租金外,还参与年底分红。2016年,每亩地租金和分红收益接近3000元。天禄农业公司对南小王村及周边耕地连片整治后,统一建设了几百个蔬菜大棚,并引入农资供应商、农机与技术服务商、农产品加工销售商等,为蔬菜大棚经营户提供服务。

村民退出承包地后,可以承租蔬菜大棚从事现代农业。例如,我们询问的牟某及其妻子,把自家4亩多分散的承包地入股到合作社后,承租了3个蔬菜大棚,扣除租金后年收入为8万~9万元。加上土地入股和分红收益,夫妻二人年收入可达10万元。

(四)不同农村土地"以退促用"方式的共性分析

比较发现,虽然因土地类型不同,上述三种农村土地退出模式在后续利用、实施要求等方面存在明显差异,但是同为土地资源"再配置"的方式,除都实现了土地资源的"再配置"和高效利用，达到了较好的总体效果外，它们之间也有几点共性（如表1所示）。

一是农村土地退出的最终补偿资金主要由承接者负担。要离农、进城农户放弃农村土地资源，需要给予他们一定的补偿。承包地可以发展农业，宅基地可以盖房居住，两者都具有市场价值。那么这些土地资源的承接者向退出农村土地者支付退出补偿，天经地义。只不过对承包地来讲，退出补偿的最终来源是经营者支付的地租与股份分红，而对宅基地来讲，退出补偿的最终来源是建设用地（指标）使用者支付的有偿调剂或"集地券"费用。

二是农村土地"以退促用"需要借助基层的组织动员能力。尽管将农村土地资源优化利用能够增加效益众所周知，但是由于存在集体行动困境，难以打破农村土地资源一家一户分散、低效率使用的现状。农村承包地、宅基地属于集体所有，要打破集体行动困境、实现高水平均衡，需要发挥基层尤其是村集体的组织动员能力。而且，政府或市场主体要参与农业农村转型发展，同样需要借助基层组织尤其是村集体的组织动员和管理作用。前面的案例分析表明，无论是崇州、义乌还是青州，村集体在成员承包地入股、调串和集中连片，以及宅基地管理、交易及复垦等方面都发挥了重要的作用。

三是农村土地"以退促用"离不开政府和市场主体的参与。要将农村土地资源利用从低水平均衡向高水平均衡转变，需要"大推进（Big Push）"。由于绝大部分村庄缺乏"大推进"的能力，政府与市场需要在"以退促用"中发挥重要作用。对于承包地，除集中连片外，发展现代农业一般还需要进行土地整治，这应当由政府或市场主体投入资金。崇州和青州南小王村分别借助政府或市场主体资金完成了土地整治。对于宅基地，因为城乡土地二元市场和限制交易是造成当前宅基地利用效率不高的主要原因，所以更需要政府加快改革和体制机制创新，加快打通城乡建设用地市场、激活宅基地和农村房屋交易。义乌和青州都在这两方面做了有益探索。当然，在政府激活宅基地市场的同时，需要像义乌那样，规范对宅基地使用和交易的管理。

上述共性对其他地方推进农村土地退出改革，无疑具有重要启迪作用。

表1 几种农村土地"以退促用"模式比较

地区	土地退出		后续利用		实施要求	
	涉及土地类型	退出补偿最终来源	增值收益	总体效果	政府参与程度	关键条件
崇州	承包地	承接者+政府	一般	农民职业化、农业现代化	很高	政府持续投入+组织动员能力
义乌	宅基地	承接者	较高	农村建设用地高效利用、村庄改造	适中	政府机制创新+组织动员能力
青州	承包地+宅基地	承接者	很高	就地城镇化、农民职业化、农业现代化	一般	启动资金+产业+组织动员能力

三 农村土地"以退促用、收益共享"面临的挑战

各地的改革实践经验表明，农村承包地、宅基地退出，不仅能够促进农村人口向城镇迁移和农业农村转型发展，还能够优化人地资源配置、提升土地利用效率，进而为乡村振兴提供基础支撑。但是从理论和实践来看，农村土地退出及其后续利用仍面临一些挑战。

首先，对农村土地退出存在认识误区。尽管中央政策和最新修正的《土地管理法》《农村土地承包法》都允许农村土地退出，但仍有一些人认为，"土地是农民的命根子"，是农民生存的保障，因而抵触这一改革。在城乡壁垒早已打破、户籍改革基本完成的大背景下，"农民"正在从身份概念转变成为职业概念，不是户籍在农村或拥有承包地的人就是农民，将常年在城市工作和生活的人称为"农民"，显然不合适。由于农业比较收益太低，土地已经难以作为农村人口的生存保障（这也是很多农民离农、进城的根本原因）。想为离农、进城农民提供生产保障，可以采用提高社会保障等更为有效的方式。如果离农、进城农民想退出农村土地而不得，会将土地低效率利用甚至撂荒或闲置，造成土地资源的极大浪费。

其次，如何更好地开展农村土地退出。在离农、进城农民越来越多的大趋势下，农村土地退出市场"供大于求"的状况将长期持续。那么如

何开展农村土地退出、谁来承接退出的土地,就成为关键问题。正是因为承接者太少,崇州才需要借助财政补贴和多种优惠措施,吸引和培育职业农民;义乌、青州则是将一部分农村建设用地挪至城镇。不过,应当看到,崇州的承包地退出,要求政府持续的人力财力投入,而义乌、青州的宅基地退出,则是当地政府有强烈的城镇建设用地需求。考虑到政府的财政压力和城镇建设用地需求,上述模式难以大范围推广和长期持续。提升农村土地利用效率,事关国家粮食安全,具有很强的正外部性。如何完善农村土地退出的顶层制度设计,减少地方政府的改革压力,值得深入思考。

再次,如何稳定高效利用退出的农村土地。农村土地退出本身不是目的,以土地退出促进农业农村转型发展才是目的,因此需要高效利用退出的土地。崇州、青州主要是以入股的方式实现农村土地退出,在集中连片和高标准整治后,交给职业农民经营管理。然后,地方政府在推进改革时,侧重考虑退出土地者(长期收租的"不在地主")的收益,要求承接者支付较高的保底租金,却相对忽略了承接者的经营收益。据了解,崇州市有不少"农业职业经理人"因地租太高导致经营收益太低而放弃经营。农业是高风险行业,如何在地租"刚性"上涨的趋势下,保障土地承接者的农业经营收益和经营稳定性,事关农村土地退出改革成败。

最后,如何提高基层实施相关改革的积极性。虽然让离农、进城农民退出农村土地,利国利民,但是由于存在以下几方面的原因,基层对推进这项改革的积极性不高。一是农村土地退出涉及农户生产生活的多个方面,容易引发潜在矛盾;二是农业占 GDP 的比重很小,农村土地退出改革产生的经济收益非常有限,很多时候还要花费财政资金;三是当前农村集体经济组织虚化、弱化严重,很多村集体的组织动员能力弱,难以按要求落实改革。可见,对一些地方来讲,农村土地退出改革潜在风险多、预期收益小、工作难度大,成本—收益比不合适,导致实施相关改革的积极性不足。如何提高各地实施农村土地退出改革的积极性,是必须面对的一个重要挑战。

四 农村土地"以退促用"的政策建议

随着越来越多的农村人口向城镇迁移,为了提升农村承包地、宅基地的利用效率,在更大范围内实行农村土地退出改革是大势所趋。针对前述挑战,借鉴国内外农村土地"以退促用"的实践经验,本文提出以下政策建议。

一是转变农村土地与农民关系的传统认识。农业农村部全国农村固定观察点的数据显示,多达2/5的农户,农业收入占比不到家庭总收入的5%[①]。这些离农、进城农民不仅生活不依赖土地,甚至不关心土地产出、不在意农业收入,因此更容易惰耕,甚至弃耕撂荒[②]。我国耕地资源高度紧张,为了保障国家粮食安全、应对国际农产品竞争压力,需要优化农村土地资源配置。农村土地制度安排,应当注重现代农业高质量发展,以提高土地产出率、资源利用率和农业劳动生产率为核心目标。因此,政府要加大对改革试点经验总结和相关政策宣传的力度,让全社会认识到离农、进城农民退出农村土地对农业农村发展的重要性,为农村土地退出改革营造良好的舆论环境。

二是健全农村土地退出的顶层制度设计。承包地方面,当前我国涉及耕地的法律,以管理法为主,缺少土地利用促进法,建议借鉴法国、日本等国家在农业转型期的经验做法,制定离农、进城农民农村土地退出的具体法律法规,推动土地整治和土地资源优化利用。宅基地方面,因为农村人口迁移是全国范围的迁移,所以可以按照"地随人走"的思路,将宅基地退出与城乡建设用地的"再配置"挂钩,比如,借鉴浙江义乌等地的改革做法,为每人设置一个建设用地指标,该指标可以在不同地区、城乡之间调整使

---

① 全国农村固定观察点对全国31个省区市2万多农户的跟踪调查数据显示,2016年,农业收入占比不到5%的农户(实际是离农农户)比例已经高达41.05%。
② 权威媒体报道和我们的调查都表明,由于务农比较效益低,当前耕地撂荒现象多发,并有从山区、丘陵地带向平原蔓延的趋势。

用，超过指标的部分进行累进收税。另外，在保证耕地数量和质量的基础上，借鉴浙江义乌、山东青州等地的做法，探索耕地与建设用地①、城市建设用地与农村建设用地的"两个打通"，同时建设全国性的建设用地指标交易市场，为"地随人走"提供制度支撑。

三是统筹推进农村土地退出与新型经营主体培育。新型经营主体是我国农业农村现代化的生力军，农村土地退出及后续利用需要着重考虑其发展需求。首先，按照中央政策和新修正的《农村土地承包法》《土地管理法》规定，积极引导农村承包地、宅基地使用权在本集体成员内部转让，让更多有意愿、有能力的小农户成长为新型经营主体；支持有条件的集体回收离农、进城农民自愿有偿退出的承包地、宅基地，优先交给符合条件的新型经营主体使用。其次，借鉴四川崇州、山东青州的做法，政府投资或者支持市场主体投资，将离农、进城农民分散退出的承包地集中连片和高标准整治后，交给新型经营主体使用。同时，对于因建设农作物晾晒场、农机具放置场而需要建设用地的新型经营主体，可以借鉴浙江义乌的"集地券"，将农户退出的宅基地适度集中和整治后转让给其使用。最后，要对专业大户、家庭农场等新型经营主体承接离农、进城农民退出的土地给予支持，可以借鉴四川崇州的做法，将贴息贷款、城镇职工养老保险、技术培训、种粮补贴等优惠政策向其倾斜。

四是试点探索农村土地退出改革的配套机制。为了提高基层实施农村土地退出改革的积极性，可以着重做好以下两个方面的工作。一方面，选择若干改革试点，整合农业、自然资源等部门中涉及农村土地利用和管理的机构，将农村土地资源高效利用纳入试点地区政府的考核范围，或者给予专项改革经费。针对当前基层涉农部门人手紧缺的情况，可以通过增派挂职干部、大学生村官等方式，临时增加改革试点的人员配备。另一方面，借鉴法国和四川崇州的经验，探索建立土地整治机构。土地整治机构负责收购零星

---

① 国务院2020年3月印发的《关于授权和委托用地审批权的决定》提出将永久基本农田转为建设用地的审批事项，委托给试点省份。首批试点包括北京、天津、上海、江苏、浙江、安徽、广东、重庆等8个建设用地比较紧缺的省、市，试点期限1年。

退出的土地，集中连片整治后转让给符合条件的承接者使用；负责为承接土地的新型经营主体提供资金支持、技术支持等；发挥农村土地银行的"蓄水池作用"，平抑土地租金不合理上涨，并为个别退出土地者重新获得农村土地使用权提供保障。

B.12
践行共享理念的农民合作社规范路径与政策

谭智心*

摘 要： 合作社规范之争由来已久，出现不规范现象的原因在于合作社实现规范发展的意愿与能力不足，以及外部政策环境的影响。农民合作社规范发展要以践行共享发展理念为目标，路径选择为以包容发展为导向惠及普通农户、以鼓励持股为导向促进收益分享、以坚持底线为原则推动组织转型。政策建议方面，要通过培育农业社会化服务组织增强服务合作社的能力、促进合作社内部形成自我约束的自律组织、完善法律法规营造公平竞争环境、推动合作社自身能力建设、加强针对合作社的监督监管等措施来提升我国农民合作社的规范化水平。

关键词： 共享理念 农民合作社 规范发展

自2007年农民专业合作社法实施以来，我国农民专业合作社进入了发展的黄金时期，突出表现在合作社数量实现快速增长，截至2019年7月底，全国依法登记的农民合作社达220.7万家，是2007年底的85倍。农民合作社的产业类型、合作内容、服务能力也在市场和政策的双重作用下逐渐得到

---

* 谭智心，农业农村部农村经济研究中心产业与技术经济研究室副主任，副研究员，主要研究方向为农业经济学。

丰富和提升。然而，快速发展背后面临的是合作社发展质量不高、运行不规范、与成员联系不紧密等问题。近年来，学界对农民合作社是否规范的质疑较多（邓衡山，2016；潘劲，2011），社会各界关于合作社规范问题的讨论也越来越广泛（王惠健，2019；田艳丽，2018），规范发展逐渐成为合作社相关政策的主基调。2019年初，中央农办联合11部门开展了农民专业合作社"空壳社"专项清理工作，这是自农民专业合作社法实施12年来首次对合作社进行清理整顿，传递出中央优化合作社发展环境、规范合作社发展、提升合作社质量的决心。

一 农民合作社不规范的标准及其表现

研究农民合作社是否规范，首先要搞清楚的一个基本问题是规范的标准是什么，这个判断标准是一成不变的，还是有条件的，然后再分析合作社不规范在现阶段的主要表现及其原因。

（一）农民合作社不规范的含义及标准

关于农民合作社的规范之争由来已久（杜吟棠等，2000；苑鹏，2001；应瑞瑶，2002；潘劲，2011），争论的焦点在于如何看待中国现实中农民合作社与合作社原则的相悖之处，有的学者认为中国的农民合作社发生了异化（苑鹏，2001），有的认为中国现实中不存在真正意义上的合作社（邓衡山，2014），有的则认为现实中合作社出现与经典合作社原则不符之处只是规范层面的问题，只要能给农民带来好处，就不必深究是不是规范的合作社（刘老石，2010）。

从上述争论可知，关于中国农民合作社是否规范的问题，关键在于判断标准及其尺度把握，笔者较为认同"所有者与惠顾者同一"的判断标准。即如果合作社在成员构成、产权安排、盈余分配等方面符合"所有者与惠顾者同一"的标准或是以此标准为理念进行运营管理，且所有者和惠顾者的主体是农民，则证明合作社是农民所有、为农民所用，应该属于合作社的概念范畴，在此前提下，没有完全达到"所有者与惠顾者同一"要求的合作社，可以通过规范化建设逐步完善，使之成为真正意义上的合作社；如果合作社没有体现出"所有者与惠顾者同一"的原则，也没有以此理念为准则进行经营管理，则不属于合作社的概念范畴，也就谈不上规范。

（二）农民合作社不规范的主要表现及原因

结合文献材料和笔者对农民合作社的调查研究，当前我国农民合作社发展不规范的表现主要有以下几种类型。

表现一：民主管理流于形式

民主管理是反映农民专业合作社运行是否规范的重要指标之一。2017年底修订通过的农民专业合作社法第四条明确指出"成员地位平等，实行民主管理"，并将其作为农民专业合作社应当遵循的原则之一。从理论上讲，合作社产权安排是否合理是合作社能否实现民主管理的重要制度安排，如果合作社的产权集中在少数几个成员手中，要实现合作社内部的民主管理和民主决策，就容易流于形式。只有如经典合作社所描述的那样，成员实行一人一票，或者成员均等出资，或者成员股份权重均分，才能让合作社实现真正的民主管理。我国农民专业合作社在成立和发展过程中，由于资源缺乏，出现了少数拥有关键资源（资金、技术、渠道等）的成员控制合作社的现象，体现在产权上就是一股或者多股独大，其他合作社成员只能形成依附状态。这种合作社内部形成的"中心—外围"结构有其形成的必然逻辑，但离规范意义上的合作社尚有距离，目前学界对这样的合作社持商榷态度，有些学者将其归为中国农民合作社的异质性（邵科，2018）加以研究。

表现二：财务制度缺乏规范

农民专业合作社法规定："农民专业合作社应当按照国务院财政部门制定的财务会计制度进行财务管理和会计核算。"作为独立的市场法人主体，农民专业合作社财务制度的规范与否直接决定了合作社的行为能否得到市场认可。据了解，当前农民专业合作社财务不规范的情况较为普遍，主要表现在以下几个方面：一是合作社财务制度缺乏或流于形式。由于很多合作社业务范围单一、民主管理缺乏，合作社实际上属于理事长或者几个合伙人所有，这些人大多是来自本土的乡村精英，缺乏专业的财务知识，法治观念淡薄，加上合作社工作条件较为艰苦、薪酬待遇较低，很难吸引和留住人才。二是合作社财务制度不规范。农民专业合作社区别于企业，财务制度也应适应合作社特点有所调整，农民专业合作社法对合作社财务管理作出了明确规定，但在会计细则上则需要合作社财务人员根据法律要求进行具体操作，当前很多地方对合作社会计知识及实务方面的培训较少，即使有也难以覆盖到所有合作社，从而导致合作社财务制度难以适应合作社的发展要求。

表现三：盈余分配机制不健全

农民合作社盈余分配是合作社对组织剩余的制度安排，反映了合作社社员的剩余索取权如何实现。为体现农民合作社的基本原则，新修订的农民专业合作社法明确规定："盈余主要按照成员与农民专业合作社的交易量（额）比例返还"；"可分配盈余按成员与本社的交易量（额）比例返还的返还总额不得低于可分配盈余的百分之六十"。然而，在我国农民合作社发展实践中，真正按照法律规定进行盈余分配的合作社并不多，有的合作社仅对核心社员实行盈余分配，有的主要按照社员入股的资金量进行分配，有的则根本不实行盈余分配，出现上述现象与合作社的产权结构有很大关系，同时也体现了合作社理事长对合作社原则是否坚守。值得注意的是，由于当前法律放宽了农民合作社的业务范围，不仅是"农产品的生产经营者"，而且"农业生产经营服务的提供者、利用者"都可以在自愿联合、民主管理的基础上成立合作社，这就出现了以农业要素联合而成的合作社，例如资金互助合作社、土地股份合作社、劳务输出合作社等，这些合作社实行按要素比例进行盈余分配。笔者认为，此类按照要素分配盈余的方式是符合市场经济规则的，只要合作社属于农民所有，为农民服务，分配过程中体现公平公正，就可以成为合作社分配方式的有益补充。

表现四：假合作社、空壳社问题突出

自2007年7月农民专业合作社法实施以来，在法律和政策的双重推动下，我国农民合作社迎来了发展的黄金时期，突出表现在合作社数量的快速增长。但由于成立合作社的门槛较低、退出机制缺乏，出现了很多假合作社和空壳社，严重影响了农民合作社的社会声誉。

表1 空壳社占比

单位：个，%

百分比	市场监管部门		课题组	
	样本数量	所占比例	样本数量	所占比例
0	1	1.0	49	8.2
1%~19%	9	9.2	104	17.4
20%~39%	33	33.7	57	9.5
40%~59%	21	21.4	76	12.7
60%~79%	17	17.3	51	8.5
80%~89%	10	10.2	43	7.2
90%~99%	2	2.0	23	3.8
100%	0	0.0	3	0.5
不清楚	5	5.1	192	32.1
合计	98	99.9	598	99.9

资料来源：促进农民专业合作社健康发展研究课题组《空壳农民专业合作社的形成原因、负面效应与应对策略》，《改革》2019年第4期。

假合作社主要表现为由非农成员成立并主导合作社运营。农民专业合作社法明确指出，合作社成员要以农民为主体、以服务成员为宗旨，但现实中较多的合作社是由非农成员主导成立，其中以企业主导成立的合作社居多，农民成员在合作社中仅作为企业原料的供应者，没有参与合作社的民主管理，在盈余分配上也没有体现按照惠顾返还原则。空壳社的主要表现为合作社没有开展实质性运营，例如，有的合作社注册成立就是为了套取政府扶持资金；有的成立合作社是政策导向需要，调研中发现，有的地方为了完成政府下达的发展农民合作社指标，行政推动成立合作社后无人管理，自然演变为空壳社；有的成立合作社后经营不善，导致合作社最终成为空壳社无人问津。

表 2　空壳社的形成原因

单位：个，%

选项	市场监管部门		课题组	
	样本数量	所占比例	样本数量	所占比例
为了套取国家项目资金	89	90.8	176	29.4
为了获得税收优惠	49	50	109	18.2
随大溜	40	40.8	141	23.6
响应上级政府要求	37	37.8	285	47.7
为了引导农民进入市场	14	14.3	223	37.3
其他	6	6.1	41	6.9

资料来源：促进农民专业合作社健康发展研究课题组《空壳农民专业合作社的形成原因、负面效应与应对策略》，《改革》2019 年第 4 期。

二　推动农民合作社规范发展的主要举措

自农民专业合作社法实施以来，有关部门认真贯彻落实农民专业合作社法，采取有力举措，强化指导扶持服务，从法律法规、政策指导、示范建设、规范化行动等方面，为农民合作社规范发展提供了有力支撑。

（一）法律法规体系逐步形成

按照农民专业合作社法的有关规定，国务院制定了农民专业合作社登记管理条例，原农业部、财政部、原国家工商总局等有关部门制定了农民合作社示范章程、财务会计、登记办法等规章制度，20 个省份出台了地方性法规，15 个省份制定了推动农民合作社规范发展的具体意见，逐步形成以农民专业合作社法为核心、地方性法规为支撑、规章制度相配套的法律法规体系。2018 年 7 月 1 日，新修订的农民专业合作社法正式施行，把规范农民合作社的组织和行为调整为立法首要目标，丰富了合作领域和业务范围，确立了联合社的法人地位，要求县级以上建立综合协调机制，强化了扶持措施。新修订的农民专业合作社法是农民合作社规范运行、创新发展的根本遵循,也是开展农民合作社规范提升行动的法治基础。

(二)扶持政策体系日益完善

全国农民合作社发展部际联席会议成员单位联合出台意见,引导农民合作社规范发展、示范创建。农业农村部、国家市场监管总局、国家税务总局等部门,依法为农民合作社的组织建设、登记注册、税务管理提供指导服务。国家发展改革委、财政部、国家税务总局、银保监会等部门充分发挥职能作用,在项目支持、财政扶持、税收优惠、金融信贷等方面专门制定了支持政策。为明确农民合作社规范提升的方向、内容和路径,农业农村部还研究起草了开展农民合作社规范提升行动的专门意见,从提升规范化水平、增强服务带动能力、开展"空壳社"专项清理、加强试点示范引领、加大政策支持和强化指导服务等方面,对推进农民合作社规范提升作出全面部署。

表3 关于农民合作社规范发展的主要政策法规

时间	部门	名称	主要内容
2007年5月28日	国务院第498号令	《农民专业合作社登记管理条例》	规范农民专业合作社登记行为
2007年12月20日	财政部	《农民专业合作社财务会计制度》	规范农民专业合作社的财务会计制度
2008年6月24日	财政部、国家税务总局	《关于农民专业合作社有关税收政策的通知》	规范农民专业合作社的税收制度
2009年8月31日	农业部等11部门	《关于开展农民专业合作社示范社建设行动的意见》	从国家层面开始在全国推进农民专业合作社示范社建设
2010年5月4日	农业部等7部门	《关于支持有条件的农民专业合作社承担国家有关涉农项目的意见》	明确了支持农民专业合作社承担国家项目的总体要求、基本原则、范围、条件及方式
2010年9月30日	国土资源部、农业部	《关于完善设施农用地管理有关问题的通知》	规范农民专业合作社使用设施农用地的行为
2014年	农业部等9部委	《关于引导和促进农民合作社规范发展的意见》	明确了引导和促进农民合作社规范发展的主要任务

续表

时间	部门	名称	主要内容
2019年2月19日	中央农办、农业农村部、国家市场监管总局、国家发展改革委等11部门	《开展农民专业合作社"空壳社"专项清理工作方案》	集中清理"空壳社",加强合作社规范管理,提升发展质量
2019年9月5日	中央农办、农业农村部、国家发展改革委、财政部等11部门	《关于开展农民合作社规范提升行动的若干意见》	从完善章程制度、健全组织机构、规范财务管理、合理分配收益、加强登记管理等5个方面明确了如何对农民合作社进行规范
2019年9月10日	农业农村部办公厅	《关于开展2019年农民合作社质量提升整县推进试点工作的通知》	以促进农民合作社规范提升为目标,整县推进试点

(三) 多层级指导服务体系初步建立

2013年7月,经国务院批准,农业部会同发改、财政、水利、税务、工商、林业、银监、供销等部门和单位建立了全国农民合作社发展部际联席会议制度,形成了依法推进农民合作社规范发展的强大合力。大多数地方陆续建立了领导小组、联席会议制度,加强对农民合作社的指导。各地打造农民合作社辅导员队伍,开展多种形式的结对帮扶,为农民合作社规范发展提供了全方位服务。例如甘肃省农业农村厅专门下发加强农民合作社辅导员队伍建设的指导意见,要求按3:3:5的比例配备建立市、县、乡三级农民合作社辅导员,每季度对农民合作社上门指导服务不少于3次。

(四) 深入推进农民合作社示范社创建

深入开展农民合作社示范社创建成为当前政府部门推进合作社规范化的重要手段。通过国家、省、市、县级示范社四级联创,扩大示范社评定规模,培育了一大批制度健全、管理规范、带动力强的示范社,把示范社作为政策支持的重点。此外,健全了示范社动态监测制度,综合评价示范社运行情况,及时淘汰不合格的农民合作社。当前,农业农村部正在深入开展全国农民合作社质量提升整县推进试点。首批实现了 30 个县的试点,在此基础上,试点范围逐步扩大,2019 年将再增加 120 个试点县(市、区)。农民合作社示范社创建和质量提升试点工作,为发展壮大单体农民合作社、培育发展农民合作社联合社、提升县域指导扶持服务水平,引领农民合作社整体提升规范发展水平,起到了重要作用。

(五)开展"空壳社"专项清理行动

2019 年 2 月,由中央农办牵头,农业农村部、国家市场监管总局等 11 个部门和单位联合印发了《开展农民专业合作社"空壳社"专项清理工作方案》,对清理范围、工作步骤、责任分工等作了详细规定。在此基础上,相关部门按照农民合作社登记注册地压实属地管理责任,充分利用商事登记社会公示结果,在对农民合作社发展情况摸底排查基础上,将"空壳社"范围划定在被列入经营异常名录、在抽查抽检中发现异常情形、群众反映和举报存在问题的农民合作社,实行精准甄别和分类处置。同时,加强政策宣传引导,使广大农民和农民合作社经营者认识到发展不规范可能导致的失信等严重后果,思想上认同、行动上支持,避免矛盾纠纷。

三 农民合作社规范化困境及其破解路径

农民合作社的规范问题并非简单的加强管理、注重引导就能得以解决,其发生和发展有其自身的背景和逻辑。本研究试图从合作社采取规范行动的意愿、能力以及外部制度环境等方面来认识我国农民合作社当前的规范化困境及其破解路径。

(一)农民合作社规范化困境

农民合作社是否规范只是其外在表现,深入剖析合作社采取不规范行为的动因及其影响因素才是破解合作社规范化困境的重要途径。

1. 农民合作社实现规范发展的意愿不足

农民合作社规范化发展的动力必须源于合作社内部，如果内部动力不足，仅凭外部引导或者规制，难以达到长远效果。从我国农民专业合作社发展所处的阶段与环境来看，合作社发展缺乏规范有其客观原因。首先，精英治社的必然性导致合作社缺乏规范的主观动机。农业在我国尚属弱势产业，普通农民在面对市场时还处于弱势地位，农民合作社的建立与发展必须要有一个具有企业家精神与能力，同时对农民具有奉献精神的牵头人，来进行组织与经营管理，所以这个合作社牵头人的主观意愿与合作社原则、合作社成员需求之间的耦合性决定了合作社是否具有规范上的意义。其次，农民合作社属于独立的市场法人主体，追求经济利益最大化是其首要目标，这就决定了合作社和企业一样，逐利是其在市场上得以生存的首要目标，这就需要合作社牵头人具备商业企业家的素质，像商业企业家一样思考；同时，合作社的基本原则决定了合作社的本质属性中包含着"人和"的因素，这种"人和"因素在不同的内外部环境以及合作社发展不同阶段所体现出的对合作社发展的意义具有本质区别。例如，1844年罗旭戴尔公平先锋社成立时，其成员都是受到资本家剥削、社会地位较为平等的产业工人，成员对于追求民主、改善生活的需求非常强烈，在这一背景下成立的合作社能够将"一人一票"、民主管理的原则完完全全地贯彻实施到合作社日常管理中，体现了成员需求与合作社原则的高度统一。然而，在当前我国社会经济环境下成立合作社时，产业发展需要土地、资金、技术、劳动力、市场渠道等多方面资源要素，所以稀缺程度决定了拥有上述资源要素的成员在合作社中的定位与定价，如果合作社成立与运营的核心资源集中在少数人手中，那么少数人治社也是可以理解的市场行为，虽然与合作社原则不符，但只要合作社是农民所有、为农民所用，都可以列入规范的范畴。

2. 农民合作社实现规范发展的能力不足

具备促进农民合作社规范发展的能力是实现其规范发展的必要条件。据了解，当前我国注册登记的农民专业合作社中，很多合作社理事长及其社员还缺乏农民合作社的专业知识，例如合作社理事长不了解合作社的本质和功能，很多合作社成员都是随大溜加入了合作社，对于合作社法律法规、基本原则、民主管理等都不甚了解，绝大多数社员对合作社产权制度、治理结构和盈余分配制度等知识的认知度较低，这就导致合作社理事长及成员不知道如何对合作社进行规范。此外，农民合作社大多地处农村，农业产业经营规模较小，吸引不到懂经营善管理的合作社人才，很多合作社连持续经营的能力都堪忧，更不用提规范。合作社会计和财务是较为专业的领域，也是合作社规范发展必须完善的内容，但合作社财务人员却是目前我国农民合作社内部最为缺乏的人才之一，尽管政府通过培训等形式对合作社财务人员进行培训，但也只是针对发展规模较大的合作社或者示范社，难以覆盖到所有需要培训的农民合作社，从而导致合作社财务规范成为当前最为紧迫的内容之一。

3. 农民合作社实现规范发展的政策环境影响

农民合作社作为独立的市场法人主体，其市场经济行为受相关政策、制度、法制环境影响。从农民合作社规范发展的情况，就可以得知合作社外部制度供给的导向与效果。当前，由外部政策环境影响合作社规范行为的类型主要有以下几种。

一是合作社的市场准入政策过于宽松。合作社法规定5名以上符合条件的成员就可以成立合作社，有些地方的工商部门为减少工作量也不愿意为人数太多的合作社办理注册登记业务，所以较低的入社门槛自然催生出众多小规模合作社。据原国家工商总局个体司促进农民专业合作社健康发展研究课题组2017年调查统计数据，当前我国农民专业合作社成员规模普遍较小，2016年仅为平均每家25人，2013年人数最多时也只有平均每家30人。据调研了解，成员为5人"底线"的农民合作社也不在少数。

二是合作社的扶持优惠政策起到了负面诱导作用。为支持合作社事业的发展，从中央到地方政府层面都纷纷出台政策，例如项目扶持、财政补贴、税收优惠、金融支持等，这些带有倾斜性的制度安排，导致一些动机不纯、出于套取财政资金目的的合作社应运而生，有些合作社宁愿花费大量时间、人力、物力去依附地方政府或相关部门，也不愿独立地面对市场，有些企业出于获得财税政策优惠的目的纷纷成立合作社，使得合作社在成立初衷上就偏离了合作社的本质要求。

三是政府越位强制成立合作社。据了解，很多地方为了获得较好的农业农村发展数据，或是增加脱贫攻坚的政绩，通过行政命令规定当年合作社发展指标，这种依靠行政命令强行推动成立的合作社，必然不具备适应市场的能力，极易演变为"空壳社"。

（二）农民合作社规范发展的路径选择

从上文分析可知，我国农民合作社发展不规范的实质是：在市场经济环境下，处于不同发展阶段的合作社在平衡自身经济目标、社会目标以及外部政策目标时，所表现出的适应目标的实际行为。这种行为的本质是符合规律的、历史的、客观的。针对当前我国农民合作社所表现出的不规范现象，要加强甄别、区别对待。有些不规范行为可以通过合作社内部认知的提高，或是外部强制性规制加以解决，比如合作社内部管理、财务、营销等人才的缺乏，可以通过加强培训等方式加以解决，对于一些扶不起来的"空壳社"则可以通过外部的强制性淘汰机制予以消除，这些都是属于使用短期政策工具可以达到的效果。但是，从我国合作社以及世界合作社发展历程看，有些不规范现象的消除必须立足于合作社发展规律，并结合我国合作社发展所处的历史阶段和面临的经济社会环境来加以解决，如当前的农村能人治社问题、企业和合作社的关系问题、要素合作社的定位问题等。

所以，我国当前农民专业合作社的规范路径上，要立足合作社的本质属性，以践行共享发展理念作为指导我国农民专业合作社规范和发展的指导原则，以合作社社员为中心，尊重市场规律、立足制度引导，在注重效率的基础上，让合作社成员都能分享到合作社的发展成果，而且规范时要体现足够的历史耐心，实现在发展中逐步解决问题。

1. 以包容发展为导向惠及普通农户

针对处于发展初期的农民合作社，要正确认识当前农村精英或涉农企业在合作社发展过程中的重要作用，可以说如果没有这些农村精英或农业企业家，仅仅依靠普通农民是难以将合作社发展起来的。世界范围内的合作社也大都经历了"先发展，再规范"的道路，包容发展对于成立初期的合作社是有益的，对于形成农民合作社发展大势是必要的。此时，针对农民合作社的规范政策要着眼于合作社中的普通农户：一是通过实施奖励、补贴或示范等方式，鼓励合作社更多地带动周边普通农户实现共同发展，使普通农户融入现代农业发展轨道；二是强化对政府扶持资金的用途和财政资金收益分配的监管，保障政府扶持资金能够更加公平地惠及合作社所有成员；三是政策导向要鼓励合作社内部完善利益联结机制，让普通农民更多分享合作社的增值收益。

2. 以鼓励持股为导向促进收益分享

针对发展势头较好，处于扩张阶段的农民合作社，要借鉴欧美发达国家合作社的发展经验，鼓励普通农户在合作社内部较为平等地持有股份，只有实现合作社成员的均等持股，普通农户才能更多地获得合作社的资产所有权、决策控制权和剩余索取权，合作社民主管理才有可实现的产权基础。此时，针对农民合作社的规范政策应着眼于推动合作社民主管理机制的形成，例如在合作社向上、下游产业链拓展延伸时，鼓励通过入股、扩股或者成立企业（合作社）等方式，让原合作社成员成为合作社新拓展主体（企业、合作社等）的所有者（股东），这样原合作社成员就能够分享到来自合作社上、下游产业的增值收益，体现所有者和惠顾者的身份同一。通过此路径，可以改变原合作社中存在的少数人控制或者一股独大的局面，逐渐从产权基础上为未来合作社发展提供支撑，这也是发展现代农业、提高农民收益的重要路径选择。

3. 以坚持底线为原则推动组织转型

针对企业领办型合作社，在发展初期应持包容态度，通过政策导向鼓励其吸纳更多的普通农户加入合作社，为普通农户提供服务。但要清醒地看到，如果合作社始终属于企业所有，农户在合作社中难以获得民主管理的权利，组织盈余分配也仅有很少部分或者没有惠及普通合作社社员，那

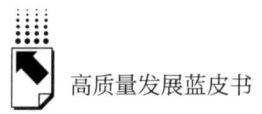

么此类型组织就属于"公司+农户"的产业化模式,而不是真正意义上的合作社。对于此类型合作社,推动其规范的政策导向应守住合作社底线,积极推动组织转型。转型的方向,一是如上文所述,让普通农民入股或者增持合作社股份,最终实现农民股份占据多数,实现企业所有向农民所有的转变;二是加强监督监管,停止对此类型合作社的政策扶持,必要时采取强制措施,推动合作社在工商部门变更登记类型,将合作社法人改为企业法人。

四 促进农民合作社规范化的对策建议

农民合作社发展不规范的问题并非中国独有,欧美等发达国家在农业合作社发展过程中,同样经历了类似的情况。在政策导向上,应该适时调整,在坚持共享发展理念的基础上,通过培育农业社会化服务组织增强服务合作社的能力、促进合作社内部形成自我约束的自律组织、完善法律法规营造公平竞争环境、推动合作社自身能力建设、加强针对合作社的监督监管等措施来提升我国农民合作社的规范化水平。

(一)培育农业社会化服务组织,增强对合作社的服务能力

当前,我国农民合作社发展数量较多,产业涵盖粮棉油、肉蛋奶、果蔬茶等主要产品生产,并由种养业向农产品加工、休闲观光旅游农业、民间工艺制作和服务业延伸。在发展过程中,不仅需要政府提供税收、项目等政策支持,而且在专业领域也需要相应的产业作为支撑,例如有些粮食种植合作社就需要雇用专业的农业机械来进行生产。其中,很多市场化的服务领域政府不宜介入,则需要通过发育市场化的农业社会化服务组织来弥补政府指导服务覆盖面的不足,而且随着合作社经营规模的扩大,专业化、集约化的生产必然对专业化的服务有着越来越高的需求,这就需要支持农业专业化服务组织发展,为合作社提供经营管理、品牌建设、市场营销、政策信息、金融法律等服务,增强合作社规范发展能力。

（二）自下而上成立合作社联合会，提升合作社的自律水平

针对农民合作社规范发展意愿不足的困境，要以加强行业自律为目标，以县域为单位，自下而上地组建合作社联合会或者行业协会，对合作社进行业务指导和服务，同时强化行业组织的监督管理。此外，合作社作为独立的市场法人主体，政府对其干预程度有限，特别是作为民办自助型经济组织的特点限制了政府的强制规制，比如在合作社内部治理的规范性方面，政府只能示范引导，而不能强行代替。所以，应借鉴企业自律的一些做法，在相应领域成立行业协会，通过协会的作用实现行业自律的功能。从我国农民合作社发展的地域规模看，主要还是以县域为主，建议以县域为单位自下而上成立县级的农民合作社联合会，一是可以扩大合作社的"朋友圈"，为合作社发展提供更多的社会化服务，二是可以通过联合会的作用，加强县域内合作社之间的监督和竞争，这种提高合作社自组织化水平来强化自律的方式将对纠正合作社"不愿"规范的行为起到积极作用。

（三）调整政府扶持政策导向，减少直接的资金和项目支持

根据合作社发展阶段适时调整合作社扶持政策导向。对处于发展初级阶段的农民合作社，要以扶持发展为主，通过政策支持，增强农民群众的互助意识与合作理念。采取示范创建的办法，通过总结推广成熟的运营模式和发展经验，引导广大合作社比着学、照着干，逐步提升合作社规范发展水平。在合作社发展壮大之后，随着发展环境和合作社需求的变化，政府扶持政策导向要逐步由政策扶持为主转变为规范合作社的治理机制，为合作社创造公平竞争的市场环境。此时，要减少对农民专业合作社的财政补贴和项目支持，转而强化税收、信贷、保险服务，扶持的原则要始终坚持合作社法人地位的独立性，要确保扶持政策的针对性、精准性和有效性，要始终注重政策的普惠性，解决合作社面临的共性问题，体现政策的公平。在新修订的农民专业合作社法施行之后，要发挥法律法规的规范约束和引导扶持作用，围绕农民专业合作社法修订的重点内容，结合农民合作社发展面临的实际情况和

现实需要，抓紧修订登记条例、财会制度，研究制定国家财政直接补助形成财产处置办法等相关配套法规和制度，建立健全农民合作社法律法规体系，为农民合作社规范发展提供有力的法制保障。

（四）加大各项培训力度，提升合作社规范发展能力

我国农民合作社有完整的法律和制度安排，但由于合作社理事长或社员的知识水平普遍不高，在组建和发展合作社的过程中，为其规范化发展提供事前辅导和事中服务是必要的。要通过组织专项培训，提升农民专业合作社的民主管理意识、诚信经营意识、遵纪守法意识等。深化农民专业合作社对合作社本质的理解和认识，使之自觉践行合作社基本原则。培训农民专业合作社财务制度和会计准则，使合作社知晓相关财务规范，深化合作社对年报制度、报税制度等重要意义的认识，特别是针对政府财政扶持资金的管理与使用，强化监管监督。对于成员规模较大的合作社，可借鉴发达国家农民合作社发展经验，引入民主管理与公司化运营相结合的治理框架，正确处理好合作社和公司的关系：一方面，推动合作社健全成员（代表）大会、理事会和监事会制度，真正实行"一人一票"，让成员真正参与管理，确保农民成员对合作社的控制权，坚持为成员服务的宗旨；另一方面，引导规模较大的合作社引入职业经理人，由后者依照现代公司制度设立职能部门、聘用经营管理层、实行公司化运营，增强合作社的市场竞争力。

（五）强化审计和监督，为合作社规范发展提供坚实保障

农民合作社的规范问题，除提升合作社自身规范发展的意愿、能力之外，强化外部监督也非常必要。一是牢固树立法治意识。农民专业合作社法赋予了农民合作社独立的市场法人主体地位，同时也从法律层面对农民合作社的行为进行了约束与规制。不论是合作社内部日常管理，还是对合作社进行市场监管，都要在法治轨道上积极推进，努力形成依法治社的良好法治环境。二是重点把好资金和项目审计关。对有财政资金或项目扶持的农民合作

社，要加强审计，从外部监督的角度促进和规范项目资金的使用，特别是把好登记关，例如要求合作社成员提供资金转存账户的回执和项目进展过程中的各项记录，必要时进行实地查验。建立项目审批部门之间的联系机制，避免重复立项，及时跟进。三是充分发挥合作社内部监事会作用。针对农民合作社内部管理不规范问题，要从合作社内部建立监事会制度，要求监事会每年对合作社财务、管理、分配等内容进行监督和公示，发现不规范问题及时纠正。四是加大综合检查力度。农业农村、发展改革、财政、水利、工商等部门要加强对农民合作社财务资金、扶持项目、人才培训等的检查监督力度，对于示范社实行每年必检一次，非示范社实行抽检，检查结果实现依法办理和公示公开。五是加大执法力度。加强对农民合作社违规违法行为的执法力度，强化合作社业务主管部门和登记机关的执法权，提高合作社违规违法成本。

参考文献

[1] 邓衡山：《不规范的合作社是不是真正的合作社》，《中国农民合作社》2016 年第 8 期。

[2] 国家工商总局个体司促进农民专业合作社健康发展研究课题组：《创新与规范：促进农民专业合作社健康发展研究》，《中国市场监管研究》2018 年第 4 期。

[3] 范长海：《关于农民专业合作社规范监督的法律分析》，《农村经济与科技》2018 年第 17 期。

[4] 邓衡山、王文灿：《合作社的本质规定与现实检视——中国到底有没有真正的农民合作社?》，《中国农村经济》2014 年第 7 期。

[5] 杜吟棠、潘劲：《我国新型农民合作社的雏形——京郊专业合作组织案例调查及理论探讨》，《管理世界》2000 年第 1 期。

[6] 苑鹏：《中国农村市场化进程中的农民合作组织研究》，《中国社会科学》2001 年第 6 期。

[7] 应瑞瑶：《合作社的异化与异化的合作社——兼论中国农业合作社的定位》，《江海学刊》2002 年第 6 期。

[8] 潘劲：《中国农民专业合作社：数据背后的解读》，《中国农村观察》2011 年第

6 期。
［9］ 王惠健：《加大力度抓规范　多措并举促发展——崇明农民专业合作社的现状与发展》，《上海农村经济》2019 年第 3 期。
［10］ 刘老石：《合作社实践与本土评价标准》，《开放时代》2010 年第 12 期。
［11］ 田艳丽：《内蒙古农牧民专业合作社规范运行问题研究》，《农业经济》2018 年第 1 期。

B.13
农民工市民化困境与新一轮户籍制度改革反思

邹一南*

摘　要： 自2014年启动的新一轮户籍制度改革，是以实现农民工市民化为主要目标，各级政府和各职能部门共同配合实施的全方位户籍制度改革。新户改虽然在很多领域取得了显著成效，但是并未从根本上解决农民工市民化困境问题，具体表现为：超大城市户籍管制被实质性强化，大城市户籍利益的扩散和剥离进展缓慢，按城市规模实施的差别化落户政策遇到成本困境，农民工落户政策异化为人才落户政策，农民落户城镇时面临退地两难，农民工迁移方向与迁入地承载能力错配。通过反思新户改的实施进程，本文认为，农民工市民化困境的根源在于新户改政策仅着眼于城市内部不同人群的福利失衡，忽视了城市之间福利水平的巨大差距。进一步推进户籍制度改革，应从城镇化战略上加大对中小城市的扶持力度，先缩小城市之间福利水平差距，再解决城市内部福利分配失衡问题。

关键词： 农民工市民化　户籍制度改革　落户政策

所谓新一轮户籍制度改革，是指以2014年7月国务院发布《关于进一

---

* 邹一南，中共中央党校（国家行政学院）经济学教研部副教授，主要研究方向为发展经济学、劳动经济学。

步推进户籍制度改革的意见》（国发〔2014〕25号）为起始标志，以实现农民工市民化为主要目标，由中央政府发起，地方政府具体实施，各部门共同推进的全方位户籍制度改革。新户改实施五年以来，在统一城乡户口登记制度、调整完善户口迁移政策、推动基本公共服务均等化、清理整顿户口登记历史遗留问题、深化户籍制度综合配套改革等方面都取得了较大的进展。但是，在取得成绩的同时，也存在着比较突出的问题。最核心的问题是，作为新户改主要目标的农民工市民化进展有限，一些地方在改革过程中甚至出现了对这一政策目标的回避、曲解和异化。究其原因，既有各地出于自身利益采取的策略性行动因素，更在于户籍制度改革的顶层设计与城镇化进程不断深化所表现出来的新特征不相适应。要破解户籍制度改革路径与目标的冲突，有效推进农民工市民化，须对新一轮户籍制度改革的历程进行系统性反思，深入研究进一步推进户籍制度改革的战略路径。

一 新一轮户籍制度改革的实施进程

户籍制度建立的标志是1958年《中华人民共和国户口登记条例》的颁布。在计划经济时期，户籍制度曾经为国家工业化的推进做出过重要贡献，但也付出了城乡对立加剧、经济结构僵化、社会公平丧失等方面的巨大代价。伴随着改革开放大幕的拉开，户籍制度也开始了改革的进程。从20世纪80年代起，户籍制度经历了三轮比较重要的改革：第一轮户籍制度改革以1984年中央一号文件允许务工经商的农民自理口粮到集镇落户为标志，一直持续到90年代中后期城市国企改革和就业市场化改革时期。这一轮改革使得城乡人口迁移的限制开始松动，并通过建立暂住证和身份证制度，实现了人口管理制度从户籍管理向人户管理相结合的转变。第二轮户籍制度改革从20世纪90年代中后期开始，持续到21世纪初。这一轮改革的主要特点是以小城镇户籍改革为核心，以在世纪之交中央连续出台的几个关于小城镇户籍管理制度改革的意见为标志，开始允许有合法固定住所、固定职业或生活来源的农民在县级市及以下城镇落户，同时各地也出台了一些地方性户口制度（如蓝印户口），以解决农转非指标不足的问题，为后来的改革做出了探索。在这之后，户籍制度改革进入一段徘徊和酝酿时期，直到第三轮也就是本轮户籍制度改革的开启。

（一）中央层面改革的启动

2014年7月24日，国务院印发《关于进一步推进户籍制度改革的意见》（国发〔2014〕25号），拉开了新一轮户籍制度改革的序幕。国发〔2014〕25号文件就进一步推进户籍制度改革提出了三个方面共十一条具体的改革措施。主要包括以全面放开放宽各类城市落户条件为核心的户口迁移政策调整、以建立城乡统一的户口登记制度和居住证制度为主要内容的人口信息管理模式创新、以保障农业转移人口及各项权益为导向的配套改革措施。国发〔2014〕25号的出台，为新一轮户籍制度改革确立了纲领性的指导方针。

配合国发〔2014〕25号文件的有关精神，2015年10月的国务院常务会议通过了《居住证暂行条例》（以下简称《条例》）。《条例》规定公民离开常住户口所在地，到其他城市居住半年以上，符合有合法稳定就业、合法稳定住所、连续就读条件之一的，就可申领居住证。同时，《条例》还规定了居住证持有人可以享受县级以上人民政府及有关部门提供的一系列基本公共服务和便利条件。居住证制度的建立，在一定程度上解决了非户籍人口的基本公共服务问题。

针对农业转移人口市民化进展缓慢的问题，2016年2月，国务院专门印发了《关于深入推进新型城镇化建设的若干意见》（国发〔2016〕8号）。该文件明确了四类落户重点人群，对各类城市的落户条件做出严格规定，为推进城镇基本公共服务常住人口全覆盖给定了明确标准，还从财政转移支付、新增建设用地指标以及预算内投资安排等方面为建立农业转移人口市民化激励机制提出了具体意见。

8个月之后的2016年的10月，国务院办公厅印发了《推动1亿非户籍人口在城市落户方案》（国办发〔2016〕72号）（以下简称《方案》）。配合当年的政府工作报告中所提出的三个1亿人目标,《方案》要求到2020年,全国户籍人口城镇化率提高到45%,各地区户籍人口城镇化率与常住人口城镇化率差距比2013年缩小两个百分点以上。"1亿人落户"的方案从内容上进一步对户籍制度改革进行了深化,提出了更为具体的改革目标,并要求进一步放宽各类城市落户条件。

至此,新一轮户籍制度改革的"四梁八柱"正式搭建完成,由上述四份文件和法规共同构成的户籍制度改革的顶层设计方案,也成为各地各部门推动改革的根本性参考依据。

(二)各部门配套政策的实施

户籍制度改革的重点在于去除附着在户籍身份上的各类利益,因此与户籍制度相关的各类配套改革的同步推进就显得尤为重要。在国发〔2014〕25号文件出台之后,与户籍附着利益相关的各行业部门相继出台了配套改革措施。

公安部作为户籍制度改革的牵头部门,根据国办发〔2016〕72号文件的要求,对全面放开放宽重点群体的落户限制、调整完善各类城市的落户政策作出了新的具体部署。同时,加紧推进户籍管理信息化,建设国家人口基础数据库,为改革提供技术和数据支撑。

国家发展改革委围绕国家新型城镇化战略和"十三五"规划的制定,配合国务院文件提出推进户籍制度改革的意见。为落实《国家新型城镇化规划(2014~2020)》,自2014年起,国家发展改革委先后分三批将全国200多个不同类型的城市纳入国家新型城镇化综合试点,并将推动农业转移人口市民化作为首要试点任务。2018年和2019年连续两年的新型城镇化重点任务,也均将"放宽城市落户条件""推动在城市就业的农业转移人口落户"作为第一位的目标,要求各类城市加大放开落户条件的力度。2019年2月印发的《关于培育发展现代化都市圈的指导意见》进一步明确了放开放宽落户条件的政策导向,并鼓励都市圈内的城市在户籍准入年限累积互认机制上进行制度创新。

教育部通过推进"两为主"和"两纳入"政策,①建立了农民工随迁子女教育法规政策体系。根据2016年印发的《国务院关于统筹推进县域内城乡义务教育一体化改革发展的若干意见》,提出以常住人口规模为依据编制城镇义务教育学校布局规划,明确和强化了流入地政府的主体责任,将随迁子女义务教育纳入城镇发展规划和财政保障范围。

人力资源和社会保障部从促进人才和劳动力流动的角度,加快了相关领域的体制机制改革。2019年12月中办、国办联合印发了《关于促进劳动力和人才社会性流动体制机制改革的意见》,明确提出要全面取消城区常住人口300万以下城市的落户限制,制定完善城区人口500万以上特大城市的积分落户政策,推动实现基本公共服务均等化。

住房和城乡建设部围绕进城务工人员的住房问题,自2017年起,接连出台了一系列政策文件,力图完善城镇公共租赁住房和公积金政策,提出要将符合条件的农民工纳入公租房保障范围,探索共有产权、租住同权等形式,解决进城落户人员的居住问题。

国土资源部为落实国办发〔2016〕72号文件所提出的"人地钱"挂钩的政策设计,制定了《关于建立城镇建设用地增加规模同吸纳农业转移人口落户数量挂钩机制的实施意见》,加快推进农村土地制度改革和完成农村集体土地确权颁证工作,旨在为农民进城落户免除后顾之忧提供制度保障。

财政部积极研究并建立支持农民工市民化的财政政策体系,基于国务院2016年印发的《关于实施支持农业转移人口市民化若干财政政策的通知》精神,为实现非户籍人口基本公共服务的均等化、推动区域间农业转移人口市民化财政力量的平衡、建立农业转移人口市民化奖励机制、依法维护进城落户农民在农村享有的既有权益等方面做出统筹安排。

(三)地方户籍制度改革的跟进

户籍制度改革举措的具体落实主要在地方,尤其是城市政府的层面。新

---
① "两为主"是指输入地政府为主、公办中小学为主,"两纳入"是指将随迁子女纳入区域教育发展规划和财政保障范围。

户改启动后,各地先后出台了相应的实施意见。总体而言,各地的实施意见是对国务院政策的进一步细化和呼应,并根据各地的实际进行了具有本地特点的调整。主要特征有以下几个方面。

第一,建立了城乡统一的户口登记制度。本轮户籍制度改革最突出的亮点,就是几乎所有城市都宣布取消了农业户非农业户口的区别,将辖区内的城乡居民户口统一为居民户口。尽管各地城乡户口的统一还暂时是形式上的,但它一方面为后续推动城乡基本公共服务实质意义上的均等化奠定了重要的制度基础,另一方面也标志着地方政府对辖区人口的公共服务区别对待由城乡二元层面转变为本地和外来人口的二元层面。

第二,调整完善了户口迁移政策。经过本轮改革,绝大多数的中小城市和小城镇的落户条件已经完全放开,只要具有合法稳定住所(含租赁)就可以落户。部分大城市在落户条件上仍然具有高低不等的门槛,但这些城市基本上都出台了积分落户制度,根据合法稳定地就业和住所、教育水平、创新创业、纳税年限等指标设置积分规则,量化了落户条件。

第三,全面实施居住证制度。在 2016 年 1 月《居住证暂行条例》正式生效之后,"居住证"全面代替了"暂住证"。与户口迁移政策调整的情况类似,各地的居住证也存在一定的申领门槛,但从总体上看,居住证的申领门槛远低于落户。同时,各地都赋予了居住证一定的"含金量",持证者普遍能够在教育、医疗、社保、就业方面享受基本的市民权益,从而有助于全面落实市民化待遇。有调查显示,武汉市持有居住证的外来人口所能享受的各项利益占城市本地户籍居民利益的 86.9%,在石家庄市,这一比例已经达到 90% 以上。[①]

第四,配套改革的同步推进。为确保户籍制度改革取得实效,各地对教育、医疗、社保、住房等相关领域政策进行了全面清理,采取切实措施使现有政策逐步与户口性质脱钩,力求在城乡户口登记一元化的同时实现城乡公共服务的均等化。例如,重庆市全面梳理了 33 项与原户口性质挂钩的福利

---

① 陈鹏:《新一轮户籍制度改革:进展、问题及对策》,《行政管理改革》2018 年第 10 期。

政策，基本实现了辖区内城乡居民基本公共服务的均等化。

第五，与地方人才引进战略相结合。从各地的户籍制度改革实施意见上看，最核心的内容还是对落户条件的设定。对于落户门槛较高的部分大城市和特大城市来说，以积分制为主的落户制度具有明显的高人力资本倾向，或者说落户带有明显的选择性而非普惠性。① 各大城市普遍将以推进落户为核心的地方户籍制度改革政策与已有的人才引进战略相结合，并引发了数轮抢人大战。从某种意义上讲，户籍仍然是一些城市发展过程中竞争资金、人才等稀缺资源的"自利性"工具。

二 农民工市民化困境的表现形式

新一轮户籍制度改革的一个重要现实背景，就是中国经济发展过程中的"半城镇化"问题日益严重。进入21世纪之后，全国常住人口城镇化率和户籍人口城镇化率的差距不断拉大，并在2013年达到了最高的17.67%。新户改实施以来，推动非户籍人口落户的力度很大，常住人口城镇化率和户籍人口城镇化率的差距在最初几年的确呈现缩小的态势，"两率差"到2016年已下降至16.15%，然而这一趋势并不稳定，到了2017年和2018年，"两率差"又回升至16.17%和16.21%。② 在统计数据之外，人们也缺乏农民工市民化取得重大突破性进展的直观感受。事实上，农民工市民化这个新一轮户籍制度改革的目标已经在多个方面，以不同的形式陷入了困境。

（一）特大城市户籍管制被实质性强化

中国的户籍制度有两个不同于其他国家户籍制度的特殊功能，人口乡城迁移限制和城市公共品分配区别对待。③ 这两大特殊功能存在着一种特殊的

---

① 张国胜、陈明明：《我国新一轮户籍制度改革的价值取向、政策评估与顶层设计》，《经济学家》2016年第7期。
② 数据来源于历年中国统计年鉴。
③ 叶建亮：《公共品的歧视性分配政策与城市人口控制》，《经济研究》2006年第11期。

对立运动关系,在不同时期相继发挥着主导性作用。从1958年《户口登记条例》出台到改革开放前,为了实现工业化,维持城乡二元体制,户籍制度的两大功能体现为人口乡城迁移限制和城市公共品供给的同等对待;从改革开放开始到本轮户籍制度改革之前,为了服务于沿海劳动密集型产业发展,户籍制度的两大功能又体现为相对自由的人口乡城迁移和城市公共品供给区别对待,农村劳动力被允许进入城市工作和生活,但在基本公共服务方面不能实现与城市居民同等的待遇,从而形成低成本劳动力优势的重要来源。当前,在人口红利减弱、农业人口转移动力不足的背景下,户籍制度两大功能的理想组合形式应是自由的人口迁移和非歧视的城市公共品供给。鉴于人口自由迁移已经在各类城市基本实现,公共品供给区别对待在中小城市也已基本消除,户籍改革的核心应是解决少数吸纳农民工较多的大城市的公共品供给区别对待问题。

但是,从新一轮户籍制度改革的顶层设计来看,落户门槛的降低是依据城市规模而梯度化实施的,即城市规模越大,落户对于合法稳定居住、就业和社保缴纳年限的要求也越高。这样一来,就使得最需要消除非户籍人口公共品供给区别对待的部分特大城市在努力方向上变得模糊不清。在"特大城市严控人口规模"的指导原则下,一些外来人口较多的特大城市,近年来通过环保、安全、消防、卫生、营业执照等门槛将大量非户籍人口清退,在统计数据上实现了人口规模的有效控制。但这种做法实际上是对作为户籍制度特殊功能之一的"人口迁移限制"的复归。也就是说,这一时期户籍制度改革的趋向在不同类型的城市之间呈现分化态势,户籍制度两大特殊功能——人口迁移限制和公共品供给区别对待,在中小城市表现为同步减弱,而在吸纳农民工数量最多的超大城市则表现为同步强化,整个户籍制度改革进程出现局部的倒退。

(二)户籍利益的剥离和扩散进展缓慢

从20世纪80年代开始,户籍制度改革就沿着利益剥离和利益扩散的二元路径行进。其中,利益剥离是通过形成新的利益分配机制,分流既有制度附着的部分利益，并逐渐地、局部地替代既有制度使其空壳化的过程，[①]而利益扩散是一个制度受益者范围的扩大，新进入者获得预期利益的过程，三十多年来，两种改革路径都曾起到过推动改革的积极作用。当前，新户改仍然采取两种方式同时推进：一是通过积分落户制实施利益扩散，让能够达到要求的农民工在城市落户；二是通过建立居住证制度来实现利益剥离，通过让非户籍人口申领居住证来解决他们的基本公共服务问题。

但是，利益扩散和利益剥离都有一个共同的特征，即它们都着眼于单个城市来推进户籍改革，这种做法的前提是认为户籍利益的差异主要还是城乡差异。然而，随着国家支农反哺力度的加大，城乡差距的缩小，户籍福利的差距已逐渐从城乡之间转变为不同城市之间，因此如果仍然坚持原先的二元户籍改革路径，将遭遇困境。在当前城市之间发展差距较大的背景下，推行居住证制度的利益剥离式改革，使城市非户籍利益和户籍利益的差距缩小，并使大城市中的非户籍人口能享受到的城市福利更多，将在客观上促使流动人口进一步向大城市非户籍迁移，从而增大了落户压力和户籍制度改革难度。这一局面又促使各大城市在实施积分落户制时，不得不对落户人群进行选择，进而形成排斥农民工的"抢人（才）"大战，最终造成人口红利和人口负债在大城市和小城市之间失衡配置，加剧城市发展差距，使利益扩散更加难以推进。因此，在城市之间发展差距取代城市内部发展差距成为地方利益差距的主要形式之后，户籍制度改革二元路径均难以继续推进农民工市民化进程。

（三）按城市规模实施的差别化落户政策遇到成本困境

如前所述，新一轮户籍制度改革在推进非户籍人口落户上的举措，是依据城市规模的不同而实施差别化政策，即规模越大的城市，落户门槛也越高，同时"人、地、钱"挂钩的配套政策也更加倾向于吸纳落户人数较多

[①] 王清：《地方财政视角下的制度变迁路径分析——以当代中国城市户籍制度为例》，《武汉大学学报（哲学社会科学版）》2011年第6期。

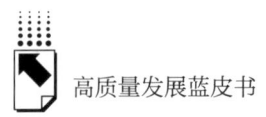

的大城市,以弥补这些城市吸纳外来农民工落户时可能产生的公共服务成本。

但是,城市规模标准对于推进差别化落户来说是一个过于单薄的标准,无法涵盖不同类型城市在落户成本上的重要异质性。其一,规模相同但外来人口数量不同的城市采用相同的落户标准存在困难,例如同为特大城市的沈阳和广州,前者的农民工数量仅为后者的15%左右,落户难度显然不同。其二,外来人口数量相同但结构不同的城市采用相同的落户标准也存在困难,例如成都和深圳,前者的农民工以省内迁移者为主,后者以跨省迁移者为主,由于绝大多数公共服务尚未实现全国统筹,跨省迁移者落户的成本远高于省内迁移者,因而深圳非户籍人口落户成本要远高于成都。其三,小城市比大城市的落户门槛更低并不完全合理。事实上,一些特大城市的农民工数量并不多,放开落户难度不大,如作为特大城市的西安、哈尔滨等;反之,一些规模相对较小的城市农民工数量却很多,市民化成本也较高,例如作为Ⅱ型大城市的泉州、常州等。显然,大城市严控落户、小城市完全放开的原则过于粗糙。其四,即使规模基本相同但行政级别不同的城市也很难采用相同的落户标准。行政级别是资源再分配的重要依据,高级别城市能够在全国或全省范围内调配资源,财政收支直接与中央挂钩,财力也更雄厚;反之,低级别城市的财力较弱,市民化成本的承担能力也弱。例如,广州和东莞作为广东省内的两个特大城市,作为副省级省会城市、计划单列城市的广州,显然比普通地级市东莞有着更强的资源再分配能力,可以更轻松地为落户融资。

(四)农民工落户政策异化为人才落户政策

新一轮户籍制度改革明确以农民工的市民化为核心目标,提出要优先解决农村学生升学和参军进入城镇的人口、在城镇就业居住5年以上和举家迁徙的农业转移人口以及新生代农民工的落户问题,并且要求除超大城市和特大城市外,其他城市不得采取要求购买房屋、投资纳税、积分制等方式设置落户限制。2018年12月召开的中央经济工作会议,再一次强调要抓好已经在城镇就业的农业转移人口的落户工作。

但是，作为执行者的地方政府出于自身财政利益最大化的考虑，普遍把提高户籍人口城镇化率的指标要求与人才引进战略联系起来，使农民工市民化目标发生了异化。例如，北京市设置的积分落户政策具有明显的高人力资本偏向性：在学历上，规定大学专科积 10.5 分，大学本科积 15 分，硕士学位积 26 分，博士学位积 37 分；在年龄上，规定 45 岁以下的申请人加 20 分。相应地，在合法稳定就业和居住以及纳税方面，积分权重较轻，规定每连续缴纳社会保险满 1 年积 3 分；在自有产权住所每连续居住满 1 年积 1 分，在合法租赁住所和单位宿舍每连续居住满 1 年积 0.5 分；工资、薪金以及劳务报酬的个人所得税纳税额平均每年在 10 万元及以上积 6 分。① 显然，年轻高学历的申请者更容易获得大城市的户籍指标，而没有高人力资本特征的非户籍人口，即使在城市工作生活多年，也难以在积分上获得优势。根据 2018 年北京市公布的首批积分落户人员名单来看，申请积分落户的共 124657 人，仅占全部 811.5 万外来常住人口总数的 1.5%，申报成功的 6019 人，申报成功率为 4.83%，同时，在申报成功的人员中有 59.2% 的为来自高新技术企业和拥有各类奖项的人员。② 可见，各大城市积分落户实施方案和实施效果的高人力资本禀赋偏向性，与国务院文件所要求的重点推进农业转移人口落户的目标相差甚远。

（五）农民落户城镇时面临退地两难

根据《土地承包法》，在承包期内，承包方全家迁入设区的市，转为非农业户口的，应当将承包的耕地和草地交回发包方。这一明显过时的法律条款事实上一直未执行，各地在实际操作中，对于转到城镇落户的集体成员，只要有承包地且并未与家乡脱离联系的，依然保留其在承包期内的土地承包权。在新一轮户籍制度改革中，各级政府和各部门均明确规定，现阶段不得

---

① 北京市发展和改革委员会：《北京积分落户管理办法（试行）》，2016 年 8 月。
② 北京市人力资源和社会保障局：《北京市 2018 年首批积分落户公示人员名单》。

以退出土地承包经营权、宅基地使用权、集体收益分配权作为农民进城落户的条件，以求消除农民工进城落户的后顾之忧。

但是，多数农业转移人口在转户问题上仍然面临两难。一方面，尽管正式文件明确了转户不与退地挂钩，但放弃农村户口所带来的诸多农地权益不确定性，以及落户城市后面临的高房价和社保缴纳压力的确定性使其难以下定决心转户。另一方面，不转户又确实难以完全享受城市排他性公共服务，尤其是对那些子女处于学龄的农民工。权衡之下，多数农民工对转户还是持观望态度。此外，一些地区在户籍制度改革进程中探索的带有"土地换社保"性质的"创新"又存在着社会公平疑问。这不仅在于通过城乡土地"增减挂钩"的做法是否出于农民和集体的自愿，更在于农民退地后的土地增值收益应在哪些主体间共享并不清楚。在这些重要的理论问题和法律问题尚未解决之前，农民退地、转户也确实不宜快速推进。

（六）农民工迁移方向与迁入地承载能力错配

自改革开放以来，我国关于大城市化和小城镇化战略的理论争论和实践探索始终没有停止，大体经历了从"控制大城市规模，积极发展小城市"到"大中小城市协调发展"并实质上鼓励大城市优先发展的转变过程。近十几年来，无论是对外融入经济全球化，还是对内发展支柱型的房地产业，大城市相对小城市都有着明显的优势，加之大城市普遍拥有更高的行政等级，很快地实现了资源的集中和人口的集聚。

但是，大城市化所带来的直接后果是农业转移人口市民化的难度加大，原因显然是由于大城市的市民化成本更高。统计数据显示，大城市的房价收入比远高于中小城市，而在地级以上大城市务工的农民工却占据总数的2/3，表明人口迁移方向与城市承载能力存在明显的错配。大城市化战略，使我国的城镇化在城市内部存在福利分配失衡的同时，强化了城市之间发展水平的另一个失衡，而当后者失衡达到一定程度之后，将会产生大城市非户籍福利高于中小城市户籍和非户籍福利之和的情况，从而使得农业转移人口宁愿到大城市做非户籍居民也不愿意到中小城市做户籍居民。① 在农业转移人口的这种非市民化预期下，将形成对包括房价在内的城市生活成本的不敏感性，并使得农民工的工资与大城市房价"脱钩"，其在大城市留居的动力甚至需要依靠"成功的幻觉"。② 总之，偏向大城市的城镇化发展战略导致人口迁移方向与市民化能力的错配，最终阻碍了农业转移人口市民化的实现。

三 对新一轮户籍制度改革的反思

新一轮户籍制度改革的主要目标是农民工的市民化，但是农民工市民化所面临的上述困境已明确地显示出户籍制度改革路径与目标的偏离，这需要我们对新户改进行系统的反思。

（一）新一轮户籍制度改革的实施特点

第一，中央政府只提出指导意见，地方政府实施中各自为政。自2014年以来的一系列有关户籍制度改革的国务院文件，均以"意见"形式发布，虽然给出了一些鼓励性和禁止性的条款，但地方政府的自由裁量权很大。尤其是在中央层面没有成立由高级别领导任组长、统筹各部委共同组成的户籍制度改革领导小组，使得这项非常需要各部门协调配合的改革从顶层设计上一开始就存在先天缺陷。由于户籍制度改革涉及全国范围的流动人口，很多与户籍相关的福利内容经改革而转向的终极形态就是要实现跨区域的转移接续和高层级的统筹配置，而在缺乏全国统筹、各地方政府各自为政的情况下，本应"条条"式推进的政策变成了"块块"式推进，必然使改革效果大打折扣。各地方政府在推进户籍制度改革进程中，由于相关部门之间的利益分割，未能形成合力，各地的户籍制度改革普遍演变为仅由公安部门牵头

---

① 邹一南：《城镇化的双重失衡与户籍制度改革》，《经济理论与经济管理》2014年第2期。
② 范红忠、王徐广：《成功幻觉与生产和人口的过度集中——兼论在城市发展规模上市场机制不一定是有效的》，《当代经济科学》2008年第3期。

推进的一种单项改革，部门间信息不相通，制度不配套，整体治理效果明显不足。

第二，城乡户籍差别受到关注，本地外来户籍差异关注不足。户籍制度最能让人联想到的就是城乡二元结构问题，本轮户籍改革的最大亮点也正是将各地的城乡户籍统一为居民户籍。但事实上城乡户籍福利的差距在绝大多数地方已经很小甚至倒挂。以户籍分割为基础的城乡二元体制早已由剥夺性结构转变为保护性结构。① 真正需要关注并作为改革重点的实际上是基于户籍的地方属性而产生的本地居民和外来人口的福利差距。然而，我国的政府间财政关系，从财权事权的划分到转移支付制度的设计，都是以辖区内户籍人口为基础的，没有考虑到人口流动。此外，我国绝大部分的地方税收都来自企业缴纳的间接税，包括城市外来农民工在内的自然人所缴纳的直接税是非常有限的。② 因此，地方政府在安排财政预算时，既没有积极性也没有足够财力来满足非本地户籍人口的公共服务需求，在教育、医疗、住房、社保等公共服务领域将本地居民与外来人口区别对待更是一种普遍现象。有研究表明，统一本地城乡户籍的改革措施虽然改善了本地农村劳动力的职业机会，但也挤出了外地劳动力，使得本地与外地户口之间的壁垒有所加强。③

第三，考虑了地方政府的落户需求，忽视了农民的落户偏好。一些地方政府推动农业转移人口落户，存在通过将农民的户口转为城镇户口而获得用地指标的目的。这在一些中西部省份中的"大城市、大农村"类城市表现得更为明显。但从农民工自身的需求来看，除少数特大城市和省会之外，其他类型城市的户口对他们来说吸引力很小，而省会等特大城市的户籍普遍严格管制，中小城市和小城镇户籍却对农民工完全放开，甚至还存在强制转户的现象。

---

① 贺雪峰：《城市化的中国道路》，东方出版社，2014。
② 高培勇：《由适应市场经济体制到匹配国家治理体系：关于新一轮财税体制改革基本取向的讨论》，《财贸经济》2014年第3期。
③ 宋锦、李实：《中国城乡户籍一元化改革与劳动力职业分布》，《世界经济》2013年第7期。

(二)政策着眼点:城市内部还是城市之间?

新一轮户籍制度改革上述三个特点有一个共同的逻辑起点,就是认为造成"半城镇化"现象的根源在单个城市的内部,福利分配的不均衡主要是城市内部即同一城市的农民工和市民之间的不均衡,因此户籍制度改革只需要各城市依靠自己的力量推动即可。这导致在改革过程中,中央政府只需提出原则性的指导意见,而无需对不同区域不同类型城市的落户政策进行统筹协调。各地在消除城市内部户籍区别对待的过程中,也只需关注本市城乡居民的公共服务均等化,对于外来人口则没有管理的义务。本地农民的落户,所产生的成本可以由农民转户后产生的土地指标来弥补,至于农民是否有转户的需要以及对不同类型城市户口的偏好,很少在地方政府的考虑范围内。

事实上,随着城镇化的发展,城市福利配置的不均衡绝不仅仅体现在城市内部,而是更多地体现在不同城市之间。城市之间的不均衡不仅体现在收入水平上,还体现在各类公共品上,例如基础设施、公共服务、文化氛围、竞争环境、消费选择、就业机会等。因此,城市之间的福利差距早已超过城市内部不同户籍身份居民的福利差距,成为城市福利配置失衡的最主要形式,而忽略城市之间福利差距,仅聚焦于城市内部福利差距的户籍制度改革,必然会使农民工市民化陷入困境。

在城市之间福利差距很大时,大城市非户籍福利水平将极有可能超过小城市户籍和非户籍福利之和,使得农民工宁愿到大城市做非户籍居民,也不愿到小城市做户籍居民,这就使得大城市面临越来越大的人口压力,非户籍人口落户的难度越来越大。此时,为实现"1亿人落户"的目标,从宏观上只能采取中小城市放开,部分大城市设置门槛,特大城市严控的做法,这一方面造成城市体系中"农民工迁移方向与迁入地承载能力错配",另一方面也在客观上造成"特大城市户籍管制实质性强化",同时这种按城市规模单一标准设置的落户门槛梯度化原则也将遭遇"差别化落户政策的成本困境"。各城市各自为政的户籍改革往往只能顾及本地农业转移人口,针对外来农民工"利益扩散和利益剥离均进展缓慢",进一步加剧"农民工转户时的退地两难"。特大城市为了完成落户指标任务，不得不采取积分落户等人力资本筛选机制，从而造成"农民工落户政策异化为人才落户政策"。因此，仅关注城市内部的福利分配的差距，忽略城市之间发展失衡对户籍改革效果的影响，并将户籍制度改革由各个城市分别实施的这种改革路径亟待调整。

四 进一步推进户籍制度改革的政策建议

从前面的分析可知，破解农民工市民化难题的钥匙是将户籍制度改革的着眼点从城市内部转向城市之间，通过缩小不同类型城市发展水平的差距，扭转人口向大城市过度集中的态势，从而缓解大城市非户籍人口落户的压力，进而为大城市推进以农民工市民化为目标的户籍制度改革赢得空间。具体来说，需要短期政策和长期政策相配合。

（一）短期政策：以先非户籍利益再户籍利益为逻辑顺序加大对中小城市的扶持力度

要破解城市之间发展水平失衡的难题，需要先破解非户籍利益失衡的难题，再破解户籍利益失衡的难题。因为作为非户籍利益的基础设施、产业园区、商业中心、治安环保、文化娱乐设施等公共品的正外部性较强，对其投资产生的经济和财政效益较多，地方政府更有积极性。同时，城市非户籍利益水平的提高也会对教育、医疗、社会保障等户籍利益水平的提高有促进效应，从而更有助于总体上缩小不同城市之间的福利差距，提高中小城市的吸引力。

首先，要以产业发展为依托提升中小城市的就业创造能力。中小城市应选择竞争性强、成长性好、关联度高的特色产业作为主导产业，有条件的地区应以规范、集约的产业园区为平台，吸引与特色主导产业相关的大中小企业向园区集中。要以骨干、龙头企业为重点，打造具有影响力的地区品牌，提高产业竞争能力。要积极发展资金投入小、就业门槛低的生产性服务业和社区服务业，鼓励本地区有实力的民营企业家、外出务工成功人士带着资金项目再创办实业，最大限度地创造非农就业机会，提升城市经济活力。

其次，要科学合理地规划中小城市发展的空间布局。城市发展规划要与产业发展、基础设施和公共服务规划等配套措施协调推进，保障农业转移人口公平享有就地城镇化的成果，不断满足人们多层次、多样化的需求。要在区域和国家发展的整体规划中寻找自身的准确定位，科学评判城市自身的人口变化趋势和综合承载能力，分类实施集聚和收缩战略，制定合理可行的发展规划，避免出现因规划不科学而产生无序建设、资源浪费问题。

最后，要通过加强基础设施和公共服务建设来提升中小城市的人口吸引力。应改变以往政府直接操作的城镇化建设思维，在各类基础设施和公共服务项目建设中，应允许和鼓励民间资本参与。尤其重要的是，中小城市政府要为民间资本创造一个公开透明、公平竞争的经营环境，使投资者获得稳定的回报预期。同时，还应进一步加大体制机制改革力度，要提高中小城市服务外来人口的能力。对此，要积极探索中小城市与中心城市教师、医师交流的机制，实现优势资源共享；加大对中小城市的社保投入，提高社保水平，探索构建省级区域层面的社保统筹机制；增加对中小城市劳动力的培训投入，培养专业技能型劳动力，增强其吸纳转移劳动力的能力。

（二）长期政策：通过实施分散型城镇化战略推动农民工市民化

要构建以分散化为基本导向的城镇化发展战略。分散型城镇化战略绝不等同于20世纪80～90年代以乡镇企业为主导的小城镇战略，而应该是以依托中心城市辐射带动、专业化制造业生产主导、具备便捷的交通基础设施、具有鲜明地方特色和良好人居环境的中小城市为重点的分散型城镇化。为此，要有计划地引导重点高校、大型企业等优质社会资源向中小城市布局，将大型会议、重要体育赛事的举办地设置在中小城市，提升中小城市的吸引力。构建在大城市和中小城市之间畅通的人才流动通道，制定中小城市产业发展和人才落户的鼓励政策。改变过于依赖行政等级的资源分配体制，探索城市行政层级扁平化改革，增加中央、省级直管城市数量，提高对县级区域的转移支付力度，提升基本公共服务支出的财政统筹层级。扩大高速公路、高速铁路、机场的铺设建设范围，在非中心城市增加停靠站点。依托城市群在大都市周边建设副中心和卫星城，出台鼓励企业和人口从大城市搬迁出去的优惠政策。

要通过存量外来人口在大城市落户实现发展的负外部性内部化。大城市积分落户制度应实施以降低所谓"低端人口"落户门槛为导向的改革，力争在两个五年规划期内，将特大城市的存量外来人口全部户籍化，改变流动人口的正外部性仅由迁入地大城市获得、负外部性仅由人口迁出的中小城市承担的局面。适当控制增量外来人口的福利水平和落户门槛，引导增量外来人口向其他城市转移。要严控大城市建成区面积，提高城市总体的容积率，率先在大城市深入推进房产税改革，取代依靠土地出让金贴补财政收入的模式。通过科学的城市建筑和交通布局，提高城市的集聚度与连通性，将不符合大城市发展定位的产业向外转移，大力发展高端制造业和现代服务业，实现大城市发展的专业化。要依托科技优势，加强大城市管理数字化平台建设和功能整合，建设智慧城市。借助有形的交通网络和虚拟的互联网络发挥出大城市的集聚经济优势，实现由外延式发展向内涵式发展的转变。

要持续通过提升非户籍福利水平引导中小城市人口集聚。中小城市应利用自身要素成本较低的优势，结合资源禀赋和区位特征，有选择地承接大城市的产业转移，形成与大城市的纵向分工协作和与其他中小城市的横向错位发展，谋求局部的专业化经济效应，以此创造出更多的就业岗位。要注重绿色发展，改善人居环境。注重挖掘本地区独特的文化资源，提升城市文化品位。中小城市在园区建设和城乡规划上，要突出产城融合发展和城乡融合发展，承担起中国城镇化进程后半段农业劳动力和非劳动力人口转移主阵地的责任。

B.14
农业转移人口市民化3.0阶段与"后1亿人时期"的城镇化

顾 严*

摘 要: 改革开放以来,我国农业转移人口市民化先后经历了生产市民化、个人消费市民化两个阶段,近年来已经进入家庭生活市民化或举家市民化的3.0阶段。在这个新阶段,采取了推动1亿人落户的集中攻坚策略,使得近五年户籍人口城镇化率加快提升。"十四五"举家市民化将进入"后1亿人时期",面向转移人口举家迁移、共同生活的美好生活需要,建议依托城市群和都市圈形成家庭生活便捷服务圈,推动基本公共服务项目进一步覆盖常住人口和流动人口,建立健全户籍制度改革纵向到底落实机制,更加重视新市民社会融入,增设转移人口就地就近举家市民化平台。

关键词: 市民化 城镇化 农业转移人口

一 改革开放以来农业转移人口市民化的三个阶段

自20世纪70年代末党的十一届三中全会开启改革开放以来,我国经历了持续快速的城镇化进程。1978年,全国城镇人口只有1.7亿人,城镇化

---

* 顾严,国家发展和改革委员会宏观经济研究院社会发展研究所研究员,主要研究方向为社会学。

率还不到18%。到2019年,城镇人口接近8.5亿人,城镇化率超过60%。40多年间,城镇人口平均每年增加近1650万人,城镇化率每年提高1个百分点以上。

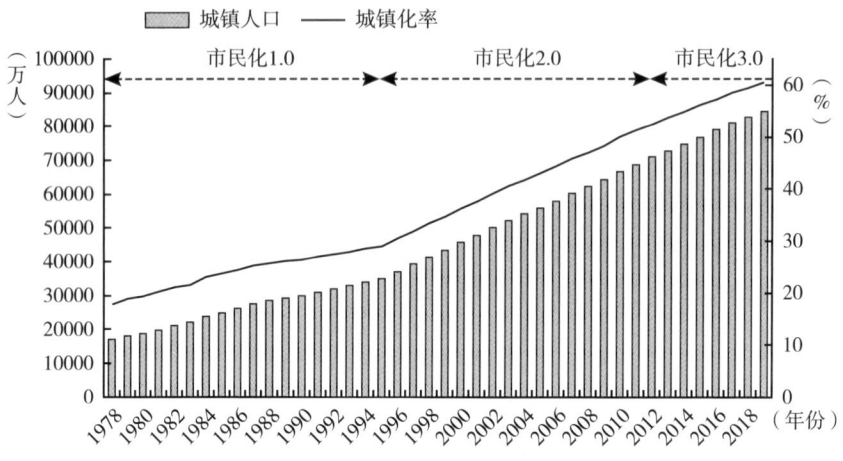

图1 改革开放以来的城镇化进程

资料来源:国家统计局网站,www.stats.gov.cn。

城镇人口的增加一部分来自自然增长,随着生育率的不断走低,这部分的贡献总体上在下降;另一部分来自机械增长,即从农村进入大中小城市和小城镇的转移人口,近两年贡献率超过80%。

转移人口从农村到城镇,必然要发生市民化的转变。但是在不同的阶段,这一转变的深度和广度有一定的差别。笔者把改革开放以来的转移人口市民化划分为三个阶段,第一阶段是生产方式的市民化,第二阶段是个人消费方式的市民化,第三阶段是家庭生活方式的市民化。

第一阶段从20世纪70年代末到90年代中期。我国的改革是从农村起步的,但是农村的变化客观上引致持续快速城镇化进程的启动。农村联产承包责任制的探索和推广,极大地提高了农业的生产效率,释放出大量的农村富余劳动力。在城乡二元结构相对僵化、城乡分割比较严重、户籍对劳动力流动有较大制约的条件下,出现了"离土不离乡""进厂不进城"的农村工业化模式,实际上也是一种就地城镇化模式。乡镇企业异军突起,吸纳了从田间地头转移出来的劳动力,小城镇迎来了繁荣发展的历史机遇。

在第一阶段,转移人口的市民化主要发生在生产方式上。他们从农民变成了工人,工作场所从农田转移到了车间。如果只看工作状态,转移人口和市民已经没有什么分别。但是,他们的消费方式仍然是农村型的。一方面,消费习惯还没有重大的改变,仍然需要为建房和嫁娶进行持续的储蓄,尽管收入与务农相比有了一定程度的提高,但是消费并没有同等幅度地增加;另一方面,以小城镇和中小城市为主要目的地的就近城镇化,并不能提供与大城市相提并论的消费市场,可供选择的产品和服务不那么丰富,进一步扩大消费不具备充分的条件。在小城镇务工经商的转移人口,比较容易返回农村的家庭。进入中小城市的转移人口,返乡与家人团聚要困难一些,但还没有发展到下一阶段那样严重分割的状态。不过,家庭成员在空间上的分隔已经发生,为家庭获取更高收入的需要远远超过家庭成员共同生活的需要,家庭生活变得若即若离。

市民化1.0阶段,城市还没有准备为转移人口提供公共服务,转移人口对公共服务也不敢奢望,他们只是城市的过客,在城里赚钱,回农村老家盖房子、娶妻子、养孩子。城市政府以促进产业、帮助企业为出发点,会提供劳资对接的相关服务,也会推动实施必要的劳动保护。那时,户籍制度尚未松动,以小城镇为主的城镇化模式成为政策导向。费孝通先生三下江苏写就的《小城镇 大问题》(费孝通,1984),为政策提供了研究基础。1989年12月26日七届全国人大常委会第十一次会议通过、1990年4月1日起施行的《中华人民共和国城市规划法》第一章第四条明确规定,"国家实行严格控制大城市规模、合理发展中等城市和小城市的方针"。

经济基础决定上层建筑。严格限制转移人口向大城市流动的政策,很快就遇到了挑战。随着改革开放不断深化,东南沿海逐步融入全球化和世界分工体系,发展机会和用工需求猛增,转移人口的流向随之发生重大变化。

从20世纪90年代中后期到21世纪第一个十年,市民化进入2.0阶段。在此阶段,相对孤立地发展小城镇和中小城市的策略,陷入了瓶颈,大城

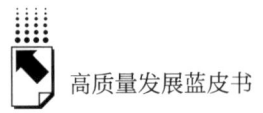

表1　市民化的三个阶段

阶段	生产方式	个人消费方式	家庭生活方式	享有城市公共服务	政策取向
1.0 生产市民化	市民	农村型	若即若离	很少	重点发展小城镇和中小城市,扶持乡镇企业,促进劳动力供求对接和劳动保护,维护城市社会治安,严控大城市人口规模
2.0 消费市民化	市民	城市型	城乡分隔	部分	促进大中小城市和小城镇协调发展,向农民工提供社会保险等公共服务,关爱保护农村留守群体,严控大城市落户
3.0 举家市民化	市民	城市型	全家进城	全面	发展城市群和都市圈,推进以人为本的新型城镇化,深化户籍、公共服务、土地等制度改革,统筹城乡资源要素

资料来源:根据有关资料整理。

市、沿海开放城市承接了全球产业大规模的梯度转移,经济快速增长,释放了巨大的劳动力需求。从1995年起,乡村就业人员连续四年徘徊在4.9亿人,失去了进一步上升的动力。同一年,农村人口达到了8.6亿人的历史峰值。城乡人口双增长、城乡就业双增长、城镇人口和就业增长快于农村的城镇化,被城镇人口就业双增长、农村人口就业双下降的城镇化所取代。

继第一阶段生产方式市民化后,转移人口的个人消费方式也开始向市民转变。进城务工、回村消费的模式,逐步被城里工作、城里消费的模式所替代。后一类消费方式,在新生代或第二代农民工群体中尤为显著。2000年前后,新生代或第二代农民工在数量上开始大规模增加,渐渐地带动整个农民工群体消费行为和方式变化。然而在市民化2.0阶段,转移人口的家庭却裂变了,进城务工经商的家庭成员与家中的老年人、儿童等分隔在城乡两地。由于乡村与大城市之间距离远、交通成本高,经常返乡变得不现实,重大节假日才返乡的现象越发普遍。农村留守老年人、留守儿童问题不时转化为极端案例,令人痛心。尽管转移人口的生产方式和个人消费方式市民化了,但家庭生活方式变得非城非乡,成为一种特有的分隔模式。

严控大城市规模的人口政策与大城市招商引资、吸引外资的产业政策之间,出现了不相容的状况。大城市的管理者们实质性地向产业政策倾斜,选

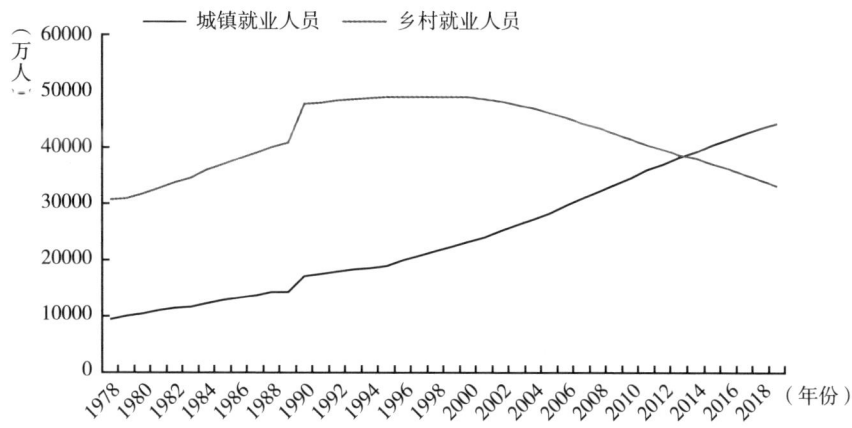

图 2　改革开放以来城乡就业人员规模变动

资料来源：国家统计局网站，www.stats.gov.cn。

择性无视人口政策。在个人消费市民化的阶段，大城市常住人口持续快速增加。起初，转移人口以小城镇、中小城市为过渡，转而进入大城市。在这个阶段的中后期，从农村直接进入大城市的转移人口越来越多。2000年10月11日，党的十五届五中全会通过《中共中央关于制定国民经济和社会发展第十个五年计划的建议》，明确提出："我国推进城镇化条件已渐成熟，要不失时机地实施城镇化战略"；"要从各地的实际情况出发推进城镇化，逐步形成合理的城镇体系"；"完善区域性中心城市功能，发挥大城市的辐射带动作用"；"走出一条符合我国国情、大中小城市和小城镇协调发展的城镇化道路"。对大城市的规模不再是"严格控制"，而是"防止盲目扩大"。这是对城镇化发展规律认识深化的体现，也是实施城镇化战略的必然选择。在2002年以后，政策上大力推进农民工群体参加城镇社会保险；针对农民工随迁子女的义务教育问题，以流入地政府和公办学校"两为主"的政策开始实施。转移人口开始享有部分城市公共服务，但是落户城市尤其是大城市仍然非常困难。在农村，留守妇女、留守儿童、留守老人群体得到广泛的社会关注，一些地方开展了关爱保护工作。

然而，转移人口家庭城乡分隔的状况，不仅在微观上产生了不幸案例，而且在宏观上也有负面影响。分隔的家庭和"两栖"化的生存，耗费了大量不必要的时间、精力和财力，不利于劳动者队伍的稳定，也不利于人力资本有效投资和劳动生产率的提升。转移人口的市民化，一头连着供给，对于劳动力的总量、价格及效率，对于去库存和补短板，有着重要的影响；另一头连着需求，对于居民和政府消费，对于房地产和基础设施投资，也产生重要影响。随着经济社会发展条件的变化，市民化不可能也不应当止步于个人消费方式的阶段，必然要向更高阶段升级。

从2012年起，转移人口市民化进入3.0阶段——家庭生活的市民化。这一年，党的十八大胜利召开，中国特色社会主义进入了新时代。党的十八大报告明确提出"走中国特色新型城镇化道路"，党的十九大报告进一步提出"形成以城市群为主体，构建大中小城市和小城镇协调发展的城镇格局，加快农业转移人口市民化"。十八大以来，以人为本、以人民为中心的新型城镇化战略全面启动，户籍制度、公共服务制度、土地制度等系列配套改革加快了步伐，城市群和都市圈建设被摆上更加重要位置，转移人口市民化的方式发生了新的跃升。

在举家市民化的3.0阶段，转移人口在家庭生活方式上更多地向市民看齐，分隔在城乡两地、"两栖"式的半城市化、半市民化模式，开始渐渐被举家迁移、共同生活、最终在城市落户的新选项所取代。居住条件的改善为举家进城创造了条件。2008年，超过半数的外出农民工居住在单位或雇主提供的住房里，包括单位宿舍、公司工棚、生产经营场所等；只有1/3左右的外出农民工租房居住，购买住房的比例还不到1%（国家统计局，2013）。这样的居住方式分布，显然不支持大部分农民工与家庭成员共同居住，具备举家进城居住条件的农民工是少数。这样的状况，在2008~2012年期间并未发生明显的变化。但2012年以后，农民工的居住条件出现了很大程度的改善。到2018年，进城农民工中，已经有近1/5居住在购买的住房中，超过六成租房居住——这两种方式合计超过80%；只有1/8的进城农民工居住在单位或雇主提供的住房里（国家统计局，2019）。外出农民工和进城农民工的统计口径不同，居住方式分布的数据不可比。但总体上看，农民工住房状况的改善，为转移人口举家进城、共同生活提供了必要的条件。

表2 农民工群体居住方式

单位：%

居住方式	外出农民工 2008年	外出农民工 2012年	进城农民工 2016年	进城农民工 2018年
购买住房	0.9	0.6	17.8	19
租房居住	35.5	33.2	62.4	61.3
单位或雇主提供住房	51.9	48.8	13.4	12.9

资料来源：2012年、2016年和2018年农民工监测调查报告（国家统计局，2013，2017，2019）

市民化3.0阶段，户籍制度改革加快实施，公共服务常住人口全覆盖相关工作稳步推开，进城落户的门槛降低了，越来越多的转移人口及其随迁的家庭成员能够享有城市的公共服务。政策对举家迁移的支持力度不断加大，除了密集出台的政策文件（下文具体列举），一个重要的例证是农村留守儿童数量的减少。2016年，全国首次农村留守儿童摸底排查数据显示，按照"父母双方外出务工或一方外出务工另一方无监护能力、不满十六周岁的未成年人"的统计口径，全国共有农村留守儿童902万人。到2018年8月底，全国农村留守儿童总量减少至697万人，与2016年相比减少205万人，减幅在20%以上（民政部，2018）。

二 市民化3.0阶段的1亿人落户集中攻坚

转移人口进入举家市民化的3.0阶段后，党中央国务院明确提出了1亿人落户的重大目标任务。2013年12月，中央城镇化工作会议召开，习近平总书记在会上发表重要讲话，明确了推进城镇化的目标任务。其中，首要目标是稳步提高户籍人口城镇化水平，首要任务是促进有能力在城镇稳定就业和生活的常住人口有序实现市民化。

中央城镇化工作会议形成的一项重大成果，就是《国家新型城镇化规

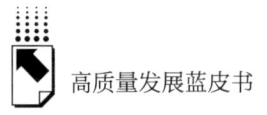

划（2014~2020年）》。由中共中央国务院印发、于2014年3月正式公布的这部规划，明确提出"努力实现1亿左右农业转移人口和其他常住人口在城镇落户"的目标。

1978~2013年，按常住人口统计，我国的城镇人口从1.7亿人增加到7.3亿人，城镇化率从17.9%提升到53.7%，已经追上了世界平均水平。但是户籍人口的城镇化率只有35.9%，明显偏低（顾严、李爽等，2017）。当时统计，有多达2.34亿的农民工及其随迁家属尽管在城镇工作和生活，但没有城镇的户口，因此在教育、就业、医疗、养老、保障性住房等方面不能享受城镇居民的基本公共服务。市民化进程滞后，被认为是我国城镇化最突出的问题，所以要优先解决这一问题。2014年7月印发的《国务院关于进一步推进户籍制度改革的意见》（国发〔2014〕25号）重申了1亿人落户的目标，并且对户籍制度改革提出了3个方面11条具体的政策措施。

2015年10月，党的十八届五中全会通过了《中共中央关于制定国民经济和社会发展第十三个五年规划的建议》，把"户籍人口城镇化率加快提高"列进了"全面建成小康社会新的目标要求"中。习近平总书记专门就这个重要目标向全会做了说明，指出"户籍人口城镇化率直接反映城镇化的健康程度"，明确这一目标的提出"是要加快落实中央确定的使1亿左右农民工和其他常住人口在城镇定居落户的目标"。习总书记还深刻分析了1亿人在城镇落户的重大意义："从供给看，在劳动年龄人口总量减少的情况下，对稳定劳动力供给和工资成本、培育现代产业工人队伍具有重要意义。从需求看，对扩大消费需求、稳定房地产市场、扩大城镇基础设施和公共服务设施投资具有重要意义。"习总书记认为："实现这个目标，既有利于稳定经济增长，也有利于促进社会公平正义与和谐稳定，是全面小康社会惠及更多人口的内在要求。"

2016年2月，《国务院关于深入推进新型城镇化建设的若干意见》（国发〔2016〕8号）印发，明确提出要"加快制定实施推动1亿非户籍人口在城市落户方案"。同年9月，《国务院办公厅关于印发推动1亿非户籍人口在城市落户方案的通知》（国办发〔2016〕72号）颁布实施。

为了实现1亿人落户的目标任务，户籍制度改革驶上了快车道。

2014年7月印发的《国务院关于进一步推进户籍制度改革的意见》（国发〔2014〕25号），全面放开了建制镇和小城市的落户限制；对于城区人口50万至100万的中等城市，要求是有序放开落户限制，以合法稳定的就业和住所、参加城镇社保的年限作为限制条件；对于100万以上的大城市，可以合理确定落户条件；对于特大城市，则要严格控制人口规模。

2016年2月印发的《国务院关于深入推进新型城镇化建设的若干意见》（国发〔2016〕8号），放宽了除超大和特大城市以外城市的落户限制，规定"除极少数超大城市外，允许农业转移人口在就业地落户"；"除超大城市和特大城市外，其他城市不得采取要求购买房屋、投资纳税、积分制等方式设置落户限制"。但是这份文件并没有对Ⅰ型和Ⅱ型大城市放宽落户条件、取消落户限制作出更为具体的规定。

同年9月公布的《国务院办公厅关于印发推动1亿非户籍人口在城市落户方案的通知》（国办发〔2016〕72号），甚至进一步放宽了一些超大特大城市的落户限制："户籍人口比重低的超大城市和特大城市，要进一步放宽外来人口落户指标控制。"对于大中城市，"均不得采取购买房屋、投资纳税等方式设置落户限制"，而且"城区常住人口300万以下的城市不得采取积分落户方式"，大城市落户社保年限要求"不得超过5年"、中等城市"不得超过3年"。

按照中央改革办统一部署，2018年10~11月，国家发改委牵头对各地区、各有关部门落实《国务院办公厅关于印发推动1亿非户籍人口在城市落户方案的通知》情况开展督查。从统计数据看，到2018年末，全国城镇户籍人口总量首次超过6亿人大关，户籍人口城镇化率达到43.4%。

尽管在市民化3.0阶段，户籍改革的步子很快，但户籍限制的取消，或者说户籍门槛的降低，还是有一个过程的。渐进式改革是我国改革的一大特点，户籍制度改革也是这样。渐进式改革的最大好处是连续稳定，可以边改革、边监测、边评估，及时发现问题，适时深入推进。在户籍制度改革中，一下子放开、力度过猛，可能会出现难以应对的风险。在渐进改革的过程中，逐步放宽、放开，稳扎稳打，步步为营。

中小城市和建制镇的户籍制度改革，并没有引发重大问题和重大风险。因此，进一步放宽和放开落户限制就成为现实的选项。对于城区常住人口100万至300万的大城市，在放宽限制的时期，落户平稳有序，经过一段时期的监测评估，目前已具备全面取消落户限制的条件。对于城区常住人口300万至500万的大城市，可以全面放开放宽落户条件，并全面取消重点群体落户限制。

2019年4月，国家发展改革委公开发布《2019年新型城镇化建设重点任务》，进一步提出："积极推动已在城镇就业的农业转移人口落户。继续加大户籍制度改革力度，在此前城区常住人口100万以下的中小城市和小城镇已陆续取消落户限制的基础上，城区常住人口100万至300万的大城市要全面取消落户限制；城区常住人口300万至500万的大城市要全面放开放宽落户条件，并全面取消重点群体落户限制。"

至此，除极少数城市以外，转移人口进城落户的门槛已经放得很低了。

2019年7月18日，全国户籍制度改革推进电视电话会议在北京召开。中共中央政治局常委、国务院副总理韩正指出："推进户籍制度改革，是推动以人为核心的新型城镇化的重要环节。近年来，户籍制度改革取得显著成效，全国共有9000多万农业转移人口成为城镇居民，城乡统一的户口登记制度全面建立，户口迁移政策全面放开放宽，居住证制度实现全覆盖，户籍管理基础工作不断夯实。"

从公开的统计数据看，我国城镇户籍人口已经从2013年的4.9亿人增至2019年的6.2亿人，平均每年增加2100多万人，累计增加1.3亿人以上。扣除自然增长的城镇户籍人口，估计2014~2019年累计进城落户的人口已经接近1亿人。"十五"以来，户籍人口城镇化大体上可以划分为三个阶段。2001~2005年，户籍人口城镇化率稳步提高，从26.7%提高到32%，年均提高1.3个百分点左右，与常住人口城镇化率的差距保持在11个百分点。2006~2013年，户籍人口城镇化率明显放缓，从32.5%提高到35.9%，平均每年只提高0.5个百分点，与常住人口城镇化率的差距扩大到近18个百分点（顾严、李爽等，2017）。2014年以来，户籍人口城镇化率加快提高，到2019年已累计提高约8.5个百分点，年均1.4个百分点以上。2019年，户籍人口城镇化率达到44.38%，与常住人口城镇化率的差距为16.2个百分点（国家统计局，2020）。预计2020年户籍人口城镇化率可以达到《国家新型城镇化规划》设定的45%这一目标，但其与常住人口城镇化率的差距不大可能缩小到15个百分点。

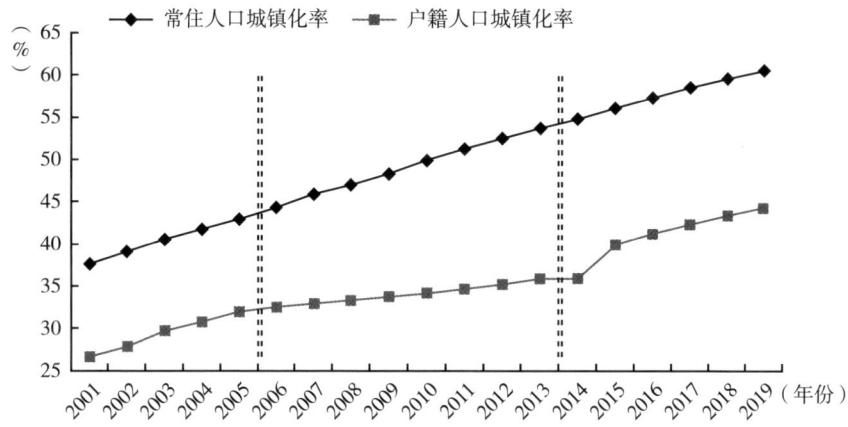

图3 常住与户籍人口城镇化率变动

资料来源：顾严、李爽等（2017）；国家统计局（2020）。

尽管没有更为详尽的落户数据，但从笔者在地方调研掌握的情况看，转移人口落户大体上以长期在城镇工作生活的家庭为主，省内迁移目前是最重要的渠道。落户的意愿和行为，受到一系列经济社会因素的综合影响，概括起来主要是：一方面，要具备在城镇扎根的能力，携家人在城镇生活了一定时期，习惯了流入地的环境，通常已经购置了房产，才会下决心举家落户；另一方面，在农村老家的权益能够得到较好的保障，一般来说村里对土地等产权进行了明确的确权，而且管理规范，不会强制收回迁走户口家庭的土地，进城落户才没有后顾之忧。此外，为子女上学而进城落户的情况也比较常见。

落户为转移人口市民化提供了"一步到位"的解决方案，尤其是从公

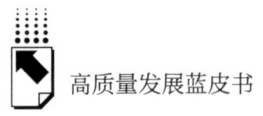

共服务的角度看。尽管我国以基本公共服务常住人口全覆盖为导向,持续推进农民工的市民化。如果公共服务和社会福利能够完全从户籍上剥离,就无需强调落户。然而实际情况是,户籍上仍然附着一些公共服务和社会福利项目,短期内难以完全剥离。在国务院印发的《"十三五"推进基本公共服务均等化规划》中列明的81个国家基本公共服务项目中,围绕就业的、以农民工作为工作人口的权益,基本上都实现全覆盖和均等化了。然而,农民工作为居民、其非就业的随迁家属作为居民,还有不少权益未能享有或不能平等享有,如学前教育、就业援助、居民社保、低保救助、养老补贴、慢病管理、廉租住房等,占全部项目的比例近1/4。此外,户籍还附着不少经济权益,比如一些行业、一些岗位的就业权。因此,加快提高户籍人口城镇化率,给予转移人口城市户籍,是市民化3.0阶段十分必要也十分有利的政策。

三 "后1亿人时期"举家市民化的趋势及建议

尽管户籍人口城镇化率近几年出现了提速,但与常住人口城镇化率之间的差距依然较大,这个差距既是城镇化质量的缺口,同时也是市民化的欠账。进一步缩小这个缺口,是深入推进新型城镇化的必然要求。在"十三五"历史性地完成1亿人落户的目标后,"十四五"乃至更长时期是否有必要实施第二轮1亿人落户目标?考虑到已经出现的一些新变化,恐怕必要性不是很强。

一是常住人口城镇化有可能减速。"十五"以来我国常住人口城镇化率年均提高1.2个百分点的趋势,已经悄然变化。2011年以来,我国农民工的总量以及其中外出农民工的数量增长均明显放缓,年度增速从5%以上下降至1%以下;2018年,进城农民工的人数出现净下降(国家统计局,2013,2017,2019)。根据城镇化率沿"S"形曲线演进的一般规律,常住人口城镇化率超过60%以后将出现一定程度的减速。联合国世界城市化展望也预测,"十四五"时期中国常住人口城镇化率的年均提高幅度将下降至

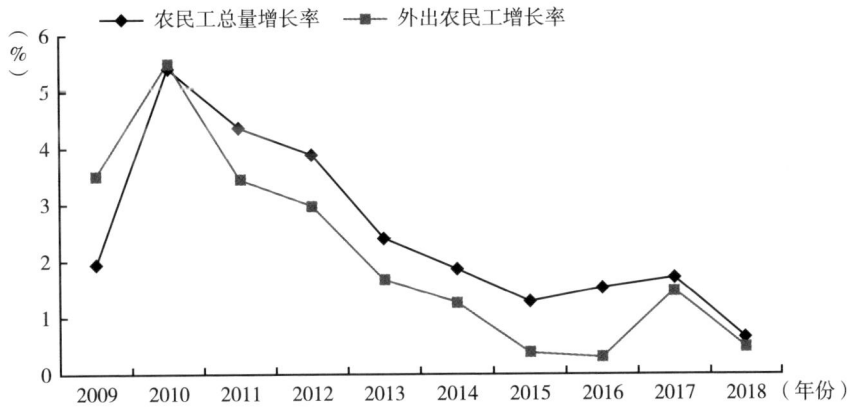

图4　2009~2018年农民工总量和外出农民工增长情况

资料来源：国家统计局（2013，2017，2019）。

1个百分点左右（United Nations，2018）。2020年实现1亿非户籍人口在城市落户以后，大规模集中进城落户的历史任务也将完成。"十四五"将进入"后1亿人"时期，以高质量为导向的新型城镇化发展与乡村振兴将会形成一种新的均衡状态。在城乡融合发展中，人口流动迁移放缓有可能是新的趋势。在常住人口城镇化率放缓的情况下，只需要稳步提高户籍人口城镇化率，就能缩小二者之间的差距即城镇化的质量缺口。

二是转移人口进城落户意愿有走低趋势。近年来，农民工进城落户的意愿总体上呈现出下降的态势。尤其是，新生代农民工并没有表现出特别强烈的落户意愿，目前也没有出现更大比例的集中落户的行为。当然，这并不代表这部分群体没有进城落户的潜力或能力。主要是他们还需要更长时间来熟悉和适应流入地的环境，工作要稳定下来，生活要习惯起来。随着生命周期的阶段性变化，新生代农民工在进入婚姻家庭阶段以后，特别是养育下一代到了一定年龄、需要为孩子的教育规划进行谋划和选择时，进城落户的意愿会进一步增强。在有意愿、有能力在城镇落户的群体大部分已在"十三五"实现进城落户后，再推动大规模落户的计划暂时不具备坚实的微观基础。

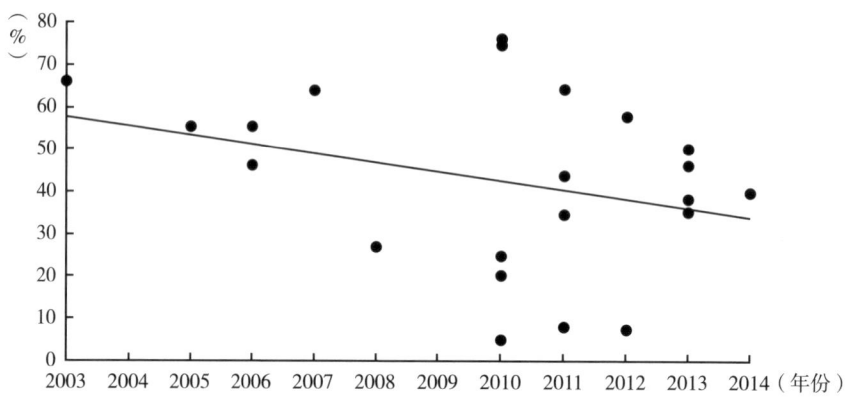

图5　2003～2014年若干调查显示的愿意进城落户农民工占比

资料来源：顾严、李爽等（2017）。

三是户籍制度改革进入深水区。单就城市户口的门槛来说，除极少数几个超大特大城市以外，已经降到了历史低点。但户籍制度改革需要户籍以外的一系列政策甚至法规来提供配套支撑。不论是《土地管理法》的修订和实施，还是基本公共服务的均等化和常住人口全覆盖，抑或是"人钱挂钩、钱随人走""人地挂钩、以人定地"等机制的落地和完善，都有一个过程。这些政策法规要发挥出更大作用，现实中还存在"梗阻"。对于地方政府来说，要承担市民化财政成本的97%，但仅享有市民化财政收益的67%——巨大的财政净损失，产生明显的负向激励（魏义方、顾严，2017）。国家的政策要发挥作用，离不开地方的落实。如果在城市基层户籍大厅所公示的具体落户要求没有改变，国家政策文件再怎么降低落户门槛，也不会产生多少实效。

截至2018年末，全国进城农民工总量仍有1.35亿人（国家统计局，2019）。这部分群体及其家庭成员，要享有城镇居民的各项基本公共服务，要更加深度融入所在的城市，其中长期在城镇稳定工作和生活的要在意愿基础上逐步落户，这依然是推进城镇化和市民化的重要方向。以意愿为基础、以就业能力和政策环境为支撑、以城市群和都市圈为载体，化整为零地提高户籍人口城镇化率，可能是更加适合"十四五"城镇化的策略。未来一段

表3 农民工市民化财政成本和收益的分摊（2014年不变价）

单位：亿元

年份	财政成本		财政收益		财政净收益	
	中央政府	地方政府	中央政府	地方政府	中央政府	地方政府
2014	57	981	-22	218	-79	-763
2015	46	1024	64	133	18	-890
2016	33	930	76	140	43	-790
2017	28	953	87	147	59	-806
2018	13	917	96	152	83	-764
2019	7	938	109	160	103	-778
2020	0	927	133	176	134	-752
2014~2020平均	26	953	78	161	52	-792
2014~2020合计	184	6670	543	1126	361	-5543

资料来源：魏义方、顾严（2017）。

时期仍然处于转移人口举家市民化的阶段，家庭生活方式实现市民化、举家迁移、共同生活是转移人口在新时代的美好生活需要，也是在推进城镇化各项工作中落实高质量发展的必然要求。以人民为中心和以人为本，落实到城镇化领域，就是以家庭为中心，积极而为、量力而行地满足转移人口家庭在城镇稳定生活的合理诉求。为此，笔者提出以下几点建议。

第一，依托城市群和都市圈形成家庭生活便捷服务圈。城市群是我国新型城镇化的主体形态，是人口集聚的重要平台。都市圈是城市群内部以超大城市、特大城市、辐射带动功能强的大城市为中心，以1小时通勤圈为基本范围的城镇化空间形态，为在此范围内居住的家庭提供日常生活所需的各项可及服务。建议做强城市群和都市圈的生活功能，促进生产生活生态空间的合理布局和配套衔接，统筹提供公共服务和生活便利，以增强区域整体的人口吸纳和集聚能力。重点推进交通等基础设施、人力资源和土地等市场、教育医疗等公共服务的一体化建设、互联互通、共享共用，搭建城市群和都市圈范围内的不同城市协同制定户籍政策的机制，加快消除区域内的户籍壁垒，实行户籍准入条件同城化互认。

第二，推动基本公共服务项目进一步覆盖常住人口和流动人口。通过上收事权和提高统筹层次的办法，探索实施全国统一、省域内统一的基本公共服务项目，实现更多权益在人口流动中"可携带"。加大最欠发达地区、公共财政自生能力较弱地区的转移支付力度，做实财政转移支付资金与服务人口挂钩联动的机制。注重保障跨统筹区域流动人员的基本公共服务权益，促进服务关系顺畅转移接续，避免出现服务"断流"和待遇"断档"。因地制宜增加常住人口享有的基本公共服务项目，以教育、住房、医疗、养老等为重点领域，逐步消除持有居住证人口与本地城镇户籍人口之间的服务项目和待遇差距。加快消除基本公共服务盲区，采取适宜方式，将暂住人口、未登记居住的常住人口纳入基本公共服务范围，重点为转移家庭中的非就业成员提供兜底保障。

第三，建立健全户籍制度改革纵向到底落实机制。开展国家户改政策执行情况的全面普查，对照国务院文件关于大中小城市和小城镇落户的具体要求，坚决取消地方法规政策中明文规定的与国家政策不符的落户限制。深入基层户籍办理机构，找出不合理限制落户的"玻璃门"现象并限期破除，确保符合条件的转移人口可按国家政策顺畅落户。将国家户籍制度改革的最新精神细化为可操作、可执行的明确条款，通过修法的方式纳入《中华人民共和国户口登记条例》，提升国家户籍政策的法制化水平，增强政策执行效力。结合专项督查、执法检查等，对国家户籍法规政策实施中出现的问题及时纠偏差、补漏洞。

第四，更加重视新市民社会融入。在市民化1.0和2.0阶段，转移人口只是在城镇地区工作而不实际享有完整的家庭生活，即只是"落脚"而非"落户"的情况下，新市民与老市民的融合问题虽然也存在，但不那么突出，因为还有乡村作为"后盾"和"归宿"。当转移人口大量举家迁移到城镇并长期居住生活即进入市民化3.0阶段以后，深度的城市融入就变成了必选项，新老市民之间矛盾的"缓冲区"会明显收窄，对城市社会融合提出了更高也更加迫切的要求。建议结合社会组织发展、基层社会治理、社会矛盾化解等方面的工作，多措并举促进新市民社会融入。扩大政府购买社会组织服务的范围，将流动人口管理服务、新市民社会融入等项目作为重要事项纳入购买服务目录,培育发展具有专业服务能力的社会工作机构、社会团体和志愿者队伍,为转移人口家庭提供多层次、多样化的服务。优化社区网格化管理,将社会管理和公共服务落实到社区、细化到网格、延伸到转移人口家庭。将转移人口家庭成员吸纳进入社区居民议事会,构建新老市民齐参与的城市基层治理共同体。加强基层调处化解社会矛盾的能力,充分尊重、有力保障、顺畅实现新市民家庭的需求诉求表达权,引导依法理性表达诉求和主张权益。

第五,增设转移人口就地就近举家市民化平台。科学合理、实事求是、稳妥有序地调整行政区划,扩大"镇改市"试点和培育范围,推动县级管理权限下放给特大镇,推广"2号公章"等审批权下放模式。允许镇区人口10万以上的特大镇按同等城市标准配置教育、医疗、养老等资源,布局三级医院、国际学校、医养结合机构,辐射周边乡村。借鉴欧盟按照标准地区统计单元(NUTS)给予政策支持的做法,对于实际承载人口达到一定规模的镇,给予地市级转移支付的支持,并视同县级行政单元直接纳入"人地钱挂钩"机制。

参考文献

[1] United Nations, Department of Economic and Social Affairs, Population Division (2018). World Urbanization Prospects: The 2018 Revision, Online Edition.
[2] 费孝通:《小城镇 大问题》,《江海学刊》1984年第1期,第6~26页。
[3] 顾严、李爽等:《落脚与落户的抉择:加快提高户籍人口城镇化率问题研究》,中国社会出版社,2017。
[4] 国家统计局:《2012年全国农民工监测调查报告》,2013年5月27日。
[5] 国家统计局:《2016年农民工监测调查报告》,2017年4月28日。
[6] 国家统计局:《2018年农民工监测调查报告》,2019年4月29日。
[7] 国家统计局:《中华人民共和国2019年国民经济和社会发展统计公报》,2020年2月28日。
[8] 民政部:《2018年第四季度例行新闻发布会》,2018年10月30日。
[9] 魏义方、顾严:《农业转移人口市民化:为何地方政府不积极——基于农民工落户城镇的成本收益分析》,《宏观经济研究》2017年第8期,第109~120页。

B.15 "十四五"时期农业转移人口落户趋势与政策展望

邹一南*

摘　要： 通过分析全国流动人口数据发现，在当前推动农业转移人口落户进程中，存在户籍城镇化率与常住城镇化率差距再次扩大、大城市积分落户政策异化、重点群体的政策响应度低等问题。主要原因在于，农业转移人口具有流动倾向强于定居倾向、留居意愿强于落户意愿、落户意愿与落户能力不匹配、落户需求与落户供给不匹配、落户倾向受农地权益羁绊并被子女教育因素双向强化等特征。未来一段时期的农业人口转移，将表现出以非劳动力为主、就地转移比例提升、城市间流动务工态势强化、公共服务与农地权益需求同时增强等趋势。鉴于此，"十四五"时期的市民化政策重点应从落户的能力导向向需求导向转变，从户籍市民化向常住市民化转变，从福利的城市内部均等化向城市之间均等化转变，从增加转移数量向提高就业质量转变，并探索农地退出与城市福利联动机制的理论依据和实践路径。

关键词： 农业转移人口　落户　"十四五"时期　市民化政策

---

* 邹一南，中共中央党校（国家行政学院）经济学教研部副教授，主要研究方向为发展经济学、劳动经济学。

"十四五"时期农业转移人口落户趋势与政策展望

自 2014 年新一轮户籍制度改革实施以来,以推动农业转移人口在城市落户为重点的政策措施密集出台,各地区各部门的配套政策也相继实施。几年来,户籍制度改革取得了显著成效,户籍人口城镇化率快速提高,但与此同时,农业转移人口市民化进程缓慢的问题仍未得到根本解决,以人为核心的新型城镇化质量依然有待提高。在即将到来的"十四五"规划期,进一步深化户籍制度改革以推动农业转移人口市民化进程,是必然的政策选项。因此,对当前推动农业转移人口落户进程中出现的主要问题以及未来一段时间农业人口转移可能出现的新特征、新趋势进行分析研判就具有十分重要的政策意义。

一 当前推动农业转移人口落户进程中存在的主要问题

(一)户籍人口城镇化率与常住人口城镇化率差距再次扩大

新一轮户籍制度改革的一个重要现实背景,就是中国经济发展过程中的"半城镇化"问题日益严重。[1] "半城镇化"的一个重要标志,就是在大量农业转移人口无法通过在城市落户而实现市民化,体现在宏观数据上,就是常住人口城镇化率和户籍人口城镇化率的差距不断拉大。到了 2013 年,"两率差"达到了历史最高的 17.8%,非户籍人口在教育、医疗、社保、住房、就业等一系列公共服务领域无法与市民得到均等的待遇。因此,2016 年 9 月《国务院办公厅关于印发推动 1 亿非户籍人口在城市落户方案的通知》明确提出提高户籍人口城镇化率的目标,即到 2020 年,要实现户籍人口城镇化率提高到 45%,各地区户籍人口城镇化率与常住人口城镇化率差距比 2013 年缩小 2 个百分点以上。[2]

---

[1] 刘金伟:《新一轮户籍制度改革的政策效果、问题与对策》,《人口与社会》2018 年第 4 期,第 91~95 页。
[2]《国务院办公厅关于印发〈推动 1 亿非户籍人口在城市落户方案〉的通知》,中央政府门户网站,2016 年 9 月 30 日,http://www.gov.cn/zhengce/content/2016 - 10/11/content_5117442.htm。

但是，缩小"两率差"的进展并不十分顺利。在新一轮户籍制度改革初期，"两率差"确有大幅度缩小的趋势，从2013年的17.8%迅速下降到2016年的16.15%，而从2017年开始，"两率差"又再次开始扩大，从2016年的16.15%增加到2019年的16.22%（见图1）。虽然扩大的幅度较小，但扩大的趋势一直持续，这使得在2020年能否如期实现"'两率差'比2013年缩小2个百分点以上"的目标带来了不确定性。这表明，在当前阶段，户籍人口城镇化率并未完全赶上常住人口城镇化率的提高步伐，以农业转移人口为主的城市非户籍人口的落户推进工作，存在着一定的困难与挑战。

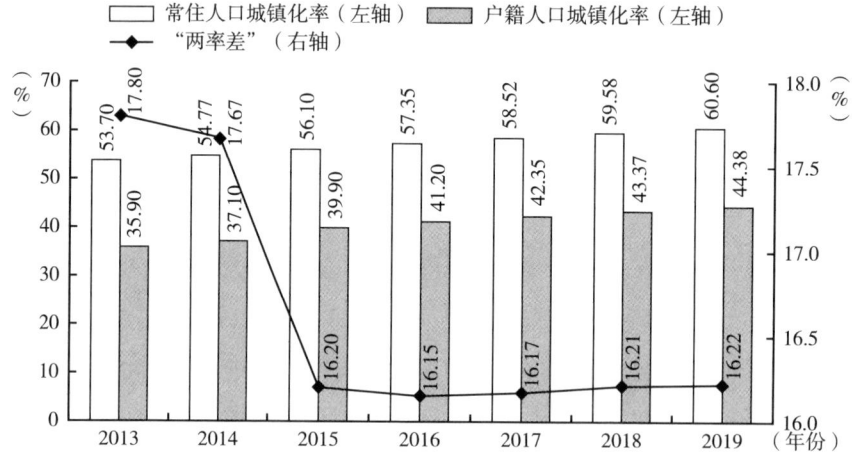

图1　2013~2019年常住人口城镇化率、户籍人口城镇化率及二者差距变化情况

资料来源：历年国家统计局国民经济和社会发展统计公报。

（二）大城市积分落户制度下农民工落户政策异化为人才落户政策

新一轮户籍制度改革最核心的目标就是实现农业转移人口市民化，这一点在多份国务院文件中被屡次强调。例如，2014年7月国务院《关于进一步推进户籍制度改革的意见》明确提出，要到2020年实现1亿左右农业转移人口和其他常住人口在城镇落户。① 针对农业转移人口市民化进展缓慢问

---

① 《国务院印发〈关于进一步推进户籍制度改革的意见〉》，中国政府网，2014年7月30日，http：//www.gov.cn/zhengce/content/2014-07-30/content_8944.htm。

题，2016年2月国务院《关于深入推进新型城镇化建设的若干意见》进一步提出，要鼓励各地区进一步放宽落户条件，除极少数超大城市外，允许农业转移人口在就业地落户。① 2019年4月国家发改委《2019年新型城镇化建设重点任务》强调要以农业转移人口为重点，加大非户籍人口在城市落户推进力度。②

但是，作为农业转移人口集中的大城市地方政府，出于自身财政利益最大化的考虑，普遍把提高户籍人口城镇化率的指标要求与自身人才引进战略联系起来，积分落户细则的制定具有明显的高人力资本偏向性。从部分特大超大城市的积分落户实施细则可以看出，相对于合法稳定居住指标，高学历在积分计算上的优势巨大（见表1）。由于农民工等农业转移人口的学历普遍不高，绝大多数未受过高等教育，即使是在城市生活工作多年，也在计算落户积分时相比大学生等其他外来人口毫无竞争力。虽然国家发改委《2019年新型城镇化建设重点任务》已明确要求"超大特大城市要调整完善积分落户政策，确保社保缴纳年限和居住年限分数占主要比例"，③但并未真正改变各大城市愈演愈烈的抢人（才）大战，使得农民工落户政策逐渐异化为人才落户政策。

（三）重点群体对差别化落户政策的响应度不高

推进非户籍人口落户的进程中，一个基本的原则是"存量优先、带动增量"，因此通过高考进入城市的农村籍大学生、在城市工作居住5年以上和举家迁移的农业转移人口，以及新生代农民工就成为推动落户的重点人

---

① 《国务院印发〈关于深入推进新型城镇化建设的若干意见〉》，中国政府网，2016年2月2日，http://www.gov.cn/zhengce/content/2016-02/02/content_684082352.htm。
② 《国家发展改革委关于印发〈2019年新型城镇化重点任务〉的通知》，国家发展改革委网站，2019年4月8日，http://www.ndrc.gov.cn/zcfb/zcfbtz/201904/t20190408_932843.html。
③ 《国家发展改革委关于印发〈2019年新型城镇化重点任务〉的通知》，国家发展改革委网站，2019年4月8日，http://www.ndrc.gov.cn/zcfb/zcfbtz/201904/t20190408_932843.html。

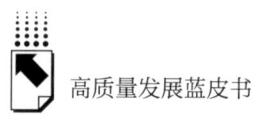
高质量发展蓝皮书

表1 部分城市积分落户实施细则

城市	教育背景指标	合法稳定居住指标
北京	大学专科(含高职),10.5分; 大学本科学历并取得学士学位,15分; 研究生学历并取得硕士学位,26分; 研究生学历并取得博士学位,37分	在自有产权住所每连续居住满1年积1分; 在合法租赁住所和单位宿舍每连续居住满1年积0.5分
杭州	具有高中(含中职)学历,10分; 具有大专(含高职)学历,30分; 具有本科学历,50分; 具有硕士学位或硕士研究生学历,65分; 具有博士学位或博士研究生学历,75分	在本市自有产权住房连续居住登记每满1年积2分; 在本市其他合法稳定住所连续居住登记每满1年积1分
成都	具有本科及以上学历,且年龄在45周岁及以下的市外人员可直接落户; 具有大专以上学历且年龄在45周岁以下,在成都市六城区落实了工作单位的可直接落户; 不符合上述条件的大专以上学历,积10分	取得不动产权证或房屋所有权证的自有住所,连续居住按1分/年累积计算; 签订正式住房租赁合同,并办理租赁登记备案的住房,连续居住按1分/年累积计算

资料来源:北京市、杭州市、成都市积分落户管理办法。

群,这一点在前述各国务院文件中也有明确规定。设置落户重点人群的初衷,是让务工时间长、适应能力强、有就业竞争力的农业转移人口优先落户,进而由存量带动增量,逐步实现新增农业转移人口在城市落户。从实施情况看,各地方政府也都相应地制定了向重点人群倾斜的差别化落户政策。①

但是,重点群体对向其倾斜的差别化落户政策的响应并不积极。国家卫健委2017年全国流动人口动态监测数据显示,各类重点群体在满足本地落户条件时,选择愿意落户的比例与全体农业转移人口平均水平相差仅在0~3个百分点,并未明显高于全体农业转移人口选择愿意落户的平均比例,选择不愿意落户的比例也并未明显低于全体农业转移人口选择不愿意落户的平均比例(见表2)。其中,作为重点群体之一的举家迁徙农业转移人口,其选择愿意落户的比例甚至低于全体农业转移人口选择愿意落户的平均比例,

---

① 孙婕、魏静、梁东晗:《重点群体落户意愿及影响因素差异化研究》,《调研世界》2019年第2期,第3~9页。

选择不愿意落户的比例亦高于全体农业转移人口选择不愿意落户的平均比例。重点群体对差别化落户政策响应的不积极，直接影响到落户政策的推进效果。

表2 不同类型农业转移人口在务工城市落户意愿情况

单位：%

	全部农业转移人口	农村籍大学生	在城镇就业居住5年以上	举家迁徙	新生代农民工（"80后"）
愿意落户	35.6	35.8	38.5	35.5	36.7
不愿意落户	36.9	31.0	36.0	37.8	33.9
没想好	27.5	33.2	25.5	26.7	29.3

资料来源：国家卫健委2017年全国流动人口动态监测数据。

二 农业转移人口的流动和落户意愿特征

户籍人口城镇化率与常住人口城镇化率差距再次扩大、大城市农民工落户政策异化为人才落户政策、重点群体对差别化落户政策的响应度不高，这些问题的出现都有一个共同的原因，就是以推进落户为核心的农业转移人口市民化政策的制定，大多是从政府自身的角度出发，并未充分考虑到农业转移人口的流动和落户意愿特征，尤其是对影响其流动和落户意愿的新的规律性因素缺乏深入研究。因此，在探讨未来推进农业转移人口市民化的政策建议之前，需要先对农业转移人口的流动与落户意愿特征展开分析。

（一）流动倾向强于定居倾向

根据二元劳动力市场理论，城市劳动力市场可划分为就业质量较高的一级劳动力市场和就业质量较低的二级劳动力市场。① 二级劳动力市场的就业

---

① Piore M., "The Dual Labor Market: Theory and Application". In David B. Grusky, ed., *Social Stratification: Class, Race, and Gender in Sociological Perspective*, 1970: 435–438.

岗位除工资、福利、职业前景相对较差以外，另一个重要的特征就是就业的稳定性较弱，劳动力的流动性较强。显然，大多数农民工的就业岗位处于二级劳动力市场上。观察中国改革开放40多年的民工潮，可以发现农民工的确是流动性很强的群体，其流动性不仅表现为城乡之间"候鸟式"流动，也表现为在不同的务工城市之间横向流动。有研究表明，农民工在城市之间的二次流动不仅是一个普遍现象，也是提高收入水平的一个有效途径。①

国家卫健委2017年流动人口动态监测数据显示，有51.3%的农民工至少在2个以上的城市流动过，流动到过2个以上城市的农民工月平均收入为4384元，明显高于只在1个城市流动过的农民工的月平均收入3799元。进一步分析发现，更多的流动还可以带来农民工职业声望的提高。流动到过2个以上城市的农民工中，就业身份为雇主、固定雇员等职业声望较高者的比例明显高于只流动到过1个城市的农民工，而前者就业身份为零工、散工和无业等职业声望较低者的比例也明显低于后者（见图2）。因此，无论是从工作性质还是从提高收入水平和职业声望的角度看，农民工应具有在城市间多次流动的意愿，其在城市间流动的倾向要强于在城市定居的倾向（仅26.3%的农业转移人口表示愿意在务工城市定居）。从这个角度看，以获得一个城市的固定身份和福利为目的的落户行为对大多数农民工来说，缺乏足够的吸引力。

（二）留居意愿强于落户意愿

农业转移人口落户意愿不强还表现在其和留居意愿的对比上。国家卫健委2017年流动人口动态监测数据显示，表示打算继续在务工所在城市留居一段时间的人，在农业转移人口中占81.3%，而表示愿意把户口迁入务工所在地的人，仅占农业转移人口的35.6%。考虑到两者的交互关系，我们进一步将农业转移人口迁移意愿分为四种类型（见表3）。可以发现，农业

---

① 常进雄、赵海涛：《农民工二次跨区流动的特征分析》，《中国人口科学》2015年第2期，第84~92页。

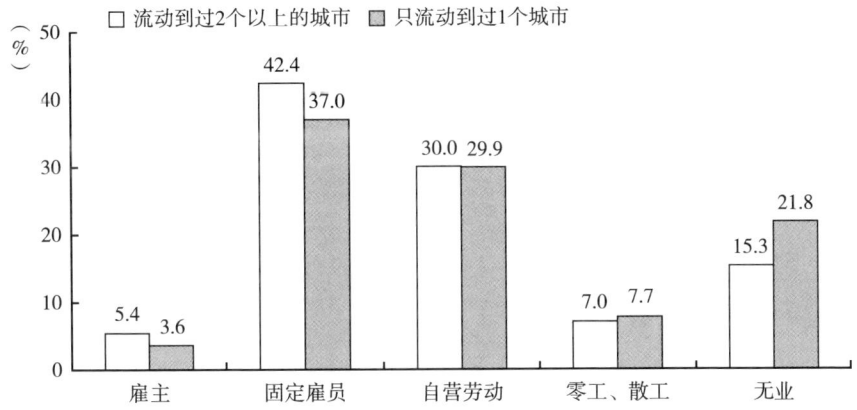

图 2　不同流动次数的农业转移人口就业身份分布情况

资料来源：国家卫健委 2017 年全国流动人口动态监测数据。

转移人口中，有 33.7% 的表示愿意留居并且落户，有 48.1% 的表示愿意留居但不愿意落户，有 1.9% 的表示愿意落户但不愿意留居，有 16.4% 的表示不愿意留居也不愿意落户。

表 3　农业转移人口在务工城市留居与落户意愿分类

		今后一段时间,是否继续打算留在本地	
		是	否
如果符合本地落户条件,是否愿意把户口迁入本地	是	留居且落户(33.7%)	落户但不留居(1.9%)
	否	留居但不落户(48.1%)	不留居且不落户(16.4%)

资料来源：国家卫健委 2017 年全国流动人口动态监测数据。

留居和落户分别为行为性和制度性迁移的标志，对前者的选择更看重实际利益，对后者的选择更看重制度的合法性。[①] 从数据看，接近一半的农业转移人口选择行为性迁移而非制度性迁移，表明农业转移人口更看重实际经济利益，而相对并不十分看重制度合法性压力，这为农业转移人口的留居意愿强于落户意愿提供了一个解释。

---

① 蔡禾、王进：《"农民工"永久迁移意愿研究》，《社会学研究》2007 年第 6 期，第 86~113 页。

（三）落户意愿与落户能力不匹配

就农业转移人口的落户行为本身而言，存在着落户意愿与落户能力不匹配的问题。一方面，落户能力强的农业转移人口，落户意愿相对较弱。国家卫健委2017年流动人口动态监测数据显示，在不同居住类型的农业转移人口中，购买了商品房的农业转移人口愿意落户的比例仅为33.5%，低于农业转移人口落户意愿的平均水平（见图3）。从就业身份看，作为雇主的农业转移人口落户意愿为36.6%，在五类不同就业身份的农业转移人口群体中位列第三（见图4）。这些现象表明，购房和租房居住、就业身份为雇主的这些落户能力较强的农业转移人口群体，其落户意愿反而相对较弱。事实上，在中国农民工群体的内心深处，普遍固有着一种从"小农"向"小资"转变的理想情怀，他们往往并不愿意真正成为靠工资和社保生活的城市产业工人，而是想当小老板，更多地买房置业是他们的普遍追求。① 因此，对于已经实现购房、成为雇主的落户能力较强的农民工，反而可能会更倾向于保留自己在农村的土地和房产，不愿意以此来换取城市户口。

另一方面，落户意愿较强的农业转移人口，落户能力相对较弱。图3显示，在不同居住类型的农业转移人口中，落户意愿较强的是购买保障房、小产权房和借房居住的群体。从就业身份看，落户意愿最强的是无业者。显然，无业的农业转移人口，其经济实力决定了落户能力较弱，而购买保障房、小产权房和借房居住的农业转移人口，其落户能力固然优于居住在单位房、就业场所及非正规住房中的人，但也应弱于购买商品房的群体。而这类农业转移人口之所以有着较强的落户意愿，很可能是他们的居住方式在城市会面临较大的合法性压力，因而希望通过落户来寻求制度上的保护。总之，落户意愿与落户能力的不匹配，是推动农业转移人口在城市落户的一个重要制约因素。

---

① 温铁军：《城镇化是去城市化》，《中国房地产业》2014年第2期，第40~42页。

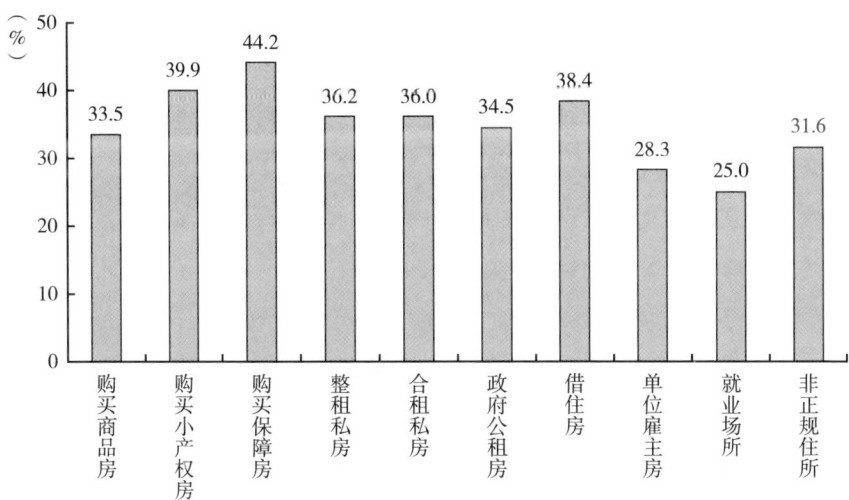

图3 不同住房类型的农业转移人口落户意愿情况

资料来源：国家卫健委2017年全国流动人口动态监测数据。

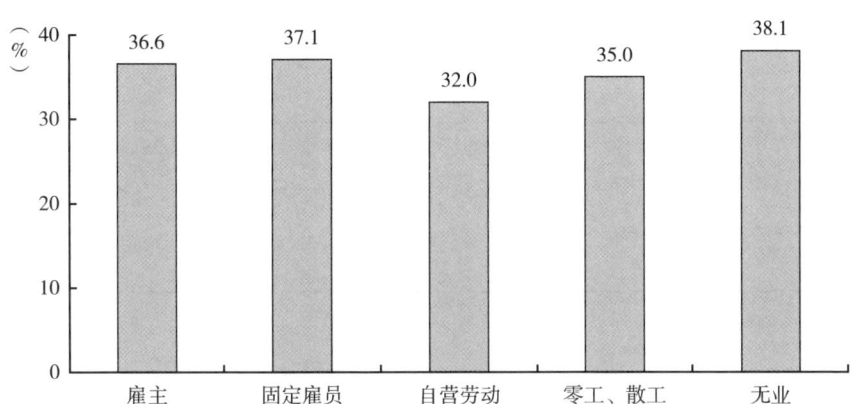

图4 不同就业身份的农业转移人口落户意愿情况

资料来源：国家卫健委2017年全国流动人口动态监测数据。

（四）落户需求与落户供给不匹配

影响农业转移人口落户进程的另一个层面的因素，是落户需求与落户供给不匹配。根据新一轮户籍制度改革的顶层设计，不同类型的城市在放开放宽落户条件时，要根据城市规模而梯度化实施，即规模越大的城市，在落户所需的缴纳社保、就业居住年限、积分所需分值等条件上的要求越严格，而规模越小的城市落户条件越宽松。也就是说，城市户口的供给在中小城市是完全充足的，而在大城市、特大城市、超大城市是逐级递减的。

然而，从不同类型城市中农业转移人口的落户意愿情况看，落户需求与落户供给正好存在着结构性的错配。农业转移人口愿意在超大城市落户的比例为54.8%，特大城市为39.6%，均明显高于农业转移人口平均落户意愿，也高于Ⅰ型、Ⅱ型大城市和中小城市农业转移人口的落户意愿，而不愿意落户的农业转移人口比例与之恰好成倒序（见表4）。也就是说，农业转移人口更愿意在提供落户供给数量较少的特大超大城市落户，而完全放开落户条件的中小城市的户口普遍无人问津。这种落户需求与落户供给的错配，是城市经济社会发展失衡导致的，也是推动农业转移人口落户进程最大的障碍之一。

表4 不同类型城市中农业转移人口落户意愿情况

单位：%

	超大城市	特大城市	Ⅰ型大城市	Ⅱ型大城市	中小城市
愿意落户	54.8	39.6	34.7	29.5	27.3
不愿意落户	25.2	32.2	36.0	42.4	43.0
没想好	50.0	28.2	29.2	28.1	29.7

资料来源：国家卫健委2017年全国流动人口动态监测数据。

（五）不愿放弃土地权利是农业转移人口落户意愿的最主要制约因素

曾几何时，农业转移人口因农村税费负担过重而大量将农地抛荒，背井离乡进城打工。但在农村税费改革、新农村建设取得重要进展，城镇化快速推进使得土地价值迅速提升的背景下，农民工已经越来越不愿意以土地换取含金量已经日益减少的城市户口了。有研究表明，如果要交回承包地才能够转户口,则大约90%的农民工不愿意转变为非农户口。① 尽管各级政府均明确要求,不得强行要求进城落户农民转让其在农村的土地承包权、宅基地使用权、集体收益分配权,或将其作为进城落户条件。但是,在农村基层管理实践和人们基于传统乡规民约的文化观念中,当户口从农村迁走后,包括土地权利在内的诸多农村集体成员权利也就随之弱化乃至消失。因此,保有农村承包地、宅基地及位于其上的住房等农村不动产的农业转移人口,普遍不愿意将农村户口转变为城市户口。这一点也可以从流动人口数据中看出,根据国家卫健委2017年流动人口动态监测数据,城市户籍流动人口在务工地城市落户的意愿达57.0%,远高于农业转移人口35.6%的平均落户意愿,而对于已经没有承包地和宅基地的农业转移人口,其落户意愿随即上升到43.5%。这充分表明,农村土地权利仍然是当前农业转移人口进城落户的一个最主要的制约因素。

(六)子女教育对农业转移人口落户倾向存在双向强化效应

农民工进城最主要的目的当然是务工挣钱,但为子女寻求更优质的教育条件也是一个十分重要的因素。由于义务教育等基本公共服务的城乡差距仍然很大,在务工城市接受更好的教育成为让很多农民工选择长期留居下来,甚至寻求落户。国家卫健委2017年流动人口动态监测数据显示,在各类促使农业转移人口打算留在本地的原因中,选择"子女有更好的教育"位列第一(见图5)。对于农业转移人口的落户意愿来说,子女教育是一个双向强化因素。一方面,农民工子女的入学政策越严格,城市教育资源对农民工的吸引力越强,户籍的价值越高,从而落户意愿越强。另一方面,对于那些本来就有离开城市打算、落户意愿不强烈的农民工来说,严格的入学政策进一步强化了其不在该城市定居并迅速离开的打算。②

---

① 张翼:《农民工"进城落户"意愿与中国近期城镇化道路的选择》,《中国人口科学》2011年第2期,第14~26页。
② 肖璐、蒋芮:《农民工城市落户"意愿—行为"转化路径及其机理研究》,《人口与经济》2018年第6期,第89~100页。

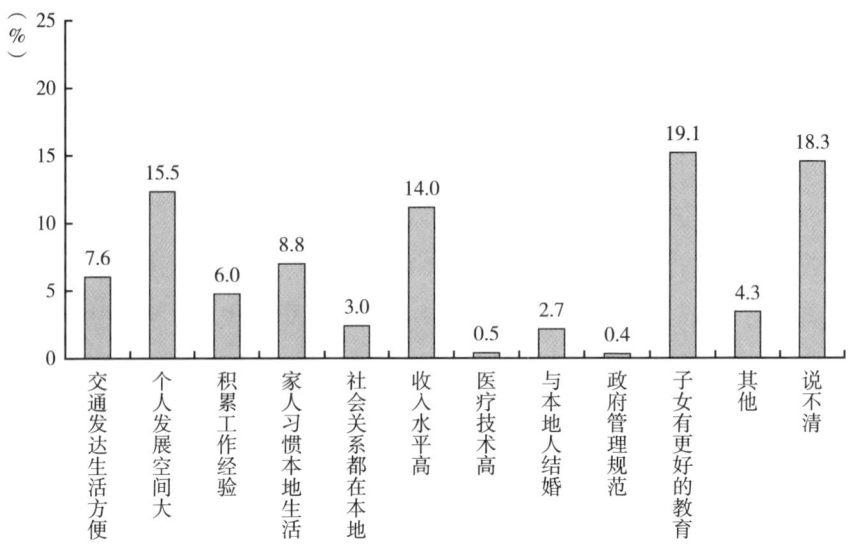

图 5　农业转移人口打算留在务工城市的主要原因分布情况

资料来源：国家卫健委 2017 年全国流动人口动态监测数据。

三　未来一段时期我国农业人口转移特征的变化趋势

农业转移人口的流动、落户意愿特征深刻地影响着当前其在城市落户的进程。在未来一段时期，农业人口的转移在既有特征的基础上，将会展现出一系列新的变化趋势，这些新趋势也将对未来我国农业转移人口市民化进程和相关政策的制定产生重要影响。

（一）新增农业转移人口将以非劳动力为主

在过去十年，我国城镇化率基本上以每年 1 个百分点以上的速度持续提升，每年新增城镇人口数量保持在 2000 万人左右。但是，新增城镇人口中，农民工的数量发生了大幅度下降，占比相对于 2010 年前后的 50% 左右下降到 2018 年的 10.3%（见表 5）。按照这一趋势，在"十四五"期间，新增城镇人口将主要由非劳动力的农业转移人口构成。

新增农业转移人口以非劳动力为主的变化趋势,将对未来我国的农业转移人口市民化政策产生重要影响。这一变化意味着未来将有大量的老人、妇女、儿童等农民工家属作为新增农业转移人口进入城市,也意味着城镇化率的提高将更多通过城乡区划调整和撤村并居的方式实现,而非通过农村劳动力迁移务工的方式实现。农民工家属等非劳动力的增多,使得农业转移人口群体对城市的教育、医疗、社保、住房保障等基本公共服务的刚性需求增大。通过区划调整和撤村并居比例的提高,将使得更多的农民与土地分离,从依赖土地保障转变为依赖城市社会保障。但是,农业转移人口对公共服务需求的增加,并不意味着其对落户需求同步提升。如前文所述,举家迁徙者的落户意愿在重点群体中反而相对较低,同时作为农民工中经济能力较强的群体,举家迁徙者可能更愿意通过农村户口保留与家乡的联系。

表5 新增城镇人口和农民工数量比例变化情况

年份	新增城镇人口(万人)	新增农民工总量(万人)	新增农民工占新增城镇人口比例(%)
2009	2109	436	20.7
2010	2466	1245	50.5
2011	2101	1055	50.2
2012	2103	983	46.7
2013	1929	633	32.8
2014	1805	501	27.8
2015	2200	352	16.0
2016	2182	424	19.4
2017	2049	481	23.5
2018	1790	184	10.3

资料来源:历年国家统计局农民工监测调查报告。

(二)农民工就地就近转移的比例将继续提升

伴随着新增农民工数量下降的是农民工内部结构的变化。自2008年以来,农民工不离开乡镇范围在本地实现转移的数量和比例持续提升,从37.7%上升到40.1%。相应地,离开本乡镇外出务工的农民工数量增幅放缓，在农民工总量中的比例下降。在外出农民工中，跨省迁移的农民工数量和比例出现明显下降，而在省内迁移的农民工数量和比例明显上升（见表6）。农民工倾向于就地转移、近距离外出转移的态势十分明显。

农民工就地就近转移的比例提升，意味着在东部沿海地区、省会城市等特大超大城市以及部分大城市中务工的农民工数量将会下降，在中小城市和小城镇务工的农民工数量将会上升。根据前文的分析，农民工在中小城市和小城镇中落户的意愿远低于在特大超大城市中落户的意愿，因此在给定中小城市公共服务和社会福利水平不发生明显改善的情况下，农民工整体的落户意愿将进一步下降。

表6 农民工总量和结构变化情况

年份	农民工总量（万人）	本地农民工（万人）	本地农民工占比（%）	外出农民工		
				外出农民工总量(万人)	外出农民工构成	
					省内(%)	跨省(%)
2008	22542	8501	37.7	14041	46.7	53.3
2009	22978	8445	36.8	14533	48.8	51.2
2010	24223	8888	36.7	15335	49.7	50.3
2011	25278	9415	37.2	15863	52.9	47.1
2012	26261	9925	37.8	16336	53.2	46.8
2013	26894	10284	38.2	16610	53.4	46.6
2014	27395	10574	38.6	16821	53.2	46.8
2015	27747	10863	39.2	16884	54.1	45.9
2016	28171	11237	39.9	16934	54.7	45.3
2017	28652	11467	40.0	17185	55.3	44.7
2018	28836	11570	40.1	17266	56.0	44.0

资料来源：历年国家统计局农民工监测调查报告。

（三）城市间流动务工的态势将进一步强化

根据国家卫健委2017年流动人口动态监测数据，在农业转移人口中，表示打算定居在务工城市的仅占26.3%，约1/3的农业转移人口打算继续留居长度不等的时间，另有约四成的农业转移人口表示将立刻离开或没想好

(见图6)。如前所述，流动务工是农民工提高收入水平和职业声望的一种途径，为了提高就业质量，农民工倾向于在城市间多次流动，因而对通过落户实现人户合一的做法并不积极。此外，即使是打算在城市定居的农民工，也并非都愿意在城市落户（打算定居的农业转移人口中愿意落户的比例约为63.3%）。因此，如果农民工未来仍然难以在务工城市突破劳动力市场的二元分割而进入一级劳动力市场，只能通过增加流动次数提升就业质量的话，则打算定居者的比例以及愿意落户者的比例依然不会有明显提高。

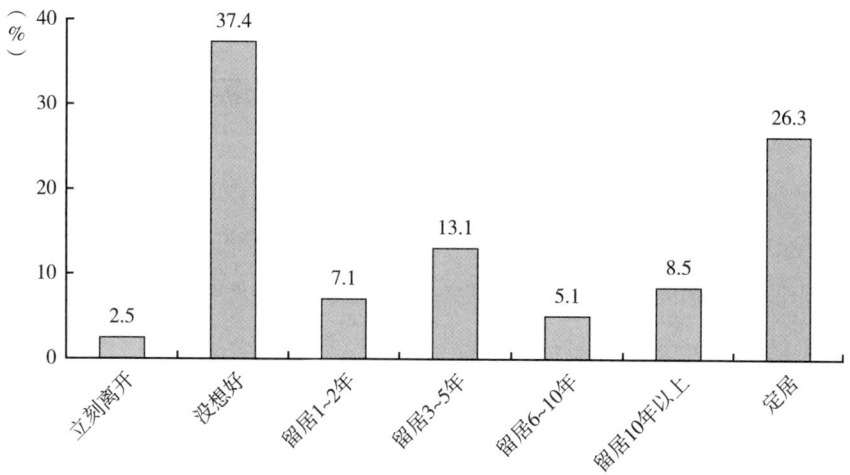

图6　农业转移人口不同未来打算类型分布情况

资料来源：国家卫健委2017年全国流动人口动态监测数据。

（四）城市公共服务需求与农村土地权益需求同时增强

随着越来越多的农业转移人口实现举家迁移，以及经济社会发展所带来的转移人口保留效用的提高，农业转移人口对城市各类基本公共服务的需求不断提升。与此同时，随着城镇化的快速推进和乡村振兴战略的实施，农村土地的潜在价值逐渐显现，进城农民退出土地的机会成本越来越高。因此，农业转移人口群体普遍存在着对城市的公共服务需求和农村土地权益需求同时增强的倾向。

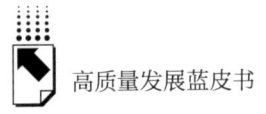

从城镇化和农业发展的一般规律看，在农业人口向城市转移的过程中，获得市民化的基本公共服务的同时退出农村承包地以实现规模化经营，可以同步提高城镇化质量和农业现代化水平。但是，在中国城乡、区域差距悬殊，城市与城市之间以及农村与农村之间差异巨大的条件下，要想合理顺畅地推动农业转移人口实现城乡权益的公平置换，是需要足够精细的理论基础、法律支撑和政策设计以及实现路径的。没有这些前提，在农业转移人口公共服务需求和土地权益需求同时增强的背景下，完全意义上的市民化及其对城乡经济社会发展带来的良性效应也很难真正实现。

四 "十四五"时期推动农业转移人口市民化的对策建议

当前农业转移人口流动和落户意愿的主要特征，以及未来农业人口转移所呈现出来的新趋势，为我们做好今后一段时期的工作提供了重要的依据。在"十四五"期间的政策措施应顺势而为，对不合时宜的战略进行调整，有效推进农业转移人口市民化进程。

（一）从推动有能力者落户向推动有意愿者落户转变

从农业转移人口的流动和落户意愿特征看，出于不愿放弃农村土地权益等考虑，大多数农业转移人口只是打算在务工地城市继续留居，而并没有落户的意愿。同时，农业转移人口在中小城市落户的意愿比在大城市以及特大超大城市更弱。鉴于此，"十四五"时期的农业转移人口落户政策应做适当调整：一方面，除少数特大超大城市之外，其余所有城市应完全放开落户条件，让有意愿将农村户口转移到城市的人都能够无门槛落户。由于农业转移人口在这些城市落户的意愿普遍不高，放开落户条件之后绝不会出现由集中落户导致城市公共服务系统压力骤增的现象。另一方面，对于户籍含金量较高的少数特大超大城市，应在继续保留积分落户制度的基础上，精简优化积分项目，切实以合法稳定就业居住年限和社保缴纳年限等能够反映留居时间的指标作为主要积分项目，大幅度降低学历、职称等反映人力资本水平的指标在积分体系中的权重。户籍本质上仅应是一个国家之内不同地区居民的身份标识，不应将其等价于主权国家的国籍、绿卡。① 落户不应采取以一个人的能力强弱来决定其能否享受城市基本公共服务的模式，而只要是本国的公民，不管是哪个阶层，不论有多高的学历，只要在行为上展现出在该城市长期生活，并有意成为户籍居民的倾向，都应该平等地享受所在城市的基本公共福利待遇。

（二）从户籍市民化战略向常住市民化战略转变

从"十三五"时期户籍人口城镇化率与常住人口城镇化率"两率差"变化的情况，并结合农业转移人口普遍落户意愿不强的特点，可以判断，未来进一步通过加大落户推进力度来缩小"两率差"的难度已经很大。根据当前农业人口转移的特征，在其短时间内无法超越二级劳动力市场就业地位的情况下，通过在城市之间多次流动来提升收入和职业声望的趋势会进一步强化，因此如果继续以人口的户籍归属来制定公共服务预算和设计公共服务政策，就显得不合时宜。从另一个角度来看，劳动力的自由流动也是劳动力市场得以优化的前提。那种认为通过落户就能够将人口稳定在某一城市的想法，既不现实，也难以为人口流动史与人口流动理论所证实。② 鉴于此，"十四五"期间应放弃户籍人口城镇化率提升的目标要求，不再给地方政府下达非户籍人口落户的指标任务，转而推动各地以常住人口为基准实施基本公共服务均等化，致力于使本地的常住人口在无需落户的情况下就能享受市民化的基本公共服务待遇。

（三）从更加注重城市内部福利均等化向更加注重城市之间福利均等化转变

以常住人口为基准实施基本公共服务均等化的政策导向要想取得成功，一个重要的前提是公共服务水平较高的部分大城市和特大超大城市不能出现

---

① 邹一南：《户籍改革的路径误区与政策选择》，《经济学家》2018年第9期，第88~97页。
② 唐宗力：《农民进城务工的新趋势与落户意愿的新变化——来自安徽农村地区的调查》，《中国人口科学》2015年第10期，第113~125页。

人口的过度膨胀。事实上，之所以特大超大城市当前无法完全放开落户条件，正是因为在这些城市中有数量庞大的外来人口，而为他们每个人都提供市民化的公共服务，将会给城市财政带来极大负担。因此，要实现城市内部原有居民和外来人口福利水平的均等化，必须先通过实现不同规模城市之间福利水平的均等化，引导包括农业转移人口在内的城市潜在外来人口能够有序转移，在不同规模的城市中合理分布，避免向少数城市过度集中。当然，在中国当前的区域发展差距和现行的资源配置体制下，完全消除不同区位、不同行政级别城市之间的发展差距，在短时间内还几乎无法实现。但是，最大限度地缩小不同城市之间的发展差距，为营造一个公平合理的城市竞争发展环境做出边际努力，则是完全可以做到的。鉴于此，"十四五"时期的城镇化发展战略，应更加注重推动中小城市的发展，引导资源和产业向中小城市合理布局，提升中小城市的基础设施和公共服务水平，努力推动不同规模城市之间福利水平的均等化。

（四）从增加农业人口转移数量向提高转移人口就业质量转变

从近几年我国新增城镇人口的数量和结构看，新增农民工对城镇化率提升的贡献已经越来越小，未来的新增城镇人口将主要由非劳动力组成。这意味着，由经济内生动力推动的人口城镇化潜力已基本耗尽，未来如果想保持城镇化率提高的速度，只能通过转移农民工家属或通过撤村并居的方式实现。事实上，城镇化率指标并没有一个国际通行的标准，当前我国60.6%的城镇化率并不意味着生活在城镇或以城镇的方式生活的人仅占60.6%，因此过度关注人口城镇化的数量指标并无实际意义，反而可能会导致各地为提高城镇化率指标而不合理地推动城乡区划调整、撤村并居和赶农民上楼，这并不利于城镇化的健康发展。真正值得关注的，应该是已经转移到城市的农民工就业质量的提升问题，只有就业质量得到提升，他们才能有机会突破二元劳动力市场的分割，实现收入水平和职业声望的跃进，从而使自身在城市定居乃至落户的能力和意愿得以提升。鉴于此，"十四五"时期的农民工就业政策应将重点放在促进就业质量提升上，要综合运用工资追缴、社会保障等消极的就业保护政策和职业教育、技能培育等积极的就业保护政策，提升农民工的人力资本水平。

（五）探索建立农地权利退出与城市福利获取联动机制的理论依据和实践路径

以非农就业工资替代农业经营收入、以城市社会保障替代农村土地保障、以城市正规住房替代农村宅地农房，本是农业转移人口市民化的应然步骤，但为了缓冲过快发展所带来的社会冲击，政策制度采取了"落户不退地"这种相对保守的过渡方案。但是，从提升城镇化质量和农业现代化水平的角度，农地权利退出又是农业转移人口市民化的一个必然过程。推进这一过程，需要成熟的理论基础和可行的实践方案。在这方面，一些地方尝试的"地票交易"制度和各种形式的"土地换保障"等做法，均有一定的探索意义，但在理论准备和实践路径上均远非理想，因而存在较大的瑕疵。鉴于此，"十四五"时期应加大对建立农地权利退出与城市福利获取联动机制的理论依据的课题研究攻关，并将研究共识以立法形式加以认定，同时应鼓励各地结合自身实际开展有益的试点，实现以最小的社会代价推动农业转移人口市民化进程产生良性质变。

B.16
社会保障的再认识与推进中国社保体制改革

李 蕾[*]

摘 要: 社会保障制度是市场经济的调节器、公平正义的推进器。作为发展中国家,中国的社会保障制度经过几十年的探索,逐步向不同于普惠型和补缺型模式的发展型社会保障制度体系演进。当前,中国社会保障体系面临公共服务的非均等化和社会保障制度的碎片化、人口老龄化、全球化和技术进步的挑战,未来应从教育、医疗、低保、养老等重点领域入手,加快建立起更加公平可持续的社会保障制度。

关键词: 社会保障制度 社保体制改革 国家治理体系

社会保障制度是工业化革命和社会进步的产物,也是事关基本民生的重大社会制度安排。中国的社会保障制度已然成为落实以人民为中心的发展理念的重要制度安排,一个能够不断增进人民福祉、满足人民美好生活需要的社会保障体系成为国家经济社会发展的重要目标。

一 社会保障制度再认识

社会保障制度是国家和社会通过国民收入的分配和再分配,依法对社会

---

[*] 李蕾,中共中央党校(国家行政学院)经济学教研部科研秘书,教授,主要研究方向为社会保障、企业管理。

成员的基本生活权利予以保障的社会安全制度。① 其基本功能是化解社会矛盾，维护公平正义，实现互济共享，促进持续发展；主要形式是社会救助、社会保险和社会福利。

（一）社会保障制度是市场经济的调和器

十八届三中全会作出的《中共中央关于全面深化改革若干重大问题的决定》中指出："经济体制改革是全面深化改革的重点，核心问题是处理好政府和市场的关系，使市场在资源配置中起决定性作用和更好发挥政府作用。"对于如何处理好政府和市场的关系，引发了人们热烈的讨论，讨论的重点在于市场和政府的边界在哪里。要讨论这个问题，首先需要厘清市场的功能。市场力量在财富创造方面功能强大，在过去的200年间，极大地促进了生产力的发展、提高了人们生活水平，这种提升远远超过了过去所有世代的总和。但另一方面，市场机制本身缺乏内在的道德品质，尽管西方古典经济学用"看不见的手原理"来论证市场机制可以实现一种含有"善果"的社会秩序：每个人为了追求自身利益最大化采取行动，而其最终的结果是增加了社会利益。但是，亚当·斯密也承认存在个人利益与社会利益矛盾的情况，"同行业的人极少为了娱乐和消遣聚在一起；就算坐下来交流，其结果要么是针对公众的阴谋，要么是抬高价格的诡计"。② 诺贝尔经济学奖得主约瑟夫·斯蒂格利茨认为：市场力量必须被驯化和调和，才能确保其为多数人的利益服务。

事实上，并不存在能够脱离社会条件的、单独运行的"独立的市场力量"。"市场力量真实存在，但它们被政治过程塑造了。市场是由法律、规章和制度共同塑造的。每一部法律、每一条规章、每一项制度安排都对分配造成影响。"③ 各种制度安排，诸如物质资源如何分配、人力资源如何发展、选择什么样的社会保障制度、广泛的技术知识该如何分享等，都能够使市场

---

① 陈良谨主编《社会保障教程》，知识出版社，1990。
② 亚当·斯密：《国富论》，中国华侨出版社，2010。
③ 约瑟夫·E.斯蒂格利茨：《不平等的代价》，机械工业出版社，2013。

体制产生极为不同的结果。而这些起作用的条件本身，也必须依赖于一个国家的经济、社会和政治制度，所以并不存在超脱于各种社会条件之外的、普遍的市场经济制度。接下来的问题是，政府主导的制度安排将市场力量引向何处，如何影响财富的创造和分配过程。一种结果是，以社会保障制度为代表的政治的、社会的制度安排调和了市场力量，缩小了收入差距，促进了社会的公平正义；另一种结果是制度安排强化了垄断和不公平竞争，进一步拉大收入差距，让多数人成为少数人牟利的工具。

社会保障制度是完善市场经济的一项不可或缺的制度安排。纵观当今世界，凡是社会保障制度健全的国家，国民的诸多后顾之忧都得到了有效解除，劳资关系由相互对立走向妥协与合作，社会和谐程度增强。社会保险制度的健全与否，客观上代表着一个国家或地区的社会文明进步水准与社会和谐程度。

（二）社会保障制度是公平正义的推进器

社会公平作为社会发展的重要内容，一直是人类追求的目标，也是最具诱惑力的目标，其涵义是社会应当以公正的、不偏不倚的态度来对待每一个社会成员。中国共产党一贯把公平正义作为自己的不懈追求，中国共产党是马克思主义政党，以马克思主义为指导，而实现公平正义正是马克思主义的崇高社会理想。马克思恩格斯认为："一切人，或至少是一个国家的一切公民，或一个社会的一切成员，都应当有平等的政治地位和社会地位。"[1] "平等是正义的表现，是完善的政治制度或社会制度的原则。"[2] 这些论断都说明了公平对社会关系、社会制度的重要意义。

社会保障是实现社会公平的一种手段，其重要作用和目标就是追求社会公平。公平可以划分为起点公平、过程公平和结果公平。社会保障制度追求起点公平、过程公平，同时在一定程度上消除结果的不公平：第一，全体社

---

[1] 《马克思恩格斯选集》第 3 卷，人民出版社，1971，第 143 页。
[2] 《马克思恩格斯全集》第 20 卷，人民出版社，1971，第 668 页。

会成员都能够公平地享受到社会保障的权益，体现一种机会的公平；第二，通过提供基本生活保障来帮助社会成员都有机会参与社会竞争，消除由意外灾祸、疾病和失业等因素导致的不公平；第三，通过让高收入者多缴费、低收入者少缴费等方式，实现收入再分配，在一定程度上缩小结果的不公平。

（三）国际社会保障制度建设的普遍规律

1. 社会保障制度的基本功能是抵御风险，兼顾提高国民福利水平。作为一个中等收入国家，社会保障不仅仅是维护社会安定的补救性制度安排，更是在保障民生的基础上承担着十分重要的收入分配调节功能的制度安排，对国民福利与国民经济同步增长等发展目标起到助推作用。

2. 社会保障制度建设不仅受经济发展水平的影响，更重要的是受社会发展需求的影响。在社会变革时期正是社会保障制度建设的机遇期。

3. 政府在社会保障制度中发挥主导作用，但又不能全部包起来。各种不同类型的社会保障模式，在20世纪80年代后都遇到了财务不可持续的挑战。这主要是由于经济增长速度放缓、人口老龄化等原因。发达国家和发展中国家纷纷进行了社会保障制度改革，基本目标是保证制度的可持续性，基本做法是调动各方面的积极性，建立多层次、多支柱的社会保障体系。

4. 立法先行是国外社会保障制度建设的基本规律。先立法，再细化为政策规定，最后是执行层面的行动。否则缺乏法律强制性的社会保障制度，很难实现全覆盖的保障目标，也很难保证不同群体享有公平的社会保障权利。

二 中国社会保障制度模式的选择

制度模式决定了社会保障的范围以及政府在社会保障中所起的作用。从西方发达国家的实践经验看，传统的社会保障制度模式大略可以分为补缺型和普惠型两种。补缺型制度模式以美国为代表，主张政府对国民福祉的需求进行有条件的干预，强调高度的社会责任感，支持非营利性组织积极参与社会保障事务，并充分利用市场机制满足国民分散风险的需求。

普惠制模式以北欧为代表，赞成政府广泛参与经济和社会事务，实施覆盖全民的社会福利保障，为每一位公民提供福利和社会服务。

新型工业化国家在实践中提出了不同于补缺型和普惠型的新模式——发展型模式。发展型模式倡导民生保障制度设计既要有利于经济发展和个人参与，同时要有助于国民福祉的改善。发展型模式强调国家通过在教育、医疗卫生、住房、职业教育等方面的投资，增强个人适应不断变化的社会环境和就业市场的能力。其主要的制度设计包括三个方面：一是促进就业的制度，保持较低税收、较高的就业率和净工资收入；二是基本公共服务均等化，保障在教育、医疗卫生和住房方面的平等权利；三是水平适当的社会保障和福利承诺。制度设计的目标是实现经济增长与社会的可持续发展。

从中国的现实条件看，未来社会保障制度模式的选择遵循发展型的逻辑思路比较可行。一方面，发展型模式重视社会保障与经济发展的相互促进，符合中国在社会主义初级阶段贯彻共建共享理念的要求，有利于解决好"做蛋糕"和"分蛋糕"的关系；另一方面，发展型模式比较好地解决了保障需求的无限性和保障资源的有限性之间的矛盾。按照发展型社会保障制度的逻辑思路，共享发展的制度设计应重点发展更加积极的人力资本支持制度、互利共赢的劳动力市场制度和稳妥可靠的社会保障制度。

按照发展型社会保障制度模式的要求，下一步社会保障制度建设中应当适当调整公共财政对三大社会保障制度的投入比重。改革开放以来，中国三大社会保障制度的基本框架是以各种社会保险为主，社会救助和社会福利为辅。但从世界各国的经验教训看，社会保险制度的有效运行是以充分就业为前提的，对灵活就业人员、自雇佣人员的保障效果有限。这也是近年来农村养老保障和医疗保障制度名义上是保险制度，实际运行中成为政府出资为主的救助制度和福利制度的原因。进入经济新常态后，经济增长速度放缓，伴随着产业结构调整之后的就业结构调整，社会保险参保扩面困难，提高保障水平的难度增大。在共享发展理念的引领下，未来社会保障体制改革将调整三大社会保障制度的比重，适当降低社会保险的缴费率，强化对低收入人群的救助，增加以教育、就业和公共医疗卫生为代表的社会福利比重。这样，一方面可以减轻用工单位和社会保险参保人员的费用负担，另一方面也可以更好地解决市场经济体制下的权利公平和机会公平的问题，增加国民的消费信心。

三 我国目前社会保障制度体系框架与发展成就

目前，我国已经成为世界上社会保障制度覆盖人数最多、保障项目基本齐备的国家，形成覆盖14亿人口的社会保障体系，保障能力日益增强，成为一个社保大国，取得举世公认的巨大成就，正在逐步走向人人依法公平享有社会保障的新时代。

（一）社会保障制度建设的历史沿革

我国的社会保障制度始建于20世纪50年代初，大体符合当时计划经济体制下经济社会发展需要。最初的制度形式是一套包括国家保障、城镇单位保障和乡村集体保障在内的板块型结构社会保障制度。这套制度以高度集中的计划经济体制为基础，是典型的国家负责、单位包办、全面保障、封闭运行、城乡分割模式。每个城镇居民都可以通过单位、企业或居委会获得保障；农民所属的生产队包办教育和医疗保障，并为农民在年老后提供保障。城镇与农村被户籍制度严格区分开来。以《劳动保险条例》为代表的"低工资、多就业、高补贴、高福利"的国家包着企业、企业包着职工的统包型社会政策使职工具备安全感而处乱不惊，同时也丧失了"动力"机制。

改革开放后，随着经济体制改革的深化，传统社会保障制度弊端日益凸显，必须进行改革。从1986年开始，中国社会保障体制改革正式进入制度转型时期。迄今为止经历了三个阶段。

第一阶段（1986~1992年），重点是为国有企业改革配套和缓解农村贫困问题，国家在这一阶段提出了社会保障社会化原则并取得一定进展，国家责任得到了适度控制和调整，改变单位包办社会保障事务的做法成了改革的重要内容，个人亦开始承担有象征意义的缴费责任。

第二阶段（1993~1997年），社会保障成为社会主义市场经济体系的重要支柱，1993年党的十四届三中全会通过《关于建立社会主义市场经济体制若干问题的决定》并在其中对社会保障改革提出明确要求和原则规定。社会保障社会化自此成为改革中追求的主要目标之一，并越来越多地体现在具体的政策实践中。社会保障体系成为我国一项重要的基本社会经济制度。

第三阶段（1998年以来），社会保障逐渐成为一项基本的社会制度，党的十七大明确指出，到2020年基本建立覆盖城乡居民的社会保障体系。社会保障全面走向社会化和去单位化，建立独立于企事业单位之外的社会保障体系、筹资渠道多元化、管理服务社会化成为改革方向。覆盖城乡的社会保障体系建设取得突破性进展：最低生活保障制度实现全覆盖，城乡医疗保险覆盖人数超过12亿，全面建立了新型农村社会养老保险制度和城镇居民养老保险制度。

（二）我国目前的社会保障制度框架

经过70年的建设与改革，中国在一穷二白的基础上，从零开始，不断探索，勇于创新，建立健全了世界最大的社会保障制度，社保制度实现全民覆盖，社保基金规模不断扩大，保障水平不断提高，管理服务体系逐步规范，成为人民群众分享社会经济发展成果最重要的制度安排之一。

1. 体系框架。我国目前的社会保障制度体系以社会救助、社会保险、社会福利为主要内容，优抚安置和其他项目为补充。其中社会救助是维护底线公平的基础性保障制度，它由财政负责供款，面向低收入或贫困阶层提供生活救助、灾害救助及其他专项救助；社会保险是面向劳动者的基本保障制度，它建立在劳资分责、政府支持的基础上，负责解除劳动者在养老、医疗、工伤、失业等方面的后顾之忧；社会福利主要面向特定群体提供福利津贴、福利设施与社会服务。

2. 保障范围。社会救助制度保障低收入群体和困难群体。社会保险制度覆盖全民。根据国家统计局发布的数据，截至2019年底，全国大陆总人口14亿，参加城镇职工基本养老保险人数为4.35亿，参加城乡居民基本养老保险人数为5.33亿，两险合计参保人数9.68亿，占全国16岁以上人口的84%。参加基本医疗保险人数为13.54亿，占总人口的96.7%。加失业保险人数20543万人，增加899万人。年末全国领取失业保险金人数228万人。参加工伤保险人数2.55亿，其中参加工伤保险的农民工8616万人。参加生育保险人数2.14亿。年末全国共有861万人享受城市最低生活保障，3456万人享受农村最低生活保障，439万人享受农村特困人员救助供养，全年临时救助918万人次。全年资助7782万人参加基本医疗保险，实施门诊和住院救助6180万人次。全年国家抚恤、补助退役军人和其他优抚对象861万人。

3. 筹资方式。社会救助以政府一般性税收进行筹资，社会保险采取单位和个人缴费为主，财政补贴为辅的方式。

4. 保障水平。在迅速扩大社保覆盖面的同时，中国社会保障待遇水平也在持续和稳步提高。全国企业退休人员月人均基本养老金从2005年到2019年实现"15连涨"，体现了分享社会经济发展成果的"共享理念"。城乡居民基础养老金最低标准从每人每月55元增至88元，2019年大病保险政策范围内报销比例由50%提高至60%，城乡居民基本医保人均财政补助标准达到每年不低于520元。

四 中国社会保障体制面临的挑战

社会保障制度要贯彻共享发展理念，必须坚持公平性和可持续性。目前，社会保障制度的公平性和可持续性面临新的挑战，在制度建设和完善过程中应给予足够的重视。

（一）公共服务的非均等化和社会保障制度的碎片化的挑战

公共服务在资源投入、保障范围、保障水平等方面存在城乡差距、地区差异和身份差别。养老、医疗等社会保障制度也因工作性质、地区、户籍的差别而有不同的制度安排。非均等化和碎片化的制度设计不利于缩小城乡差距和收入差距，没有体现民生保障资源向弱势群体倾斜的原则，不能体现公平正义的要求。

（二）人口老龄化的挑战

中国已经进入老龄化社会，根据国家统计局公布的数据，2019年末我国65岁以上老年人达到1.76亿人，占总人口的比重为12.6%。中国是世界上老龄化发展速度最快的国家之一，也是"未富先老"的国家，即还没有进入高收入国家行列已经进入人口老龄化阶段。《2013年中国人类发展报告》预测，到2030年，我国65岁以上的人口占全国总人口比重将提高到18.2%。从国际经验看，人口老龄化一直是以社会保险为主要制度安排的社会保障的最大挑战，一方面老年人口比重增加将加大年轻人缴费负担；另一方面社会保险基金来源的减少将对老年人的社会保险待遇提高形成制约。

（三）全球化和技术进步的挑战

技术进步和全球化一直是工业化进程的两大推动力量。尽管2008年国际金融危机后，全球化的速度放缓，但总的趋势没有改变。各个国家在全球化中要想保持国际竞争力，就必须考虑建立更加富有灵活性的劳动力市场，如何在保障充分就业的前提下提高对劳动人口的保障，成为制度设计中必须解决的问题。21世纪技术进步的速度加快，全球正面临新一轮的产业浪潮，智能制造的发展使得机器不仅能够替代人的体力，而且正在向着替代人的脑力发展。如何跟上技术进步的脚步同时创造更多的就业机会，也是社会保障制度必须直面的课题。

五 建立更加公平可持续的社会保障制度

制度是理念落地的保障，只有创新制度安排才可能实现共享发展，增进人民福祉。民生保障制度是社会领域最重要的制度，体现国民基本权益和政府基本职责，关系经济平稳健康发展和国家长治久安。40多年来，伴随着经济体制改革的深入，社会保障制度建设也取得了巨大进步，与社会主义市场经济体制相适应的社会保障体系框架基本形成，以社会救助、社会保险和社会福利为主要内容的社会保障体系为14亿国民构建了帮扶弱者、分散风险、共享发展成果的制度安排，也为推进经济发展和保障社会稳定发挥了积极的作用。但是应该看到，我国的社会保障制度改革是在理论准备不充分的情况下启动的，建设过程中顶层设计不足，各种制度和政策的衔接不够，存在公平性不足、可持续性令人担忧等突出问题，距离满足人民共享发展的要求还有不小的差距。因此，"十三五"期间要从国家治理体系和治理能力现代化的高度看待社会保障制度建设，通过深化改革建立起更加公平可持续的制度安排。

（一）切实降低公众教育负担，提高基础教育水平，完善职业教育

教育关系到国民素质和人力资本质量，关系到每一个国民能否有足够的能力参与到共建共享的过程中来，是增进国民福祉的根本，也是国家长期保持国际竞争力的基础。应该把提供高素质的基础教育作为实现公共服务均等化的首要任务来抓。尽管政府在普及基础教育，禁止乱收费方面做了很多努力，但由于优质教育资源的不足，城乡基础教育资源的不均衡，基础教育水平和质量不能适应外部环境的新要求等原因，家长为让孩子获得更好的教育不得不进城上学、择校上学、课外补习，教育领域公众负担重的问题仍然很突出。在优质教育资源不足的情况下，单方面强调教育资源均等化的改革难以奏效。下一步应当考虑将积聚和发展优质教育资源的目标优先于均等化目标，通过政府加大教育投入，提高教师待遇，鼓励和规范社会办学，发展互联网教学等制度设计，尽快提高基础教育的平均水平。打破优质校和示范校与普通学校在招生、资源配备和教师待遇方面的差别，建立公立学校同一学校内部的分层教学，向着校际基本无差别、校内教学有层次、教育机会均等化的目标迈进。职业教育既要坚持就业导向，培训体系设计同就业促进计划相结合，以技能培训为主，也要兼顾通识教育内容，为学生应对不断变化的

就业市场提供更有适应力"通用性"能力，也为一部分学生未来转入高等教育体系提供可能。

（二）继续完善以低保为核心的社会救助制度

在失业问题日渐突出的情况下，进一步完善失业保险和城乡最低生活保障制度，使低收入群体得到社会安全网的"托底"。在老龄化背景下，对老年人特别是农村老年人，探索将养老保险的政府补贴制度转变为能够保障基本生活的国民养老金制度。

（三）以多层次多支柱的养老保障体系应对人口老龄化

为了应对全球老龄化危机，2005年底世界银行研究报告《防止老龄危机——保护老年人及促进增长的政策》中提出了五支柱的养老保障制度，可以作为我国建立多层次社会保障体系的借鉴。五个支柱分别是：以国家税收为支撑，不需要缴费的"零支柱"，提供最低水平保障；与本人收入水平挂钩的缴费型"第一支柱"；不同形式的个人储蓄账户性质的强制性"第二支柱"；灵活多样的雇主发起的自愿性"第三支柱"；建立家庭成员之间或代际非正规保障形式的所谓"第四支柱"。

企业职工基本养老保险制度需要进一步改革以实现可持续发展。目前的主要问题有三个：一是个人账户"空账"以致统筹账户与个人账户相结合的混合制制度设计长期名不副实，统筹账户独木难支，企业和个人缴费比例高，多数省份养老保险金征缴收入少于当期基金总支出，"空账"和资金缺口同时存在；二是基本养老保险金结余部分投资渠道少，资金无法实现保值增值；三是城乡之间、地区之间的制度不统一，资金统筹层次不高。

目前，我国养老保险制度的改革集中于实现可持续性发展，其中，实现基本养老保险基金的全国统筹是关键。只有实现了全国统筹，才能推进制度并轨、扩大结余资金的投资渠道、降低费率以及消化隐形债务和转制成本。

（四）以医疗保障资金投入和医疗改革配套推进解决"看病难、看病贵"问题

医疗保障体系是非常复杂的系统，不仅仅是筹资的问题，要依靠三个系统的协调运作，即医疗费用筹措系统、医疗服务提供系统、药品供应系统，三者缺一不可。

在筹资机制上，在参保率达到95%以上的基础上要探索解决重大疾病的资金保障机制，切实降低患有重大疾病的参保人个人支付比例，避免出现因病致贫、因病返贫、有病不敢看、有病看不清的问题。特别要整合社会救助资金、社会保险资金和慈善基金，加大对困难群体、弱势群体的保障。

在医疗服务机制上，公立医院改革是重中之重。改革的关键是要实现医疗机构和医疗从业者激励机制的转变，使公立医院的公益属性能够得到保持，并激励其努力提高医事服务质量。对此，仅仅依靠医生的职业道德教育是不够的，必须建立长效激励制度，让医生的收入阳光化，并反映出医生专业知识和技术的价值。同时，调整医疗资源布局，加大对基层医疗机构和农村医疗机构的投入，建立不同级别医疗机构间的双向转诊。

在药品供应机制上，国家应该有产业政策的引导，鼓励优势医药企业兼并重组，结束"小、散、弱、乱"的产业格局。建立国家基本药物制度，对廉价、高效、可靠的常用药通过政府集中采购降低成本，保证基本用药需要。基本药物制度由政府主导，并不是政府指定谁生产，而是由大家来竞争，看谁更有资格生产，而不是简单地回归到过去的计划经济体系中。

总之，党的十九大以来中国坚持以人民为中心的发展思想，高度重视增进社会公平正义，促进全民共建共享。在技术飞速创新、社会加速发展、人民对美好生活有更多更高要求的今天，社会保障体制必须通过不断的改革来适应时代的新挑战新要求，在社会保障制度的顶层设计的基础上，善于在逐步扩大试点的基础上不断总结经验，以动态的、富有灵活性和适应性的社会保障体制来满足人民对社会保障的期望与要求。

参考文献

[1] 《党的十九大报告学习辅导百问》，党建读物出版社、学习出版社，2017。

[2] 贡森、葛延风等著《福利体制和社会政策的国际比较》，中国发展出版社，2012。

[3] 郑功成：《中国社会保障改革与发展战略——理念、目标与行动方案》，人民出版社，2008。

[4] 〔丹麦〕考斯塔·艾斯平-安德森著《福利资本主义的三个世界》，法律出版社，2003。

B.17
共享发展与收入分配制度改革

李 鹏*

摘 要： 共享发展是体现中华民族传统价值追求和社会主义社会本质的发展理念。自新中国成立以来，共享发展理念在几代党和国家领导人的不断探索中丰富和发展，至党的十八大之后逐渐成熟。当前我国践行共享发展理念的关键是解决收入分配问题，重点是解决劳动报酬在初次分配中比例偏低和居民收入在国民收入中比例偏低的问题。促进共享发展，改革收入分配制度的关键举措是补齐基础性制度短板，加快教育制度改革，全面提高劳动力素质，增强劳动收入能力；切实保障劳动者正当合法劳动收入，巩固初次分配中的按劳分配制度；健全要素市场体系，发挥市场机制对现代要素资源配置的决定性作用，实现按要素贡献分配的原则；健全再分配调节机制，编牢社会安全兜底网。

关键词： 共享发展 收入分配 制度改革

一 共享发展的一些基本概念

"共享"一词在《辞海》中意思有三：共同享有、共同享用、共同或在一起享受或庆祝，实现共享是人类社会不同发展阶段的共同理想目标。

---

* 李鹏，中共中央党校（国家行政学院）经济学教研部政治经济学教研室主任，教授，主要研究方向为马克思主义政治经济学。

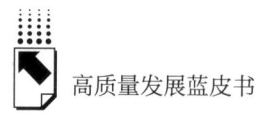

（一）中国古代共享思想

中国自古以来就有许多关于共享的治国思想。春秋战国时期，孔子提出"有国有家者，不患寡而患不均，不患贫而患不安。盖均无贫，和无寡，安无倾。夫如是，故远人不服，则修文德以来之。既来之，则安之"①的治国思想。西汉时期，董仲舒在《春秋繁露》②中提出："大富则骄，大贫则忧。忧则为盗，骄则为暴，圣者则于众人之情……使富者足以示贵而不至于骄，贫者足以养生而不至于忧。以此为度而调均之，是以财不匮而上下相安，故易治也。"这些治国思想反映了封建时代中国政治家头脑中朴素的全民共享思想。

（二）马克思和恩格斯的共享思想

马克思将人民群众的利益始终作为一切活动的出发点和落脚点，认为社会发展的终极目标就是使人民共同分享各种社会活动成果。因此，马克思主义群众史观的核心内容，就是人民主体地位。1844年，马克思在《1844年经济学哲学手搞》中明确指出，"人也生产社会。活动和享受，无论就其内容或就其存在方式来说，都是社会的，是社会的活动和社会的享受"③。恩格斯在《共产主义原理》中设想："通过消除旧的分工，通过产业教育、变换工种、所有人共同享受大家创造出来的福利，通过城乡的融合，使社会全体成员的才能得到全面的发展；——这就是废除私有制的主要结果。"④

（三）西方发展经济学从增长、共享增长（Inclusive Growth）到共享发展（Shared Development）的反思

"共享"经济思想在19世纪初西斯蒙第和密尔等西方古典经济学家的

---

① 出自《论语·季氏篇第十六》。
② 董仲舒是我国汉代思想家、哲学家、政治家、教育家，《春秋繁露》是后人辑录董仲舒遗文而成书，该书反映了董仲舒神学唯心哲学思想，宣扬"天人合一""天人感应"的神学目的论，全面论证董仲舒"天不变道亦不变"的形而上学思想。
③ 《马克思恩格斯全集》第42卷，人民出版社，1979，第121页。
④ 《马克思恩格斯选集》第1卷，人民出版社，1995，第243页。

理论中开始涉及，可惜的是，这一经济社会思想后来长期被西方主流意识形态搁置。二战后，西方经济学进入新古典经济学鼎盛时期，其思想、理论和政策也开始大量渗透到发展中国家经济实践中，形成一套新古典范式下的发展经济学体系。其核心思想就是私有经济、选举政治、市场机制等西方国家引以为豪的所谓现代制度，能够有效推动发展中国家经济增长、收入提高和社会进步。这类发展经济学的哲学基础是：机会平等和分配正义会内生于互利的市场交易过程中，只要遵守交易的公正，则会自然实现分配的正义；其经济机理是"涓滴效应"（Trick-down Effect）理论，即经济增长所产生的利益可以自动地从高收入阶层向低收入阶层渗漏，并最终惠及社会各个阶层。但在实践中，这种理论转化为制度和政策的结果是绝大部分发展中国家先后落入"有增长无发展"陷阱或"中等收入陷阱"，市场机制并没有促进长期可持续经济增长，有限的增长也没有惠及大部分人口，更没有自动解决社会平等问题。

20世纪90年代以后，人们在发展中逐渐发现，虽然经济增长能够给社会发展带来重要的支撑，但如果增长缺乏一个良好的制度环境，则很容易产生市场扭曲、产业失衡、财富两极分化和政治腐败盛行等严重问题。2007年亚洲开发银行首次提出共享式增长（Inclusive Growth）（也译为"包容式增长"），定义为"促进就业扩大和收入平等的经济增长"。其研究报告指出：增长必须具有共享性、可持续性以及更为民众所认同，亚洲发展中国家的问题并不是简单的"富人更富、穷人更穷"，而是富人比穷人富得更快，亚洲国家的经验表明，分配不均等的扩大部分抵消了经济增长对消除贫困的影响；共享式增长提倡通过消除由个人背景不同所造成的机会不平等，从而缩小结果的不平等。

随着大量增长问题的出现和经验总结，各国开始越来越看重经济发展，自此，共享发展（Shared Development）开始进入经济学家、政治家和社会学家的研究视野和追求目标。但作为一个新概念，共享发展到目前为止尚没有一个统一和公认的定义。联合国开发计划署从GDP生产和收入方面来界定共享式发展，指出：共享发展是经济中所有人参与增长并公平地获得增长

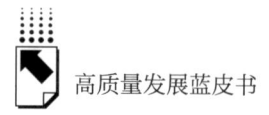

利益的过程和结果。印度学者 M. T. Suryanarayana 认为：共享式发展是一种"有利于那些物质资产和人力资产禀赋被剥夺、一般属于收入分配底层且无力参与和从增长过程得益的人"的经济增长过程。印度计划委员会主席 Ahluwalia 于 2010 年提出：共享式发展是不同生活阶段的人们感到他们从增长过程中得到了重要的利益的一个增长过程。国内学者卢现祥认为，共享式发展是指带来个人普遍收入公平增长的同时，还会促进个人"初始资源禀赋"的改进和完善，从而使个人可行能力提高。概括而言，国内外关于共享发展的界定大致可分成两种主要观点。第一种观点认为：共享式发展是一种机会平等的发展；当发展允许社会全部成员参与并平等地做出贡献而与他们的环境无关时，发展就是共享式的。第二种观点认为：共享式发展是人们参与经济增长组织并获得增长利益的经济增长；共享式发展是一种有质量的经济增长，且为经济体所有主要部门或社区分享。

综上所述，共享发展应当是一种强调相关主体公平、平等参与经济社会建设并分享经济增长果实的一种现代发展方式。实现共享发展不是劫富济贫、搞平均分配，而是在制度创新的基础上实现经济、社会、文化等各方面均衡协调增长。

二　我国促进共享发展需要解决的主要收入分配问题

这些年来，以经济增长扩大蛋糕规模为基础，我国城乡居民就业、收入水平都在稳步提高，各级政府从大幅度提高社会保障和公共服务水平、质量等民生工程入手，各社会阶层，尤其是中低收入群体在共享发展成果上有了较大程度提高完善。从收入分配状况看，国际上衡量收入分配状况的通用标准——基尼系数，近年来在高位小幅波动。我国基尼系数 2003 年是 0.479，2004 年 0.473，2005 年 0.485，2006 年 0.487，2007 年 0.484，2008 年达到最高 0.491；此后，开始逐年下降，2009 年 0.490，2010 年 0.481，2011 年 0.477，2012 年 0.474，2013 年 0.473，2014 年 0.469，2015 年 0.462，随后几年又开始小幅上升，其中 2016 年 0.465，2017 年

0.467，2018 年 0474。① 这一趋势说明，中国群体之间的收入差距在缩小，但仍然处于偏高水平。

当前我国经济进入新常态，在经济增长依然面临较大下行压力的发展阶段，促进共享发展，既要继续加大对国民经济格局的调节力度，分好"蛋糕"，又应当加快激励性分配制度改革，更大限度调动社会各阶层积极性和创造性，努力把"蛋糕"做大、做实。

（一）国民收入分配格局问题仍然主要是两个比重偏低②

近年来我国人口数量红利逐渐衰减，劳动力供求关系趋紧，劳动工资收入，尤其是普遍劳动力收入涨幅较快，甚至超过了企业盈利增长速度，加之国家对于城乡居民保障性转移支出增长较快，我国城乡居民收入增长超过了经济增长速度，基本达到了党的十八大"两个同步"发展目标③。劳动收入的回补性增长，短期内在一定程度上优化了分配结构，两个比重偏低问题得到了一定程度缓解。

我国劳动者报酬占初次分配的比重从 2000 年的 53.36% 开始出现下降，2007 年是 48.04%，2010 年是 47.77%，2011 年最低降至 47.49%。从 2012 年开始，这种下降趋势扭转回升，提高到 49.5%，2013 年达到 51.26%。居民收入占国民收入比重，1996 年达到最高值 69.0%，此后逐年下降，2008 年降至最低 57.2%，之后开始恢复性上升，2013 年达到 61.3%，但随后又出现较大幅度下降，到 2018 年降至 43.1%。

但是比较看，分配状况较好的国家这两个比重一般分别为 60% 和 70% 左右，我国"两个比重"偏低问题仍然较为严重。据此，考虑到当前遇到经济下行周期，仍需极大努力才可能继续优化国民收入分配格局。

---

① 数据来源于国家统计局历年公告。
② 党的十七大首次提出"提高两个比重"，即逐步提高劳动报酬在初次分配和居民收入在国民收入中的比重。
③ 党的十八大提出"两个同步"，即劳动报酬增长和劳动生产率同步，居民收入增长和经济增长同步。

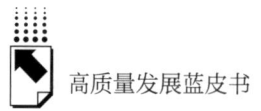

（二）共享发展面临的主要制度性收入分配问题

当前，我国促进共享发展在初次分配和再分配等领域必须重点解决的主要制度问题如下。

1. 初次分配领域，生产要素市场发育滞后，市场评价要素贡献机制不完善，分配制度促进共建共享的正向激励功能不足问题突出，不能充分调动人民群众的积极性、主动性和创造性

初次分配与生产过程相联系，其制度功能和效果直接决定实体经济产出效率和要素所有者的收入高低，对激发和释放国民经济增长潜力最为重要。由于我国要素市场发展滞后，初次分配领域的分配关系扭曲比较严重。（1）普通劳动者同工不同酬现象仍比较普遍。依照按劳分配原则和相关法律要求，同一单位同一工作岗位劳动报酬应当相同，但是当前我国不论是企业，还是国家机关、事业单位，都大量存在同工不同酬的情况，尤其是农民工、临时工和劳务派遣工等非正式职工，其工资水平都明显低于正式职工，有些垄断行业中非正式职工与正式职工甚至相差数倍。（2）公共管理部门收入分配制度改革滞后于政府职能转变和全面深化改革的目标要求。我国政府部门和下属机构承担了绝大多数社会公共服务职能，公务人员在社会资源配置中权力大、责任重，目前这一领域总体工资福利制度中成本高昂和个人工资偏低、激励不足的矛盾十分突出，扭曲的激励和约束机制，导致政府无法在经济功能、社会功能和政治功能之间实现平衡。（3）现代要素市场体系发育滞后，分配机制正向激励功能不足，严重滞后于经济转型要求。目前，我国知识、技术和管理等新型劳动要素数量在不断增加、质量迅速提高，社会储蓄率仍然处于高峰阶段，应当说，实现创新驱动发展的要素基础越发雄厚。但现代要素配置的部门垄断、条块分割和过度行政化管理问题长期得不到解决，要素所有者、使用者的微观分配机制激励功能严重不足且日渐扭曲，市场发挥资源配置的决定性作用缺乏体制基础，无法按照社会问题和市场需求导向形成有效有用的高端供给，"产学研协同创新机制"根本无法贯通，难以耦合形成我国经济创新驱动发展的强劲动力。

2. 再分配领域，有效调节收入差距的制度手段比较匮乏、政策力度偏弱，更为严重的是缺失公平性，人民群众共享发展成果的获得感不足

再分配制度是解决初次分配收入差距大问题的最重要手段。当前我国再分配制度无论从收入还是从支出看，不能矫正分配不公，缺乏调节收入差距的足够功能。（1）所得税调节功能严重不足。目前我国税收收入是以增值税等间接税种为主，企业和个人所得税等调节收入性质的直接税力度远远不足。表1显示：企业所得税占全部税收收入比重，2001年以来基本维持在20%上下；个人所得税所占比重，在2003年超过7%以后，2007年开始逐年下降，近几年降至6%左右。目前我国个人所得税主要是对工薪劳动者工资收入征税，对群体之间非劳动收入差距扩大影响权重越来越大的财产性收入（如买卖股票、房地产出租、出售收入等）或者没有征税或者征收不足、不力，无法发挥调节过高收入的作用。（2）居民社会保障水平虽然不断提高，但没有起到有效缩小收入差距的作用。由于历史欠账多、改革机制不顺畅，城乡、企事业和机关单位之间保障体制分割和待遇悬殊问题一直没有得到有效的矫正，待遇不公问题仍然严重。（3）第三次分配尚处于无序状态。目前，我国捐献、经济救助等行为缺乏明确法律程序，善款使用情况不够公开透明，挫伤或影响捐献者积极性，捐献和救济数额明显偏少，远未发挥调节财产及收入差距的作用。

表1 1999~2018年中国的税收收入结构

年份	总税收收入（亿元）	企业所得税收入		个人所得税收入	
		数量（亿元）	占总税收收入比重（%）	数量（亿元）	占总税收收入比重（%）
1999	10682.58	811.41	7.596	413.66	3.872
2000	12581.51	999.63	7.945	659.64	5.243
2001	15301.38	2630.87	17.194	995.26	6.504
2002	17636.45	3082.79	17.480	1211.78	6.871
2003	20017.31	2919.51	14.585	1418.03	7.084
2004	24165.68	3957.33	16.376	1737.06	7.188
2005	28778.54	5343.92	18.569	2094.91	7.279

续表

年份	总税收收入（亿元）	企业所得税收入		个人所得税收入	
		数量（亿元）	占总税收收入比重（%）	数量（亿元）	占总税收收入比重（%）
2006	34804.35	7039.60	20.226	2453.71	7.050
2007	45621.97	8779.25	19.243	3185.58	6.983
2008	54223.79	11175.63	20.610	3722.31	6.865
2009	59521.59	11536.84	19.383	3949.35	6.635
2010	73210.79	12843.54	17.543	4837.27	6.607
2011	89738.39	16769.64	18.687	6054.11	6.746
2012	100614.28	19654.53	19.535	5820.28	5.785
2013	110530.70	22427.20	20.290	6531.53	5.909
2014	119175.31	24642.19	20.677	7376.61	6.189
2015	124922.20	27133.87	21.720	8617.27	6.898
2016	130360.73	28851.36	22.132	10088.98	7.749
2017	144369.87	32117.29	22.257	11966.37	8.299
2018	156402.86	35323.71	22.595	13871.97	8.879

资料来源：2019中国统计年鉴及财政部数据。

三 促进共享发展，改革收入分配制度的政策举措

按照"全民、全面、共建、渐进"共享发展的内涵和要求，"十三五"规划提出解决收入分配问题的主要目标是"缩小收入差距"，三个主要改革目标是"完善初次分配制度、健全再分配调节机制和规范收入分配秩序"。具体来说，做大"蛋糕"，完善初次分配制度，基础是保障各个阶层劳动者的劳动收入，关键是完善市场评价要素贡献机制；分好"蛋糕"，健全再分配调节机制，基础是完善社会保障兜底机制，增加低收入劳动者收入，关键是节制权力和资本对社会资源和财富的过度占有和垄断掠夺，防止挤占和排斥中等收入群体的成长空间。

（一）补齐基础性制度短板，加快教育制度改革，全面提高劳动力素质，增强劳动收入能力

2012年以来，我国总劳动力人数已经开始递减，经济增长将逐渐转向依靠人口第二红利，既人口素质红利。比较而言，发达国家劳动力人口素质绝大部分是中高等教育程度，我国劳动人口绝大部分是初中及以下教育程度，占70%左右。我国这种人口劳动力素质结构既不能保证绝大部分低素质中低收入劳动者收入长期可持续增长，又难以满足经济转型升级对技能型和技术型人才的大量需求，可以说，这是制约中国经济能否适应新常态和应对"未富先老"问题最严重的要素短板，因此，必须加快以教育体制为主的人口劳动力培养体系改革，才能夯实中国第二个百年目标的劳动力和人才基石。

我国教育体制改革的方向应当认真思考如何处理好政府、市场和社会的现代职能分工关系，当前改革重点领域应当是：第一，改革职业教育体系，积极引入各类投资和办学主体，推进职业教育产教融合，政府投入应当更多地投向公共服务部门职业教育发展。第二，对高等院校和教学科研实现分类管理，以适应多元化社会、多样化产业对多层次人才的需求。

（二）切实保障劳动者正当合法劳动收入，巩固初次分配中的按劳分配制度

坚持按劳分配的基本分配制度，必须从制度、法律和监管层面切实保障劳动者合法劳动收入，这是社会主义制度应当坚持的原则，是保护劳动利益、激发劳动热情的必要条件。

1. 推行企业工资集体协商制度

由人大、工会和劳动部门联合出台工资集体协商制度的规范化操作措施。通过开展工资集体协商签订工资集体协议，合理确定职工工资决定机制、增长水平和保障机制。

2.完善适应机关事业单位特点的工资制度

中国公务员工资福利制度改革敏感度高、政策性强,各级党委和政府历来都遵循"多做少说""只做不说"的惯例,但在互联网时代,这个问题需要进行正面宣传、逐渐公开透明,以利于与社会沟通和理解。第一,公务员工资水平定位。按照国际上大多数国家的通行做法,公务员工资水平一般高于社会平均工资,如加上福利待遇等,其全部收入水平处于社会平均收入水平中等偏上位置。由于我国是大政府、强政府的国家治理机制,各级政府公务员的工作责任、范围和担当要普遍高于世界上绝大部分国家。因此,把国际惯例和中国国情结合考虑,我国公务员工资水平可定位为中上等收入水平。第二,调整工资结构,提高基本工资比重,降低津贴补贴比重,这是当前公务员工资分配中最明显的问题。第三,尽快建立职务与职级并行的制度,创造公务员能够按有关程序和要求分别晋升职级的双通道制度。第四,抓好福利、住房和社保等配套制度改革,切实解决社会担心问题:"公务员工资改革了,福利、保险仍维持原样,该拿的拿了,不该拿的仍拿。"

(三)健全要素市场体系,发挥市场机制对现代要素资源配置的决定性作用,实现按要素贡献分配的原则

遵循近期中央关于完善要素市场化配置体制机制的意见,要加快健全由要素贡献决定报酬的机制,使技术、知识、管理、数据等要素的价值得到充分体现。

1.培育各类要素市场,畅通要素供求渠道

第一,尊重科学研究规律,推动政府职能从研发管理向创新服务转变。[1] 第二,加快事业单位分类改革,逐步取消学校、科研院所、医院等单位的行政级别,推进有条件的事业单位转为企业或社会组织[2]。第三,赋予创新领军人才更大人财物支配权、技术路线选择权,鼓励国有企业和民营企

---

[1] 《中华人民共和国国民经济和社会发展第十三个五年规划纲要》第八章"构建激励创新的体制机制"。
[2] 十八届三中全会《中共中央关于全面深化改革若干重大问题的决定》。

业在更大范围内实行员工持股制度,"扩展知识、技术和管理等要素参与分配途径"①。第四,积极培育公开透明、健康发展的资本市场,提高直接融资比重。创造条件实施股票发行注册制,发展多层次股权融资市场,深化创业板、新三板改革,规范发展区域性股权市场②。

2. 改革国有企业经营者和职工的薪酬体制

要加快行业分类管理,结合企业内部管理人员能上能下、员工能进能出、收入能增能减的人事制度改革,调整基本年薪、绩效年薪和任期激励收入的比例关系,使职工和经营者的劳动工资收入、风险收入和福利收入结构更为合理,优化薪酬体制的激励和约束功能。要从改革和完善基本经济制度和市场经济体制出发,研究隐性激励与显性激励的关系,定位好国有企业经济功能、社会责任和政治任务三者之间的关系,解决好经营者薪酬待遇与企业发展、国家职能之间的矛盾问题。

(四) 健全再分配调节机制,编牢社会安全兜底网

我国收入再分配政策调整,既要通过改革,加强税收、社会保障等手段调节功能,增加人民福祉和共享发展程度,同时也要防止跌入制度性福利陷阱,被老龄化和福利负债压垮中国经济。

1. 建立健全个人收入和财产信息系统,构建综合与分类相结合的个人所得税制

由于国家法治和社会监管等基础性制度缺失,尚缺乏个人收入和财产信息系统,我国始终缺乏建立综合与分类相结合的个人所得税制度所需的社会条件。因此,"十三五"期间,应当按照"四个全面"战略布局要求,加快"建立健全自然人收入和财产信息系统"③,争取建立综合与分类相结合的个

---

① 《中华人民共和国国民经济和社会发展第十三个五年规划纲要》第十六章"缩小收入差距"。
② 《中华人民共和国国民经济和社会发展第十三个五年规划纲要》第六十三章"加快金融体制改革"。
③ 《中华人民共和国国民经济和社会发展第十三个五年规划纲要》第六十三章"缩小收入差距"。

人所得税制。

2. 建立更加公平可持续的社会保障体系，完善动态化的社会兜底机制

社会保障制度是各国收入再分配的基础性制度，是实现共享发展的主要手段。社会保障制度根本功能是社会兜底，但如果保障制度演变为高福利制度，也会束缚经济活力。对此，我国社会保障体系的构建和改革，既要"坚持全民覆盖"，兜住社会底部，解决当前公平性和普惠性不足的问题，同时也要"坚持保障适度"，防止滋生福利主义，跌入中等收入陷阱。

B.18 以人民为中心的发展思想与中国特色反贫困道路

邹一南*

摘 要： 共享发展理念的本质就是以人民为中心的发展思想，中国特色反贫困道路是这一发展思想的最好诠释。中国30多年的扶贫开发过程始终贯穿着以人民为中心的发展思想。其中，持续加大的反贫困政府努力，适时提高的国家扶贫标准和不断增加的扶贫资金投入共同体现了"发展为了人民"；自下而上的农村改革所带来的益贫式增长，极具中国特色的开发式扶贫模式和以扶志、扶智对扶贫开发的推动共同体现了"发展依靠人民"；在贫困识别和贫困帮扶上"精准施策"，规模扶贫项目和扶贫资金的"精英俘获"以及解决帮扶对象与非帮扶对象之间的"悬崖效应"共同体现了"发展成果由人民共享"。

关键词： 共享发展理念 中国特色 反贫困道路

共享发展理念的实质就是坚持以人民为中心的发展思想，体现的是逐步实现共同富裕的要求。[①] 党的十八届五中全会对以人民为中心的发展思想做

---

* 邹一南，中共中央党校（国家行政学院）经济学教研部副教授，主要研究方向为发展经济学、劳动经济学。
① 习近平：《深入理解新发展理念》，《求是》2019年第10期。

出了重要诠释,它的内涵包括发展为了人民、发展依靠人民和发展成果由人民共享三个方面,它的形式体现在党和政府推动改革发展工作的诸多方面,也体现在经济社会发展的各个环节,尤其体现在自20世纪80年代开始的扶贫开发过程中。摆脱贫困、实现共同富裕,是社会主义的本质要求,也是改革开放以来尤其是党的十八大以来,建设中国特色社会主义的基本方略。扶贫开发的目的、方法和成效分别是发展为了人民、发展依靠人民和发展成果由人民共享的反映,中国特色的扶贫开发道路也充分反映了全民共享、全面共享、共建共享、渐进共享的共享发展内涵。① 在脱贫攻坚和全面建成小康社会的收官期、决胜期,回顾梳理中国走过的反贫困道路,探寻共享发展理念与中国特色反贫困道路之间的内在联系,对指导我们在未来的各项工作中更好地坚持以人民为中心的发展思想有着重要意义。

一 发展为了人民:将扶贫开发贯穿于小康社会建设全过程

发展为了人民,是共享发展的根本目的,也是以人民为中心发展思想的最本质体现。自20世纪80年代开始,中国开启了反贫困的政府努力,扶贫开发几乎贯穿了全面小康社会建设的全过程。在这三十多年时间里,持续加大的反贫困投入力度、与时俱进的国家扶贫标准和不断提高的扶贫资金规模和使用效率,充分体现了共享发展的目标导向,充分诠释了发展为了人民的思想内核。

(一)持续加大反贫困的政府努力

作为一种政府行为的中国农村扶贫,是在改革开放初期的特定条件下设计实施的。在当时,由于国家财力有限,无法通过社会保障等普惠式的民生政策来兜底贫困,同时也很难完全通过经济增长的"涓滴效应"来带动脱

---

① 谢勇:《论新时代共享发展和精准扶贫的辩证关系》,《中国西部》2019年第1期。

贫。在此情况下，中国开始实施了瞄准贫困群体的开发式扶贫政策。① 总体来说，从20世纪80年代中期开始的农村扶贫过程大致经历了三个阶段，即以扶贫重点县为单位的区域开发阶段（1986~2000年）；以贫困村为单位的整村推进阶段（2001~2012年）；以建档立卡农户为单位的精准扶贫阶段（2013年至今）。这三个阶段的扶贫力度是逐渐增强的。

从20世纪80年代中期到20世纪末，中国开始通过专项扶贫计划实施针对贫困人口减贫的政府努力。1986年国务院成立了贫困地区开发领导小组，在地方一级也设立了相应的扶贫机构，并选定了592个国家级贫困县，作为扶贫资源的投向地区，并初步形成了专项扶贫贷款、以工代赈和财政发展资金三项主要扶贫措施，这是中国政府制度化扶贫的开端。到1994年，中国政府启动了"八七扶贫攻坚计划"，力争在20世纪剩余的7年时间里，解决最后8000万农村贫困人口的温饱问题。到20世纪末，按照当时的扶贫标准，全国的贫困人口还剩下3000万。

以贫困县为瞄准单位的区域开发式扶贫计划，始终未能很好地解决贫困识别的偏差和遗漏问题。在2000年之前，中央政府共确定了592个国定贫困县，并通过向这些县拨付扶贫资金来支持其经济发展。在这种扶贫资源分配体制下，贫困县中的贫困人口或多或少都得到了扶贫资源的覆盖，但还是有很多处于贫困县以外的贫困人口因为扶贫项目只针对贫困县而得不到帮助。由于受很多非经济因素的影响，贫困县的选择往往不甚合理，导致这种依托于贫困县开展的扶贫开发效果逐渐减弱。② 因此，从2001年开始，中国政府开始强调贫困瞄准到村，并实施整村推进的扶贫开发，当年全国共确定了148000多个贫困村，覆盖了大约83%的农村贫困人口。在2001年和2011年，中央先后两次出台了10年期的《中国农村扶贫开发纲要》，并在2012年选定了14个集中连片特困地区，作为扶贫开发的主战场。

---

① 李小云、唐丽霞、许汉泽：《论我国的扶贫治理：基于扶贫资源瞄准和传递的分析》，《吉林大学社会科学学报》2015年第4期。
② 汪三贵、Albert Park：《中国农村贫困人口的估计与瞄准问题》，《贵州社会科学》2010年第2期。

随着经济发展环境的变化，整村推进式扶贫开发再次出现了瞄准偏差的问题，扶贫效果开始下降。① 一方面，扶贫资金作为一种无偿拨付的稀缺资源，在比县更低一层的村级单元同样也会产生非经济性竞争，并且相对而言村级瞄准的错误率更高。② 另一方面，进入21世纪后，中国社会收入分配的差距逐渐扩大，这意味着收入水平处在社会底层的农村贫困人口越来越难以享受经济增长带来的好处，单位GDP增长所能带动贫困人口脱贫的效果越来越差，即经济增长的减贫效应下降。因此，通过对贫困地区进行整体性的经济开发来带动贫困人口大规模脱贫的可能性降低了，实施更加精准的政策来直接针对贫困人口展开帮扶就显得越发重要。于2013年启动的精准扶贫，就是为解决经济增长的减贫效应下降而采取的措施。在精准扶贫工作机制下，扶贫开发的路径由过去的大水漫灌转变为精准滴灌，扶贫资金的使用由过去的多头分散向统筹集中转变，扶贫考评体系由过去的侧重衡量地区生产总值向主要考核脱贫成效转变。从2014年开始，国家通过建档立卡的方式，共确定了3000万个贫困农户和8900万贫困人口，建立起中央统筹、省负总责、市县抓落实、贫困村有驻村工作队、贫困户有帮扶责任人的工作机制，构建起包括专项扶贫、行业扶贫、社会扶贫、东西部协作扶贫在内的多方力量、多措并举的大扶贫格局，以举国力量推动脱贫攻坚。

（二）与时俱进提升国家扶贫标准

自20世纪80年代中期启动扶贫开发以来，我国的国家扶贫标准大致经历过三次比较重要的制定和调整（见图1）。第一次是1986年国家扶贫标准的最初制定，当时制定的扶贫标准是1985年农民人均纯收入206元。这个标准的制定是以每人每天2100大卡热量的最低营养需求为基准，再结合最低收入群体的消费结构而补充计算出来的。在这一标准下，当年全国贫困人口数量为1.25亿。第二次调整是在2001年，一方面根据物价水平的变化将

---

① 汪三贵、郭子豪：《论中国的精准扶贫》，《贵州社会科学》2015年第5期。
② 李小云、唐丽霞、许汉泽：《论我国的扶贫治理：基于扶贫资源瞄准和传递的分析》，《吉林大学社会科学学报》2015年第4期。

1986年的扶贫标准调整为625元,另一方面综合食品和非食品支出而首次制定了低收入标准,以2000年农民人均纯收入865元为低收入标准,据统计,这个标准以下的低收入人口数量为9423万。到了2008年,国家将低收入标准与绝对贫困标准相统一,即以2008年农民人均纯收入1196元作为新的国家扶贫标准,此时低于这一收入水平的绝对贫困人口共4007万人。第三次调整是在2011年,这一年国家在综合考虑经济社会发展水平、贫困人口的发展需求以及政府财政能力的基础上,将2010年农民人均纯收入2300元作为新的扶贫标准。这一新的国家扶贫标准比2008年提高了92.3%,因而使收入水平在此标准以下的绝对贫困人口数量立刻上升到了16567万,在全部农村人口中的占比达17.2%。此外,部分东部地区的省份还根据本地经济社会发展情况,制定了高于国家标准的贫困线。

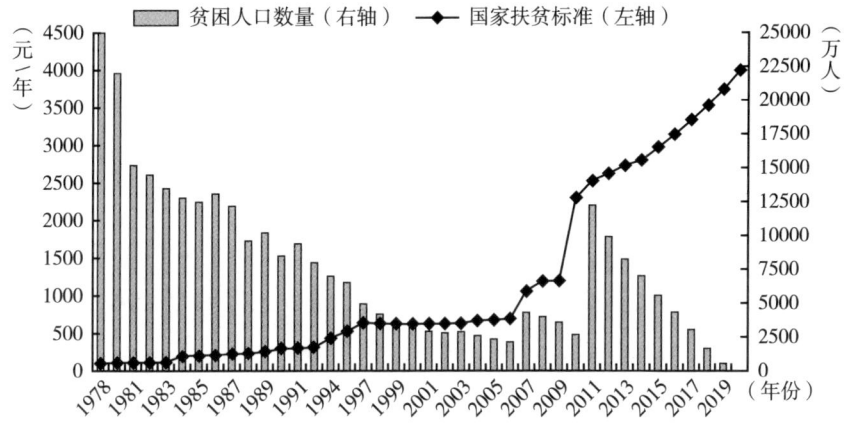

图1 改革开放以来国家扶贫标准和贫困人口数量的变化情况

我国现行的扶贫标准就是以2011年最后调整的扶贫标准为基础,从2011年开始,我国每年根据物价水平变化等因素对扶贫标准进行逐年更新。根据当年的物价水平,2300元在农村地区每天能够买到1斤米面、1斤菜、1两肉,可以满足保持健康所需的热量和蛋白质摄入,并做到"吃饱,适当吃好"。这一标准与国际扶贫标准相比,也是较高的。在2015年,世界银行依据购买力平价,对15个国家的贫困线均值进行计算,得到每人每天1.9

美元的国际贫困线。根据购买力平价计算的人民币兑美元的换算系数,中国在2014年2800元人民币的现价贫困标准约合为778~800美元,每人每天为2.13~2.19美元。① 因此,我国现行标准下的农村贫困线是略高于国际标准下每人每天1.9美元贫困线的。

(三)提高扶贫资金的投入规模和使用效率

在扶贫开发过程中,扶贫资金的投入规模和使用效率是脱贫效果的决定性因素。就扶贫资金来源而言,当前我国大致有五类带有扶贫性质的资金。一是中央财政专项扶贫资金,这是由国务院扶贫办下达的主力扶贫资金。二是中央和各行业主管部门组织实施的公共投资项目,如农业、交通、水利、教育和卫生项目等。三是东西部地区对口援助资金,如干部人才交流、产业发展和劳务对接,教育、科技、文化等领域的合作项目。四是行政指导下的企业收入转移,如中央企业"百县万村"扶贫行动,民营企业"万企帮万村"行动,组织捐资捐物。五是间接性财政支出,主要是推行精准扶贫政策的行政成本,如精准识别、派驻驻村工作队和第一书记、组织第三方评估等。② 仅从中央财政专项扶贫资金的窄口径来看,近年来,扶贫资金的投入规模持续增多,到2019年已达1260.95亿元(见表1)。如果按照宽口径计算,加上各类带有扶贫性质的资金,扶贫的资金投入将更为可观。扶贫资金投入的增加对贫困发生率的下降起到了重要作用。

长期以来,我国扶贫资金存在名目繁杂、归口众多、使用方式规定过死等问题,极大影响了资金使用效率。由于各类扶贫资金普遍跟随项目下达,项目资金的使用规定过杂过细,不允许"拿打酱油的钱买醋",很多扶贫资金在进入基层政府财政账户之后因与实际情况相差太大而无法使用,导致资金和项目下到基层后只能"撒胡椒面",导致投入不足和重复建设,或者造

---

① 韩俊:《关于打赢脱贫攻坚战的若干问题的分析思考》,《行政管理改革》2016年第8期。
② 曾小溪、汪三贵:《论决胜脱贫攻坚的难点和对策》,《河海大学学报》(哲学社会科学版)2019年第6期。

表1 2010~2019年中央财政专项扶贫资金规模和贫困发生率变化情况

年份	中央财政专项扶贫资金规模（亿元）	中央财政专项扶贫资金增长率（%）	贫困发生率（%）
2010	222.68	—	17.2
2011	272.00	22.15	12.7
2012	332.05	22.08	10.2
2013	394.00	18.66	8.5
2014	432.87	9.87	7.2
2015	467.45	7.99	5.7
2016	670.00	43.33	4.5
2017	860.95	28.50	3.1
2018	1060.95	23.23	1.7
2019	1260.95	18.85	0.6

资料来源：历年中国财政统计年鉴。

成基层为了避免资金违规而不顾实际需要按照名目的规定购置材料、上项目，造成资金严重浪费。对此，国务院办公厅2016年出台了《关于支持贫困县开展统筹整合使用财政涉农资金试点的意见》，明确提出要形成"多个渠道引水、一个龙头放水"的扶贫资金整合使用新格局，同时对纳入统筹整合使用范围的财政涉农资金，要在两年时间内，将有关资金项目的审批权限完全下放到县一级。这一改革措施极大地优化了财政涉农资金供给机制，进一步提高了扶贫资金的使用效率。

二 发展依靠人民：激发脱贫的内生动力

发展依靠人民，是共享发展的主要途径，也是以人民为中心发展思想的最核心特征。中国的农村基本经济制度为农村贫困人口脱贫奠定了重要的制度基础，也使得以发展产业为主要形式的开发式扶贫成为中国扶贫的突出特色。在三十多年的扶贫开发过程中，贫困群体既是扶贫工作的对象，也是脱贫攻坚的主体。这种对贫困群体脱贫致富内生动力的激发，是共享发展实现路径的充分体现，也充分诠释了发展依靠人民的思想内核。

（一）自下而上的农村改革推动益贫式增长

改革开放以前，人民公社体制严重束缚了农村经济发展，使得全国农村人口普遍贫困，有2.5亿人口生活在贫困线以下。自1978年党的十一届三中全会召开到1985年，农村开始了以"联产承包责任制"为主要形式的经济改革，带来了农村发展面貌的巨大改变。家庭联产承包经营制度的推广，极大地提高了农民的生产积极性，使得土地产出率大幅提高；乡镇企业的异军突起吸纳了从农业中转移出来的剩余劳动力，使得劳动生产率大幅提高。由体制改革带来的农村生产力的解放，使这一时期中国农村面貌有了极大改变，尚未解决温饱问题的绝对贫困人口从2.5亿人下降到了1.25亿人，贫困发生率从30.7%下降到14.8%。

应该说，这一时期农村的减贫人数是改革开放以来最多的，农村贫困发生率的下降速度也是改革开放以来最快的。在这一时期，政府除了对农村"五保户"等极少数特困群体予以例行的救助措施，尚未通过设立专门的组织机构来推动扶贫。由农民自发推动制度变革所带来的益贫式经济增长，是改革开放初期推动农村贫困发生率快速下降的根本动力。

（二）开发式扶贫：最具中国特色的扶贫模式

导致贫困的原因有很多，除去劳动能力、自然禀赋等方面的原因，导致贫困的一个重要共性因素是贫困人口缺乏生产资料，或者由于种种原因而无法与生产资料相结合。从世界范围看，非洲、拉美、南亚等地的一些发展中国家由于未经历过比较彻底的土地革命，普通劳动者缺乏从事农业生产经营所必需的土地要素，因而一旦失业，就成为一无所有的赤贫人口。也正因此，国际上对广大发展中国家的贫困援助主要是以粮食救济、传染病防治、教育等形式为主，几乎没有依托于土地等生产资料的产业扶贫。由于新中国在成立之初经历了彻底的土改，在改革开放之后实行了家庭联产承包责任制，几乎所有的农民都拥有土地等生产资料，这使得以发展产业为主要形式的开发式扶贫成为最具中国特色的扶贫模式。

基于开发式扶贫的扶贫工作方式,体现在各级政府推动的农村产业扶贫实践中。贫困地区围绕着自身生态环境和自然资源优势,利用各类帮扶资源和实用技术,积极培植壮大本地区的特色产业,规范农产品的生产加工,并大力推进休闲、民宿、旅游等扶贫产业。各类扶贫龙头企业、农民专业合作社和互助资金组织,通过发展生产,激活了农民手中沉睡的生产要素,将农民链接到农业产业链中;通过打通市场渠道,使农民的劳动成果得到了价值实现,从而带动了农户增收。

(三)将扶贫与"扶志"和"扶智"相结合

扶贫固然是一种因"患寡"而"补不足"的"输血"过程,但从根本上解决贫困问题还需要使贫困地区和贫困人口产生自我"造血"的能力。有些地区的人们长期生活在贫困中,不是他们不能致富,而是由于他们已经丧失了一种脱贫致富的勇气和勤劳实干的精神。不思进取、穷且志短以及精神贫困比什么都可怕。因此,中国的扶贫开发非常重视"扶志"的重要性,通过思想上、精神上帮扶,帮助贫困人口树立战胜困难、摆脱困境的信心和斗志,使他们摒弃自卑、自轻、自懦、自弃心理,将扶贫与扶志相结合,既送温暖又送志气,使脱贫的成效能够持久,真正实现"摘穷帽""拔穷根"。

摆脱贫困不仅需要勇气,也需要智慧。"扶智"的根本手段是教育,提高贫困人口的教育水平是彻底根除贫困、阻止贫困代际传递的主要途径。在脱贫攻坚过程中,政府紧扣"扶智"做文章,通过整合各方面的资源和力量,大力推进贫困群体自我发展能力的提升,尤其是注重增强贫困人口的学习意识,提高他们充分利用本地区、本民族特色产业的就业、创业能力。几十年来,特别是实施精准扶贫工作机制以来,通过开展对有劳动能力的贫困人口的职业教育、技能培训,拓宽劳务输出渠道,基本实现了每一个建档立卡的贫困农户中至少有一人具备就业创业能力,依靠自己的聪明才智脱贫致富。

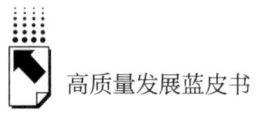

高质量发展蓝皮书

三 发展成果由人民共享:实现扶贫效果最大化

发展成果由人民共享,是共享发展的最终愿景,也是以人民为中心发展思想的核心特征。在三十多年的扶贫开发过程中,尽管扶贫投入的力度持续加大,贫困人口内生动力被不断激发,但仍然会出现一些影响脱贫效果的因素,例如贫困识别和帮扶措施不精准、扶贫资源被精英俘获、帮扶对象和非帮扶对象之间差距过大等。通过精准的政策设计,使这些因素的负面影响降至最低,实现脱贫效果最大化,是实现共享发展愿景的保证,这种建立在"精准"基础上的贫困识别和帮扶措施,也充分诠释了发展成果由人民共享的思想内核。

(一)在贫困识别和贫困帮扶上"精准施策"

扶贫第一步的任务就是精准地识别出贫困群体。在中国三十多年扶贫开发过程中,扶贫瞄准单元由县到村再到户的演进过程,就是一个不断提高贫困识别精确度的过程。但即使是在以贫困户为瞄准单元的精准扶贫阶段,仍然存在着识别偏差的问题。2014年,我国对于扶贫人口实施建档立卡,而建档立卡的标准是年收入低于当年的贫困线2800元,建档立卡指标的分配是自上而下逐级分配的。且不说基于农户收入抽样调查估算出的各地贫困发生率本身就存在着一定误差,建档立卡指标逐级向下分配到村后,误差又被层层放大,使得很多基层单位实际得到的建档立卡指标和贫困实际情况有很大出入,甚至部分地区的贫困识别错误率高达50%左右。[1] 事实上,按照收入标准的贫困识别方法,在实践中准确度和可操作性较低,在世界上是公认的。对此,在后来的建档立卡过程中,中国采取了更加多元化的识别方法。由于贫困往往是看得出来的,根据农户的饮食、穿着和住房条件等情况,就基本能够确定其是否贫困,再辅助以子女教育、医疗保障等方面的情况判

---

[1] 汪三贵、郭子豪:《论中国的精准扶贫》,《贵州社会科学》2015年第5期。

断，识别的精准度就能大大提高。因此，在中国的扶贫实践中，采取了以收入标准与"两不愁、三保障"相结合的多维贫困识别方式，极大地改善了贫困识别偏差的问题，做到了应扶尽扶。

贫困识别出来之后，下一步的任务就是开展帮扶。然而，如果帮扶措施不精准，可能会使一些扶贫项目无法惠及贫困户。例如，一些到户扶贫项目由于贫困户负担不起配套资金而不能平等参与；一些金融扶贫项目由于贫困户缺乏抵押物和担保人而被排除在外；一些产业扶贫项目由于贫困户的思想观念落户、技术能力欠缺以及财力不足等因素而难以被覆盖；一些移民搬迁项目由于贫困户无法支付配套搬迁费用出现"搬富不搬穷"的问题。对此，在扶贫实践中，各地都探索了很多使贫困户受益的机制，通过集中解决贫困农户经常面临的技术、资金、市场方面的困难，将贫困户链接到现代农业产业链中。例如，一些地方采取了"公司＋合作社＋贫困户"的扶贫模式，引导贫困户将名下的扶贫资金入股公司来获取分红收益，将承包地流转给合作社来获取稳定的租金收入，鼓励贫困户为公司或合作社出工来获取工资收入，政府则对通过这些方式建立与贫困户利益联结机制的企业给予税收、信贷、土地使用等方面的优惠。还有一些地方采用联户合作生产的模式，由家庭农场、生产大户带动贫困户统一组织生产，帮助其解决技术和市场的问题，政府则对联户生产提供资金、技术等方面的支持，同时明确联户中贫困户的产权比例、数量比例以及收益分配比例，确保帮扶措施能够精准到户。

（二）规避扶贫项目和扶贫资金的"精英俘获"

中国农村社会有一套复杂的治理体系，无论是在传统时期还是在当代，乡村精英分子都在乡村治理中发挥重要作用。然而在大量反哺资源下乡的背景下，这些精英分子往往也是首先获益和最多获益的群体，而如果放任扶贫项目和资金的"精英俘获"，则对扶贫效果将产生致命的影响。

一般来说，"精英俘获"存在客观和主观两种情况。客观上的俘获主要还是由于精英和贫困户之间在基础条件上存在巨大的差距。贫困人口在教育水平、思想观念、健康程度、劳动能力方面都较差，与扶贫项目对接的能力

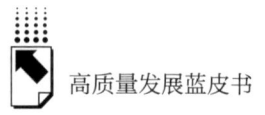

较弱,使得开发式扶贫项目往往"扶农不扶贫""扶富不扶穷"。例如,在以往的扶贫开发过程中,人们相信"要想富、先修路"的道理,往往注重贫困地区的道路等基础设施建设的投资。但是,由于贫困人口普遍缺乏可商品化的产业,而没有利用改善的交通条件提高自身收入的能力,使得修路给贫困村中相对富裕的农户带来了更多的利益。主观上的精英俘获主要是由于农村精英的蜕变而主动侵占扶贫资源。在传统中国社会,精英群体作为社区利益的代理者,其权威来自社区舆论赋予的威望,而对弱势者的保护和照顾往往成为精英个人威望增长的有效手段,因而此时的贫困群体是得到较好照顾的。然而,随着时代的变迁,传统精英被新兴精英所代替,农村社会精英的"保护性经纪"角色逐渐变为"营利性经纪"角色。随着大量扶贫资金进入农村,农村精英率先求偿、优先受益的利益要求使得相当数量的贫困指标被"精英俘获",使得分配到村社的贫困指标和资金项目,无论是依靠精英操控还是依靠大多数人表决,最缺少话语表达的弱势群体都不能真正得到照顾。

对此,在2013年之后,中国政府对传统的开发式扶贫战略做出了调整,通过精准获取贫困户的致贫原因,因户施策,对因病、因残、因缺乏资金或技术而致贫的人口给予精准帮扶,极大地提高了贫困户在参与项目建设中的受益能力,使资金项目的扶贫效果大大提升,规避了大水漫灌式扶贫模式下"扶农不扶贫"的现象。另外,结合新农村建设和乡村振兴战略的实施,加大了对乡村治理现代化水平的推动力度,加强了乡村治理的普遍参与性,使得村社内部形成对扶贫资源使用状况的自发监督,形成压制不良地方势力的集体行动力量。近年来,农村地区大力推广能够吸纳农村弱势群体参与的文化建设,通过文化重建增强了社区的合作意识和合作能力,自觉抵制农村社区中的歪风邪气,强化了农村社会的组织化水平,使乡村社会的精英分子重新回到自愿为贫困弱势群体服务的轨道上来。

(三)解决帮扶对象与非帮扶对象之间的"悬崖效应"

顾名思义,"悬崖效应"是指由扶贫政策力度大导致建档立卡户和非建档立卡户之间所得到帮扶资源差距悬殊的现象。在脱贫攻坚进程中,随着扶贫资源投入不断增加，建档立卡的贫困户因各类扶贫政策叠加，所享受的资金和项目远好于原本与其状况类似的非建档立卡户，从而出现"贫困程度不相上下，扶持政策天上地下"现象。① 由于扶贫政策只针对一部分群体，那些收入水平略高于国家扶贫标准的群体因无法享受帮扶政策，而处于边缘贫困状态，当他们与其他被纳入帮扶范围的条件差不多的群体对比时，将产生很强的相对剥夺感。随着时间的推移，两类群体之间的整体发展状况可能会发生根本性逆转，并使这些边缘贫困群体对政府政策产生非议，甚至产生矛盾积聚和扶贫抗争问题。此外，由于贫困身份能得到远超预期的福利待遇，而这些福利的获得并非通过自身努力，仅仅是由于被纳入建档立卡范围，将使农村社区中逐渐形成"等靠要"的思想和争当贫困户的"逐末行为"，长此以往，将对脱贫攻坚全局造成极为不利的影响。

事实上，只要是划定扶贫标准，圈定帮扶对象，就一定会存在边缘贫困群体。但通过精准的政策设计，可以在很大程度上降低"悬崖效应"的不良影响。对此，各级地方政府在扶贫实践中，采取了一系列有效的措施。首先，各地普遍采取了对建档立卡名额予以10%左右上浮的空间，将确实属于边缘贫困的群体最大限度地纳入帮扶范围，以降低"悬崖"的坡度。其次，在确定建档立卡户范围后，对名额进行动态化管理，使脱贫成效已经巩固的农户能够退出，也使出现识别遗漏和返贫的农户得以进入帮扶范围。再次，留出一部分扶贫资金和项目，对处在临界地带的边缘贫困群体实施帮扶，针对那些收入难以统计以及由家庭负担等其他因素致贫等情况设定不同类型的多维贫困线，将通过这种方式排查出来的临界群体纳入整体帮扶，统筹整合使用扶贫资金，减少政策边界的模糊部分。最后，将健康扶贫、生态扶贫等各类专项救助政策与建档立卡贫困户身份脱钩，使专项救助以按需扶持的原则实施，实现政策全覆盖，最大限度地减少以建档立卡贫困户的身份作为各专项救助资源的分配方式而产生的心理落差。

---

① 王瑜：《论脱贫攻坚中的悬崖效应及其对策》，《中国延安干部学院学报》2018年第11期。

附 录

Appendix

B.19
中国经济共享发展大事记（1978~2019年）

吴晓雅*

1978年12月13日，在中共中央工作会议闭幕会上，邓小平同志发表题为《解放思想，实事求是，团结一致向前看》的讲话。他提出，在经济政策上，要允许一部分地区、一部分企业、一部分工人农民，由于辛勤努力成绩大而收入先多一些，生活先好起来。一部分人生活先好起来，就必然产生极大的示范力量，影响左邻右舍，带动其他地区、其他单位的人们向他们学习。这样，就会使整个国民经济不断地波浪式地向前发展，使全国各族人民都能比较快地富裕起来。

1983年1月2日，中共中央印发《当前农村经济政策的若干问题》，指出我国农村只有走农林牧副渔全面发展、农工商综合经营的道路，才能使农

---

* 吴晓雅，中共中央党校（国家行政学院）经济学教研部硕士研究生，主要研究方向为政治经济学。

民生活富裕起来。

1984年3月1日，农牧渔业部和部党组印发《关于开创社队企业新局面的报告》，指出乡镇企业是多种经营的重要组成部分，是农业生产的重要支柱，是广大农民群众走向共同富裕的重要途径，是国家财政收入新的重要来源。

1984年10月20日，中国共产党第十二届中央委员会第三次全体会议通过《中共中央关于经济体制改革的决定》，指出虽然社会主义社会要达到共同富裕的目标，但是，共同富裕不是完全平均和同步富裕。

1985年9月23日，中国共产党全国代表会议通过《中共中央关于制定国民经济和社会发展第七个五年计划的建议》，指出必须巩固和发展我国当前大好的经济和政治形势，更好地保证九十年代经济的振兴和繁荣，在实现国家兴旺发达、人民富裕幸福的道路上迈出更为坚实的一步。

1986年1月1日，中共中央、国务院印发《关于一九八六年农村工作的部署》，指出一定要允许一部分人先富起来，也一定要注意发展合作制度，实行税收调节，做好扶贫工作，并完善法制，保护合法权益，制止非法牟利，发展生产力，走向共同富裕。

1987年1月22日，中共中央政治局通过《把农村改革引向深入》，指出农村经济体制改革的根本出发点，是发展社会主义的商品经济，促进农业现代化，使农村繁荣富裕起来。

1987年3月24日，第六届全国人民代表大会第五次会议召开。国务院政府工作报告提出，在关系社会每个成员实际利益的分配问题上，我们要继续克服平均主义，鼓励一部分人依靠辛勤劳动先富裕起来，这将有利于实现全社会共同富裕的目标。

1987年10月25日，中国共产党第十三次全国代表大会召开。党的十三大报告指出，党的十一届三中全会以后，我国经济建设的战略部署大体分三步走：第一步，实现国民生产总值比一九八零年翻一番，解决人民的温饱问题；第二步，到本世纪末，使国民生产总值再增长一倍，人民生活达到小康水平；第三步，到下个世纪中叶，人均国民生产总值达到中等发达国家水平，人民生活比较富裕，基本实现现代化。

1988年3月25日，第七届全国人民代表大会第一次会议召开。国务院代总理李鹏代表国务院向大会作政府工作报告，提出要改善国民收入的分配，继续克服平均主义，坚持让一部分靠诚实劳动和合法经营的人先富起来的政策，同时坚持共同富裕的目标。

1989年9月29日，江泽民在庆祝中华人民共和国成立四十周年大会上的讲话中指出，我们提倡在共同富裕的目标下，一部分人通过诚实劳动和合法经营先富裕起来的这个政策是正确的，要继续贯彻执行。

1989年12月19日，江泽民在国家科学技术奖励大会上发表题为《推动科技进步是全党全民的历史性任务》的讲话，提出要推动农村生产向适度规模经营以及专业化、社会化方向发展，引导广大农民群众走科技致富和共同富裕的社会主义道路。

1990年3月20日，第七届全国人民代表大会第三次会议召开。国务院总理李鹏代表国务院向大会作政府工作报告，指出实践证明共同富裕的政策是正确的，应当继续坚持，并提倡先富裕起来的人和地区，要帮助还没有富裕起来的人和地区，最终达到共同富裕。

1990年6月19日，江泽民在农村工作座谈会上指出，农村改革总的方向是发展集体经济，引导农民走共同富裕的道路。

1991年3月25日，第七届全国人民代表大会第四次会议召开。国务院总理李鹏代表国务院向大会作《关于国民经济和社会发展十年规划和第八个五年计划纲要的报告》，提出实行以按劳分配为主体、其他分配方式为补充的分配制度，允许和支持一部分人、一部分地区通过诚实劳动和合法经营先富起来，鼓励先富起来的帮助未富起来的，以利于全体人民和各个地区逐步实现共同富裕。

1991年11月29日，中国共产党第十三届中央委员会第八次全体会议通过《中共中央关于进一步加强农业和农村工作的决定》，指出农村改革必须继续稳定以家庭联产承包为主的责任制，不断完善统分结合的双层经营体制，积极发展社会化服务体系，逐步壮大集体经济实力，引导农民走共同富裕的道路。

1992年10月12日，中国共产党第十四次全国代表大会召开。江泽民代表第十三届中央委员会向大会作报告，提出建设有中国特色社会主义理论的主要内容。其中在有关社会主义的根本任务问题上，指出社会主义的本质是解放生产力，发展生产力，消灭剥削，消除两极分化，最终达到共同富裕。

1993年2月14日，国务院印发《关于加快发展中西部地区乡镇企业的决定》，指出扶持和加快中西部地区和少数民族地区乡镇企业的发展，对于逐步缩小东西部地区差距，振兴少数民族地区经济，改变贫穷落后面貌，巩固和发展团结稳定的大局，实现共同富裕，具有十分重要的经济意义和政治意义。

1994年4月15日，国务院印发《国家八七扶贫攻坚计划》，提出在新形势下，抓紧扶贫开发，尽快解决贫困地区群众的温饱问题，改变经济、文化、社会的落后状态，缓解以至彻底消灭贫困，关系到社会安定、民族团结、共同富裕。

1996年3月17日，第八届全国人民代表大会第四次会议批准《中华人民共和国国民经济和社会发展"九五"计划和二〇一〇年远景目标纲要》，指出引导地区经济协调发展，形成若干各具特色的经济区域，促进全国经济布局合理化，是逐步缩小地区发展差距，最终实现共同富裕，保持社会稳定的重要条件，也是体现社会主义本质的重要方面。

1996年10月23日，中共中央、国务院印发《关于尽快解决农村贫困人口温饱问题的决定》，要组织沿海发达省、直辖市对口帮扶西部贫困省、自治区。东西互助是促进东西部优势互补，缩小差距，逐步实现共同富裕的重要途径。

1997年9月2日，国务院印发《关于在全国建立城市居民最低生活保障制度的通知》，妥善解决城市贫困人口的生活困难问题，是当前我国经济和社会发展中的一个重要任务。为此，国务院决定在全国建立城市居民最低生活保障制度。

1997年9月12日，中国共产党第十五次全国代表大会召开。江泽民代

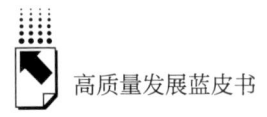

表第十四届中央委员会向大会作报告,指出要坚持和完善按劳分配为主体的多种分配方式,允许一部分地区一部分人先富起来,带动和帮助后富,逐步走向共同富裕,保证国民经济持续快速健康发展,人民共享经济繁荣成果。

1998年10月14日,中国共产党第十五届中央委员会第三次全体会议通过《中共中央关于农业和农村工作若干重大问题的决定》,指出东部地区和大中城市郊区要提高农村经济的发展水平,有条件的地方要率先基本实现农业现代化,并通过经济联合和合作,帮助和带动中西部地区农村的发展,逐步实现共同富裕。

2000年10月11日,中国共产党第十五届中央委员会第五次全体会议通过《中共中央关于制定国民经济和社会发展第十个五年计划的建议》,指出实施西部大开发战略,加快中西部地区发展,关系经济发展、民族团结、社会稳定,关系地区协调发展和最终实现共同富裕,是实现第三步战略目标的重大举措。

2002年11月8日,中国共产党第十六次全国代表大会召开。江泽民代表第十五届中央委员会向大会作报告,指出要在经济发展的基础上,促进社会全面进步,不断提高人民生活水平,保证人民共享发展成果。

2005年5月27日,胡锦涛在中央民族工作会议上发表讲话,指出我们要采取更加得力的政策措施,加快少数民族和民族地区经济社会发展,逐步缩小发展差距,实现区域协调发展,最终实现全国各族人民共同富裕。

2005年10月8日,中国共产党第十六届中央委员会第五次全体会议召开。国务院总理温家宝就《中共中央关于制定国民经济和社会发展第十一个五年规划的建议》向大会作说明,指出随着经济的发展和社会财富的增加,要不断增加城乡居民收入,使全体人民共享改革发展的成果,过上更加宽裕的小康生活。

2006年10月11日,中国共产党第十六届中央委员会第六次全体会议通过《中共中央关于构建社会主义和谐社会若干重大问题的决定》,指出构建社会主义和谐社会,必须坚持以人为本。要始终把最广大人民的根本利益作为党和国家一切工作的出发点和落脚点,实现好、维护好、发展好最广大人民的根本利益，不断满足人民日益增长的物质文化需要，做到发展为了人民、发展依靠人民、发展成果由人民共享，促进人的全面发展。

2007年10月15日，中国共产党第十七次全国代表大会召开。胡锦涛代表第十六届中央委员会向大会作报告，对科学发展观进行了全面的阐述，指出必须坚持以人为本。要始终把实现好、维护好、发展好最广大人民的根本利益作为党和国家一切工作的出发点和落脚点，尊重人民主体地位，发挥人民首创精神，保障人民各项权益，走共同富裕道路，促进人的全面发展，做到发展为了人民、发展依靠人民、发展成果由人民共享。

2007年12月31日，中共中央、国务院印发《关于切实加强农业基础建设进一步促进农业发展农民增收的若干意见》，指出要探索建立促进城乡一体化发展的体制机制。切实按照城乡一体化发展的要求，完善各级行政管理机构和职能设置，逐步实现城乡社会统筹管理和基本公共服务均等化。

2008年12月18日，胡锦涛在纪念党的十一届三中全会召开30周年大会上发表讲话，指出必须把提高效率同促进社会公平结合起来，实现在经济发展的基础上由广大人民共享改革发展成果，推动社会主义和谐社会建设。

2009年3月17日，中共中央、国务院印发《关于深化医药卫生体制改革的意见》，指出要按照党的十七大精神，建立中国特色医药卫生体制，逐步实现人人享有基本医疗卫生服务的目标，提高全民健康水平，深化医药卫生体制改革。

2009年9月29日，胡锦涛在国务院第五次全国民族团结进步表彰大会上发表讲话，指出要进一步推动各民族共同团结奋斗、共同繁荣发展，高举各民族大团结旗帜，不断巩固和发展平等团结互助和谐的社会主义民族关系，显著加快民族地区保障和改善民生进程，让各族人民共享改革发展成果。

2010年10月15日，中国共产党第十七届中央委员会第五次全体会议召开。国务院总理温家宝就《中共中央关于制定国民经济和社会发展第十二个五年规划的建议》向大会作说明，提出"十二五"期间，必须坚持从最广大人民根本利益出发谋发展、促发展，尊重人民主体地位，保障人民各项权益，加快推进以保障和改善民生为重点的社会建设，坚定不移走共同富裕道路，促进社会公平正义，促进人的全面发展。

2011年6月20日，温家宝在全国城镇居民社会养老保险试点工作部署暨新型农村社会养老保险试点经验交流会议上发表讲话，指出社会保障制度是社会公平的基础性制度。不仅可以为人民生活一视同仁地公平提供基本保障，同时也是调节社会收入分配的重要手段。

2012年11月8日，中国共产党第十八次全国代表大会召开。胡锦涛代表第十七届中央委员会向大会作报告，指出共同富裕是中国特色社会主义的根本原则。要坚持社会主义基本经济制度和分配制度，调整国民收入分配格局，加大再分配调节力度，着力解决收入分配差距较大问题，使发展成果更多更公平惠及全体人民，朝着共同富裕方向稳步前进。

2012年12月15日，中央经济工作会议在北京举行。会议强调要坚持全覆盖、保基本、多层次、可持续方针，加强城乡社会保障体系建设，继续完善养老保险转移接续办法，提高统筹层次。

2014年2月27日，习近平在中法建交五十周年纪念大会上的讲话中，强调中国梦是中华民族的梦，也是每个中国人的梦。要让每个人获得发展自我和奉献社会的机会，共同享有人生出彩的机会，共同享有梦想成真的机会，保证人民平等参与、平等发展权利，维护社会公平正义，使发展成果更多更公平惠及全体人民，朝着共同富裕方向稳步前进。

2015年10月29日，中国共产党第十八届中央委员会第五次全体会议召开。习近平在会议上阐述新发展理念，强调坚持创新发展、协调发展、绿色发展、开放发展、共享发展，是关系我国发展全局的一场深刻变革。要实现"十三五"时期发展目标，必须牢固树立并切实贯彻创新、协调、绿色、开放、共享的发展理念。

2015年12月24日，中央农村工作会议在北京召开。会议强调，"十三五"时期，必须坚持把解决好"三农"问题作为全党工作重中之重，牢固树立和切实贯彻创新、协调、绿色、开放、共享的发展理念，加大强农惠农富农力度，深入推进农村各项改革。

2016年1月18日，习近平在省部级主要领导干部学习贯彻党的十八届五中全会精神专题研讨班上的讲话中，指明共享发展理念的内涵主要有4个方面：一是全民共享；二是全面共享；三是共建共享；四是渐进共享。

2016年10月25日，中共中央、国务院印发《"健康中国2030"规划纲要》，指出"共建共享、全民健康"是建设健康中国的战略主题。

2017年10月18日，中国共产党第十九次全国代表大会召开。习近平代表第十八届中央委员会向大会作报告，指出必须坚定不移贯彻创新、协调、绿色、开放、共享的发展理念。必须多谋民生之利、多解民生之忧，在发展中补齐民生短板、促进社会公平正义，在幼有所育、学有所教、劳有所得、病有所医、老有所养、住有所居、弱有所扶上不断取得新进展，深入开展脱贫攻坚，保证全体人民在共建共享发展中有更多获得感，不断促进人的全面发展、全体人民共同富裕。

2018年1月23日，习近平主持召开中央全面深化改革领导小组第二次会议并发表重要讲话，指出建立城乡居民基本养老保险待遇确定和基础养老金正常调整机制，推动城乡居民基本养老保险待遇水平随经济发展逐步提高，确保参保居民共享经济社会发展成果。

2018年12月18日，习近平在庆祝改革开放40周年大会上发表讲话，强调要着力解决人民群众所需所急所盼，让人民共享经济、政治、文化、社会、生态等各方面发展成果，有更多、更直接、更实在的获得感、幸福感、安全感，不断促进人的全面发展、全体人民共同富裕。

2019年10月28日，中国共产党第十九届中央委员会第四次全体会议召开。习近平就《中共中央关于坚持和完善中国特色社会主义制度、推进国家治理体系和治理能力现代化若干重大问题的决定（讨论稿）》向全会作了说明，会议提出要坚持和完善共建共治共享的社会治理制度，保持社会稳定、维护国家安全。

2019年12月10日，中央经济工作会议在北京举行。会议指出2020年要继续坚定不移贯彻新发展理念。新时代抓发展，必须更加突出发展理念，坚定不移贯彻创新、协调、绿色、开放、共享的新发展理念，推动高质量发展。

B.20 后　记

《中国经济高质量发展报告（2020）：践行共享发展理念》是"高质量发展蓝皮书"系列报告的第二本，它是中共中央党校（国家行政学院）经济学教研部骨干教师、在校研究生，地方党校、高校以及科研院所的专家合力打造出来的重要成果，也是"高质量发展蓝皮书"这一科研品牌的最新成果。

2020年是全面建成小康社会的第一个百年目标实现之年。回首40年小康社会建设的历程，有很多经验值得总结，而其中最重要的经验之一就是小康社会建设始终坚持以"共享"这一发展理念为出发点和落脚点，同时共享发展理念也是新发展理念的重要组成部分。因此，2020年的《中国经济高质量发展报告》就以"践行共享发展理念"为主题。

习近平总书记对共享发展理念的内涵做出了深刻阐释，指出共享发展是全民共享、全面共享、共建共享、渐进共享。这一科学论断为我们评价共享发展水平、总结共享发展的得失提供了重要的理论依据。基于共享发展理念这四个方面的内涵，我们构建了衡量我国经济共享发展水平的评价指标体系，经过数据收集、处理、计算和反复论证，依据熵值法赋权，对2000~2019年这20年来我国经济共享发展的情况进行了定量化的分析评价，同时也对全国31个省、自治区、直辖市的共享发展水平进行了分析比较，总结了推进共享发展的成功经验，也客观分析了发展中存在的不足之处，并提出了相应的政策建议。

在《中国经济高质量发展报告（2020）》中，我们还设置了区域篇和专题篇。区域篇围绕践行共享发展理念的地方实践，选取了京津冀地区、长三角地区、粤港澳大湾区、四川成都西部片区、"三区三州"深度贫困地区等典型区域，从不同角度分析报告了其推进共享发展的进展情况。专题篇围绕农民土地退出后农地增值收益共享、践行共享发展理念的农民合作社规范发

后 记

展、新一轮户籍制度改革、农业转移人口市民化、社会保障体制改革、收入分配制度改革、扶贫开发等问题,进行了深入的理论分析和具有时效性的政策研究,并提出了相应的政策建议。

本书的分工如下:《2019年中国经济共享发展评价报告》,高质量发展研究课题组;《2019年中国经济全民共享发展评价报告》,程玉伟;《2019年中国经济全面共享发展评价报告》,张旭;《2019年中国经济共建共享发展评价报告》,姚志才;《2019年中国经济渐进共享发展评价报告》,郭雅媛;《京津冀地区公共服务一体化改革进展分析》,王昊;《长三角地区建设包容性发展城市群进展分析》,原倩;《粤港澳大湾区构建共享发展的制度环境进展分析》,蔡之兵;《四川成都西部片区城乡融合发展进展分析》,张爱民;《"三区三州"深度贫困地区脱贫攻坚进展分析》,马应超;《农村土地退出与增值收益共享》,刘同山;《践行共享理念的农民合作社规范路径与政策》,谭智心;《农民工市民化困境与新一轮户籍制度改革反思》,邹一南;《农业转移人口市民化3.0阶段与"后1亿人时期"的城镇化》,顾严;《"十四五"时期农业转移人口落户趋势与政策展望》,邹一南;《社会保障的再认识与推进中国社保体制改革》,李蕾;《共享发展与收入分配制度改革》,李鹏;《以人民为中心的发展思想与中国特色反贫困道路》,邹一南;《中国经济共享发展大事记(1978~2019年)》,吴晓雅;《后记》,高质量发展研究课题组。中共中央党校(国家行政学院)经济学教研部主任韩保江教授负责本书的组织编写和出版工作,邹一南副教授负责总报告的撰写并负责全书的统稿工作,中国人民银行广州分行金融分析处助理研究员、原世界经济专业硕士研究生赵俊豪负责报告指标体系的数据收集和指标测算工作。

在本书出版过程中,社会科学文献出版社城市和绿色发展分社社长任文武、责任编辑连凌云做了大量的策划和编辑工作,在此表示感谢。当然,由于课题组研究水平有限,可能存在偏颇甚至错误之处,恳请广大读者批评指正。

高质量发展研究课题组
2020年4月12日

社会科学文献出版社

皮 书

智库报告的主要形式
同一主题智库报告的聚合

❖ 皮书定义 ❖

皮书是对中国与世界发展状况和热点问题进行年度监测,以专业的角度、专家的视野和实证研究方法,针对某一领域或区域现状与发展态势展开分析和预测,具备前沿性、原创性、实证性、连续性、时效性等特点的公开出版物,由一系列权威研究报告组成。

❖ 皮书作者 ❖

皮书系列报告作者以国内外一流研究机构、知名高校等重点智库的研究人员为主,多为相关领域一流专家学者,他们的观点代表了当下学界对中国与世界的现实和未来最高水平的解读与分析。截至2020年,皮书研创机构有近千家,报告作者累计超过7万人。

❖ 皮书荣誉 ❖

皮书系列已成为社会科学文献出版社的著名图书品牌和中国社会科学院的知名学术品牌。2016年皮书系列正式列入"十三五"国家重点出版规划项目;2013~2020年,重点皮书列入中国社会科学院承担的国家哲学社会科学创新工程项目。

中国皮书网

（网址：www.pishu.cn）

发布皮书研创资讯，传播皮书精彩内容
引领皮书出版潮流，打造皮书服务平台

栏目设置

◆ 关于皮书
何谓皮书、皮书分类、皮书大事记、
皮书荣誉、皮书出版第一人、皮书编辑部

◆ 最新资讯
通知公告、新闻动态、媒体聚焦、
网站专题、视频直播、下载专区

◆ 皮书研创
皮书规范、皮书选题、皮书出版、
皮书研究、研创团队

◆ 皮书评奖评价
指标体系、皮书评价、皮书评奖

◆ 互动专区
皮书说、社科数托邦、皮书微博、留言板

所获荣誉

◆ 2008年、2011年、2014年，中国皮书网均在全国新闻出版业网站荣誉评选中获得"最具商业价值网站"称号；
◆ 2012年，获得"出版业网站百强"称号。

网库合一

2014年，中国皮书网与皮书数据库端口合一，实现资源共享。

权威报告·一手数据·特色资源

皮书数据库
ANNUAL REPORT(YEARBOOK) DATABASE

分析解读当下中国发展变迁的高端智库平台

所获荣誉

- 2019年，入围国家新闻出版署数字出版精品遴选推荐计划项目
- 2016年，入选"'十三五'国家重点电子出版物出版规划骨干工程"
- 2015年，荣获"搜索中国正能量 点赞2015""创新中国科技创新奖"
- 2013年，荣获"中国出版政府奖·网络出版物奖"提名奖
- 连续多年荣获中国数字出版博览会"数字出版·优秀品牌"奖

成为会员

通过网址www.pishu.com.cn访问皮书数据库网站或下载皮书数据库APP，进行手机号码验证或邮箱验证即可成为皮书数据库会员。

会员福利

- 已注册用户购书后可免费获赠100元皮书数据库充值卡。刮开充值卡涂层获取充值密码，登录并进入"会员中心"—"在线充值"—"充值卡充值"，充值成功即可购买和查看数据库内容。
- 会员福利最终解释权归社会科学文献出版社所有。

卡号：977846358992
密码：

数据库服务热线：400-008-6695
数据库服务QQ：2475522410
数据库服务邮箱：database@ssap.cn
图书销售热线：010-59367070/7028
图书服务QQ：1265056568
图书服务邮箱：duzhe@ssap.cn

基本子库
SUB DATABASE

中国社会发展数据库（下设 12 个子库）

　　整合国内外中国社会发展研究成果，汇聚独家统计数据、深度分析报告，涉及社会、人口、政治、教育、法律等 12 个领域，为了解中国社会发展动态、跟踪社会核心热点、分析社会发展趋势提供一站式资源搜索和数据服务。

中国经济发展数据库（下设 12 个子库）

　　围绕国内外中国经济发展主题研究报告、学术资讯、基础数据等资料构建，内容涵盖宏观经济、农业经济、工业经济、产业经济等 12 个重点经济领域，为实时掌控经济运行态势、把握经济发展规律、洞察经济形势、进行经济决策提供参考和依据。

中国行业发展数据库（下设 17 个子库）

　　以中国国民经济行业分类为依据，覆盖金融业、旅游、医疗卫生、交通运输、能源矿产等 100 多个行业，跟踪分析国民经济相关行业市场运行状况和政策导向，汇集行业发展前沿资讯，为投资、从业及各种经济决策提供理论基础和实践指导。

中国区域发展数据库（下设 6 个子库）

　　对中国特定区域内的经济、社会、文化等领域现状与发展情况进行深度分析和预测，研究层级至县及县以下行政区，涉及地区、区域经济体、城市、农村等不同维度，为地方经济社会宏观态势研究、发展经验研究、案例分析提供数据服务。

中国文化传媒数据库（下设 18 个子库）

　　汇聚文化传媒领域专家观点、热点资讯，梳理国内外中国文化发展相关学术研究成果、一手统计数据，涵盖文化产业、新闻传播、电影娱乐、文学艺术、群众文化等 18 个重点研究领域。为文化传媒研究提供相关数据、研究报告和综合分析服务。

世界经济与国际关系数据库（下设 6 个子库）

　　立足"皮书系列"世界经济、国际关系相关学术资源，整合世界经济、国际政治、世界文化与科技、全球性问题、国际组织与国际法、区域研究 6 大领域研究成果，为世界经济与国际关系研究提供全方位数据分析，为决策和形势研判提供参考。

法律声明

"皮书系列"(含蓝皮书、绿皮书、黄皮书)之品牌由社会科学文献出版社最早使用并持续至今,现已被中国图书市场所熟知。"皮书系列"的相关商标已在中华人民共和国国家工商行政管理总局商标局注册,如LOGO( )、皮书、Pishu、经济蓝皮书、社会蓝皮书等。"皮书系列"图书的注册商标专用权及封面设计、版式设计的著作权均为社会科学文献出版社所有。未经社会科学文献出版社书面授权许可,任何使用与"皮书系列"图书注册商标、封面设计、版式设计相同或者近似的文字、图形或其组合的行为均系侵权行为。

经作者授权,本书的专有出版权及信息网络传播权等为社会科学文献出版社享有。未经社会科学文献出版社书面授权许可,任何就本书内容的复制、发行或以数字形式进行网络传播的行为均系侵权行为。

社会科学文献出版社将通过法律途径追究上述侵权行为的法律责任,维护自身合法权益。

欢迎社会各界人士对侵犯社会科学文献出版社上述权利的侵权行为进行举报。电话:010-59367121,电子邮箱:fawubu@ssap.cn。

社会科学文献出版社